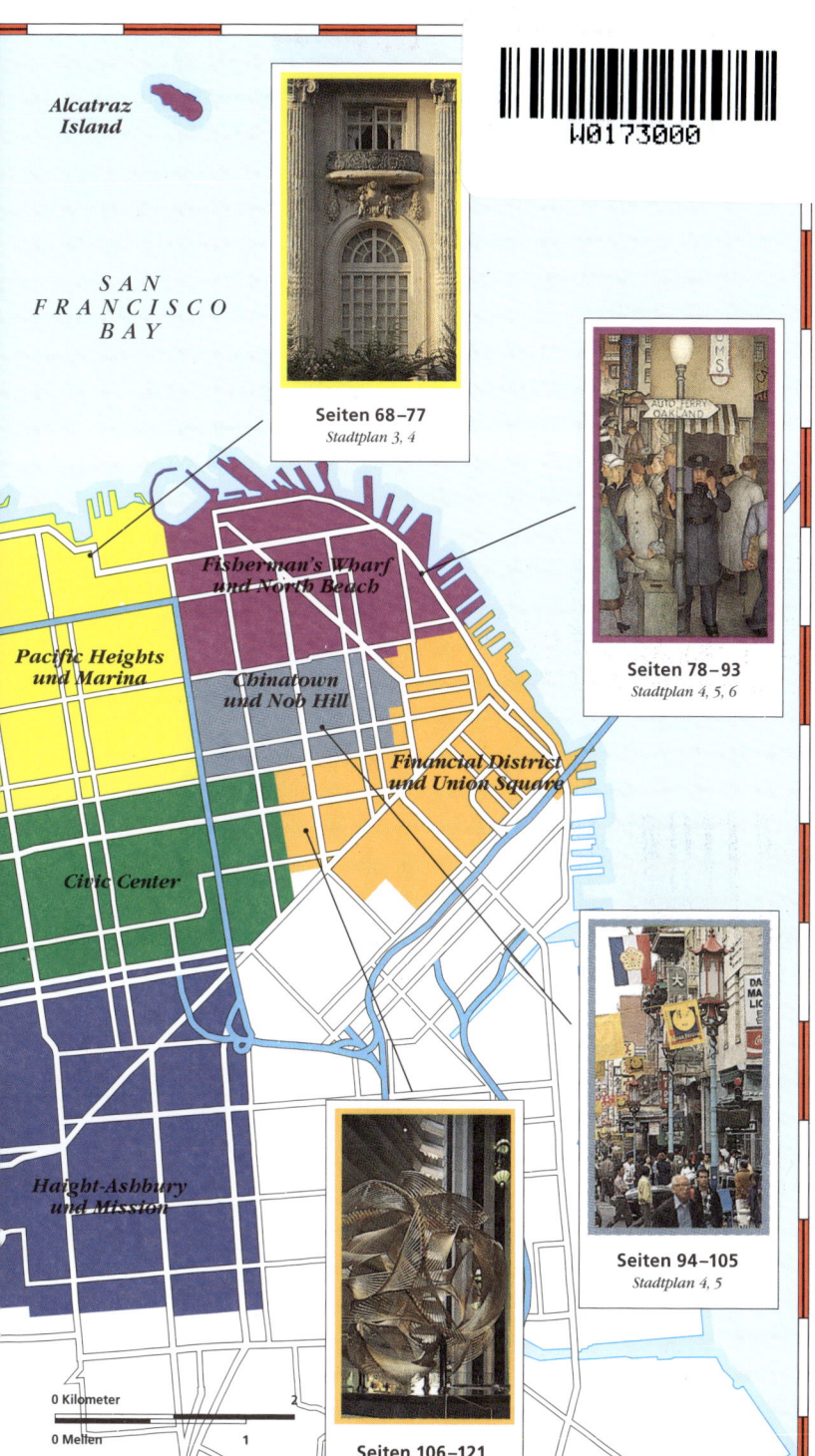

Vis-à-Vis

SAN FRANCISCO

Vis-à-Vis

SAN FRANCISCO

Hauptautoren: Jamie Jensen, Barry Parr

DORLING KINDERSLEY
LONDON · NEW YORK · MÜNCHEN
MELBOURNE · DELHI
www.dk.com

Ein Dorling Kindersley Buch

www.traveldk.com

Produktion
Pardoe Blacker Publishing Ltd., Lingfield, Surrey, England

Texte
Jamie Jensen, Barry Parr, Dawn Douglas, Shirley Streshinsky

Fotografien Neil Lukas, Andrew McKinney

Illustrationen Arcana Studios, Dean Entwhistle, Nick Lipscombe

Kartografie
Lovell Johns Ltd, Oxford UK; Stadtplan mit freundlicher
Genehmigung von ETAK Inc. 1984–1994

Redaktion und Gestaltung *Pardoe Blacker Publishing:* Alan Ross,
Simon Blacker, Linda Williams, Kelvin Barratt, Jo Bourne, Irena
Hoare, Esther Labi, Molly Lodge, Jon Eland, Nick Raven
Dorling Kindersley London: Douglas Amrine, Carolyn Ryden,
Stephen Knowlden, Mary Ann Lynch

•

© 1994, 2011 Dorling Kindersley Limited, London
Titel der englischen Originalausgabe:
Eyewitness Travel Guide *San Francisco & Northern California*
Zuerst erschienen 1994 in Großbritannien
bei Dorling Kindersley Ltd.
A Penguin Company

•

Für die deutsche Ausgabe:
© 1995, 2011 Dorling Kindersley Verlag GmbH, München

Aktualisierte Neuauflage 2011 / 2012

Alle Rechte vorbehalten, Reproduktionen, Speicherung in Datenverarbeitungsanlagen, Wiedergabe auf elektronischen, fotomechanischen oder ähnlichen Wegen, Funk und Vortrag – auch auszugsweise – nur mit schriftlicher Genehmigung des Copyright-Inhabers.

Programmleitung Dr. Jörg Theilacker, Dorling Kindersley Verlag
Projektleitung Stefanie Franz, Dorling Kindersley Verlag
Übersetzung S. Birle, A. Busch, C. Ehrhard
Redaktion Dr. Elfi Ledig, München
Schlussredaktion Philip Anton, Köln
Satz und Produktion Dorling Kindersley Verlag, München
Lithografie Colourscan, Singapur
Druck Vivar Printing Sdn Bhd, Malaysia

ISBN 978-3-8310-1850-5

7 8 9 10   14 13 12 11

In diesem Buch wird das Erdgeschoss wie in den USA üblich als »Erster Stock« (First Floor) bezeichnet.

Dieser Reiseführer wird regelmäßig aktualisiert. Angaben wie Telefonnummern, Öffnungszeiten, Adressen, Preise und Fahrpläne können sich jedoch ändern. Der Verlag kann für fehlerhafte oder veraltete Angaben nicht haftbar gemacht werden. Für Hinweise, Verbesserungsvorschläge und Korrekturen ist der Verlag dankbar.
Bitte richten Sie Ihr Schreiben an:

Dorling Kindersley Verlag GmbH
Redaktion Reiseführer
Arnulfstraße 124 • 80636 München
travel@dk-germany.de

◁ **Golden Gate Bridge** *(siehe S. 64–67)* im Morgennebel
◁◁ **Umschlag:** Die Golden Gate Bridge ist das Wahrzeichen San Franciscos *(siehe S. 64–67)*

Inhalt

Benutzerhinweise **6**

Zerlumpter Goldgräber in einem frühen Comic (1848)

San Francisco stellt sich vor

Vier Tage in San Francisco **10**

San Francisco auf der Karte **12**

Erdbeben in San Francisco **18**

Die Geschichte San Franciscos **20**

San Francisco im Überblick **34**

Das Jahr in San Francisco **48**

Ghirardelli Square, Fisherman's Wharf *(siehe S. 83)*

Die Stadtteile San Franciscos

Die 49-Meilen-Rundfahrt **54**

Presidio **56**

Pacific Heights und Marina **68**

Fisherman's Wharf und North Beach **78**

Chinatown und Nob Hill **94**

Financial District und Union Square **106**

Civic Center **122**

Haight-Ashbury und Mission **130**

Palace of Fine Arts, Presidio *(siehe S. 60f)*

Golden Gate Park und Land's End **142**

Abstecher **158**

Fünf Spaziergänge **170**

Nordkalifornien

Nordkalifornien im Überblick **184**

Zwei-Tages-Tour nach Carmel **186**

Ein Blick auf das nordkalifornische Mendocino *(siehe S. 188f)*

Zwei-Tages-Tour nach Mendocino **188**

Napa-Weinanbaugebiet **190**

Lake Tahoe **196**

Yosemite National Park **200**

Zu Gast in San Francisco

Hotels **206**

Restaurants **222**

Shopping **244**

Unterhaltung **258**

San Francisco mit Kindern **274**

Grundinformationen

Praktische Hinweise **278**

Anreise **288**

Taschenkrebs

In San Francisco unterwegs **292**

Stadtplan **302**

Textregister **321**

Danksagung und Bildnachweis **334**

Haas-Lilienthal House, Pacific Heights *(siehe S. 72)*

Benutzerhinweise

Mit diesem Reiseführer wird Ihr Besuch in San Francisco zu einem besonderen Erlebnis. Das Einleitungskapitel *San Francisco stellt sich vor* erläutert die geografische Lage, stellt das moderne San Francisco in historischen Zusammenhang und zeigt die Highlights im Veranstaltungskalender.

San Francisco im Überblick fasst alles Sehens- und Erlebenswerte thematisch zusammen. *Die Stadtteile San Franciscos* stellt die Sehenswürdigkeiten der Stadt mit Texten, Karten, Fotos und Illustrationen vor. *Nordkalifornien* beschreibt Ausflüge nach Mendocino und Carmel und gibt Informationen über das Napa-Weinanbaugebiet, den Yosemite National Park und Lake Tahoe.

Zu Gast in San Francisco enthält Infos über Hotels, Essen, Shopping und Unterhaltung. Die *Grundinformationen* am Ende des Buchs bieten Tipps für Ihren Aufenthalt und zur Anreise.

Planung einer Tour durch San Francisco

Orientierung in San Francisco

San Francisco ist in diesem Reiseführer in acht Stadtteile gegliedert. Jedes Kapitel beginnt mit einem Kurzporträt, das neben dem Charakter und den Besonderheiten auch die Geschichte eines Viertels anreißt und alle wichtigen Sehenswürdigkeiten auflistet. Diese sind mit Nummern versehen, die mit denen auf der *Stadtteil-* und der *Detailkarte* identisch sind. Die Beschreibung der Sehenswürdigkeiten folgt dieser Nummerierung.

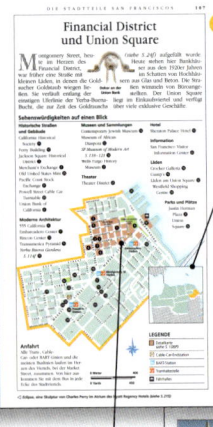

Die Farbcodierung erleichtert das Auffinden von Stadtteilen.

Eine Orientierungskarte zeigt die Lage des Stadtteils, in dem Sie sich befinden.

Orientierungskarte

Die Routenempfehlung führt durch die interessantesten Straßen eines Stadtteils.

1 Stadtteilkarte
Zum leichteren Wiederfinden sind die Sehenswürdigkeiten nummeriert. Auf der Stadtteilkarte finden sich auch BART-Stationen, Cable-Car-Drehscheiben und Parkplätze. Die Hauptsehenswürdigkeiten sind nach Kategorien aufgelistet: Kirchen, Museen und Sammlungen, historische Straßen und Gebäude, Shopping-Meilen, Parks und Gärten.

Die Straßenzüge, die auf der *Detailkarte* dargestellt werden, sind rot eingefärbt.

2 Detailkarte
Auf der Detailkarte ist der farblich hervorgehobene Kern der Stadtteilkarte aus der Vogelperspektive zu sehen. Die Sehenswürdigkeiten sind zur raschen Orientierung kurz erläutert.

Nicht versäumen verweist auf die Highlights.

BENUTZERHINWEISE

Die Stadtteile San Franciscos

Die farbigen Bereiche auf dieser Karte *(siehe S. 16f)* markieren die acht wichtigsten Stadtteile – alle werden im Kapitel *Die Stadtteile San Franciscos (S. 52–181)* vorgestellt. Diese Farbcodierung ist Ihr Wegweiser durch das Buch. Im Kapitel *San Francisco im Überblick (S. 34–47)* finden Sie alle Hauptsehenswürdigkeiten. Auf der Stadtteilkarte werden auch die besten Shopping-Meilen *(S. 246f)* und Veranstaltungsorte *(S. 260f)* gezeigt.

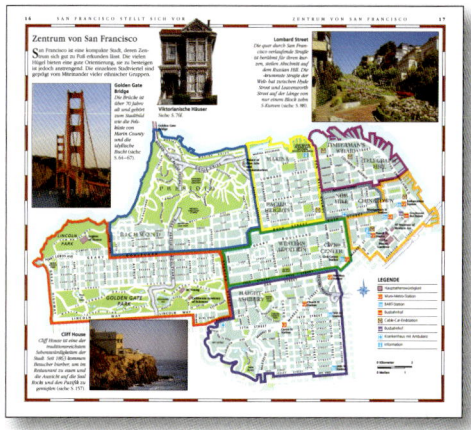

Die Fassaden von wichtigen Gebäuden sind abgebildet – zum schnellen Wiedererkennen.

Praktische Informationen erleichtern die Planung eines Besuchs. Die Verweise beziehen sich auf den *Stadtplan* der Seiten 302–320 sowie auf die *Karte*.

Nummern erleichtern das Wiederfinden der Sehenswürdigkeit auf der *Stadtteil- und Detailkarte*.

Die Infobox enthält die praktischen Hinweise, die für einen Besuch hilfreich sind.

3 Detaillierte Informationen

Die Reihenfolge der Sehenswürdigkeiten entspricht der Nummerierung der Stadtteil- *und* Detailkarte. *Praktische Informationen wie Öffnungszeiten und Telefonnummern ergänzen die Beschreibungen. Die Zeichenerklärung finden Sie auf der hinteren Umschlagklappe.*

Stadtplan *siehe Seiten 302–320.*
Karte *Extrakarte zum Herausnehmen.*

4 Hauptsehenswürdigkeiten

Den Highlights sind zwei oder mehr Doppelseiten gewidmet. Historische Gebäude werden perspektivisch gezeigt. Etagenpläne von Museen führen zu den wichtigsten Kunstwerken.

Sterne markieren Sehenswürdigkeiten, die man nicht versäumen sollte.

San Francisco stellt sich vor

Vier Tage in San Francisco **10–11**

San Francisco auf der Karte **12–17**

Erdbeben in San Francisco **18–19**

Die Geschichte San Franciscos **20–33**

San Francisco im Überblick **34–47**

Das Jahr in San Francisco **48–51**

Vier Tage in San Francisco

San Franciscos Lage ist grandios: Die Stadt erstreckt sich über grüne Hügel und wird an drei Seiten von einer Bucht umrahmt. Nehmen Sie zu Ihren Streifzügen Fotoapparat, Landkarte und stabile Schuhe mit – und schon geht es los mit der Entdeckung von Sehenswürdigkeiten, bunten Stadtvierteln und Kulturschätzen. Mit den folgenden Vorschlägen erleben Sie die Stadt aus ganz verschiedenen Blickwinkeln. Die Seitenverweise bieten weitere Infos. Die Preisangaben enthalten Kosten für Fahrten, Eintritt und Essen.

Nashorn im Asian Art Museum

Rodins *Denker*, Legion of Honor *(siehe S. 156f)*

Kunst – Alt und Neu

- **Meisterwerke in der Legion of Honor**
- **Zeitgenössische Kunst im SFMOMA**
- **Kunst und Tee im Asian Art Museum**
- **Shopping in Hayes Valley**

Zwei Erwachsene ab 120 US-$

Vormittags

Starten Sie in den Tag mit exzellenten Werken europäischer Kunst der letzten Jahrhunderte in der **Legion of Honor** im Lincoln Park *(siehe S. 156f)*. Fahren Sie per Muni-Tram zum **Mission District** *(siehe S. 131)* mit seinen farbenfrohen Wandgemälden und sehenswerten Avantgarde-Galerien. Gegen den Hunger helfen die *tacos* in **La Taqueria** *(siehe S. 235)*.

Nachmittags

Dann geht es ins **SFMOMA** *(siehe S. 118–121)*, wo Sie Werke von Warhol, Picasso und weiteren Vertretern moderner Kunst erwarten. Spazieren Sie zur Civic Center Plaza und ins **Asian Art Museum** *(siehe S. 126)*, eines der weltweit größten Museen asiatischer Kunst. Nach einer Erfrischung in der Cafeteria überqueren Sie den Platz und erreichen die **City Hall** *(siehe S. 127)*. Auf dem Weg nach **Hayes Valley** *(siehe S. 128)* sollten Sie auch die **Louise M. Davies Symphony Hall** *(siehe S. 126)* und das **War Memorial Opera House** *(siehe S. 127)* beachten. Bummeln Sie durch die Boutiquen und Buchläden in Hayes Valley. Beenden Sie den Streifzug mit einem Aperitif in der **Absinthe Brasserie and Bar** *(siehe S. 235)*.

Spaß für Kinder

- **Spielen in den Yerba Buena Gardens**
- **Picknick**
- **Spaß in Fisherman's Wharf**
- **Schiffe am Hyde Street Pier**

Familie (4 Personen) ab 110 US-$

Vormittags

Die Pfannkuchen in **Mel's Drive-In** *(siehe S. 243)* machen fit für den Tag. Nach einem halben Block sind Sie in den **Yerba Buena Gardens** *(siehe S. 114f)*. Dort stürzen sich die Kleinen sofort auf die erhöht gelegenen Spielplätze, Erwachsene genießen das Panorama über die Stadt. Im Bowling Center kann man ein paar Kugeln schieben. Jugendliche zieht es ins Zeum, wo Kunst sehr anschaulich präsentiert wird. Zum Essen eignen sich die Cafés, oder Sie picknicken auf einer Wiese.

Nachmittags

Gehen Sie zum **Embarcadero Center** *(siehe S. 110)* und dann zum Hafen. Schneller kommt man mit den Cable Cars zu **Fisherman's Wharf** *(siehe S. 80f)*. Am Pier 45 können Sie die Spielautomaten im Musée Méchanique mit Kleingeld füttern. Sehen Sie den Straßenkünstlern am **Pier 39** *(siehe S. 82)* zu, dort steht auch ein Karussell. Weitere Attraktionen sind die Haifische in der Underwater World, Seelöwen am Dock K und Videospiele in der Riptide Arcade. Mit dem Boot geht es vom Hyde Street Pier zum **Maritime National Historical Park** *(siehe S. 83)*.

Bungee-Jumping für Kinder in Fisherman's Wharf *(siehe S. 80f)*

Häuserzeile am Ocean Beach, einem breiten Sandstreifen *(siehe S. 153)*

Ein Tag im Freien

- Aussicht vom Ocean Beach
- Golden Gate Park
- Spaziergang über die Golden Gate Bridge
- Schokoladentraum
- Cable Car auf den Nob Hill

Zwei Erwachsene ab 100 US-$

Vormittags
Für ein Frühstück eignet sich das Beach Chalet (1000 Great Highway) am **Ocean Beach** *(siehe S. 153)*. Dort können Sie die Wandbilder bestaunen. Begeben sich in den **Golden Gate Park** *(siehe S. 144f)* mit seinen Grünanlagen und Seen und dann zum **Conservatory of Flowers** *(siehe S. 152)*, ein viktorianisches Glashaus mit exotischer Flora. Nach einem Bummel durch den **Japanese Tea Garden** *(siehe S. 147)* rudern Sie eine Runde oder besichtigen den Botanischen Garten **Strybing Arboretum** *(siehe S. 152)*. Lust auf Sushi? Exzellente gibt es im Restaurant **Ebisu** *(siehe S. 237)*.

Nachmittags
Windig, aber unvergesslich – ein Spaziergang über die **Golden Gate Bridge** *(siehe S. 64–67)*. Nach der Rückkehr auf die Südseite gehen Sie unter der Brücke hindurch zum **Fort Point** *(siehe S. 62)* und dann zum **Crissy Field** *(siehe S. 62)*. Im Warming Hut Café kann man bei einem Kaffee relaxen. Junggebliebene können ihren Spieltrieb im Exploratorium im **Palace of Fine Arts** *(siehe S. 60f)* befriedigen. Am **Ghirardelli Square** *(siehe S. 83)* locken Läden, Lokale, ein Brunnen und eine Schokoladenfabrik. Mit der Cable Car fahren Sie für einen Spaziergang auf den **Nob Hill** *(siehe S. 101)*. In Chinatown essen Sie gemütlich im **Great Eastern** *(siehe S. 232)*.

Am Wasser

- Spielstätte der Giants
- Essen mit Meerblick
- Levi's Plaza Park
- Bootsfahrt in der Bucht oder Besuch von Alcatraz

Zwei Erwachsene ab 100 US-$

Vormittags
Nach einer Tasse Kaffee im **Caffè Roma** *(siehe S. 242)* geht es in den **AT&T Park** *(siehe S. 272)*, das Stadion der San Francisco Giants. Schlendern Sie einmal um das gesamte Stadion, und genießen Sie das Ambiente. Spezialitäten am Markt am **Ferry Building** *(siehe S. 112)* sind u. a. Käse, seltene Tees, Gebäck und eine Vielzahl frischer lokaler Produkte. Einen Besuch lohnt auch das **Embarcadero Center** *(siehe S. 110)* gegenüber, ein hoch aufragender Komplex mit Läden und Restaurants, von denen sich einige auf Dachterrassen befinden. Von hier geht es direkt zum Wasser, wo Sie auf Fischer treffen. Man kann auf einer Bank sitzen und die Boote vorbeifahren sehen oder die **Transamerica Pyramid** *(siehe S. 111)* in der Skyline suchen. Dann gehen Sie zur **Levi's Plaza** *(siehe S. 93)*, einem Platz, von dem aus man die alten Häuser auf dem Telegraph Hill mit dem **Coit Tower** *(siehe S. 93)* erkennt. Burger und Rippchen plus Meerblick gibt es im **Fog City Diner** *(siehe S. 230)*.

Nachmittags
Zu Fuß auf dem Pier 41 oder mit der historischen Trolley-Linie geht es zu **Fisherman's Wharf** *(siehe S. 80f)*. Die Boote der Blue & Gold Fleet bieten Fahrten durch die Bucht an. Sie können auch die Gefängnisinsel **Alcatraz** *(siehe S. 84–87)* ansteuern. Zurück an Land bietet sich ein Besuch des **Wax Museum** *(siehe S. 82)* an. Den Sonnenuntergang am Hafen genießt man am besten vom **Fort Mason** *(siehe S. 74f)* aus.

Fog City Diner, ein Restaurant im Stil der 1930er Jahre *(siehe S. 230)*

San Francisco auf der Karte

San Francisco ist mit rund 825 000 Einwohnern auf 122 Quadratkilometer Fläche nach New York die am dichtesten besiedelte Stadt der USA. Ihre Lage an der Spitze einer hügeligen Halbinsel an der Westküste Nordamerikas mit Blick auf den Pazifik macht sie zu einer der schönsten Städte der Welt. Drei Flughäfen bieten nationale und internationale Flüge. Es gibt gut ausgebaute Straßen sowie Zugverbindungen zur Ostküste und nach Kanada.

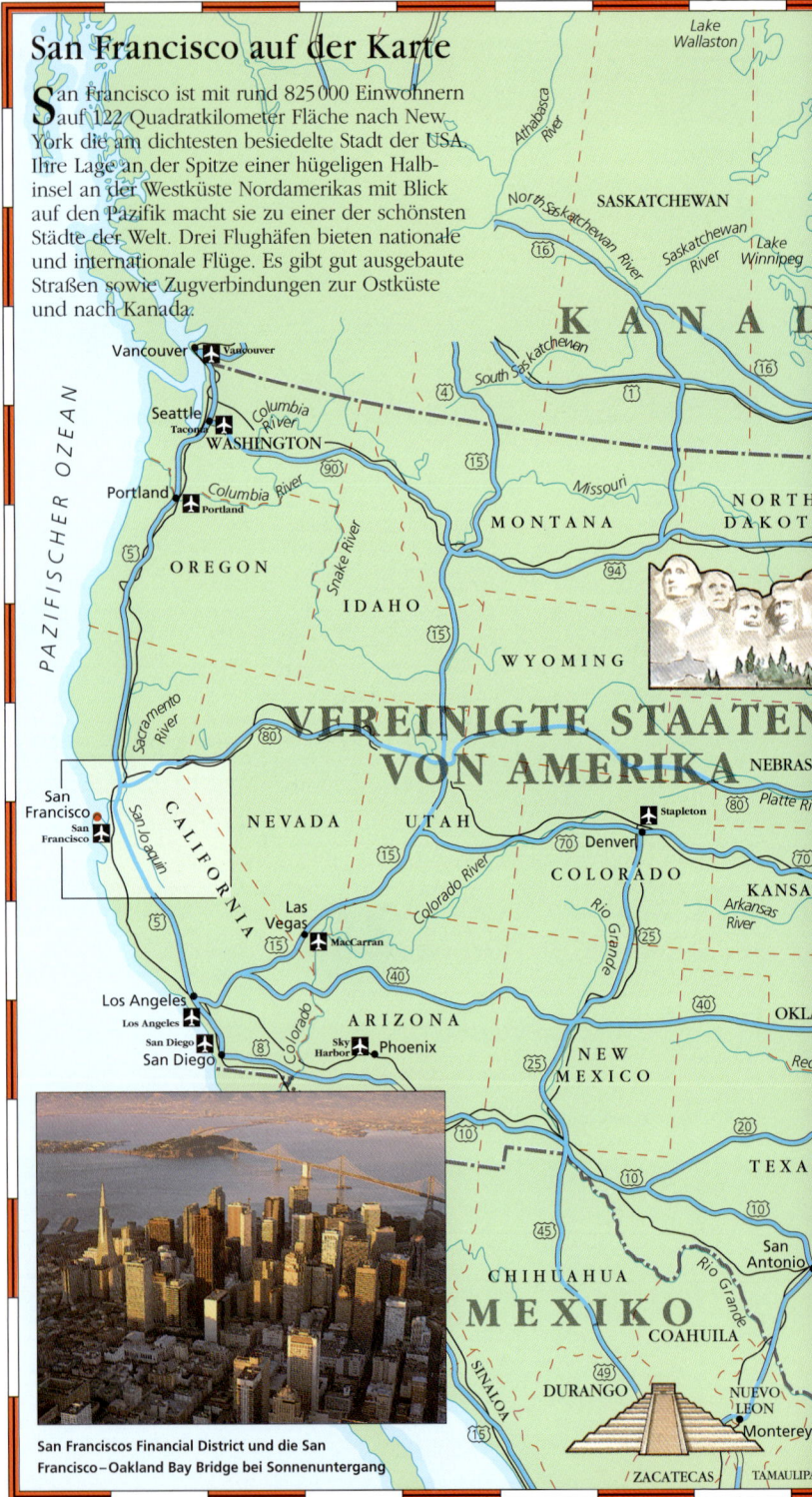

San Franciscos Financial District und die San Francisco–Oakland Bay Bridge bei Sonnenuntergang

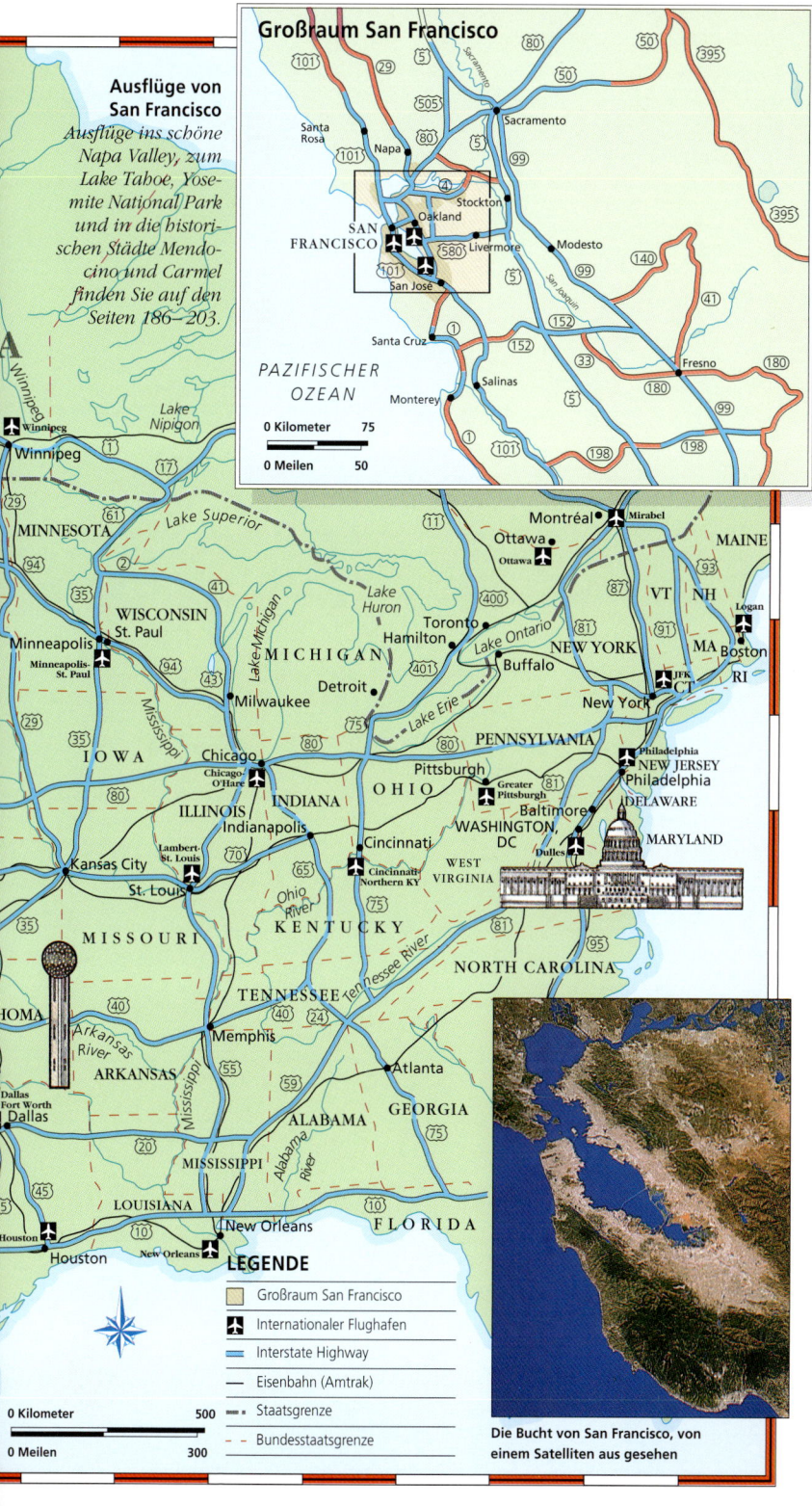

Bay Area

Die Halbinsel von San Francisco bildet zusammen mit den südlichen Vororten der Stadt, den im Osten gelegenen Städten Oakland und Berkeley sowie dem Marin County im Norden die Bay Area. Viele Brücken, ein Netz von Highways sowie Schnellbahnlinien wie Bay Area Rapid Transit (BART) und CalTrain verbinden die einzelnen Gebiete miteinander.

Zentrum von San Francisco

San Francisco ist eine kompakte Stadt, deren Zentrum sich gut zu Fuß erkunden lässt. Die vielen Hügel bieten eine gute Orientierung, sie zu besteigen ist jedoch anstrengend. Die einzelnen Stadtviertel sind geprägt vom Miteinander vieler ethnischer Gruppen.

Viktorianische Häuser
Siehe S. 76f.

Golden Gate Bridge
Die Brücke ist über 70 Jahre alt und gehört zum Stadtbild wie die Felsküste von Marin County und die idyllische Bucht (siehe S. 64–67).

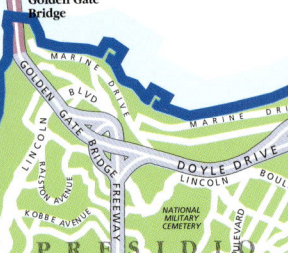

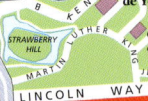

Cliff House
Cliff House ist eine der traditionsreichsten Sehenswürdigkeiten der Stadt. Seit 1863 kommen Besucher hierher, um im Restaurant zu essen und die Aussicht auf die Seal Rocks und den Pazifik zu genießen (siehe S. 157).

ZENTRUM VON SAN FRANCISCO

Lombard Street
Die quer durch San Francisco verlaufende Straße ist berühmt für ihren kurzen, steilen Abschnitt auf dem Russian Hill. Die »krummste Straße der Welt« hat zwischen Hyde Street und Leavenworth Street auf der Länge von nur einem Block zehn S-Kurven (siehe S. 88).

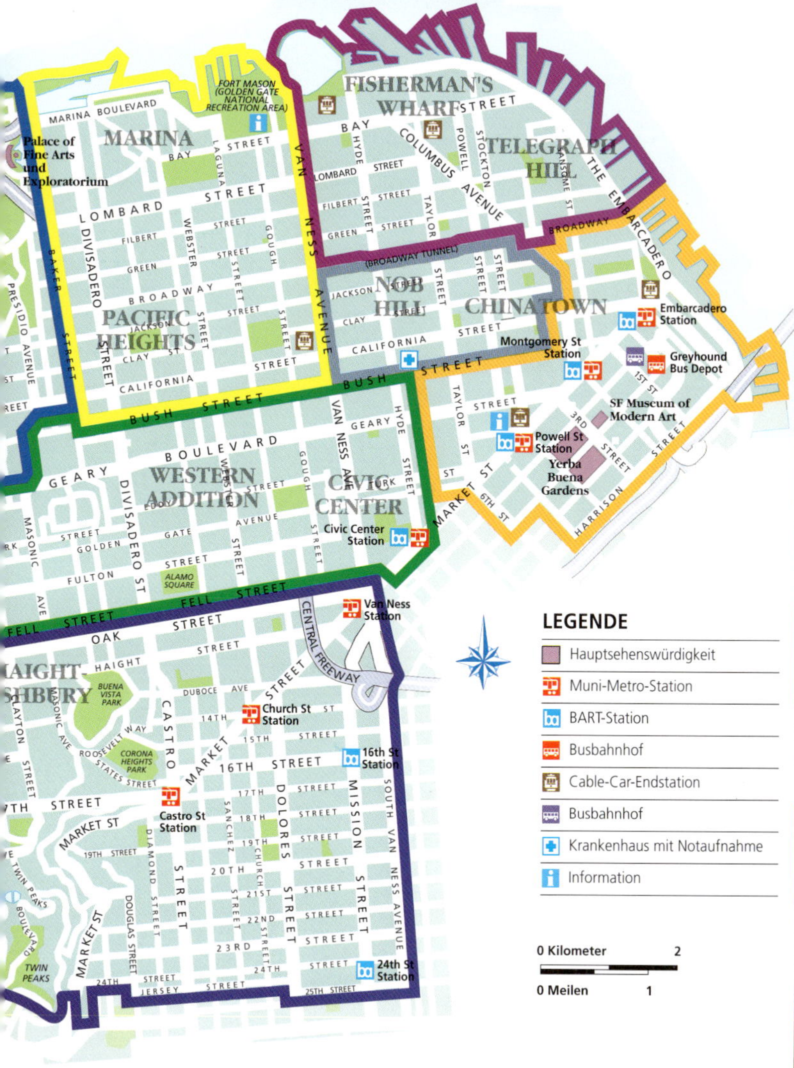

LEGENDE

- Hauptsehenswürdigkeit
- Muni-Metro-Station
- BART-Station
- Busbahnhof
- Cable-Car-Endstation
- Busbahnhof
- Krankenhaus mit Notaufnahme
- Information

0 Kilometer 2
0 Meilen 1

Erdbeben in San Francisco

San Francisco liegt am San-Andreas-Graben und ist ständig von Erdbeben bedroht. Das Loma-Prieta-Erdbeben vom 17. Oktober 1989 wurde nach der Region in den Santa Cruz Mountains benannt, die dem Epizentrum am nächsten lag – es war das schlimmste Beben seit 1906 *(siehe S. 28f)*. Viele Gebäude wurden daraufhin verstärkt, um Beben standzuhalten. Schutzräume wie der im Moscone Center *(siehe S. 114f)* wurden zu Notfallzentralen erweitert. Hotels haben eigene Evakuierungspläne, im Telefonbuch gibt es vier Seiten Tipps für den Notfall.

Das Erdbeben von 1989 *erreichte die Stärke 7,1 auf der Richterskala. Bei einigen Häusern, die im Marina District auf aufgefülltem Gelände standen, wurde das Fundament zerstört.*

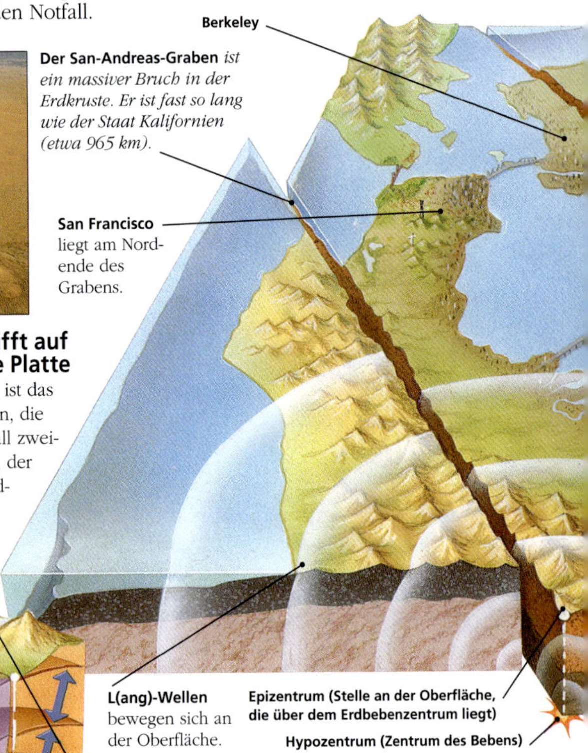

Der San-Andreas-Graben *ist ein massiver Bruch in der Erdkruste. Er ist fast so lang wie der Staat Kalifornien (etwa 965 km).*

Berkeley

San Francisco liegt am Nordende des Grabens.

Pazifische Platte trifft auf Nordamerikanische Platte

Der San-Andreas-Graben ist das Ergebnis von Spannungen, die durch den Zusammenprall zweier Erdplatten entstanden, der Pazifischen und der Nordamerikanischen Platte.

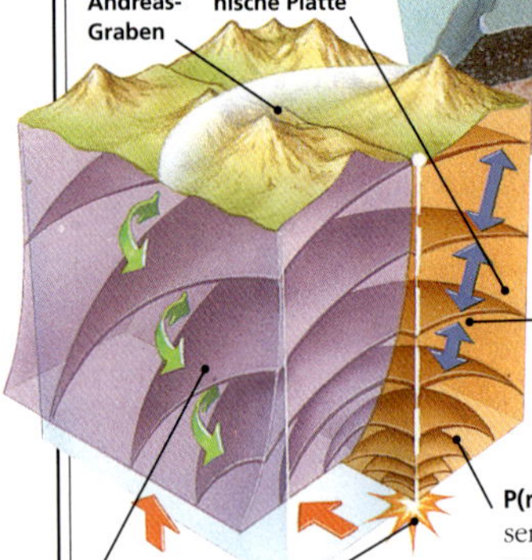

San-Andreas-Graben

Nordamerikanische Platte

L(ang)-Wellen bewegen sich an der Oberfläche.

Epizentrum (Stelle an der Oberfläche, die über dem Erdbebenzentrum liegt)

Hypozentrum (Zentrum des Bebens)

S(ekundär)-Wellen erschüttern den Erdmantel.

P-Wellen   S-Wellen   L-Wellen

P(rimär)-Wellen lassen die Erde bis zum Kern beben.

Pazifische Platte   Hypozentrum

Die Vibrationen eines Erdbebens *bewegen sich wie Wellen durch die Erdkruste. Aus den Abständen zwischen P- und S-Wellen schließen Wissenschaftler auf die Entfernung des Epizentrums.*

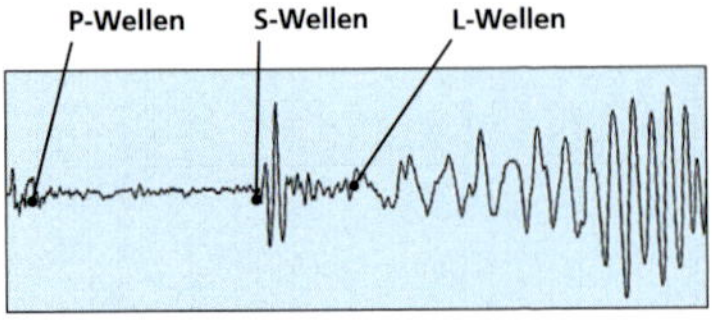

Das Seismogramm *stellt die Intensität der Erschütterung grafisch dar. Der Seismograf überträgt Wellenbewegungen über einen Hebelvorgang auf einen Schreibmechanismus, der die Bewegungen aufzeichnet.*

ERDBEBEN IN SAN FRANCISCO

Wissenschaftler beobachten *die Bewegungen des San-Andreas-Grabens mithilfe von Laserstrahlen und einem Netzwerk von Reflektoren. Dieses System registriert Verschiebungen von weniger als 0,6 Millimeter über eine Länge von sechs Kilometern und dient zur Vorhersage von Erdbeben.*

Die Hügel und Bergketten an der Küste der Bay Area entstanden durch Krustenbewegungen, die das Land zusammenpressten und anhoben.

Hayward-Graben

In Oakland kamen 42 Menschen ums Leben, als beim Erdbeben 1989 Teile einer Highway-Brücke einstürzten. 44 Betonteile von je 600 Tonnen fielen auf die Autos.

Ein S-Wellenerzeuger *produziert künstliche S-Wellen, die in die tiefer gelegenen Felsschichten eindringen und Erdbewegungen messen.*

Calaveras-Graben

ZEITSKALA

1750	1800	1850	1900	1950
1769 Als erste Europäer erleben die Teilnehmer der Portolá-Expedition ein Erdbeben in Kalifornien	**1865** Das erste große Beben trifft die Stadt am 9. Oktober, ein zweites folgt am 23. Oktober	**1872** Ein Erdbeben verwüstet Lone Pine und hebt die Sierra Nevada um vier Meter an **1890** Schwere Erschütterungen	**1989** Loma-Prieta-Erdbeben in der Stadt und der Bay Area. 67 Todesopfer, 1800 Obdachlose; schlimmstes Beben seit 1906	
 Don Gaspar de Portolá	**1857** Stärkere und schwächere Beben in der Bay Area **1868** Starke Stöße im Hayward-Graben	*Folgen des Erdbebens von 1906*	**1957** Starke Beben in der Bay Area **1906** Schlimmstes Erdbeben mit dreitägigem Feuer, bei dem die Stadt großteils zerstört wird. 3000 Tote, 250 000 Obdachlose; zwei Tage lang 52 kleinere Beben	**1977** Acht Erschütterungen

Die Geschichte San Franciscos

San Francisco ist erstaunlich lange Zeit *terra incognita* geblieben. Nur wenige frühe Entdecker, darunter der Portugiese João Cabrilho und Sir Francis Drake, segelten im 16. Jahrhundert an der kalifornischen Küste entlang. Alle fuhren am Golden Gate vorbei, ohne die Bucht dahinter zu entdecken. 1769 betraten die ersten Europäer das Gebiet, das später San Francisco heißen sollte. Es wurde eilig von den Spaniern kolonisiert, die Missionen und *presidios* (Festungen) bauten. Als Mexiko 1821 seine Unabhängigkeit von Spanien erklärte, ging das Gebiet von San Francisco in mexikanischen Besitz über.

Siegel der Stadt und des Bezirks San Francisco

Eine Stadt wird Weltstadt

1848 erlebte die Stadt einen großen Wachstumsschub: In Sutter's Mill, am Fuß der Sierra Nevada nahe Sacramento, war Gold gefunden worden. Goldsucher aus aller Welt strömten nach Kalifornien und leiteten den Goldrausch von 1849 ein (die Goldsucher hießen deshalb auch 49er). Etwa gleichzeitig kam die Westküste in den Besitz der USA. 1869 hatte sich San Francisco zu einer Weltstadt entwickelt. Sie war nicht allein für ihre berüchtigte »Barbary Coast« (Barbaren-, Ganovenküste) westlich des Hafens bekannt, sondern auch für die Bodenschätze in der Umgebung, mit denen man ein Vermögen machen konnte.

Erdbeben und Wiederaufbau

Durch die Bevölkerungszunahme dehnte sich die Stadt nach Westen über die ganze Halbinsel aus. Wegen der steilen Hügel wurden die Cable Cars erfunden. Häuserblocks im viktorianischen Stil entstanden. Das Erdbeben von 1906 zerstörte zwar die meisten Gebäude, doch sie wurden rasch wiederaufgebaut. Trotz vieler Rückschläge hat San Francisco seinen Charakter und seine Energie bewahrt. Die folgenden Seiten stellen bedeutende Perioden der Stadtgeschichte dar.

Telegraph Hill und North Beach zur Zeit des Goldrauschs

◁ Südansicht der Stadt mit der Market Street, die vom Zentrum zum Hafen verläuft (Druck, 1873)

Anfänge

Die ersten Bewohner der San Francisco Bay waren Indianer. Zu den größten Stämmen gehörten die Miwok im Norden und die Ohlonen im Süden. Um 1550 erkundeten europäische Schiffe die Küste. Doch Kontakt zu Ureinwohnern gab es erst, als Sir Francis Drake vor Point Reyes ankerte und das Gebiet für Elizabeth I beanspruchte. Die Bucht blieb bis 1769 unentdeckt. 1776 bauten die Spanier eine Festung (*presidio*) und eine Mission, die nach dem Gründer des Franziskanerordens Franz von Assisi (San Francisco de Asis) benannt wurde.

Sähkelle der Miwok

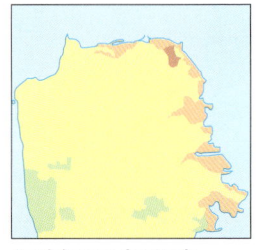

Ausdehnung der Stadt
- Heute
- 1800
- Landnahme ab 1800

Tcholovoni-Indianer
Verschiedene Stämme, darunter die hier abgebildeten Tcholovoni, siedelten in kleinen Dörfern an der San Francisco Bay und lebten von der Jagd.

Spanische Missionare bekehrten Indianer zum Christentum. Die Ureinwohner mussten in Hütten leben und Zwangsarbeit verrichten.

Gürtel waren mit Federn und Muscheln verziert.

Drake landet bei Point Reyes (1579)
Vermutlich ging Drake in der heute nach ihm benannten Drake's Bay an Land. Miwok-Indianer begrüßten ihn.

ZEITSKALA

10 000 v. Chr.	1550 n. Chr.	1600	1650
10 000 v. Chr. Die ersten Indianer siedeln in der Bay Area	**1542** Der portugiesische Entdecker João Cabrilho sichtet die Farallon Islands vor der Küste San Franciscos	**1602** Sebastian Vizcaíno besucht Point Reyes. Obwohl auch er die San Francisco Bay nicht findet, führen seine Berichte dazu, dass eine spätere Expedition die Bucht entdeckt	
 *João Cabrilho (gest. 1543)*	**1579** Sir Francis Drake landet bei Point Reyes, um sein Schiff zu reparieren **1595** Das spanische Handelsschiff *San Augustin* sinkt vor Point Reyes	*Eine Karte von 1666 zeigt Kalifornien als Insel* 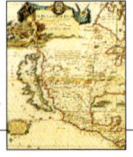	

ANFÄNGE

Kule-Loklo-Indianer
Ein Wandgemälde von Anton Refregier im Foyer des Rincon Center zeigt diese einstigen Bewohner der Bay Area (siehe S. 113).

Anfänge
Indianische Werkzeuge sind in der California Academy of Sciences *(siehe S. 150f)* zu besichtigen. Oakland Museum *(siehe S. 166f)* und Mission Dolores *(siehe S. 137)* zeigen Sammlungen mit Artefakten der Missionszeit.

Missionsstationen
Unter der Leitung von Pater Narciso Duran entwickelte sich die Mission San José zur größten und wohlhabendsten der Bay Area.

Der Speer war ein wichtiges Utensil beim Tanz.

Männliche Tänzer bemalten ihre Körper mit roter, schwarzer und weißer Farbe.

Die Ikone des heiligen Petrus *(17. Jh.) ist im Oakland Museum (S. 166f) zu sehen.*

Tanz in der Mission Dolores
Der russische Künstler Ludovic Choris (1795–1828) malte 1816 die tanzenden Indianer vor der Mission Dolores. Die geschmückten Männer tanzten sonntags für die Missionare.

1701 Pater Kino überquert den Colorado und beweist damit, dass Baja California eine Halbinsel ist

Portolá-Expedition, 1769

1776 Juan Bautista De Anza führt die erste Siedlergruppe über Land nach San Francisco (Ankunft 28. März)

1816 Der Naturforscher Adelbert von Chamisso kritisiert bei einem Besuch der Bucht die Ausrottung der Indianer

| 1700 | 1750 | 1800 |

1769 Eine Expedition unter Gaspar de Portolá entdeckt auf dem Landweg die Bucht

1775 Das spanische Schiff *San Carlos* unter Kapitän Juan Manuel de Ayala läuft als erstes in die San Francisco Bay ein

1797 Gründung der Mission San José

Indianer beim Spiel

Goldrausch

Nach der Trennung von Spanien 1821 öffnete Mexiko Kalifornien für den Außenhandel. Walfänger und Handelsschiffe ankerten in der San Francisco Bay, die Siedlung wuchs. Doch erst die Entdeckung von Gold am Fuß der Sierra Nevada 1848 und die Annexion Kaliforniens durch die USA brachten den Aufschwung. Innerhalb von zwei Jahren verwandelten rund 100 000 Goldsucher San Francisco in eine wilde »Boomtown«.

Nuggets – Goldbrocken

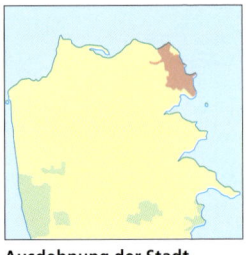

Ausdehnung der Stadt

Heute   1853

Vallejo-Pokal
Der Pokal zeugt vom fürstlichen Leben General Vallejos, des letzten mexikanischen Gouverneurs Kaliforniens.

Sam Brannan gründete 1847 die erste Zeitung der Stadt.

Die USA erobern San Francisco
Am 9. Juli 1846 übernahm das amerikanische Kriegsschiff USS Portsmouth die Kontrolle über die Bucht. 70 Matrosen gingen an Land und hissten auf dem Hauptplatz die US-Flagge.

Feuerwehrleute ziehen eine Spritze

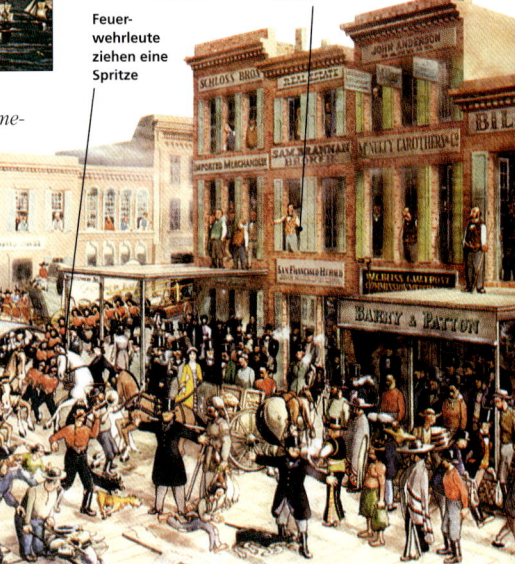

Glücksspiel
Nur eine Karte bedeutete oft Gewinn oder Verlust – eines Vermögens oder eines Lebens.

ZEITSKALA

1820 Walfänger nutzen Sausalito als Ausgangspunkt für ihre Fahrten	1823 Gründung der Mission San Francisco de Solano in Sonoma	1828 Der Pelztierjäger Jedediah Smith erreicht Presidio; er hat als erster Weißer das zerklüftete Küstengebirge überquert	1834 Missionen schließen, ihr Besitz wird unter mexikanischen Landeignern aufgeteilt
1820		**1830**	
	1822 Die mexikanische Revolution beendet die spanische Herrschaft in Kalifornien		1835 William Richardson gründet Yerba Buena, das spätere San Francisco

Richardsons handgezeichnete Karte von Yerba Buena (San Francisco) von 1835

GOLDRAUSCH

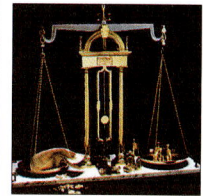

Exponate des Goldrauschs
Zeugnisse aus jener stürmischen Zeit, die einen bedeutenden Einschnitt in der Geschichte San Franciscos und Kaliforniens markiert, finden Sie im Wells Fargo History Museum *(siehe S. 110)* und im Oakland Museum *(siehe S. 166f)*.

Goldwaage von Wells Fargo

Zerlumpter Goldsucher
Ein erschöpfter »Glücksritter« auf dem Weg zu den Minen. Viele kehrten mit leeren Händen zurück.

Varieté-Theater waren in der aufstrebenden Stadt sehr beliebt.

Mitarbeiter von Wells Fargo

Große Schiffe brachten Goldsucher aus aller Welt in die Stadt.

Meldung vom Gold erreicht New York
Präsident James Polk bestätigte am 5. Dezember 1848 die Goldfunde. Dies lockte Zehntausende in den Westen.

Goldwäscher
Über 100 000 »Forty-Niners« kamen 1849 durch San Francisco. In mühevoller Arbeit wuschen sie das Gold aus den Flüssen des Sacramento Valley und der Sierra Nevada.

Montgomery Street 1852
Direkt im Geschäftszentrum ließ Wells Fargo, dessen Kutschen Fracht und Passagiere zu den Minen brachten, 1852 das erste Backsteingebäude der Stadt errichten.

1836 Juan Batista Alvarado marschiert in Monterey ein und erklärt Kalifornien zum »souveränen Staat« in der mexikanischen Republik

1846 Im April Bear-Flag-Revolte unter Führung des Entdeckers John Fremont; im Mai erobern die US-Truppen Monterey, im Juli Yerba Buena

1848 John Marshall entdeckt am Fuß der Sierra Nevada Gold – und löst so den Goldrausch von 1849 aus

Klipper Flying Cloud

1840 — **1850**

John Fremont 1813–1890

1847 Die Siedlung Yerba Buena wird offiziell in San Francisco umbenannt. Es gibt mittlerweile 200 Gebäude und 800 Einwohner

1850 Kalifornien tritt den Vereinigten Staaten bei

1851 Der Klipper *Flying Cloud* segelt in 89 Tagen von New York nach San Francisco

Viktorianische Zeit

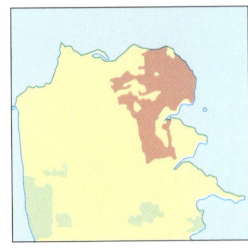

Ausdehnung der Stadt
Heute | 1870

Am schnellsten wuchs die Stadt in der zweiten Hälfte des 19. Jahrhunderts. Einige Einwohner machten riesige Vermögen mit Silberminen in Comstock Lode (Nevada) oder mit der transkontinentalen Eisenbahn, die 1869 bis San Franciso fuhr. Saloons und Bordelle schossen an der Barbary Coast wie Pilze aus dem Boden. Die Reichen hingegen bauten ihre Villen auf dem Nob Hill. Die Stadt dehnte sich aus, die Straßen säumten prunkvolle viktorianische Häuser, und um die Jahrhundertwende war San Francisco mit 300 000 Einwohnern die größte Stadt westlich von Chicago.

Transkontinentale Eisenbahn

Bad mit originaler Badewanne und Fliesen

Im Esszimmer speiste man mit der Familie und mit Gästen.

Samowar
Die silberne Teemaschine erhielt der kalifornische Senator Edward Baker 1860 als Anerkennung für große Wirtschaftsprojekte.

Barbary Coast Saloon
Glücksspiel und Prostitution waren weitverbreitet. Betrunkene wurden häufig zum Marinedienst gezwungen.

Esszimmer im Untergeschoss

Der zweite Salon diente als privates Wohnzimmer.

Dieser Salon war Empfangszimmer.

ZEITSKALA

1856 Die Kriminalitätsrate steigt. Mitglieder von »Bürgerwehren« hängen vier Männer

1862 Erste Telegrafenverbindung zwischen New York und San Francisco

1869 Fertigstellung der transkontinentalen Eisenbahn; die berüchtigten »Big Four« (die Großen Vier) machen ein Vermögen mit ihr *(siehe S. 102)*

1873 Levi Strauss lässt die Herstellung von Nietenjeans patentieren *(siehe S. 135)*

| 1850 | 1860 | 1870 |

»Kaiser« Norton (gest. 1880)

1854 Der Exzentriker Joshua Norton erklärt sich zum Kaiser der Vereinigten Staaten und Protektor von Mexiko. Er gibt eine eigene Währung heraus

1863 In Sacramento beginnen die Arbeiten für die Central Pacific Railroad; Tausende von Chinesen werden für den Bau angeheuert

1873 Die erste Cable Car wird in der Clay Street getestet

Union Pacific Railroad

1869 trafen sich die Bautrupps der Central Pacific und der Union Pacific am Promontory Point, Utah – die transkontinentale Strecke war fertig.

Viktorianische Zeit

In ganz San Francisco findet man viktorianische Gebäude. Allerdings sind nur das Haas-Lilienthal House *(siehe S. 72)* und das Octagon House *(siehe S. 75)* öffentlich zugänglich. Im Jackson Square Historical District *(siehe S. 110)* ist zu sehen, was von dem einst berüchtigten Barbary-Coast-Viertel übrig blieb.

Neugotischer Vogelkäfig aus dem 19. Jahrhundert im Oakland Museum *(S. 166f)*

Haas-Lilienthal House

Der Kolonialwarengroßhändler William Haas ließ das exklusive Haus 1886 im Queen-Anne-Stil bauen. Damals war es in den Vororten eines von vielen. Heute ist es ein Museum, das zeigt, wie reiche Familien zu jener Zeit lebten.

Sutro Baths

Das öffentliche Bad, das bis in die 1960er Jahre erhalten blieb, wurde 1896 vom Ex-Bürgermeister und Philanthropen Adolph Sutro gebaut.

Das Wohnzimmer war früher das Schlafzimmer des Hausherrn.

Überdachter Vorbau

Eingangshalle mit viktorianischem Ecksofa

Comstock Lode Silver

1859 bis 1885 wurde in den Minen von Nevada Silber für 400 Millionen US-Dollar gefördert.

1886 10 000 Gewerkschaftsmitglieder beteiligen sich an der größten Gewerkschaftsdemonstration San Franciscos

1896 Adolph Sutro eröffnet das größte öffentliche Bad der Welt nördlich von Cliff House

1901 Der korrupte Abe Ruef »regiert« die Stadt

1880 **1900**

1887 Der schottische Gärtner John McLaren wird als Verwalter des Golden Gate Park eingestellt. Er behält den Posten 50 Jahre lang *(siehe S. 146)*

1899 Frank Norris schreibt den naturalistischen Klassiker *McTeague* (Gier nach Gold)

1900 Bau von Fisherman's Wharf

Adolph Sutro (1830–1898)

Erdbeben und Brand von 1906

Das Erdbeben, welches San Francisco am 18. April 1906 um 5 Uhr morgens erschütterte, verursachte eine der schlimmsten Katastrophen in der Geschichte der USA. Es war um ein Vielfaches stärker als alle früheren und brachte Hunderte von Gebäuden zum Einsturz – das Zentrum stand in Flammen. Über 15 Quadratkilometer brannten nieder. Die Zahl der Todesopfer schwankte zwischen (offiziellen) 700 und (vermutlichen) 3000 Menschen. Etwa 250 000 Menschen wurden obdachlos. Da viele Hausbesitzer eine Feuerversicherung hatten, konnte die Stadt rasch wiederaufgebaut werden. Ende des Jahrzehnts hatte sich die Lage normalisiert.

Das Rathaus nach dem großen Beben

Ausdehnung der Stadt
☐ Heute ☐ 1906

In der Powell Street fuhren die Cable Cars nach zwei Jahren wieder. Die übrigen Strecken wurden bis 1915 nur teilweise repariert.

Leben in Zelten
Im Sommer 1906 lebten über 100 000 Einwohner der Stadt in Notunterkünften.

Das Ferry Building wurde durch Feuerwehrboote gerettet, die es mit Wasser aus der Bucht bespritzten.

Chinatown brannte völlig ab.

Der Geist von San Francisco
Cartoonisten erfassten schnell die komische Seite der Situation. Selbst über die Wasserknappheit machten sie sich lustig.

ZEITSKALA

1905 Der Architekt Daniel Burnham legt radikale Pläne zum Umbau des Stadtzentrums vor

1907 Das Fairmont Hotel eröffnet genau ein Jahr nach dem Erdbeben wieder

Fairmont Hotel

1909 Jack London schreibt *Martin Eden*, eine schonungslose Autobiografie

| 1905 | 1906 | 1907 | 1908 | 1909 |

1906 Erdbeben und drei Tage Feuersbrunst legen die Stadt in Schutt und Asche; die Nachbeben dauern zwei Tage

1907 Abe ›Boss‹ Ruef bekennt sich der Erpressung für schuldig

Jack London (1876–1916)

Burnham-Plan

ERDBEBEN UND BRAND VON 1906

Suppenküche am Union Square
Die amerikanische Armee übernahm die Versorgung der zahlreichen Opfer, die ihre Familien, ihre Häuser und ihr Hab und Gut verloren hatten.

Erdbeben von 1906
Exponate der Katastrophe sind in der ganzen Stadt zu sehen, darunter auch in vielen Museen. Schaukästen sind im Foyer des Sheraton Palace Hotel ausgestellt (Infos unter: www.sfmuseum.org).

Der South of Market District, ein aufgeschüttetes Viertel, war mit am stärksten zerstört.

Das Fairmont Hotel brannte aus; beim Neubau blieb die Originalfassade erhalten.

Das Flood-Mansion-Gebäude war eine Ruine; heute residiert hier der Pacific Union Club.

Geschmolzene Teller und Tassen *gehören zu den Erdbeben-Exponaten im Oakland Museum (S. 166f).*

Ausmaß der Zerstörung
Mit einer Geschwindigkeit von 11 000 Kilometern pro Stunde erreichte das Beben die Stadt. Geborstene Gasleitungen lösten Brände aus, die in nur drei Tagen 28 000 Gebäude im Wert von 400 Millionen US-Dollar zerstörten.

Obdachlos
Viele retteten, was sie konnten, und verließen die Stadt für immer.

Nob Hill mit seinen Holzhäusern brannte lichterloh.

Aufräumarbeiten
Sobald die Flammen gelöscht waren, riss man die Ruinen ab und begann mit dem Wiederaufbau.

Bürgermeister »Sunny Jim« Rolph (1869–1948)

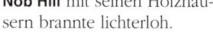

Entwurf zur Gestaltung der Stadt für die Panama-Pazifik-Ausstellung

1913 Letzte Pferdebahn stellt den Betrieb ein

1914 Eröffnung des Stockton Street Tunnel

1910	1911	1912	1913	1914
	1911 »Sunny Jim« Rolph wird zum Bürgermeister gewählt; er bleibt bis 1930 im Amt	**1912** San Francisco wird offiziell zum Veranstaltungsort der Panama-Pazifik-Ausstellung von 1915 erklärt	**1913** Kongress befürwortet nach Kontroversen einen Damm, der das Hetch Hetchy Valley überflutet (240 km östlich der Stadt)	

Goldene Zwanziger

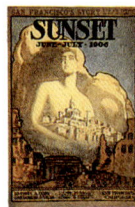

Plakat zur Panama-Pazifik-Ausstellung

Weder der Erste Weltkrieg noch die Prohibition konnten die Energie der wiederaufgebauten Stadt bremsen. In den 1920er Jahren entstanden u. a. Theater und Museen. Auch die Depression wirkte sich hier nicht so schlimm aus wie im Rest der USA. Viele städtische Bauwerke (z. B. der Coit Tower und die beiden Bay-Brücken) entstanden in dieser Zeit. Im Zweiten Weltkrieg wurde die Industrialisierung durch den Bau von Werften in Richmond und Sausalito gefördert. Fort Mason war die Basis für Pazifikeinsätze. Über 1,5 Millionen Soldaten gingen hier an Bord.

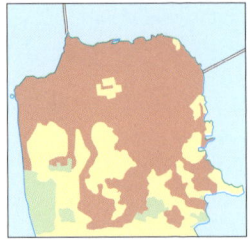

Ausdehnung der Stadt
Heute   1920

Tower of Jewels, besetzt mit 102 000 Glas-»Edelsteinen«

Der Palace of Fine Arts – das einzige noch existierende Gebäude

Panama-Pazifik-Ausstellung von 1915

San Francisco richtete die Ausstellung aus, um die Wiedergeburt der Stadt nach 1906 und die Fertigstellung des Panamakanals zu feiern. In zehn Monaten kamen 20 Millionen Besucher (siehe S. 72).

A. Stirling Calders *Fountain of Energy* verkörperte den Triumph der Jugend

Im Palace of Horticulture gab es Pflanzen aus aller Welt

Reiche Ernten
Kalifornische Farmen hatten in den 1920er Jahren die höchsten Erträge der USA.

King Oliver's Creole Band
King Olivers Jazzband traf den Geist der Zeit. Sie wurde die erfolgreichste Combo des Jahrzehnts.

ZEITSKALA

Panama-Pazifik-Erinnerungsmedaille

1917 Eröffnung des Crissy-Field-Flugplatzes, Presidio

1921 Eröffnung des de Young

1924 Eröffnung des California Palace of the Legion of Honor

1929 Börsenkrach löst Wirtschaftskrise aus

| 1915 | 1920 | 1925 | 193 |

1915 Panama-Pazifik-Ausstellung (20. Feb – 4. Dez)

1917 Eröffnung der Main Public Library im Civic Center

1920 Beginn der Prohibition

1923 Präsident Warren G. Harding stirbt im Palace Hotel

1924 Erstes Luftpostflugzeug landet auf dem Crissy-Field-Flugplatz

1927 Eröffnung des Flugplatzes Mills Field (heute: San Francisco International Airport)

GOLDENE ZWANZIGER

Anflug einer Pan American Clipper
Die San Francisco Bay war Ausgangspunkt für Flüge über den Pazifik.

Prohibition
Die Prohibition wurde nicht sehr ernst genommen, doch Alkohol wurde nur im Geheimen konsumiert.

Goldene Zwanziger

Der Palace of Fine Arts *(siehe S. 60f)* ist der einzige noch existente Orginalbau der Panama-Pazifik-Ausstellung. In der Old United States Mint *(siehe S. 117)* und im History Room der New Main Library *(siehe S. 125)* sind Ausstellungen zu den 1920er Jahren zu sehen.

Eintrittskarte für die Weltausstellung auf Treasure Island

In der Festival Hall, dem Musikzentrum, hatten 3500 Besucher Platz.

McLaren's Hedge, die grüne Grenze des Geländes

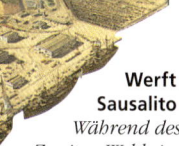

Werft in Sausalito
Während des Zweiten Weltkriegs lief in dieser Werft täglich ein Schiff vom Stapel.

»Blutiger Donnerstag«
Am 5. Juli 1934 wurden zwei Hafenarbeiter bei einem organisierten Streik von der Polizei erschossen.

Hetch-Hetchy-Damm	**1939** Zweiter Weltkrieg in Europa; Eröffnung der Weltausstellung auf Treasure Island	**1941** Japan überfällt Pearl Harbor	**1942** Beginn der Internierung von japanischstämmigen Amerikanern		**1945** Ende des Zweiten Weltkriegs
	1937 Eröffnung der Golden Gate Bridge				
1935		**1940**		**1945**	
1933 Ende der Prohibition	**1936** Eröffnung der Bay Bridge; Ankunft von Pan American Clippers				**1945** UN-Friedenskonferenz (25. Apr – 25. Juni) in San Francisco zur Gründung der Vereinten Nationen
1934 Eröffnung des Hetch-Hetchy-Damms; dreitägiger Streik aus Solidarität mit den Hafenarbeitern	*Unterzeichnung der »Charta der Vereinten Nationen« von 1945*				

Nach dem Zweiten Weltkrieg

Seit 1945 hat San Francisco gute und schlechte Zeiten gesehen. 1945 wurden hier die Vereinten Nationen gegründet. In den 1950er Jahren war die Stadt Heimat der Beatniks und in der Flower-Power-Zeit Schauplatz von »Love-ins«. Gleichzeitig fanden in der Bay Area Antikriegs- und Bürgerrechtsdemonstrationen statt. Besonders getroffen wurde die prosperierende Gegend durch Aids, Obdachlosigkeit und das Erdbeben von 1989.

1969 Die Organisation Indians of All Tribes (IAT) besetzt Alcatraz, um ihre Anliegen öffentlich zu machen

1969 San Franciscos Blues- und Soulstar Janis Joplin hat Alkohol- und Drogenprobleme. 1970 stirbt sie an einer Überdosis Heroin

1970er Jahre Huey Newton (rechts), Führer der in Oakland beheimateten Black-Panther-Bewegung, findet in den unruhigen 1960er und 1970er Jahren viele Anhänger an den Universitäten

1978 Bürgermeister Moscone wird in der City Hall von Ex-Polizist Dan White getötet, der zuvor den homosexuellen Politiker Harvey Milk ermordet hatte

Neal Cassady und Jack Kerouac

1950 Mit Jack Kerouac, Neal Cassady und Allen Ginsberg als Wortführern entsteht in den 1950er Jahren die ›Beat‹-Bewegung mit dem Ruf nach Nonkonformismus und dem Ideal der freien Liebe

George Moscone

1945	1950	1955	1960	1965	1970	1975	1980
1945	1950	1955	1960	1965	1970	1975	1980

15. August 1945 Das Ende des Zweiten Weltkriegs wird in San Franciscos Straßen stürmisch gefeiert. Tausende von Soldaten passieren bei ihrer Rückkehr in die USA das Golden Gate

1954 Der San Francisco International Airport wird auf dem Gelände des Mills-Field-Flugplatzes eröffnet

1965 Der Bau des Drachentors (Dragon Gateway) auf der Grant Avenue beginnt

1958 Das Baseballteam der New York Giants wechselt nach San Francisco und bringt so Profis der Major League an die Westküste

1973 Die Transamerica Pyramid wird fertiggestellt. Das Bauwerk ist reichlich umstritten

1978 Die Firma Apple Computer erwirft und produziert ihren ersten PC. Apple entwickelt sich zu einem der größten Unternehmen der Bay Area

1951 Sechs Jahre nach der japanischen Kapitulation unterzeichnen die USA und Japan im War Memorial Opera House den Friedensvertrag

Willie Mays von den San Francisco Giants

1967 Ein ›Be-in‹ lockt 25000 Hippies für einen Tag mit Musik und Spaß in den Golden Gate Park. Zum Monterey Jazz Festival kommen u.a. Jimi Hendrix, Otis Redding und The Who

1992 Bei Waldbränden in den Oakland Hills sterben 26 Menschen, 3000 Häuser werden zerstört

1995 Der Candlestick Park wird in 3Com Park umbenannt

2000 Eröffnungsspiel der Giants im neuen Pacific Bell Park (jetzt AT&T Park)

2002 Der 3Com Park wird wieder in Candlestick Park umbenannt

2007 Erdbebenwellen erreichen die Stärke 4,2 auf der Richterskala

2010 Apple-Chef Steve Jobs stellt das neue iPad vor

1994 Das Militärgelände von Presidio wird an den National Park Service übergeben

2008 Eröffnung des Contemporary Jewish Museum, von Daniel Libeskind

2006 Nancy Pelosi, eine Kongressabgeordnete aus San Francisco, ist die erste Frau, die ins Amt des Sprechers des Repräsentantenhauses gewählt wird

1989 Ein schweres Erdbeben erschüttert San Francisco. Highway-Brücken brechen zusammen und begraben Autos unter sich, 67 Menschen sterben

1999 Nach 15 Jahren als Sprecher des kalifornischen Parlaments leistet der Demokrat Willie Brown als erster Schwarzer den Eid für das Bürgermeisteramt in San Francisco

San Francisco im Überblick

Mehr als 200 Sehenswürdigkeiten werden im Kapitel *Die Stadtteile San Franciscos* beschrieben – von den quirligen Straßen Chinatowns bis zur Oase des Golden Gate Park, von viktorianischen Häusern bis zu den Wolkenkratzern im Zentrum. Die folgenden zwölf Seiten geben Ihnen einen Überblick über San Franciscos Highlights. Extraseiten führen durch die Museen und erläutern die Architektur sowie die verschiedenen Kulturen, die die Stadt prägen. Auf dieser Seite sind die Sehenswürdigkeiten abgebildet, die Sie auf keinen Fall versäumen sollten.

San Franciscos Highlights

California Academy of Sciences
Seiten 150f

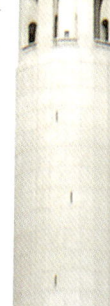
Coit Tower
Seite 93

Ghirardelli Square
Seite 83

Golden Gate Bridge
Seiten 64–67

Golden Gate Park
Seiten 142–153

Grant Avenue
Seite 99

Cable Cars
Seiten 104f

Alcatraz Island
Seiten 84–87

Union Square
Seite 116

Japan Center
Seite 128

◁ Feier auf einer privaten Cable-Car-Tour *(siehe S. 293)*

Highlights: Museen und Sammlungen

San Franciscos Angebot an Museen umfasst das de Young und das Legion of Honor ebenso wie die modernen Kunstsammlungen im Museum of Modern Art oder im Yerba Buena Center for the Arts. Außerdem gibt es hochinteressante Wissenschaftsmuseen wie das Exploratorium oder die California Academy of Sciences. Andere Museen wiederum beschäftigen sich intensiv mit der Geschichte der Stadt. Weitere Informationen finden Sie auf den Seiten 38f.

Exploratorium
Besucher experimentieren mit Sun Painting *(Sonnenmalen), einem Genuss aus Licht und Farbe, in einem der besten Wissenschaftsmuseen der USA.*

Legion of Honor
Monets Segelboot auf der Seine (um 1874) ist Teil der Sammlung europäischer Kunst vom Mittelalter bis zum 19. Jahrhundert.

de Young
Das Museum – eines der interessantesten der Stadt – zeigt Sammlungen mit Kunstwerken aus Nord-, Mittel- und Südamerika sowie aus Ozeanien und Afrika. Hinzu kommen Textilien, Fotos und Kunsthandwerk.

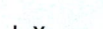

Presidio

Golden Gate Park und Land's End

0 Kilometer 2
0 Meilen 1

Haight-Ashbury und Mission

California Academy of Sciences
Das Museum wurde sensibel der Umgebung des Gold Gate Park angepasst. Es umfasst Aquarium, Planetarium und ein naturhistorisches Museum.

MUSEEN UND SAMMLUNGEN 37

Chinese Historical Society
Der herrliche Drachenkopf befindet sich in einem der kleinsten Museen der Stadt. Die einzigartige Sammlung der Chinesischen Historischen Gesellschaft dokumentiert die Geschichte der chinesischen Gemeinden in Kalifornien.

Fort Mason
Muto *von Mimo Paladino (1985) befindet sich in einer der Ethno-Sammlungen.*

Fisherman's Wharf und North Beach

Wells Fargo History Museum
Das kleine Museum dokumentiert u.a. mit dieser Kutsche aus Bronze von M. Casper (1984) die bewegte Geschichte Kaliforniens seit dem Goldrausch.

Pacific Heights und Marina

Chinatown und Nob Hill

Financial District und Union Square

Civic Center

San Francisco Museum of Modern Art
In dem angesehenen Museum ist u. a. Back View *von Philip Guston (1977) zu sehen. 1995 zog das Museum in die von Architekt Mario Botta entworfenen neuen Räumlichkeiten um.*

Asian Art Museum
Das Museum ist im Civic Center, einem schön renovierten Beaux-Arts-Gebäude von 1917, untergebracht.

Yerba Buena Center for the Arts
Die Kunstgalerie in den Yerba Buena Gardens zeigt Arbeiten zeitgenössischer Künstler in Wechselausstellungen.

Überblick: Museen und Sammlungen

Tonkrug von Clayton Bailey im Craft and Folk Art Museum

San Francisco besitzt viele renommierte Sammlungen zu Malerei, Bildhauerei, Fotografie, Kunsthandwerk und Design. Eine Reihe ehrgeiziger Projekte, etwa der Neubau des SF Museum of Modern Art und die Renovierung des Legion of Honor, zeigt, dass die Stadt auch in Zukunft ihrer Rolle als Kunstzentrum der Westküste gerecht werden will. Eine weitere Stärke der Bay Area liegt in ihren herausragenden technischen und wissenschaftlichen Museen.

Johannes der Täufer (ca. 1660) von Mattia Preti, Legion of Honor

Malerei und Bildhauerei

Zwei bedeutende Kunstmuseen, das **Legion of Honor** und das **de Young**, verfügen über hervorragende Sammlungen europäischer und amerikanischer Malerei und Bildhauerei. Zu den Schwerpunkten im Legion of Honor zählt französische Kunst des späten 19. und des frühen 20. Jahrhunderts mit Werken von Renoir, Monet und Degas sowie mehr als 70 Skulpturen von Rodin. Die berühmte Sammlung grafischer Arbeiten der Achenbach Foundation ist ebenfalls hier zu sehen.

Das **Asian Art Museum**, einst im Golden Gate Park gelegen, ist nun dauerhaft im Civic Center (Old Main Library) untergebracht. Hier sind fernöstliche Malerei, Bildhauerei und kostbare Jadearbeiten ausgestellt.

Das dynamischste der Kunstmuseen San Franciscos ist das **SF Museum of Modern Art** mit Bildern und Skulpturen aus dem 20. Jahrhundert. Picasso und Matisse sind ebenso ausgestellt wie Paul Klee mit einer umfangreichen Sammlung von Bildern und Zeichnungen. Der abstrakte Expressionismus ist vor allem durch Mark Rothko und Clyfford Still vertreten, kalifornische Kunst durch Sam Francis und Richard Diebenkorn.

Auch das **Yerba Buena Center for the Arts** ist einen Besuch wert. Hier sind Werke zeitgenössischer Künstler in Wechselausstellungen zu bewundern. Dies gilt ebenso für die **John Berggruen Gallery**, in der ältere etablierte und jüngere aufstrebende Künstler präsentiert werden.

Außerhalb der Stadt liegt das **Stanford University Museum of Art**, das Rodin-Skulpturen zeigt. Auch das **Berkeley Art Museum** und das **Oakland Museum** besitzen kostbare Sammlungen.

M, eine Skulptur von Fletcher Benton auf dem Außengelände des Oakland Museum

Design

In vielen der großen und angesehenen Museen in und um San Francisco gibt es interessante Sammlungen zu den Themen Design und Kunstgewerbe. Eine große Zahl von Architekturmodellen und Bauzeichnungen ist im neuen **SF Museum of Modern Art** zu finden.

Die beste Sammlung amerikanischer Möbel aus der Prä- und Postkolonialzeit bietet das **Oakland Museum**.

Im **Octagon House**, einem ausgefallenen Beispiel viktorianischer Baukunst (siehe S. 76f), findet sich eine kleine Möbelsammlung.

Die **California Historical Society** (S. 113) gibt Ihnen einen guten Überblick über Möbel und Inneneinrichtung. Sie besitzt zudem eine der größten kalifornischen Sammlungen an Drucken und Fotografien des 19. Jahrhunderts.

Fotografie und Drucke

Mehrere Museen der Stadt präsentieren hervorragende Fotosammlungen. Das **SF Museum of Modern Art** zeigt Sehenswertes von den ersten Daguerrotypien bis hin zu den klassischen Bildern moderner Fotokünstler wie Helen Levitt, Robert Frank und Richard Avedon.

Im **Oakland Museum** gibt es in Wechselausstellungen Werke von Fotografen der Bay Area zu sehen, etwa von Imogen Cunningham oder Ansel Adams. Ausgestellt ist auch eine große Sammlung dokumentarischer Fotos, etwa von Ikonen wie Dorothea Lange. Ganz ausgezeichnet sind die Bestände von **Fraenkel** und **SF Camerawork**. Wer sich für Drucke interessiert, wird bei der gut 100 000 Werke umfassenden Sammlung der Achenbach Foundation of Graphic Arts im **Legion of Honor** fündig.

MUSEEN UND SAMMLUNGEN   39

Nach dem Erdbeben (Foto, 1906), Museum der Mission Dolores

Stadt- und Regionalgeschichte

Kein Museum in San Francisco ist ausschließlich der Stadtgeschichte gewidmet, doch es gibt Sammlungen, die verschiedene Aspekte abdecken. Das kleine Museum der **Mission Dolores** informiert über die Gründung der Stadt. Im **Wells Fargo History Museum** gibt es Exponate zum Goldrausch. Wer sich für die militärische Geschichte der Bay Area interessiert, sollte das Museum des **Presidio Visitor Center** aufsuchen. Die **California Historical Society** ist eine Fundgrube für historisch Interessierte.

Sehenswert sind auch das Museum der **Chinese Historical Society of America** und das African American Historical and Cultural Society Museum von **Fort Mason**, der die Geschichte der vielen Ethnien der Stadt gewidmet sind.

Wissenschaft und Technik

Eines der besten interaktiven Technikmuseen ist das **Exploratorium** – mit Hunderten von Exponaten, die den wissenschaftlichen Hintergrund alltäglicher Ereignisse veranschaulichen. Das Exploratorium ist eines der beliebtesten Museen und für Kinder sehr spannend.

Auch die Lawrence Hall of Science in der **UC Berkeley** weckt Interesse an der Technik. Im Süden der Stadt, in San José, vergrößert sich das **Tech Museum of Innovation** ständig. Dort erfährt man alles über Computer, die ja im nahen Silicon Valley hergestellt werden. Auch hier gibt es Exponate »zum Anfassen«.

Naturgeschichte

Über eine große naturgeschichtliche Sammlung verfügt die **California Academy of Sciences**. Dazu gehören Ausstellungen über die Evolution, die Tektonik (mit einer vibrierenden Plattform, die Erdbeben simuliert), Edelsteine und Mineralien. Hier gibt es auch ein Planetarium und ein »Fischkarussell«, wo Besucher eine Rampe überqueren, die von Becken mit Haien und anderen Meerestieren umgeben ist. Im **Oakland Museum** ist den Ökosystemen Kaliforniens eine ganze Etage gewidmet. Sie sind in realistischen Dioramen rekonstruiert.

Tintenfisch im Oakland Museum

Kunst anderer Kulturen

Die Kunst der Ureinwohner ist im Hearst Museum of Anthropology in der **UC Berkeley** zu bestaunen. Ausstellungen werden mit immer neuen Exponaten aus der museumseigenen Sammlung bestückt.

Das **Contemporary Jewish Museum** widmet sich den Aspekten des Judentums in Ausstellungen und Installationen.

Fort Mason bietet Kunst vieler Kulturen: Werke von amerikanischen und anderen Künstlern sind im Mexican Museum und im San Francisco Craft and Folk Art Museum zu sehen. Italoamerikanische Kunst des 20. Jahrhunderts zeigt das Museo ItaloAmericano.

Bibliotheken

San Francisco verfügt über große öffentliche Bibliotheken. Die **Main Library** hat eine Spezialsammlung mit Büchern und von Fotografien zur Stadtgeschichte. Die beiden großen Universitäten der Bay Area, **Berkeley** und **Stanford**, besitzen umfangreiche Bibliotheken und historische Sammlungen.

Wandfries (1940–45) von Alfredo R. Martínez, Mexican Museum

Museen und Sammlungen

Asian Art Museum *S. 126.*
Berkeley Art Museum *S. 162.*
California Academy of Sciences *S. 150f.*
California Historical Society *S. 113.*
Chinese Historical Society of America *S. 100.*
Contemporary Jewish Museum *S. 113.*
de Young *S. 147.*
Exploratorium *S. 60f.*
Fort Mason *S. 74f.*
Fraenkel Gallery
  49 Geary St.
  Stadtplan 5 C5.
John Berggruen Gallery
  228 Grant Avenue.
  Stadtplan 5 C4.
Legion of Honor *S. 156f.*
Mission Dolores *S. 137.*
Oakland Museum *S. 166f.*
Octagon House *S. 75.*
SF Camerawork
  652 Mission St.
  Stadtplan 6 D5.
SF Museum of Modern Art *S. 118–121.*
Stanford University *S. 169.*
Tech Museum of Innovation *S. 168.*
Wells Fargo History Museum *S. 110.*
Yerba Buena Center for the Arts *S. 114f.*

Stadtplan siehe Seiten 302–320

Multikulturelles San Francisco

Rund die Hälfte von San Franciscos Einwohnern ist im Ausland geboren oder Amerikaner der ersten Generation. Spanische und mexikanische Pioniere legten im 18. und frühen 19. Jahrhundert die Grundlagen für die heutige Stadt. Der Goldrausch (siehe S. 24f) zog Glücksritter aus aller Welt an. Wer blieb, gründete neue Gemeinden. Einige, etwa die italienische oder die chinesische, haben ihre Traditionen bewahrt.

Waffenruhe in El Salvador – Thema eines Wandbilds im Mission District

Lateinamerikaner

An jeder Straßenecke stolpert man über das hispanische Erbe der Stadt. Schließlich war das Gebiet um San Francisco lange Zeit Teil des spanisch besetzten Amerika, später Mexikos. Nach der Annexion durch die Amerikaner 1846 (siehe S. 24f) wurden die mexikanischen Landbesitzer von Goldsuchern und Siedlern vertrieben. Dennoch blieben viele in der Bay Area. Seither liegt der Anteil der Amerikaner spanischer Abstammung bei etwa zehn Prozent der Einwohner.

Wenn man im Mission District entlang der taquerias (Imbissstuben) und mercados (Geschäfte) bummelt, kommt man sich vor wie in Mexiko.

Chinesen

Zur Zeit des Goldrauschs flohen Mitte des 19. Jahrhunderts etwa 25 000 Chinesen vor den Konflikten in ihrer Heimat, um in den kalifornischen Minen zu arbeiten. Seither hat sich ein beachtlicher Anteil in San Francisco gehalten. Eine zweite Gruppe von Einwanderern, fast alle aus Kanton, kam um 1860 zum Bau der Eisenbahn. Nur knapp zehn Jahre später waren die Chinesen die größte Gruppe unter den Minderheiten. Ungefähr 40 000 von ihnen lebten in ärmlichen Behausungen in und um Chinatown. Das Verhältnis von Männern zu Frauen betrug 20:1. In den folgenden Jahrzehnten sank die Zahl der Chinesen wegen Einwanderungsbeschränkungen. In den 1960er Jahren lockerte Präsident Kennedy die Bestimmungen. Mao-Gegner, die in Hongkong lebten, erhielten die Erlaubnis zur Einreise. Heute leben ca. 100 000 Chinesen in San Francisco – fast jeder fünfte Einwohner ist chinesischer Abstammung. Chinatown (siehe S. 96–100) ist das am dichtesten besiedelte Gebiet der Stadt und Herz der chinesischen Gemeinde. Banken, Schulen und Zeitungen tragen zum Autonomiecharakter bei, der noch so stark ist wie bei den ersten Immigranten vor über 150 Jahren.

Iren

Anfang des 19. Jahrhunderts kamen Tausende Iren nach San Francisco. Viele arbeiteten an den großen Löffelbaggern, mit denen Teile der Bucht aufgefüllt wurden. Andere gingen zu Polizei und Feuerwehr. Gegen Ende des 19. Jahrhunderts hatten einige irische Gewerkschaftsführer großen Einfluss gewonnen. Es gibt keinen abgrenzbaren Stadtteil mit irischstämmiger Bevölkerung, doch im Sunset und Richmond District wimmelt es von irischen Kneipen. Die Parade am St. Patrick's Day (siehe S. 48) lockt immer noch sehr viele Besucher an.

Italiener

Die ersten Italiener in San Francisco lebten vom Fischfang. Im blühenden North Beach wohnen die Nachkommen der süditalienischen Fischer, die Anfang des 19. Jahrhunderts hierherkamen. Die ersten Einwanderer dieser Gegend stammten aus Genua, der Geburtsstadt von Christoph Ko-

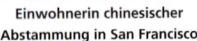

Einwohnerin chinesischer Abstammung in San Francisco

MULTIKULTURELLES SAN FRANCISCO

lumbus. Nach ihm wurde die Hauptstraße von North Beach benannt.

Um 1900 waren die Sizilianer zur stärksten Kraft im Viertel geworden. In den 1940er Jahren stellten Italiener die größte Minderheit der Stadt. Allein 60 000 lebten und arbeiteten in und um North Beach. Die Nachkommen der Familien, denen die Fischerboote in Fisherman's Wharf gehört hatten, eröffneten hier Geschäfte. Nach dem Zweiten Weltkrieg florierten ihre Firmen, viele Familien zogen in den 1950er und 1960er Jahren in die Vorstädte. Sie kommen aber immer gern nach »Little Italy« zurück, um die italienischen Cafés und Restaurants zu besuchen.

Schild an einem russischen Geschäft im Richmond District

Süßkartoffeln und Yams an einem afro-karibischen Straßenstand

Afroamerikaner

Schwarze Amerikaner spielten in der Geschichte der Stadt eine wichtige Rolle. Allerdings ist die afroamerikanische Gemeinde relativ jung. Nur knapp 5000 Afroamerikaner lebten in den 1930er Jahren hier. Während des Zweiten Weltkriegs jedoch kamen Tausende, um in den Werften und Fabriken zu arbeiten. Der schwarze Bevölkerungsanteil verzehnfachte sich. Einige übernahmen die Wohnungen der internierten japanischstämmigen Amerikaner, andere zogen in die Werftarbeiter-Unterkünfte in Hunters Point.

Russen

Die ersten Pelzjäger und Händler aus Russland kamen Anfang des 19. Jahrhunderts in die Bay Area. Russian Hill wurde nach einer Gruppe sibirischer Seeleute benannt, die hier beerdigt liegen soll. Für kurze Zeit gab es eine russische Kolonie bei Fort Ross (siehe S. 189), etwa 160 Kilometer nördlich der Stadt. Seit 1921 erscheinen für die mittlerweile 25 000 Russen, die im Richmond District um die orthodoxe Kathedrale wohnen (siehe S. 63), jede Woche fünf Ausgaben der *Russian Times*.

Japaner

Während des Immobilienbooms der 1980er Jahre waren Japaner intensiv am Bau und Kauf von Bürogebäuden und Hotels beteiligt. Sonst ist von der 15 000 Mitglieder großen japanischen Gemeinde wenig zu bemerken. Nur das Japan Center (siehe S. 128) am Geary Boulevard dient als Treffpunkt zum Einkaufen und als Veranstaltungszentrum. In den 1930er Jahren erstreckte sich dieses Gebiet über 40 Häuserblocks. Während des Zweiten Weltkriegs wurden die Japaner in Lagern interniert. Nach dem Krieg kehrten sie in die Bay Area zurück, doch die Gemeinde umfasst mittlerweile nur noch ganze sechs Häuserblocks.

Weitere Kulturen

Es gibt in der Stadt noch andere ethnische Gruppen, doch ihre Wohn- und Lebensbereiche lassen sich nicht klar abgrenzen. Verglichen mit Los Angeles oder New York ist die jüdische Gemeinde in San Francisco sehr klein, obwohl Juden die Geschichte der Stadt beeinflusst haben. In Tenderloin haben sich neben Vietnamesen und Kambodschanern weitere kleine fernöstliche Gruppen niedergelassen. Eine beachtliche Anzahl Koreaner und Thailänder sind über die ganze Stadt verstreut.

Auch Inder und Pakistanis haben sich in der Bay Area angesiedelt. Man trifft sie in Berkeley und im Silicon Valley, dem Herz der Computerindustrie der South Bay.

Ein *koban* (Stand) der Polizei in Japantown

Schwule in San Francisco

Die Schwulen- und Lesbenszene in San Francisco hatte Auswirkungen auf die Homosexuellen-Bewegung überall in der Welt. Die Stadt war von jeher Anziehungspunkt für Schwule. Erfolge bezüglich ihrer gesellschaftlichen Akzeptanz hatten weltweit Auswirkungen. Die Schwulenbewegung ist heute vielfältiger als je zuvor. Entsprechend ist sie über die ganze Stadt verteilt und nicht mehr nur auf das Castro-Viertel *(siehe S. 136)* beschränkt. Das war nicht immer so – bis zur breiten Akzeptanz von Schwulen in der Bevölkerung war es ein weiter Weg.

Das 1933 eröffnete Black Cat Café in der Montgomery Street

Anfänge: 1849–1960

Der Goldrausch brachte ab 1849 jede Menge Abenteurer in die Bay Area. Auch durch die Zuwanderung jener Zeit entwickelte sich ein – im Vergleich zu anderen Städten der USA – ungezwungener Lebensstil, im dem Freizügigkeit eine große Rolle spielte. Mit der Zeit kamen viele Menschen hierher, die den konservativen Wertvorstellungen ihrer Herkunftsorte entfliehen wollten. Anfang des 20. Jahrhunderts trug die Stadt daher den Spitznamen »Sodom am Meer«.

Im Zweiten Weltkrieg stieg der Anteil Schwuler an der Gesamtbevölkerung San Franciscos rapide an. In der Stadt wurden Truppen zusammengezogen, die von hier aus zu Einsätzen geschickt wurden. Schwule Soldaten verkehrten in entsprechenden Bars. Doch dies wurde sanktioniert. Viele von ihnen riskierten dabei die unehrenhafte Entlassung aus der Armee.

In den 1950er Jahren begann ein neues Zeitalter, das Selbstbewusstsein der Schwulenbewegung stieg. Mehrere »homophile« Organisationen entstanden, die für juristische Gleichbehandlung von homosexuellen und heterosexuellen Menschen eintraten. Zu den bedeutendsten dieser Gruppen gehörte die Mattachine Society, die in den Schwulen eine unterdrückte Minderheit sah. Auch von den Daughters of Bilitis, der ersten politisch aktiven Lesben-Organisation in den USA, gingen wichtige Impulse aus.

Organisation: 1960er und 1970er Jahre

In den 1960er Jahren standen den Polizei-Razzien in Treffpunkten der Schwulen auf der Tagesordnung. Die unter Arrest genommenen wurden häufig öffentlich zur Schau gestellt. 1961 kam José Sarria, der im Black Cat Café als Transvestit auftrat, in die Schlagzeilen, als er sich für einen Posten bei der Stadtverwaltung bewarb. Obwohl die Kandidatur letztlich scheiterte, ermunterte er Schwule, sich in der Öffentlichkeit zu ihrer Neigung zu bekennen. Mit der Tavern Guild entstand bald die erste schwule Vereinigung auf Geschäftsebene.

Teilnehmer am Council on Religion and the Homosexual (CRH) wurden belästigt, die Intervention der American Civil Liberties Union verschaffte den Schwulen Unterstützung von offizieller Seite.

Zentrale Bedeutung hatten 1969 die Aufstände nach einer Razzia im New Yorker Stonewall Inn. Nun ging es den Schwulen nicht mehr nur um bloße Akzeptanz, die neuen

Die schrille Gay Pride Parade hat einen festen Platz im Veranstaltungskalender

ZEITSKALA

1948 Alfred Kinseys Publikation *Sexual Behaviour in the Human Male* wird veröffentlicht	**1955** Bildung der Daughters of Bilitis, der ersten Lesbengruppe in den USA	**1970** Erste Gay Pride Parade (»Gay-In«) **1974** Erstes Straßenfest im Castro-Viertel	**2002** Eröffnung des ersten Schwulenzentrums	**2008** Der California Supreme Court erkennt die Homo-Ehe an, doch ein Volksentscheid hebt dies wieder auf

1930	1940	1950	1960	1970	1980	1990	2000	2010	2020
1930 Eröffnung der ersten Schwulenlokale, darunter Black Cat Café und die Lesbenbar Mona's			**1964** Im Artikel *Homosexuality in America* des Magazins *Life* wird San Francisco als »Schwulen-Metropole« bezeichnet		**1981** Erster Fall von aids **1969** Polizei-Razzia im Stonewall Inn in New York; die folgenden Krawalle sind der Beginn der Schwulenbewegung			**2004** Bürgermeister Newsom erlaubt gleichgeschlechtliche Ehen – und revidiert dies wieder	

Schlagworte lauteten »Befreiung« und »Stolz«. Die Schwulen forderten nicht nur Gleichbehandlung, sondern setzten zunehmend auf die Anerkennung ihrer Veranstaltungen und ihrer geschäftlichen Netzwerke.

Politischen Einfluss gewann die Bewegung mit der Etablierung des Castro-Viertels als Schwulen-Hochburg. 1977 wurde Harvey Milk als erster Schwuler in die Stadtverwaltung gewählt. Doch ein Jahr später wurden er und Bürgermeister George Moscone von Dan White erschossen. Dessen milde Bestrafung führte zu Aufständen, die als »White Night« in die Geschichte der Stadt eingingen.

Im Zeichen von Aids: 1980er Jahre

Nach den mühsam errungenen Erfolgen der vergangenen Jahrzehnte wurde die Schwulenszene von einer Krankheit betroffen, die sich zum Fiasko ausweitete. 1981 wurde erstmals bei einem Patienten Aids diagnostiziert, eine Krankheit, die durch Zerstörung des Immunsystems auftritt. Vor allem unter homosexuellen Männern breitete sich Aids rasch aus, offiziellen Schätzungen zufolge erkrankte rund die Hälfte aller Schwulen in San Francisco daran. Doch man setzte sich offensiv mit der Krankheit auseinander. Schnell wurden Aufklärungskampagnen gestartet, in denen die Risikogruppen auch über Maßnahmen zur Vorbeugung informiert wurden. San Francisco entwickelte sich zur Hochburg im Kampf gegen Aids. Die San Francisco AIDS Foundation und das Center for AIDS Prevention Studies entstanden hier.

Die San Francisco AIDS Foundation – heute AIDS Emergency Fund (AEF) – entstand 1982

Zu den zentralen Forderungen zählt das Recht auf Homo-Ehe

Entspannung: 1990er Jahre bis heute

Seit den 1990er Jahren verzeichnet die Schwulenbewegung wichtige Erfolge im juristischen Bereich. Gesetze wurden erlassen, die Rechte von Homosexuellen stärken, Übergriffe gegen sie werden härter geahndet, immer mehr Schwule und Lesben werden in wichtige politische Ämter gewählt.

Die Auseinandersetzung mit der Immunschwächekrankheit Aids stärkte den Zusammenhalt unter den Homosexuellen in San Francisco. Doch nicht nur angesichts der zahlreichen Opfer, die die Krankheit forderte, definiert sich die schwule Szene neu. Es gibt immer mehr junge Menschen, die in einem toleranteren Klima aufwuchsen, als dies früher der Fall war. Gleichgeschlechtliche Liebe wird schon seit langer Zeit nicht mehr tabuisiert, sondern thematisiert.

Ein Vorreiter in Sachen Gleichbehandlung war Bürgermeister Gavin Newsom, der gleichgeschlechtliche Ehen legalisieren wollte. Etwa 3000 Paare wurden im Februar 2004 in der City Hall getraut. Diese Regelung wurde 2009 durch einen Volksentscheid wieder aufgehoben, doch der Kampf der Schwulen hält weiter an.

Feste und Festivals

AIDS Candlelight Vigil
Mai, meist am 3. So.
AIDS Walk San Francisco
Juli, variabel.
☎ 615-9255.
Castro Street Fair
Oktober, meist am 1. So.
☎ 841-1824.
Folsom Street Fair
September, meist am letzten So.
☎ 777-3247.
Letzte und wichtigste Veranstaltung der Leather Week – nicht nur für Lederfetischisten.
Gay Pride Month
Juni, verschiedene Events, u. a. Dyke March (letzter Sa im Monat).
Gay Pride Parade
Juni, letzter So im Monat.
☎ 864-0831.
www.sfpride.org
Halloween
31. Okt. Party auf Market und Castro Street. **Stadtplan** 10 D2.
Home for the Holidays
24. Dez. Weihnachtskonzert des SF Gay Men's Chorus im Castro Theatre (siehe S. 136).
Pink Saturday
Juni, Sa vor dem Pride March (Männer und Frauen). Lesbische Pride Parade mit Party im Castro.
SF International Lesbian and Gay Film Festival
Juni, meist zehn Tage vor dem Gay Pride Day.
☎ 703-8650.
Up Your Alley Fair
Juli, letzter So.
☎ 777-3247.
Straßenfest in SoMa.
Stadtplan 11 A2.

Nützliche Nummern

Betty's List (Online-Liste)
☎ 503-1375.
www.bettyslist.com
GLBT Historical Society
657 Mission Street.
Stadtplan 6 D4.
☎ 777-5455.
HIV/AIDS Hotline
☎ 863-2437.
James C. Hormel Gay and Lesbian Center
100 Larkin St. **Stadtplan** 11 A1.
☎ 557-4400.
SF City Clinic
356 7th Street. **Stadtplan** 11 B2.
☎ 487-5500.
SF LGBT Community Center
1800 Market Street.
Stadtplan 10 E1.
☎ 865-5555.
Sex Information Hotline
☎ 989-7374.
Suicide Prevention Hotline
☎ 781-0500.

Stadtplan siehe Seiten 302–320

Highlights: Architektur

Spezielle Highlights der Architektur San Franciscos sind selten. Es ist der Gesamteindruck, der den Charakter der Stadt ausmacht. Bemerkenswert ist die große Bandbreite der Baustile, von rustikalen Häusern im Arts-and-Crafts-Stil bis zu imposanten viktorianischen Villen. Geschäftsgebäude spiegeln die ganze Skala von Beaux Arts bis Postmoderne wider. Diese Karte zeigt interessante Gebäude. Einen Überblick erhalten Sie auf den Seiten 46f.

Octagon House
Achteckige Häuser kamen um 1850 in Mode. Ihre Räume waren sehr hell und galten daher als besonders angenehm.

Haas-Lilienthal House
Das große Anwesen ist ein typisches Haus der oberen Mittelklasse aus den späten 1880er Jahren im Queen-Anne-Stil.

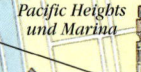 Pacific Heights und Marina

Presidio

 Civic Center

 Golden Gate Park und Land's End

Haight-Ashbury und Mission

Rathaus
Die City Hall ist wie viele öffentliche Gebäude ein Beispiel des klassischen Beaux-Arts-Stils.

Goslinsky House
Der romantisch-rustikale Arts-and-Crafts-Stil war in San Francisco um 1900 beliebt.

ARCHITEKTUR

Hotaling Building *(1866)*
Das Gebäude am Jackson Square war das größte der Häuser aus der Zeit des Goldrauschs, die dem Erdbeben von 1906 standhielten. Früher gab es hier ein Warenhaus und eine Whisky-Brennerei.

Coit Tower *(1934)*
Die flötenartige Säule auf dem Telegraph Hill ist ein Wahrzeichen der Stadt.

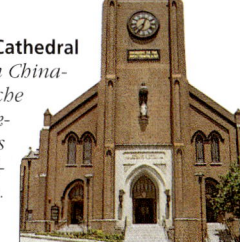

Old St. Mary's Cathedral
Zwischen den Pagoden Chinatowns steht diese gotische Kirche, deren Backsteinmauern noch aus der Zeit des Goldrauschs stammen.

Financial District und Union Square

Hallidie Building
Es wurde 1917 von dem überaus produktiven Architekten Willis Polk gebaut und war das erste Gebäude der Welt mit einer Glasfassade. Der kunstvoll gearbeitete Dachsims besteht aus Gusseisen.

Union Square
Bevor Frank Lloyd Wright 1959 das Guggenheim-Museum in New York erbaute, experimentierte er 1948 bei diesem kleinen Geschäft am Union Square bereits mit spiralförmigen Rampen.

SFMOMA
Das San Francisco Museum of Modern Art wurde 1995 für 60 Millionen Dollar erbaut.

Überblick: Architektur

Mission Dolores

Aus der Zeit der Missionsstationen und des Goldrauschs sind nur wenige Gebäude erhalten. Viele viktorianische Häuser wurden durch das Erdbeben und den Brand von 1906 zerstört. Doch die Stadt wurde wiederaufgebaut. Neoklassizistische Gebäude im Beaux-Arts-Stil galten als Zeichen des Aufstiegs. In den 1930er Jahren kündeten Bürotürme im Financial District von der wirtschaftlichen Bedeutung. Fortschritte im Hochbau und steigende Immobilienpreise in den 1960er Jahren lösten den Bau von Wolkenkratzern aus.

werden: das **Haas-Lilienthal House** und das **Octagon House**.

Ebenfalls sehenswert sind die fotogenen Häuser an der Ostseite des **Alamo Square** und die gut erhaltenen Arbeiterhäuser der **Cottage Row**. **Clarke's Folly**, ein 1892 im Queen-Anne-Stil erbautes »Landhaus«, liegt nun mitten in der Stadt.

Missionsstationen

Zwischen 1776 und 1823 setzten spanische Missionare die Indianer ein, um sieben Missionen und drei *presidios* (Festungen) in der Bay Area zu bauen. Typisch für die Missionsarchitektur sind dicke Ziegelwände, rote Ziegeldächer und Bogengänge, die um Innenhöfe herumführen. Die **Mission Dolores** ist das älteste Gebäude in San Francisco. Die Missionsstation in **Carmel** ist eines der am besten erhaltenen Beispiele dieser Architektur.

Goldrausch

Auf dem Höhepunkt des Goldrauschs wurden provisorische Gebäude errichtet, doch als sich die Bewohner dauerhaft niederließen, bauten sie mit feuerfesten Ziegeln. Die am besten erhaltenen Häuser findet man im **Jackson Square Historical District**. Besonders sehenswert sind das Hotaling Building (1860) mit gusseisernen Stützpfeilern und feuerfesten Fensterläden sowie drei Gebäude (1850–60) im Block 700 der Montgomery Street.

Viktorianischer Stil

Besonders typisch für die Stadtarchitektur sind die reich verzierten viktorianischen Häuser *(siehe S. 76f)*. Überall findet sich noch ihr charakteristischer Fachwerkstil, doch nur zwei Beispiele können besichtigt

Arts-and-Crafts-Stil

Nach der Jahrhundertwende kam ein rustikalerer Stil in Mode, der von Großbritannien beeinflusst war. Architekten verwendeten Rotholz und unbehauene Steine und ließen sich von japanischen Vorbildern inspirieren. Ein ganzer Block mit solchen Häusern umgibt Bernard Maybecks **Goslinsky House** in Pacific Heights. Seine **Church of Christ, Scientist** jenseits der Bucht in Berkeley ist ein besonders schönes Exemplar.

Mark Hopkins' viktorianische Villa auf dem Nob Hill wurde 1906 durch den Brand zerstört, der auf das Erdbeben folgte

Sakralbauten

Die architektonische Vielfalt der Stadt ist an den Kirchen sichtbar. Die erste weiße Missionskirche war noch sehr schlicht. Bei den späteren Kirchen findet sich eine Fülle an Stilen – von gotischen Mischformen bis zum Barock. Viele berühmte Kirchen wurden in der eklektizistischen viktorianischen Ära des späten 19. Jahrhunderts erbaut. Ihre Stile spiegeln die Traditionen der Länder wider, aus denen die Gemeindemitglieder kamen.

St. Stephen's Episcopal Church (Deutsche Renaissance)

First Unitarian Church (Neogotik)

ARCHITEKTUR

Beaux-Arts-Stil, Palace of Fine Arts

Beaux Arts

Nach dem Erdbeben von 1906 errichteten San Franciscos Architekten große Gebäude im neoklassizistischen Stil der Pariser *École des Beaux-Arts*. Mit üppigen Kolonnaden, Skulpturen und Ziergiebeln wollte die Stadt dem Rest der Welt zeigen, dass sie der Zerstörung entkommen war. Bernard Maybecks **Palace of Fine Arts** ist wohl das perfekteste Beispiel für den Beaux-Arts-Stil. Er wurde 1915 als Zentrum der Panama-Pazifik-Ausstellung gebaut und als Beitrag der Stadt zur Kunst der Architektur begrüßt.

Beeindruckende Gebäude an der Civic Center Plaza sind: die **City Hall** (Arthur Brown, 1915), die alte **Main Library**, jetzt das **Asian Art Museum** (George Kelham, 1915), das **War Memorial Opera House**, das **Veterans Building** (beide von Arthur Brown, 1932) sowie das älteste Gebäude im Civic Center, das **Bill Graham Civic Auditorium** (John Galen Howard, 1915).

Geschäftsgebäude

Architektonisch bedeutend sind zwei frühe Bürobauten von Willis Polk: das **Hallidie Building** (1917), das erste Gebäude der Welt mit Glasfassade, und die **Merchant's Exchange** (1906).

Als Art-déco-Gebäude mit einer Lobby aus rotem Marmor und Aluminium präsentiert sich Timothy Pfluegers **450 Sutter Street** (1929).

Das **Union Square Frank Lloyd Wright Building** (Xanadu Gallery) wurde 1949 von Wright erbaut. Der Innenraum windet sich zu einem Zwischengeschoss hoch. Die Fassade wird von einem tunnelartigen Eingang unterbrochen.

Auch die **Transamerica Pyramid** (265 m; William Pereira, 1972) ist ein gutes Beispiel für Büroarchitektur.

Reich verzierte Art-déco-Lobby, 450 Sutter Street

Moderne Architektur

Ein Vermächtnis des Baubooms der 1980er Jahre ist das **Marriott Hotel** (Anthony Lumsden, 1989), eines der unbeliebtesten Gebäude der Stadt. Die Projekte der 1990er Jahre stießen eher auf Zustimmung, etwa das **Yerba Buena Center for the Arts** (entworfen von Fumihiko Maki, 1993) und das **SF Museum of Modern Art** (Mario Botta, 1994).

Die originelle Fassade des San Francisco Museum of Modern Art

Architektur

450 Sutter St. **Stadtplan** 5 B4.
Alamo Square *S. 129.*
Asian Art Museum *S. 126.*
Bill Graham Civic Auditorium *S. 126.*
Carmel Mission *S. 186f.*
Center for the Arts *S. 114f.*
Church of Christ, Scientist. 2619 Dwight Way. Berkeley.
City Hall *S. 127.*
Clarke's Folly *S. 139.*
Cottage Row *S. 128.*
First Unitarian Church. 1187 Franklin St. **Stadtplan** 4 F4.
Goslinsky House. 3233 Pacific Ave. **Stadtplan** 3 C3.
Haas-Lilienthal House *S. 72.*
Hallidie Building. 130–150 Sutter St. **Stadtplan** 5 C4.
Jackson Sq Hist. District *S.110.*
Marriott Hotel *S. 215.*
Merchant's Exchange *S. 112.*
Mission Dolores *S. 137.*
Notre Dame des Victoires. 564–566 Bush St. **Stadtplan** 5 C4.
Octagon House *S. 75.*
Palace of Fine Arts *S. 60f.*
SF Museum of Modern Art *S. 118–121.*
St. Boniface Church. 133 Golden Gate Ave. **Stadtplan** 11 A1.
St. Paulus Lutheran Church. 999 Eddy St. **Stadtplan** 4 F5.
St. Stephen's Episcopal Church. 858–864 Fulton St. **Stadtplan** 4 E5.
Transamerica Pyramid *S. 111.*
Union Sq FL Wright Bldg *S. 45.*
Veterans Building *S. 127.*
War Memorial Opera House *S. 127.*

St. Paulus (Gotik)

St. Boniface (Romanik)

Notre Dame des Victoires (byzantinisch-romanisch)

Stadtplan *siehe Seiten 302–320*

Das Jahr in San Francisco

San Francisco erwacht im Frühjahr aus dem Winterschlaf. Die ersten grünen Blätter zeigen sich an den Bäumen, und die letzten Grauwale machen sich entlang der Küste auf den Weg nach Norden. Im Mai und Juni ist es oft warm, in der Bay kann man schon Windsurfer sehen. Im August breiten sich Morgennebel vom Meer her über die Stadt aus, doch im September kehrt das Sommerwetter zurück. Gegen Jahresende werden die Nächte kühl und klar, am Mount Diablo fällt gelegentlich Schnee. Auf den folgenden Seiten finden Sie die wichtigsten Ereignisse des Jahres.

Frühling

Das ist die richtige Jahreszeit, um Parkspaziergänge zu machen oder die vom nächtlichen Regen gewaschenen Straßen im Zentrum zu durchstreifen. Im April blühen die ersten Blumen in den Parks, nördlich und südlich der Golden Gate Bridge wachsen Wildblumen. Im Mai beteiligen sich Tausende am Bay to Breakers Run.

März

St. Patrick's Day Parade (*So um den 17. März*): Umzug auf der Market Street mit Gelagen in den Bars.
Bay Area Music Awards (*Anfang–Mitte März*): Ortsansässige Musiker werden von ihren Fans mit speziellen Preisen, »Bammies«, geehrt.

Farbenfrohe traditionelle Trachten beim japanischen Kirschblütenfest *(Apr)*

Ostern

Easter-Sunrise-Gottesdienst. Tausende Gläubige versammeln sich in der Morgendämmerung vor dem großen Kreuz auf dem Mount Davidson, dem höchsten Hügel der Stadt.

April

Cherry Blossom Festival (*Mitte–Ende Apr*): Das Kirschblütenfest lockt Tänzer, Trommler, Künstler und Handwerker aus der ganzen Bay Area an. Es findet im Japan Center (*siehe S. 128*) statt und ist mit farbenfrohen Darbietungen und einem Festumzug verbunden.
San Francisco International Film Festival (*Ende Apr–Anfang Mai*): zwei Wochen im Kabuki (*siehe S. 262*) und anderen Kinos. Es werden in- und ausländische Filme und zahlreiche amerikanische Erstaufführungen gezeigt.
Wildflower Walks. Freiwillige bieten sich als Führer durch die Naturgebiete von San Francisco an. Führungen werden vom Visitor Center der Marin Headlands (*siehe S. 174f*) vermittelt.
Eröffnung der Baseballsaison (*Ende Apr–Anfang Mai*): Die Sportfans können ab jetzt wieder ihre Baseballstars im AT&T Park oder Oakland Coliseum bestaunen.

Schillernde Karnevalskostüme im Mission District in San Francisco *(Mai)*

Mai

Bay to Breakers Run (*Ende Mai*): teils ernsthaftes, teils verrücktes Rennen in Kostümen, über 12,5 Kilometer vom Ferry Building zum Ocean Beach (*siehe S. 153*).

Beim Bay to Breakers Run *(Mai)*

Cinco de Mayo (*Anfang Mai*): populäres mexikanisches Volksfest mit Karneval im Civic Center und Veranstaltungen im Mission District.
Carnaval SF (*letztes Wochenende*): lateinamerikanisch-karibisches Fest mit Salsa und Reggae im Mission District.

DAS JAHR IN SAN FRANCISCO

Sonnenschein
Die sonnigsten Monate in San Francisco sind September und Oktober. Im Hochsommer ist es fast überall in der Bay Area wärmer und sonniger als in der Stadt. Im Napa Valley (siehe S. 190–193) und in den anderen Tälern ist es im Sommer brütend heiß und trocken.

Sommer

Golden Gate Bridge im Nebel

Nebel in der Stadt
Im Sommer ist Nebel am Nachmittag und Abend nicht ungewöhnlich. Er bildet sich weit draußen über dem Meer und zieht dann durch das Golden Gate. Teile der Stadt werden in kalte, feuchte Wolken gehüllt. Häufig ist der Nebel so dicht, dass die Temperatur innerhalb von wenigen Stunden um 10 °C sinken kann.

Mark Twain soll gesagt haben, dass der kälteste Winter, den er je erlebt habe, der Sommer in San Francisco gewesen sei. Im Juni und Juli wimmelt die Stadt von Besuchern, die sich oft darüber beschweren, dass die Kälte ihren ansonsten schönen Aufenthalt beeinträchtigt.

Juni

Lesbian and Gay Pride Day *(So Ende Juni):* die größte Festivität San Franciscos. Über 300 000 Menschen kommen jährlich zur Parade der Schwulen und Lesben in der Market Street und den entsprechenden Festlichkeiten im Civic Center.
Haight Street Fair *(Sa oder So Ende Juni):* Straßenfest auf der Haight Street mit Essensständen und Musikgruppen.
North Beach Festival *(Mitte Juni):* Kunstgewerbe, Bands und Essensstände im italienischen Viertel auf der Grant Avenue, Green Street und dem Washington Square.
Juneteenth *(Ende Juni):* afroamerikanisches Kulturfest mit Jazz und Blues am Lake Merritt in Oakland *(siehe S. 164).*

Juli

Feuerwerk zum 4. Juli. Pyrotechnisches Spektakel zur Feier des amerikanischen Unabhängigkeitstags am Ufer der Crissy Field National Recreation Area *(siehe S. 59)* und an der Golden Gate Bridge.
San Francisco Marathon *(Ende Juli):* Stadtlauf von der Golden Gate Bridge aus.

AT & T Park ist die Spielstätte des Baseballteams der Giants

August

Baseball *(Apr– Sep):* Die San Francisco Giants (AT & T Park) und Oakland Athletics (Network Associates Coliseum) spielen den ganzen Sommer über *(siehe S. 272).* Am Spieltag gibt es meist noch genügend Restkarten.
San Francisco Playwright Festival *(letzte Woche im Juli bis 1. Woche im Aug):* im Fort Mason Center *(siehe S. 74f).* Lesungen, Workshops und Aufführungen neuer Werke. Das Publikum kann in diversen Gesprächsveranstaltungen mit den beteiligten Künstlern über die Aufführungen diskutieren.

Lesben- und Schwulenparade auf dem Weg zum Civic Center *(Juni)*

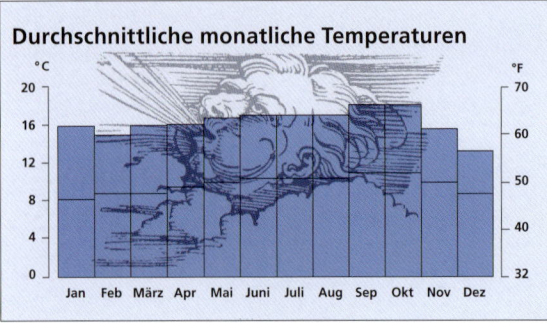

Durchschnittliche monatliche Temperaturen

Temperaturen
Die Grafik zeigt die durchschnittliche monatliche Höchst- bzw. Tiefsttemperatur. In San Francisco und der Bay Area ist das Klima das ganze Jahr über mild. Nur selten werden Temperaturen unter 4 °C oder über 21 °C gemessen.

Herbst

San Franciscos Bewohner erobern sich im September ihre Stadt wieder von den Besuchern zurück. Viele Festivals und Kulturveranstaltungen finden in Parks und Straßen statt. Gleichzeitig beginnt die Football-, Opern- und Konzertsaison.

September

49ers und Raiders Football *(Saisonbeginn im Sep):* verschiedene Arenen. Die Saison dauert bis Dezember/Januar, falls eines der Teams in die Play-offs kommt *(siehe S. 272).*

San Francisco Opera Opening Night. Die glamouröse Galaveranstaltung eröffnet die Opernsaison (von Sep bis Dez). Der traditionelle Ball findet im War Memorial Opera House *(siehe S. 264)* statt.

Fringe Festival *(Anfang–Mitte Sep):* Theaterfestival mit Vorstellungen alternativer bis ausgefallener Stücke.

Valley of the Moon Vintage Festival *(Ende Sep):* Sonoma. Ältestes Weinfest Kaliforniens auf der Sonoma Plaza.

Folsom Street Fair *(letzter So):* Wohltätigkeitsveranstaltung der Schwulen- und Lesbenszene, zwischen 11th und 17th Street. Es gibt u.a. Musik, Theater und Tanz. Alle Erlöse gehen an entsprechende Einrichtungen und Hilfsorganisationen.

Footballspieler der 49ers

Oktober

Castro Street Fair *(1. So):* Straßenfest. Eine der größten und ältesten Veranstaltungen der Stadt *(siehe S. 136).*

Columbus Day Parade *(So um den 12. Okt):* Festzug und Prozession auf der Columbus Avenue von North Beach nach Fisherman's Wharf.

Halloween *(31. Okt):* In dieser Herbstnacht feiern Tausende ausgelassen in Kostümen und treffen sich auf der Market und der Castro Street zum Zechen (was mittlerweile nicht mehr verboten ist).

Shakespeare in the Park *(Wochenenden nach dem Labor Day):* Gratis-Aufführungen im Golden Gate Park *(siehe S. 259).* Auf der Liberty Meadow wird ein Open-Air-Theater errichtet.

Columbus Day Parade (Okt)

Fleet Week *(Anfang Okt):* Fest der US-Marine mit Flugvorführungen der Blue Angels. Die Flotte nimmt Aufstellung an der Golden Gate Bridge.

Harvest Festival *(Ende Okt–Anfang Nov):* Erntedankgottesdienste und Veranstaltungen an den Wochenenden.

November

Día de los Muertos *(Tag der Toten, 2. Nov):* Mexikanisches Totengedenken mit nächtlichem Umzug durch den Mission District. Kostüme, Tanz und Essen.

San Francisco Jazz Festival *(Ende Okt–Anfang Nov):* Diverse Veranstaltungen mit Jazzgrößen *(siehe S. 266).*

The Big Game *(3. Sa):* Universitäres Football-Ereignis. Die California Bears spielen im Memorial Stadium gegen die Stanford Cardinals *(siehe S. 272).*

International Auto Show *(Ende Nov):* im Moscone Center *(siehe S. 114f).*

Mexikanischer Tag der Toten (2. Nov)

DAS JAHR IN SAN FRANCISCO

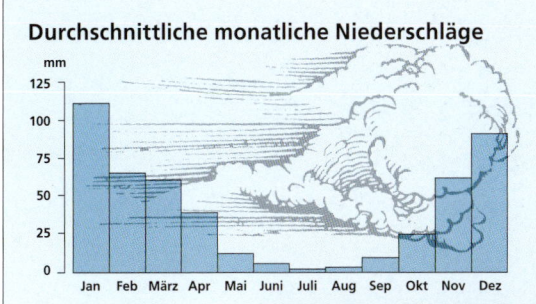

Niederschläge

In San Francisco gibt es jährlich bis zu 1200 Millimeter Niederschlag. Am häufigsten regnet es von November bis März, manchmal auch tagelang ohne Unterbrechung. Oft gibt es regelrechte Wolkenbrüche. Relativ trocken ist es von Mai bis September.

Winter

Am Tag nach dem Erntedankfest beginnt die Weihnachtszeit. Der Baum am Union Square wird beleuchtet, und in den Schaufenstern von Gump's *(siehe S. 116)* sitzen niedliche Haustiere. Die Grauwale machen sich auf den Weg von Alaska nach Mexiko.

Dezember

Christmas Displays. Weihnachtsschaufenster am Union Square *(siehe S. 116)*.
Der Nussknacker *(3. Wochenende)*: Aufführung des San Francisco Ballet im War Memorial Opera House *(siehe S. 264)*.
Sing-It-Yourself Messiah *(Anfang Dez)*: Unter der Leitung verschiedener Dirigenten singt das Publikum selbst.
Sing for your Life *(30. und 31. Dez)*: 24-Stunden-Singen, Grace Cathedral *(siehe S. 103)*.

Der Drache als Glückssymbol: chinesisches Neujahr in Chinatown *(Feb)*

Januar

Neujahrsschwimmen im Aquatic Park *(siehe S. 172f)*.
Russian Orthodox Christmas *(7. und 8. Jan)*: Gottesdienst in der Holy Virgin Cathedral *(siehe S. 63)*.
Grauwalwanderung *(Jan–Apr)*: Walbeobachtung an der Küste *(siehe S. 272)*.

Februar

Black History Month. Veranstaltungen der Afroamerikaner in der ganzen Stadt.
Chinese New Year Parade *(Anfang Feb)*: Festumzug mit einem bunten Drachen durch den Financial District und durch Chinatown *(siehe S. 94–100 und 107–121)*.

Feiertage

New Year's Day *(1. Jan)*
Martin Luther King Day *(3. Mo im Jan)*
Presidents Day *(3. Mo im Feb)*
Memorial Day *(letzter Mo im Mai)*
Independence Day *(4. Juli)*
Labor Day *(1. Mo im Sep)*
Columbus Day *(2. Mo im Okt)*
Election Day *(1. Di im Nov)*
Veterans Day *(11. Nov)*
Thanksgiving Day *(4. Do im Nov)*
Christmas Day *(25. Dez)*

Weihnachtsbaum und Dekoration bei Neiman Marcus

Die Stadtteile San Franciscos

Die 49-Meilen-Rundfahrt **54–55**

Presidio **56–67**

Pacific Heights und Marina **68–77**

Fisherman's Wharf
und North Beach **78–93**

Chinatown und Nob Hill **94–105**

Financial District
und Union Square **106–121**

Civic Center **122–129**

Haight-Ashbury
und Mission **130–141**

Golden Gate Park
und Land's End **142–157**

Abstecher **158–169**

Fünf Spaziergänge **170–181**

Die 49-Meilen-Rundfahrt

Hinweisschild

Die schöne Rundstrecke hat eine Länge von 49 Meilen (79 km) – daher der Name. Sie verbindet faszinierende Viertel und die wichtigsten Sehenswürdigkeiten miteinander. Leidenschaftlichen Autofahrern vermittelt sie einen guten Eindruck von der Stadt. Die Strecke ist ausgeschildert – orientieren Sie sich an den Hinweisschildern mit der Seemöwe. Einige Schilder werden von Pflanzen oder Gebäuden verdeckt. Für diese Rundfahrt sollten Sie einen Tag einplanen.

Marina Green ㉗
Von hier hat man einen schönen Blick auf die Golden Gate Bridge – ideal zum Fotografieren.

Palace of Fine Arts und **Exploratorium** ㉘ befinden sich nahe dem Eingang zum bewaldeten Presidio.

Stow Lake ⑨
Auf der Insel des malerischen Sees gibt es einen chinesischen Pavillon und einen Wasserfall. Man kann Boote mieten.

Die San Francisco Zoological Gardens ⑧ gehören zu den sechs besten Zoos der USA – mit der Gorilla World und dem Primatenforschungszentrum.

Twin Peaks ⑬
Von beiden Hügeln hat man einen fantastischen Blick auf die Stadt und die Bucht.

ROUTENINFOS

Start: *Sie können von überall losfahren. Fahren Sie allerdings gegen den Uhrzeigersinn.*
Zeiten: *Vermeiden Sie den Berufsverkehr (7–10, 16–19 Uhr). Viele Attraktionen sind Tag und Nacht gleichermaßen attraktiv.*
Parken: *Suchen Sie im Financial District, Civic Center, Japantown, Nob Hill, Chinatown, North Beach und Fisherman's Wharf Parkhäuser auf. Ansonsten können Sie auf der Straße parken.*
Rasten: *Es gibt an der Strecke viele Cafés, Bars und Restaurants (siehe S. 222–243).*

◁ Blick auf die Transamerica Pyramid *(siehe S. 111)*, das höchste Gebäude der Stadt

DIE 49-MEILEN-RUNDFAHRT

Das Civic Center ⑰ ist das Behörden- und Verwaltungszentrum der Stadt. Mittelpunkt ist ein rechteckiger Platz, der von Beaux-Arts-Gebäuden umgeben ist.

Das Maritime National Historical Park Visitors' Center ㉕ besitzt eine schöne Sammlung von Schiffsmodellen, Fotografien und Andenken. Am nahen Hyde Street Pier liegen Museumsschiffe.

Coit Tower ㉔
Der Turm auf dem Telegraph Hill über North Beach bietet eine Aussichtsplattform und großartige Wandmalereien.

Ferry Building ⑮
Das Gebäude mit dem markanten, 70 Meter hohen Turm überstand das Erdbeben von 1906.

LEGENDE

— 49-Meilen-Rundfahrt

※ Aussichtspunkt

Grant Avenue in San Franciscos Chinatown *(siehe S. 99)*

Sehenswürdigkeiten auf einen Blick

① Presidio *S. 62*
② Fort Point *S. 62*
③ Land's End *S. 157*
④ Legion of Honor *S. 156f*
⑤ Sutro Heights Park *S. 157*
⑥ Cliff House *S. 157*
⑦ Queen Wilhelmina Tulip Garden *S. 153*
⑧ San Francisco Zoological Gardens *S. 160*
⑨ Stow Lake *S. 152*
⑩ Conservatory of Flowers *S. 152*
⑪ Haight-Ashbury *S. 134*
⑫ Sutro Tower *S. 139*
⑬ Twin Peaks *S. 139*
⑭ Mission Dolores *S. 137*
⑮ Ferry Building *S. 112*
⑯ Embarcadero Center *S. 110*
⑰ Civic Center *S. 124f*
⑱ St. Mary's Cathedral *S. 128*
⑲ Japan Center *S. 128*
⑳ Union Square *S. 116*
㉑ Chinatown Gateway *S. 98*
㉒ Grace Cathedral *S. 103*
㉓ Cable Car Museum *S. 103*
㉔ Coit Tower *S. 93*
㉕ Maritime National Historical Park Visitors' Center *S. 83*
㉖ Fort Mason *S. 74f*
㉗ Marina Green *S. 75*
㉘ Palace of Fine Arts und Exploratorium *S. 60f*

Presidio

Die attraktive Parkanlage bietet eine grandiose Aussicht auf die San Francisco Bay und die Golden Gate Bridge. Presidio wurde 1776 als spanischer Außenposten angelegt und diente lange Zeit als Militärstützpunkt. 1994 ging das Areal in den Besitz des National Park Service über und ist nun ein Ort mit unterschiedlichen Attraktionen. Besucher können Geschütze aus dem Bürgerkrieg sowie Exerzierplätze und Kasernen aus dem 19. Jahrhundert besichtigen – oder einfach im Wald spazieren gehen. In diesem Paradies für Tiere wachsen Kiefern und Eukalyptusbäume. Durch den Park gelangt man zum Baker Beach. Im Osten liegt der Palace of Fine Arts.

Kanone in Fort Point

Sehenswürdigkeiten auf einen Blick

Historische Straßen und Gebäude
Clement Street ❽
Golden Gate Bridge S. 64–67 ❺
Palace of Fine Arts und Exploratorium *S. 60f* ❶
Presidio Officers' Club ❸

Museen und Sammlungen
Fort Point und Crissy Field ❹
The Walt Disney Family Museum ❷

Kirchen und Tempel
Holy Virgin Cathedral ❼
Temple Emanu-El ❾

Strand
Baker Beach ❻

LEGENDE
Detailkarte *siehe S. 58f*

0 Meter 750
0 Yards 750

Anfahrt
Der Bus 29 hält zwar an den Hauptsehenswürdigkeiten, doch man erkundet die Gegend am besten mit Auto oder Fahrrad. Bus 43 aus Haight-Ashbury fährt in den Ostteil, Bus 28 entlang der nördlichen Grenze.

◁ Die Golden Gate Bridge *(siehe S. 64–67)* vom Baker Beach aus gesehen

Tour durch Presidio

Presidio-Park-Schild

Die üppige Vegetation des Presidio täuscht über seine militärische Vergangenheit hinweg. Durch seine Lage spielte das Gebiet eine Schlüsselrolle für das Wachstum der Stadt. Es wurde schon frühgeschichtlich besiedelt. Überreste wie Kasernen erinnern an die Militärvergangenheit. Das Netz von Rad- und Wanderwegen umfasst 39 Kilometer. Ein kostenloser Shuttlebus hält an 40 Stellen. Von der Nordostecke aus überspannt die Golden Gate Bridge die Bucht.

Fort Point
Die massive Festung schützte das Golden Gate im Bürgerkrieg 1861–65. Heute ist sie Nationaldenkmal. ❹

Golden Gate Bridge Visitor Gift Center

Gulf of Farallones National Marine Sanctuary Visitor Center

★ Golden Gate Bridge
Die Brücke von 1937 hat eine Hauptstützweite von 1280 Metern. ❺

Der Marine Drive führt palmengesäumt am Meer entlang.

Beginn des Küstenwegs

Lobos Creek ist ein schmaler Fluss, der den Presidio mit Trinkwasser versorgt.

Baker Beach
Der schönste und beliebteste Strand San Franciscos liegt an der Westecke des Presidio. ❻

Der Tierfriedhof wurde ursprünglich nur für die Wachhunde der Armee benutzt. Seit 1945 werden hier Haustiere begraben.

Restaurants auf dem Presidio siehe Seite 228

TOUR DURCH PRESIDIO

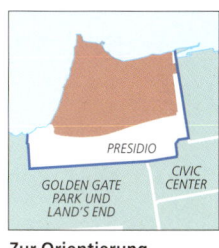

Zur Orientierung
Siehe Stadtplan 2 & 3

Crissy Field wurde 1915 dem Marschland für die Panama-Pazifik-Ausstellung abgetrotzt. 1919–36 wurde es als Flugplatz genutzt. Heute ist es Erholungsgebiet.

Auf dem San Francisco National Cemetery liegen rund 30 000 amerikanische Soldaten bestattet.

The Walt Disney Family Museum

★ **Palace of Fine Arts und Exploratorium**
Der als römische Ruine angelegte Bau beherbergt heute das Wissenschaftsmuseum Exploratorium. ❶

Der Öko-Pfad beginnt am Inspiration Point beim Arguello Gate.

Golfplatz

Der Exerzierplatz wurde 1776 angelegt. Um ihn herum stehen Kasernen von 1880 und Offiziersquartiere aus dem Bürgerkrieg.

Mountain Lake wird von einer Quelle gespeist. Die einstige Festung wurde 1776 in der Nähe errichtet.

Presidio Officers' Club
Der Club entstand auf den Überresten des alten spanischen presidio. Bis 2013 ist er wegen Renovierung geschlossen. ❸

Captured Cannon
Die Kanone (19. Jh.) aus dem Spanisch-Amerikanischen Krieg blieb erhalten.

NICHT VERSÄUMEN
★ Golden Gate Bridge
★ Palace of Fine Arts

Stadtplan *siehe Seiten 302–320*

Palace of Fine Arts und Exploratorium ❶

Der Palace of Fine Arts ist der einzige erhaltene Bau aus einer Reihe von Monumentalbauten für die Panama-Pazifik-Ausstellung 1915 *(siehe S. 30f)*. Mit dem Exploratorium ist hier das interessanteste Wissenschaftsmuseum der USA untergebracht. Es wurde 1969 von dem Physiker Frank Oppenheimer, dessen Bruder beim Bau der Atombombe mitwirkte, eingerichtet und besitzt Hunderte interaktiver Exponate, ein Webcast-Studio und ein Mikroskop-Zentrum.

Figur vom Sockel der Rotunda

★ **Rotunda**
Die Kuppel besitzt einen achteckigen Säulengang.

Gedenken
Das Areal ist Achtung, Mitgefühl und Gerechtigkeit gewidmet.

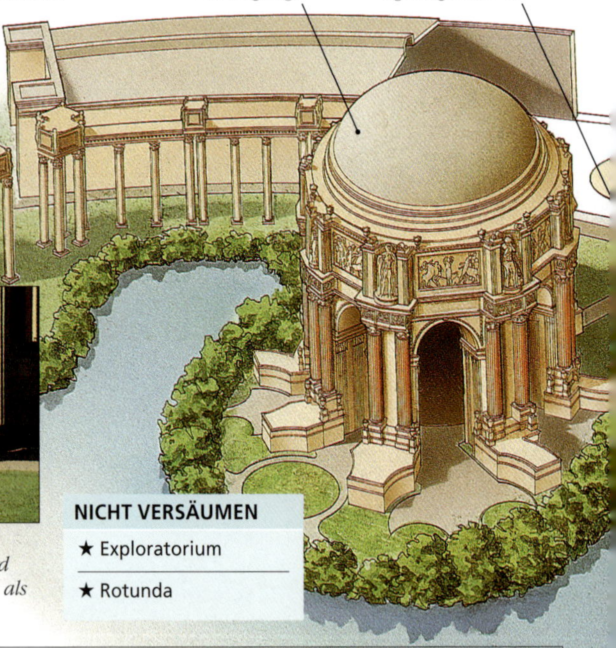

Klassische Details
Korinthische Säulen und Reliefskulpturen dienen als Kulisse für die Gärten.

NICHT VERSÄUMEN

★ Exploratorium

★ Rotunda

Bau des Palace of Fine Arts

Der neoklassizistische Palace of Fine Arts ist eine der bekanntesten Bauten San Franciscos. Er wurde von dem berühmten Bay-Area-Architekten Bernard R. Maybeck entworfen. Der markante Bau besteht aus der Rotunda am Rand einer Lagunenlandschaft und wird von einem offenen Gang sorgfältig ausgearbeiteter korinthischer Säulen flankiert. Er war als melancholische Erinnerung an vergangene Größe gedacht, inspiriert durch Piranesis barocke Radierungen und das bekannte Gemälde *Toteninsel* des Schweizer Malers Arnold Böcklin.

Das Gebäude wurde einzig für die Ausstellung errichtet. Man verwendete daher preiswerte Materialien wie Holz und Gips. Die Gesamtkosten beliefen sich auf 700 000 US-Dollar. Es blieb vom Abriss verschont, bröckelte allerdings bis 1962 vor sich hin. Dann wurde es mit Beton wiederaufgebaut.

Bernard Maybeck

Der Palace of Fine Arts im Zustand des Verfalls

Restaurants auf dem Presidio *siehe Seite 228*

PALACE OF FINE ARTS UND EXPLORATORIUM

Sehen
Hier erleben Sie optische Illusionen und lernen, wie das Auge funktioniert.

INFOBOX
3601 Lyon St, Marina District.
Stadtplan 3 C2, **Karte** H2.
🚌 22, 29, 30, 43, 45, 47, 49.
Exploratorium 561-0360.
Tactile Dome 561-0362.
◯ Di–So 10–17 Uhr, in den Ferien auch Mo (frühzeitig buchen). ● Thanksgiving, 25. Dez.
1. Mi im Monat frei.
www.exploratorium.edu

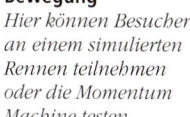

Bewegung
Hier können Besucher an einem simulierten Rennen teilnehmen oder die Momentum Machine testen.

Tactile Dome (Tastkuppel)

Elektrizität und Magnetismus
Hitze und Temperatur
Ton und Gehör
Komplexität
Biowissenschaften
Pendel

★ Exploratorium
Hunderte von Exponaten fordern die Besucher auf, die Welt der Wissenschaft und die eigenen Sinne zu entdecken.

Kurzführer
Die Ausstellung ist in fünf große Bereiche auf einer Haupt- und Zwischenebene aufgeteilt. Im Tactile Dome (Tastkuppel) ist es stockfinster. Man muss sich hindurchtasten und hindurchkriechen.

McBean Theater   **Eingang**   **Atelier**, in dem Ausstellungsbauten entstehen.

Farbige Schatten
Hier können Besucher mit ihrem Schatten aus den Primärfarben neue Schattenfarben kreieren.

LEGENDE
- ▢ Sehen
- ▢ Bewegung
- ▢ Elektrizität und Magnetismus
- ▢ Hitze und Temperatur
- ▢ Biowissenschaften
- ▢ Ton und Gehör
- ▢ Komplexität
- ▢ Pendel

Stadtplan *siehe Seiten 302–320*

Palace of Fine Arts und Exploratorium ❶

Siehe S. 60f.

Historische Kasernen, Presidio

The Walt Disney Family Museum ❷

104 Montgomery St. **Stadtplan** 3 A2, **Karte** G3. 345-6800. Mi–Mo 10–18 Uhr. 1. Jan, 4. Juli, 25. Dez. www.waltdisney.org

Das 2009 eröffnete Museum dokumentiert Leben und Werk Walt Disneys (1901–1966). Zehn interaktive Abteilungen zeigen Filmausschnitte, Storyboards und Drehbücher, die Disneys einzigartige Karriere beleuchten. Zu sehen ist Hollywoods erster Zeichentrickfilm in Spielfilmlänge und frühe Skizzen zu Mickey Mouse. Daneben finden sich Memorabilien wie private Fotos und Filme.

Presidio Officers' Club ❸

50 Morage Ave. **Stadtplan** 3 A2, **Karte** G3. 29. tägl. 9–17 Uhr. Feiertage.

Der Offiziersclub wurde im spanischen Missionsstil (siehe S. 46) gebaut. Er befindet sich an der Südwestecke der Plaza de Armas und überblickt den Exerzierplatz bei den Kasernen. Beim Bau in den 1930er Jahren wurden die Adobe-Reste der spanischen Mission (18. Jh.) verwendet.

Fort Point und Crissy Field ❹

Marine Drive. **Stadtplan** 2 E1, **Karte** E1. 556-1693. Do–Mo 10–17 Uhr. teilweise.

Die Festung wurde 1861 von der US-Armee fertiggestellt. Sie sollte die San Francisco Bay schützen und die Schiffe verteidigen, die mit dem Gold der kalifornischen Minen beladen waren. Fort Point ist unter den vielen Festungen an der Küste die berühmteste. Sie ist ein klassisches Beispiel für die Backsteinbauweise vor dem Bürgerkrieg. Doch sie war schnell veraltet: Die drei Meter dicken Wände hätten modernen Waffen nie standgehalten. 1900 wurde sie aufgelöst.

Backsteingewölbe sind in San Francisco relativ ungewöhnlich, da es Holz im Überfluss gab und deshalb Holzkonstruktionen den Vorrang hatten. Vielleicht hat dieser Umstand die Festung beim Erdbeben von 1906 gerettet (siehe S. 28f). Beinahe wäre sie dann in den 1930er Jahren dem Bau der Golden Gate Bridge zum Opfer gefallen, doch sie überstand auch dies und ist heute ein beliebter Aussichtspunkt für den Blick auf die Brücke. Die Mitarbeiter des Nationalparks (in Bürgerkriegsuniformen) bieten Führungen an.

Crissy Field war früher Marschland. Nach 200 Jahren als Militärgebiet wurde es in einen Erholungs- und Themenpark umgewandelt. Das Crissy Field Center bietet ein attraktives Programm, darunter viele Aktivitäten für Kinder: von Wanderungen bis zu Drachensteigenlassen.

Golden Gate Bridge ❺

Siehe S. 64–67.

Blick auf die Golden Gate Bridge vom Baker Beach

Baker Beach ❻

Stadtplan 2 D4, **Karte** D3–4. tägl. bis Sonnenuntergang.

Er ist der größte und beliebteste Strand der Stadt und wird von Sonnenanbetern überschwemmt. Wegen des kalten Wassers und der starken Strömungen ist Baker Beach als Badestrand nicht geeignet, doch man kann hier gut spazieren gehen oder angeln. Auf den Klippen gibt es Kiefern- und Zypressenwälder sowie eine Geschützstellung von 1904: Battery Chamberlin. Am ersten Wochenende im Monat führen Parkmitarbeiter die »verschwindende Kanone« vor, die hinter einer dicken Mauer abgesenkt und wieder heraufgeholt werden kann.

Kanone im Hof von Fort Point

Restaurants auf dem Presidio siehe Seite 228

Holy Virgin Cathedral ❼

6210 Geary Blvd. **Stadtplan** 8 D1, **Karte** D5. 221-3255. 2, 29, 38. tägl. 8, 18 Uhr.
www.sfsobor.com

Goldglänzende Zwiebeltürme krönen die russisch-orthodoxe Kathedrale der Heiligen Jungfrau, die der russischen Exilgemeinde gehört. Sie ist ein markanter Orientierungspunkt im Richmond District. Die Anfang der 1960er Jahre gebaute Kirche ist nur während der Gottesdienste geöffnet. Im Gegensatz zu anderen Riten müssen hier die Besucher während der Messe stehen. Es gibt keine Stühle oder Bänke.

Die Kathedrale und die russischen Geschäfte, darunter auch das Restaurant Russian Renaissance, liegen im Zentrum von San Franciscos russischem Viertel *(siehe S. 41)*. Das seit 1820 stetig wachsende Areal hatte vor allem nach der Russischen Revolution von 1917 und nochmals in den späten 1950er und 1980er Jahren großen Zulauf.

Die russisch-orthodoxe Holy Virgin Cathedral

Clement Street ❽

Stadtplan 1 C5, **Karte** C5. 2, 28, 29, 44.

Die Clement Street ist die lebhafte Hauptstraße des ansonsten eher gemütlichen Richmond District. Hier gibt es Buchhandlungen und kleine Boutiquen. Beliebte Treffpunkte sind die vielen Kneipen, Fast-Food-Cafés und Spezialitätenrestaurants. Die Kundschaft besteht überwiegend aus Einheimischen. Clement Street ist von New Chinatown umgeben, in dem ein Drittel der chinesischen Bevölkerung San Franciscos wohnt. Deshalb findet man hier auch eine Reihe der besten chinesischen Restaurants der Stadt, wobei meist südostasiatisch gekocht wird. Gleichwohl ist das Viertel für seine abwechslungsreiche Küche bekannt, denn es gibt nicht nur asiatische, sondern auch peruanische, russische und französische Restaurants. Die Clement Street führt vom Arguello Boulevard zu den nordöstlichen Querstraßen, den »Avenues«. Die Straße endet nahe der Legion of Honor *(siehe S. 156f)*.

Temple Emanu-El mit dem Heiligen Schrein

Temple Emanu-El ❾

Lake St, Ecke Arguello Blvd. **Stadtplan** 3 A4, **Karte** G4. 751-2535. Di–Do 13–15 Uhr (nur Führungen). www.emanuelsf.org

Nach dem Ersten Weltkrieg zogen Hunderte Juden aus Russland und anderen Ländern Osteuropas nach Richmond und errichteten hier ihre Gotteshäuser, die immer noch Wahrzeichen der jüdischen Gemeinde San Franciscos sind. Zu ihnen gehört die Synagoge Emanu-El, deren Kuppel an Istanbuls Hagia Sophia (6. Jh.) erinnert. Der majestätische Bau wurde 1925 für die älteste jüdische Gemeinde der Stadt (seit 1850) gebaut. Der Architekt Arthur Brown entwarf auch das Rathaus *(siehe S. 125)*. Emanu-El ist eine eigenartige kalifornische Mischung aus Missionsstil *(siehe S. 46)*, byzantinischen Ornamenten, romanischen Arkaden und roter Ziegelkuppel. Der Innenraum fasst gut 2000 Gläubige und wirkt besonders schön, wenn die Sonne durch die erdfarbenen Bleiglasfenster fällt.

Stadtplan siehe Seiten 302–320

Golden Gate Bridge ❺

Sie ist nach dem natürlichen Eingang zur San Francisco Bay benannt, dem John Fremont 1844 den Namen »Golden Gate« gab: Die Golden Gate Bridge verbindet seit 1937 die Stadt mit Marin County. Das Wahrzeichen mit der atemberaubenden Aussicht hat sechs Fahrbahnen und einen Fußweg. Der Bau ist die neuntgrößte von nur einem Spannbogen getragene Brücke. Bei ihrem Bau war sie die weltweit längste Hängebrücke.

Brückenarbeiter mit Schutzmaske

Die Länge der Brücke beträgt 2,7 Kilometer, die Spannweite des Zentralteils 1,28 Kilometer.

Fundamente
Der Bau der Fundamente war eine sehr aufwendige Arbeit. Der Südpfeiler wurde 345 Meter vor der Küste 30 Meter tief ins offene Meer versenkt.

- 20 Meter dickes Pfeilerfundament
- 47 Meter hoher Betonmantel
- Stützendes Eisengerüst

Die Fahrbahn liegt 67 Meter über dem 97 Meter tiefen Meer.

Taucher
Für das Fundament des Südpfeilers sprengten Taucher mit Dynamit sechs Meter tiefe Löcher in den Meeresboden.

Betonmantel
Beim Bau wurde der Südpfeiler mit einem Betonmantel vor den Gezeiten geschützt. Dann wurde Wasser abgepumpt, um ein riesiges, wasserdichtes »Schließfach« zu schaffen.

GOLDEN GATE BRIDGE

Fahrbahn
Die stahlverstärkte Betonfahrbahn wurde von den Türmen aus zur Mitte hin gebaut, damit der Zug auf die Stahlseile gleichmäßig verteilt war.

INFOBOX

Stadtplan 2 E1, **Karte** E1.
923-2000. 2, 4, 20, 28, 29, 34, 70, 76. 🅿 📷 🍴 🛍
◐ tägl. ♿ **Aussichtsareal. Fußgänger/Radfahrer** tägl. östl. Fußweg. **Toll Plaza** nur für Autos in Südrichtung (6 $ Maut pro Auto). **www**.goldengate.org

Bau der Türme
Die Zwillingsstahltürme sind hohl und ragen 227 Meter in die Höhe.

Nietenfang
Ein Arbeiter erhitzte die Nieten und warf sie einem zweiten zu, der sie im Eimer auffing. Zwei weitere Arbeiter befestigten die Stahlteile mit den heißen Nieten.

Joseph B. Strauss
Der Bauingenieur Joseph B. Strauss aus Chicago gilt offiziell als Planer der Brücke. Er wurde dabei von Charles Ellis unterstützt. Irving F. Morrow war beratender Architekt.

ZEITSKALA

1933	1934	1935	1936	1937
Januar Beginn der Verankerungen der Pfeiler mitsamt dem Gerüst	**Oktober** Die Arbeit an den Türmen beginnt	**Dezember** Der San-Francisco-Pfeiler ist fertig	**Juni** Fertigstellung der Türme	**Juni** Stahlkabelverlegung beendet; Beginn des Fahrbahnbaus
			Juli Erste Stahlkabel werden gezogen	**April** Fertigstellung der Fahrbahn
Februar Beginn der Bodenarbeiten	**Juni** Ein Schiff zerstört Teile des Gerüsts	**Mai** Der Marin Tower ist vollendet	**Juli** Erstes Stahlseil über dem Golden Gate	**Mai** Einweihung
		Richtfest auf dem Marin Tower	**Juni** Erdbeben erschüttert die Türme	**September** Letztes Seil der Hängekonstruktion	**Februar** Letzte Niete wird gesetzt

Stadtplan siehe Seiten 302–320

Einweihung der Brücke

Die Golden Gate Bridge, deren Bau viele für unmöglich hielten, wurde nicht nur termingerecht fertig, sondern kostete sogar weniger als geplant. Joseph B. Strauss hatte zur Zeit der Großen Depression eine breite finanzielle Unterstützung für sein 35 Millionen Dollar teures Projekt gefunden. Zur Eröffnung erklangen alle Glocken und Sirenen in San Francisco und im Marin County.

Erste Überquerung
Am 28. Mai 1937 um 9.30 Uhr wurde die Brücke eröffnet. Ein Konvoi schwarzer Limousinen überquerte sie.

Menschenmassen am Einweihungstag
Schon am 27. Mai 1937 wurde die Brücke für Fußgänger geöffnet. Ein großes Polizeiaufgebot hielt 18 000 Menschen an den Schranken zurück.

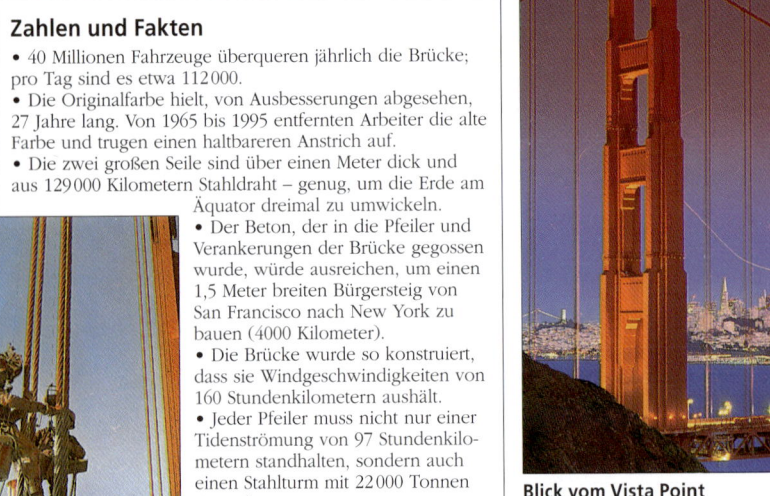

Zahlen und Fakten

- 40 Millionen Fahrzeuge überqueren jährlich die Brücke; pro Tag sind es etwa 112 000.
- Die Originalfarbe hielt, von Ausbesserungen abgesehen, 27 Jahre lang. Von 1965 bis 1995 entfernten Arbeiter die alte Farbe und trugen einen haltbareren Anstrich auf.
- Die zwei großen Seile sind über einen Meter dick und aus 129 000 Kilometern Stahldraht – genug, um die Erde am Äquator dreimal zu umwickeln.
- Der Beton, der in die Pfeiler und Verankerungen der Brücke gegossen wurde, würde ausreichen, um einen 1,5 Meter breiten Bürgersteig von San Francisco nach New York zu bauen (4000 Kilometer).
- Die Brücke wurde so konstruiert, dass sie Windgeschwindigkeiten von 160 Stundenkilometern aushält.
- Jeder Pfeiler muss nicht nur einer Tidenströmung von 97 Stundenkilometern standhalten, sondern auch einen Stahlturm mit 22 000 Tonnen Gewicht stützen.

Arbeiter beim ersten Brückenanstrich

Blick vom Vista Point
Von der Marin-County-Seite aus hat man den besten Blick auf Brücke und Stadt.

GOLDEN GATE BRIDGE

Goldene Niete
Am 28. April 1937 schlug Joseph B. Strauss im Mittelteil der Brücke eine goldene Niete ein. Präsident Roosevelt leitete die Zeremonie per Telegrafie vom Weißen Haus aus ein.

Brückenzoll
Bis zu 600 Autos pro Stunde passieren in der Rush Hour die Mautstelle.

Verankerungen
Die Verankerungsblöcke für die ein Meter dicken Seile wurden auf stabilem Grund in Lime Point (Marin County) gefertigt.

Die Seile sind an Hunderten von in Beton eingebetteten Stahlstangen befestigt.

Jede Verankerung muss die Zugkraft von 29 Millionen Kilogramm aushalten.

Der Beton, der in zwei tiefe Löcher gegossen wurde, verhärtete sich zu Blöcken à 50 000 Tonnen.

Pacific Heights und Marina

Pacific Heights ist ein wohlhabendes Viertel, das sich 100 Meter über die Stadt erhebt. Die Gegend wurde um 1880 erschlossen, nachdem es durch die Cable Cars eine Verbindung zum Zentrum gab. Wegen des fantastischen Ausblicks wurde das Areal zur beliebten Wohngegend. Entlang den Alleen stehen viktorianische Häuser. Die meisten sind in Privatbesitz und nicht öffentlich zugänglich, nur das im Queen-Anne-Stil errichtete Haas-Lilienthal House kann besichtigt werden. Alle Häuser wurden auf dem Marschland gebaut, das für die Panama-Pazifik-Ausstellung trockengelegt wurde *(siehe S. 72)*. Pacific Heights vermittelt das Ambiente eines mondänen Seebads mit eleganten Geschäften, gut besuchten Cafés und zwei angesehenen Yachtclubs.

Fort-Mason-Logo

Sehenswürdigkeiten auf einen Blick

Historische Straßen und Gebäude
Convent of the Sacred Heart ❻
Cow Hollow ❽
Fort Mason ❶❺
Haas-Lilienthal House ❶
Octagon House ❶❶
Spreckels Mansion ❷
Wave Organ ❶❹

Parks und Gärten
Alta Plaza ❹
Lafayette Park ❸
Marina Green ❶❸

Kirchen und Tempel
Church of St. Mary the Virgin ❾
Trinity Episcopal Church ❼
Vedanta Temple ❿

Shopping-Meilen
Chestnut Street ❶❷
Fillmore Street ❺

LEGENDE
Detailkarte *siehe S. 70f*
Cable-Car-Endstation

Anfahrt
Die Muni-Busse 1 und 12 befahren Sacramento und Pacific Street. Die Cable-Car-Linie endet nahe dem Lafayette Park. Die Buslinien 41 und 45 verkehren auf der Union Street zur Marina. Linie 22 bedient die Fillmore Street.

◁ Detail der Südfassade von Spreckels Mansion *(siehe S. 72)*, Washington Street

Im Detail: Pacific Heights

Spielzeughase im Haas-Lilienthal House

Die Häuser zwischen Alta Plaza und Lafayette Park bilden das Herz von Pacific Heights. Die ruhigen Straßen werden von Apartmenthäusern und Luxusvillen gesäumt. Einige stammen aus dem 19. Jahrhundert, andere wurden nach dem Brand von 1906 gebaut *(siehe S. 28f)*. Im Norden des Viertels fallen die Straßen steil zum Marina District ab. Von hier aus bietet sich eine schöne Aussicht auf die Bucht. Beide Parks sind ideal für Spaziergänge. Danach kann man in einer der Bars, einem Café oder Restaurant in der Fillmore Street relaxen.

Der Blick von der Alta Plaza geht nach Norden die hügelige Pierce Street hinab und umfasst den Marina District – eine Aussicht, die zum Fotografieren verlockt.

Washington Street im Osten der Alta Plaza besitzt einen ganzen Block an viktorianischen Häusern in verschiedenen Stilen.

★ Alta Plaza
In dem um 1850 angelegten Park gibt es Spiel- und Tennisplätze mit Aussicht. ❹

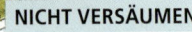
Bus 12

0 Meter 100
0 Yards 100

NICHT VERSÄUMEN

★ Alta Plaza

★ Spreckels Mansion

LEGENDE

--- Routenempfehlung

In der Webster Street stehen einige denkmalgeschützte Reihenhäuser. Sie wurden 1878 für die kaufkräftige Mittelschicht errichtet.

Hotels und Restaurants in Pacific Heights und Marina *siehe Seiten 210f und 228–230*

PACIFIC HEIGHTS

★ Spreckels Mansion
Der beeindruckende Kalksteinbau hatte eine französische Barockvilla zum Vorbild. Seit 1990 wohnt hier die Bestsellerautorin Danielle Steel. ❷

2004 Gough Street ist eines der kunstvolleren viktorianischen Häuser (1889).

Zur Orientierung
Siehe Stadtplan 3 & 4

Busse 47, 76

Lafayette Park
Der Park bietet einen schönen Blick auf die umliegenden viktorianischen Häuser. ❸

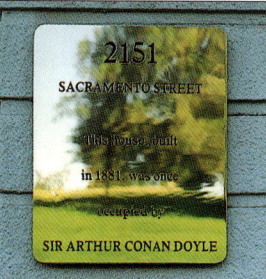

2151 Sacramento Street ist eine Villa im französischen Stil. Eine Tafel erinnert an den Besuch des Schriftstellers Sir Arthur Conan Doyle im Jahr 1923.

Haas-Lilienthal House
Das mit viktorianischem Mobiliar eingerichtete Haus ist Sitz der Architectural Heritage Foundation. ❶

Stadtplan siehe Seiten 302–320

Haas-Lilienthal House ❶

2007 Franklin St. **Stadtplan** 4 E3, **Karte** L3. ☎ 441-3000. 🚌 1, 19, 27, 47, 49, 83. ⊙ Touren Mi, Sa 12–15, So 11–16 Uhr (Zeiten können variieren). ♿ 📷 🌐
www.sfheritage.org/house

Das stattliche Haus im Queen-Anne-Stil *(siehe S. 76f)* wurde 1886 für den Kaufmann William Haas gebaut. Seine Tochter, Alice Lilienthal, lebte hier bis 1972. Per Schenkung kam es zur Foundation for San Francisco's Architectural Heritage. Es ist das einzige Privathaus jener Zeit, das als Museum zugänglich ist. Das Haus mit Holzgiebeln, Rundtürmchen und Verzierungen ist noch mit dem Originalmobiliar bestückt und ein anschauliches Beispiel für ein viktorianisches Wohnhaus des gehobenen Bürgertums.

Eine Fotoausstellung dokumentiert die Baugeschichte und zeigt, dass sich das Haus im Vergleich zu einigen der beim Brand von 1906 *(siehe S. 28f)* zerstörten Gebäude recht bescheiden ausnimmt.

Haas-Lilienthal House von 1886 im Queen-Anne-Stil

Spreckels Mansion ❷

2080 Washington St. **Stadtplan** 4 E3, **Karte** L3. 🚌 1, 47, 49. ● nicht zugänglich.

Die imposante Beaux-Arts-Villa *(siehe S. 47)* dominiert die Nordseite des Lafayette Park. Das »Parthenon des Westens« genannte Gebäude wurde 1912 für die extravagante Alma de Bretteville Spreckels und ihren Mann Adolph, einen »Zuckerkönig« aus den Zeiten des Goldrauschs *(siehe S. 24f)*, gebaut. Heute ist es in Privatbesitz. Es nimmt einen ganzen Block der Octavia Street ein, die im Stil der kurvenreichen Lombard Street *(siehe S. 88)* gestaltet ist. Der Architekt George Applegarth entwarf 1916 auch die Legion of Honor *(siehe S. 156f)*, die die Spreckels 1924 der Stadt schenkten.

Das beeindruckende Spreckels Mansion am Lafayette Park

Lafayette Park ❸

Stadtplan 4 E3, **Karte** L4. 🚌 1, 12.

Der Lafayette Park mit seinen Kiefern und Eukalyptusbäumen ist einer der schönsten Parks der Stadt. Er täuscht jedoch über die turbulente Vergangenheit hinweg. Wie Alta Plaza und Alamo Square wurde er 1855 als öffentlicher städtischer Grund ausgewiesen. Doch einige Bürger, darunter auch ein städtischer Rechtsanwalt, beanspruchten das Areal und bauten hier Häuser. Das größte thronte

Ferry Building zur Zeit der Ausstellung

Panama-Pazifik-Ausstellung (1915)

Mit einer gigantischen Ausstellung *(siehe S. 30f)* feierte die Stadt ihre Wiederauferstehung nach dem Erdbeben von 1906. Ein weiterer offizieller Anlass war die Eröffnung des Panamakanals. Das Ausstellungsgelände sollte das größte der Welt werden. Ein Besucher beschrieb es als »Miniatur-Konstantinopel«. Das Bauland für die Messehallen und Pavillons wurde der Bucht abgetrotzt. Heute gehört das Gelände zum Marina District. Die Ausstellungsgebäude wurden von allen US-Bundesstaaten und 25 Nationen gestiftet und auf einem Gelände von 1,6 Kilometern Länge aufgebaut. Viele der Bauten orientierten sich an architektonischen Meisterwerken wie türkischen Moscheen oder buddhistischen Tempeln in Kyoto. Der Tower of Jewels im Zentrum des Geländes war mit Glasperlen übersät. Zum Palace of Fine Arts *(siehe S. 60f)*, dem einzigen heute noch erhaltenen Gebäude, fuhren die Besucher in Gondeln über eine Lagune.

Blick auf das Gelände der Panama-Pazifik-Ausstellung

bis 1936 direkt auf dem Gipfel. Der Hausherr weigerte sich umzuziehen. Nachdem ihm die Stadt ein Ausweichgelände in der Gough Street angeboten hatte, wurde das Haus abgerissen. Steile Stufen führen jetzt zum Aussichtspunkt des Parks. In den umliegenden Straßen stehen wahre Paläste. Schöne Gebäude findet man auf dem Broadway, in der Jackson Street und Pacific Avenue (in Ost-West-Richtung) sowie in der Gough, Octavia und Laguna Street (in Nord-Süd-Richtung).

Alta Plaza ❹

Stadtplan 4 D3, **Karte** K4.
🚌 1, 3, 12, 22, 24.

Alta Plaza ist ein wunderschön angelegter Stadtpark im Zentrum von Pacific Heights. Hier sucht die urbane Elite Erholung. Eine verwinkelte Treppe führt von der Clay Street zur Südseite des Parks hinauf, von wo aus man eine grandiose Aussicht hat. Vielleicht kommt Ihnen die Treppe bekannt vor – Barbra Streisand fuhr in dem Film *Is' was, Doc?* hier hinunter. Im Park gibt es Spiel- und Tennisplätze. Von der Nordseite blickt man auf einige Villen, darunter auf das von Willis Polk 1894 erbaute Gibbs House in der Jackson Street Nr. 2622.

Fillmore Street ❺

Stadtplan 4 D4, **Karte** K4. 🚌 1, 2, 3, 4, 22, 24.

Die Fillmore Street überstand das Erdbeben von 1906 *(siehe S. 28f)* fast unbeschadet und wurde deshalb einige Zeit zum Verwaltungszentrum. Behörden wurden in Läden, Wohnungen und Kirchen untergebracht. Heute erstreckt sich hier die Shopping-Meile von Pacific Heights – von der Jackson Street bis nach Japantown *(siehe S. 128)* um die Bush Street – mit Buchläden, Restaurants und Boutiquen.

Entspannen im Stadtpark Alta Plaza

Convent of the Sacred Heart ❻

2222 Broadway. **Stadtplan** 4 D3, **Karte** K3. 📞 563-2900. 🚌 22, 24. ♿ nicht zugänglich. www.sacredsf.org

Die neoklassizistische Villa wurde von den Architekten Bliss und Faville für James Leary Flood, den Sohn des Comstock-Minen-Magnaten, entworfen *(siehe S. 102)* und 1915 fertiggestellt. Mit ihren harmonischen Proportionen und der Marmorfassade (mit Marmor aus Tennessee) ist sie eine der schönsten Villen von Pacific Heights. Seit 1939 beherbergt das Gebäude eine der ältesten Privatschulen Kaliforniens.

Trinity Episcopal Church ❼

1668 Bush Street. **Stadtplan** 4 E4, **Karte** L4. 📞 775-1117. 🚌 2, 3, 4, 19, 22, 49. www.sftrinity.org

Die imposante Konstruktion lehnt sich an die der Durham Cathedral in Nordengland an, die zweifellos eines der besten Beispiele für normannischen Rundbogenstil ist. 1999 feierte die älteste Episkopalkirche am Pazifik ihren 150. Geburtstag. Ihre Bleiglasfenster stammen von einem Schüler von John LaFarge, dem Malerfürsten der New Yorker Kunstszene im späten 19. Jahrhundert. Der Hochaltar besitzt ein 100 Jahre altes, juwelenbesetztes Kreuz, das der Kirche am Trinitatis-Sonntag von einer Frau aus der Gemeinde geschenkt wurde. Die Kirche ist auch Heimstätte eines Chors: des San Francisco Bach Choir.

Cow Hollow ❽

Stadtplan 4 D2, **Karte** K/L3. 🚌 22, 41, 45.

Die Shopping-Meile entlang der Union Street erhielt ihren Namen im 19. Jahrhundert, als hier noch Milchkühe grasten. Dann wurde das Areal Bauland. In den 1950er Jahren wurde die Gegend chic. Die alten Geschäfte wurden von Edelboutiquen, Antiquitätenläden und Galerien abgelöst. Die restaurierten Gebäude (19. Jh.), in denen viele der Läden untergebracht sind, geben dem Viertel einen altmodischen Anstrich, der oft im Kontrast zum Warenangebot steht.

Blick von der Fillmore Street über Cow Hollow

Stadtplan *siehe Seiten 302–320*

Church of St. Mary the Virgin ❾

2325 Union St. **Stadtplan** 4 D3, **Karte** K3. 921-3665. 22, 41, 45. Mo–Fr 9–17 Uhr. So 8, 9, 11 u. 17.30 Uhr. bei Gottesdiensten **www.smvsf.org**.

Am westlichen Ende der belebten Shopping-Meile der Union Street steht diese rustikale, schindelgedeckte Kirche, die an die ländliche Vergangenheit von Cow Hollow (siehe S. 73) erinnert.

Eine der Quellen, die das Milchvieh einst mit Wasser versorgten, sprudelt noch heute – relativ versteckt vor Blicken hinter dem originalen Friedhofstor.

Der kleine, schlichte Bau ist ein frühes Beispiel des Arts-and-Crafts-Stils (siehe S. 46), der später bei den bekannteren Kirchen der Bay Area aufkam. Unter dem steil abfallenden Dach sind die Wände mit Schindeln verkleidet. Hierzu wurden Redwoodhölzer auf den Holzrahmen des Gebäudes in einander überlappenden Reihen genagelt. Ein Teil der Kirche wurde in den 1950er Jahren umgebaut. Dabei wurde der einstige Eingang in der Steiner Street auf die gegenüberliegende Seite des Gebäudes verlegt.

Üppiges Dekor am Vedanta Temple

Vedanta Temple ❿

2963 Webster St. **Stadtplan** 4 D2, **Karte** K3. 922-2323. 22, 41, 45. außer zu Gottesdiensten. Fr 8 Uhr. **www.sfvedanta.org**

Eines der ungewöhnlichsten Bauwerke der Bay Area ist dieser Tempel aus dem Jahr 1905 – eine Kombination der verschiedensten dekorativen Stile. Das Dach ist von rostroten Zwiebeltürmen gekrönt, wie sie für russisch-orthodoxe Kirchen typisch sind. Es besitzt einen zinnenbewehrten Turm, der an europäische Burgen erinnert, und eine oktagonale hinduistische Tempelkuppel. Hinzu kommen reich verzierte maurische Torbogen, mittelalterliche Brüstungen und Elemente des Queen-Anne-Stils. Der Architekt Joseph A. Leonard arbeitete eng mit dem Geistlichen der hiesigen Vedanta-Gemeinschaft, Swami Trigunatitananda, zusammen.

Vedanta ist die höchste der sechs Schulen des Hinduismus. Das Gebäude soll das Vedanta-Prinzip symbolisieren, das in den verschiedenen Religionen nur unterschiedliche Wege zu ein und demselben Gott sieht. Der Tempel ist mittlerweile ein Kloster, doch schon allein die Außenansicht ist einen Besuch wert.

Fort Mason ⓯

Stadtplan 4 E1, **Karte** L2. 441-3400. 22, 28, 30, 43. teilweise. **Veranstaltungen** 345-7544. Siehe **Fünf Spaziergänge** S. 172f. **www**.fortmason.org

Fort Mason spiegelt die Militärgeschichte San Franciscos wider. Die in den 1850er Jahren errichteten privaten Gebäude wurden während des Amerikanischen Bürgerkriegs (1861–65) von der US-Regierung konfisziert. Das Fort diente bis in die 1890er Jahre als Gefechtsstand der Armee und beherbergte 1906 Erdbeben-Flüchtlinge (siehe S. 28f). Im Zweiten Weltkrieg war Fort Mason Einschiffungsort für 1,6 Millionen Soldaten.

Seit 1972 wird das Fort nicht mehr militärisch genutzt. Dennoch wohnt noch Armeepersonal in einigen der weiß gestrichenen Häuser. Andere Gebäude sind auch für die Öffentlichkeit zugänglich.

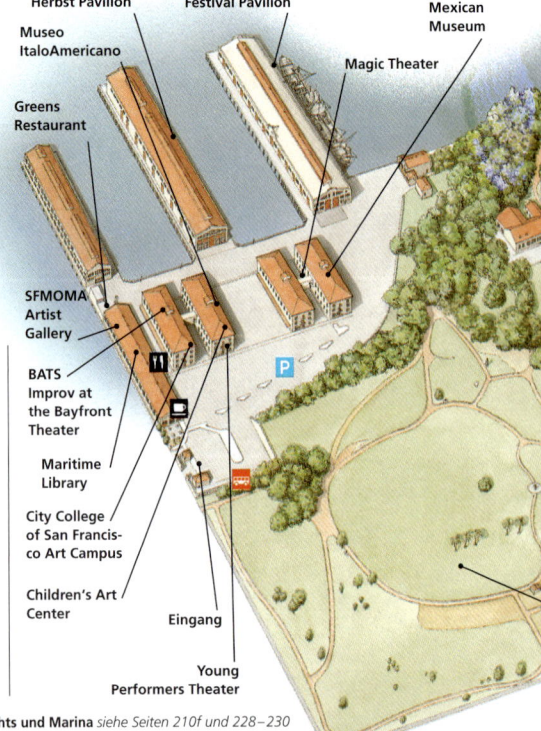

Hotels und Restaurants in Pacific Heights und Marina siehe Seiten 210f und 228–230

PACIFIC HEIGHTS UND MARINA 75

Octagon House ⓫

2645 Gough St. **Stadtplan** 4 E2, **Karte** L3. 441-7512. 41, 45, 47, 49. 12–15 Uhr am 2. So sowie am 2. u. 4. Do im Monat außer Jan. **Spende**. teilweise. www.nscda.com

Das 1861 erbaute Haus ist nach seinem achteckigen Kuppeldach benannt. Es birgt eine kleine Sammlung von Kunsthandwerk und historischen Dokumenten ab der Kolonialzeit. Zu sehen sind u. a. Möbel, Gemälde, Revolutions-Spielkarten und 54 der 56 Unterschriften der Unterzeichner der Unabhängigkeitserklärung.

Chestnut Street ⓬

Stadtplan 3 C2, **Karte** J/K2. 22, 28, 30, 43.

Die Straße ist das Herz des Marina District mit einer Mischung aus Kinos, Märkten, Cafés und Restaurants. Der Geschäftsbereich konzentriert sich auf den Streifen von der Fillmore Street nach Westen bis zur Divisadero Street. Danach wird die Straße eher zur Wohngegend.

Marina Green ⓭

Stadtplan 4 D1, **Karte** J/K2. 22, 28, 30.

Der lange, schmale Grünstreifen führt durch den Marina District und wird gern genutzt, um Drachen steigen zu lassen oder zu picknicken. Besonders beliebt ist der Ort am 4. Juli, denn von hier aus kann man das größte Feuerwerk der Stadt gut sehen *(siehe S. 49)*. Die Uferwege werden von Radfahrern, Joggern und Skatern genutzt. Die Golden Gate Promenade führt vom Westende bis nach Fort Point. Am Ostende liegt die Wellenorgel.

Wave Organ ⓮

Stadtplan 4 D1, **Karte** J1. 30.

An der Spitze des Damms, der den Marina District schützt, finden Sie ein sonderbares Musikinstrument, gebaut von den Wissenschaftlern des Exploratoriums *(siehe S. 60f)*. Die Wave Organ (Wellenorgel) besteht aus Unterwasserpfeifen, die je nach Gezeiten Töne produzieren. Lauschen kann man dieser »Musik« mittels Hörrohren. Diese sind in ein Mini-Open-Air-Theater integriert, das auch eine schöne Sicht auf Pacific Heights bietet.

Wellenorgel in der Hafenmole

Dazu gehören die erhaltenen Kasernen und das alte Krankenhaus, in dem heute das Besucherzentrum und das Hauptquartier der Golden Gate National Recreation Area (GGNRA) untergebracht sind. Fort Mason kann neben seiner historischen und kulturellen Bedeutung auch noch mit einer der schönsten Aussichten auf die Bucht aufwarten.

Fort Mason Center

Ein Teil des Forts wird von einem der führenden Kulturzentren der Stadt belegt. Zum Fort Mason Center gehören über 25 kulturelle und Kunsteinrichtungen mit Galerien, Museen und Theatern, darunter das Cowell Theater, das BATS Improv at the Bayfront Theater, das Magic Theater und das Young Performers Theater. Die SFMOMA Artist Gallery verkauft oder verleiht Kunstwerke von nordkalifornischen Künstlern.

Italienische und italoamerikanische Künstler stellen im Museo ItaloAmericano aus. Die Maritime Library besitzt Bücher zur Seefahrtsgeschichte. Das Maritime Museum selbst (bis 2012 teilweise geschlossen) befindet sich in Fisherman's Wharf *(siehe S. 83)*. In dem Komplex kann man auch sehr gut essen, etwa bei Greens, einem der besten vegetarischen Restaurants der Stadt *(siehe S. 229)*.

Das Conference Center gibt jeden Monat einen Veranstaltungskalender heraus.

Internationale Jugendherberge
Fort Mason Officers' Club
Kapelle
Hauptquartier der Golden Gate National Recreation Area
Great Meadow
Meta III (1985) von Italo Scanga, Museo ItaloAmericano

Die SS *Balclutha* am Hyde Street Pier beim Maritime Museum

Stadtplan *siehe Seiten 302–320*

Viktorianische Häuser

Italienisiertes Fenster

Trotz Erdbeben, Brand und Modernisierungen – es säumen noch Tausende dekorativer Häuser aus dem späten 19. Jahrhundert die Straßen der Stadt. In vielen Wohngegenden sind sie sogar in der Mehrzahl. Viktorianische Häuser ähneln sich alle aufgrund der Holzrahmen-Bauweise und der in Massenproduktion hergestellten Ornamente. Die meisten wurden nach dem gleichen Grundriss auf kleinen Grundstücken errichtet. Sie unterscheiden sich allerdings durch ihre Fassaden. In San Francisco lassen sich vier Hauptstile unterscheiden, wobei viele Häuser zwei oder mehr Stile kombinieren.

Queen-Anne-Stil: Detail eines Tors am Chateau Tivoli

Neogotik (1850–80)

Diese Häuser sind leicht zu erkennen. Sie haben Spitzbogen über den Fenstern und manchmal auch über den Türen. Charakteristisch sind geneigte Giebeldächer, verzierte Randeinfassungen (mit Spitzbogenmotiven) und Veranden, die über die ganze Hausbreite führen. Die kleineren, einfacheren Häuser dieses Typs sind gewöhnlich weiß, lebhafte Farben sind Kennzeichen späterer Stile.

1111 Oak Street, eines der ältesten neogotischen Häuser, hat einen ungewöhnlich großen Vorgarten.

Das Spitzdach verläuft oft parallel zur Fassade und ermöglicht so den Einbau von Dachfenstern.

Ein Giebeldach mit verzierten Randeinfassungen ist das deutlichste Kennzeichen der Neogotik.

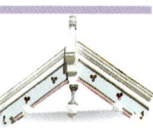

Neogotisches Portal mit Kreuzverstrebung, 1978 Filbert Street

Auf die großen Veranden führt eine zentrale, breite Treppe.

Die Balustraden der Veranda verraten die Herkunft des Stils aus dem tiefen Süden der USA.

Italienisierter Stil (1850–85)

Häuser im italienisierten Stil waren in San Francisco beliebter als sonstwo in den USA, da ihre kompakte Form gut zu der dichten Bebauung der Grundstücke passte. Charakteristisch für diesen Stil ist der hohe Sims, meist mit verzierten Stützbalken, der selbst bescheidenen Häusern das Flair eines Palasts verleiht. Typisch sind auch die Verzierungen an Türen und Fenstern.

1913 Sacramento Street hat eine Fassade im italienisierten Stil und ahmt ein Renaissance-Palais nach. Die Holzverkleidung soll wie Stein wirken.

Ein hoher Sims mit Stützbalken verbirgt die Dachschräge.

Eindrucksvolles Portal im italienisierten Stil

Dekorative Bogen befinden sich über symmetrischen Fenstern.

Neoklassizistische Eingänge, auch mit verzierten Portalen, sind typisch für den italienisierten Stil.

Stick-Stil (1860–90)

Er ist wohl der vorherrschende Stil bei den viktorianischen Häusern. Der bisweilen nach dem Londoner Möbeldesigner Charles Eastlake auch »Stick-Eastlake« genannte Baustil sollte zu einer »ehrlichen« Architektur führen. Die vertikalen Linien werden sowohl durch den Holzrahmen als auch durch die Ornamente betont. Erkerfenster, falsche Giebel und rechte Winkel sind typisch.

2931 Pierce Street: Giebeldach mit Stick-Fenstern

Weiße Zierleisten bilden oft dekorative Schnüre, die die Grundstruktur eines Stick-Hauses betonen.

Dekorative Giebel mit Sonnenmotiven findet man an Fensterrahmen und Portalen.

Hauseingänge werden von einem einzelnen Vorbau geschützt.

1715–17 Capp Street *ist beispielhaft für den Stick-Eastlake-Stil: Die schlichte Fassade wird durch Verzierungen aufgelockert.*

Queen-Anne-Stil (1875–1905)

Der Name bezieht sich nicht auf eine konkrete historische Periode, sondern wurde von dem Architekten Richard Shaw geprägt. Queen-Anne-Häuser kombinieren beliebig viele dekorative Stilelemente, sind aber an ihren Türmen und den großflächigen Vertäfelungen zu erkennen. Bei den meisten Häusern sieht man auch Drechslerarbeiten an Balustraden, Veranden und Dachkanten.

Palladianische Fenster im Giebel täuschen ein zusätzliches Stockwerk vor.

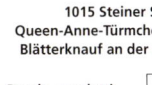

818 Steiner Street: Queen-Anne-Giebel mit Zierpaneelen

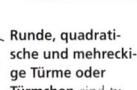

1015 Steiner Street: Queen-Anne-Türmchen mit Blätterknauf an der Spitze

Runde, quadratische und mehreckige Türme oder Türmchen sind typisch für Häuser im Queen-Anne-Stil.

Ziergiebel mit Zierfenstern und dekorativen Paneelen.

Rundfenster sind kein Kennzeichen für den Queen-Anne-Stil, doch viele der Häuser haben Anleihen bei anderen Stilen gemacht.

Eine asymmetrische Fassade und eklektizistische Verzierungen wie bei 850 Steiner Street sind typisch für ein Queen-Anne-Haus. Oft wurden sie mit leuchtenden Farben betont.

Viktorianische Häuser

1715–1717 Capp St. **Stadtplan** 10 F4.
Chateau Tivoli, 1057 Steiner St. **Stadtplan** 4 D4.
1978 Filbert St. **Stadtplan** 4 D2.
1111 Oak St. **Stadtplan** 9 C1.
2931 Pierce St. **Stadtplan** 4 D3.
1913 Sacramento St. **Stadtplan** 4 E3.
818 Steiner St. **Stadtplan** 4 D5.
850 Steiner St. **Stadtplan** 4 D5.
1015 Steiner St. **Stadtplan** 4 D5.
2527–2531 Washington St. **Stadtplan** 4 D3.
Alamo Square *S. 129.*
Clarke's Folly *S. 139.*
Haas-Lilienthal House *S. 72.*
Liberty Street. **Stadtplan** 10 E3.
Masonic Ave. **Stadtplan** 3 C4.
Octagon House *S. 75.*
Spreckels Mansion *S. 72.*

Stadtplan *siehe Seiten 302–320*

Fisherman's Wharf und North Beach

Fischer aus Genua und Sizilien ließen sich im 19. Jahrhundert in Fisherman's Wharf nieder und begründeten dort San Franciscos Fischindustrie. Seit den 1950er Jahren lebt das Viertel zunehmend vom Tourismus, obwohl die Fischerboote noch immer früh morgens den Hafen verlassen. Weiter südlich liegt North Beach, das »Little Italy«, mit seinen Feinkostläden, Bäckereien, Restaurants und Cafés, von wo aus man das Straßenleben gut beobachten kann. Hier wohnen meist italienische und chinesische Familien sowie Schriftsteller und Bohemiens – u. a. lebte hier auch Jack Kerouac *(siehe S. 32)*.

Schild am Eingang zu Fisherman's Wharf

Sehenswürdigkeiten auf einen Blick

Historische Straßen und Gebäude
Alcatraz Island S. 84–87 ❶
Filbert Steps ⑱
Greenwich Steps ⑲
Lombard Street ❾
Pier 39 ❷
Upper Montgomery Street ⑳
Vallejo Street Stairway ⑪

Denkmal
Coit Tower ⑰

Kirche
Saints Peter and Paul Church ⑮

Einkaufszentren
Ghirardelli Square ❼
The Cannery ❻

Club
Club Fugazi ⑫

Parks und Gärten
Bocce Ball Courts ⑯
Levi's Plaza ㉑
Washington Square ⑭

Museen und Sammlungen
North Beach Beat Museum ⑬
Ripley's Believe It Or Not! Museum ❺
San Francisco Art Institute ⑩
San Francisco Maritime National Historical Park Visitors' Center ❽
USS *Pampanito* ❸
Wax Museum ❹

LEGENDE
- Detailkarte *siehe S. 80f*
- Detailkarte *siehe S. 90f*
- Cable-Car-Drehscheibe
- Fährhafen
- Historische Trolley-Linie

Anfahrt
Cable Cars der Linie Powell–Hyde fahren zum Ghirardelli Square und Russian Hill. Neben vielen Bussen verkehrt auch die Powell–Mason-Linie durch North Beach zu Fisherman's Wharf und Pier 39.

◁ Dieser Ausschnitt eines Wandbilds am Coit Tower *(siehe S. 93)* zeigt Fisherman's Wharf in den 1930er Jahren

Im Detail: Fisherman's Wharf

Die italienischen Seafood-Restaurants haben den Fischfang als Haupteinnahmequelle von Fisherman's Wharf abgelöst. Die in San Francisco beliebten Taschenkrebse (Dungeness crabs) werden von November bis Juni in Lokalen und an Straßenständen verkauft. Außer kulinarischen Spezialitäten bietet das Viertel Läden, Museen und einige besondere Attraktionen.

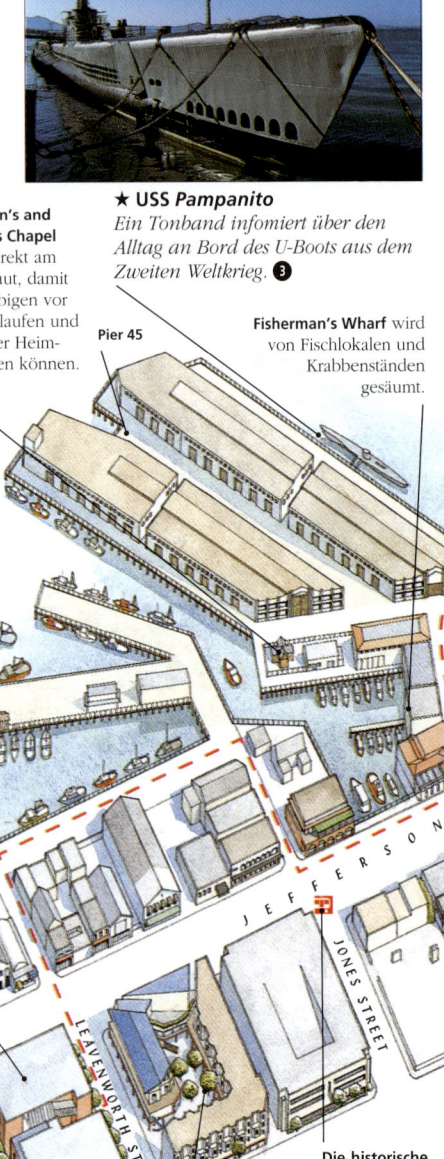

★ **USS Pampanito**
Ein Tonband infomiert über den Alltag an Bord des U-Boots aus dem Zweiten Weltkrieg. ❸

Fisherman's and Seaman's Chapel wurde direkt am Pier gebaut, damit die Gläubigen vor dem Auslaufen und nach ihrer Heimkehr beten können.

Pier 45

Fisherman's Wharf wird von Fischlokalen und Krabbenständen gesäumt.

Fish Alley – hier wird der morgendliche Fang verarbeitet.

The Cannery
Die ehemalige Konservenfabrik ist heute ein Einkaufszentrum mit Läden, Restaurants und einem Museum. ❻

San Francisco Fire Engine Tours and Adventures organisiert Touren durch die Stadt in alten Feuerwehrautos.

Zur Cable-Car-Drehscheibe der Linie Powell–Hyde (ein Häuserblock)

The Anchorage Shopping Center

Die historische Trolley-Linie verfügt über restaurierte Straßenbahnen, wie sie in den 1930er Jahren überall in den USA fuhren.

LEGENDE
--- Routenempfehlung

FISHERMAN'S WHARF

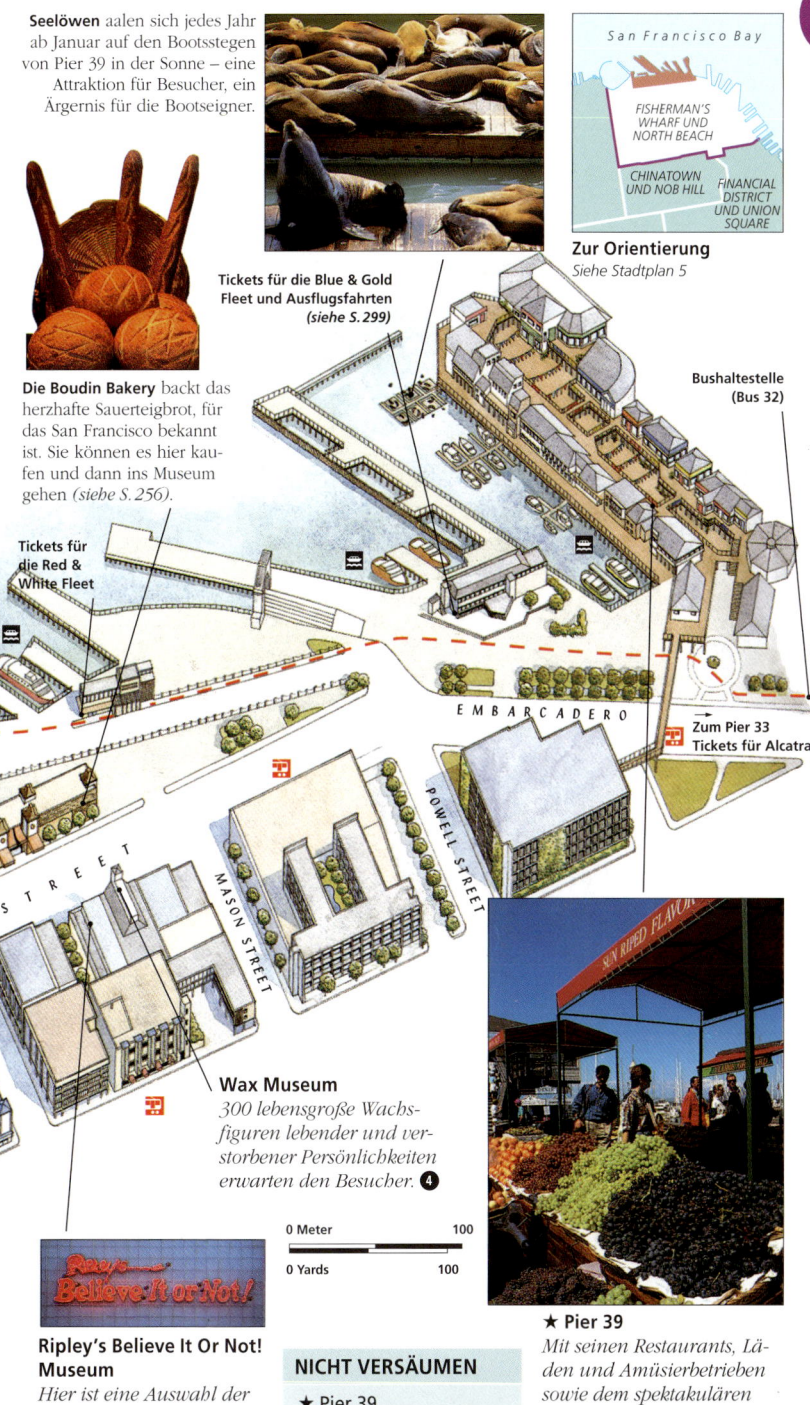

Seelöwen aalen sich jedes Jahr ab Januar auf den Bootsstegen von Pier 39 in der Sonne – eine Attraktion für Besucher, ein Ärgernis für die Bootseigner.

Die Boudin Bakery backt das herzhafte Sauerteigbrot, für das San Francisco bekannt ist. Sie können es hier kaufen und dann ins Museum gehen *(siehe S. 256)*.

Tickets für die Blue & Gold Fleet und Ausflugsfahrten *(siehe S. 299)*

Tickets für die Red & White Fleet

Zur Orientierung
Siehe Stadtplan 5

Bushaltestelle (Bus 32)

Zum Pier 33 Tickets für Alcatraz

Wax Museum
300 lebensgroße Wachsfiguren lebender und verstorbener Persönlichkeiten erwarten den Besucher. ❹

Ripley's Believe It Or Not! Museum
Hier ist eine Auswahl der Kuriositätensammlung des bekannten Cartoonisten zu sehen. ❺

NICHT VERSÄUMEN

★ Pier 39

★ USS *Pampanito*

★ Pier 39
Mit seinen Restaurants, Läden und Amüsierbetrieben sowie dem spektakulären Blick auf die Bucht ist der Pier eine beliebte Besucherattraktion. ❷

Stadtplan *siehe Seiten 302–320*

Alcatraz Island ❶

Siehe S. 84–87.

Pier 39 ❷

Stadtplan 5 B1, **Karte** N1. F. Siehe **Shopping** S. 245.

Die Landungsbrücke von 1905 wurde 1978 in einen Vergnügungspark umgewandelt, der einem malerischen Fischerdorf nachempfunden ist. Auf zwei Ebenen sind Andenkenläden und Spezialitätengeschäfte untergebracht. Die Darbietungen der Straßenkünstler und Attraktionen wie das Karussell, die Spiele in der Riptide Arcade, der Turbo Ride, der Achterbahn-Simulator und das Aquarium of the Bay sind bei Familien beliebt.

San Francisco Experience ist eine Multimedia-Show, die durch die Stadtgeschichte führt und dabei u. a. das chinesische Neujahrsfest, die Nebelstimmungen der Stadt und ein Erdbeben zeigt.

Zweistöckiges venezianisches Karussell auf Pier 39

USS *Pampanito* ❸

Pier 45. **Stadtplan** 4 F1, **Karte** M1. 775-1943. 47. tägl. 9–18 Uhr (bisweilen auch länger). www.maritime.org

Das U-Boot überstand im Zweiten Weltkrieg einige schwere Gefechte im Pazifik, versenkte dabei sechs gegnerische Schiffe und beschädigte viele andere. Tragischerweise waren an Bord zweier versenkter Schiffe britische und australische Kriegsgefangene. 73 Männer konnten gerettet und sicher in die USA gebracht werden. Besucher können das ganze Schiff besichtigen – die Torpedokammer, die winzige Küche und die Offiziersquartiere. Bei einem Einsatz waren zehn Offiziere und 70 Mann Besatzung an Bord.

Torpedokammer der USS *Pampanito*

Wax Museum ❹

145 Jefferson St. **Stadtplan** 5 B1, **Karte** M1. (1) 800 439-4305. F. tägl. 10–21 Uhr. www.waxmuseum.com

Im Wax Museum gibt es eine der weltweit größten Sammlungen lebensgroßer Wachsfiguren. Eine Spezialausstellung zeigt die Nachbildung der Grabkammer des Pharaos Tutanchamun. In einem anderen Raum ist das *Letzte Abendmahl* dargestellt. In der Abteilung bildende Künste gibt es Wachsversionen berühmter Porträts. Fiktive Gestalten stehen neben historischen Größen wie US-Präsidenten, Mitgliedern der britischen Königsfamilie, Sir Winston Churchill, Shakespeare, Mozart u. a.

Besuchen Sie auch die Chamber of Horrors (Gruselkabinett) mit einer Sammlung von grausamen Verbrechern, sagenhaften Ungeheuern und berüchtigten Mördern.

Ripley's Believe It Or Not! Museum ❺

175 Jefferson St. **Stadtplan** 4 F1, **Karte** M1. 771-6188. F. Mitte Juni–Labor Day: So–Do 9–23, Fr, Sa 9–24 Uhr; Labor Day–Mitte Juni: So–Do 10–22, Fr, Sa 10–24 Uhr. www.ripleysf.com

Der kalifornische Illustrator Robert I. Ripley wurde durch seine Cartoonserie »Ripley's Believe It Or Not!« bekannt. Der leidenschaftliche Sammler liebte Kuriositäten. Unter den 350 Exponaten

Hotels und Restaurants in Fisherman's Wharf und North Beach *siehe Seiten 211f und 230f*

sind ein Kalb mit zwei Köpfen, ein Cable-Car-Nachbau aus 275 000 Streichhölzern und das Bild eines Mannes mit zwei Pupillen pro Augapfel. Verlieren Sie sich im Marvellous Mirror Maze. Auch einige Cartoons von Ripley sind ausgestellt.

The Cannery ❻

2801 Leavenworth St. **Stadtplan** 4 F1, **Karte** M1. 🚌 19, 30. 🚋 Powell–Hyde. Siehe **Shopping** S. 245.

Die Obstkonservenfabrik wurde 1909 gebaut und in den 1960er Jahren renoviert. Das Gebäude enthält heute Galerien, Einkaufspassagen und sonnige Innenhöfe mit Restaurants und Fachgeschäften für Kleidung, Sammlerpuppen und indianisches Kunsthandwerk.

In der Cannery war auch das Museum of the City of San Francisco untergebracht, das wegen eines Brands geschlossen wurde. Die Exponate sind jetzt in der City Hall (*siehe S. 127*) zu sehen. Zu den Ausstellungsstücken gehört auch der Kopf einer Statue, die bis zum Erdbeben von 1906 (*siehe S. 28f*) das Rathausdach schmückte. Ihre illuminierte Krone ist ein frühes Beispiel für elektrische Beleuchtung (Informationen unter: www.sfmuseum.org).

Ghirardelli Square ❼

900 North Point St. **Stadtplan** 4 F1, **Karte** L2. 🚌 19, 30, 47, 49. 🚋 Powell–Hyde. Siehe **Shopping** S. 244f.

Die ehemalige Schokoladenfabrik und Wollweberei ist die schönste der umgebauten Fabriken in San Francisco. Hier bilden die alten roten Backsteingebäude mit der modernen Architektur eine Einheit. Das Markenzeichen der Fabrik, der Ghirardelli-Glockenturm, und die Originalleuchtschrift auf dem Dach sind erhalten geblieben. Das Gebäude beherbergt noch Geräte und Maschinen zur Schokoladenherstellung. Die Schokoriegel, die man hier verkauft, werden jedoch heute in San Leandro produziert. Die luftige, farbenfrohe Fountain Plaza ist bei Tag und Nacht Treffpunkt für alle, die hier einkaufen.

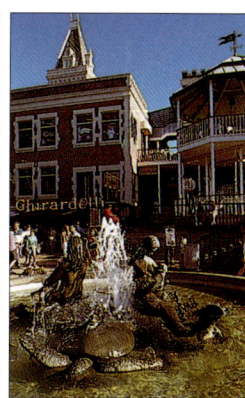

Ghirardelli Square

San Francisco Maritime National Historical Park Visitors' Center ❽

900 Beach St. **Stadtplan** 4 F1, **Karte** L2. 🚌 10, 19, 30. 🚋 Powell–Hyde. **Museum** 📞 561-7100. ⬤ teilweise wg. Renovierung bis 2012. **Hyde Street Pier** 📞 447-5000. 🗓 tägl. 9.30–17 Uhr (Juni–Aug: bis 17.30 Uhr). ⬤ 1. Jan. Thanksgiving, 25. Dez. 📷 Pier. ♿ nur Pier und Museum. 📖 Siehe **Fünf Spaziergänge** S. 172f. www.maritime.org

Das Gebäude von 1939, in das 1951 das Maritime Museum

Hyde Street Pier

einzog, ähnelt einem Ozeandampfer. Zurzeit ist es wegen Renovierung teilweise geschlossen.

Ganz in der Nähe am Hyde Street Pier liegt eine der weltweit größten Sammlungen alter Schiffe. Darunter ist auch die *C. A. Thayer*, ein Dreimastschoner von 1895, der Holz transportierte und später zum Fischfang eingesetzt wurde (bis 1950). Am Pier liegt zudem die *Eureka*, eine 2320 Tonnen schwere Fähre mit Schaufelradantrieb. Sie wurde 1890 gebaut und beförderte Züge zwischen dem Pier und den Bezirken nördlich von San Francisco. Mit einem Fassungsvermögen von rund 120 Autos und 2300 Passagieren war sie die größte Fähre ihrer Zeit.

Balclutha

Das 1886 gebaute Schiff ist der Star des Hyde Street Pier. Es verkehrte zwischen Großbritannien und Kalifornien und transportierte Weizen und Kohle.

Großmast

Besanmast

Halbdeck

Fockmast

Klüverbaum

Alcatraz Island ❶

Alcatraz ist das spanische Wort für Pelikan und eine Reminiszenz an die ersten Bewohner der felsigen, steil abfallenden Insel, fünf Kilometer östlich vom Golden Gate. 1859 errichtete die US-Armee hier eine Festung, die die San Francisco Bay bis 1907 schützte. Dann wurde die Festung zum Militärgefängnis. Von 1934 bis 1963 diente es als Hochsicherheitsgefängnis. Bis 1969 stand es leer. Dann wurde die Insel von Mitgliedern der Indians of All Tribes (IAT) besetzt *(siehe S. 32).* Die Gruppe wurde 1971 vertrieben. Heute gehört Alcatraz zum Erholungsgebiet Golden Gate National Recreation Area.

Wappen am Eingang zum Zellentrakt

★ Zellentrakt
Der Zellentrakt enthält vier frei stehende Zellenblöcke. Keine Zelle hat eine Außenwand. Der verliesartige Grundriss des »Big House« (Großes Haus) – so nannten die Insassen den Hauptblock – entspricht dem Originalgrundriss der alten Militärfestung.

Leuchtturm
Der 1854 in Betrieb genommene Leuchtturm von Alcatraz war der erste seiner Art an der amerikanischen Pazifikküste. 1909 wurde er durch den noch heute erhaltenen Bau ersetzt.

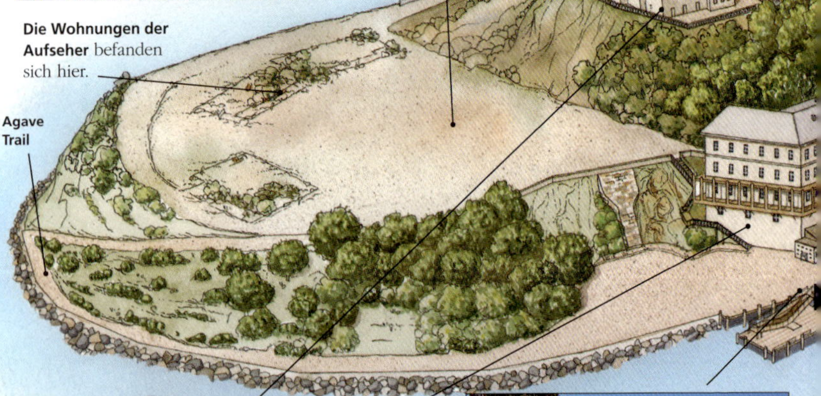

Exerzierplatz (saisonal geöffnet)

Die Wohnungen der Aufseher befanden sich hier.

Agave Trail

Kasernen

Warden's House
Das Haus erlitt während der Besetzung durch die IAT größere Brandschäden.

Alcatraz Pier
Besucher legen an diesem Pier gegenüber den Kasernen an. Auch die meisten Gefangenen kamen hier in der Nähe an.

ALCATRAZ ISLAND

Alcatraz von der Fähre aus gesehen
»The Rock« war ursprünglich blanker Fels. Die Erde für die Gärten kam von Angel Island.

INFOBOX

Stadtplan 6 F1. 981-7625 (Tickets und Fahrpläne). **Nachttouren** Do–Mo. 561-4926. von Pier 33. tägl. 1. Jan, Thanksgiving, 25. Dez. teilweise. **Visitor Center** *Filme*. Kaufen Sie Tickets im Voraus.
www.nps.gov/alcatraz
www.alcatrazcruises.com

Metalldetektoren kontrollierten die Gefangenen auf dem Weg vom und zum Speisesaal und Gefängnishof. Das im Cell House aufgestellte Gerät ist eine Requisite aus dem Film *Flucht von Alcatraz*.

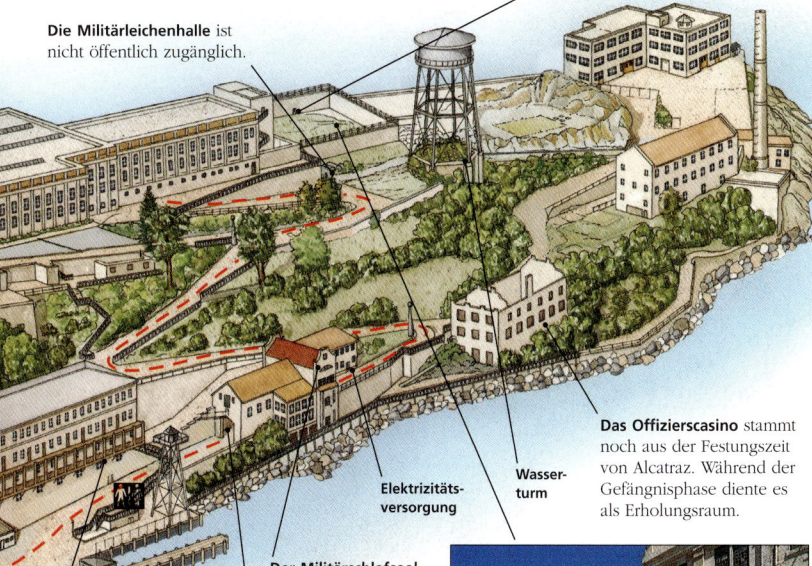

Die Militärleichenhalle ist nicht öffentlich zugänglich.

Das Offizierscasino stammt noch aus der Festungszeit von Alcatraz. Während der Gefängnisphase diente es als Erholungsraum.

Wasserturm

Elektrizitätsversorgung

Der Militärschlafsaal wurde 1933 für die Aufseher des Militärgefängnisses gebaut.

Der Ausstellungsbereich ist in einer alten Kaserne hinter der Anlegestelle untergebracht. Es gibt einen Informationsschalter, eine Buchhandlung, Exponate und eine Multimedia-Show.

Sally Port stammt aus dem Jahr 1857. Das Wachhaus hat eine Zugbrücke und einen Trockengraben.

★ **Gefängnishof**
Die Mahlzeiten und Spaziergänge auf dem Gefängnishof – Schauplatz vieler Spielfilme – waren die Höhepunkte im Tagesablauf der Gefangenen.

LEGENDE

– – – Routenempfehlung

0 Meter 75
0 Yards 75

NICHT VERSÄUMEN

★ Gefängnishof
★ Zellentrakt

Stadtplan *siehe Seiten 302–320*

Alcatraz: Gefängnis

Das Hochsicherheitsgefängnis auf der Insel Alcatraz wurde von der US-Armee »The Rock« (Felsen) genannt. Durchschnittlich waren hier 264 Kriminelle untergebracht, die wegen Ungehorsams in einem anderen Gefängnis der USA nach Alcatraz strafversetzt wurden. Die strenge Disziplin in diesem Gefängnis wurde mit harten Strafen durchgesetzt: Isolierzelle, Verlust der Privilegien, Freizeitentzug, Bibliotheksverbot oder keine Besuchserlaubnis.

Zellenschlüssel

Block D
In den Einzelzellen in Block D mussten die Gefangenen endlose Stunden der Langeweile ertragen.

Bibliothek, aus der sich Gefangene »genehmigte« Bücher ausleihen konnten

Broadway
Dem Gang, der Block C von Block B trennte, gaben die Gefangenen den Namen der New Yorker Straße.

Kontrollraum
Hier wurde das elektrische Sicherheitssystem kontrolliert. Der Raum konnte einer Belagerung standhalten.

Eingang zum Haupttrakt

Besucherraum

Büro des Direktors

ZEITSKALA

1775 Der spanische Entdecker Juan de Ayala nennt die Insel nach den dort lebenden Pelikanen Alcatraz

1859 Fertigstellung von Fort Alcatraz; 100 Kanonen und 300 Mann Besatzung

1909–12 Militärgefangene bauen den Zellentrakt

1972 Alcatraz wird Nationalpark

1962 Frank Morris und die Brüder Anglin entkommen

1750 — 1800 — 1850 — 1900 — 1950

John Fremont

1848 John Fremont kauft Alcatraz für die US-Regierung

1857 Bau von Sally Port

1854 Erster Pazifik-Leuchtturm

Sally Port

1963 Gefängnisschließung

1934 Der Staat macht aus Alcatraz ein Zivilgefängnis

1969–71 Besetzung der Insel durch Indians of All Tribes

Gun Gallery

Am Ende der Zellenblöcke waren Galerien, auf denen mit Pistolen und Gewehren bewaffnete Aufseher patrouillierten.

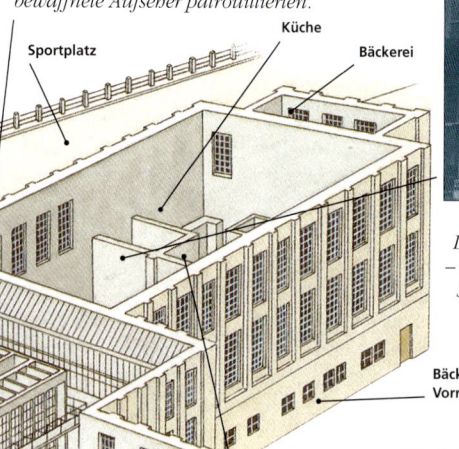

Sportplatz
Küche
Bäckerei
Bäckerei und Vorratsräume
Krankenstation über dem Speisesaal
Friseur

Speisesaal
Die Gefangenen bekamen gutes Essen – auch um Meutereien zu verhindern. Schauen Sie sich den am Kücheneingang aufgehängten Speiseplan an.

Zellen
Die Gefangenen verbrachten täglich 16 bis 23 Stunden in ihren Zellen, die nur eine Schlafstelle und eine Toilette enthielten. Die meisten Zellen maßen 1,5 mal 2,7 Meter.

Berühmte Insassen

Al Capone
Der Gangster Al »Scarface« (Narbengesicht) Capone wurde 1934 wegen Steuerhinterziehung eingesperrt. Die meiste Zeit verbrachte er in einer Isolierzelle der Krankenstation. Er verließ das Gefängnis in psychisch labilem Zustand.

Robert Stroud
Seine gesamte Gefangenschaft (17 Jahre) auf »The Rock« verbrachte Stroud in Einzelhaft. Trotz gegenteiliger Darstellung in dem Film *Der Gefangene von Alcatraz* von 1962 durfte Stroud keine Vögel in seiner Zelle halten.

Carnes, Thompson und Shockley
Im Mai 1946 überwältigten Gefangene unter der Führung von Clarence Carnes, Marion Thompson und Sam Shockley die Wärter und entwaffneten sie. Es gelang ihnen jedoch nicht, aus dem Zellentrakt auszubrechen. Drei Insassen und zwei Wärter wurden bei diesem Vorfall getötet. Carnes erhielt zusätzlich lebenslänglich, Shockley und Thompson wurden als Anführer des Aufstands im Gefängnis San Quentin hingerichtet.

Anglin Brothers
John und Clarence Anglin und Frank Morris kratzten sich durch die Rückwände ihrer Zellen, tarnten die Öffnung mit Wellpappe, legten Gipsköpfe in ihre Betten und bauten sich ein Floß, um zu entkommen. Die entflohenen Häftlinge wurden nie gefasst. Ihre Flucht lieferte die Vorlage zu dem Film *Flucht aus Alcatraz* (1979).

George Kelly

»Maschinengewehr« Kelly war ein gefürchteter Insasse auf dem Felsen. Er saß 17 Jahre wegen Entführung und Erpressung ab.

Autos im steilen und kurvenreichen Abschnitt der Lombard Street

Lombard Street ❾

Stadtplan 5 A2, **Karte** L/M2.
🚌 *45.* 🚋 *Powell – Hyde.*

Mit 27 Prozent Gefälle erwies sich die Lombard Street als zu steil für Fahrzeuge. In den 1920er Jahren wurde der Abschnitt nahe dem Gipfel von Russian Hill neu gestaltet und durch acht Kurven entschärft. Die »krummste Straße der Welt« genannte Einbahnstraße kann nur bergab befahren werden. Für Fußgänger gibt es Treppen – oder die Cable Car.

San Francisco Art Institute ❿

800 Chestnut St. **Stadtplan** 4 F2, **Karte** M2. ☎ *771-7020.* 🚌 *30.* **Diego Rivera Gallery** ⬜ *tägl. 8–19 Uhr.* ⬛ *Feiertage.* **Walter and McBean Galleries** ⬜ *Di–Sa 11–18 Uhr.* ♿ *teilweise.* 📷 📹
www.sfai.edu

San Franciscos Kunstakademie wurde 1871 gegründet und war früher in der Holzvil-

Spaziergang durch North Beach (30 Min.)

Ursprünglich waren es chilenische, später italienische Einwanderer, die ein reges Nachtleben nach North Beach brachten. Die Atmosphäre in den Cafés hat schon immer Bohemiens und Künstler angezogen, vor allem die Beatniks der 1950er Jahre *(siehe S. 32)*.

Zentrum der Beat Generation

Starten Sie beim City Lights Bookstore ① an der Ecke Broadway und Columbus Avenue. Die Buchhandlung gehörte dem Dichter Lawrence Ferlinghetti und war die erste in den USA, die nur Taschenbücher verkaufte.

Jack Kerouac, ein Freund Ferlinghettis, prägte die Bezeichnung »Beat«. Später sprachen alle von »Beatnik«.

Einer der Lieblingsplätze der Beatniks war das Vesuvio Café ②, südlich von City Lights, auf der anderen Seite der Jack Kerouac Alley. Der walisische Dichter Dylan Thomas war Stammgast in dieser Kneipe. Gehen Sie vom Vesuvio nach Süden in Richtung Pacific Avenue, und wechseln Sie die Straßenseite. Spazieren Sie zum Broadway zurück, und erholen Sie sich im Tosca ③ – einer Bar mit Wandbildern toskanischer Landschaften. Die Musikbox spielt italienische Opernarien. In der Adler Alley Nr. 12 befindet sich Specs' ④, eine Bar voller Andenken an die Beatnik-Ära.

Gehen Sie dann zur Columbus Avenue zurück und rechts auf den Broadway. Diesem folgen Sie bis zur Kearny Street.

Jack Kerouac

Columbus Café ❿

The Strip

Dieser Abschnitt des Broadway wird als »Strip« ⑤ bezeichnet und ist hinlänglich als »Pornomeile« bekannt. An der Ecke Broadway und Grant Avenue finden Sie den ehemaligen Condor Club ⑥. In diesem Etablissement wurde 1964 die erste Obenohne-Show der Stadt vorgeführt.

Hotels und Restaurants in Fisherman's Wharf und North Beach *siehe Seiten 211f und 230f*

la untergebracht, die für die Familie von Mark Hopkins auf Nob Hill gebaut worden war *(siehe S. 102)* und 1906 abbrannte *(siehe S. 28f)*. Heute ist sie ein Bau im spanischen Kolonialstil (1926) – mit Kreuzgängen und Brunnen. Links vom Haupteingang befindet sich die Diego Rivera Gallery, benannt nach dem mexikanischen Wandmaler *(siehe S. 140f)*. In den Walter and McBean Galleries finden die Hauptausstellungen statt. Hier gibt es auch zeitgenössische Fotografie und Filmvorführungen.

Vallejo Street Stairway ⓫

Mason St bis Jones St. **Stadtplan** 5 B3, **Karte** M/N3. 30, 45. Powell–Mason.

Der steile Aufstieg von Little Italy zum südlichen Gipfel des Russian Hill bietet die beste Aussicht auf Telegraph Hill, North Beach und die umgebende Bucht. Die Treppe im Verlauf der Vallejo Street erstreckt sich zwischen der Mason Street und der Jones Street.

Noch weiter oben, über der Taylor Street, gibt es ein Labyrinth von Gassen mit viktorianischen Häusern *(siehe S. 76f)*. Auf dem Bergrücken erstreckt sich eines der wenigen Wohngebiete, das 1906 nicht abbrannte *(siehe S. 28f)*.

Club Fugazi ⓬

678 Green St. **Stadtplan** 5 B3, **Karte** N3. 421-4222. 30, 41, 45. Mi–So. Siehe **Unterhaltung** *S. 263*.

Der Club in dem 1912 erbauten Gemeindehaus ist Bühne für das Musikcabaret *Beach Blanket Babylon (siehe S. 263)*. Die Show ist wegen ihrer frechen Songs mit aktueller Zeitkritik berüchtigt. Sie läuft hier seit über 20 Jahren – ein Klassiker.

Entertainer, Club Fugazi

North Beach Beat Museum ⓭

540 Broadway. **Stadtplan** 5 B3, **Karte** N3. 1800-KEROUAC (537-6822). 30, 41, 45. tägl. 10–19 Uhr. Feiertage. www.thebeatmuseum.org

Das Museum in der Nähe des City Lights Bookstore *(siehe S. 254)* zeigt Memorabilien von Künstlern der Beat Generation, die in den 1950er Jahren in San Francisco lebten: u. a. Fotos, Bücher, Plattencover und Briefe. Ein Highlight der Sammlung ist eines der seltenen Exemplare von Allen Ginsbergs 1956 erschienenem Buch *Howl and Other Poems*. Das Museum organisiert zudem Veranstaltungen, die mit der Beat-Kultur in Verbindung stehen. Im Museumsshop werden Bücher, Videos, T-Shirts und Poster verkauft.

Obere Grant Avenue
Biegen Sie rechts in die Grant Avenue ein. Hier befindet sich der Saloon ⑦ mit einer Theke von 1861. An der Ecke Vallejo Street liegt das Caffè Trieste ⑧, das älteste Kaffeehaus San Franciscos und seit 1956 Treffpunkt der Intellektuellen und Künstler. Als integraler Teil italoamerikanischer Kultur gibt es hier samstagnachmittags Live-Opern. Gehen Sie auf der Grant Avenue nach Norden, am Lost and Found Saloon ⑨ vorbei. Der frühere Beatnik-Treffpunkt Coffee Gallery ist heute ein Bluesclub. Wenn Sie links in die Green Street einbiegen, sehen Sie die Wandbilder des Columbus Cafés ⑩. Gehen Sie weiter bis zur Columbus Avenue und – vorbei an vielen italienischen Cafés – zurück zum Ausgangspunkt.

Vesuvio, ein beliebtes Beat-Café ②

ROUTENINFOS

Start: Ecke Broadway und Columbus Avenue.
Länge: 1,5 km.
Anfahrt: Muni-Bus 41 fährt die Columbus Avenue entlang.
Rasten: Alle erwähnten Bars und Cafés sind einen Besuch wert. Hier können Sie etwas trinken und die Atmosphäre genießen. Kinder dürfen meist nicht mit.

Stadtplan *siehe Seiten 302–320*

Im Detail: Telegraph Hill

Telegraph Hill wurde nach dem Signalturm benannt, der 1850 hier errichtet wurde, um Händler über die Ankunft von Schiffen zu unterrichten. An der Ostseite fällt der Hügel abrupt ab, weil Felsstücke für den Straßenbau herausgesprengt wurden. Die Wege auf dieser Seite des Hügels sind steil und von Gärten gesäumt. Die Westseite grenzt an Little Italy, das Gebiet um den Washington Square. Früher lebten auf dem Telegraph Hill Einwanderer und Künstler, denen die Aussicht gefiel. Heute sind die pastellfarbenen Schindelhäuser sehr begehrt und machen Telegraph Hill zu einem der beliebtesten Wohnviertel.

Feuerwehrdenkmal

Telegraph Hill wird vom Coit Tower beherrscht. Nachts wird er angestrahlt und ist von vielen Stellen der Stadt aus zu sehen.

Die Christoph-Kolumbus-Statue wurde 1957 aufgestellt.

Die Statue von Benjamin Franklin steht auf einer »Zeitkapsel« von 1979, die Jeans, ein Gedicht und eine Aufnahme der Hoodoo Rhythm Devils enthält.

Bushaltestelle (Bus 39)

Washington Square
Der kleine Park im Herzen von Little Italy wird von der Saints Peter and Paul Church dominiert, die auch als »Italienische Kathedrale« bezeichnet wird. ⓮

LEGENDE

– – – Routenempfehlung

★ **Saints Peter and Paul Church**
Die reich verzierte, neogotische Kirche wurde 1924 geweiht. Sie besitzt ein sehenswertes Jesusbild. ⓯

Hotels und Restaurants in Fisherman's Wharf und North Beach *siehe Seiten 211f und 230f*

TELEGRAPH HILL

★ Coit Tower
Die Wandbilder im Inneren wurden 1933 von Künstlern im Rahmen eines Förderprogramms unter Präsident Roosevelt gemalt. ⓱

Bushaltestelle (Bus 39)

Greenwich Steps
Die Treppe bietet einen interessanten Kontrast zu den Filbert Steps. ⓳

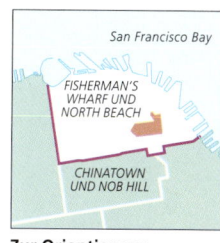

Zur Orientierung
Siehe Stadtplan 5

Napier Lane, eine ruhige Gasse mit Häuschen aus dem 19. Jahrhundert, ist die letzte holzgepflasterte Gasse der Stadt.

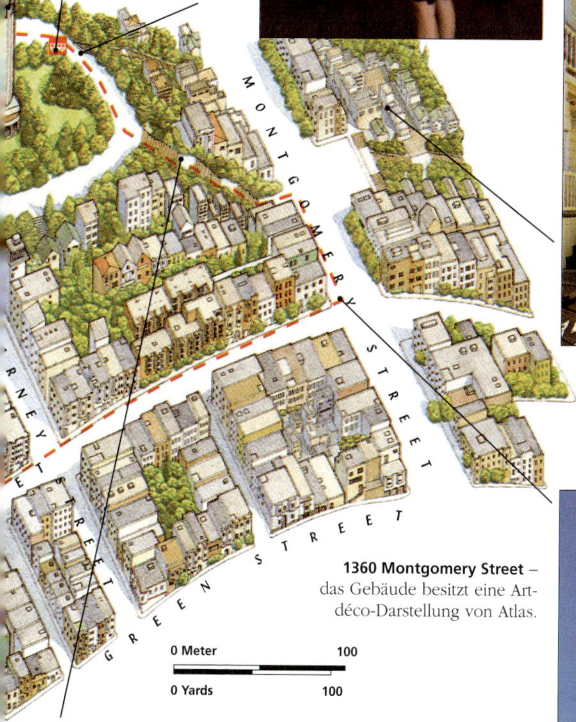

1360 Montgomery Street – das Gebäude besitzt eine Art-déco-Darstellung von Atlas.

★ Filbert Steps
Die Treppe führt durch Blumengärten abwärts und bietet einen wunderbaren Ausblick auf den Hafen und die östliche Bucht. ⓲

NICHT VERSÄUMEN

★ Coit Tower

★ Filbert Steps

★ Saints Peter and Paul Church

Stadtplan *siehe Seiten 302–320*

Fassade der Saints Peter and Paul Church

Washington Square ⓮

Stadtplan 5 B2, **Karte** N2. 🚌 30, 39, 41, 45.

Der Platz besteht aus einer einfachen Rasenfläche, ist von Bänken und Bäumen umgeben und liegt gegenüber der Kirche Saints Peter and Paul. Das fast mediterrane Flair passt zum »Dorfplatz« von Little Italy – auch wenn die italienische Gemeinde in dieser Gegend heute nicht mehr so präsent ist wie zur Zeit der Anlage des Platzes 1955. In der Mitte steht eine Statue von Benjamin Franklin. Eine 1979 unter der Statue vergrabene Zeitkapsel – 2079 soll sie geöffnet werden – enthält angeblich eine Jeans, eine Musikaufnahme und ein Gedicht von Lawrence Ferlinghetti, dem berühmten Beat-Dichter *(siehe S. 88)*.

Saints Peter and Paul Church ⓯

666 Filbert St. **Stadtplan** 5 B2, **Karte** N2. 📞 421-0809. 🚌 30, 39, 41, 45. 🕐 tägl. 7.30–16 Uhr (Feiertage bis 13 Uhr). ✝ So 11.45 Uhr (italienische Messe und Chor); weitere Messen tel. erfragen. ♿

Die große Kirche, die auch als Italienische Kathedrale bekannt ist, liegt im Herzen von North Beach. Für viele Italiener, die zum ersten Mal in die Stadt kommen, ist sie eine willkommene Zuflucht. Hier wurde der Baseballstar Joe Di Maggio 1957 nach seiner Hochzeit mit Marilyn Monroe fotografiert, obwohl die Trauung woanders stattgefunden hatte.

Den Bau entwarf Charles Fantoni. Die Fassade ist im italienisierten Stil gestaltet. Im Inneren finden sich viele Säulen und ein reich verzierter Altar. Statuen und Mosaike werden von Bleiglasfenstern erhellt. Die Beton- und Stahlkonstruktion mit den hohen Zwillingstürmen wurde 1924 fertiggestellt.

Cecil B. DeMille filmte die Arbeit an den Fundamenten der Kirche und benutzte die Aufnahmen für seinen Film *The Ten Commandments* (Die Zehn Gebote) von 1923. In ihm wird der Bau des Tempels in Jerusalem gezeigt.

Die Kirche ist auch unter dem Namen »Fischerkirche« bekannt (viele Italiener lebten vom Fischfang). Im Oktober findet ein Gottesdienst zum Segen der Flotte statt (Gottesdienste auf Englisch, Italienisch und Chinesisch).

Bocce Ball Courts ⓰

Lombard St, Ecke Mason St, North Beach Playground. **Stadtplan** 5 B2, **Karte** N2. 📞 831-5520. 🚌 30, 39, 41. 🚋 Day–Taylor. 🕐 Mo–Sa bis Sonnenuntergang. ♿

Ende des 19. und Anfang des 20. Jahrhunderts kamen viele italienische Einwanderer nach San Francisco. Seit jener Zeit haben sie einen beachtlichen Einfluss in der Stadt. Sie brachten nicht nur ihre Küche, Bräuche und Religion, sondern auch ihre Spiele in die neue Heimat mit. Dazu gehört das Kugelspiel Boccia. An den meisten Nachmittagen finden in einer Ecke des öffentlichen North Beach Playground Bocciaspiele statt. Dabei versuchen vier Teilnehmer (oder Teams), ihre hölzernen Spielkugeln auf einem Sandplatz möglichst nahe an die Zielkugel heranzubringen, um sie ganz leicht zu »küssen« (bocce). Wer mit seiner Kugel am nächsten liegt, hat gewonnen. Zuschauer sind immer willkommen.

Boccia auf dem North Beach Playground

Blick auf den Coit Tower auf dem Gipfel des Telegraph Hill

Coit Tower [17]

1 Telegraph Hill Blvd. **Stadtplan** 5 C2, **Karte** N2. 362-0808. 39. tägl. 10–18.30 Uhr. Turm.

Der Turm wurde 1933 auf dem Gipfel des 87 Meter hohen Telegraph Hill von dem Geld gebaut, das Lillie Hitchcock Coit, eine exzentrische Millionärin und Philanthropin, der Stadt vererbt hatte. Den 63 Meter hohen Turm aus verstärktem Beton soll der Architekt Arthur Brown der Spitze einer Feuerwehrspritze nachempfunden haben. Nachts wird er angestrahlt und ist fast vom ganzen Osteil San Franciscos aus zu sehen. Von der Aussichtsplattform hat man einen fantastischen Rundblick über die nördliche Bucht.

Die Wandmalereien im Eingangsbereich des Turms sind besonders interessant (siehe S. 140). Sie entstanden im Rahmen eines Arbeitsbeschaffungsprogramms für Künstler während der Depression (siehe S. 30f). 25 Künstler schufen hier Fresken mit Motiven aus dem Alltagsleben. Abgebildet sind Szenen aus den Straßen des Financial District (mit einem Raubüberfall), aus Fabriken, Werften und von den Weizenfeldern des Central Valley. Wer genau hinsieht, entdeckt einen echten Lichtschalter, der geschickt in ein Bild integriert ist, einen Autounfall, eine arme Einwandererfamilie in einem Lager am Fluss, Zeitungsschlagzeilen und Buchtitel. In dem Gemälde spiegelt sich die Hoffnungslosigkeit der Zeit ebenso wider wie ihr Sinn für Humor. Themen wie die Probleme der Arbeiter oder die soziale Ungerechtigkeit werden aufgegriffen. In den Figuren haben die Künstler sich und ihren Freunden ein Denkmal gesetzt. Auch Colonel Brady, der Verwalter des Turms, ist in diesem Werk verewigt. Wegen der politischen Aussage der Fresken kam es zu kontroversen öffentlichen Diskussionen, weshalb sich die Einweihung verzögerte.

Filbert Steps [18]

Stadtplan 5 C2, **Karte** N2. 39.

Auf der Ostseite fällt der Telegraph Hill stark ab. Entsprechend steil sind die aus Beton, Backstein und Holz bestehenden Stufen, die man vom Telegraph Hill Boulevard aus hinuntergeht – vorbei am üppigen Grün von Fuchsien, Rhododendron und Brombeeren.

Die Treppe führt von der Filbert Street auf den Telegraph Hill

Greenwich Steps [19]

Stadtplan 5 C2, **Karte** N2. 39.

Die Treppe liegt in etwa parallel zu den Filbert Steps. Von ihren Stufen aus hat man – umgeben von der Blütenpracht der Gärten – eine schöne Sicht. Gehen Sie die Treppe hinauf und die andere hinunter. Das ist ein schöner Spaziergang durch den Osten von Telegraph Hill.

Upper Montgomery Street [20]

Stadtplan 5 C2, **Karte** N2. 39.

Bis 1931, als das in Telegraph Hill liegende Ende der Montgomery Street gepflastert wurde, lebten hier Arbeiterfamilien und Künstler, die die günstigen Mieten, die Aussicht und Abgeschiedenheit schätzten. Heute ist die Gegend mit ihren schönen Spazierwegen ein begehrtes Wohnviertel.

Restaurant Julius Castle, Montgomery Street

Levi's Plaza [21]

Stadtplan 5 C2, **Karte** P2.

An diesem Platz liegt die Hauptverwaltung des Jeansherstellers Levi Strauss (siehe S. 135). Der Bau wurde 1982 von Lawrence Halprin entworfen und sollte die Firmengeschichte aufnehmen. Auf dem Platz erinnern daher Granitblöcke und ein künstlicher Bach an die Schluchten der Sierra Nevada und die dort lebenden Minenarbeiter, die als Erste Jeans trugen. Mit dem Telegraph Hill im Hintergrund wird der Eindruck von einem Gebirge verstärkt.

Stadtplan siehe Seiten 302–320

Chinatown und Nob Hill

Mitte des 19. Jahrhunderts ließen sich die ersten Chinesen in der Stockton Street und Umgebung nieder. Auch wenn Architektur und Gewohnheiten heute eher amerikanische Züge tragen, ist die Atmosphäre anders. Das dicht bevölkerte Viertel mit den bunten Fassaden, Märkten, Tempeln und einzigartigen Restaurants wurde zu einer Stadt in der Stadt – und ein Anziehungspunkt für Besucher.

Chinesisches Symbol an der Außenseite der Bank of America

Nob Hill ist San Franciscos bekanntester Hügel – mit den Cable Cars, Luxushotels und einer schönen Aussicht. Im späten 19. Jahrhundert wohnten hier die »Großen Vier«, die die erste transkontinentale Eisenbahn finanzierten. Von ihren riesigen Villen überstand nur eine das Erdbeben und den Brand von 1906 (siehe S.28f). Die heutigen Hotels erinnern allerdings noch immer an den Glanz der Viktorianischen Zeit.

Sehenswürdigkeiten auf einen Blick

Historische Straßen und Gebäude
Chinatown Alleys ❻
Chinatown Gateway ❶
East West Bank ❽
Golden Gate Fortune Cookies ❺
Grant Avenue ❼
The Pacific-Union Club ⓮

Historische Hotels
Fairmont Hotel ⓭
Mark Hopkins Inter-Continental Hotel ⓬

Museen und Sammlungen
Cable Car Museum ⓯
Chinese Historical Society of America ⓫
Pacific Heritage Museum ❿

Kirchen und Tempel
Grace Cathedral ⓰
Kong Chow Temple ❸
Old St. Mary's Cathedral ❷
Tin How Temple ❹

Platz
Portsmouth Square ❾

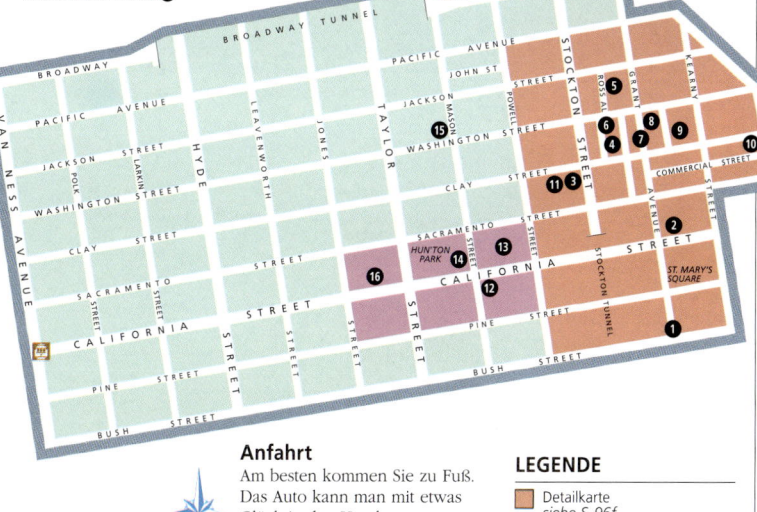

Anfahrt

Am besten kommen Sie zu Fuß. Das Auto kann man mit etwas Glück in den Hotelgaragen unter dem Portsmouth Square oder am St. Mary's Square in Chinatown parken. Alle Cable-Car-Linien führen nach Nob Hill und Chinatown.

LEGENDE
- Detailkarte *siehe S. 96f*
- Detailkarte *siehe S. 101*
- Cable-Car-Drehscheibe

◁ Grant Avenue *(siehe S. 99)*, geschäftige Hauptstraße von Chinatown

Im Detail: Chinatown

Das touristische Chinatown liegt in der Grant Avenue. Hier gibt es mit Drachen verzierte Laternenpfähle, chinesische Dächer und Eisenwarengeschäfte, die bis unters Dach vollgestopft sind. Die Einheimischen kaufen eher in der Stockton Street ein, wo Gemüse und Fisch am frischesten sind und aus den Kisten auf den Bürgersteig quellen. In den Gassen dazwischen finden Sie traditionelle Tempel, Läden und familiengeführte Restaurants.

Straßenlaterne, Chinatown

★ **Chinatown Alleys**
In diesen Gassen fühlt man sich in den Fernen Osten versetzt ❻

Ross Alley

Bus 83

Golden Gate Fortune Cookies
Hier kann man bei der Herstellung von Glückskeksen zusehen. ❺

Chinese Historical Society of America ⓫

Kong Chow Temple
Der Tempel besitzt sehr schöne Holzschnitzereien. ❸

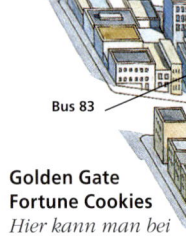

Tin How Temple
1852 wurde er von Chinesen zum Dank für ihre sichere Ankunft erbaut. ❹

East West Bank
Von 1909 bis 1946 war hier die Telefonvermittlung von Chinatown. ❽

NICHT VERSÄUMEN

- ★ Chinatown Alleys
- ★ Chinatown Gateway
- ★ Grant Avenue

Die Cable Cars sind fester Bestandteil des geschäftigen Treibens auf den Straßen des Viertels. Jede der drei Linien führt nach Chinatown.

Hotels und Restaurants in Chinatown und Nob Hill *siehe Seiten 212f und 231–233*

CHINATOWN

Portsmouth Square
Der Platz wurde 1839 als Dorfplatz von Yerba Buena angelegt. Heute trifft man sich hier, um Karten oder Mah-Jongg zu spielen. ❾

★ Grant Avenue
Von 1830 bis 1840 war sie die Hauptstraße von Yerba Buena. Jetzt ist die Grant Avenue das Geschäftszentrum von Chinatown. ❼

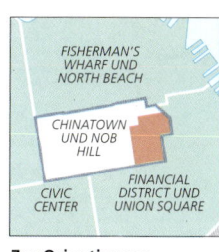

Zur Orientierung
Siehe Stadtplan 5

LEGENDE
― ― ― Routenempfehlung

Im Chinese Cultural Center
gibt es eine Kunstgalerie und ein Geschäft mit Kunsthandwerk. Das Zentrum selbst veranstaltet Vorträge und Seminare.

Pacific Heritage Museum
Das kleine Museum mit asiatischer Kunst ist in einem eleganten Gebäude nahe der East West Bank untergebracht. ❿

Old St. Mary's Cathedral
Der Glockenturm der Kirche ist fast so alt wie die Stadt und trägt eine bedenkenswerte Inschrift. ❷

SON OBSERVE THE TIME AND FLY FROM EVIL. EC.IV.23.

St. Mary's Square ist eine Oase der Ruhe.

Busse 31, 38

★ Chinatown Gateway
Das »Drachentor« steht am Südeingang von Chinatown. ❶

Stadtplan *siehe Seiten 302–320*

Chinatown Gateway ❶

Grant Ave, Ecke Bush St. **Stadtplan** 5 C4, **Karte** U2. 🚌 *2, 3, 4, 30, 45.*

Das verzierte Tor wurde von Clayton Lee entworfen und überspannt den Eingang zu Chinatowns Hauptattraktion, der Grant Avenue. Es wurde 1970 eingeweiht und knüpft an die Tradition chinesischer Zeremonialtore an. Die Dächer über den drei Torbogen sind mit grünen Ziegeln gedeckt und mit Tierfiguren aus Keramik verziert, u.a. mit zwei Drachen und zwei Karpfen. Dorftore wurden in China oft von reichen Familien in Auftrag gegeben, um ihr Ansehen zu steigern. Die Namen der Stifter stehen dann auf dem Torbogen. Das »Drachentor« wurde vom Chinatown Cultural Development Committee errichtet. Das Material stiftete die Republik Taiwan.

Das Tor wird von zwei Löwen bewacht, die gemäß einer alten Sage ihre Jungen mit den Krallen säugen. Wenn Sie durch das Tor gehen, werden Sie auf einige der elegantesten Läden Chinatowns stoßen. Sie können hier Antiquitäten, bisweilen Seidenkleider und Edelsteine kaufen – das Preisniveau ist jedoch ziemlich hoch.

Drache am »Drachentor«

Old St. Mary's Cathedral ❷

660 California St. **Stadtplan** 5 C4, **Karte** U2. 📞 *288-3800.* 🚌 *1, 30, 45.* 🚃 *California St.* **Messe** *tägl. 7.30, 12, Sa 17, So 8.30, 11 Uhr.* 🌐 www.oldsaintmarys.org

Die Kirche war das erste katholische Gotteshaus der Stadt und hatte 1854–91 eine meist irische Gemeinde, bis die neue St. Mary's Church in der Van Ness Avenue gebaut wurde. Da es in Kalifornien kein geeignetes Baumaterial gab, wurden die Steine von der Ostküste hergebracht. Der Granit für die Fundamente stammt aus China. Der Glockenturm trägt die Inschrift »Son, observe the time and fly from evil«. Angeblich waren damit Besucher eines Bordells gemeint, das sich seinerzeit gegenüber befand. Die Kirche wurde zweimal durch Brände beschädigt. Außenwände und Fundamente blieben erhalten. Innenraum und Bleiglasfenster wurden 1909 vollendet.

Eingang zur Old St. Mary's Cathedral

Kong Chow Temple ❸

4. Stock, 855 Stockton St. **Stadtplan** 5 B4, **Karte** T2. 📞 *788-1339.* 🚌 *30, 45.* 🕐 *tägl. 10–16 Uhr.* **Spende erbeten.**

Vom obersten Stockwerk des Postgebäudes blickt der Kong Chow Temple auf Chinatown und den Financial District hinab. Obwohl dieses Gebäude erst 1977 errichtet wurde, sind die Altäre und Statuen des Tempels möglicherweise die ältesten chinesischen Heiligtümer in den USA. Ein Altar wurde in Guangzhou (Kanton) geschnitzt und im 19. Jahrhundert nach San Francisco gebracht. Im Hauptschrein steht eine Holzschnitzerei aus dem 19. Jahrhundert, die Kuan Di darstellt, einen Gott der in den Schreinen kantonesischer Städte häufig anzutreffen ist.

Auch in Chinatown blickt sein markantes Gesicht von den taoistischen Schreinen vieler Restaurants. Kuan Di wird gewöhnlich mit einem Schwert in der einen und einem Buch in der anderen Hand abgebildet. Damit wird seine Hingabe an die Kampfkunst und die Literatur symbolisiert.

Chinesische Holzschnitzkunst: Gott Kuan Di im Kong Chow Temple

Hotels und Restaurants in Chinatown und Nob Hill *siehe Seiten 212f und 231–233*

CHINATOWN UND NOB HILL

Zum Tin How Temple von 1852 muss man drei Stockwerke hoch

Tin How Temple ❹

Oberster Stock, 125 Waverly Pl.
Stadtplan 5 C3, **Karte** U1. 391-4841. 1, 30, 45. tägl. 9–16 Uhr. **Spende erbeten.**

Der ungewöhnliche Bau von 1852 ist der älteste chinesische Tempel der USA. Er ist Tin How (Tien Hau) gewidmet, der Himmelskönigin und Beschützerin der Seefahrer und Gäste. Um ihn zu erreichen, muss man drei steile Holztreppen erklimmen. Der kleine Raum ist vom Rauch der Opfergaben erfüllt. Hunderte goldener und roter Laternen sind aufgehängt. Für die schummrige Beleuchtung sorgen rote Glühbirnen und brennende Dochte, die in Öl schwimmen. Vor dem Altar mit Tin Hows Holzstatue liegen Früchte als Opfergaben.

Golden Gate Fortune Cookies ❺

56 Ross Alley. **Stadtplan** 5 C3, **Karte** U1. 781-3956. 30, 45. tägl. 10–20.30 Uhr.

Es gibt zwar noch andere Glückskeks-Bäckereien in und um San Francisco, doch diese hat sich mittlerweile am längsten behauptet (seit 1962). Praktischerweise liegt sie in Chinatown. Die Keksmaschine nimmt fast den ganzen Platz in der Bäckerei ein. Der Teig wird in kleine Formen gegossen und dann auf einem Förderband gebacken. Anschließend werden die »Glücksstreifen« (Papierstreifen mit Sprüchen) hineingelegt und die Kekse gefaltet und geschlossen.

Kurioserweise sind die Glückskekse in China selbst völlig unbekannt. Sie stammen vielmehr aus dem Jahr 1909 und sind eine Erfindung von Makota Hagiwara, dem damaligen Chefgärtner des Japanese Tea Garden *(siehe S. 147)*.

Chinatown Alleys ❻

Stadtplan 5 B3, **Karte** T1. 1, 30, 45.

Die Gassen Chinatowns liegen in dem beliebten Gebiet zwischen Grant Avenue und Stockton Street. Die vier engen Gassen kreuzen die Washington Street im Abstand von je einem halben Block. Die größte davon ist die Waverley Street, die »Straße der bemalten Balkone«. Woher der Name stammt, sehen Sie auf den ersten Blick. In den Gassen gibt es viele alte Gebäude, traditionelle Geschäfte

Der Gott für ein langes Leben, Grant Avenue

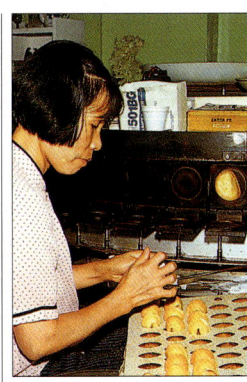

Herstellung von Glückskeksen

und Restaurants sowie altmodische Kräuterläden mit Schlangenwein, Seepferdchen und anderen exotischen Dingen in den Schaufenstern. Kleine Restaurants, manche davon im Untergeschoss, servieren preiswerte Mahlzeiten.

Grant Avenue ❼

Stadtplan 5 C4, **Karte** U2–3. 1, 30, 45. California St.

Die heutige Hauptattraktion Chinatowns war einst die Hauptstraße von Yerba Buena, dem Dorf, aus dem sich San Francisco entwickelt hat. Eine Tafel am Haus Nr. 823 weist auf den Platz hin, an dem William A. Richardson und seine mexikanische Frau am 25. Juni 1835 ihre erste »Behausung« – ein Leinenzelt – errichteten. Im Oktober war es bereits durch ein Holzhaus ersetzt worden, im folgenden Jahr stand hier ein Haus aus Adobe-Ziegeln, das Casa Grande genannt wurde.

Die Straße erhielt zunächst den Namen Calle de la Fundación (Gründungsstraße). 1885 wurde sie schließlich zu Ehren des Bürgerkriegsgenerals und US-Präsidenten Ulysses S. Grant, der im gleichen Jahr starb, umbenannt.

Stadtplan *siehe Seiten 302–320*

East West Bank ⑧

743 Washington St. **Stadtplan**
5 C3, **Karte** U1. 421-5215.
1, 30, 45. Mo–Do 9–17, Fr
9–18, Sa 9–16 Uhr.

Bevor die Bank in den 1950er Jahren in das Gebäude zog, war hier die Telefonvermittlung untergebracht. Das Haus wurde 1909 an der Stelle errichtet, an der Sam Brannan die erste Zeitung Kaliforniens druckte. Der dreistufige Turm ist nach dem Vorbild einer Pagode mit hochgeschwungenen Dachkanten und Dachziegeln aus Keramik gebaut und das markanteste Beispiel chinesisch beeinflusster Architektur der Gegend.

Die Telefonistinnen beherrschten Kantonesisch sowie vier chinesische Dialekte. Eines der alten Telefonbücher ist im Museum der Chinese Historical Society in der Clay Street zu sehen.

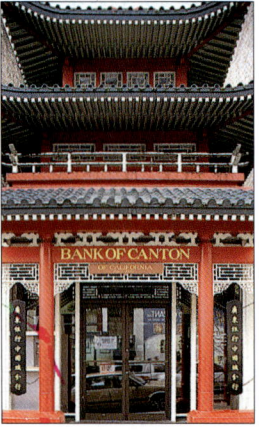

East West Bank, früher Bank of Canton

Portsmouth Square ⑨

Stadtplan 5 C3, Karte U1.
1, 41.

Der traditionsreiche Platz wurde 1839 als Zentrum des kleinen Dorfs Yerba Buena angelegt. Am 9. Juli 1846, nicht einmal einen Monat, nachdem amerikanische Rebellen in Sonoma Kaliforniens Unabhängigkeit von Mexiko erklärt hatten, kamen hier Marinesoldaten an Land. Sie hissten die amerikanische Flagge und erklärten den Hafen zum Territorium der USA *(siehe S. 24f)*. Zwei Jahre später, am 12. Mai 1848, verbreitete Sam Brannan hier die Nachricht über Goldfunde in der Sierra Nevada *(siehe S. 24f)*. In den nächsten 20 Jahren war der Platz Zentrum einer ständig expandierenden Stadt. In den 1860er Jahren verlagerte sich das Geschäftszentrum nach Südosten. Heute ist Portsmouth Square (oder Plaza) der gesellschaftliche Mittelpunkt von Chinatown. Morgens trifft man sich hier zum Tai Chi, nachmittags und abends zum Schach- oder Kartenspiel.

Portsmouth Square

Pacific Heritage Museum ⑩

608 Commerical St. **Stadtplan**
5 C3, **Karte** U1–2. 399-1124.
1, 41. Di–Sa 10–16 Uhr,
außer Feiertage.

Das elegante Museum mit Wechselausstellungen asiatischer Kunst besteht aus zwei Gebäuden. Auf den Fundamenten von San Franciscos erster Münze baute William Appleton Potter 1875–77 eine Zweigstelle des US-Schatzamts. In die alten Münzgewölbe kann man durch einen Ausschnitt im Fußboden sehen oder mit dem Aufzug hinunterfahren. 1984 entwarfen die Architekten Skidmore, Owings und Merrill den 17-stöckigen Hauptsitz der Bank of Canton (heute East West Bank) und setzten ihn auf das bestehende Gebäude auf. Die Originalfassade im Erdgeschoss wurde integriert.

Chinese Historical Society of America ⑪

965 Clay St. **Stadtplan** 5 B3, **Karte**
T2. 391-1188. Powell–Clay.
1, 30, 45. Di–Fr 12–17, Sa
11–17 Uhr. Feiertage. außer
1. Do im Monat.
www.chsa.org

Die Gesellschaft von 1963 gehört zu den ältesten und größten in den USA. Sie fördert Studien zur amerikanisch-chinesischen Geschichte. Gezeigt werden u. a. die Daniel-Ching-Sammlung, ein zeremonielles Drachenkostüm und eine »Tigergabel«. Dieser Triton wurde bei Kämpfen während der Tong-Kriege (Ende 19. Jh.) eingesetzt, als rivalisierende Familien in San Francisco um die Kontrolle über Glücksspiel und Prostitution kämpften. Andere Ausstellungsstücke dokumentieren den Alltag der chinesischen Einwanderer.

Chinesen trugen enorm zur Entwicklung Kaliforniens bei. Sie bauten u. a. die Westhälfte der transkontinentalen Eisenbahn und Dämme im Delta des Sacramento River. Die CHSA fördert Studien zur »Oral History« und ein »Zurück zu den Wurzeln«-Projekt und bietet außerdem monatliche Diskussionsrunden.

Drachenkopf, Chinese Historical Society of America

Im Detail: Nob Hill

Von den Hügeln des Stadtzentrums ist der Nob Hill mit 103 Metern der höchste. Seine steilen Hänge waren für Kutschen kaum zu bewältigen, sodass vornehme Bürger das Viertel bis zur Eröffnung der Cable-Car-Linie 1878 mieden. Erst dann bauten reiche »(S)Nobs« hier ihre Häuser. Obwohl die Prachtvillen beim Erdbeben und Brand von 1906 vernichtet wurden *(siehe S. 28f)*, gibt es heute noch Luxushotels, die die Wohlhabenden anlocken.

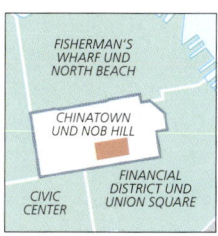

Zur Orientierung
Siehe Stadtplan 5

Fairmont Hotel
Das renovierte Hotel ist für seine Marmor-Empfangshalle und den eleganten Speisesaal in einem der besten Restaurants der Stadt bekannt. ⑬

The Pacific-Union Club
Die Villa gehörte dem Comstock-Millionär James Flood, heute ist sie ein exklusiver Herrenclub. ⑭

Das Stanford Court Renaissance, ein Luxushotel, steht auf dem Grundstück der Villa des Eisenbahnmagnaten Stanford.

★ **Grace Cathedral**
Vorbild der Kathedrale war Notre Dame in Paris. ⑯

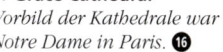

Huntington Park
nimmt das Gelände ein, auf dem Collis P. Huntingtons großes Anwesen stand.

Das Nob Hill Masonic Auditorium ehrt die Freimaurer, die in amerikanischen Kriegen starben.

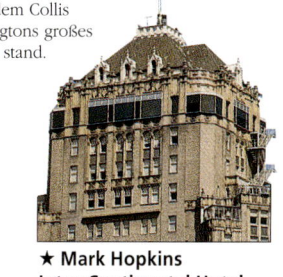

★ **Mark Hopkins Inter-Continental Hotel**
Von der berühmten Bar im Penthouse hat man eine fantastische Aussicht. ⑫

NICHT VERSÄUMEN

★ Grace Cathedral

★ Mark Hopkins Inter-Continental Hotel

Das Huntington Hotel mit der Big Four Bar plus Restaurant lässt das üppige Leben der viktorianischen Ära auf dem Nob Hill wiederauferstehen.

0 Meter 150
0 Yards 150

Stadtplan siehe Seiten 302–320

Mark Hopkins Inter-Continental Hotel ⑫

999 California St. **Stadtplan** 5 B4, **Karte** T2. 392-3434. 1. California St, Powell–Mason, Powell–Hyde. www.markhopkins.net

Auf Anregung seiner Frau Mary ließ Mark Hopkins (siehe unten) eine fantastische Holzvilla bauen, deren üppige Verzierungen alle anderen Gebäude von Nob Hill in den Schatten stellten. Nach dem Tod von Mary Hopkins wurde das San Francisco Art Institute in der Villa untergebracht. Sie brannte 1906 (siehe S. 28f) ab, nur die Granitmauern blieben stehen.

Der heutige 25-stöckige Bau mit einer Flagge, die man in ganz San Francisco sehen kann, wurde 1925 von den Architekten Weeks und Day erbaut. Top of the Mark, die Penthousebar mit den Glaswänden im 19. Stock, ist eine der beliebtesten der Stadt. Die Soldaten des Zweiten Weltkriegs tranken hier vor der Abreise auf »ihre« Stadt.

Eingang des Mark Hopkins Inter-Continental Hotel

Fairmont Hotel ⑬

950 Mason St. **Stadtplan** 5 B4, **Karte** T2. 772-5000. 1. California St, Powell–Mason, Powell–Hyde. Siehe **Hotels** S. 213. www.fairmont.com

Das Beaux-Art-Gebäude von Tessie Fair Oelrichs wurde am Vorabend des Erdbebens von 1906 (siehe S. 28f) fertiggestellt und stand nur zwei Tage lang, bevor es abbrannte. Julia Morgan baute es mit der Original-Terrakottafassade wieder auf. Das Hotel öffnete ein Jahr später. Nach dem Zweiten Weltkrieg fanden hier Gründungssitzungen der Vereinten Nationen statt. Mit dem Glasaufzug fährt man zur Fairmont Crown, dem höchsten Aussichtspunkt der Stadt. Genießen Sie einen Cocktail im Tonga Room bzw. in der Hurricane Bar.

The Pacific-Union Club ⑭

1000 California St. **Stadtplan** 5 B4, **Karte** T2. 775-1234. 1. California St, Powell–Mason, Powell–Hyde. nicht öffentlich zugänglich.

Das Stadthaus wurde 1885 von Augustus Laver für »Bonanza King« James Flood erbaut. Nur die braune Sandsteinfassade im italienisierten Stil überstand den Brand von 1906 (siehe S. 28f). Die Geschichte des Pacific-Union Club, eines exklusiven Herrenclubs, reicht bis in die Zeit des Goldrauschs (siehe S. 24f).

Die »Nobs« von Nob Hill

»Nob« (feiner Pinkel) war noch einer der freundlicheren Namen für die skrupellosen Unternehmer, die während der Besiedlung des amerikanischen Westens schnell ein Vermögen anhäuften. Viele der »Nobs« von Nob Hill hatten Spitznamen, die darauf anspielten, wie sie ihr Vermögen gemacht hatten. »Bonanza King« James Flood etwa schloss sich mit den irischen Einwanderern James Fair, John Mackay und William O'Brien zusammen. Sie erwarben 1872 die Mehrheit an einigen verfallenen Comstock-Minen, bohrten neue Schächte und trafen auf eine »Bonanza« – eine reiche Silberader. Flood kehrte als Millionär nach San Francisco zurück und ließ sich auf dem Nob Hill nieder. Gegenüber besaß James Fair ein Grundstück. Die Flood Villa (heute The Pacific-Union Club) gibt es noch. Das Fairmont Hotel, das auf Fairs Grundstück steht, wurde nach seinem Tod von seiner Tochter gebaut (siehe oben).

Mark Hopkins (1814–1878)

»Bonanza King«

Die »Big Four«

Weitere Bewohner von Nob Hill waren die »Big Four« (die großen Vier): Leland Stanford, Mark Hopkins, Charles Crocker und Collis P. Huntington. Dieses pfiffige Quartett war der Hauptinvestor bei der transkontinentalen Eisenbahn. Ihr größtes Unternehmen, die Central Pacific Railroad (später Southern Pacific), wurde sehr reich und bedeutend. Grund dafür waren nicht zuletzt die großzügigen Landzuweisungen des US-Kongresses, der den Eisenbahnbau fördern wollte. Bestechung und Korruption machten die Vier allerdings zu den meistgehassten Männern im Amerika des 19. Jahrhunderts. Daher stammt auch ihr anderer, weitverbreiteter Spitzname: »Robber Barons« (Raubritter). Alle vier ließen sich große Villen auf dem Nob Hill bauen, die 1906 durch Erdbeben und Brand zerstört wurden.

Hotels und Restaurants in Chinatown und Nob Hill siehe Seiten 212f und 231–233

CHINATOWN UND NOB HILL

Cable Car Museum ⓯

1201 Mason St. **Stadtplan** 5 B3, **Karte** T1. 474-1887. 1, 12, 30, 45, 83. Powell–Mason, Powell–Hyde. tägl. 10–18 Uhr (Okt–März: bis 17 Uhr). 1. Jan, Ostern, Thanksgiving, 25. Dez. nur Zwischengeschoss. **Video**.
www.cablecarmuseum.org

Der Ziegelbau von 1909 ist sowohl ein Museum als auch das Maschinenzentrum der Cable Cars *(siehe S. 104f)*. Im Erdgeschoss sind die Maschinen und Räder verankert, die die Stahlkabel unter der Straße über ein System von Rollen und Führungskanälen ziehen. Ihre Funktionsweise können Sie vom Zwischengeschoss aus beobachten. Eine Treppe tiefer ist es möglich, einen Blick unter die Straße zu werfen. Es gibt auch eine alte Cable Car.

Eingang zu San Franciscos Cable Car Museum

Grace Cathedral ⓰

1100 California St. **Stadtplan** 5 B4, **Karte** S2. 749-6300. 1. California St. Chorandacht: Do 17.15, So 15 Uhr; Eucharistiefeier mit Chor: So 7.30, 8.15, 11, 18 Uhr. Mo–Fr 13–15, Sa 11.30– 13.30, So 12.30–14 Uhr.
www.gracecathedral.org

Grace Cathedral ist das wichtigste Heiligtum der Episkopalkirche in San Francisco. Sie wurde von Lewis P. Hobart entworfen und steht auf dem Gelände der ehemaligen Charles-Crocker-Villa *(siehe S. 102)*. Die Vorarbeiten begannen im Februar 1927, der Bau im September 1928. Fertiggestellt wurde er allerdings erst 1964. Trotz moderner Bauweise orientiert sich der Bau am Vorbild der Pariser Notre Dame. Das Innere ist überreich mit Marmor und Bleiglas ausgestattet. Die traditionellen Fenster stammen von Charles Connick, der sich von den blauen Fenstern der Kathedrale von Chartres inspirieren ließ. Die große Rosette besteht aus 2,5 Zentimeter dickem Facettenglas, das nachts von innen angestrahlt wird. Andere Fenster wurden von Henry Willet entworfen. Bemerkenswert sind das katalanische Kruzifix (13. Jh.) und eine Brüsseler Tapisserie aus Seide und Gold (16. Jh.). Die Hauptportale sind den »Paradiestüren«, die von Lorenzo Ghiberti für das Baptisterium in Florenz entworfen wurden, nachgebildet.

Detail eines Bleiglasfensters

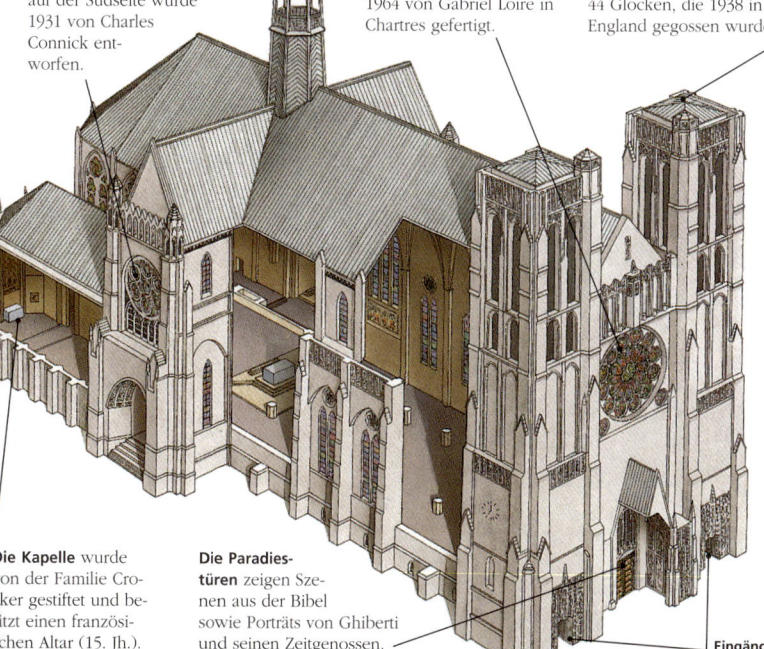

Das Neue-Testament-Fenster auf der Südseite wurde 1931 von Charles Connick entworfen.

Die Fensterrosette wurde 1964 von Gabriel Loire in Chartres gefertigt.

Im Glockenturm hängen 44 Glocken, die 1938 in England gegossen wurden.

Die Kapelle wurde von der Familie Crocker gestiftet und besitzt einen französischen Altar (15. Jh.).

Die Paradiestüren zeigen Szenen aus der Bibel sowie Porträts von Ghiberti und seinen Zeitgenossen.

Eingänge

Stadtplan *siehe Seiten 302–320*

Cable Cars

Die Cable Cars nahmen 1873 den Betrieb auf, den ersten Wagen fuhr ihr Erfinder Andrew Hallidie. Er hatte die Idee zu dem neuen Transportsystem, als er den schweren Unfall einer Pferdetram beobachtete: Sie war eine glatte steile Hügelstraße hinuntergerutscht und hatte die Pferde mitgerissen. 1889 gab es bereits acht Cable-Car-Linien. Vor dem Erdbeben von 1906 *(siehe S. 28f)* waren über 600 Cable Cars in Betrieb. Doch nach der Erfindung des Verbrennungsmotors galten sie als altmodisch. 1947 wollte man sie durch Busse ersetzen. Ein Sturm öffentlicher Empörung führte dazu, dass die heutigen drei Linien (25 km Strecke) erhalten blieben.

Verkehrsampel für Cable Cars

Der Cable Car Barn dient als Maschinenzentrum und Garage für die drei Cable-Car-Linien und ist zugleich Museum (siehe S. 103).

Der Gripman (Fahrer) muss kräftig sein und gute Reflexe haben. Nur ein Drittel der Kandidaten besteht die Prüfung.

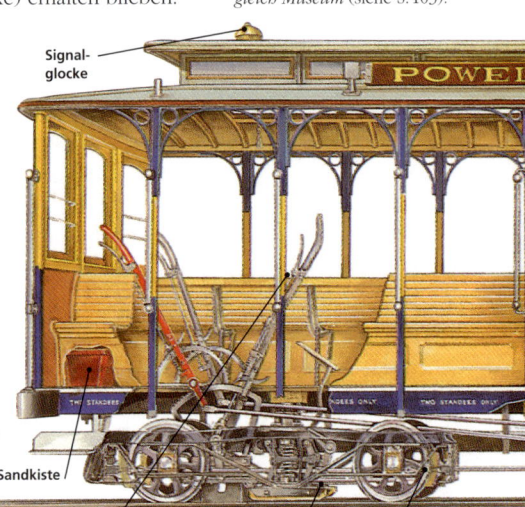

Funktion von Cable Cars

Motorwinden im Maschinenzentrum (Cable Car Barn) halten Stahlseile in Kanälen unter den Straßen in Dauerbewegung. Wenn der Gripman (Fahrer) den Greiferhebel bedient, klammert sich der Greifer durch eine Rille in der Straße an das Stahlseil und zieht so den Wagen (mit einer Geschwindigkeit von 15,5 km/h). Um anzuhalten, lässt der Fahrer den Hebel los und betätigt die Bremse. An Straßenecken, an denen das Kabel über eine Rolle läuft, ist besonderes Geschick erforderlich, damit die Cable Cars im Leerlauf über die Rolle fahren können.

Greifmechanismus

CABLE CARS

Hatch House hieß das vierstöckige Gebäude, das 1913 komplett verschoben werden musste. Herbert Hatch gelang es, mit Winden und Hebevorrichtungen das Haus über die Schienen zu manövrieren, ohne den Fahrbetrieb zu stören.

Cable-Car-Fest – es wurde 1984 zum Abschluss der zweijährigen Restaurierungsarbeiten gefeiert. Das gesamte Schienensystem und alle Waggons waren überholt worden.

Der Cable-Car-Signalglockenwettbewerb wird jedes Jahr im Juli am Union Square veranstaltet. Dann demonstrieren die Schaffner die Bandbreite ihrer Klingelzeichen.

Die erste Cable Car, die am 2. August 1873 von Hallidie in der Clay Street getestet wurde, war bis 1993 im Cable Car Barn zu sehen (siehe S. 103). Seit seiner Erfindung ist das Transportsystem fast unverändert in Betrieb.

Die Restaurierung der Cable Cars geschieht unter besonderer Berücksichtigung der historischen Details.

Andrew Smith Hallidie

Andrew Smith (geb. 1836 in London) nahm später den Namen seines Onkels an. Nach einer Mechanikerlehre zog er 1852 nach San Francisco und gründete eine Firma, die Drahtseile herstellte. 1873 testete er die ersten Cable Cars. Das profitable Projekt ermöglichte die Erschließung der Hügel der Stadt.

Financial District und Union Square

Montgomery Street, heute im Herzen des Financial District, war früher eine Straße mit kleinen Läden, in denen die Goldsucher Goldstaub wiegen ließen. Sie verläuft entlang der einstigen Uferlinie der Yerba-Buena-Bucht, die zur Zeit des Goldrauschs (siehe S. 24f) aufgefüllt wurde. Heute stehen hier Bankhäuser aus den 1920er Jahren im Schatten von Hochhäusern aus Glas und Beton. Die Straßen wimmeln von Büroangestellten. Der Union Square liegt im Einkaufsviertel und verfügt über viele exklusive Geschäfte.

Dekor an der Union Bank

Sehenswürdigkeiten auf einen Blick

Historische Straßen und Gebäude
California Historical Society ⓫
Ferry Building ❿
Jackson Square Historical District ❷
Merchant's Exchange ❼
Old United States Mint ㉕
Pacific Coast Stock Exchange ❽
Powell Street Cable Car Turntable ㉓
Union Bank of California ❻

Moderne Architektur
555 California ❹
Embarcadero Center ❶
Rincon Center ⓭
Transamerica Pyramid ❺
Yerba Buena Gardens S. 114f ⓯

Museen und Sammlungen
Contemporary Jewish Museum ⓮
Museum of African Diaspora ⓬
SF Museum of Modern Art S. 118–121
Wells Fargo History Museum ❸

Theater
Theater District ㉑

Hotel
Sheraton Palace Hotel ⓱

Information
San Francisco Visitor Information Center ㉖

Läden
Crocker Galleria ⓲
Gump's ⓳
Läden am Union Square ㉒
Westfield Shopping Centre ㉔

Parks und Plätze
Justin Herman Plaza ❾
Union Square ⓴

Anfahrt
Alle Tram-, Cable-Car- oder BART-Linien und die meisten Buslinien laufen im Herzen des Viertels, bei der Market Street, zusammen. Von hier aus kommen Sie mit dem Bus in jede Ecke des Stadtviertels.

LEGENDE
Detailkarte siehe S. 108f
Cable-Car-Endstation
BART-Station
Tramhaltestelle
Fährhafen

◁ *Eclipse*, eine Skulptur von Charles Perry im Atrium des Hyatt Regency Hotels *(siehe S. 215)*

Im Detail: Financial District

Das Herz von San Franciscos Wirtschaft schlägt im Financial District, einem der führenden Wirtschaftszentren der USA. Es reicht vom modernen Embarcadero Center bis zur gesetzten Montgomery Street, die auch »Wallstreet des Westens« genannt wird. Alle wichtigen Banken, Wertpapierhändler, Börsen- und Anwaltsbüros haben sich in diesem Viertel niedergelassen. Früher war der Jackson Square Historical District das geschäftliche Zentrum.

La Chiffonière (1978) von Jean Dubuffet, Justin Herman Plaza

★ **Embarcadero Center**
Das Zentrum beherbergt Läden und Büros. Auf den ersten drei Stockwerken finden Sie die Einkaufspassagen. ❶

Hotaling Place ist eine kleine Allee, die zum Jackson Square Historical District führt und schöne Antiquitätenläden hat.

Jackson Square Historical District
Das Viertel erinnert an die Zeit des Goldrauschs. ❷

Das Golden Era Building wurde zur Zeit des Goldrauschs gebaut. Hier residierte die Zeitung *Golden Era*, für die Mark Twain schrieb.

Bushaltestelle (Bus 41)

★ **Transamerica Pyramid**
Seit der Fertigstellung 1972 ist sie mit 265 Metern das höchste Gebäude der Stadt. ❺

Union Bank of California
Das Foyer bewachen zwei Steinlöwen, die von Arthur Putnam geschaffen wurden. ❻

Merchant's Exchange
Wandbilder zeigen Szenen der Schifffahrtsgeschichte. ❼

Wells Fargo History Museum
Im Museum, das sich mit den Themen Transport und Banken beschäftigt, erinnert eine originale Postkutsche an die Zeit des »Wilden Westens«. ❸

555 California
Der frühere Hauptsitz der Bank of America war bis 1972 der höchste Bau. ❹

Hotels und Restaurants im Financial District und am Union Square siehe Seiten 213–216 und 233–235

FINANCIAL DISTRICT 109

Die California Street mit den vielen Cable Cars führt zum Nob Hill hinauf.

Justin Herman Plaza
Bei schönem Wetter ist dies ein beliebter Platz zum Mittagessen. ❾

Hyatt Regency Hotel (siehe S. 215)

Bushaltestelle (Busse 2, 9)

Zur Orientierung
Siehe Stadtplan 5 & 6

FISHERMAN'S WHARF UND NORTH BEACH
CHINATOWN UND NOB HILL
FINANCIAL DISTRICT UND UNION SQUARE

Das Gandhi-Denkmal (1988) blickt an der Ostseite des Ferry Building über die Bucht. Der Entwurf stammt von K. B. Patel, gestaltet wurde es von Z. Pounov und S. Lowe. Die Inschrift nimmt auf Gandhis Credo von der Gewaltlosigkeit Bezug.

Ferry Building
Das Fährterminal bietet 40 Delikatessenläden und Restaurants. ❿

LEGENDE

― ― ― Routenempfehlung

Pacific Coast Stock Exchange
In der früheren Handelsbörse ist mittlerweile ein Spa-Center untergebracht. ❽

Die Türme des First Interstate Center sind durch gläserne »Himmelsbrücken« verbunden.

NICHT VERSÄUMEN

★ Embarcadero Center

★ Transamerica Pyramid

Stadtplan siehe Seiten 302–320

Embarcadero Center ❶

Stadtplan 6 D3, **Karte** P3. 🚋 1, 32. 🚆 J, K, L, M, N. 🚌 California St. Siehe **Shopping** S. 244f und **Hotels** S. 215.

Nach zehn Jahren Bauzeit wurde 1981 das größte Stadterneuerungsprojekt von San Francisco fertiggestellt. Es erstreckt sich von der Justin Herman Plaza bis zur Battery Street. Vier Türme überragen mit 35 bzw. 42 Stockwerken die Plätze und Fußgängerbrücken.

Das eindrucksvollste Innenleben hat das Hyatt Regency Hotel mit einem 17 Stockwerke hohen Atrium. In seiner Mitte steht die riesige Plastik *Eclipse* von Charles Perry. Gläserne Aufzüge schweben auf und nieder. Sie bringen Hotelgäste in ein Panoramarestaurant, das sich in 40 Minuten um 360 Grad dreht. Zudem gibt es ein Kino, das eine erstaunliche Auswahl an ausländischen Filmen und Independents zeigt

Atrium des Hyatt Regency Hotels im Embarcadero Center

Hotaling Place am Jackson Square

Jackson Square Historical District ❷

Stadtplan 5 C3, **Karte** N3. 🚋 12, 41, 83.

Hier gibt es viele historische Gebäude mit Backstein-, Gusseisen- und Granitfassaden. 1850–1910 war das Viertel für seine Spielhöllen und Bordelle berüchtigt und als Barbary Coast (Barbaren-, Ganovenküste) verschrien *(siehe S. 26f).* Das Hippodrome (555 Pacific Street) war früher ein Theater, seine anzüglichen Reliefs erinnern an das damalige Programm. Nun sind in der Gegend Anwaltsbüros, Galerien und Antiquitätengeschäfte eingezogen – vor allem in der Jackson, Gold und Montgomery Street sowie am Hotaling Place.

Wells Fargo History Museum ❸

420 Montgomery St. **Stadtplan** 5 C4, **Karte** P3. 📞 396-2619. 🚋 1, 12, 41. 🚌 California St. Montgomery. 🕐 Mo–Fr 9–17 Uhr. Feiertage. 🌐 www.wellsfargohistory.com

Die New Yorker Bank Wells Fargo & Co. eröffnete 1852 eine Zweigstelle in San Francisco und entwickelte sich zur größten Bank- und Transportgesellschaft im Westen. Die Firma transportierte Menschen und Waren von der Ost- zur Westküste sowie zwischen Minencamps und den Städten Kaliforniens. Sie brachte das Gold von der West- an die Ostküste und beförderte Post. Wells Fargo stellte Briefkästen auf. Kuriere sortierten die Post unterwegs. Auch bei der Postzustellung mit dem Pony Express spielte das Unternehmen eine Rolle.

Die Postkutschen, von denen eine hier zu sehen ist *(siehe S. 108),* waren wegen der mutigen Kutscher legendär – und wegen der Banditen, die sie ausraubten. Die bekannteste dieser Gestalten war der Räuber Black Bart, der nach Überfällen Gedichte hinterlegte. 1875–83 raubte er auf einsamen Wegen zwischen Calaveras County und der Grenze von Oregon Postkutschen aus. Schließlich vergaß er bei einem Überfall ein Taschentuch mit einem Wäschezeichen, das ihn als Bergbauingenieur Charles Boles auswies. Museumsbesucher erfahren weiterhin, wie es sich anfühlte, tagelang in einer Postkutsche zu sitzen. Sie können sich auch das auf Tonband gesprochene Tagebuch des Einwanderers Francis Brocklehurst anhören. Zu den Exponaten zählen auch alte Pony-Express-Post, Fotos, frühe Schecks, Waffen und Goldnuggets.

Black Bart, der dichtende Bandit

FINANCIAL DISTRICT UND UNION SQUARE

555 California ❹

555 California St. **Stadtplan** 5 C4, **Karte** P3. 🚌 1, 41. 🚇 California St.

Das aus rotem Granit errichtete Gebäude war früher Zentrale der Bank of America. Die 52 Stockwerke wurden 1969 fertiggestellt und bildeten damals den höchsten Wolkenkratzer der Stadt – ganz aus rotem Granit. Von oben hat man einen unvergleichlichen Ausblick auf San Francisco.

Die Bank of America wurde ursprünglich als Bank of Italy von A. P. Giannini in San José gegründet. Im frühen 20. Jahrhundert gewann sie viele Einwanderer als Kunden und investierte in Farmland und kleine Städte. Beim Brand von 1906 *(siehe S. 28f)* rettete Giannini persönlich die Einlagen und brachte sie in Obstkisten versteckt in Sicherheit. So hatte die Bank genügend Kapital, um in den Wiederaufbau San Franciscos zu investieren.

Transcendence – Skulptur von Nagari vor 555 California

Transamerica Pyramid ❺

600 Montgomery St. **Stadtplan** 5 C3, **Karte** P3. 🚌 1, 41. ◐ für die Öffentlichkeit. ♿ www.transamerica.com

Markantes Erkennungsmerkmal des 48-stöckigen Bauwerks ist die Spitze. Mit 265 Metern ist es das höchste Gebäude der Stadt und eines ihrer Wahrzeichen. Nach der Eröffnung 1972 wurde es heftig kritisiert, doch dann als Teil der Skyline akzeptiert. Seit dem 11. September 2001 ist es nicht mehr öffentlich zugänglich.

Die Pyramide wurde von William Pereira & Associates entworfen und ist der Arbeitsplatz von rund 1500 Büroangestellten. Der Wolkenkratzer steht an der Stelle des 1853 errichteten Montgomery Block, seinerzeit das größte Gebäude westlich des Mississippi. Im Untergeschoss war der Exchange Saloon untergebracht, in dem sich Mark Twain häufig aufhielt. In den 1860er Jahren mieteten sich Künstler im Montgomery Block ein. In der Merchant Street gegenüber dem Bauwerk erinnert eine Tafel an die einstige Pony-Express-Station.

Die Spitze ist hohl und erhebt sich 64 Meter über das oberste Stockwerk. Nachts wird sie erleuchtet und verbreitet ein warmes gelbes Licht.

Vertikale Flügel
Die Gebäudeflügel steigen vertikal von der Mitte des Erdgeschosses auf und gehen über den sich verjüngenden Rahmen hinaus. Der Ostflügel hat 18 Aufzüge, der Westflügel einen Rauchabzugsschacht und Nottreppen.

Schutz vor Erdbeben
Die Pyramide ist mit weißer Quarzmasse beschichtet, die auf jedem Stock mit Rundstahl fixiert ist. Die Zwischenräume der Paneele ermöglichen bei Erdbeben Seitwärtsbewegungen.

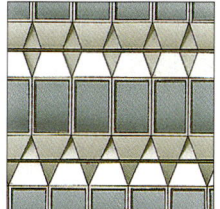

3678 Fenster beschäftigen Fensterputzer einen ganzen Monat lang.

Aussicht
Die oberen Büroräume bieten einen traumhaften 360-Grad-Panoramablick über die Stadt und die Bucht.

Form
Das Gebäude läuft spitz zu und wirft so weniger Schatten als ein konventioneller Bau.

Die Fundamente stehen auf einem Stahlbetonsockel (15,5 m tief im Boden eingelassen), der bei Erschütterungen mitschwingt.

Stadtplan *siehe Seiten 302–320*

Klassizistische Fassade der Union Bank of California

Union Bank of California ❻

400 California St. **Stadtplan** 5 C4, **Karte** V2. 765-0400. 1, 41. California St.

William Ralston und Darius Mills gründeten die Bank 1864. Ralston, als der Mann, »der San Francisco erbaute«, bekannt, hatte erfolgreich in die Comstock-Minen *(siehe S. 27)* investiert. Mit seinem Privatvermögen finanzierte er Projekte in San Francisco, etwa die Wasserversorgungsgesellschaft oder das Palace Hotel *(siehe S. 113)*. Ralstons Imperium brach während der Wirtschaftskrise der 1870er Jahre zusammen.

Das heutige Bankgebäude mit seinen Säulenkolonnaden wurde 1908 fertiggestellt. Im Basement befinden sich Läden, Restaurants und kleinere Galerien mit Kunsthandwerk und Fotografien.

Merchant's Exchange ❼

465 California St. **Stadtplan** 5 C4, **Karte** U2. 421-7730. 1, 3, 4, 10, 15. Montgomery. Mo–Fr 8.30–18, Sa, So 9–18 Uhr (nach Anmeldung). Feiertage.
www.merchantsexchange.com

Das Gebäude wurde 1903 von William Polk entworfen und beim Brand von 1906 kaum beschädigt. Das Innere birgt Gemälde mit Seefahrtsszenen des irischen Malers William Coulter. Anfang des 20. Jahrhunderts war die Börse das Herzstück von San Franciscos Warenhandel. Damals hielten Wachen im Turm Ausschau nach den einlaufenden Schiffen aus Übersee.

Pacific Coast Stock Exchange ❽

301 Pine St. **Stadtplan** 5 C4, **Karte** V2. 954-5500. 3, 4, 41. für die Öffentlichkeit.
www.pacificex.com

Hier befand sich einst die zweitgrößte Effektenbörse Amerikas. Sie wurde 1882 gegründet und zog in das Gebäude ein, das ursprünglich dem Schatzamt der USA gehörte und 1930 von Miller und Pflueger umgebaut wurde. Die riesigen Granitfiguren am Eingang wurden 1930 von Ralph Stackpole geschaffen. Da sich der Ablauf des Börsenhandels im Lauf der Zeit änderte, wurde das Gebäude zum Fitness-Club.

Justin Herman Plaza ❾

Stadtplan 6 D3, **Karte** W1. viele Busse. J, K, L, M, N. California St.

Der Platz ist zur Mittagszeit immer mit Menschen überfüllt, die aus dem nahen Embarcadero Center kommen. Bekannt ist er wegen des avantgardistischen Vaillancourt-Brunnens, ein Werk des kanadischen Künstlers Armand Vaillancourt von 1971. Viele finden den Brunnen hässlich, vor allem wenn er bei Wasserknappheit im Sommer abgestellt wird. Ansonsten erweist er sich als gutes Beispiel für Gebrauchskunst: Man darf auf ihm herumklettern und in Becken und Wassersäulen planschen.

Der Vaillancourt-Brunnen auf der Justin Herman Plaza

Der Uhrturm des Ferry Building

Ferry Building ❿

Embarcadero, Ecke Market St. **Stadtplan** 6 E3, **Karte** W1. viele Busse. J, K, L, M, N. California St.

Das Gebäude (1896–1903) überstand den Brand von 1906 *(siehe S. 28f)*, weil Boote Wasser aus der Bucht pumpten und das Feuer löschen konnten. Der 71 Meter hohe Uhrturm ist dem Turm der Kathedrale von Sevilla nachempfunden. In den frühen 1930er Jahren passierten jährlich über 50 Millionen Menschen das Gebäude. Nun sind hier zahlreiche Delikatessenläden mit frischen Waren sowie Restaurants und Imbissstände untergebracht. Dienstags und samstags findet vor dem Gebäude ein Bauernmarkt statt.

Nach der Einweihung der Bay Bridge 1936 verlor das Ferry Building seine Bedeutung als Tor nach San Francisco. Heute gibt es nur noch wenige Fähren nach Larkspur und Sausalito im Marin County *(siehe S. 161)* sowie nach Alameda und Oakland in der East Bay *(siehe S. 164–167)*.

California Historical Society ⓫

678 Mission St. **Stadtplan** 6 D5, **Karte** P4. ☎ 357-1848. 🚌 5, 9, 38. 🚋 J, K, L, M, N, T. Ⓜ Montgomery. 🕐 Mi–Sa 12–16.30 Uhr (Bibliothek Sa geschl.).
www.californiahistoricalsociety.org

Die historische Gesellschaft mit Bibliothek, Ausstellungsräumen und Buchladen besitzt über 900 Gemälde und Aquarelle von amerikanischen Künstlern, eine Fotosammlung, dekorative Kunst und eine Kostümsammlung.

Wandbild im Rincon Annex: Entdeckung San Franciscos durch die Spanier

Angler im Hafen, beim vom Laternen gesäumten Pier 7

Museum of the African Diaspora ⓬

685 Mission St. **Stadtplan** 5 C5, **Karte** P4. ☎ 358 7200. 🚌 7, 9, 21, 38, 71. 🚋 J, K, L, M, N, T. 🕐 Mi–Sa 10–18 Uhr. Feiertage.
www.moadsf.org

Hier werden afrikanische Musik und Traditionen sowie die Geschichte des Sklavenhandels präsentiert. Es gibt auch interaktive Ausstellungen und Workshops.

Rincon Center ⓭

Stadtplan 6 E4, **Karte** Q4. 🚌 14. Siehe **Shopping** S. 245.

Das Shopping-Center mit hohem Atrium wurde 1989 an das alte Rincon Annex Post Office Building angebaut. Es ist für seine Wandbilder von Anton Refregier bekannt.

Contemporary Jewish Museum ⓮

736 Mission St. **Stadtplan** 5 C5, **Karte** P4. ☎ 655-7800. 🚋 J, K, L, M, N, T. 🕐 Fr–Di 11–17, Do 13–20 Uhr. jüdische Feiertage; 1. Jan, 4. Juli, Thanksgiving.
www.thecjm.org

Das Museum kooperiert mit internationalen Institutionen, um Kunst, Fotografien und Installationen zum Thema »Judentum« zu zeigen.

Yerba Buena Gardens ⓯

Siehe S. 114f.

SF Museum of Modern Art ⓰

Siehe S. 118–121.

Sheraton Palace Hotel ⓱

2 New Montgomery St. **Stadtplan** 5 C4, **Karte** P4. ☎ 512-1111. 🚌 7, 9, 21, 31, 66, 71. 🚋 J, K, L, M, N. Siehe **Hotels** S. 215.

Das erste Palace Hotel wurde 1875 von William Ralston, einem bekannten Finanzier, eröffnet. Das damals luxuriöseste Hotel der Stadt empfing viele Reiche und Prominente. Zu den Stammgästen gehörten Sarah Bernhardt, Oscar Wilde und Rudyard Kipling. Der gefeierte Tenor Enrico Caruso war gerade Gast, als das Hotel beim Erdbeben von 1906 in Flammen aufging. Kurz darauf wurde es unter dem Architekten George Kelham wiederaufgebaut und 1909 wiedereröffnet.

Luxuriöser Speisesaal: Garden Court im Sheraton Palace Hotel

Yerba Buena Gardens ⓯

Der Bau des Moscone Center, des größten Konferenzzentrums in San Francisco, gab den Anstoß zu ehrgeizigen Planungen für Yerba Buena Gardens. Neue Wohnungen, Hotels, Museen, Läden, Restaurants und Gärten wurden gebaut und erfüllen dieses Stadtviertel nun mit neuem Leben. Im Sommer finden in der Parkanlage Events von Weltklasse und Open-Air-Veranstaltungen statt.

★ **Yerba Buena Center for the Arts**
Attraktiv sind die Ausstellungen, das Forum und ein Kino für zeitgenössische Filme.

Esplanade Gardens
Besucher können hier spazieren gehen oder im Sommer die kostenlosen Events genießen.

Das Martin Luther King Jr. Memorial archiviert Friedensreden in mehreren Sprachen.

Zeum
Das Zeum auf dem Dach des Yerba Buena Center bietet ein umfangreiches Programm. Es will Jugendliche und Künstler für Kunst- und Technologieprojekte zusammenbringen – von Flugzeugkonstruktionen, Robotern und Architektur bis zur Bildhauerei.

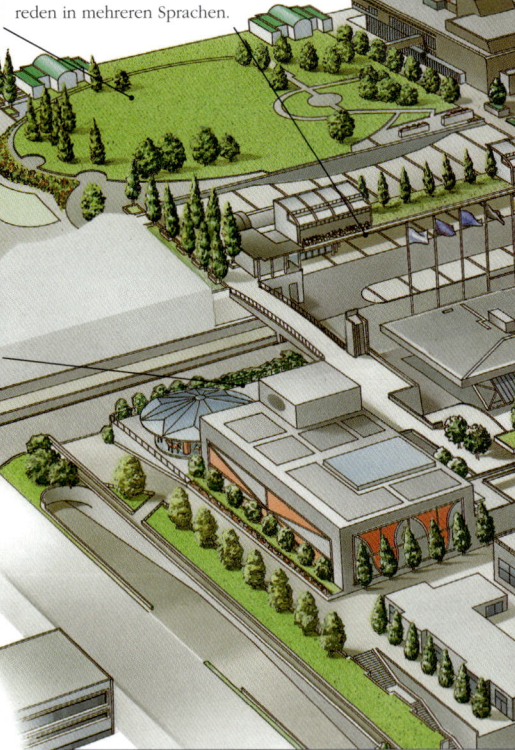

NICHT VERSÄUMEN
★ SF Museum of Modern Art
★ Yerba Buena Center for the Arts

Moscone Center
Die unterirdische Halle des Centers kommt ohne Stützsäulen aus, obwohl sie das Children's Center zu tragen hat. Der Ingenieur T. Y. Lin entwickelte dafür eine Konstruktion, bei der die Fundamente von allen acht Stützbogen unterirdisch mit Kabeln verbunden sind. So erhielten die Bogen ihre starke Belastbarkeit.

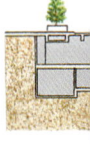

YERBA BUENA GARDENS

Yerba Buena Center for the Arts Theater
Die Stücke, die in diesem Theater (755 Plätze) aufgeführt werden, spiegeln die kulturelle Vielfalt San Franciscos wider. Es gibt auch eine Freilichtbühne.

INFOBOX

Mission, 3rd, Folsom u. 4th St.
Stadtplan 5 C5, **Karte** U/V4.
978-2787. 9, 14, 15, 30, 45, 76. J, K, L, M, N, T.
Zeum 820-3320. Sommer: 11–17 Uhr; Schuljahr: Mi–Fr 13–17, Sa, So 11–17 Uhr.
4. Juli, 25. Dez.
Yerba Buena Center for the Arts 978-2700. Di–So 12–17 Uhr (Do–Sa: bis 20 Uhr).
Feiertage. 1. Di im Monat frei. **SFMOMA** siehe S. 118–121.
www.yerbabuena.org

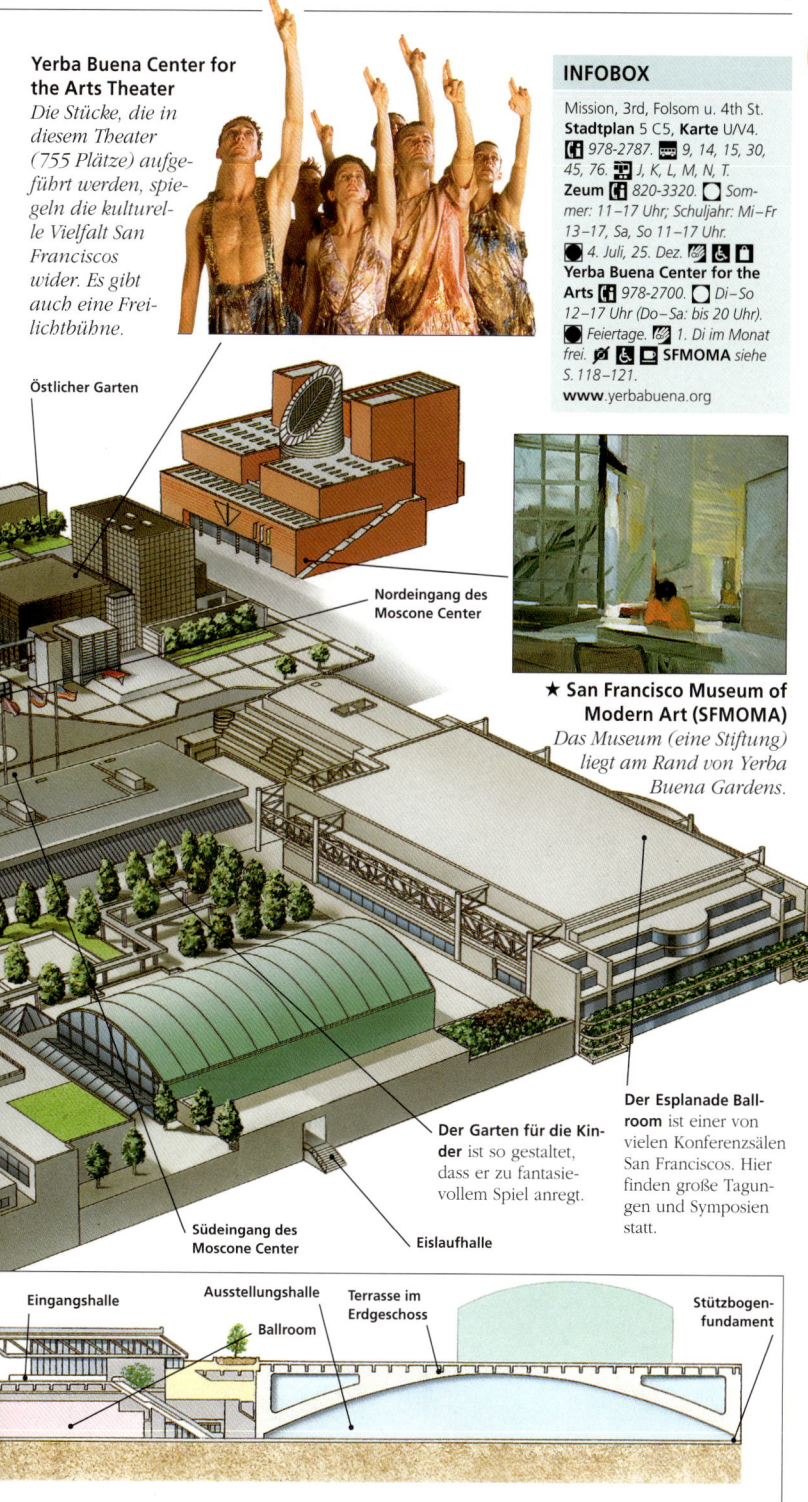

Östlicher Garten

Nordeingang des Moscone Center

★ San Francisco Museum of Modern Art (SFMOMA)
Das Museum (eine Stiftung) liegt am Rand von Yerba Buena Gardens.

Der Esplanade Ballroom ist einer von vielen Konferenzsälen San Franciscos. Hier finden große Tagungen und Symposien statt.

Der Garten für die Kinder ist so gestaltet, dass er zu fantasievollem Spiel anregt.

Südeingang des Moscone Center

Eislaufhalle

Eingangshalle — **Ausstellungshalle** — **Ballroom** — **Terrasse im Erdgeschoss** — **Stützbogenfundament**

Stadtplan *siehe Seiten 302–320*

Zentrale Plaza der Crocker Galleria

Crocker Galleria ⑱

Zwischen Post, Kearny, Sutter u. Montgomery St. **Stadtplan** 5 C4, **Karte** U3. 🚃 2, 3, 4. 🚋 J, K, L, M, N, T. Siehe **Shopping** S. 245.

Die Crocker Galleria wurde 1982 von den Architekten Skidmore, Owings und Merrill in Anlehnung an die Galleria Vittorio Emanuele in Mailand gebaut. Über der zentralen Plaza wölbt sich ein Glasdach. Auf den drei Etagen finden sich ca. 50 Läden europäischer und amerikanischer Designer sowie Restaurants.

Gump's ⑲

135 Post St. **Stadtplan** 5 C4, **Karte** U3. 📞 982-1616. 🚃 2, 3, 4, 30, 38, 45. 🚋 J, K, L, M, N, T. 🚌 Powell–Mason, Powell–Hyde. 🕐 Mo–Sa 10–18, So 12–17 Uhr. ♿ Siehe **Shopping** S. 249.

Das von deutschen Einwanderern – ehemaligen Spiegel- und Rahmenhändlern – 1861 gegründete, bodenständige Kaufhaus ist in San Francisco eine Institution: Viele Hochzeitspaare lassen hier ihre Geschenkwünsche registrieren. Mit berühmten Namen wie Baccarat, Steuben und Lalique bietet Gump's die größte Auswahl an feinem Porzellan und Kristallglas in den USA. Das Haus ist auch für seine Orientabteilung, Möbel und die Kunstabteilung bekannt. Vor allem asiatische Kunst wird gepflegt, die Jade-Sammlung genießt Weltruf. Gump's transportierte 1949 den großen Bronze-Buddha, der im Japanese Tea Garden zu sehen ist (siehe S. 147). Mit seinem exklusiven Flair zieht Gump's alles an, was Geld und Namen hat. Seine ausgefallenen Schaufensterdekorationen, die regelmäßig wechseln, sind legendär.

Union Square ⑳

Stadtplan 5 C5, **Karte** T/U3. 🚃 2, 3, 4, 30, 38, 45. 🚋 J, K, L, M, N, T. 🚌 Powell–Mason, Powell–Hyde.

Der Name des Platzes leitet sich von den großen Kundgebungen ab, die hier während des Bürgerkriegs (1861–65) stattfanden. Sie begeisterten die Bevölkerung für die Sache des Nordens und beschleunigten den Kriegsbeitritt Kaliforniens auf Seiten der Union. Der Platz liegt im Herzen des Shopping-Viertels und grenzt an den Theater District. An seiner Westseite befindet sich das berühmte Westin St. Francis Hotel (siehe S. 216), in seiner Mitte thront auf einer 27 Meter hohen Säule die Siegesstatue. Dieses Monument soll an den Sieg von Admiral Dewey im Spanisch-Amerikanischen Krieg von 1898 in der Bucht von Manila erinnern.

Siegessäule am Union Square

Theater District ㉑

Stadtplan 5 B5, **Karte** S3–4. 🚃 2, 3, 4, 38. 🚌 Powell–Mason, Powell–Hyde. 🚋 J, K, L, M, N, T. Siehe **Unterhaltung** S. 263.

Um den Union Square sind in gerade einmal sechs Straßenblocks gleich mehrere Theater konzentriert. Die beiden größten liegen am Geary Boulevard im Westen des Platzes: das 1922 erbaute Curran Theater und das Geary Theater von 1909 – heute Heimat des American Conservatory Theater (ACT). Seit den Tagen des Goldrauschs (siehe S. 24f) blüht in San Francisco das Theater. Große Bühnen- und Opernstars zog es in die Stadt. Die Tänzerin Isadora Duncan, Wegbereiterin des Modern Dance, wurde hier in der Taylor Street Nr. 501 geboren.

San Franciscos berühmte Kaufhäuser am Union Square

Läden am Union Square ㉒

Stadtplan 5 C5, **Karte** T/U3. 🚃 2, 3, 4, 30, 38, 45. 🚌 Powell–Mason, Powell–Hyde. 🚋 J, K, L, M, N, T. Siehe **Shopping** S. 245.

Hier sind viele Kaufhäuser vertreten: Macy's, Sak's Fifth Avenue, Neiman Marcus und Gump's (siehe S. 244f). Hinzu kommen große Hotels, Antiquariate und Boutiquen. Das Union Square Frank Lloyd Wright Building (140 Maiden Lane) ist der Vorläufer des Guggenheim Museums in New York.

Hotels und Restaurants im Financial District und am Union Square siehe Seiten 213–216 und 233–235

Powell Street Cable Car Turntable ㉓

Hallidie Plaza, Powell St u. Market St. **Stadtplan** 5 C5, **Karte** T4. *viele Busse.* *J, K, L, M, N, T. Powell–Mason, Powell–Hyde.*

Die interessantesten Cable-Car-Linien (Powell–Hyde und Powell–Mason) beginnen und beenden ihre Fahrten nach Nob Hill, Chinatown und Fisherman's Wharf an der Ecke Powell Street und Market Street. Anders als die Wagen der California-Street-Linie, die mit Fahrerhäusern an beiden Enden ausgestattet sind, haben die Wagen der Powell-Street-Linie nur einen Führerstand. Deswegen gibt es an beiden Streckenenden einen Turntable, also eine Drehscheibe. Wenn die Fahrgäste ausgestiegen sind, wenden Fahrer und Schaffner den Wagen mit Körperkraft. Fahrgäste, die in die andere Richtung fahren wollen, warten inmitten der lebhaften Menge von Straßenmusikern, Kauflustigen, Besuchern und Büroangestellten.

Powell Street Cable Car Turntable – Fahrer und Schaffner beim Wenden

Westfield Shopping Centre ㉔

Market u. Powell St. **Stadtplan** 5 C5, **Karte** U4. *512-6776. 5, 7, 9, 14, 21, 71. J, K, L, M, N. Powell–Mason, Powell–Hyde. Mo–Sa 10–20.30, So 10–19 Uhr.* Siehe **Shopping** S. 245. www.westfield.com

Im 1988 eröffneten Einkaufszentrum kommt man auf halbrunden Rolltreppen zu den neun Etagen der Mall, deren elegante Läden um ein hohes Atrium angeordnet sind. An schönen Tagen wird die Kuppel in 45 Metern Höhe geöffnet. Vom Basement gelangt man direkt zur Powell Street Station. Das Modehaus Nordstrom ist der größte Mieter: Es belegt die oberen fünf Stockwerke. Die Eingänge zu Bloomingdale's – mit einer klassischen Rotunde – befinden sich auf den unteren Etagen.

Old United States Mint ㉕

Fifth St, Ecke Mission St. **Stadtplan** 5 C5, **Karte** U4. *14, 14L, 26, 27. J, K, L, M, N, T.* *für unbestimmte Zeit geschlossen.*

Eine der drei Münzstätten von San Francisco, die Old Mint, war von 1973 bis 1994 ein Museum. Die letzten Münzen waren schon 1937 geprägt worden. A. B. Mullet erbaute das klassizistische Gebäude zwischen 1869 und 1874. Es wurde mit eisernen Fensterläden und einbruchssicheren Kellergewölben ausgestattet und zählt zu den wenigen Bauwerken, die Erdbeben und Brand von 1906 *(siehe S. 28f)* überstanden haben. Das Gebäude ist mittlerweile für unbestimmte Zeit geschlossen.

San Francisco Visitor Information Center ㉖

Powell St, Ecke Market St, Untergeschoss Hallidie Plaza. **Stadtplan** 5 B5, **Karte** T4. *391-2000.* *391-2000. viele Busse. J, K, L, M, N, T. Powell–Mason, Powell–Hyde. Mo–Fr 9–17, Sa, So 9–15 Uhr. So (Nov–Apr). teilweise.* www.sfvisitor.org

Hier gibt es Infos über Stadttouren, Ausflüge, Festivals, Restaurants, Unterkunft, Nachtleben und Shopping-Möglichkeiten. Mehrsprachige Karten und Broschüren stehen in großer Auswahl zur Verfügung, die Mitarbeiter geben mehrsprachig Auskunft. Sie erhalten auch telefonisch Informationen oder können – rund um die Uhr – Tipps vom Tonband abhören.

Old Mint: eine einbruchssichere »Granite Lady«

Stadtplan siehe Seiten 302–320

San Francisco Museum of Modern Art ⓰

Das Museum (Gründung 1935) begründete San Franciscos Ruf als führendes Zentrum moderner Kunst. 1995 zog es in sein derzeitiges Quartier um. Kern des vom Schweizer Architekten Mario Botta entworfenen modernistischen Gebäudes ist der 38 Meter hohe zylindrische Lichtturm, der Tageslicht ins Atrium lässt. Auf gut 4600 Quadratmetern Ausstellungsfläche sind über 23 000 Kunstwerke untergebracht. Zudem sind Sonderausstellungen von Kunst aus der ganzen Welt zu sehen. Das SFMOMA wird derzeit erweitert. 2016 sollten die Arbeiten abgeschlossen sein.

Zip Light (1990) von Sigmar Willnauer

Kurzführer
Museumsshop, Café und Veranstaltungsräume liegen im ersten Stock. Im zweiten Stock befinden sich das Koret Visitor Education Center und die Dauerausstellung des Museums mit Gemälden, Skulpturen, Architektur und Design. Fotografie gibt es im dritten, Medienkunst, Sonderausstellungen und einen Skulpturengarten im vierten Stock. Im fünften Stock und im Dachgarten ist Gegenwartskunst zu sehen. Bitte beachten Sie, dass während der Umbauarbeiten, die Werke teilweise anders platziert sind.

Les Valeurs personelles
Der belgische Surrealist René Magritte schuf das Gemälde 1952. Es zeigt sein großes Thema: die befremdliche Anordnung von Alltagsgegenständen in einem realistischen Ambiente.

★ No. 14, 1960
Das Ölgemälde stammt von Mark Rothko, einem abstrakten Expressionisten. Es zählt zu den bekanntesten Werken des Künstlers.

Four on a Bench
Die polnische Künstlerin Magdalena Abakanowicz schuf diese Skulptur (1980–90) aus Jute, Harz und Holz.

LEGENDE
🟧	Gemälde und Skulpturen
🟦	Architektur und Design
🟨	Fotografien und Grafik
🟩	Medienkunst
🟦	Koret Visitor Education Center
🟪	Sonderausstellungen
⬜	Kein Ausstellungsbereich

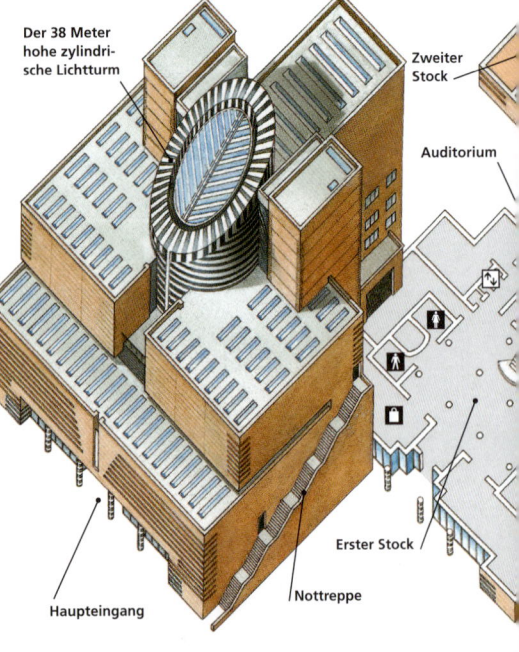

Der 38 Meter hohe zylindrische Lichtturm

Zweiter Stock

Auditorium

Erster Stock

Nottreppe

Haupteingang

SF MUSEUM OF MODERN ART

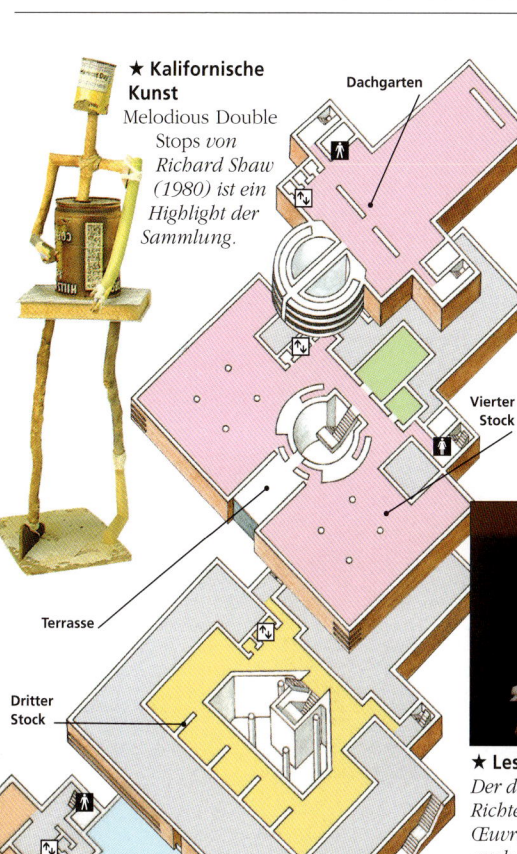

★ Kalifornische Kunst
Melodious Double Stops *von Richard Shaw (1980) ist ein Highlight der Sammlung.*

Dachgarten

Vierter Stock

Terrasse

Dritter Stock

Atrium

INFOBOX
151 Third St. **Stadtplan** 6 D5, **Karte** V3. 357-4000. 5, 9, 12, 14, 15, 30, 38, 45. J, K, L, M, N, T. nahe Yerba Buena Gardens. Mo, Di, Fr–So 10–17.45, Do 10–20.45 Uhr (im Winter ab 11 Uhr). Mi, 1. Jan, Thanksgiving, 25. Dez. 1. Di im Monat frei; Do ab 18 Uhr halber Preis. **Spezielle Veranstaltungen, Seminare, Filmvorführungen, Bibliothek und kunstpädagogische Programme.**
www.sfmoma.org

★ Lesende
Der deutsche Künstler Gerhard Richter malte das Bild 1994. Sein Œuvre umfasst neben Porträts auch Landschaftsbilder und Installationen.

Koret Visitor Education Center
Das Zentrum bietet ein reichhaltiges kunstpädagogisches Programm. Es gibt auch Kurse für Kinder.

Country Dog Gentlemen
Roy De Forest aus der Bay Area malte das Fantasiebild einer von Tieren behüteten Welt 1972.

NICHT VERSÄUMEN
★ Kalifornische Kunst

★ Lesende

★ No. 14, 1960

Stadtplan *siehe Seiten 302–320*

Überblick: San Francisco Museum of Modern Art

Das SF Museum of Modern Art ist nicht nur ein Hort der amerikanischen Kunstgeschichte, sondern auch ein Quell der Inspiration und Ermutigung für die heimischen Künstler. Der Schwerpunkt liegt bei den amerikanischen abstrakten Expressionisten, der kalifornischen Kunst und den Künstlern der Bay Area, von denen das Museum Tausende von Werken besitzt. Doch auch die internationalen Sammlungen sind berühmt, etwa die zum Fauvismus und zum deutschen Expressionismus.

Frauen von Algier (1955) von Pablo Picasso

Gemälde und Skulpturen

Zum festen Bestand des Museums gehören etwa 6000 Gemälde, Skulpturen und Grafiken. Wichtige Künstler und Schulen der europäischen, nordamerikanischen und lateinamerikanischen Malerei sind vertreten. Gemälde und Plastiken von 1900 bis 1960 befinden sich im zweiten Stock. Malerei, Grafik und Bildhauerei nach 1960 werden im fünften Stock präsentiert.

Der amerikanische abstrakte Expressionismus ist mit Philip Guston, Willem de Kooning, Franz Kline, Joan Mitchell und Jackson Pollock bestens vertreten. Pollocks *Guardians of the Secret* ist ein Meisterwerk dieser Kunstrichtung.

Separate Räume sind den Gemälden von Clyfford Still vorbehalten, der Mitte des 20. Jahrhunderts an der California School of Fine Arts lehrte – dem heutigen San Francisco Art Institute (siehe *S. 88f).* 1975 stiftete Clyfford Still dem Museum 28 seiner Gemälde.

Weitere hier vertretene prominente nord- und lateinamerikanische Künstler sind Stuart Davis, Marsden Hartley, Frida Kahlo, Wilfredo Lam, Georgia O'Keeffe, Rufino Tamayo und Joaquin Torres-Garcia. Eines der eindrucksvollsten Bilder des Museums ist das Ölbild *Der Blumenträger* (1935) von Diego Rivera. Der mexikanische Maler ist vor allem für seine Wandmalereien berühmt *(siehe S. 140f).*

Spezielle Ausstellungsräume sind zudem der Anderson Collection of American Pop Art mit Werken von Jasper Johns, Robert Rauschenberg, Andy Warhol und anderen Künstlern gewidmet.

Auch die Kunst der europäischen Moderne ist mit bekannten Gemälden von Hans Arp, Max Beckmann, Constantin Brâncuşi, George Braque, André Derain, Franz Marc und Pablo Picasso vertreten.

Für die große Sammlung von Bildern des gebürtigen Schweizers Paul Klee und die Werke des berühmten französischen Fauvisten Henri Matisse gibt es eigene Ausstellungsräume. Die *Frau mit Hut* von Henri Matisse ist wohl das bekannteste Gemälde des Museums.

Unter den Stilrichtungen des 20. Jahrhunderts ist auch der Surrealismus mit Werken von Salvador Dalí, Max Ernst und Yves Tanguy vertreten.

Architektur und Design

Die Abteilung für Architektur und Design wurde 1983 gegründet. Ihre Aufgabe ist es, die Sammlung von historischen und zeitgenössischen Architekturzeichnungen, Modellen und Designer-

92 Chaise (1992) von Holt Hinshaw Pfau Jones

Objekten auszubauen und ihren Einfluss auf die moderne Kunst darzustellen. Beim gegenwärtigen Bestand von über 4000 Exponaten liegt der Akzent auf den Bereichen Architektur, Möbel-, Industrie- und Grafik-Design.

In den Räumen im zweiten Stock finden sich Skizzen, Entwürfe, Drucke und Architekturmodelle von bekannten Namen. Zu ihnen zählt auch der berühmte Architekt Bernard Maybeck, der einige der schönsten Bauwerke der Bay Area geschaffen hat, beispielsweise den Palace of Fine Arts *(siehe S.60f)*.

Weitere bekannte, hier vertretene Architekten aus der Bay Area sind Timothy Pflueger, William Wurster, William Turnbull und Willis Polk, der Erbauer des Hallidie Building *(siehe S.45)*, sowie das kalifornische Designerteam Charles und Ray Eames.

Auch die Arbeiten von Fumihiko Maki, F. Lloyd Wright und Frank Gehry sind Teil der Dauerausstellung des Museums, das in regelmäßiger Folge Design- und Architekturvorlesungen veranstaltet.

Michael Jackson and Bubbles (1988) von Jeff Koons

Fotografie

Ein Archivbestand von mehr als 12000 Fotografien gestattet einen historischen Überblick über diese Kunstrichtung. Im dritten Stock finden regelmäßig wechselnde Fotoausstellungen statt. Zur Sammlung moderner amerikanischer Meister gehören Berenice Abbott, Walker Evans, Edward Steichen und Alfred Stieglitz. Besondere Aufmerksamkeit gilt den kalifornischen Fotografen John Gutmann, Imogen Cunningham und Ansel Adams. Auch Kollektionen aus Japan, Lateinamerika und Europa sind vorhanden, darunter die deutsche Avantgarde der 1920er und europäische Surrealisten der 1930er Jahre.

Graphite to Taste (1989) von Gail Fredell

Medienkunst

Die Abteilung für Medienkunst wurde 1987 im vierten Stock eingerichtet. Sie hat die Aufgabe, die Kunst des bewegten Bildes – also Video, Film, Bildprojektion, elektronische Kunst und neue Medien – zu sammeln, zu dokumentieren und auszustellen. Die Räume sind mit der modernsten Technik ausgestattet, um fotografische, Multiimage- und Multimedia-Arbeiten, Film, Video und interaktive Medienkunst adäquat vorführen zu können.

Die wachsende Sammlung des Museums umfasst Arbeiten von Nam June Paik, Don Graham, Peter Campus, Joan Jonas, Bill Viola, Doug Hall und Mary Lucier.

Kalifornische Kunst

Räume im zweiten und fünften Stock zeigen die Werke kalifornischer Künstler. Von der besonderen Atmosphäre ihrer Heimat inspiriert, schufen sie einen eigenen Westküsten-Stil. Zu den bedeutendsten gegenständlichen Malern der Bay Area zählen Elmer Bishoff, Joan Brown, David Park und Richard Diebenkorn, der mit einer umfangreichen Sammlung vertreten ist.

Collage- und Assemblage-Arbeiten von Bruce Connor, William T. Wiley und Jess aus dem Mission District sind ebenfalls vertreten. Die Verwendung von Schrott, Filzstiften und sonstigen Alltagsgegenständen für Kunstwerke machen diesen Kunststil der Westküste unverwechselbar.

Zeitgenössische Kunst und Veranstaltungen

Ein Teil der Ausstellungsfläche im dritten und vierten Stock ist Sonderausstellungen vorbehalten. Hier werden Schenkungen, Neuerwerbungen und auch ungefähr zehn Ausstellungen pro Jahr gezeigt. Die häufig wechselnden Ausstellungen zur Gegenwartskunst ergänzen die Sammlungen des Museums und tragen viel dazu bei, die gegenwärtige Kunstszene zu ermutigen und zu fördern.

Cave, Tsankawee, Mexico (1988), Fotografie von Linda Connor

Civic Center

Civic Center Plaza ist das Herz des Verwaltungszentrums von San Francisco. Hier sind einige der bedeutendsten Bauwerke versammelt. Auf das Areal mit seinen Regierungsbauten und dem Kunstkomplex sind die Bürger stolz. Nachdem das alte Rathaus beim Erdbeben von 1906 (siehe S. 28f) zerstört worden war, wurde hier ein kommunales Zentrum errichtet, das der wachsenden Bedeutung San Franciscos als Welthafen besser gerecht werden sollte. Nach seiner Wahl zum Bürgermeister 1911 stellte sich »Sunny Jim« Rolph (siehe S. 29) der Herausforderung des Wiederaufbaus. Er räumte dem Bau des Civic Center höchste Priorität ein. 1912 war die Finanzierung gesichert. 1987 wurden die Gebäude – Musterbeispiele für den Beaux-Arts-Stil (siehe S. 47) – unter Denkmalschutz gestellt. Sie bilden das wohl kühnste Stadtzentrum der USA und sind auf jeden Fall eine Besichtigung wert. Die Fulton Street führt zum nahen Alamo Square, an dem schöne, spätviktorianische Häuser stehen.

Reclining Nudes von Henry Moore vor der Louise M. Davies Symphony Hall

Sehenswürdigkeiten auf einen Blick

Historische Straßen und Gebäude
Alamo Square ⓭
Bill Graham
   Civic Auditorium ❷
City Hall ❼
Cottage Row ⓫
University of San Francisco ⓮
Veterans Building ❻

Shopping-Meile
Hayes Valley ⓬

Moderne Architektur
Japan Center ❿

Theater und Konzerthallen
Great American Music Hall ❽
Louise M. Davies
   Symphony Hall ❹
War Memorial Opera House ❺

Museen und Sammlungen
Asian Art Museum ❶
San Francisco Art
   Commission Gallery ❸

Kirche
St. Mary's Cathedral ❾

LEGENDE
Detailkarte siehe S. 124f
BART-Station
Tramhaltestelle

Anfahrt
Die BART-/Muni-Station Civic Center in der Market Street liegt zwei Blocks östlich der City Hall. Die Busse 5, 19, 47 und 49 fahren hierher. Das Civic Center erkundet man am besten zu Fuß, abgelegene Punkte erreicht man mit dem Auto.

◁ Blick vom Alamo Square *(siehe S. 129)* über das Civic Center zum Stadtzentrum

Im Detail: Civic Center

Simon-Bolivar-Statue auf der UN Plaza

San Franciscos wichtigster öffentlicher Platz wurde meisterhaft geplant und gestaltet. Seine Beaux-Arts-Architektur *(siehe S. 47)* mit der eindrucksvollen Kuppel der City Hall zeugt von der Energie, mit der man nach 1906 *(siehe S. 28f)* an den Wiederaufbau ging. Zuerst entstand das Civic Auditorium anlässlich der Panama-Pazifik-Ausstellung von 1915 *(siehe S. 72)*. Es folgten City Hall, Bibliothek und der War-Memorial-Arts-Komplex.

Das State Building wurde 1986 nach Entwürfen von Skidmore, Owings und Merrill vollendet. Der Bau nimmt die Rundungen der einen Block entfernten Davies Symphony Hall auf.

San Francisco Art Commission Gallery
In der kleinen Kunstgalerie neben dem Herbst Theater finden Ausstellungen zur Gegenwartskunst statt. ❸

★ **War Memorial Opera House**
Im eleganten Rahmen präsentiert sich das renommierte Opern- und Ballett-Ensemble der Stadt. ❺

Louise M. Davies Symphony Hall
Hier ist das 1911 gegründete Symphonieorchester zu Hause. Die üppig ausgestattete Konzerthalle wurde 1981 nach Plänen von Skidmore, Owings und Merrill fertiggestellt. ❹

MCALLISTER STREET

VAN NESS AVENUE

HAYES STREET

LEGENDE

--- Routenempfehlung

Hotels und Restaurants um das Civic Center *siehe Seiten 216f und 235*

CIVIC CENTER

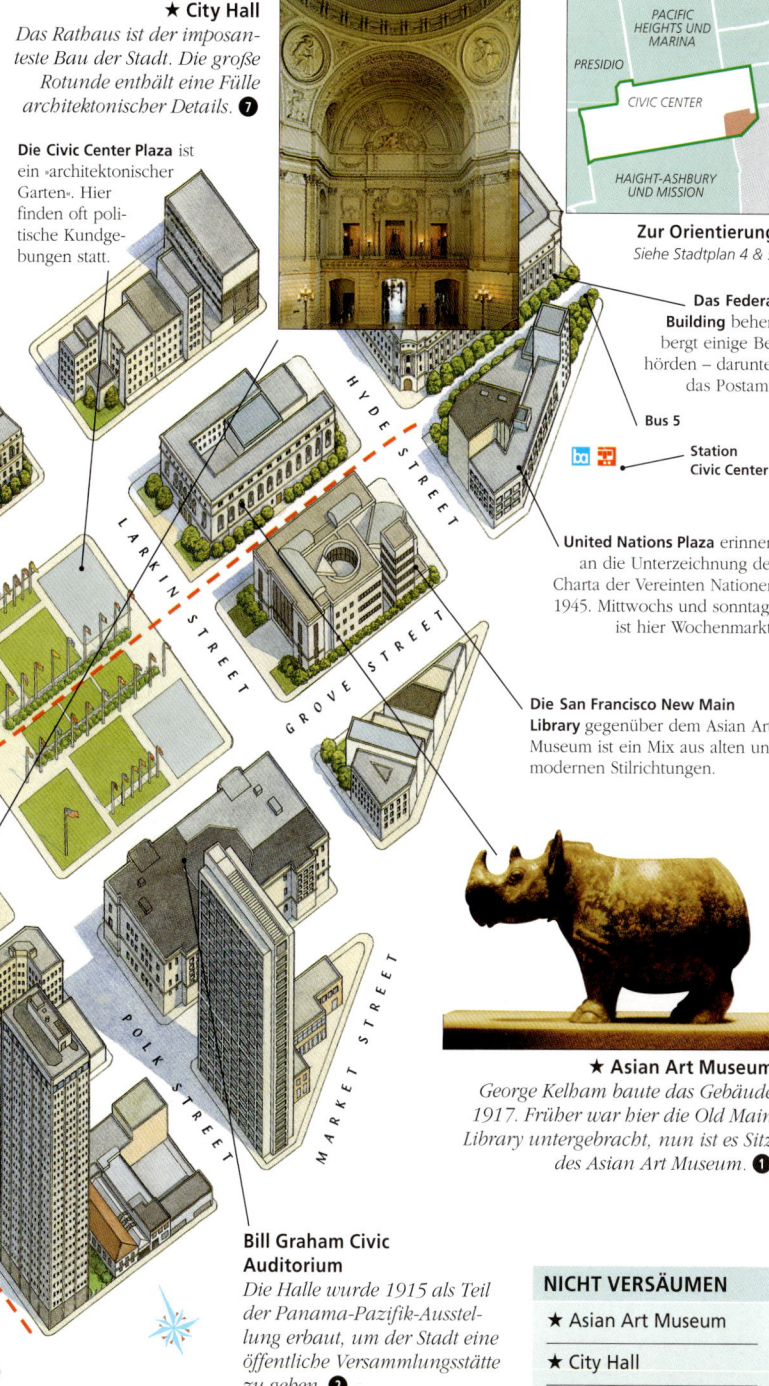

★ City Hall
Das Rathaus ist der imposanteste Bau der Stadt. Die große Rotunde enthält eine Fülle architektonischer Details. ❼

Die Civic Center Plaza ist ein ›architektonischer Garten‹. Hier finden oft politische Kundgebungen statt.

Zur Orientierung
Siehe Stadtplan 4 & 5

Das Federal Building beherbergt einige Behörden – darunter das Postamt.

Bus 5

Station Civic Center

United Nations Plaza erinnert an die Unterzeichnung der Charta der Vereinten Nationen 1945. Mittwochs und sonntags ist hier Wochenmarkt.

Die San Francisco New Main Library gegenüber dem Asian Art Museum ist ein Mix aus alten und modernen Stilrichtungen.

★ Asian Art Museum
George Kelham baute das Gebäude 1917. Früher war hier die Old Main Library untergebracht, nun ist es Sitz des Asian Art Museum. ❶

Bill Graham Civic Auditorium
Die Halle wurde 1915 als Teil der Panama-Pazifik-Ausstellung erbaut, um der Stadt eine öffentliche Versammlungsstätte zu geben. ❷

NICHT VERSÄUMEN
★ Asian Art Museum
★ City Hall
★ War Memorial Opera House

Stadtplan siehe Seiten 302–320

Asian Art Museum ❶

200 Larkin St. **Stadtplan** 4 F5, **Karte** S5. 3581-3500. 5, 19, 21, 26, 47, 49. F, J, K, L, M, N, T. Di–So 10–17 Uhr, Feiertage. 1. Di im Monat frei. www.asianart.org

Das Asian Art Museum liegt an der Civic Center Plaza gegenüber dem Rathaus. Das Museumsgebäude ist eines der schönsten Beispiele des Beaux-Arts-Stils in San Francisco. Die frühere Main Library von 1917 musste sich 2001 einer Generalüberholung unterziehen und wurde zum größten asiatischen Museum außerhalb Asiens umgebaut.

Das Asian Art Museum besitzt etwa 17 000 Exponate, die gut 6000 Jahre Geschichte umfassen und verschiedene Kulturen und Länder Asiens repräsentieren. Unter den Exponaten ist ein vergoldeter Bronze-Buddha, eines der ältesten chinesischen Buddha-Bildnisse weltweit. Zudem gibt es Veranstaltungsräume, eine Bibliothek, ein »Anfass-Zentrum«, interaktive Exponate für Kinder und einen Lehrsaal für kunstpädagogische Programme.

Das Museum hat ein hübsches Terrassencafé mit Blick auf das Civic Center.

Ausstellungsraum in der San Francisco Art Commission Gallery

Bill Graham Civic Auditorium ❷

99 Grove St. **Stadtplan** 4 F5, **Karte** S5. 974-4060. 5, 7, 19, 21, 26, 47, 49, 71. J, K, L, M, N, T. während Vorführungen. www.billgrahamcivic.com

Das Gebäude wurde von John Galen Howard im Beaux-Arts-Stil *(siehe S. 47)* entworfen und 1915 als Teil der Panama-Pazifik-Ausstellung *(siehe S. 72)* eröffnet. Das Civic Auditorium ist eine der bekanntesten Aufführungsstätten der Stadt. Es wurde vom französischen Pianisten und Komponisten Camille Saint-Saëns eingeweiht. Im Zug des Bau-Booms nach dem Erdbeben von 1906 *(siehe S. 28f)* wurde das Gebäude gleichzeitig mit der City Hall errichtet. Wie die benachbarte Brooks Exhibit Hall steht es unterhalb der Civic Center Plaza. Heute bietet das Auditorium 7000 Sitzplätze und ist das wichtigste Konferenzzentrum der Stadt. Zu Ehren des lokalen Rock-Promoters und Impresarios Bill Graham *(siehe S. 129)* taufte man es 1964 um. Graham spielte gegen Ende der 1960er Jahre zur Flower-Power-Zeit eine zentrale Rolle bei der Entwicklung und der Vermarktung des psychedelischen Sounds von San Francisco.

San Francisco Art Commission Gallery ❸

401 Van Ness Ave. **Stadtplan** 4 F5, **Karte** R5. 554-6080. 5, 19, 21, 26, 47, 49. J, K, L, M, N, T. Mi–Sa 12–17 Uhr (spätere Öffnungszeiten tel. erfragen). www.sfacgallery.org

Die städtische Kunstgalerie im Veterans Building *(siehe S. 127)* zeigt Gemälde, Plastiken und Multimedia-Arbeiten einheimischer Künstler am Anfang ihrer Karriere. Am früheren Standort der Galerie (155 Grove St) befindet sich mittlerweile die Galerie View 155.

Louise M. Davies Symphony Hall

Louise M. Davies Symphony Hall ❹

201 Van Ness Ave. **Stadtplan** 4 F5, **Karte** R5. 552-8000. 21, 26, 47, 49. J, K, L, M, N, T. 552-8378. Siehe **Unterhaltung** S. 264. www.sfsymphony.org

Die Bürger von San Francisco lieben und hassen gleichermaßen die halbrunde, glasverkleidete Konzerthalle, die 1980 von Skidmore, Owings und Merrill erbaut wurde. Sie trägt den Namen der Mäzenin, die fünf der 35 Millionen Dollar Baukosten gespendet hat. Hier ist das San Francisco Symphony Orchestra beheimatet. Doch es gastieren auch oft auswärtige Musiker.

Die Akustik des Gebäudes enttäuschte zunächst, doch nach mehrjährigen Verhandlungen wurden moderne Anlagen installiert. Zudem wurde die Innenausstattung verändert. Die Wände wurden neu modelliert, um den Klang besser zu reflektieren. Nun ist das Hörerlebnis ungetrübt.

Die große Treppe im Asian Art Museum

CIVIC CENTER

Vordereingang des War Memorial Opera House von 1932

War Memorial Opera House ❺

301 Van Ness Ave. **Stadtplan** 4 F5, **Karte** R5. 621-6600. 5, 21, 47, 49. J, K, L, M, N, T. außer bei Vorstellungen. 861-4008. www.sfwmpac.org

Das von Arthur Brown erbaute und 1932 eröffnete Haus ist dem Andenken an die im Ersten Weltkrieg Gefallenen gewidmet. 1951 wurde hier der Friedensvertrag zwischen den USA und Japan unterzeichnet. Damit war der Zweite Weltkrieg offiziell beendet. Das Gebäude beherbergt heute die San Francisco Opera.

Veterans Building ❻

401 Van Ness Ave. **Stadtplan** 4 F5, **Karte** R5. 621-6600. **Herbst Theater** 392-4400. 5, 19, 21, 47, 49. J, K, L, M, N, T. Mo–Fr 8–17 Uhr (nach Voranmeldung). außer bei Vorstellungen. teilweise. 552-8338. www.sfwmpac.org

Wie sein fast identisches Pendant, das War Memorial Opera House, wurde dieser Mehrzweckbau von Arthur Brown entworfen und 1932 zu Ehren der Soldaten des Ersten Weltkrieges errichtet. Außer einer Ausstellung alter Waffen sind militärische Memorabilien zu sehen. Der Bau beherbergt auch das Herbst Theater. Wegen der guten Akustik des Saals (928 Sitzplätze) finden hier auch Aufführungen klassischer Musik statt. Im Theater wurde 1945 die UN-Charta unterzeichnet.

City Hall ❼

400 Van Ness Ave. **Stadtplan** 4 F5, **Karte** R5. 554-4000. 5, 8, 19, 21, 26, 47, 49. J, K, L, M, N, T. Mo–Fr 8–20 Uhr. 554-6023. **Museum of the City of San Francisco** Mo–Sa 11–16 Uhr. www.sfgov.org

Das Rathaus der Stadt wurde 1915 gerade rechtzeitig zur Panama-Pazifik-Ausstellung *(siehe S. 72)* fertig. Der Architekt Arthur Brown erbaute es auf dem Höhepunkt seiner Karriere. Die hochbarocke Kuppel ist der des Petersdoms in Rom nachgebildet. Die öffentlich zugängliche Kuppel ist übrigens höher als das Kapitol in Washington, DC.

Das Bauwerk mitten im Civic Center ist ein großartiges Beispiel für den Beaux-Arts-Stil *(siehe S. 47)*. Allegorische Figuren, die an den Goldrausch der Stadt erinnern, zieren den Giebel über dem Haupteingang in der Polk Street. Durch ihn gelangt man in die mit Marmor ausgelegte Rotunde. Im Rathaus befindet sich außerdem das Museum of the City of San Francisco *(siehe S. 83)*.

Great American Music Hall ❽

859 O'Farrell St. **Stadtplan** 4 F4, **Karte** S4. 885-0750. 19, 38, 47, 49. www.musichallsf.com

Einst wurde sie als Spielbühne für derbe Volksstücke erbaut (1907), doch dann verkam die Great American Music Hall zum Bordell. Mit ihrer reichen Innenausstattung, den hohen Marmorsäulen und den kunstvoll mit Goldstuck verzierten Balkonen hat sie sich seitdem zu einer exzellenten Bühne gemausert.

Anzeige über der Great American Music Hall

Die Music Hall ist als Szene-Treff überall in den USA bekannt. Das Spektrum reicht von Blues, Jazz und Folk bis Rock'n'Roll. Bekannte Künstler wie Carmen McCrae, B. B. King, Duke Ellington, Grateful Dead, Van Morrison und Tom Paxton feierten hier umjubelte Auftritte. Von fast jedem Tisch aus hat man einen guten Blick.

Beaux-Arts-Stil: die imposante Fassade der City Hall im Herzen des Civic Center von San Francisco

Stadtplan *siehe Seiten 302–320*

Altar in St. Mary's Cathedral

St. Mary's Cathedral 9

1111 Gough St. **Stadtplan** 4 E4, **Karte** L5. 567-2020. 38. Mo–Fr 8.30–16.30, Sa, So 9–18.30 Uhr. 5.30 Uhr (nur Sa), Mo–Sa 6.45, 8, 12.10, So 7.30, 9, 11, 13 Uhr. während der Gottesdienste.
www.stmarycathedralsf.org

Die Kirche auf dem Cathedral Hill ist eines der auffälligsten Gebäude San Franciscos. Der ultramoderne Bau (1971) stammt von dem Architekten Pietro Belluschi und dem Ingenieur Pier Luigi Nervi. Das vierteilige, gewölbte Paraboldach erhebt sich wie ein Segelschiff – Spötter meinen, es ähnele eher einem gigantischen Mixer. Die 60 Meter hohe Betonkonstruktion, welche die kreuzförmige, die vier Elemente darstellende Bleiglasdecke stützt, scheint schwerelos über den 2500 Plätzen des Kirchenschiffs zu schweben. Ein Baldachin aus Aluminiumstäben funkelt über dem Altar.

Japan Center 10

Post St, Ecke Buchanan St. **Stadtplan** 4 E4, **Karte** L5. 561-4153. 2, 3, 4, 38. tägl. 10–18 Uhr.

Das Japan Center war in den 1960er Jahren Teil eines Bauprojekts, um den Fillmore District wiederzubeleben. Ganze Blocks mit viktorianischer Bausubstanz mussten dem Geary Expressway und dem großen Einkaufszentrum des Japan Center weichen. Im Herzen des Komplexes liegt der Peace Pagoda Garden, überragt von einer fünfstufigen Betonpagode. Beim Kirschblütenfest im April (siehe S. 48) treten hier z.B. Daiko-Trommler auf. Zu beiden Seiten des Gartens finden sich Japan-Läden, Restaurants und das AMC Kabuki (siehe S. 262), eines der besten Kinos der Stadt. Das Viertel ist seit über 80 Jahren Mittelpunkt der japanischen Gemeinde. Authentische Japan-Läden finden Sie in der Post Street, wo auch eine Stahlplastik von Ruth Asawa steht.

Cottage Row 11

Stadtplan 4 D4, **Karte** K4. 2, 3, 4, 22, 38.

Die Holzhäuser des Sträßchens wurden 1882 während des Pacific-Heights-Baubooms errichtet. Mit ihren schlichten Fronten zählen sie zu den wenigen erhaltenen Resten proletarischer Wohnkultur. Für San Francisco untypisch sind die Häuser hier aneinandergebaut – wie die Reihenhäuser in Europa oder an der Ostküste. Das Fehlen jeglicher Verzierung und die Lage an einer früher düsteren und engen *back alley* weisen auf den niedrigen sozialen Status der einstigen Bewohner hin. Durch die Initiative von Justin Herman entgingen die Häuser während der Stadtsanierung in den 1960er Jahren dem Abriss. Herman gab den Bewohnern Kredite zur Renovierung. Die Häuser sind heute fast alle wiederhergestellt und gruppieren sich um einen kleinen Stadtpark.

Holzhäuser in der Cottage Row

Hayes Valley 12

Stadtplan 4 E5, **Karte** L6. 21, 22.

Westlich der City Hall haben sich die Häuserblocks an der Hayes Street nach dem Erdbeben von 1989 (siehe S. 18f) zu einer beliebten Shopping-Meile entwickelt. Der durch das Beben beschädigte Highway 101, der Hayes Valley von den wohlhabenden Besuchern des Civic Center getrennt hatte, wurde abgetragen. Einige Cafés und Lokale, so der Hayes Street Grill und Mad Magda's Russian Tea Room, befanden sich bereits zwischen den Möbel- und Trödelläden. Die neu hinzugekommenen Galerien, Design-Shops und Boutiquen haben die Gegend bereichert.

Japan Center in der Abenddämmerung

Hotels und Restaurants um das Civic Center siehe Seiten 216f und 235

CIVIC CENTER

Alamo Square ⓭

Stadtplan 4 D5, **Karte** K6.
🚌 21, 22.

An der Ostseite des begrünten Platzes befinden sich die meistfotografierten und farbenprächtigsten viktorianischen Häuser der Stadt. Der Platz liegt 68 Meter oberhalb des Civic Center und bietet eine herrliche Aussicht auf die City Hall und den Financial District. Er wurde gleichzeitig mit den Plätzen von Pacific Heights *(siehe S. 70f)* angelegt, doch erst später, dann aber schneller bebaut. Spekulanten errichteten hier fast identische Häuser in großer Zahl.

Die 1895 im Queen-Anne-Stil *(siehe S. 77)* erbauten »Six Sisters« in der Steiner Street Nr. 710–720 sind dafür ein gutes Beispiel. Man sieht sie auf vielen Postkarten. Wegen der zahlreichen »Victorians« wurde das Areal unter Denkmalschutz gestellt.

St. Ignatius Church auf dem Campus der University of San Francisco

University of San Francisco ⓮

2130 Fulton St. **Stadtplan** 3 B5, **Karte** H6. 📞 422-5555. 🚌 5, 31, 33, 38, 43. www.usfca.edu

Die University of San Francisco (USF) wurde 1855 als St. Ignatius College gegründet. Sie ist zwar heute überkonfessionell und für Studenten beiderlei Geschlechts zugänglich, wird aber immer noch von Jesuiten geleitet. Das Wahrzeichen des Campus ist die St. Ignatius Church von 1914. Ihre Zwillingstürme sind vom ganzen Westteil San Franciscos aus zu sehen. Der Campus und das benachbarte Wohnviertel befinden sich auf dem Boden des ehemals größten Friedhofs von San Francisco – auf und um den Lone Mountain.

Sound der Sixties in San Francisco

Zur Zeit der Flower-Power-Bewegung in den späten 1960er Jahren und vor allem im »Summer of Love« 1967 *(siehe S. 32)* strömten junge Leute von überall in den USA nach San Francisco. Sie kamen nicht nur, um »sich anzutörnen und auszusteigen«, sondern auch um Musik zu hören. In einer vitalen Musikszene bildeten sich Gruppen wie Janis Joplins Big Brother and the Holding Company, Jefferson Airplane und Grateful Dead. Ihr Nährboden waren Clubs wie der Avalon Ballroom und das Fillmore Auditorium, die beide noch heute existieren.

Hippies auf einem »psychedelischen« Bus

Wichtige Musiktreffs

Der Avalon Ballroom, heute das Regency II Theater, Van Ness Avenue, war der erste und bedeutendste »Musikschuppen«. Er wurde von Chet Helms und dem Kollektiv Family Dog betrieben und warb als Erster mit den bunten »psychedelischen« Postern von Grafikern wie Stanley Mouse und Alton Kelly.

Das Fillmore Auditorium vor dem Japan Center *(siehe S. 128)* war früher ein Gemeindesaal. 1965 übernahm es der Rock-Impresario Bill Graham, nach dem das Civic Auditorium *(siehe S. 126)* benannt ist. Er brachte Miles Davis und Grateful Dead zusammen, verpflichtete Jimi Hendrix und The Who. Das Fillmore wurde beim Erdbeben von 1989 beschädigt, aber 1994 wiedereröffnet. Graham gründete auch die Clubs Winterland und Fillmore East. Bei seinem Tod 1992 galt er als erfolgreichster Rock-Promoter der USA.

Janis Joplin (1943–1970) – eine Ikone des Blues und Rock

Haight-Ashbury und Mission

Haight-Ashbury liegt nördlich der Twin Peaks, den beiden 274 Meter hohen Hügeln. In den spätviktorianischen Häusern *(siehe S. 76f)* wohnt heute eine wohlhabende Mittelschicht. In den 1960er Jahren war dies der Stadtteil der Hippies *(siehe S. 129)*. Der Castro District weiter östlich ist Zentrum der Schwulengemeinde von San Francisco. Das in den 1970er Jahren für seinen Hedonismus bekannte Viertel ist heute ruhiger, obwohl es in den Cafés noch immer lebhaft zugeht. Der Mission District wurde einst von spanischen Mönchen besiedelt *(siehe S. 22)*. Heute wohnen hier viele Hispanier.

Figur in der Mission Dolores

Sehenswürdigkeiten auf einen Blick

Historische Straßen und Gebäude
Castro Street ❽
Clarke's Folly ⓯
Dolores Street ❿
Haight-Ashbury ❷
Lower Haight Neighborhood ❺
Noe Valley ⓮
(Richard) Spreckels Mansion ❸

Kirche
Mission Dolores ❾

Wahrzeichen
Sutro Tower ⓲

Parks und Gärten
Buena Vista Park ❹
Corona Heights und Randall Museum ❻
Dolores Park ⓫
Golden Gate Park Panhandle ❶
Twin Peaks ⓰
Vulcan Street Steps ⓱

Museen und Sammlungen
Carnaval Mural ⓭
Mission Cultural Center for the Latino Arts ⓬

Kino
Castro Theatre ❼

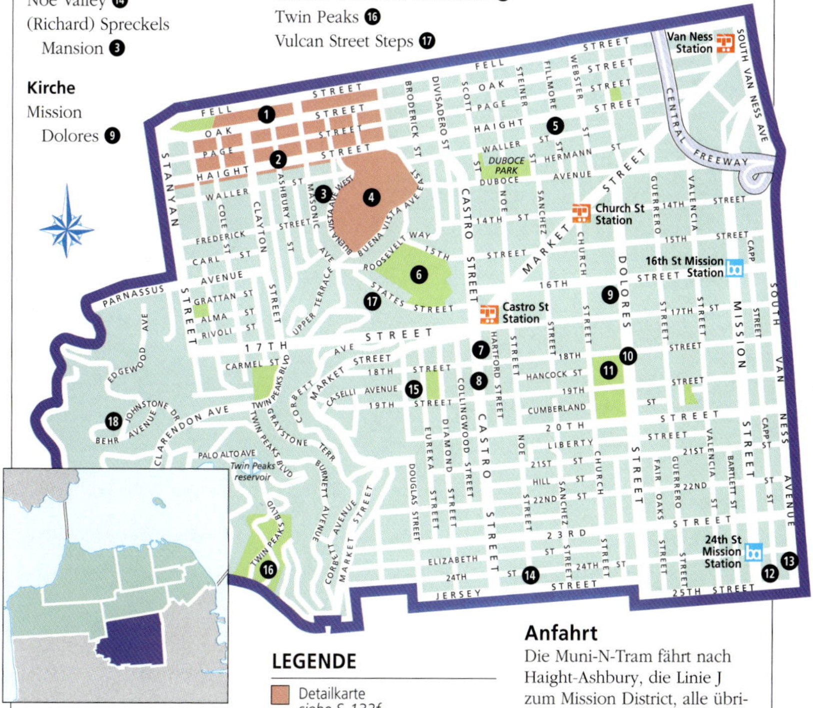

LEGENDE

- Detailkarte *siehe S. 132f*
- BART-Station
- Tramhaltestelle

Anfahrt

Die Muni-N-Tram fährt nach Haight-Ashbury, die Linie J zum Mission District, alle übrigen Linien zur Haltestelle Castro Street. Bus 33 verbindet alle drei Viertel, BART-Stationen sind an der Mission Street.

◁ Haight-Ashbury – immer noch mit dem Flair der Flower-Power-Zeit *(siehe S. 134)*

Im Detail: Haight-Ashbury

Haight-Ashbury erstreckt sich vom Buena Vista bis zum Golden Gate Park. In den 1880er Jahren war es ein Zufluchtsort vor dem Lärm des Zentrums und entwickelte sich zum Wohngebiet. Zwischen 1930 und 1960 wandelte sich der Vorort der Mittelschicht grundlegend: Er wurde Zentrum der Flower-Power-Bewegung, in dem Hippies in einer Klinik kostenlos behandelt wurden. Noch heute ist es ein unkonventionelles Viertel mit multikulturellem Flair, schönen Buch- und Plattenläden und gemütlichen Cafés.

Tafel an der Free Clinic

Haight-Ashbury
An dieser Straßenecke trafen sich in den 1960er Jahren die Hippies – nach ihr ist das Viertel benannt. ❷

Wasteland (1660 Haight Street). In dem bunt bemalten Gebäude gibt es Secondhand-Kleidung sowie Antiquitäten und Möbel. Schnäppchenjäger werden hier ihre helle Freude haben.

Golden Gate Park Panhandle
Der schmale Grünstreifen führt westlich direkt in den Golden Gate Park. ❶

Busse 7, 33

0 Meter 100
0 Yards 100

Im Cha Cha Cha, einem der buntesten Restaurants der Stadt, gibt es lateinamerikanische Snacks in großer Auswahl *(siehe S. 237).*

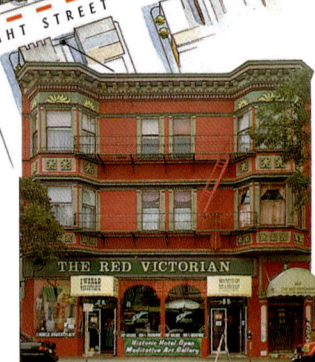

Das Red Victorian Bed and Breakfast ist ein Relikt aus Hippie-Zeiten. Später hielt das New Age hier Einzug – mit Bio-Kost und Esoterik *(siehe S. 217).*

Hotels und Restaurants in Haight-Ashbury und Mission *siehe Seiten 217f und 235f*

HAIGHT-ASHBURY 133

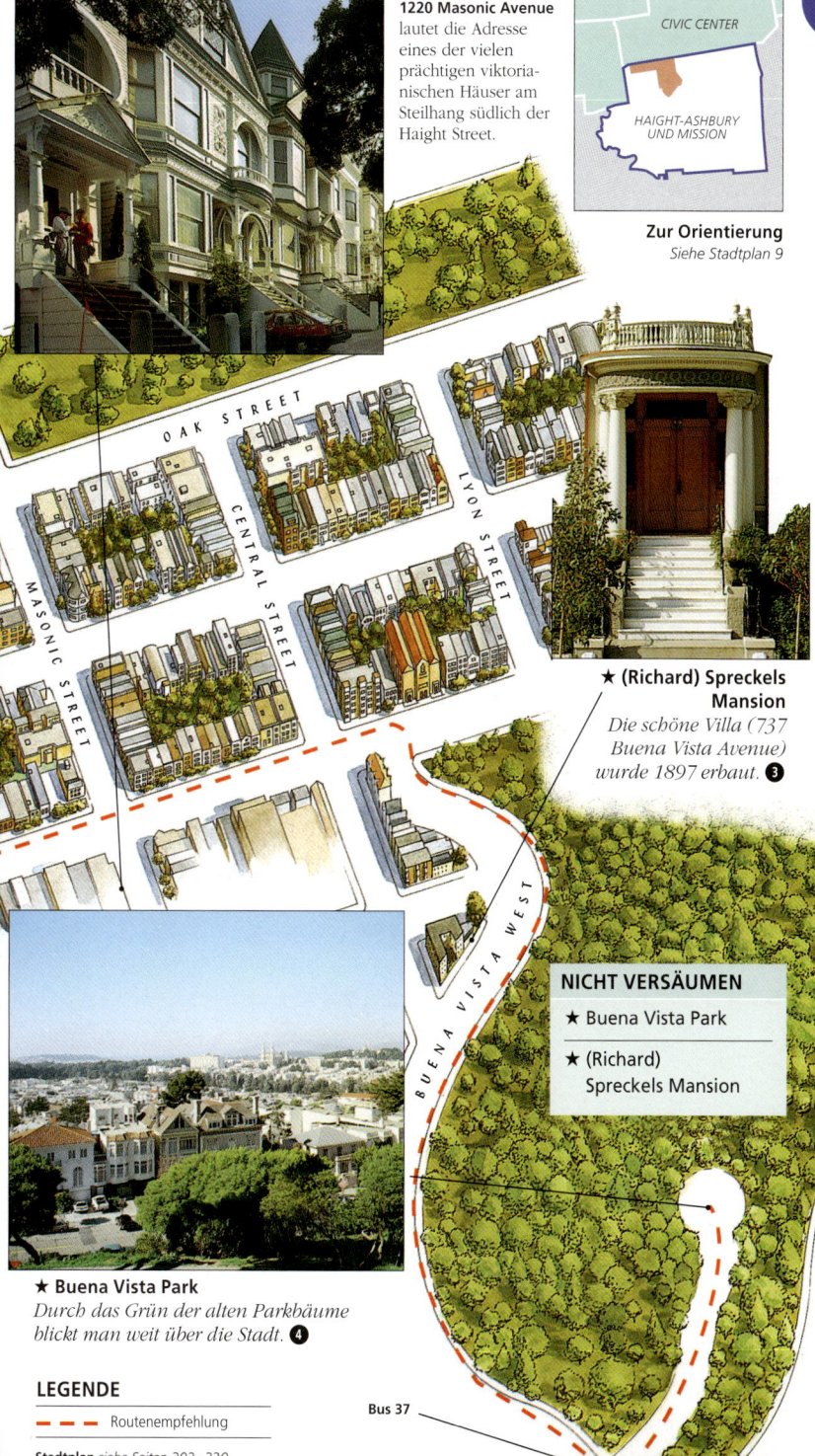

1220 Masonic Avenue lautet die Adresse eines der vielen prächtigen viktorianischen Häuser am Steilhang südlich der Haight Street.

Zur Orientierung
Siehe Stadtplan 9

★ **(Richard) Spreckels Mansion**
Die schöne Villa (737 Buena Vista Avenue) wurde 1897 erbaut. ❸

NICHT VERSÄUMEN

★ Buena Vista Park

★ (Richard) Spreckels Mansion

★ **Buena Vista Park**
Durch das Grün der alten Parkbäume blickt man weit über die Stadt. ❹

LEGENDE

– – – Routenempfehlung

Stadtplan *siehe Seiten 302–320*

Bus 37

Golden Gate Park Panhandle ❶

Stadtplan 9 C1, **Karte** H/J6. 🚌 6, 7, 21, 43, 66, 71. 🚇 N.

Der Grünstreifen – einen Block breit, acht Blöcke lang – bildet als östliche Verlängerung den »Pfannenstiel« der rechteckigen »Pfanne« des Golden Gate Park *(siehe S. 142–155)*. Hier wurden die Sanddünen, die den Westen der Stadt überzogen, zuerst begrünt. Die Eukalyptusbäume des Panhandle sind mit die ältesten und größten der Stadt. Die Kutsch- und Reitwege wurden um 1870 angelegt, die »High Society« kam zu Fuß oder zu Pferd hierher. Am Rand des Parks entstanden Stadtvillen, von denen noch viele erhalten sind. 1906 bot der Park den Familien Zuflucht, die das Erdbeben *(siehe S. 28f)* obdachlos gemacht hatte. Heute sind die alten Wege von Joggern und Radfahrern bevölkert.

Gitarrenlegende Jimi Hendrix

Mit dem Panhandle sind Erinnerungen an die »Blumenkinder« der 1960er Jahre *(siehe S. 129)* verknüpft, als Musikgruppen aus Haight-Ashbury hier spontan Konzerte gaben.

Haight-Ashbury ❷

Stadtplan 9 C1, **Karte** H/J 6–7. 🚌 6, 7, 33, 37, 43, 66, 71. 🚇 N.

Das Viertel, das nach der Straßenkreuzung von Haight und Ashbury Street benannt ist, bietet große »Victorians«, alternative Buchläden, Cafés und hippe Modeläden. Nachdem der Golden Gate Park angelegt war *(siehe S. 146)* und nach Eröffnung des großen Vergnügungsparks »The Chutes« wurde das Areal in den 1890er Jahren rasch als Vorort der Mittelschicht erschlossen – daher die vielen schönen Häuser im Queen-Anne-Stil *(siehe S. 77)*. Das Viertel überstand Erdbeben und Brand von 1906 *(siehe S. 28f)*, erlebte allerdings nur einen kurzen Aufschwung, dem eine lange Phase des Niedergangs folgte. Nachdem 1928 der Straßenbahntunnel unter dem Buena Vista Park fertig war, begann der Auszug der Mittelschicht in die Vororte des Sunset. Der Niedergang setzte sich auch im Zweiten Weltkrieg fort, als die viktorianischen Häuser in Apartments unterteilt wurden und die niedrigen Mieten ein neues Publikum anlockten. In den 1960er Jahren kamen Bohemiens ins Viertel. Es wurde zum Nährboden einer Subkultur. Zur damaligen Hippie-Szene gehörte auch die Musik von Grateful Dead. Bis 1967 blieb das Viertel ruhig. Doch dann lockte der »Summer of Love« *(siehe S. 129)* etwa 75 000 junge Leute auf der Suche nach freier Liebe, Musik und Drogen an – das Viertel wurde zum Brennpunkt der Jugendkultur.

Noch heute gibt es dieses Flair in Haight-Ashbury, aber leider auch Kriminalität und Drogenprobleme. Dennoch wird man zwischen Cafés und Klamottenläden eine Stimmung spüren, wie es sie nur in San Francisco gibt.

Die für Richard Spreckels erbaute Villa

(Richard) Spreckels Mansion ❸

737 Buena Vista West. **Stadtplan** 9 C2, **Karte** J7. 🚌 6, 7, 37, 43, 66, 71. ⬤ nicht öffentlich zugänglich.

Das Haus darf man nicht mit dem größeren Spreckels Mansion, Washington Street *(siehe S. 72)*, verwechseln, auch wenn hier ebenfalls der Millionär und »Zuckerkönig« Claus Spreckels seine Hand im Spiel hatte, der es für seinen Neffen Richard erbauen ließ. Die vornehme, 1897 im Queen-Anne-Stil *(siehe S. 77)* erbaute Villa ist ein typisches Beispiel für die spätviktorianischen Häuser in Haight-Ashbury. Früher war sie ein Tonstudio, dann ein Gästehaus – nun wird sie wieder privat bewohnt. Zu den einstigen Gästen zählten die Schriftsteller Ambrose Bierce und Jack London, der hier 1906 *Wolfsblut* schrieb. Die Villa liegt beim Buena Vista Park. In der Nähe gibt es weitere viktorianische Häuser. Eines von ihnen (1450 Masonic Street) hebt sich mit seinem Zwiebelturm von all den exzentrischen Häusern, die seit den 1890er Jahren in Haight-Ashbury gebaut wurden, ab.

Das Cha Cha Cha in der Haight Street

Hotels und Restaurants in Haight-Ashbury und Mission *siehe Seiten 217f und 235f*

Buena Vista Park ❹

Stadtplan 9 C1, **Karte** J7. 🚌 6, 7, 37, 43, 66, 71.

Der 1894 angelegte Park reicht bis in 174 Meter Höhe. Ein Geflecht von Pfaden schlängelt sich von der Haight Street den Hügel hinauf, wo Bäume den Blick auf die Bucht einrahmen. Viele der Pfade sind inzwischen überwachsen und erodiert, doch es führt auch eine geteerte Straße von der Buena Vista Avenue zum höchsten Punkt. Nachts sollte man den Park allerdings meiden.

Lower Haight Neighborhood ❺

Stadtplan 10 D1, **Karte** K6. 🚌 6, 7, 22, 66, 71. 🚋 K, L, M, N, T.

Auf halbem Weg zwischen City Hall und Haight-Ashbury stößt man auf dieses Viertel am Südrand des Fillmore District. Kunstgalerien und Boutiquen, darunter »Used Rubber USA«, ein Laden, der Kleidung und Accessoires aus Recycling-Gummi anbietet, haben sich seit Mitte der 1980er Jahre angesiedelt. Sie folgten den Cafés, Bars und Restaurants, die hier bereits existierten und eine unkonventionelle Kundschaft von Künstlern und Bohemiens bedienten. Gemeinsam haben sie Lower Haight zu einem der interessantesten Viertel San Franciscos gemacht. Wie am Alamo Square (siehe S. 129) gibt es auch hier Dutzende von »Victorians« (siehe S. 76f), die in der zweiten Hälfte des 19. Jahrhunderts entstanden. Dazu zählen auch Holzhäuser («Cottages») wie das Nightingale House (201 Buchanan Street) aus den 1880er Jahren. Allerdings haben die vielen Sozialbauten aus den 1950er Jahren bisher verhindert, dass sich das Viertel zum Nobelwohnort wandelte. Nachts ist in dieser Gegend Vorsicht geboten.

Levi Strauss und seine Jeans

Levi Strauss

Zur Zeit des Goldrauschs (siehe S. 24f) wurden sie erstmals in San Francisco hergestellt – seitdem haben Bluejeans ihren Siegeszug um die ganze Welt angetreten. Einer der führenden Hersteller ist Levi Strauss & Co. Die Erfolgsstory begann, als Levi Strauss aus dem fränkischen Buttenheim 1853 New York verließ, um in San Francisco eine Niederlassung der Tuchfirma seiner Familie zu gründen. In den 1860er Jahren begann er damit, Arbeitshosen aus blauem Segeltuch zu fertigen und sie direkt an die Bergleute zu verkaufen. Als die Firma um 1870 dazu überging, die stark beanspruchten Nahtstellen der Hosen mit Metallnieten zu verstärken, stieg die Nachfrage. Das Unternehmen expandierte und zog Anfang des 20. Jahrhunderts in den Mission District (250 Valencia Street) um, wo es bis 2002 residierte. Levi's Jeans werden heute weltweit produziert und getragen. Die Firma, die Levi Strauss gegründet hat, ist noch immer im Besitz seiner Nachfahren.

Zwei Bergleute der Last Chance Mine in ihren Levi's (1882)

Corona Heights und Randall Museum ❻

Stadtplan 9 D2, **Karte** K7. ☎ 554-9600. 🚌 24, 37. **Randall Museum Animal Room** 199 Museum Way. Di–Sa 10–17 Uhr. Feiertage. teilweise. www.randallmuseum.org

Corona Heights Park ist ein staubiger Felshügel, an dessen Flanke sich ein Kindermuseum befindet. Das Randall Museum besitzt eine Menagerie mit Waschbären, Eulen, Schlangen und anderen Tieren – die meisten lassen sich streicheln. Zudem kann man viele Exponate anfassen. Kinder klettern auch gern auf den Felsen im Park herum. Für die Herstellung von Ziegeln wurde Corona Heights im 19. Jahrhundert ausgehöhlt. Das Areal wurde später nie bepflanzt, deshalb hat man vom Gipfel aus freie Sicht auf die Stadt, die East Bay und die gewundenen Straßen von Twin Peaks.

Blick von Corona Heights über den Mission District

Stadtplan siehe Seiten 302–320

Castro Theatre ❼

429 Castro St. **Stadtplan** 10 D2, **Karte** K8. 𝄐 *621-6120.* 🚌 *24, 33, 35, 37.* 🚋 *F, K, L, M, T.* Siehe **Unterhaltung** *S. 262.*
www.thecastrotheatre.com

Ein traumhafter Filmpalast alten Stils: das Castro Theatre

Die hell erleuchtete Neonfassade des 1922 errichteten Castro Theatre ist eines der Wahrzeichen der Castro Street. Das Kino ist der prächtigste und besterhaltene Filmpalast in San Francisco – und einer der ersten Bauten des Architekten Timothy Pflueger. Allein die herrliche Wurlitzer-Orgel, die zwischen den Vorstellungen aus dem Boden aufsteigt, ist den Eintrittspreis wert. Eine besondere Attraktion ist die Decke im Zuschauerraum. Sie ist aus Gips gegossen und bildet das Innere eines großen Zelts ab – komplett mit Bändern und Seilen. Das 1400 Besucher fassende Kino zeigt meist Filmklassiker. Hier findet jedes Jahr im Juni das Gay and Lesbian Film Festival statt.

Castro Street ❽

Stadtplan 10 D2, **Karte** K7. 🚌 *24, 33, 35, 37.* 🚋 *F, K, L, M, T.*

Das hügelige Viertel um die Castro Street, zwischen Twin Peaks und Mission District, ist Zentrum der Schwulen- und Lesbengemeinde San Franciscos. Die »Gayest Four Corners of the World«, die Kreuzung von Castro und 18th Street, wurden in den 1970er Jahren zum Dreh- und Angelpunkt der Szene. Homosexuelle der Flower-Power-Generation zogen in das frühere Arbeiterviertel ein. Sie restaurierten »Victorians« und gründeten Geschäfte wie den Buchladen *A Different Light* (489 Castro Street). Sie eröffneten auch Schwulenkneipen, etwa *Twin Peaks* (Ecke Castro/17th St). Während sich woanders die Gäste in Bars eher »verstecken«, wurden im *Twin Peaks* große Fenster eingebaut. Obwohl das Viertel mit seinen Läden und Restaurants jeden anzieht, ist es durch sein Bekenntnis zur Homosexualität zum Pilgerziel für Schwule und Lesben geworden. Für sie symbolisiert es eine Freiheit, die man nicht überall findet.

Blick auf die Castro Street

Harvey Milk, der erste offen schwule Politiker San Franciscos, galt als »Bürgermeister« der Castro Street, bevor er am 28. November 1978 von einem Ex-Polizisten ermordet wurde, der auch Bürgermeister George Moscone umbrachte. Der Mörder erhielt eine »milde« Strafe, was zu Aufruhr in der Stadt führte. An Milk erinnern eine Gedenktafel vor der Muni-Tramhaltestelle Market Street sowie eine jährliche Lichterprozession von der Castro Street zur City Hall.

Der Aids Memorial Quilt bei einer Ausstellung in Washington 1992

The NAMES Project

Der Aids Memorial Quilt des NAMES Project wurde von Cleve Jones konzipiert, einem Aktivisten der Schwulenbewegung von San Francisco. Er hatte 1985 schon die erste Lichterprozession in der Castro Street zum Gedenken an Harvey Milk organisiert. Jones und seine Mitstreiter schrieben die Namen ihrer an Aids gestorbenen Freunde auf Karten, die sie am San Francisco Federal Building anbrachten. Das »Patchwork« der Namen inspirierte Jones 1987 zum ersten »Flickenfeld« für den Aids Memorial Quilt. Die Idee fand sofort öffentliche Zustimmung – sowohl in den USA als auch weltweit. Der Quilt besteht mittlerweile aus über 60 000 Feldern. Einige wurden von Einzelnen hergestellt, andere von Freunden und Verwandten, die zusammenkamen und so Trauerarbeit leisteten. Alle »Flicken« sind gleich groß (90 mal 180 cm), doch jeder ist anders: Muster, Farben und Material spiegeln Leben und Charakter der Verstorbenen wider. 2002 zog der Memorial Quilt von San Francisco nach Atlanta (Georgia) um, wo er bleiben soll.

Hotels und Restaurants in Haight-Ashbury und Mission *siehe Seiten 217f und 235f*

HAIGHT-ASHBURY UND MISSION

Mission Dolores ❾

16th St, Ecke Dolores St. Stadtplan 10 E2, **Karte** L7. 621-8203. 22. J. tägl. 9–16.30 Uhr. Thanksgiving, 25. Dez.
www.missiondolores.org

Mission Dolores wurde 1791 fertiggestellt und ist damit das älteste Gebäude San Franciscos. Das steinerne Relikt der spanisch-kolonialen und missionsgeschichtlichen Vergangenheit der Stadt *(siehe S. 22f)* wurde von dem Franziskanermönch Junipero Serra gegründet. Ihr offizieller Name lautet Mission des hl. Franziskus von Assisi. Der Name Dolores weist auf die Laguna de los Dolores (Lagune unserer Schmerzensmutter) hin, einen ehemals von Insekten wimmelnden Sumpf. Der Bau wirkt im Vergleich zu anderen Missionen bescheiden, doch seine 1,2 Meter dicken Mauern haben die Jahre überstanden. Malereien von amerikanischen Indianern schmücken die Decke.

Es gibt einen schönen Barockaltar. Im kleinen Museum sind historische Exponate ausgestellt *(siehe S. 39)*. Die Gottesdienste finden meist in der 1918 erbauten neuen Basilika statt. Auf dem von weißen Mauern umgebenen Friedhof erinnert eine Statue an das Massengrab von 5000 Indianern, die bei den Masernepidemien von 1804 und 1826 starben. Sie wurde gestohlen, aber 1993 zurückgegeben. Auf ihrem Sockel steht: »Zum frommen Gedenken an unsere treuen Indianer«. Hier wurde eine bekannte Szene von Hitchcocks *Vertigo* gedreht.

Heiligenfigur in der Mission Dolores

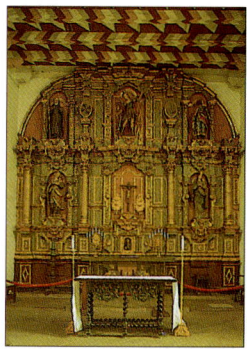

Die Statue von Junipero Serra, dem Gründer der Mission, ist die Kopie einer Arbeit des einheimischen Bildhauers Arthur Putnam.

Die Fliesenwand wurde von Guillermo Granizo geschaffen.

Museum

Das bemalte und vergoldete Altarbild wurde 1797 aus Mexiko importiert.

Die Deckengemälde gehen auf Entwürfe der Ohlone zurück und sind mit Pflanzenfarben gemalt.

Eingang für Rollstuhlfahrer

Der Missionsfriedhof war früher viel größer und dehnte sich über mehrere Straßen aus. Die ältesten hölzernen Grabkreuze sind verwittert, doch zwei neuere Kreuze ehren zwei Indianer, die hier getauft, verheiratet und beerdigt wurden.

Statue der hl. Rita

Eingang und Souvenirshop

An der Front befinden sich vier Säulen mit drei Nischen für Glocken. Auf den Glocken stehen Namen und Daten.

Stadtplan siehe Seiten 302–320

Skulptur zur Erinnerung an den Spanisch-Amerikanischen Krieg

Dolores Street ❿

Stadtplan 10 E2, Karte L7–8. 🚌 22, 33, 48. 🚋 J.

Mit ihren gepflegten, spätviktorianischen Häusern *(siehe S. 76f)* und den Palmen in der Mitte wirkt die Dolores Street attraktiv. Der breite Boulevard ist 24 Blocks lang, verläuft parallel zur Mission Street und bildet die westliche Grenze des Mission District. Er beginnt an der Market Street, wo die US Mint das Denkmal für die Soldaten des Spanisch-Amerikanischen Kriegs überblickt. In der Dolores Street liegen die Mission High School, mit ihren für den Missionsstil typischen weißen Mauern und dem rotem Ziegeldach, und die historische Mission Dolores *(siehe S. 137)*. Die Straße endet beim noblen Noe Valley.

Dolores Park ⓫

Stadtplan 10 E3, Karte L8. 🚌 22, 33. 🚋 J.

Bis 1905 befand sich hier der größte jüdische Friedhof San Franciscos. Daraus wurde der Dolores Park, eine der wenigen großen Freiflächen im Mission District, begrenzt von Dolores, Church, 18th und 20th Street und mit guten Blick auf das Zentrum.

Tagsüber sind im Park Tennisspieler, Sonnenanbeter und Hundehalter, abends treffen sich hier Drogenhändler. Im Süden und Westen werden die Straßen über dem Park so steil, dass manche in Fußgängertreppen übergehen. Hier stehen einige der schönsten viktorianischen Häuser, vor allem in der Liberty Street.

Mission Cultural Center for the Latino Arts ⓬

2868 Mission St. **Stadtplan** 10 F4, **Karte** M9. 📞 821-1155 bzw. 643-5001 (Veranstaltungen). 🚌 14, 26, 48, 49. 🚋 J. 🔓 Galerie Di–Sa 10–17 Uhr. 🌐 www.missionculturalcenter.org

Vor allem die lateinamerikanische Bevölkerung des Viertels besucht das dynamische Kulturzentrum. Hier gibt es Kurse für alle Altersgruppen, Aufführungen und Ausstellungen. Das Center organisiert den Umzug und die Events zum Tag der Toten im November *(siehe S. 50)*.

Carnaval Mural ⓭

24th St, Ecke South Van Ness Ave. **Stadtplan** 10 F4, **Karte** M9. 🚌 12, 14, 48, 49, 67. 🚋 J.

Das farbenfrohe Wandbild ist eines von vielen, die an den Mauern des Mission District prangen. Es feiert die Menschen, die sich hier im Spätfrühling zum Karneval zusammenfinden *(siehe S. 48)*.

Es gibt geführte Besichtigungen zu weiteren, teils politischen Wandmalereien. Die Bilder in der Balmy Alley *(siehe S. 140f)*, nahe Treat und Harrison Street, bilden eine Freilichtgalerie.

Noe Valley Ministry

Noe Valley ⓮

Stadtplan 10 D/E4, Karte K10. 🚌 24, 35, 48. 🚋 J.

Die Bewohner von Noe Valley nennen ihr Viertel »Noewhere Valley« – wohl um Besucher abzuschrecken. Hier leben jüngere Gutverdienende. Benannt ist der Stadtteil nach seinem früheren Besitzer und letzten Bürgermeister des mexikanischen Yerba Buena, José Noe. Nachdem die Cable-Car-Linie für die Castro Street fertiggestellt war, wurde das Gebiet um 1880 bebaut. Wie in viele andere Arbeiterviertel zogen hier in den 1970er Jahren Besserverdienende ein: Heute bietet das Viertel eine attraktive Mischung von Boutiquen, Bars und Restaurants. Die Noe Valley Ministry (1021 Sanchez Street) ist eine Presbyterianer-Kirche aus den späten 1880er Jahren, die im »Stick Style« *(siehe S. 77)* erbaut wurde. Seit den 1970er Jahren ist sie Gemeindezentrum.

Carnaval Mural (Ausschnitt) – eines von vielen farbenfrohen Wandbildern

Hotels und Restaurants in Haight-Ashbury und Mission *siehe Seiten 217f und 235f*

Clarke's Folly [15]

250 Douglass St. **Stadtplan** 10 D3,
Karte K8. 33, 35, 37, 48. für
die Öffentlichkeit.

Das weiße Marmorhaus war einst von einem großen Grundstück umgeben. Alfred Clarke, auch Nobby genannt, ließ es 1892 bauen, als er noch Mitglied des Committee of Vigilance der Polizei von San Francisco war. Das Haus soll 100000 Dollar gekostet haben – damals viel Geld. Obwohl es heute in Apartments aufgeteilt ist, bleibt es mit seinen Türmchen und dem Dekor ein exzellentes Beispiel für die Architektur des viktorianischen Zeitalters.

Twin Peaks [16]

Stadtplan 9 C4, **Karte** H/J9. 33, 36, 37.

Die Spanier nannten die beiden Hügel El Pecho de la Chola – »Busen des Indianermädchens«. Von den grünen Steilhängen in der Nähe des Gipfels genießt man eine unvergleichliche Aussicht auf San Francisco.
Der Twin Peaks Boulevard umkreist beide Gipfel. Beim Aussichtspunkt gibt es genügend Parkplätze. Wenn Sie zu Fuß nach oben steigen, erleben Sie – oberhalb des Aussichtspunkts – ein 360-Grad-Panorama. In den Wohngebieten weiter unten am Hang hört das ansonsten strenge Schachbrettmuster des geradlinigen Straßennetzes auf: Die kurvigen Straßen folgen den Gegebenheiten der Hügel.

Blick von den Twin Peaks auf die Stadt und den Twin Peaks Boulevard

Vulcan Street Steps [17]

Vulcan St. **Stadtplan** 9 C2, **Karte** J7–8. 37.

Außer einer kleinen Figur von »Mr. Spock« auf einem Briefkasten gibt es keine Beziehung zwischen der TV-Kultserie *Star Trek* und diesen fast ländlichen Häusern zwischen Ord und Levant Street. Wie bei den Filbert Steps am Telegraph Hill *(siehe S. 93)* fühlt man sich hier meilenweit vom geschäftigen Treiben des unterhalb gelegenen Castro District entfernt. Die kleinen Gärten der Häuser wuchern über die Ränder der Stufen, die Kronen der Kiefern dämpfen den Lärm der Stadt. Die Aussicht auf den Mission District und die weitere Umgebung ist großartig.

Sutro Tower [18]

Stadtplan 9 B3, **Karte** H8. 36, 37. für die Öffentlichkeit.

Wie ein Roboter ragt der 290 Meter hohe Sutro Tower in den Himmel. Er ist nach dem Philanthropen und Landbesitzer Adolph Sutro benannt und trägt die Antennen der meisten Fernseh- und Radiosender der Stadt. Trotz der zunehmenden Verkabelung der Haushalte ist der 1973 erbaute Sendeturm noch in Gebrauch. Man sieht ihn von der ganzen Bay Area aus, manchmal scheint es, als schwebe er über den Sommernebeln. Nördlich des Turms stehen die Eukalyptushaine, die Sutro in den 1880er Jahren gepflanzt hat. Sie reichen hinunter bis zum medizinischen Zentrum der University of California, einem der angesehensten Lehrkrankenhäuser der USA.

Sutro Tower

Viktorianische Türmchen und Dekor: Nobby Clarke's Folly

Stadtplan siehe Seiten 302–320

Wandbilder (Murals)

San Francisco ist stolz auf seinen Ruf als Weltstadt mit einem vielseitigen Kulturleben. Diese Kreativität spiegelt sich in den farbenfrohen Wandbildern *(murals)* der einzelnen Viertel wider. Viele wurden in den 1930er Jahren gemalt, noch mehr in den 1970er Jahren. Einige von ihnen entstanden spontan, andere waren Auftragsarbeiten. Zu den besten gehört *Carnaval Mural (siehe S. 138)* in der 24th Street im Mission District.

Wandbild, Balmy Street

Law Office 503, Dolores/Ecke 18th Street

Gestern und Heute

Beispiele historischer Wandmalerei in San Francisco sind im Coit Tower zu sehen. Die Bilder entstanden während der Depression der 1930er Jahre und wurden durch New-Deal-Programme von Präsident Roosevelt finanziert. Es sind Zeitdokumente. Viele einheimische Künstler waren beteiligt und behandelten Themen wie z. B. den Kampf der Arbeiter oder den natürlichen Reichtum Kaliforniens. Seither sind viele moderne Wandbilder entstanden. Bemerkenswert sind diejenigen des Precita Eyes Mural Arts Studio.

Die Naturschätze Kaliforniens, Ausschnitt eines Wandbilds im Coit Tower

Das Wandbild im Coit Tower zeigt den Alltag während der Zeit der Depression

Precita Eyes Mural Arts Association *ist eine städtische Organisation, die sich der Förderung von Wandbildern verschrieben hat. Sie bezuschusst u. a. neue Wandbilder von etablierten Künstlern und bietet Touren zu Wandbildern in San Francisco an.*

Mosaik-Wandbild (2007), Precita Eyes, Hillcrest School

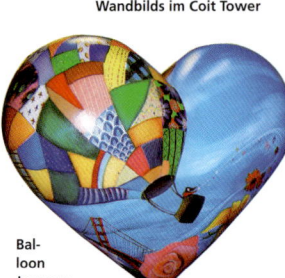

Balloon Journey, Precita Eyes

Dieses Wandbild *(2007) stammt von Studenten von AYPAL (Asian Pacific Islander Youth Promoting Advocacy and Leadership) in Zusammenarbeit mit Precita Eyes. Die Organisation veranstaltet Workshops mit Jugendlichen in den Stadtvierteln, aus denen zwischen 15 und 30 neue Wandbilder pro Jahr hervorgehen. Besucher können Beispiele in der gesamten Bay Area sehen.*

Stop the Violence, 1212 Broadway #400, Oakland

Das Leben von heute

Nach wie vor ist das Leben in der Großstadt ein wichtiges Thema in den Wandbildern von San Francisco. Vor allem im Mission District wird jeder Aspekt des Alltags an den Mauern von Restaurants, Bankfilialen und Schulen veranschaulicht. Es sind Szenen aus Familie, Gemeinde und Politik sowie Abbildungen von Menschen bei der Arbeit und in der Freizeit. Im Mission District zählt man etwa 200 Wandbilder, von denen viele in den 1970er Jahren entstanden, als die Stadtverwaltung junge Leute damit beauftragte, Kunst für den öffentlichen Raum zu schaffen.

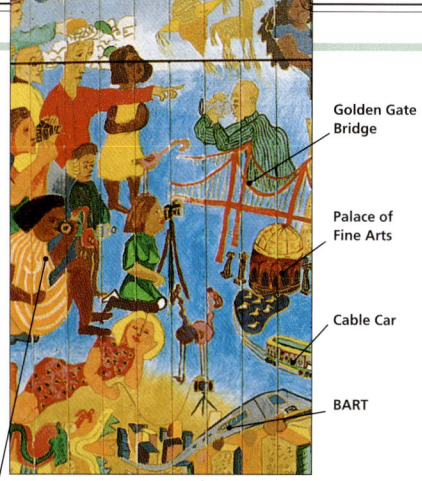

Golden Gate Bridge

Palace of Fine Arts

Cable Car

BART

Touristen

Das Wandgemälde in der Balmy Street *zeigt die touristischen Sehenswürdigkeiten der Stadt. Kinder, Künstler und städtische Angestellte aus dem Viertel begannen in den 1970er Jahren, die kleine Straße im Mission District mit lebendigen Wandbildern zu schmücken.*

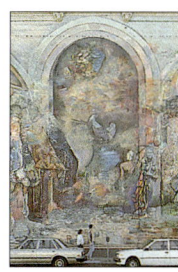

Die »Wand des Lernens« in der Franklin Street

Positively Fourth Street, ein halb verwittertes Wandbild bei Fort Mason

Multikulturelle Stadt

Auf den Wandbildern der von den ethnischen Gruppen geprägten Viertel wird der multikulturelle Charakter der Stadt lebendig. In Chinatown erinnern chinesisch-amerikanische Künstler an die »alte Heimat«. Im Mission District stellen die – auch politischen – Werke den Kampf und die Erfolge der lateinamerikanischen Bevölkerung dar.

Mexikanisch-amerikanische Tänzerin

Indianischer Trommler

Afro-amerikanische Maracaspielerin

Kaukasischer Bassist

Wandbild in der Washington Street über China

Das multikulturelle San Francisco *ist Thema des Bilds in der Park Branch Library in Haight-Ashbury.*

Wandbilder (Murals)

Balmy Street. **Stadtplan** 11 A5.
Clarion Alley. **Stadtplan** 10 F2.
Coit Tower *S. 93.*
Dolores/18th St. **Stadtplan** 10 E3.
Fort Mason *S. 74f.*
Franklin Street. **Stadtplan** 4 E1.
Oakland *S. 164f.*
Park Branch Library, 833 Page St.
    Stadtplan 9 B1.
Precita Eyes Mural Arts Studio, 348
    Precita Ave. **Stadtplan** 10 F5.
Washington St. **Stadtplan** 5 C3.

Stadtplan *siehe Seiten 302–320*

Golden Gate Park und Land's End

Auguste Rodins *Schatten*, Legion of Honor

Der fantastische Golden Gate Park dehnt sich südlich des Richmond District aus – ein Meisterwerk der Landschaftsarchitektur, das in den 1890er Jahren aus einer Sandwüste geschaffen wurde. Alles wurde genau geplant. Bäume wurden dort angepflanzt, wo sie guten Windschutz boten. Durch die Auswahl der Büsche und Sträucher steht immer etwas in Blüte. Zu den Attraktionen des Parks gehören die sich dahinschlängelnden Wege, Sportanlagen und drei große Museen. Weitere Grünflächen liegen nördlich und westlich des Richmond District, sie werden durch den Coastal Trail miteinander verbunden. Hier ragt der Schauplatz zahlreicher Schiffsbrüche, das schroffe Land's End, hinaus ins Meer.

Sehenswürdigkeiten auf einen Blick

Museen und Sammlungen
California Academy of Sciences S. 150f ❷
de Young ❹
Legion of Honor ⓰

Historische Gebäude
Cliff House ⓳
Columbarium ❼
McLaren Lodge ❺

Parks und Gärten
Buffalo Paddock ⓬
Children's Playground ❻
Conservatory of Flowers ❽
Japanese Tea Garden ❸
Land's End ⓲
Lincoln Park ⓱
Ocean Beach ⓮
Polo Fields ⓫
Queen Wilhelmina Tulip Garden ⓭
Seal Rocks ⓯
Shakespeare Garden ❶
Stow Lake ❿
Strybing Arboretum ❾

LEGENDE
Detailkarte siehe S. 144f

Anfahrt

Muni-Trams und -Busse erschließen die Gegend. Bus 44 hält am Music Concourse im Golden Gate Park. Die Busse 5, 7, 21 und 71 sowie die Tram N fahren in den Ostteil des Parks, Bus 73 an den südlichen Rand. Bus 18 fährt zu Lincoln Park, Land's End und Cliff House, Bus 38 bis Point Lobos.

0 Meter 1000
0 Yards 1000

Markante Architektur des de Young, Golden Gate Park

Im Detail: Golden Gate Park

Der Golden Gate Park ist einer der größten Stadtparks der Welt. Er reicht vom Pazifischen Ozean bis ins Zentrum von San Francisco. In dieser Oase der Natur, einer Zufluchtsstätte vor dem Lärm der Stadt, gibt es ein breites Angebot an sportlichen und kulturellen Aktivitäten. Der Parkabschnitt um den Music Concourse mit seinen Brunnen, Platanen und Bänken ist am beliebtesten und vielseitigsten. Im Spreckels Temple of Music kann man sonntags kostenlos Konzerte hören. Zu beiden Seiten des Concourse stehen zwei Museen, der Japanische Garten und der Shakespeare Garden sind weitere Attraktionen.

Laterne im Japanese Tea Garden

★ **de Young**
Das hochinteressante Museum zeigt Exponate aus aller Welt, darunter dieses Möbelstück (1780) aus Mahagoni. ❹

Der Große Buddha ist fast drei Meter hoch – und wohl der größte außerhalb Asiens.

Japanese Tea Garden
Der wunderbare Garten mit den exotischen Pflanzen ist eines der Glanzlichter des Parks. ❸

Verdis Büste ist ein Zeugnis der Opernbegeisterung der Bewohner San Franciscos.

Der Spreckels Temple of Music bietet seit 1899 kostenlose Sonntagskonzerte.

Die Brücke im Japanese Tea Garden (»Mondbrücke«) ist steil aufgewölbt und spiegelt sich im Wasser als vollkommene Rundung.

NICHT VERSÄUMEN

- ★ California Academy of Sciences
- ★ de Young

0 Meter 80
0 Yards 80

Restaurants am Golden Gate Park und beim Land's End *siehe Seiten 237f*

GOLDEN GATE PARK

Die Büste von Miguel de Cervantes stammt von Jo Mora. Der spanische Schriftsteller ist mit seinen Romanfiguren Don Quichotte und Sancho Panza dargestellt.

Zur Orientierung
Siehe Stadtplan 8

Das Standbild der *Apple Cider Press* von Thomas Shields-Clarke ist eines der wenigen Denkmäler, die noch aus der Zeit der California Midwinter Fair von 1894 stammen.

Der John McLaren Rhododendron Dell wurde zur Erinnerung an den Direktor *(siehe S. 146)* des Golden Gate Park angelegt.

★ California Academy of Sciences
Der Komplex umfasst ein Aquarium, ein Planetarium, ein Museum und wissenschaftliche Abteilungen (siehe S. 150f). ❷

Im Music Concourse, einem Ziergarten mit Brunnen, Bänken und Bäumen, tritt sonntags die Golden Gate Band auf (Apr – Okt).

Shakespeare Garden
In dem kleinen Garten wachsen über 150 Pflanzenarten – sie werden alle in den Werken von William Shakespeare erwähnt. ❶

LEGENDE
--- Routenempfehlung

Stadtplan siehe Seiten 302–320

Golden Gate Park: Entstehung

Als San Francisco in den 1860er Jahren zu Wohlstand gelangte, suchten seine Bürger die Annehmlichkeiten, die in anderen Städten schon geboten wurden. So forderten sie 1865 in einer Bittschrift auch einen Stadtpark. In New York war gerade der Central Park von Frederick Law Olmsted geschaffen worden. H.P. Coon, der Bürgermeister von San Francisco, holte sich bei Olmsted Rat, was man mit einem Stück Land anfangen konnte, das die Stadt kürzlich erworben hatte. Das westlich am Pazifischen Ozean gelegene Terrain hieß damals »Outside Lands«.

William H. Hall

John McLaren

Landerschließung

Die Stadtplaner wandten sich an den Landvermesser und Ingenieur William Hammond Hall. Dieser hatte bereits Dünen in den Outside Lands mit Erfolg kultiviert. 1870 wandte er seine Methoden auf den Golden Gate Park an. 1871 wurde er zum Direktor des Parks berufen. Er begann im Ostteil des Geländes mit den Arbeiten, legte dort Wege an und versuchte, eine scheinbar natürliche Landschaft zu schaffen. Der Park wurde bald populär.

Radfahrer im Golden Gate Park

Der Plan scheitert

So beliebt der Park von Anfang an war – fast hätte politische Korruption ihn verhindert. In den 1870er Jahren unterschlugen Stadtbeamte Mittel, sodass der Etat wiederholt gekürzt werden musste. Hall wurde 1876 zu Unrecht der Bestechlichkeit beschuldigt und trat unter Protest zurück. Der Park verwilderte, doch nach zehn Jahren bat man Hall erneut, die Verwaltung zu übernehmen. Dieser ernannte 1887 den Schotten John McLaren zum Direktor. Beide waren sich darin einig, dass ein Park natürlich angelegt werden sollte. McLaren pflanzte Tausende von Bäumen, Blumen und Sträuchern mit dem Ziel, dass jeden Monat einige von ihnen blühen sollten. Zudem importierte er exotische Pflanzen – und diese gediehen unter seiner Pflege trotz des kargen Bodens und nebeligen Klimas von San Francisco. McLaren widmete sich sein ganzes Leben dem Park und kämpfte gegen jeden Bauunternehmer, der im Parkgelände bauen wollte. Er starb nach 53-jähriger Tätigkeit mit 93 Jahren.

Der Park im Wandel

Die Visionen von McLaren und Hall bestimmen noch immer das Erscheinungsbild des Parks, doch entgegen ihren Plänen finden sich heute Gebäude über das Areal verstreut. McLarens größte Niederlage – die California Midwinter Fair von 1894 auf dem heutigen Music Concourse – wurde sogar ein großer Erfolg. Das Vordringen der Stadt in den Park setzte sich im 20. Jahrhundert fort. Für die meisten Einwohner San Franciscos ist er allerdings eine friedliche Oase inmitten des Großstadtlärms geblieben.

Ansicht der California Midwinter Fair von 1894 im Golden Gate Park

Restaurants am Golden Gate Park und beim Land's End *siehe Seiten 237f*

GOLDEN GATE PARK

Texttafeln im Shakespeare Garden

Shakespeare Garden ❶

Music Concourse, Golden Gate Park. **Stadtplan** 8 F2, **Karte** F7. 44.

In dem Gärtchen wurden all die Pflanzen versammelt, die in den Werken William Shakespeares vorkommen. Die entsprechenden Textpassagen sind auf Tafeln an der Mauer im rückwärtigen Teil des Gartens nachzulesen.

California Academy of Sciences ❷

Siehe S. 150f.

Japanese Tea Garden ❸

Music Concourse, Golden Gate Park. **Stadtplan** 8 F2, **Karte** F7. 752-4227. 44. tägl. 8.30–18 Uhr (Nov–Feb: bis 16.45 Uhr). www.japaneseteagardensf.com

Der vom Kunsthändler George Turner Marsh für die California Midwinter Fair von 1894 *(siehe S. 146)* angelegte Garten entwickelte sich zu einer Attraktion des Parks. Besonders eindrucksvoll ist er im April während der Kirschblüte. Ein Labyrinth von Pfaden durchzieht ihn, gesäumt von gestutzten japanischen Bäumen, Sträuchern und Blumen. Die »Mondbrücke« spiegelt sich malerisch in einem der vielen dekorativen Teiche.

de Young ❹

50 Tea Garden Drive, Golden Gate Park. **Stadtplan** 8 F2, **Karte** F6. 863-3330. 5, 21, 44. N. Di–So 9.30–17.15 Uhr (Fr bis 20.45 Uhr). 1. Di im Monat frei. www.famsf.org

Das 1895 gegründete de Young zählt zu den besten Museen der Stadt. 1989 erlitt das Gebäude schwere Erdbebenschäden. Der alte Bau war nicht mehr zu retten, der Neubau öffnete 2005 seine Tore. Das Museum birgt Sammlungen amerikanischer Kunst mit mehr als 1000 Gemälden. Hinzu kommen präkolumbische Exponate und Kunstwerke aus Afrika und Ozeanien.

McLaren Lodge ❺

Kreuzung Stanyan St und Fell St auf der Ostseite des Parks. **Stadtplan** 9 B1, **Karte** H6. 831-2700. Mo–Fr 8.30–17 Uhr. 7, 21.

Die Sandstein-Villa wurde 1896 von Edward Swain gebaut. Hier lebte John McLaren, Direktor des Golden Gate Park, mit seiner Familie bis zu seinem Tod 1943. McLarens Porträt hängt an der Wand. Jedes Jahr im Dezember wird die hohe Zypresse vor dem Haus zu seinen Ehren mit bunten Lämpchen verziert. Die Villa ist heute Verwaltungssitz für die Parks der Stadt und bietet Infos und Kartenmaterial.

Eingangstor zum Japanese Tea Garden

Children's Playground ❻

Kezar Drive, nahe First Ave. **Stadtplan** 9 A1, **Karte** G/H7. 5, 7, 71. N. Kein Zutritt für Erwachsene, außer mit Kindern.

Dies ist der älteste öffentliche Kinderspielplatz der USA. 1978 wurde er umgestaltet und mit Sandkasten, Schaukeln, Rutschbahnen und Klettergerüsten versehen. In einem neoklassizistischen Gebäude von 1892 dreht sich ein Herschell-Spillman-Karussell, hier können die Kinder auf bunt bemalten Tieren reiten.

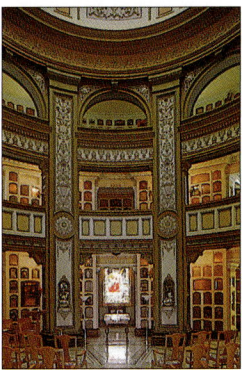

Innenraum des Columbariums

Columbarium ❼

1 Loraine Court. **Stadtplan** 3 B5, **Karte** G5. 752-7891. 33, 38. Mo–Fr 9–17, Sa, So 10–15 Uhr. 1. Jan, Thanksgiving, 25. Dez. nur im Erdgeschoss.

Das von der Neptune Society unterhaltene Columbarium ist das einzige Relikt des alten Lone Mountain Cemetery. Dieser Friedhof bedeckte einst eine große Fläche im Richmond District. 1914 wurden die meisten Gräber nach Colma verlegt. Die reich verzierten Urnen in den Nischen und Truhen des Columbariums, einem neoklassizistischen Rundbau, bergen noch die Asche von rund 6000 Toten. 1979 wurde die Anlage umfassend restauriert. Um die Kuppel verlaufen schmale Galerien, die eine bemerkenswerte Akustik besitzen.

California Academy of Sciences ❷

Die 1853 gegründete California Academy of Sciences zog Ende 2008 in den Golden Gate Park um. Sie umfasst das Steinhart Aquarium, das Morrison Planetarium und das Kimball Natural History Museum. Das Ensemble vereint innovative »grüne« Architektur mit flexiblen Ausstellungsflächen. Die hübsche Piazza im Zentrum und das begrünte Dach sollte man nicht versäumen.

Pinguin in der African Hall

Alligatoren ganz nah – nur eine der Attraktionen

Kurzführer
Die Sammlungen des Steinhart Aquarium sind über das gesamte Museum verteilt, die meisten Wasserbecken befinden sich unterhalb der Piazza. Im Auditorium oberhalb des Cafés werden Sonderausstellungen gezeigt. Der rückwärtige Teil des Museums birgt eine Sammlung mit über 26 Millionen wissenschaftlichen Fundstücken sowie die Forschungslabore.

The Swamp

Coral Reef Tank

Haifische

Morrison Planetarium
Neueste Technik verwandelt die Decke des Planetariums in einen Nachthimmel.

LEGENDE
- African Hall
- Kimball Natural History Museum
- Morrison Planetarium
- Regenwälder der Erde
- Steinhart Aquarium
- Wasserbecken
- Kein Ausstellungsbereich

African Hall
Realistische Modelle von Tieren aus den Steppen und Wäldern Afrikas sind in lebensnahen Dioramen ausgestellt.

CALIFORNIA ACADEMY OF SCIENCES

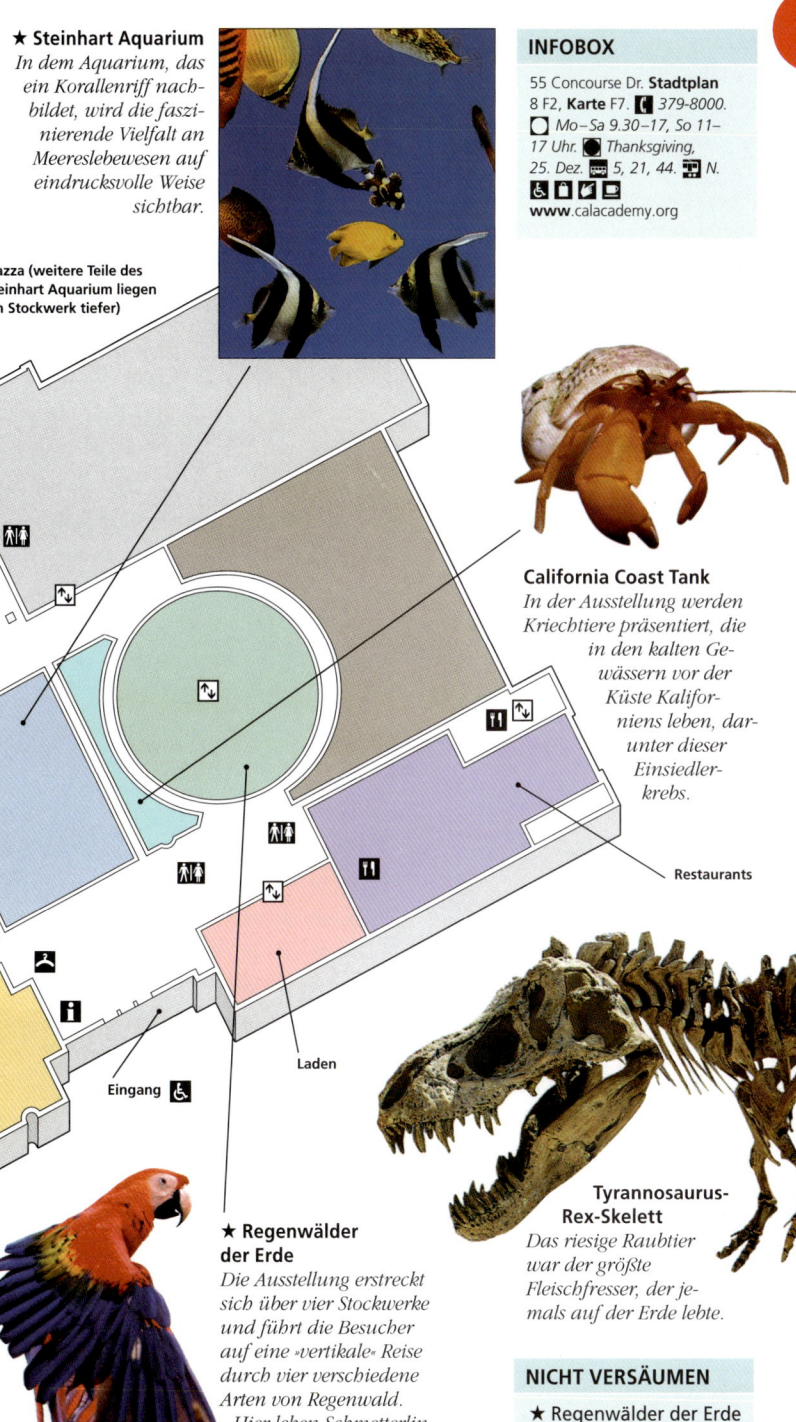

★ Steinhart Aquarium
In dem Aquarium, das ein Korallenriff nachbildet, wird die faszinierende Vielfalt an Meereslebewesen auf eindrucksvolle Weise sichtbar.

Piazza (weitere Teile des Steinhart Aquarium liegen ein Stockwerk tiefer)

INFOBOX

55 Concourse Dr. **Stadtplan** 8 F2, **Karte** F7. 379-8000. Mo–Sa 9.30–17, So 11–17 Uhr. Thanksgiving, 25. Dez. 5, 21, 44. N.
www.calacademy.org

California Coast Tank
In der Ausstellung werden Kriechtiere präsentiert, die in den kalten Gewässern vor der Küste Kaliforniens leben, darunter dieser Einsiedlerkrebs.

Restaurants

Laden

Eingang

★ Regenwälder der Erde
Die Ausstellung erstreckt sich über vier Stockwerke und führt die Besucher auf eine »vertikale« Reise durch vier verschiedene Arten von Regenwald. Hier leben Schmetterlinge, Vögel, Schlangen und Eidechsen.

Tyrannosaurus-Rex-Skelett
Das riesige Raubtier war der größte Fleischfresser, der jemals auf der Erde lebte.

NICHT VERSÄUMEN

★ Regenwälder der Erde

★ Steinhart Aquarium

Stadtplan siehe Seiten 302–320

Glashaus des Conservatory of Flowers

Conservatory of Flowers ⑧

John F. Kennedy Drive, Golden Gate Park. **Stadtplan** 9 A1, **Karte** G6. 666-7001. 33, 44. Di–So 10–16 Uhr. 1. Di im Monat frei. www.conservatoryofflowers.org

Das Gewächshaus war das älteste Gebäude im Golden Gate Park – mit Farnen, Palmen und Orchideen. Im Dezember 1995 zerstörte ein Hurrikan weite Teile der Anlage. 2003 konnte sie wiedereröffnet werden.

Strybing Arboretum ⑨

9th Ave, nahe Lincoln Way, Golden Gate Park. **Stadtplan** 8 F2, **Karte** F7. 661-1316. 44, 71. N. Mo–Fr 8–16.30 Uhr, Sa, So u. Feiertage 10–17 Uhr. tägl. 13.30 Uhr.
www.sfbotanicalgarden.org

Im Strybing Arboretum gibt es 75 000 Arten von Pflanzen, Bäumen und Sträuchern aus verschiedenen Ländern. Es finden sich mexikanische, afrikanische, südamerikanische und australische Gärten sowie einer mit den Pflanzen Kaliforniens.

Im Mond-Garten wachsen ostasiatische Pflanzen nicht wie im strengen Japanese Tea Garden (siehe S. 147), sondern natürlich. Apotheken- und Küchenkräuter gedeihen im Garten der Düfte, der für blinde Pflanzenfreunde gedacht ist. Hier sind Geschmacks-, Geruchs- und Tastsinn wichtig, die Pflanzennamen stehen in Blindenschrift dabei. In einem anderen Teil des Parks befinden sich kalifornische Redwoods. Ein kleiner Fluss lässt Flora und Atmosphäre eines nordkalifornischen Küstenwalds entstehen. Auch ein Nebelwald ist vorhanden – mit den Pflanzen der Berge Mittelamerikas. Erstaunlich ist, dass die Pflanzen im Nebelklima Kaliforniens so gut gedeihen. Das Arboretum hat einen Laden, in dem Samen und Bücher verkauft werden. Die Helen Crocker Russel Library of Horticulture ist zugänglich. Im Sommer findet eine Blumenschau statt.

Stow Lake ⑩

Stow Lake Drive, Golden Gate Park. **Stadtplan** 8 E2, **Karte** E7. 28, 29, 44. tägl. 10–16 Uhr. **Bootsverleih** 752-0347.

Der künstliche See wurde 1895 so um den Strawberry Hill angelegt, dass aus dem Gipfel eine Insel im See wurde. Sie ist durch zwei Steinbrücken mit dem »Festland« verbunden. Die Rundform von Stow Lake lädt geradezu zu einer Ruderrundfahrt vom Bootshaus aus ein, doch man kann auch gemächlich dahintreiben. Der chinesische Mond-Pavillon am Inselufer ist ein Geschenk von San Franciscos Partnerstadt Taipeh. Der rot-grüne Pavillon wurde in 6000 Teilen nach San Francisco verschifft und hier wieder zusammengebaut.

Der Millionär Collis P. Huntington (siehe S. 102) stiftete das Geld für den Bau des Stausees und des Wasserfalls, der sich in den Stow Lake ergießt. Die nach ihm benannten Huntington Falls sind die Attraktion des Parks.

Mond-Pavillon am Stow Lake

Restaurants am Golden Gate Park und beim Land's End siehe Seiten 237f

GOLDEN GATE PARK UND LAND'S END

Queen Wilhelmina Tulip Garden mit der holländischen Windmühle

Polo Fields ⓫

John F. Kennedy Drive, Golden Gate Park. **Stadtplan** 7 C2, **Karte** C7. 5, 29.

Im Stadion der Polo Fields im offenen Westteil des Golden Gate Park trifft man heute eher Jogger als Polo-Pferde. Allerdings kann man im nahen Reiterhof Pferde mieten und so die Reitwege des Parks und das Bercut Equitation Field erkunden. Für Angler gibt es einen Fischteich in der Nähe.

Auf den Grünflächen der Old Speedway Meadows östlich des Stadions fanden in den späten 1960ern u.a. legendäre Rockkonzerte statt. Bands wie Grateful Dead und Jefferson Airplane traten hier auf. Im Frühjahr 1967 kamen Tausende zu einem großen »Be-in« – eines der vielen Ereignisse, die zum »Summer of Love« (*siehe S. 32f*) führten.

Buffalo Paddock ⓬

John F. Kennedy Drive, Golden Gate Park. **Stadtplan** 7 C2, **Karte** C7. 5, 29.

Die »Buffalos«, die auf dieser Koppel weiden, sind die größten Landtiere Nordamerikas. Mit seinen kurzen Hörnern und dem gewölbten Rücken ist der amerikanische Bison das Symbol der amerikanischen Ebenen. Die hiesige Koppel wurde 1892 angelegt, als die Bisons vor der Ausrottung standen. 1902 tauschte William Cody alias »Buffalo Bill« einen seiner Bullen gegen einen aus der Herde des Golden Gate Park ein. Beide Parteien meinten, ein aggressives Tier losgeworden zu sein. Doch als Cody mit seinem Bullen ins Lager zurückkehrte, übersprang dieser einen hohen Zaun und entkam. Wie die Zeitung *San Francisco Call* berichtete, waren 80 Männer damit beschäftigt, ihn einzufangen.

Queen Wilhelmina Tulip Garden ⓭

Stadtplan 7 A2, **Karte** A/B7. 5, 18. **Windmühle** ♿

Die holländische Windmühle wurde 1903 im Nordwesten des Parks errichtet. Früher förderte sie Grundwasser aus einer unterirdischen Quelle, heute ist sie stillgelegt. Ihr Gegenstück, die Murphy-Windmühle, wurde 1905 im Südwesten des Parks errichtet. Benannt ist der Tulpengarten nach der holländischen Königin Wilhelmina. Der Holländische Zwiebelzüchter-Verband stiftet jährlich die Tulpenzwiebeln.

Ocean Beach ⓮

Stadtplan 7 A1–5, **Karte** A6–8. 5, 18, 31, 38, 71. L, N.

Der größte Teil am Westrand San Franciscos ist ein breiter Sandstreifen. Vom Cliff House aus sieht er verlockend aus, doch das Wasser ist zu kalt für Schwimmer und wegen der Strömungen zu gefährlich. Windsurfer in Neoprenanzügen lassen sich allerdings nicht abschrecken. Oft weht eine steife Brise, oder es herrscht Nebel. An den seltenen heißen Tagen kann man sonnenbaden und picknicken.

Seal Rocks ⓯

Stadtplan 7 A1, **Karte** A6. 18, 38. ● für die Öffentlichkeit (einsehbar von Ocean Beach, Cliff House oder Sutro Heights Park).

Nehmen Sie ein Fernglas mit, wenn Sie Seelöwen und Vögel beobachten wollen. Nachts kann man vom Strand oder der Promenade am Cliff House ihre Rufe hören – bei Nebel recht unheimlich. An schönen Tagen sind die 51 Kilometer vor der Küste gelegenen Farallon Islands zu sehen. Auch hier leben Seelöwen, ihr Brutplatz steht seit 1907 unter Naturschutz.

Blick vom Ocean Beach auf die Seal Rocks

Stadtplan *siehe Seiten 302–320* Golfplatz im Lincoln Park (*siehe S. 157*) mit Blick auf die Golden Gate Bridge ▷

Legion of Honor ⓰

Alma de Bretteville Spreckels ließ das Museum in den 1920er Jahren nach dem Vorbild des Palais der Pariser Ehrenlegion zum Gedenken an die Gefallenen des Ersten Weltkriegs erbauen – und um französische Kunst in Kalifornien populär zu machen. Das von George Applegarth gestaltete Beaux-Arts-Gebäude zeigt europäische Kunst der letzten 800 Jahre, darunter Gemälde von Künstlern wie Monet, Rubens, und Rembrandt sowie über 70 Skulpturen von Rodin.

Büste der Camille Claudel von Rodin

★ **Der Denker**
Der Original-Bronzeguss von Rodins Le Penseur *(1904) steht in der Kolonnade des Ehrenhofs.*

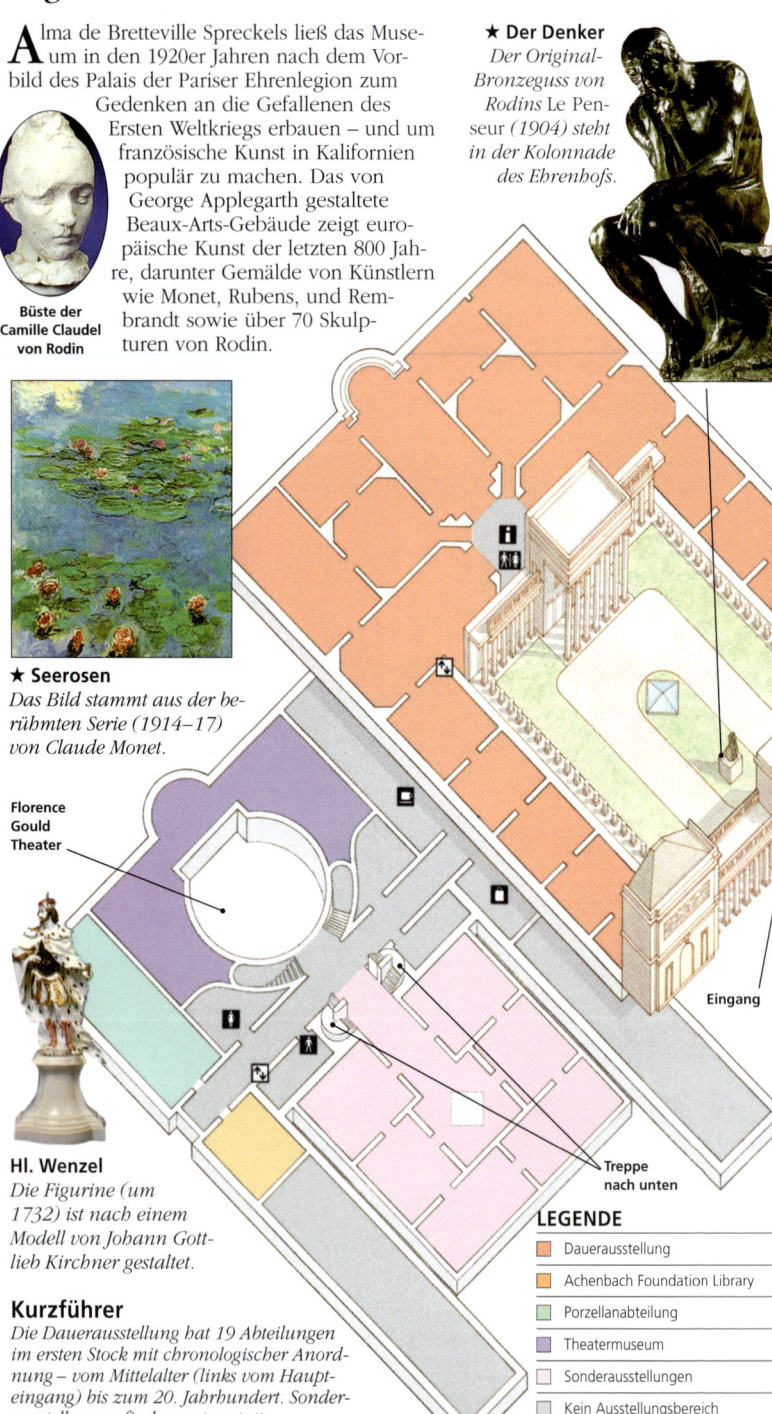

★ **Seerosen**
Das Bild stammt aus der berühmten Serie (1914–17) von Claude Monet.

Florence Gould Theater

Eingang

Hl. Wenzel
Die Figurine (um 1732) ist nach einem Modell von Johann Gottlieb Kirchner gestaltet.

Treppe nach unten

Kurzführer
Die Dauerausstellung hat 19 Abteilungen im ersten Stock mit chronologischer Anordnung – vom Mittelalter (links vom Haupteingang) bis zum 20. Jahrhundert. Sonderausstellungen finden unten statt.

LEGENDE
- ■ Dauerausstellung
- ■ Achenbach Foundation Library
- ■ Porzellanabteilung
- ■ Theatermuseum
- ■ Sonderausstellungen
- ■ Kein Ausstellungsbereich

INFOBOX

Lincoln Park, 34th Ave und Clement St. **Stadtplan** 1 B5, **Karte** B/C 5. ❐ 750-3600. ❐ 863-3330. ❐ 18. ❐ Di–So 9.30–17.15 Uhr (Zugang zur Grafik-Sammlung nur nach Voranmeldung). ❐ 1. Jan, Thanksgiving, 25. Dez. ❐ 1. Di im Monat frei. ❐ ❐ ❐ **Vorträge, Filmvorführungen.** ❐ ❐ www.legionofhonor.org

Blick vom Golfplatz im Lincoln Park auf die Golden Gate Bridge

Alte Frau
Georges de la Tour malte diese Studie um 1618.

Der Impresario
Bei dem um 1877 gemalten Porträt wählte Degas einen ungewöhnlichen Ausschnitt und Anschnitt, um die Größe der Person zu demonstrieren.

NICHT VERSÄUMEN

★ Der Denker

★ Seerosen

Lincoln Park ⓱

Stadtplan 1 B5, **Karte** A–C4–5. ❐ 18.

Der schöne Park oberhalb des Golden Gate bildet das Setting für die Legion of Honor. Das Land gehörte ursprünglich zum Golden Gate Cemetery, dessen Gräber nach der Nationalität der Toten angeordnet waren. Als der Friedhof Anfang des 20. Jahrhunderts aufgelassen wurde, schuf John McLaren (siehe S. 146) den Park.

Heute gibt es hier einen 18-Loch-Golfplatz sowie gepflegte Spazierwege. Der Ausblick vom höher gelegenen Golfplatz auf die Stadt ist grandios.

Land's End ⓲

Stadtplan 1 B5, **Karte** B4. ❐ 18, 38.

Seine schroffen Klippen und die Zypressenhaine machen Land's End zum rauesten Areal der Stadt. Man erreicht es zu Fuß über den Coastal Trail – entweder von der Legion of Honor oder vom Point-Lobos-Parkplatz (Sutro Heights Park) aus. Der Coastal Trail endet bei einem Aussichtspunkt mit Blick auf das Golden Gate. In der Ferne kann man den Mile-Rock-Leuchtturm sehen.

Verlassen Sie nicht den Coastal Trail. Sie riskieren, dass Ihnen von der hereinkommenden Flut der Weg abgeschnitten wird (Infos über Gezeiten gibt es beim Visitor Center des National Parks Service; Tel. 556-8642).

Cliff House ⓳

1090 Point Lobos. **Stadtplan** 7 A1, **Karte** A6. ❐ 386-3330 (Visitor Center). ❐ 18, 38. ❐ tägl. ❐ nur für Camera obscura (tägl. 9–11 Uhr). ❐ ❐ ❐ www.cliffhouse.com

Das heutige, 2004 renovierte Gebäude (1909) ist das dritte an dieser Stelle. Sein Vorgänger, ein achtstöckiger »gotischer« Bau, brannte 1907 nieder. Es gehörte dem Unternehmer Adolph Sutro. Sein Grundstück oberhalb des Cliff House bildet nun den Sutro Heights Park. Im oberen Bereich befinden sich Restaurants und drei Aussichtsplattformen mit Panoramablick. Die Camera obscura residiert im unteren Bereich.

Blick von Land's End auf den Mile-Rock-Leuchtturm

Stadtplan siehe Seiten 302–320

Abstecher

Der Größe nach ist San Francisco das kleinste der neun Countys um die Bucht. Die einstigen Sommerfrischen sind heute Vororte oder Städte. Im Norden der Golden Gate Bridge liegt Marin County. Es bietet eine wilde Küste, Redwoods und vom Mount Tamalpais aus eine spektakuläre Aussicht auf die Bay Area. Die Ortschaften haben ihren dörflichen Charakter bewahrt und machen das Marin County zum idealen Ausflugsziel für stadtmüde Besucher. An der East Bay sind das Museum und der Hafen von Oakland sowie die Gärten und der Campus von Berkeley beliebte Ziele. Der Zoo im Süden von San Francisco ist vor allem für kleine Besucher spannend.

Dekor am Sather Gate, UC Berkeley

Sehenswürdigkeiten auf einen Blick

Museen und Sammlungen
Lawrence Hall of Science ⓭
Magnes Collection
 of Jewish Art and Life ⓰
*Oakland Museum of
 California S. 166f* ㉓

Parks und Gärten
Angel Island ⓼
Mount Tamalpais ⓹
Muir Woods und
 Muir Beach ⓸
San Francisco Zoological
 Gardens ⓵
Tilden Park ⓽
University Botanical
 Gardens ⓮

Tempel
Mormon Temple ⓳

**Läden, Märkte
und Restaurants**
Fourth Street ⓾
Gourmet Ghetto ⓫
Jack London Square ㉒
Oakland Chinatown ㉕
Rockridge ⓲
Telegraph Avenue ⓯

**Historische Straßen
und Gebäude**
Bay Bridge ⓴
Claremont Resort and Spa ⓱
Old Oakland ㉔
University of California at
 Berkeley ⓬

Historische Orte
Sausalito ⓺
Tiburon ⓻

See
Lake Merritt ㉑

Strände
Point Reyes National
 Seashore ⓶
Stinson Beach ⓷

LEGENDE

San Francisco Zentrum
Großraum San Francisco
✈ Internationaler Flughafen
🚆 Amtrak-Bahnhof
— Interstate Highway
— U.S. bzw. State Highway
— Nebenstraße

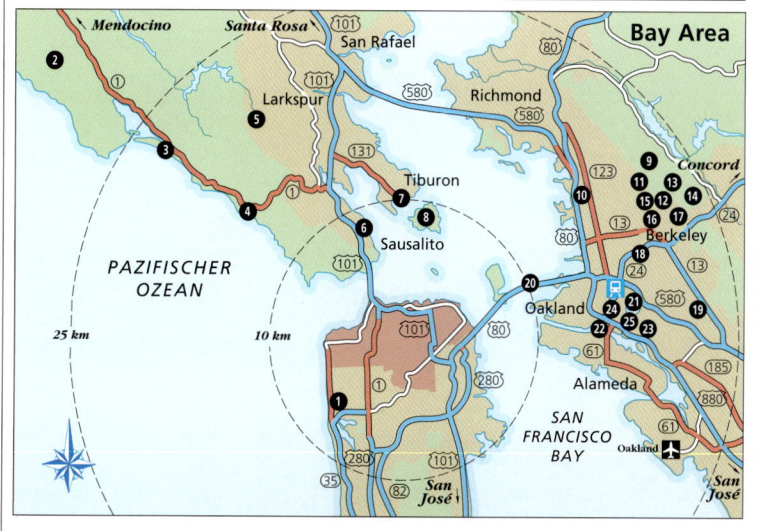

◁ Blick von Treasure Island auf die San Francisco–Oakland Bay Bridge *(siehe S. 164f)*

ABSTECHER

Ein Orang-Utan im Zoo von San Francisco

San Francisco Zoological Gardens ❶

Sloat Blvd, Ecke 45th Ave. 753-7080. 18, 23. L. tägl. 10–17 Uhr. www.sfzoo.com

San Franciscos Zoo liegt in der Südwestecke der Stadt zwischen Pazifischem Ozean und Lake Merced. Er beherbergt über 1000 Arten, von denen 30 als gefährdet gelten, u.a. Schneeleoparden, bengalische Tiger und Jaguare. Im innovativen Primate Discovery Center leben 15 Arten von Primaten, darunter Affen, Lemuren und Makaken.

Eines der Highlight ist das Koala Crossing, das wie eine Station im australischen Busch gestaltet ist. Der Otter River mit Wasserfällen ist dem Lebensraum des nordamerikanischen Flussotters nachempfunden. Gorilla World ist eines der weltweit größten Freigehege für Gorillas.

Täglich um 14 Uhr (außer montags) werden im Löwenhaus die Wildkatzen gefüttert. Nebenan liegt der Streichelzoo, in dem man Haustiere anfassen und füttern darf – ein großer Spaß für Kinder.

Point Reyes National Seashore ❷

U.S. Highway 1 nach Olema; folgen Sie den Schildern nach Point Reyes National Seashore. *Golden Gate Transitbus 50 oder 80 zum San Rafael Center, dann Bus 65 (Sa, So, Feiertage).*

Die wilde Halbinsel Point Reyes ist ein Paradies für Wildtiere, darunter eine Herde seltener Tule-Wapitis. Zudem gibt es Rinder- und Milchfarmen und drei kleine Orte: Olema, Point Reyes Station und Inverness.

Die Halbinsel liegt westlich des San-Andreas-Grabens, der das Beben von 1906 *(siehe S. 18f)* verursachte. Beim Visitor Center Bear Valley am Earthquake Trail zeigt ein versetzter Zaun, wie sich die Halbinsel um volle sechs Meter nach Norden verschob.

Sir Francis Drake soll 1579 in Drake's Bay geankert haben *(siehe S. 22f)*. Er nannte sie Nova Albion und erwarb sie für England.

Im Besucherzentrum gibt es Gezeitenpläne und Karten. Von Dezember bis Mitte März kann man Wale beobachten.

Stinson Beach ❸

U.S. 101 N zum Highway 1, dann weiter nach Stinson Beach. *Stinson Beach Park 868-0942. Golden Gate Transitbus 20, dann Bus 63 (Sa, So, Feiertage). tägl. bis 1 Std. nach Sonnenuntergang.*

Seit Anfang des 20. Jahrhunderts ist Stinson Beach ein beliebter Urlaubsort. Die ersten Gäste kamen mit der Fähre von San Francisco und wurden von Pferdefuhrwerken abgeholt. In der ganzen Region ist der lange Sandstrand ideal zum (Sonnen-) Baden. Auch Surfen ist möglich. Im nahen Dorf gibt es gute Buchläden, Restaurants und ein Lebensmittelgeschäft.

Riesige Redwoods in den Muir Woods

Muir Woods und Muir Beach ❹

U.S. 101 N, Ausfahrt Highway 1, dann zum Panoramic Highway abbiegen und Beschilderung nach Muir Woods folgen oder auf Highway 1 bleiben und bei Muir Beach abfahren. *Keine öffentlichen Verkehrsmittel. Gray Line Tours 558-9400.*

Am Fuß des Mount Tamalpais liegt das Muir Woods National Monument. Hier stehen Restbestände der Küsten-Redwoods – der älteste ist mindestens 1000 Jahre alt. Die Baumriesen bedeckten einst die Küstenzone Kaliforniens. Der Wald wurde nach John Muir benannt, einem Natur-

Milchfarm auf der malerischen Halbinsel Point Reyes

Hotels und Restaurants bei den Abstechern *siehe Seiten 219 und 239*

ABSTECHER

Die hübsche Hauptstraße von Tiburon

forscher (19. Jh.), der als einer der Ersten den Amerikanern die Notwendigkeit des Naturschutzes nahebrachte.

Auf der Fahrt zum bei Badegästen und Picknickern beliebten Muir Beach kommt man am Pelican Inn vorbei. Der besondere Stolz des englischen, im Stil des 16. Jahrhunderts erbauten Gasthauses sind die englische Küche und die außergewöhnlich herzliche Gastfreundschaft.

An Wochenenden ist der Strand oft überfüllt. Wer sich aber nicht scheut, eine Meile oder weiter zu laufen, findet auch ein ruhiges Plätzchen.

Mount Tamalpais ❺

U.S. 101 N, Ausfahrt Hwy 1, dann zum Panoramic Hwy. **Mount Tamalpais State Park** 388-2070. *Golden Gate Transitbus 20 nach Marin City, dann Bus 63 (Sa, So, Feiertage).* **Mountain Theater** *East Ridgecrest.* 383-1100 (Tickets). **Vorstellungen** *Mai–Juni: So außer Memorial Day.* www.mountainplay.org

Das Naturschutzgebiet des Mount Tamalpais State Park bietet ein Wegenetz, dessen Pfade sich durch Redwood-Haine schlängeln. Es gibt Picknick- und Zeltplätze sowie Wiesen, auf denen man Drachen steigen lassen kann. Mount Tamalpais (784 m) ist der höchste Berg der Bay Area, auf seinen Steilhängen wurde das Mountainbike konzipiert. Im Mountain Theater, einem natürlichen Amphitheater, kann man Musicals und Theaterstücke sehen.

Sausalito ❻

U.S. 101 N, 1. Ausfahrt nach der Golden Gate Bridge Richtung Bridgeway. *Golden Gate Transitbusse 10, 50.* *vom Ferry Building oder Pier 43½.* **Bay Model Visitor Center** 332-3871. *Apr–Sep: Di–Fr 9–16, Sa, So u. Ferien 10–17 Uhr; Okt–März: Di–Sa 9–16 Uhr.* 4. Juli. www.sausalito.org

An den steilen Hängen des einstigen Fischerdorfs liegen viktorianische Häuschen. Am Ufer verläuft die Bridgeway Avenue, eine Promenade für Wochenendbesucher, die die Restaurants und Boutiquen aufsuchen und die Aussicht genießen. Village Fair ist ein Ladenkomplex in einem alten Lagerhaus. Das Bay Model (2100 Bridgeway) demonstriert die Gezeiten und Strömungen in der Bucht.

Blick von Sausalito auf San Francisco

Tiburon ❼

U.S. 101 N, Ausfahrt Tiburon Blvd. *Golden Gate Transitbus 10.* *vom Pier 43½.* www.ci.tiburon.ca.us

In der Hauptstraße der schicken Küstenstadt haben sich die Läden und Restaurants in »Archen« niedergelassen – Hausbooten (um 1900), die an Land festgemacht und renoviert wurden. Nun liegen sie nebeneinander in der »Ark Row«. Tiburon ist ruhiger als Sausalito: In den Grünanlagen am Meer kann man spazieren gehen und den Blick schweifen lassen.

Blick vom Küstenort Tiburon auf Angel Island

Angel Island ❽

vom Pier 43½ u. von Tiburon. State Park 435-1915.

Angel Island erreicht man mit der Fähre von Tiburon oder San Francisco aus. Die Schiffe legen in Ayala Cove an, wo eine Rasenzone mit Picknicktischen die Besucher erwartet. Die dicht bewaldete Insel, die von Wanderwegen durchzogen ist, reicht bis 237 Meter über den Meeresspiegel. In einer verlassenen Garnison waren einst Einwanderer aus Asien untergebracht, im Zweiten Weltkrieg diente sie der Internierung von Kriegsgefangenen. Autos sind hier verboten.

Berkeley

Karussell im Tilden Park

Tilden Park ❾

(510) 843-2137. Berkeley, dann AC Transitbus 67.
Park tägl. 5–22 Uhr.
Mini-Dampfeisenbahn Sommer: tägl. 11–17 Uhr.
Karussell tägl. 10–17 Uhr (Sa, So ab 11 Uhr).
Botanischer Garten tägl. 8.30–17 Uhr. teilweise.
www.ebparks.org

Der weitgehend naturbelassene Park bietet verschiedene Attraktionen. Er ist für seinen zauberhaften Botanischen Garten bekannt, der die große Vielfalt von Kaliforniens Flora widerspiegelt. Von Almwiesen herab schlendert man durch eine hübschen Redwood-Hain zu den Kakteengärten der Wüste. Es gibt auch Parkführungen. Wer mit Kindern kommt, wird schwerlich am Karussell, am Miniatur-Bauernhof und an der Mini-Dampfeisenbahn vorbeikommen.

Fourth Street ❿

AC Transit Z. Berkeley, dann AC Transitbusse 9, 51, 65.

Die vornehme bürgerliche Enklave nördlich der University Avenue ist ein Beispiel für Handwerkskunst und guten Geschmack. Hier gibt es alles – von handgeschöpftem Papier über Möbel bis hin zu biologisch angebautem Salat und Designer-Gartenwerkzeug. Einige renommierte Restaurants ergänzen das Angebot.

Gourmet Ghetto ⓫

Upper Shattuck Ave. Berkeley, dann AC Transitbusse 7, 9, 43.

Das Viertel im Norden Berkeleys wurde zum Feinschmeckertreff, als Alice Waters hier 1971 ihr Chez Panisse (siehe S. 239) eröffnete. Berühmt wurde das Restaurant in der Shattuck Avenue durch die Verwendung von frischen, heimischen Produkten, die auf französische Art zubereitet wurden. Inzwischen hat die sogenannte California Cuisine viele Nachahmer gefunden. Auch die zahlreichen Spezialitätenmärkte und Cafés in der Nachbarschaft machen dem Spitznamen des Viertels Ehre.

University of California at Berkeley ⓬

(510) 642-6000. Berkeley. AC Transit 9, 15, 40, 43, 51, 52, 65. **Hearst Museum of Anthropology** (510) 643-7648. Mi–Sa 10–16.30, So 12–16 Uhr. Feiertage. **Berkeley Art Museum** (510) 642-0808. Mi–So 11–17 Uhr (Fr bis 21 Uhr). Feiertage.
www.berkeley.edu

Es heißt zwar, der Ruf der UC Berkeley als Keimzelle von alternativen Bewegungen habe ihre akademische Bedeutung zeitweilig übertroffen. Doch Berkeley war und ist eine der größten und angesehensten Unis der Welt. Das 1868 als utopisches »Athen des Pazifiks« gegründete Berkeley zählt derzeit acht Nobelpreisträger zu seinen Lehrkräften. Der Campus (siehe S. 176f) wurde von Frederick Law Olmsted an beiden Ausläufern des Strawberry Creek angelegt und später vom Architekten David Farquharson aus San Francisco umgestaltet. Heute studieren hier rund 35 000 Studenten. Zudem gibt es Museen und Baudenkmäler – darunter das Berkeley Art Museum (siehe S. 38), das Hearst Museum of Anthropology und den Sather Tower (Campanile).

Sather Tower (1914)

Lawrence Hall of Science ⓭

Centennial Drive, Berkeley.
(510) 642-5132. Berkeley, dann AC Transitbusse 8, 65. vom Mining Circle, UC Berkeley (außer Sa u. So).
tägl. 10–17 Uhr.
www.lawrencehallofscience.org

In dem faszinierenden Museum wird Wissenschaft bei Workshops zum Vergnügen. Objekte zum Anfassen erlauben es jungen Besuchern, die Wirkung von Lasern zu studieren oder ein Hologramm zu manipulieren. Man kann ein Dinosaurierskelett zusammenbauen, eine Schlange füttern, Sternbahnen im Planetarium nachzeichnen oder sich seine Chancen beim Würfelspiel ausrechnen. Neben dem mechanischen Modell eines Dinosauriers gibt es Wechselausstellungen.

Von der Terrasse des Museums reicht der Blick weit über die nördliche Bay Area bis zu den Farallon Islands im Westen.

Modell der DNA, Lawrence Hall of Science

Hotels und Restaurants in Berkeley siehe Seiten 218f und 238f

BERKELEY

University Botanical Gardens ⓴

Centennial Drive, Berkeley. (510) 642-2755. vom Mining Circle, UC Berkeley Hills (außer Sa, So, Feiertage). tägl. 9–17 Uhr. 1. Di im Monat, Feiertage. 1. Do im Monat frei. teilweise.

Im mediterranen Klima des Strawberry Canyon gedeihen über 12 000 Pflanzenarten aus aller Welt. Sie sind thematisch geordnet. Sehr schön sind die asiatischen, afrikanischen, südamerikanischen, europäischen und kalifornischen Gärten. Auch der chinesische Kräutergarten, die Orchideen, Kakteen sowie die fleischfressenden Pflanzen sind sehenswert.

Telegraph Avenue ⓯

Berkeley. AC Transitbus U.

Berkeleys faszinierendste Straße verläuft zwischen Dwight Way und Universität. In der Telegraph Avenue liegen so viele Buchhandlungen wie sonst nirgends im Land. Dazu kommen Cafés und Imbiss-Restaurants. Hier war der Mittelpunkt der Studentenproteste der 1960er Jahre. Auch heute drängen sich hier Studenten. Straßenverkäufer, Musiker, Demonstranten und Exzentriker ergänzen die Szene.

Magnes Collection of Jewish Art and Life ⓰

Bancroft Library, UC Berkeley, 2121 Allston Way, Berkeley. (510) 642-3781. Rockridge, dann AC Transitbus 51. Ashby, dann AC Transitbus 6. Di, Do, So 14–16 Uhr nach Voranmeldung (ab Nov 2011 tel. erfragen). jüdische u. nationale Feiertage. mit Voranmeldung. mit Voranmeldung. www.magnes.org

Dies ist die größte historische Sammlung zur jüdischen Kultur in Kalifornien. Sie enthält Kunstschätze aus Europa und Indien sowie Gemälde von Marc Chagall und

Jüdisches Kultgewand, Magnes Collection of Jewish Art and Life

Max Liebermann. Auch Zeugnisse der Nazi-Zeit, darunter eine angebrannte Thora-Rolle, die aus einer deutschen Synagoge gerettet wurde, sind zu sehen.

Vorträge, Filmvorführungen und Sonderausstellungen ergänzen das Angebot. Das Museum betreibt eine Forschungsbibliothek.

Claremont Resort and Spa ⓱

41 Tunnel Road (Ashby Ave/Ecke Domigo Ave, Oakland). (510) 843-3000. Rockridge, dann AC Transitbus 7. www.claremontresort.com

Die Hügel von Berkeley bilden die Kulisse zu dem Fachwerk-Märchenschloss. Die Bauarbeiten daran dauerten von 1906 bis 1915. In den ersten Jahren fand das Hotel wenig Anklang. Ein Grund dafür war ein Gesetz, das den Alkoholausschank im Umkreis einer Meile um den Campus verbot. Ein findiger Student stellte 1937 beim Nachmessen fest, dass diese Grenze mitten durch das Gebäude lief. Daraufhin richtete man in einer Ecke des Hotels, außerhalb des Bannkreises, die Terrace Bar ein, die sich noch heute dort befindet.

Das Claremont Resort ist eines der feudalsten Hotels der Bay Area – genießen Sie die Aussicht bei einem Drink.

Blick auf das Claremont Resort and Spa in Berkeley

Gourmet-Shops in der Rockridge Market Hall

Oakland

Rockridge ⓘ

🚇 *Rockridge.*

Das grüne Wohnviertel mit seinen großen Häusern und Blumengärten verlockt zum Shopping im Geschäftsviertel an der College Avenue. Hier gibt viele Läden und Cafés mit Tischen im Freien.

Mormon Temple ⓘ

4770 Lincoln Ave, Oakland.
📞 (510) 531-1475 (Visitor Center).
🚇 Fruitvale, dann AC Transitbus 46. 🕐 tägl. 9–21 Uhr. **Tempel** tel. beim Visitor Center erfragen.
🚫 (außer Visitor Center). ♿ 📷 ab Visitor Center.

Der eine von nur zwei Mormonentempeln in Nordkalifornien heißt eigentlich Oakland Temple of the Church of Jesus Christ of the Latter Day Saints und wurde 1963 auf einem Hügel errichtet. Nachts wird er angestrahlt und ist so von Oakland und San Francisco aus zu sehen. Der mächtige Stufenturm ist von vier Türmchen umgeben, die alle mit weißem Granit verkleidet und von glitzernden Goldpyramiden gekrönt sind.

Vom Tempel blickt man über die ganze Bay Area. Das Besucherzentrum bietet Führungen an, die mit Multimedia-Shows die Glaubensgrundsätze erläutern.

Lake Merritt ⓘ

🚇 *12th oder 19th Street, dann AC Transitbusse 12, 13, 57, 58.*

Der See entstand 1869, als man eine Flussmündung ausbaggerte, eindeichte und teilweise aufstaute. Heute sind Lake Merritt und der ihn umgebende Park eine Oase im Herzen von Oakland. Das Gelände wurde 1870 zum ersten staatlichen Tierreservat der USA erklärt. Noch immer kommen die Zugvögel in Scharen. Bei zwei Bootshäusern am West- und Nordufer kann man sich Ruderboote ausleihen. Jogger und Radler können den See auf einem fünf Kilometer langen Weg umrunden. Im Lakeside Park

Die zentrale Zikkurat des Mormonentempels

Bay Bridge ⓘ

Stadtplan 6 E4.

Die San Francisco–Oakland Bay Bridge wurde von Charles H. Purcell entworfen. Sie ist aus zwei Teilbrücken, die sich auf Yerba Buena Island mitten in der Bucht treffen, zusammengesetzt und misst von Ufer zu Ufer 7,2 Kilometer. Ihre Fertigstellung 1936 leitete den Niedergang der Fährschifffahrt in der San Francisco Bay ein. In den 1950er Jahren entfernte man die Gleise, um für die 250 000 Fahrzeuge, die nun täglich die Brücke passieren, den Weg frei zu machen. Der Verkehr verläuft fünfspurig auf zwei Ebenen – auf der oberen westwärts in Richtung San Francisco, auf der unteren ostwärts nach Oakland.

Der Brückenabschnitt über die East Bay

Der östliche Brückenteil ruht auf über 20 Pfeilern und steigt von der Mautstelle in Oakland bis Yerba Buena Island auf 58 Meter Höhe über der Bucht an. Nach dem Loma-Prieta-Erdbeben von 1989 *(siehe S. 19)* wurde die Brü-

16 Kilometer lange Stahlseile tragen die Brücke

704 Meter

Streckenabschnitt der Bay Bridge über die West Bay

Hotels und Restaurants bei den Abstechern siehe Seiten 219 und 239

am Nordufer gibt es Blumengärten, ein Vogelhaus und ein »Märchenland« für Kinder.

Jack London Square ㉒

🚢 nach Oakland. 🅱 *12th Street, dann AC Transitbusse 58, 72, 88.*

Jack London, der Autor des Buchs *Ruf der Wildnis*, wuchs um 1880 in Oakland auf und war häufig an den Kais des Oakland Estuary zu finden. Zu dieser einladenden Promenade mit ihren Geschäften und den Restaurants, wo man bei schönem Wetter draußen sitzen kann, gelangt man per Auto oder Fähre. Von den Kais fahren auch Ausflugsboote ab.

Nur noch wenig ist von der rauen Atmosphäre des Hafenviertels, wie sie Jack London schildert, zu spüren. Doch man kann seine Spur noch bis zu Heinold's First and Last Chance (1883), einer Kneipe aus den Resten eines Walfängerschiffs, verfolgen. Die Yukon-Hütte, die London zur Zeit des Goldrauschs von 1898 bewohnt haben soll, liegt am Hafen.

Oakland Museum of California ㉓

Siehe S. 166f.

Blick von Oakland über den Lake Merritt

Old Oakland ㉔

🅱 *12th Street.* **Farmers' Market**
📞 *(510) 745-7100.* 🕐 *Fr 8–14 Uhr.*

Die beiden quadratischen Straßenblocks – die auch als »Victorian Row« bekannt sind – besitzen Holz-Ziegel-Gebäude, die zwischen 1860 und 1880 errichtet und im Lauf der 1980er Jahre renoviert wurden. Inzwischen sind hier Restaurants, Läden und Kunstgalerien untergebracht. Auf dem freitäglichen Farmers' Market gibt es neben frischem Gemüse auch Imbisse aller Art.

Abends strömen die Menschen zur Pacific Coast Brewing Company in der Washington Street. Nicht versäumen sollte man Rattos, ein über 100 Jahre altes italienisches Deli und Restaurant (827 Washington Street): Freitag- und Samstagabend führen Personal und Gastsänger »Pasta Operas« auf.

Oakland Chinatown ㉕

🅱 *12th Street oder Lake Merritt.*

Die zweitgrößte Chinatown der Bay Area hieße besser »Asiatown«, denn ihre Bevölkerungsmehrheit aus Kanton wird durch Einwanderer aus Korea und Ländern Südostasiens ergänzt. Sie zieht weit weniger Besucher an als die Chinatown von San Francisco. Deshalb bekommt man in den hiesigen Restaurants herzhaftes und preiswertes asiatisches Essen.

cke für einen Monat gesperrt: Ein 15 Meter langes Teilstück hatte sich an der Nahtstelle zwischen der Ostbrücke und der Zufahrtsrampe von Oakland gelöst. Der Abschnitt von Oakland bis Yerba Buena Island wird derzeit durch eine neue Konstruktion ersetzt. Sie soll 2012 fertig sein.

Auf Yerba Buena geht die Brücke in einen 23 Meter hohen und 17 Meter breiten Tunnel über und taucht beim West-Bay-Brückenabschnitt wieder auf. Hier treffen sich die Brückenteile auf dem zentralen Verankerungspfeiler, der tiefer als der irgendeiner anderen Brücke ins Wasser versenkt wurde. 1939 bis 1940 wurde auf Treasure Island mit der Weltausstellung auch der Bau der Brücke gefeiert *(siehe S. 31)*. Heute gibt es auf der Insel hübsche Parks und Wohnanlagen.

Modell der Weltausstellung 1939/40 auf Treasure Island, das aus dem Tunnelschutt entstand

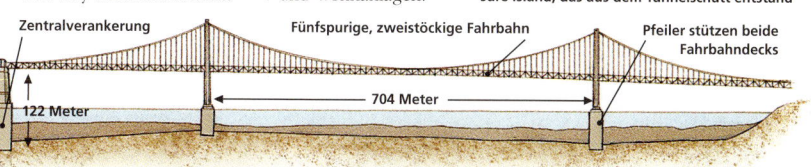

Stadtplan siehe Seiten 302–320

Oakland Museum of California ㉓

Dies ist das einzige Museum Kaliforniens, das sich ausschließlich dem Bundesstaat, seiner Geschichte und seiner Kultur widmet. Das ansprechend terrassierte und mit Innenhöfen und Gärten versehene Gebäude wurde 1969 von dem Architekten Kevin Roche erbaut. Die naturgeschichtliche Abteilung wird derzeit renoviert und soll 2012 wiedereröffnet werden. Die Gallery of California History besitzt eine große Sammlung kalifornischer Kunstwerke, die Gallery of California Art präsentiert frühe Ölgemälde von Yosemite und San Francisco. Auf der Website des Museums finden Sie Infos zu aktuellen Ausstellungen.

Banjo eines Goldgräbers

Welcome to California
Hier werden früheres und aktuelles Alltagsleben Kaliforniens gefeiert.

Dach und Gärten

Gallery of California Art
Die Abteilung moderner Kunst präsentiert u. a. Ocean Park No. 107 *von Richard Diebenkorn (1978).*

Die Great Hall
wird für Sonderausstellungen genutzt.

Ebene 2
Ebene 3

★ **Installation von Barry McGee**
Die Acryl-Komposition (2010) von Barry McGee aus San Francisco zeigt sein Interesse an farbenfrohen geometrischen Formen.

OAKLAND MUSEUM OF CALIFORNIA

LEGENDE

☐ Kunst ☐ Geschichte ☐ Naturgeschichte

INFOBOX

1000 Oak St, Oakland. (510) 238-2200. Lake Merritt. Mi–So 10–17 Uhr (Fr bis 21 Uhr). 1. Jan, 4. Juli, Thanksgiving, 25. Dez. 2. So im Monat frei.

www.museumca.org

California Mud Wagon
Das Mehrzweck-Fahrzeug wurde Mitte des 19. Jahrhunderts für die Bedürfnisse auf dem Land entwickelt und konnte vom Ackerwagen in eine respektable Kutsche verwandelt werden.

Rund um die Eisenbahn
Mit der Eisenbahn begann Kaliforniens wirtschaftlicher Aufstieg. Sie befreite den Bundesstaat aus seiner Isolation.

Kurzführer
Der Haupteingang zum Museum liegt in der Oak Street. Tickets gibt es auf Ebene 2, wo sich auch die Gallery of California History, ein Café, ein Laden und die Great Hall für Sonderausstellungen befinden. Die Gallery of California Art liegt auf Ebene 3.

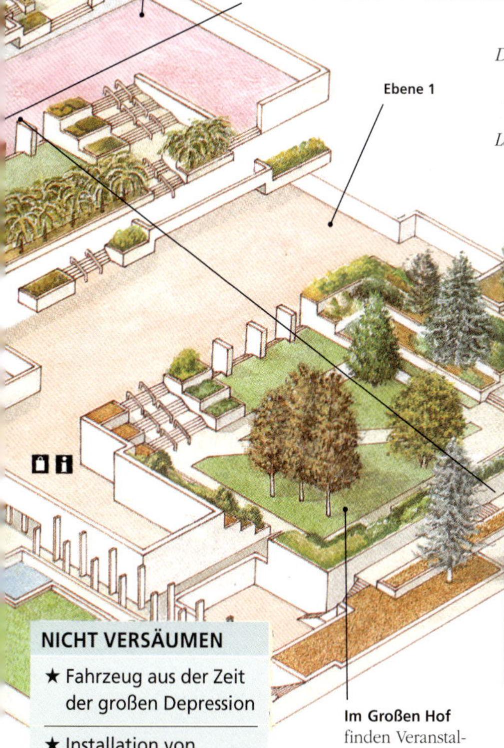

Ebene 1

NICHT VERSÄUMEN
★ Fahrzeug aus der Zeit der großen Depression
★ Installation von Barry McGee

Im Großen Hof finden Veranstaltungen statt. Man kann hier auch picknicken.

★ Fahrzeug aus der Zeit der großen Depression
Der beladene staubige Wagen veranschaulicht die Folgen der weltweiten Finanzkrise.

Abstecher in den Süden

Das südlich der San Francisco Bay gelegene Santa Clara County wurde in den späten 1960er Jahren durch Silicon Valley berühmt. Es lohnt sich, das Gebiet zu erkunden. San José besitzt faszinierende Museen, und auf dem Landsitz Filoli kann man Herrenhaus und Garten besichtigen. Stanford University und Pescadero haben eine interessante Architektur und Geschichte.

Das Winchester Mystery House

Sehenswürdigkeiten

Museen und Sammlungen
Children's Discovery Museum ❹
History Museum of San José ❺
Rosicrucian Egyptian Museum und Planetarium ❷
Stanford University ❽
Tech Museum of Innovation ❸
Winchester Mystery House ❶

Historische Orte
Filoli ❻   Pescadero ❼

LEGENDE
- San Francisco Zentrum
- Großraum San Francisco
- Internationaler Flughafen
- Interstate Highway
- U.S. bzw. State Highway
- Nebenstraße
- Eisenbahn

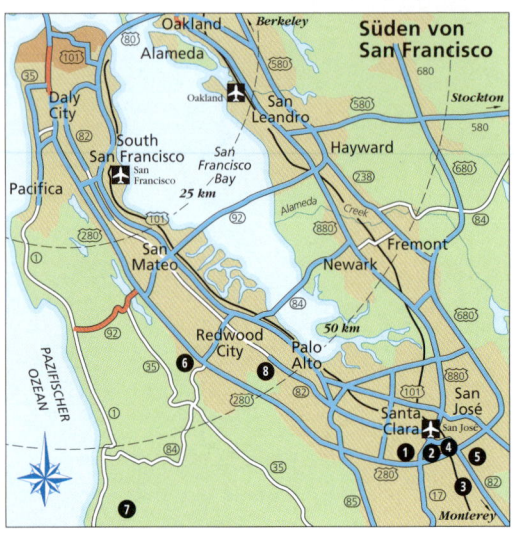

Winchester Mystery House ❶

525 S Winchester Blvd, zwischen Stevens Creek Blvd u. I-280, San José. (408) 247-2001. Santa Clara, dann Santa Clara Transportation Agency-Bus 32 oder 34 zu Franklin St/ Ecke Monroe St, dann Bus 60. tägl. 8–19 Uhr. 25. Dez. www.winchestermysteryhouse.com

Als Sarah Winchester, die Erbin des Vermögens von Winchester Rifle, 1884 mit dem Hausbau begann, wurde ihr prophezeit, dass sie sterben würde, wenn sie zu bauen aufhörte. Sie beschäftigte die Handwerker daher 38 Jahre lang, bis sie 82-jährig starb. So entstand ein bizarrer Komplex mit 160 Zimmern. Faszinierend sind Treppen, die ins Nichts führen, und Fenster im Boden. Das Haus enthält ein Waffenmuseum mit einer Sammlung von Winchester-Gewehren.

Rosicrucian Egyptian Museum

Rosicrucian Egyptian Museum und Planetarium ❷

Naglee Ave/Ecke Park Ave, San José. (408) 947-3635. Santa Clara, dann Santa Clara Transportation Agency-Bus 32 oder 34 zur Franklin St, dann Bus 81. Mo–Do 10–17, Fr 9–21, Sa, So 11–18 Uhr. Feiertage. www.egyptianmuseum.org

Das dem Amun-Tempel im ägyptischen Karnak nachgebaute Museum präsentiert ägyptische, babylonische, assyrische und sumerische Artefakte. Zu sehen sind u. a. Begräbnisboote und Modelle, Mumien von Menschen und Tieren, koptische Textilien, Keramik, Schmuck sowie ein vollständiges Grab.

Tech Museum of Innovation ❸

201 South Market St (nahe Park Ave), San José. (408) 294-TECH. San José, dann Light Rail zum Convention Center. Di–So 10–17 Uhr. www.thetech.org

Das Tech ist ein farbenfrohes Technikmuseum mit verschiedenen Themenbereichen, darunter Biowissenschaften, Energie und Kommunikation. Zahlreiche Exponate dürfen hier angefasst werden. Man kann seinen eigenen Film drehen oder Animationstricks testen. Es gibt zudem ein Imax®-Filmtheater, in dem es freitag- und samstagabends Vorführungen gibt.

Hotels und Restaurants bei den Abstechern siehe Seiten 219 und 239

Children's Discovery Museum ❹

180 Woz Way, San José. (408) 298-5437. Arena oder Tamien, dann Light Rail nach Technology. Di–Sa 10–17, So 12–17 Uhr (Juni–Aug: auch Mo). www.cdm.org

Bei Kindern beliebt: das Children's Discovery Museum

Ein kurzer Spaziergang führt vom San José Convention Center zu diesem Museum, in dem Kinder u. a. in einem Feuerwehrauto spielen dürfen. Ganz Mutige können durch mehrere Ebenen eines Labyrinths kriechen, um so Dreidimensionalität zu erfahren, oder sich in speziellen Räumen mit dem Phänomen »Rhythmus« auseinandersetzen. Bei der Ausstellung »Waterways« kann der kreative Nachwuchs Brunnen aus magnetischen Halbröhren bauen.

History Museum of San José ❺

1650 Senter Rd, San José. (408) 287-2290. Cahill, dann Bus 64 zur 1st St/Ecke Santa Clara St, dann Bus 73 von der 2nd St. Di–So 11–17 Uhr. 1. Jan, 4. Juli, Thanksgiving 25. Dez. www.historysanjose.org

Das Freilichtmuseum im Kelley Park zeigt das San José vom Anfang des 20. Jahrhunderts. Über 20 Häuser und Läden wurden im Originalzustand wiederhergestellt und stehen um einen Platz. Zu ihnen zählen eine Feuerwache, eine Eisdiele mit »Soda Fountain«, eine Tankstelle und ein historischer Trolleybus, der auf dem Gelände des Museums herumfährt.

Filoli ❻

Canada Rd, nahe Edgewood Rd, Woodside. (650) 364-8300. Di–Sa 10–15.30, So 11–15.30 Uhr (letzter Einlass 14.30 Uhr). Feb–Nov nur nach Voranmeldung. Feiertage. www.fioli.org

Die luxuriös eingerichtete Filoli-Villa wurde 1915 für William Bourne II gebaut, den Besitzer der Empire Gold Mine. Der elegante Bau mit 43 Zimmern ist von einem großen Garten und Grundstück umgeben, wo Führungen veranstaltet werden. »Filoli« ist ein Initialwort aus »Fight, love, live« – ein Hinweis auf Bournes Sympathie für den irischen Freiheitskampf.

Pescadero ❼

Daly City, dann SamTrans-Linien IC oder IL zur Half Moon Bay, dann 96C (nur wochentags).

Das Dorf mit seinen vielen Holzhäusern besitzt nicht nur Antiquitäten- und Souvenirläden, sondern auch eines der besten Restaurants der südlichen Halbinsel: Duarte's Tavern. Auf der Phipps Ranch mit »Obst zum Selberernten« haben Familien ihren Spaß. Der Pigeon-Point-Leuchtturm liegt 13 Kilometer südlich.

Stanford University ❽

Palo Alto. (650) 723-2053. Palo Alto, dann Santa Clara Transitbus 35. tel. erfragen unter (650) 723-2560. www.stanford.edu

Die vom Eisenbahnmogul Stanford (siehe S. 102) nach dem Tod seines einzigen Sohns erbaute und 1891 eröffnete Stanford University ist eine der besten Privatuniversitäten des Landes mit rund 15 000 Studenten. Zentrum des Campus ist der neoromanische Main Quaid (Kolleghof). Sehenswert sind u. a. Memorial Church, Hoover Tower und das Leland Stanford Jr. Museum, in dem der »Golden Spike« zu sehen ist. Damit wurde 1869 der Bau der transkontinentalen Eisenbahn beendet. Das Museum of Art besitzt eindrucksvolle Gemälde sowie Skulpturen von Rodin, u. a. *Höllentore* und *Adam und Eva*.

Die Memorial Church auf dem Gelände der Stanford University, Palo Alto

Fünf Spaziergänge

Die Spaziergänge bieten verführerische Einblicke in die kulturelle und geografische Vielfalt der Bay Area sowie manch schöne Aussicht. Der Spaziergang im Aquatic Park führt entlang der nördlichen Küstenlinie vom Hyde Street Pier *(siehe S. 83)* mit seinen Segelschiffen und dem historischen Flair zum Fort Mason *(siehe S. 74f)*, einer früheren Festung, die nun Kulturzentrum ist. Die Marin Headlands liegen nur eine halbe Autostunde entfernt. Hier gibt es noch unberührte, sanft hügelige Landschaft, von der steile Klippen zum Meer hinabstürzen. Der dritte Spaziergang führt in die akademische Welt von Berkeley *(siehe S. 162f)* an der East Bay. Der Spaziergang durch das SoMa-Viertel leitet Sie zu Galerien und Cafés, derjenige am Russian Hill verläuft durch versteckte Parks und Gärten. Auf den *Detailkarten* zu den Stadtteilen sind weitere Rundgänge markiert und im Kapitel *Die Stadtteile San Franciscos* beschrieben. Hinweise zu geführten Touren finden Sie auf Seite 293.

Statue von Davy Crockett vor dem Maritime National Historical Park *(siehe S. 83)*

California Hall *(siehe S. 176f)*

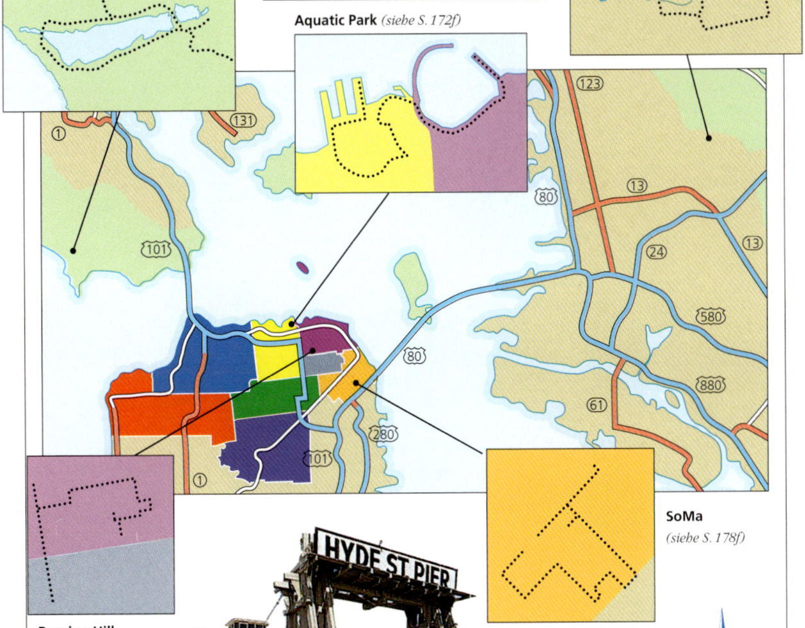

Campus der University of California at Berkeley *(siehe S. 176f)*

Marin Headlands *(siehe S. 174f)*

Aquatic Park *(siehe S. 172f)*

SoMa *(siehe S. 178f)*

Russian Hill *(siehe S. 180f)*

Hyde Street Pier *(siehe S. 172f)*

0 Kilometer 5
0 Meilen 3

LEGENDE

⋯⋯ Routenempfehlung

◁ Blick auf den Leuchtturm von Point Bonita an der Südwestspitze der Marin Headlands *(siehe S. 174f)*

Spaziergang im Aquatic Park (1:30 Std.)

Der am Nordufer gelegene Aquatic Park befindet sich nahe bei Fort Mason. Beide lassen die Vergangenheit von San Francisco als Hafenstadt lebendig werden. Nur Fußgänger, Radfahrer und Inlineskater bevölkern die begrünten Wege. Der Rundgang führt zu historischen Schiffen, Badeclubs aus der Depressionszeit, Hütten aus den Tagen des Goldrauschs und Militärbauten der Kolonialzeit. Wenn Sie das eisige Wasser der Bay nicht scheuen, können Sie baden, nach Krabben angeln, an einem kleinen Strand paddeln, einfach stehen bleiben und die Aussicht genießen oder ein Picknick machen. Weitere Einzelheiten siehe Seiten 74f und 80–83.

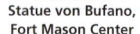
Statue von Bufano, Fort Mason Center

Marina Green und Fort Mason

Hyde Street Pier

Startpunkt ist das seeseitige Ende des Hyde Street Pier ①. Bis 1938, als ihn die Eröffnung der Golden Gate Bridge überflüssig machte, war der

Schiffe vor Anker im Aquatic Park

Pier Mittelpunkt des geschäftigen Treibens am Nordufer der Stadt. Heute gehört er zum San Francisco Maritime National Historical Park und ist der Ankerplatz für dessen historische Schiffe *(siehe S. 83)*. Zu diesen gehört das dampfgetriebene Fährschiff *Eureka* ②, das 1890 gebaut und vor einigen Jahren restauriert wurde. Es ist voll mit alten Autos und Gebrauchsgegenständen von 1941, dem Jahr, als es seinen letzten Dienst versah. Gehen Sie vom landseitigen Ende des Piers, wo sich ein Buchladen des National Park Service ③ befindet, am Ufer entlang nach Westen. An der Cable-Car-Drehscheibe gehen Sie links vorbei. Im Victorian Park ④ führen Gaukler ihre Kunststücke vor. Am Sandstrand rechts befinden sich zwei weiße Schindelhäuser ⑤: Sie gehören zu den Schwimm- und Ruderclubs von South End and Dolphin (19. Jh.).

Aquatic Park

Gehen Sie weiter Richtung Westen zur Golden Gate Promenade. Sie folgt der Trasse der alten Belt-Line-Bahn, die früher entlang dem Embarcadero die Kais und Lagerhäuser von China Basin und Potrero Hill mit Fort Mason und Presidio verband.
Links liegt ein großes Gebäude namens Casino ⑥, das 1939 als öffentliche Badeanstalt gegründet wurde. Seit 1951 ist es Zweigstelle des Maritime National Historical Park Visitors' Center *(siehe S. 83)* für die Westküste. Wegen Renovierung ist das Gebäude bis 2012 geschlossen, allerdings ist der Bau architektonisch interessant.
Westlich gibt es ein Hinweisschild »Aquatic Park«. Dahinter liegen Boccia-Plätze. Das Bootshaus ⑦

Bootsbauer bei der Arbeit am Hyde Street Pier ①

AQUATIC PARK

173

rechts nutzen die Sea Scouts, die hier das Seefahrerhandwerk erlernen sollen. Gehen Sie weiter am Ufer entlang zum Betonpier ⑧, der den Aquatic Park im Westen begrenzt. Hier wird geangelt, hauptsächlich nach Krabben. In dem im Missionsstil erbauten Haus am Ende des Piers ist ein Pumpwerk für Notfälle untergebracht.

nade bis zu deren höchstem Punkt, biegen Sie dann links zur Frontseite des Youth Hostel ⑩ hin ab – einem der wenigen schmucken Holzbauten, die öffentlich zugänglich sind. Die meisten der Gebäude stammen noch aus den 1850er Jahren und dienen heute als Wohnungen. Folgen Sie der Funston

Bootshaus der Sea Scouts ⑦

Street, vorbei an der Jugendherberge, und biegen Sie rechts in die Franklin Street ein. Hier gibt es einige interessante Gebäude, darunter links der exklusive Officers' Club von Fort Mason. Biegen Sie an der Kapelle rechts ab, um zum Hauptquartier der Golden Gate National Recreation Area (GGNRA) ⑪ zu gelangen.

Hier, wo einst die Flüchtlinge des Erdbebens von 1906 kampierten, bis sie wieder in Wohnungen ziehen konnten, erstrecken sich die grünen Kuppen der Great Meadow ⑫ nach Westen. Auf der Wiese steht ein Standbild des Kongressabgeordneten Phillip Burton, der

sich um die GGNRA verdient machte. Steigen Sie von der Great Meadow die schmalen Stufen zum Fort Mason Center *(siehe S. 74f)* hinunter. Gehen Sie dann in Richtung Norden zu den Piers ⑬ bis zum Building D. Dort können Sie das Mexican Museum besichtigen oder die Exponate des Outdoor Exploratorium sehen, das die Geschichte dieses Küstenabschnitts der Bucht und das Ökosystem des Areals erläutert.

| 0 Meter | 250 |
| 0 Yards | 250 |

LEGENDE

••• Routenempfehlung
🚋 Cable-Car-Drehscheibe
ℹ Information

ROUTENINFOS

Start: Seeseitiges Ende des Hyde Street Pier.
Länge: 2,5 km.
Anfahrt: Die nördliche Cable-Car-Drehscheibe der Linie Powell–Hyde in der Beach Street liegt nahe dem Hyde Street Pier. Muni-Bus 32 fährt zur Ecke Jefferson und Hyde Street.
Rasten: Das Buena Vista Café nahe der Cable-Car-Drehscheibe wimmelt von Gästen, die das gute Frühstück und den exzellenten Kaffee schätzen (auch der Irish Coffee ist berühmt). Greens Restaurant (siehe S. 229) im Building A des Fort Mason Center gilt als bestes vegetarisches Restaurant in San Francisco. Es wird von Zen-Buddhisten geführt. Falls Sie nur einen Imbiss wollen: Es gibt auch Kuchen und Getränke an der Theke.

Fort Mason

Westlich vom Aquatic Park steigt die Golden Gate Promenade an, führt um Black Point herum und bietet Aussichten auf Alcatraz und Angel Island. An den Hängen sieht man Zypressenhaine und Terrassen ⑨ mit den Überresten von Artilleriestellungen aus dem späten 19. Jahrhundert. Gehen Sie nun auf der Golden Gate Prome-

Phillip Burton, Great Meadow ⑫

Spaziergang in den Marin Headlands (1:30 Std.)

Mit ihrem Nordende liegt die Golden Gate Bridge in den grünen Hügeln der Marin Headlands. Die unberührte Landschaft der windgepeitschten Bergrücken, geschützten Täler und einsamen Strände, die einst zur Verteidigung genutzt wurde, ist heute Teil der ausgedehnten Golden Gate National Recreation Area. An mehreren Stellen gibt es traumhafte Ausblicke auf San Francisco und auf den Pazifik. Im Herbst kann man Adler am Hawk Hill vorbeiziehen sehen.

Ausflug in die Marin Headlands

Rodeo Beach ③

Vom Visitor Center bis zum Rodeo Beach

Verweilen Sie ein wenig im Visitor Center ① mit seinem spitzen Turm, bevor Sie mit Ihrem Rundgang beginnen. Dies war einmal die überkonfessionelle Kapelle für Fort Barry. Nach dem Umbau besitzt das einstige Fort nun ein Museum, ein Informationszentrum und eine auf Vogelbücher spezialisierte Buchhandlung. Sie können hier die Geschichte der Marin Headlands studieren und eine Hütte der Miwok-Indianer sehen. Die Wanderung, die Sie um die Rodeo Lagoon ② herumführen wird, beginnt an der westlichen, seeseitigen Parkplatzeinfahrt. Nehmen Sie den Pfad links in Richtung Meer. In diesem Abschnitt ist der Weg dicht gesäumt von Bäumen und Sträuchern, u. a. von giftigem Lacksumach, vor dem man sich hüten sollte. Am Rand der Lagune zeigen sich braune Pelikane, schneeweiße Silberreiher und Wildenten. Nach 15 Minuten erreichen Sie den Sandstrand des Rodeo Beach ③,

Rodeo Lagoon ②

LEGENDE

••• Routenempfehlung

☀ Aussichtspunkt

P Parken

MARIN HEADLANDS

Seehund im Marine Mammal Center ⑦

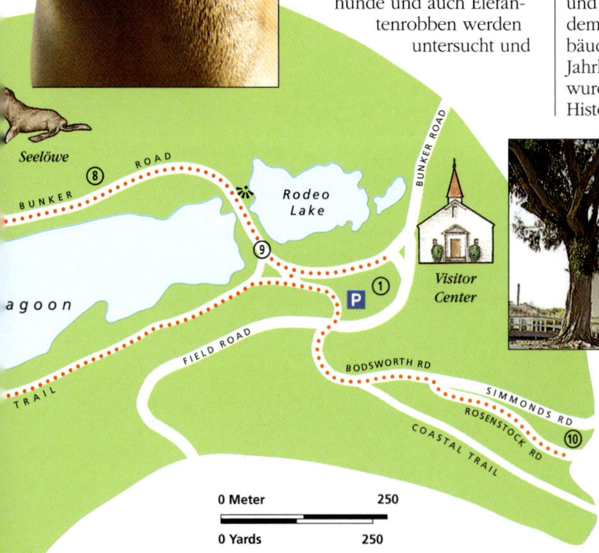

eine Straße abzweigt, die steil zum Marine Mammal Center ⑦ hinaufführt. Während des Kalten Kriegs bestand hier eine Raketenabwehrstation, heute kümmert man sich um kranke oder verletzte Meeressäugetiere. Seelöwen, Seehunde und auch Elefantenrobben werden untersucht und gepflegt, bis sie sich wieder erholt haben. Sie können den Tierärzten bei der Arbeit zuschauen und die Säuger – viele davon sind verwaiste Jungtiere – betrachten. Zudem gibt es hier Schaukästen zum Ökosystem des Meers.

Von der Lagune zum Golden Gate Hostel

Gehen Sie wieder bergab zur Asphaltstraße, die an der Lagune ⑧ entlangführt. Neben der Straße verläuft ein Wanderweg. Sie müssen ein Schutzgeländer übersteigen, um hinzukommen. Kurz vor der Brücke sollten Sie haltmachen. Von hier aus können Sie die Wasservögel beobachten: Sie tummeln sich zuhauf in der Brackwasserlagune mit dem hohen Schilf. Überqueren Sie die Brücke nicht auf der Straße, sondern auf dem Fußweg daneben. Vor dem Ende des Geländers zweigt ein Pfad ⑨ rechts ins dichte Gestrüpp ab. Wandern Sie von dort hügelaufwärts, bis ein paar Stufen Sie wieder auf den Weg zum Parkplatz des Visitor Center zurückführen. Gehen Sie über den Parkplatz und über die Field Road zu dem dreistöckigen Holzgebäude hinauf, das um die Jahrhundertwende gebaut wurde. Es wird im National Historic Registry geführt – als

Visitor Center ①

ehemaliges Offiziershauptquartier, Krankenhaus und Raketenkommandozentrale. Heute ist es das Golden Gate Hostel ⑩. Die Marin Headlands bieten noch viele längere und anspruchsvollere Wanderungen. Der Wolf Ridge oder der Bobcat Trail beispielsweise sind beliebte Routen.

ROUTENINFOS

Start: Besucherzentrum im Fort Barry.
Länge: 3 km.
Anfahrt: Von San Francisco mit Muni-Bus 76 ab Kreuzung Fourth und Townsend Street (fährt nur an Sonntagen und an Feiertagen).
📞 (415) 673-6864 (Muni). Wenn Sie mit dem Auto zu den Marin Headlands fahren, nehmen Sie nach der Golden Gate Bridge die Ausfahrt Alexander Avenue. Biegen Sie unter dem Freeway in Richtung Headlands und Fort Barry ab.
Rasten: Es gibt zwar Wasser in den Marin Headlands, allerdings keine sonstigen Erfrischungen. Sie sollten daher Ihren eigenen Picknickkoffer mitbringen. Auspacken können Sie ihn an den vielen Tischen am Wegesrand oder an den Stränden.

von wo aus Sie Bird Island ④ sehen können. Der Strand ist meist leer. Mitunter kommen Schulklassen, um das Ökosystem der Küste zu studieren. Die Kurse werden vom Headlands Institute veranstaltet, das sich in den ehemaligen Kasernen in der Nähe einquartiert hat.

Von den Kasernen bis zum California Marine Mammal Center

Vom Strand geht es wieder landeinwärts. Nachdem Sie nahe der Spitze der Lagune eine hölzerne Fußgängerbrücke ⑤ überquert haben, stoßen Sie auf Kasernen ⑥, in denen Büros untergebracht sind: das Headlands District Office, das Golden Gate Raptor Observatory und ein Energie- und Versorgungszentrum. Gehen Sie daran vorbei, bis links

Wegmarkierung

Spaziergang über den Campus der University of California at Berkeley (1:30 Std.)

Auf dem Rundgang lernen Sie einen Teil von Berkeley kennen: den Campus der University of California. Sie werfen einen Blick auf das geistige, kulturelle und soziale Leben der Universitätsstadt *(siehe S. 162f)*.

Studenten vor der Wheeler Hall

Vom Westeingang bis zum Sather Tower

Von der University Avenue ① aus überqueren Sie die Oxford Street und passieren das Valley Life Sciences Building ② auf dem University Drive. An der Nordgabelung des Strawberry Creek sehen Sie die Wellman Hall. Sie biegen rechts ab und lassen die California Hall ③ rechts liegen. Gehen Sie links in die Cross Campus Road ④. Rechts steht die Wheeler Hall und vor Ihnen der 94 Meter hohe, für sein Glockenspiel bekannte Sather Tower, der »Campanile« ⑤. John Galen Howard baute ihn 1914 nach dem Vorbild des Campanile in Venedig. Besuchen Sie die Doe Library ⑥ und die A. F. Morrison Memorial Library ⑦ im Nordflügel. In der Bancroft Library ist die Tafel aufbewahrt, mit der Sir Francis Drake Kalifornien für Königin Elizabeth I in Besitz genommen haben soll *(siehe S. 22)*. Kehren Sie dann zum Sather Tower zurück (geöffnet Mo–Sa 10–15.30 Uhr). South Hall ⑧, das älteste Gebäude des Campus, liegt Ihnen gegenüber.

Vom Hearst Mining Building zum Greek Theater

Gehen Sie nach Norden an der LeConte Hall vorbei, dann zum Mining Circle. Hier finden Sie das 1907 von Howard erbaute Hearst Mining Building ⑨, in dem Erzproben und Bilder aus alten Bergbauzeiten zu besichtigen sind. Kehren Sie zum University Drive zurück, biegen Sie links ab, und gehen Sie dann zum Hearst Greek Theater ⑩.

Vom Faculty Club zum Eukalyptushain

Gehen Sie auf der Gayley Road, die einer

Esplanade beim Sather Tower ⑤

Die Wellman Hall auf dem Campus der University of California

UNIVERSITY OF CALIFORNIA AT BERKELEY

Musiker auf der unteren Sproul Plaza ⑰

ber Hall führt. Hier liegt das das P. A. Hearst Museum of Anthropology. Über den Bancroft Way kommen Sie zum Caffè Strada ⑭, dann zum Berkeley Art Museum ⑮ und zur Telegraph Avenue ⑯. Der dortige Universitätseingang führt auf die Sproul Plaza ⑰, in deren unterem Teil das Zellerbach Symphony Hall ⑱ liegt. Passieren Sie das Alumni House mit Blick auf den Haas Pavilion, und biegen Sie rechts ab. Überqueren Sie die Südgabelung des Strawberry Creek an der Bay Tree Bridge, und halten Sie sich links. Dort stehen die höchsten Eukalyptusbäume der Welt ⑲. Der Weg endet nahe dem Ausgangspunkt.

Sather Tower ⑤

Erdbebenspalte folgt, entlang, bis ein Fußweg zur Lewis Hall und Hildebrand Hall abzweigt. Biegen Sie dort rechts ein, dann links über eine Fußgängerbrücke. Der Weg führt zwischen einem Blockhaus und dem von B. Maybeck entworfenen Faculty Club ⑪ von 1903 hindurch. Faculty Glade ⑫ ist ein beliebter Picknickplatz. Der Weg führt nun im Bogen nach rechts, dann scharf nach links. Werfen Sie einen Blick auf die Hertz Hall ⑬, und folgen Sie der Diagonale, die an der Wurster Hall vorbei zur Kroe-

Within (1969) von A. Lieberman im **Berkeley Art Museum ⑮**

LEGENDE

• • • Routenempfehlung
🚇 BART-Station
🅿 Parken

ROUTENINFOS

Start: West Gate an der Ecke University Avenue und Oxford Street.
Länge: 4 km.
Anfahrt: San Francisco–Oakland Bay Bridge, Highway 80 North, Ausfahrt University Avenue. Mit BART: Station Berkeley.
Rasten: Caffè Strada am Bancroft Way ist immer voller Studenten, die Cappuccino trinken. Wenige Schritte weiter, im Art Museum, liegt das Café Muse, von dem aus man in den Skulpturengarten sehen kann. Vielleicht mögen Sie in den Buchläden in der Telegraph Avenue stöbern oder einen der Imbissstände am Eingang zur Sproul Plaza testen. Sie könnten einen »Smoothie«, ein mexikanisches oder griechisches Gericht probieren. In der unteren Sproul Plaza der Universität befinden sich weitere Cafés.
Weitere Infos unter:
www.visitberkeley.com

Spaziergang durch South of Market (1:30 Std.)

South of Market (SoMa) – einst ein schmuddeliges Viertel mit Fabriken und Lagerhallen – erlebte eine komplette Umgestaltung. Wo früher Produktionsstätten vorherrschten, entstand im Rahmen eines ambitionierten Projekts der Stadterneuerung ein anziehendes Viertel. In der Gegend um das Moscone Convention Center haben sich Museen und Sammlungen, Luxushotels und interessante Läden angesiedelt. Auf dem Spaziergang entdecken Sie Spuren der Vergangenheit der Gegend wie auch eindrucksvolle Beispiele der architektonischen Trends des 21. Jahrhunderts.

Wolkenkratzer dominieren die Skyline von SoMa

Mission Street
Starten Sie an der St. Patrick's Church ①, einem Ziegelbau von 1851. Gegenüber liegen die einladenden Yerba Buena Gardens sowie alte und neue Gebäude, die die Vielfalt des Viertels dokumentieren. In nordöstlicher Richtung kommen Sie zum Contemporary Jewish Museum ② *(siehe S. 113)*, das in einem umgebauten Umspannwerk liegt. Das Design stammt vom Architekten Daniel Libeskind. Gehen Sie zur California Historical Society ③ *(siehe S. 113)* weiter, wo die Geschichte Kaliforniens anhand von Kunstwerken und Fotografien präsentiert wird – hier lohnt sich ein nochmaliger Besuch, um in den Manuskripten der Bibliothek zu schmökern oder an einer Führung teilzunehmen. Im Cartoon Art Museum ④ erwarten Sie Ausstellungen zu legendären Comic-Helden. Je nach Ausstellung sieht man etwa Werke von Charles Schultz, dem Erfinder der »Peanuts«, oder von Comic-Zeichnerinnen. Biegen Sie nun in die 2nd Street ein, links liegt die Alexander Book Company ⑤, die von außen wenig anziehend wirkt. Im Inneren verbergen sich jedoch auf den drei Stockwerken jede Menge Schätze.

SFMOMA
Zurück auf der Mission Street folgen Sie dieser bis zur 3rd Street. Schon von Weitem sehen Sie den zylindrischen Lichtturm des San Francisco Museum of Modern Art ⑥ *(siehe S. 118–121)*, einem der architektonischen Highlights der Stadt. Architekt Mario Botta beschrieb diesen Turm als »Auge der Stadt«. Im Museumsladen finden Sie eine große Auswahl an Kunstbüchern, Schmuck und Spielen für Kinder. Für einen ausführlicheren Besuch der Ausstellungen moderner Kunst sollten Sie noch einmal vorbeikommen. Zu beiden Seiten des SFMOMA befinden sich Wolkenkratzer mit Hotels wie St. Regis und W San Francisco. Beim St. Regis ist in einem Gebäude von 2000 das Museum of the African Diaspora (MOAD) untergebracht, dessen Multimedia-Sammlungen sich mit rituellen

SF Museum of Modern Art ⑥, ein Meisterwerk der Architektur

Feierlichkeiten, Sklaverei, Kunst und den Ursprüngen der Menschheit in Afrika beschäftigt. Im W Hotel sollten Sie sich das »Wohnzimmer« ansehen – die achteckige, dreistöckige Lobby. Hier können Sie einen Drink oder einen Kaffee zu sich nehmen.

Von den Yerba Buena Gardens bis zur Old United States Mint
Überqueren Sie die 3rd Street, und betreten Sie das Gelände der Yerba Buena Gardens ⑦ *(siehe S. 114f)*. Wandeln Sie unter Platanen um die

SOUTH OF MARKET

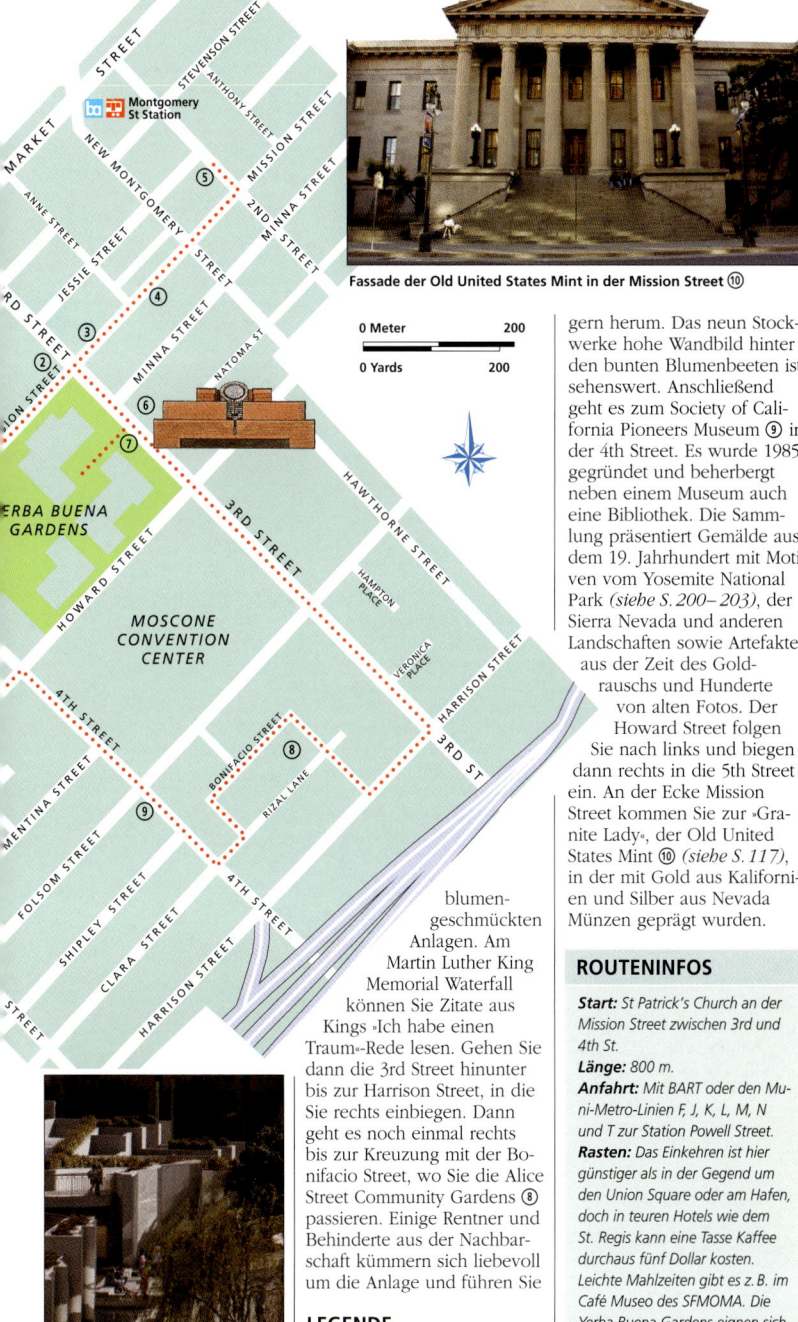

Fassade der Old United States Mint in der Mission Street ⑩

blumengeschmückten Anlagen. Am Martin Luther King Memorial Waterfall können Sie Zitate aus Kings »Ich habe einen Traum«-Rede lesen. Gehen Sie dann die 3rd Street hinunter bis zur Harrison Street, in die Sie rechts einbiegen. Dann geht es noch einmal rechts bis zur Kreuzung mit der Bonifacio Street, wo Sie die Alice Street Community Gardens ⑧ passieren. Einige Rentner und Behinderte aus der Nachbarschaft kümmern sich liebevoll um die Anlage und führen Sie gern herum. Das neun Stockwerke hohe Wandbild hinter den bunten Blumenbeeten ist sehenswert. Anschließend geht es zum Society of California Pioneers Museum ⑨ in der 4th Street. Es wurde 1985 gegründet und beherbergt neben einem Museum auch eine Bibliothek. Die Sammlung präsentiert Gemälde aus dem 19. Jahrhundert mit Motiven vom Yosemite National Park *(siehe S. 200–203)*, der Sierra Nevada und anderen Landschaften sowie Artefakte aus der Zeit des Goldrauschs und Hunderte von alten Fotos. Der Howard Street folgen Sie nach links und biegen dann rechts in die 5th Street ein. An der Ecke Mission Street kommen Sie zur »Granite Lady«, der Old United States Mint ⑩ *(siehe S. 117)*, in der mit Gold aus Kalifornien und Silber aus Nevada Münzen geprägt wurden.

ROUTENINFOS

Start: St Patrick's Church an der Mission Street zwischen 3rd und 4th St.
Länge: 800 m.
Anfahrt: Mit BART oder den Muni-Metro-Linien F, J, K, L, M, N und T zur Station Powell Street.
Rasten: Das Einkehren ist hier günstiger als in der Gegend um den Union Square oder am Hafen, doch in teuren Hotels wie dem St. Regis kann eine Tasse Kaffee durchaus fünf Dollar kosten. Leichte Mahlzeiten gibt es z. B. im Café Museo des SFMOMA. Die Yerba Buena Gardens eignen sich für ein Picknick. Oder Sie gehen zum Sony Metreon (siehe S. 263), das diverse Lokale und Cafés bietet.

Yerba Buena Gardens ⑦, eine elegante Oase der Ruhe

LEGENDE

····· Routenempfehlung
🚇 BART-Station
🚊 Tramlinie

Spaziergang am Russian Hill (1:30 Std.)

Grünanlagen und alte Häuser, die mehrere Erdbeben überstanden, belohnen den Besucher des Russian Hill für die Anstrengung des Aufstiegs auf den Hügel, den man über steile Treppen und von Bäumen gesäumte Gassen erreicht. Am Russian Hill geht es recht ruhig zu, beim Spaziergang entlang den sorgfältig gepflegten Häusern fühlt man sich fast allein. Genießen Sie beim Umherschlendern die schöne Aussicht, das Vogelgezwitscher, die üppig bepflanzten Gärten und beim Abstieg die an Europa erinnernden Boutiquen und Cafés.

Kunden, bei dem u. a. Robert Louis Stevenson und Laura Ingalls Wilder zu Gast waren, und nebenan (Nr. 1013) sein eigenes, sechsstöckiges Haus. Nach dem Erdbeben wurde Polk zum leitenden Architekten der Panama-Pazifik-Ausstellung von 1915 ernannt, die aus Anlass der Eröffnung des Panamakanals und zur Feier des Wiederaufbaus von San Francisco nach dem Erdbeben von 1906 veranstaltet wurde *(siehe S. 72)*. Unterhalb seines Hauses konzi-

Am Russian Hill stehen noch einige alte Häuser

Russian Hill Place

Beginnen Sie den Spaziergang Ecke Jones und Vallejo Street am Beaux-Arts-Geländer ①, das 1915 von Willis Polk gestaltet wurde, einem der maßgeblichen Architekten beim Wiederaufbau nach dem Erdbeben von 1906 *(siehe S. 28f)*. Bevor Sie sich zur Treppe wenden, erwarten Sie drei Häuser im Mission-Revival-Stil mit ihren fantasievollen Balkonen, Bogenfenstern und Dächern aus spanischen Kacheln. Nun geht es die Treppe hoch zum Russian Hill Place ②, von dem aus man die Rückseiten und Gärten dieser Häuser bewundern kann. Nr. 6 wurde Ende des 19. Jahrhunderts im damals für die Bay Area typischen Stil erbaut. In der Vallejo Street stehen noch viele Häuser und Apartmentblocks, die zwischen 1888 und den 1940er Jahren errichtet wurden.

Von der Florence Street bis zum Coolbrith Park

Biegen Sie rechts in die kurze Florence Street ③ ein, an deren Ende Sie über die Dächer bis zum Nob Hill blicken können. Der früher Snob Hill genannte Hügel glänzt noch immer mit Villen und Grandhotels aus dem 19. Jahrhun-

dert. Auch die Türme der Grace Cathedral sind zu sehen. No. 40 Florence Street entstand 1850 und ist eines der ältesten Häuser auf dem Hügel. Die Straße säumen auch Gebäude im Pueblo-Mission-Revival-Stil. Zurück auf der Vallejo Street – der Prachtstraße am Russian Hill – erwarten Sie zwei Giebelhäuser mit steilen Dächern (Nr. 1013 –19) ④. Hier, nur wenige Schritte von den »Pfefferkuchenhäusern« aus dem viktorianischen Zeitalter entfernt, baute Polk 1892 ein Haus (Nr. 1019) für einen reichen

Die Vallejo Street ④ führt auf den Gipfel des Russian Hill

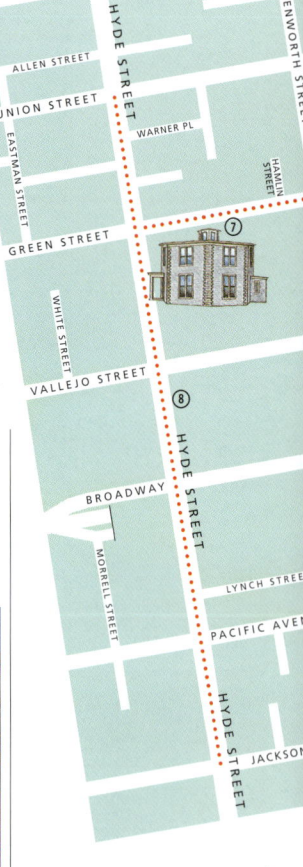

LEGENDE

····· Routenempfehlung

pierte er die im Zickzack verlaufenden Treppen an der Vallejo Street, die als «Rampen» bekannt wurden. Die Treppen werden entlang der gesamten Strecke von Gärten gesäumt, in denen vor allem Hortensien, Azaleen und Magnolien unter einem Dach aus Kiefern und Zypressen üppig gedeihen. Eine Sitzbank eignet sich für eine Verschnaufpause. Ecke Taylor und Vallejo Street queren Sie die Straße und betreten

über den Eingängen mit Steingirlanden verziert. Biegen Sie links in die Leavenworth Street – der Block zwischen Hyde und Leavenworth Street trägt den Beinamen »Paris Block« ⑦, eine Hommage an das Haus Nr. 1050, das auch in Paris stehen könnte. Ein Dutzend Gebäude in diesem Block sind im National Register of Historic Places eingetragen.

Kurze Entspannungspause in der Macondray Lane ⑥

schen Jackson und Union Street viele Cafés befinden ⑧. Liebhabern des französischen Stils werden das Hyde Street Bistro (Nr. 1521), die Boutiquen und die charmanten Antiquitätenläden gefallen. Von der Hyde Street kommen Sie mit einem Bus zurück zum Ausgangspunkt.

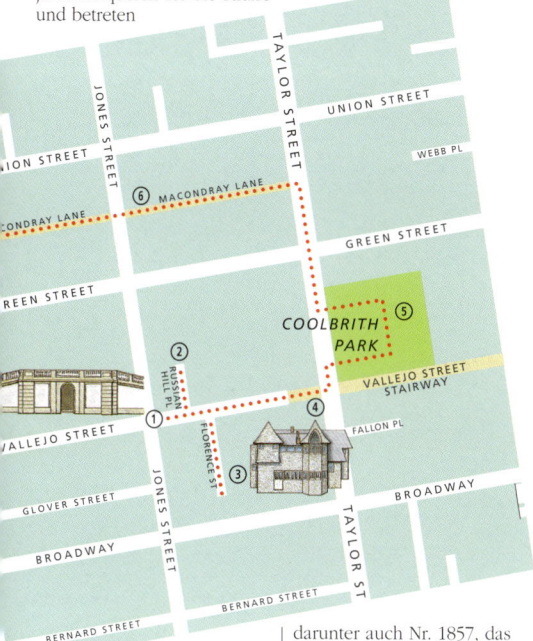

ROUTENINFOS

Start: Steintreppe an der Ecke von Jones und Vallejo Street.
Länge: 1,2 km.
Anfahrt: Mit der Cable-Car-Linie Hyde–Powell oder der Muni-Linie 45 bis zur Vallejo Street, von dort zu Fuß zwei Blocks nach Osten.
Rasten: An der Hyde Street bietet das Frascati (Nr. 1901) seinen Gästen europäische Küche mit Klassikern wie Paella oder Coq au Vin in gemütlicher Atmosphäre. Trendiger geht es in der Bacchus Wine & Sake Bar (Nr. 1954) zu, in deren Ledersesseln es sich ein überwiegend junges Publikum bequem macht.

den Coolbrith Park ⑤. Von hier sehen Sie die Inseln der Bucht, den North Beach, die Bay Bridge und Teile des Financial District.

Macondray Lane
Folgen Sie der Taylor Street einen Block nach Norden. Links geht es über eine knarrende Holzbrücke und durch dichte Vegetation in die Macondray Lane ⑥. Den Weg säumen einige edwardianische Häuser mit ihren typischen Schindeln und rustikale Landhäuser, die von blühenden Gärten umrahmt werden. Die Straße ist auch als Drehort mehrerer TV-Produktionen bekannt. Die Häuser Nr. 5–17 überstanden das große Erdbeben und sind heute

darunter auch Nr. 1857, das extravagante Freusier Octagon House mit Mansardendach und Kuppel.

Hyde Street
Gehen Sie auf der Green Street nach Westen bis zur Hyde Street, an der sich zwi-

Die Hyde Street säumen Boutiquen, Cafés und Antiquitätenläden

Nord-
kalifornien

Nordkalifornien im Überblick **184–185**

Zwei-Tages-Tour nach Carmel **186–187**

Zwei-Tages-Tour nach Mendocino **188–189**

Napa-Weinanbaugebiet **190–193**

Redwood National Park,
Lassen Volcanic National Park,
Sonoma Valley, Sacramento **194–195**

Lake Tahoe **196–199**

Yosemite National Park **200–203**

Überblick: Nordkalifornien

San Francisco liegt am Rand einer landschaftlich abwechslungsreichen Region. Den Tälern der Coastal Ranges, ein ideales Weinanbaugebiet, verdankt Kalifornien eine Vielzahl renommierter Weine. Die breite Küste mit ihren Stränden lädt zum Entspannen oder zu vogelkundlichen Exkursionen ein. Es gibt faszinierende Städte. Auf den Bergen der Sierra Nevada kann man Ski laufen oder wandern – alles nur wenige Stunden von San Francisco entfernt. Die Ausflüge auf den Seiten 186–203 sollen Ihnen einen Eindruck von den vielfältigen Attraktionen Nordkaliforniens geben.

Blick über den Lake Tahoe von Norden

Sehenswürdigkeiten auf einen Blick

- Carmel ❶
- Lake Tahoe ❽
- Lassen Volcanic National Park ❺
- Mendocino ❷
- Napa-Weinanbaugebiet ❸
- Redwood National Park ❹
- Sacramento ❼
- Sonoma Valley ❻
- Yosemite National Park ❾

Herbstlicher Eichenwald im Yosemite Valley

◁ Eindrucksvolle Berglandschaft im Yosemite Valley *(siehe S. 200–203)*

NORDKALIFORNIEN

Malerische Häuser im ländlich geprägten Mendocino

In Nordkalifornien unterwegs

Wer Auto fährt, findet gut ausgebaute Straßen mit vielen Tankstellen und Übernachtungsmöglichkeiten vor. Alle Ziele sind auch per Greyhound-Bus *(siehe S. 290f)* zu erreichen. Wer an einer Weinprobe teilnehmen will, kann in San Francisco eine Bustour *(siehe S. 293)* ins Weinanbaugebiet buchen. Die sogenannten »Gambler Specials« sind eine preiswerte Möglichkeit, um per Bus zum Lake Tahoe zu kommen. Sie bieten in der Regel auch günstige Unterkünfte. Schneller, aber teurer ist ein Flug nach South Lake Tahoe. Zum Yosemite National Park fährt man von Oakland aus mit dem Zug nach Merced und von dort weiter mit dem Bus.

LEGENDE

—	Interstate Highway
—	U.S. Highway
—	State Highway
=	Highway
—	Panoramastraße
—	Eisenbahn (Hauptstrecke)
—	Eisenbahn (Nebenstrecke)
—	Bundesstaatsgrenze
△	Gipfel
)(	Pass

Blühende Pflanzenpracht im Napa-Weinanbaugebiet

Weitere Zeichenerklärungen siehe hintere Umschlagklappe

Zwei-Tages-Tour nach Carmel ❶

Klippen und Höhlen, Strände, Leuchttürme, Parks und alte Städtchen – all dies bietet der Highway 1 zwischen San Francisco und Carmel. Die Region blickt auf eine bewegte Vergangenheit zurück, insbesondere Monterey, die alte Hauptstadt von Spanisch-Kaliforniens. Der hübsche Küstenort Carmel ist seit dem Anfang des 20. Jahrhunderts eine Künstlerkolonie. Hier kann man Carmel Mission besuchen, wo Pater Junipero Serra *(siehe S. 137)* begraben liegt.

Achterbahn in Santa Cruz

Von San Francisco bis Santa Cruz

Verlassen Sie San Francisco über Pacifica, wo sich der Highway 1 zu einer zweispurigen Straße verengt. Von Sharp Park bietet sich ein Fußmarsch zur zwei Kilometer entfernten Sweeny Ridge ① an, von wo aus die spanische Expedition unter Gaspar de Portolá 1769 die Bucht von San Francisco *(siehe S. 22f)* erblickte. Wegen der starken Strömungen und des kalten Wassers des Pazifiks zieht es nur wenige zu den Stränden von Gray Whale Cove ② und Montara. Bei Ebbe werden Felsbecken sichtbar, die vom Fitzgerald Marine Preserve bis Pillar Point im Süden reichen. Die Fischfangflotte legt noch immer im nahen Princeton ③ an. In der Half Moon Bay ④ findet im Oktober das Pumpkin Festival (Kürbisfest) statt. Princetons Hauptstraße besitzt noch den Charme der alten Küstenstadt. Viele portugiesische und italienische Einwanderer haben sich hier niedergelassen. In Pigeon Point ⑤, unmittelbar südlich von Pescadero *(siehe S. 169)*, steht ein Leuchtturm von 1872. Er ist geschlossen, doch das Gelände ist zugänglich. Von hier

Pumpkin Festival in der Half Moon Bay ④

aus führen Nebenstraßen zu den Santa Cruz Mountains. Auf dem Highway 1 erreicht man 32 Kilometer nördlich von Santa Cruz den Año Nuevo State Park ⑥. Wenn Sie sich frühzeitig anmelden, führt Sie ein Ranger auf einem fünf Kilometer langen Rundweg zum Strand mit einer See-Elefanten-Kolonie.

Von Santa Cruz bis Monterey

Santa Cruz am Nordende der Monterey Bay bietet einige schöne Badestrände. Auch wenn die Sandsteinbrücke des Natural Bridges State Beach ⑦ längst versunken ist, kann man hier gefahrlos baden. Der Boardwalk ⑧ von Santa Cruz ist ein etwa ein Kilometer langer Vergnügungspark am Strand. Die Big-Dipper-Achterbahn begeistert die Fahrgäste seit 1923. Von Santa Cruz führt der Highway 45 Kilometer an der Bucht entlang bis Monterey. Auf halbem Weg, in Moss Landing ⑨, liegt das Meeresforschungsinstitut der University of California, wo man etwas über Flora und Fauna der Region erfahren kann.

Von Monterey bis Pacific Grove

Monterey ⑩, die erste Hauptstadt Kaliforniens, wurde 1770 von den Spaniern gegründet.

Blick auf den Leuchtturm von Pigeon Point ⑤

Hotels und Restaurants in Nordkalifornien *siehe Seiten 219–221 und 240f*

Fisherman's Wharf, Monterey ⑩

ROUTENINFOS

Entfernung von San Francisco: 220 km.
Fahrtdauer: etwa 4 Stunden ohne Zwischenstopps.
Rückfahrt nach San Francisco: Von Monterey führt ein Zubringer zum U.S. 101. Über San José erreicht man San Francisco in zweieinhalb Stunden.
Reisezeit: Hauptreisezeit ist der Sommer. Im Winter gehen sintflutartige Wolkenbrüche nieder.
Hotels und Restaurants: In Santa Cruz, Monterey, Carmel, Pacific Grove und Pebble Beach gibt es Hotels, Motels und B&Bs. Municipal Wharf in Santa Cruz bietet Snackbars. In Monterey findet man in der Cannery Row und Fisherman's Wharf viele Lokale. Carmel besitzt ebenfalls viele Restaurants – von französischen Bistros bis zu Seafood-Lokalen.
Information: Monterey Peninsula Chamber of Commerce and Visitors Bureau, 30 Ragsdale Drive, Suite 200, Monterey.
📞 (831) 648-5360.
www.mpcc.com
County Convention and Visitors Bureau, 401 El Camino El Estero, Monterey. 📞 (888) 221-1010.
www.seemontereyinfo.com

Im Zentrum sind noch viele spanische, mexikanische und frühe amerikanische Häuser erhalten. Es gibt überall kostenlose Stadtpläne mit den Sehenswürdigkeiten, etwa dem Haus von Robert Louis Stevenson und Colton Hall, wo die erste Verfassung Kaliforniens entstand. In seinen Romanen *Cannery Row (Straße der Ölsardinen)* und *Tortilla Flat* beschrieb John Steinbeck das Fischerdorf Monterey in den 1940er Jahren als Ansammlung von Bordellen und Konservenfabriken. Das sehenswerte Monterey Bay Aquarium liegt auf dem Areal einer alten Konservenfabrik und zeigt die einzigartige Lebenswelt der Bucht. Am Rand der Halbinsel Monterey befindet sich Pacific Grove ⑪, wo im Herbst unzählige Schmetterlinge in den Bäumen hängen. Hier beginnt der 17-Mile-Drive ⑫, der an den Golfplätzen von Pebble Beach und Spyglass Hill vorbeiführt. Er endet in Carmel ⑬, einem Städtchen mit malerischen Gassen. Carmel geht auf eine Künstlerkolonie aus dem frühen 20. Jahrhundert zurück und bietet eine Reihe von Kunstgalerien. Viele der Häuser, die an alte französische Gebäude erinnern, wurden von Künstlern entworfen. Die Straßen mit ihren hübschen Innenhöfen und den zahlreichen Kunsthandwerksläden laden zum Flanieren ein. Junipero Serra, der Gründer der Missionen, ist in der Mission Carmel, einer der schönsten Kirchen Kaliforniens, begraben.

LEGENDE

- Routenempfehlung
- Hauptstraße
- Fluss
- Aussichtspunkt

Die Mission von Carmel aus dem Jahr 1793 ⑬

Zwei-Tages-Tour nach Mendocino ❷

Russisch-orthodoxe Kapelle in Fort Ross

Die Fahrt führt durch unberührte Landschaft bis zum malerischen Mendocino – einem Holzfällerdorf, das sich in den 1950er Jahren zur Künstlerkolonie entwickelte. Das Städtchen wurde so gut restauriert, dass es nun unter Denkmalschutz steht. Im Landesinneren gibt es Täler mit Redwood-Wäldern, die man mit dem »Skunk Train« besichtigen kann, der von Fort Bragg aus, 16 Kilometer nördlich von Mendocino, verkehrt.

Von Western Marin bis zur Bodega Bay

Fahren Sie über die Golden Gate Bridge nach Norden, dann auf dem U.S. 101 durchs südliche Marin County *(siehe S. 160f)*. In Mill Valley biegen Sie westlich auf den Highway 1 ab, der die 450 Meter hohe Steilküste hinaufführt und durch Stinson Beach der Uferlinie folgt. In Point Reyes Station ① können Sie nach links abbiegen und einen Abstecher zur Point Reyes National Seashore *(siehe S. 160)* machen. Der Highway 1 führt an der Tomales Bay ② mit den größten Austernbänken Kaliforniens entlang. Hinter der Bucht verläuft die Straße landeinwärts und durchquert 50 Kilometer lang das westliche Marin County. Im Ort Bodega Bay ③, wo Hitchcock 1962 *Die Vögel* drehte, kommen Sie zurück zur Küste.

Vom Russian River bis zum Fort Ross

Nördlich von Bodega Bay folgt der Highway 1 der Pazifikküste. In Jenner ④, wo es einen breiten Strand gibt, mündet der Russian River ins Meer. Flussaufwärts liegt

Urwaldriesen: die Redwoods

Guerneville, die bedeutendste Stadt der Region. Die Straße windet sich in Serpentinen den steilen Jenner Grade hinauf, wo Sie anhalten und die Aussicht auf den Pazifik genießen sollten. Auf einer windgepeitschten Landzunge,

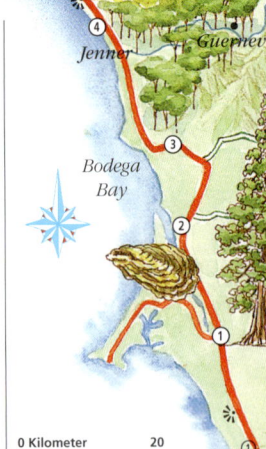

Johnson's Beach in Guerneville am Russian River

Hotels und Restaurants in Nordkalifornien *siehe Seiten 219–221 und 240f*

LEGENDE

— Routenempfehlung
= Andere Straße
— Fluss
※ Aussichtspunkt

Ein »Skunk Train« auf der Fahrt durch Redwood-Wälder

ROUTENINFOS

Entfernung von San Francisco: Mendocino ist ca. 200 Kilometer von San Francisco entfernt, wobei die Länge der Tour je nach gewählter Strecke variiert.

Fahrtdauer: Die Hinfahrt – reine Fahrtzeit zu allen beschriebenen Punkten, aber ohne Stopps – dauert zehn bis zwölf Stunden.

Rückfahrt nach San Francisco: Highway 1 in Richtung Süden nach Navarro River, dann Highway 128 nach Cloverdale, von hier aus auf dem U.S. 101 nach Süden.

Reisezeit: Hauptreisezeit ist der Sommer. Im Herbst ist das Wetter am schönsten. Der Winter ist mild, aber nass. An der Küste sind dann allerdings oft Grauwale zu sehen. Im Frühling blühen überall Wildblumen.

Hotels und Restaurants: Es gibt viele Lokale, Hotels und Campingplätze. Fort Bragg, Little River, Manchester, Jenner, Hopland und Boonville eignen sich als Zwischenstationen. In Mendocino finden Sie nette B&Bs.

Information: Mendocino Coast Chamber of Commerce, 217 South Main Street, Fort Bragg. (707) 961-6300. www.mendocinocoast.com

19 Kilometer nördlich von Jenner, befindet sich der Fort Ross State Historic Park ⑤, ein restauriertes Fort, das 1812–41 ein Handelsposten russischer Pelztierjäger war. Das Haus des letzten russischen Kommandanten, Alexander Ročev, ist noch original erhalten. Andere Gebäude wurden rekonstruiert. Das Glanzstück ist die russisch-orthodoxe Kapelle aus Redwood-Hölzern (1824). Das Freilichtmuseum mit Besucherzentrum ist täglich geöffnet (10–16.30 Uhr). Hinter Fort Ross verläuft der Highway 1 weiter an der Küste entlang und durch mehrere State Parks, darunter das Kruse Rhododendron Reserve ⑥. Besonders schön ist es dort im April und Mai, wenn die Sträucher blühen. Doch mit seinen Landzungen und Höhlen ist der zerklüftete Küstenstreifen immer sehenswert.

Von Point Arena bis zum Manchester State Beach

Durch Felder und Zypressenhaine führt die Straße weiter nach Point Arena ⑦. Hier können Sie die 147 Stufen des alten Leuchtturms hinaufsteigen. Bei Point Arena verläuft der ca. acht Kilometer lange Manchester State Beach ⑧. Von hier aus können Sie einen dreistündigen Abstecher zu den nordkalifornischen Brauereien machen. Zu den besten Bieren gehören das Red Tail Ale der Mendocino Brewing in Hopland ⑨ am U.S. 101 und das Boont Amber, das in Boonville ⑩ im Anderson Valley hergestellt wird. Beide Brauereien haben auch ein Pub dabei. Fünf Kilometer südlich von Mendocino am Highway 1 liegt der Van Damme State Park ⑪, ein Redwood-Forst mit schönen Wanderwegen. Etwas weiter nördlich befindet sich der Mendocino Headlands State Park ⑫, der eine weitere Ausdehnung der Stadt verhindert. Mendocino selbst ⑬ liegt westlich des Highways. Trotz des stärker werdenden Besucherstroms hat die Stadt ihren Charme bewahrt und ist noch immer eine relativ unkommerzielle Künstlerkolonie. Hier können Sie sich in Antiquitätenläden und Galerien umsehen oder einfach die Schönheit der Umgebung genießen.

Häuser aus dem 19. Jahrhundert in Mendocino ⑬

Napa-Weinanbaugebiet ❸

Das schmale Napa Valley mit seinen sanften Hügeln ist das Herz des kalifornischen Weinanbaus. Hier befinden sich über 400 Weingüter, von denen einige seit dem 19. Jahrhundert bestehen. Viele Winzer bieten Besichtigungstouren mit Weinproben an. Jeder Talabschnitt hat charakteristische Weine *(siehe S. 226f)*. Die Schönheit der Region kann man vom Fesselballon, Fahrrad oder Zug aus bewundern. Weitere Attraktionen des Napa Valley sind Museen, Kunstgalerien und die heißen Quellen von Calistoga.

Ballonfahrt im Napa Valley

Schild im Napa Valley
Das Schild am Eingang des Tals heißt Besucher des Weinanbaugebiets willkommen.

Clos Pegase Winery
Sie bietet kostenlose Besichtigungstouren und eine private Kunstsammlung. Die Kellerei befindet sich in einem preisgekrönten postmodernen Gebäude.

Old Faithful, ein Geysir, stößt etwa alle 30 Minuten heißes Wasser und Dampf aus.

Schramsberg Vineyards

Die Beringer Vineyards gibt es schon seit 1876.

Rubicon Estate existiert seit 1879. Die Besichtigung beginnt in der alten Kellerei – heute der Verkostungsraum.

Robert Mondavi Winery setzt neueste Technologie in einem alten Gebäude im Missionsstil ein.

Domain Chandon produziert jährlich 500 000 Kisten Sekt.

Hess Collection Winery bietet nicht nur gute Weine, sondern auch Kunstwerke.

Trefethen Vineyards

Silverado Hill Cellars

LEGENDE
- Straße
- Fluss
- Weinberg
- Eisenbahn
- ••• Silverado Trail

Napa Valley Wine Train
In dem Luxuszug werden während der dreistündigen Tour erlesene Speisen und Weine serviert. Manche Reisende genießen auch nur die Zugfahrt.

Hotels und Restaurants in Nordkalifornien *siehe Seiten 219–221 und 240f*

Sterling Vineyard
Die griechisch anmutende Kellerei auf einer Felskuppe oberhalb der Weinberge erreicht man per Gondel. Der Rundgang ist ausgeschildert. Besucher sind also an keinen festen Zeitplan gebunden.

Frog's Leap Winery

Duckhorn Vineyards

V. Sattui Vineyard
Hier reift der Wein in französischen Eichenfässern.

Beaulieu Vineyard erinnert an ein Château (kostenlose Touren).

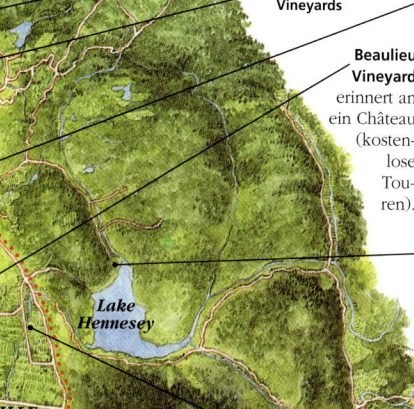

Lake Hennesey

Joseph Phelps Vineyard
Weinlese auf einem der renommiertesten Weingüter Kaliforniens (Besichtigung nach Vereinbarung).

KVILLE

Mumm Napa Valley ist für seinen Sekt bekannt.

Clos du Val – klein, aber mit erstklassigen Weinen.

YOUNTVILLE

Der Silverado Trail bietet einen herrlichen Blick auf die Weinberge.

ROUTENINFOS

Entfernung von San Francisco: *89 km.*
Fahrtdauer: *ca. 1 Stunde bis nach Napa.*
Anreise: *Mit dem Auto auf dem U.S. 101 nach Norden, dann Hwy 37 nach Vallejo, von dort auf dem Hwy 29 nach Napa. Hwy 29 führt durch das Tal nach Calistoga. Diverse Busunternehmen bieten Touren an (teils mit Mittagessen).*
Reisezeit: *Im Frühjahr sind die Weinberge von blühendem Senf übersät. Zur Weinlese im September und Oktober färbt sich das Weinlaub golden und rot. Im regnerischen Winter werden die Weinstöcke beschnitten und der neue Wein in Flaschen abgefüllt.*
Information: *Napa Valley Destination Council, 1310 Napa Town Center.*
📞 *(707) 226-5813.*
www.legendarynapavalley.com

Kampf der Reblaus

Im späten 19. Jahrhundert fielen die Weinstöcke im Tal der Reblaus zum Opfer. Es wäre fast der Ruin der Winzer gewesen. Dann fand man heraus, dass neue Reben, auf resistente Wurzelstöcke gesteckt, wieder wuchsen. So konnte die Katastrophe abgewendet werden. 1980 kam es zu einem erneuten Befall. Die betroffenen Stöcke wurden ersetzt.

Befallene Reben werden durch resistente Wurzelstöcke ersetzt

Überblick: Napa-Weinanbaugebiet

Das Napa Valley ist bekannt für unverwechselbare Weine, schmucke Weingüter, Sammlungen moderner Kunst, Wellness-Einrichtungen und Kunsthandwerk. Mit der Teilnahme an ein paar Weinproben und der Besichtigung der Kellereien kann man hier einen ganzen Tag zubringen. Die morgendliche Fahrt in einem Heißluftballon, eine Schlammbehandlung und der Besuch einiger Kunstsammlungen füllen einen weiteren Tag. Früher machten den Winzern eine Reblausplage und die Prohibition schwer zu schaffen. 1976 siegten Château Montelena Chardonnay und Stag's Leap Cabernet Sauvignon bei einer Blindverkostung in Paris. Diese Erfolge erhöhten das Ansehen des Weinanbaugebiets.

Weinprobe in einer der zahlreichen Kellereien

Weinproben

Im Napa Valley gibt es viele Kellereien, die Weinproben anbieten, bei denen die neuesten Tropfen kredenzt werden. Bei einigen reicht es, einfach vorbeizukommen, bei anderen ist eine Voranmeldung erforderlich. Bei den Proben erfährt man, was genau den typischen Charakter eines Weins ausmacht. Einige Kellereien bieten vor der Weinprobe Führungen durch das Weingut an. Dafür wird bisweilen eine Gebühr verlangt. Bekannt sind z.B. Führungen und Proben der Robert Mondavi Winery. Auch Grgich Hills Cellars, Château Montelena Winery, Heitz Wine Cellars, Duckhorn Vineyards, Rutherford Hills, Franciscan Oakville Estates, V. Sattui Winery, Beaulieu Vineyard und Stag's Leap präsentieren ihre unverwechselbaren Tropfen. Schaumweine gibt es u.a. bei Mumm Cuvée Napa, Domaine Chandon und Domaine Carneros.

Museen und Kunstgalerien

Weingüter sind der ideale Ort für Kunstgalerien und Museen, viele Besucher schätzen die Kombination aus Gaumenfreuden und Kunstgenuss. Regisseur Francis Ford Coppola wandelte die seit 1879 betriebene Inglenook Winery in die Niebaum-Coppola Estate Winery (seit 2006 Rubincon Estate) um, wo der Filmemacher ein Museum für Cineasten betreibt. Die Hess Collection zeigt die Privatsammlung europäischer und amerikanischer Malerei und Bildhauerei ihres Inhabers Donald Hess. Ausgestellt sind Werke u.a. von Robert Motherwell und Frank Stella. Das Besucherzentrum in der Artesa Winery präsentiert Glas- und Metallarbeiten sowie Bilder von Gordon Huether. Clos Pegase umfasst auch einen Skulpturengarten, Peju Province' Sammlung zeitgenössischer Kunst wird in der Liana Gallery gezeigt. Wechselausstellungen mit Fotokunst gibt es bei Mumm Cuvée. Die Private Collection Gallery stellt Arbeiten von Fotografen wie Ansel Adams vor. Rund 2000 Arbeiten vieler Künstler aus der Bay Area werden im Di Rosa Preserve präsentiert. Zum schönen Anwesen gehören u.a. ein See, eine Glaskapelle und Gärten.

Architektur

Im Napa Valley gibt es auch einige bemerkenswerte Bauwerke. Auf dem Gelände der Beringer Vineyards in St. Helena, der ältesten ununterbrochen betriebenen Kellerei der Gegend, steht das Rhine House. Bleiglasfenster und Holzpaneele zählen zu den auffallendsten Stilelementen des Hauses.

Das weiß getünchte, an griechischen Vorbildern orientierte Anwesen der Sterling Vineyards in Calistoga liegt prachtvoll auf einem Hügel. Robert Mondavi Winery hingegen besitzt mit Tierstatuen von Beniamino Bufano Elemente des Missionsstils.

Architekt Michael Graves entwarf das Anwesen der Clos Pegase Winery, das im Stil der Postmoderne errichtet wurde. Einige Kellereien wie Domaine Carneros haben den Charakter eines französischen Châteaus. 2004 versah Darioush Khaledi den Silverado Trail mit einer Säulenreihe, die zu seiner Darioush Winery führt. Beim Bau des Anwesens war die antike persische Stadt Persepolis Vorbild.

Das Rhine House in den Beringer Vineyards

Hotels und Restaurants in Nordkalifornien siehe Seiten 219–221 und 240f

Heißluftballon über einem Weingut in Napa Valley

Mit Ballon, Fahrrad und Zug unterwegs

Mit einem Heißluft- oder Fesselballon über ein Weingut? Nichts Besonderes – der Himmel über dem Napa Valley ist mit Ballons in allen Farben gesprenkelt. Die Ballons schweben meist hoch über den Anwesen, können aber auch fast auf Höhe der Reben fliegen. Der Morgennebel verleiht einer Fahrt etwas Skurriles, die Wärme der Ballons scheint die Schwaden zu vertreiben. Der Flug über die in Reih und Glied angepflanzten Weinstöcke und die im Frühling gelb blühenden Senffelder ist ein Erlebnis. Nach der Landung erwartet die Teilnehmer ein Gläschen des jüngsten Jahrgangs, bei einigen Weingütern auch ein Gourmet-Frühstück.

Radfahrer können das überwiegend flache Tal ohne größere Anstrengung befahren. An der östlichen Talseite führt der Silverado Trail zwischen Napa und Calistoga an über 30 Kellereien vorbei. Im Sommer kann es nachmittags sehr heiß werden. Clevere starten früh, um den vor allem in Ferienzeiten und an Wochenenden starken Verkehr zu meiden.

Eine Fahrt mit dem Napa Valley Wine Train von Napa nach St. Helena und zurück dauert etwa drei Stunden. Die Zugfahrt umfasst Mittag- oder Abendessen, das an Bord zubereitet und in den 1915–17 erbauten und später restaurierten Pullman Dining and Lounge Cars serviert wird. Bei Spezialtouren wird für Führungen in Weingütern wie Domaine Chandon, Raymond Vineyards oder Grgich Hills gehalten. An der Station McKinstry werden vor der Abfahrt des Zugs Weinseminare veranstaltet.

Im Champagne Vista Dome wird bei Vollmond ein fünfgängiges Moonlight Escapade Dinner serviert.

Spas

Calistoga am Nordrand des Napa Valley ist buchstäblich ein heißes Pflaster, denn in der Gegend brodelt es gewaltig unter der Erde. Vulkanischer Schlamm und heiße Quellen – Ergebnis eines früheren Vulkanismus – waren schon vor Tausenden von Jahren die Basis für den Betrieb von Kur- und Heilbädern. Die meisten Spas befinden sich entlang der Lincoln Avenue und der Washington Street, den Hauptstraßen Calistogas.

Gesichtsbehandlung, Calistoga

Schlammbehandlungen dienen u. a. der Entspannung und der Entgiftung. Die Gäste legen sich in eine Wanne, die mit braunem Schlamm gefüllt ist, der aus Torf, Lehm und mineralhaltigem Wasser der nahe gelegenen Quellen gemischt wird. Zur Behandlung in einem Spa gehört auch ein Bad in den heißen Becken. In den meisten Spas werden auch Anwendungen angeboten, die in Europa zu den Standardbehandlungen zählen. Man kann in den Einrichtungen oft auch übernachten.

Shopping

Eine Weinprobe ist ideal, um die Weine der Region kennenzulernen. Erfahrene Weintrinker wissen, dass sie die Tropfen in den Kellereien oft günstiger erstehen als in Läden. Beim Verkauf beachten die Weingüter die gesetzlichen Bestimmungen, z. B. die Zollvorschriften. Einige Kellereien bieten auch Geschenkeläden, die alles Mögliche führen – von Kochbüchern bis zu mit dem Namen des Weinguts verzierten Korkenziehern. Auch Nahrungsmittel, die ein Picknick zum Genuss machen, werden angeboten. In der Oakville Grocery am Highway 29 gibt es neben Weinen aus der Region auch Gewürze und Olivenöl, Sie erhalten hier aber auch Sandwiches mit Käse und Wurst aus heimischer Produktion. Dean & DeLuca aus New York hat eine Niederlassung in St. Helena mit Frischwaren aus dem Napa Valley sowie 1400 Weinen aus Kalifornien. Vintage 1870 in der historischen Groezinger Winery in Yountville bietet Kleidung, Geschenkartikel, Weinproben sowie mehrere Kunstgalerien. Auch Artists of the Valley, eine Galerie der Napa Valley Art Association in St. Helena, lohnt einen Besuch.

Der bei Besuchern beliebte Napa Valley Wine Train

Redwood National Park ❹

Visitor Center 1111 Second St, Crescent City. (707) 464-6101.
Arcata bis Crescent City: 125 km.
Beste Route: Hwy 101.
www.redwood.national-park.com

Einige der weltweit größten ursprünglichen Redwood-Wälder stehen in dem Nationalpark unter Naturschutz. Das rund 23 500 Hektar große Areal zieht sich entlang der Pazifikküste und umfasst viele einzelne Schutzgebiete. Man kann es im Rahmen eines Tagesausflugs mit dem Auto erkunden. Hat man zwei Tage Zeit, kann man ein wenig in den Wäldern wandern und die Stille und Erhabenheit inmitten der Baumriesen genießen. Bei den Wanderungen sieht man mit etwas Glück Roosevelt-Wapitis.

Die Parkverwaltung ist in **Crescent City**. Ein paar Kilometer nördlich davon befindet sich der 3720 Hektar große Jedediah Smith Redwoods State Park, in dem sich einige der gigantischsten Küsten-Redwoods erheben. Das Gelände wurde nach dem Pelztierjäger Jedediah Smith benannt, dem ersten Weißen, der die USA durchquerte. Es verfügt über sehr gut ausgestattete Zeltplätze. Südlich von Crescent City erstrecken sich die **Trees of Mystery** mit ihren eindrucksvollen Baumriesen. Die Hauptattraktion des Nationalparks ist der mit 112 Metern größte Baum der Welt im **Tall Trees Grove**. Südlich davon liegt der fünf Kilometer lange Süßwassersee Big Lagoon im **Humboldt Lagoons**

Redwood-Riesen

Lassen Volcanic National Park

State Park. Vom Patrick's Point State Park im Süden aus kann man im Winter die Grauwalwanderung sehen.

Lassen Volcanic National Park ❺

Chester, Red Bluff. **Visitor Center** (530) 595-4444. tägl. www.nps.gov/lavo

Vor der Eruption des Mount St. Helens 1980 im US-Bundesstaat Washington war der 3187 Meter hohe Lassen Peak der letzte Vulkan, der auf dem Festland der USA ausgebrochen war. Zwischen 1914 und 1917 verwüsteten etwa 300 Eruptionen rund 40 000 Hektar Land.

Lassen Peak gilt noch immer als aktiv. An seinen Flanken sieht man Spuren der jüngsten geologischen Prozesse. Auf dem Bumpass Hell – einem Weg, der nach einem Bergführer im 19. Jahrhundert benannt ist – geht es zu einer Kette von dampfenden, nach Schwefel riechenden Wasserbecken, die durch die Erdwärme erhitzt werden. Im Sommer können Besucher die Strecke durch den Nationalpark befahren, die sich bis zum 2590 Meter hoch gelegenen Summit Lake windet. Die Straße führt zum **Loomis Museum**. Sie durchquert dabei die Devastated Area, einen kahlen Landstrich aus vulkanischen Schlammströmen, der am Manzanita Lake endet.

🏛 **Loomis Museum**
Lassen Park Rd, Nordeingang.
(530) 595-4444. Ende Mai–Ende Sep (tel. erfragen).

Sonoma Valley ❻

8600. 90 Broadway u. W Napa St, Sonoma Plaza. 453 1st St E, (707) 996-1090. Valley of the Moon Vintage Festival (Ende Sep).

In dem malerischen, sichelförmigen Sonoma Valley belegen Weingüter eine Fläche von etwa 2400 Hektar. Unten im Tal befindet sich das Städtchen Sonoma. Es blickt auf eine bewegte Geschichte zurück, denn hier nahmen am 14. Juni 1846 30 bewaffnete Bauern den mexikanischen General Mariano Vallejo und seine Männer gefangen. Die Aktion war Ausdruck ihres Protests, dass Landbesitz den Mexikanern vorbehalten war. Sie übernahmen die Kontrolle über Sonoma, erklärten Kalifornien zur unabhängigen Republik und hissten ihre Flagge mit einem Grizzlybären als Motiv. Obwohl die Republik mit der Angliederung Kaliforniens an die Vereinigten Staaten aufgelöst wurde, wurde das Bärensymbol 1911 auch für die offizielle Flagge des Staats verwendet.

Größte Attraktion Sonomas sind die weltberühmten Kellereien und die sorgfältig gepflegten historischen Stätten um den spanisches Ambiente verströmenden Hauptplatz. In vielen Adobe-Häusern sind Weinläden, Boutiquen und Restaurants untergebracht. Östlich des Platzes steht die restaurierte **Mission San Francisco Solano de Sonoma**. Die 1823 von Frater José Altimira gegründete Mission war die letzte der 21 historischen Franziskanermissionen in Ka-

Hotels und Restaurants in Nordkalifornien *siehe Seiten 219–221 und 240f*

lifornien. Die Adobe-Kapelle wurde 1840 auf Anweisung von General Vallejo errichtet. Eine kurze Autofahrt nach Norden führt zum **Jack London State Historic Park**. Zu Beginn des 20. Jahrhunderts ließ sich London, Autor von u. a. *Der Ruf der Wildnis* und *Der Seewolf*, in dem 325 Hektar großen Areal nieder. Auf dem Gelände stehen unheimlich wirkende Ruinen vom Wolf House, Londons Traumhaus, das kurz vor Fertigstellung aus ungeklärten Gründen niederbrannte. Nach dem Tod des Autors baute seine Frau Charmian Kittredge auf dem Gelände das House of Happy Walls (heute Museum).

Mission San Francisco Solano de Sonoma
E Spain St. (707) 938-1519. tägl. 10–17 Uhr. 1. Jan, Thanksgiving, 25. Dez.

Jack London State Historic Park
London Ranch Rd, Glen Ellen. (707) 938-5216. **Park und Museum** tägl. 10–17 Uhr. 1. Jan, Thanksgiving, 25. Dez. nur Museum.

Weinkellereien im Sonoma Valley

Wappen der Sebastiani Vineyards

Das Sonoma Valley bietet eine besondere Kombination von Bodenbeschaffenheit, Sonnenscheindauer und Niederschlägen, die für den Weinbau perfekt ist. 1824 pflanzte Frater José Altimira die ersten Trauben, um Wein für die Messen in der Mission San Francisco Solano de Sonoma zu produzieren. 1834 tat es ihm General Vallejo gleich, der den Wein an Händler in San Francisco verkaufte. Der ungarische Graf Agoston Haraszthy pflanzte 1857 europäische Weinsorten an. Sein Weingut, die Buena Vista Winery, ist das älteste in Kalifornien. Hier werden Weine von erlesener Qualität produziert.

Das Tal umfasst die Weinanbaugebiete Sonoma Valley, Carneros und Sonoma Mountain. Das Mikroklima variiert leicht, sodass unterschiedliche Rebsorten gedeihen können, darunter Cabernet Sauvignon und Chardonnay. Heute gibt es im Sonoma Valley 35 Weingüter, die jährlich rund 5,4 Millionen Kisten Wein produzieren. Zu den bekanntesten zählen neben Sebastiani Vineyards vor allem Glen Ellen Winery, Gundlach-Bundschu Winery und Château St. Jean. Sie bieten alle Touren an.

Weingut im Sonoma Valley

Sacramento

30, 31, 32. (916) 442-7644. www.oldsacramento.com

Die 1839 von John Sutter gegründete Stadt ist Kaliforniens Hauptstadt. In Old Sacramento sind noch viele alte Gebäude erhalten. Die meisten von ihnen wurden in den 1850er Jahren erbaut, als die Stadt Versorgungszentrum für die Bergarbeiter war. Die Transcontinental Railroad und der Pony Express endeten hier, Boote brachten die Reisenden weiter nach San Francisco. Das **California State Railroad Museum** am Nordrand der Altstadt zeigt einige makellos restaurierte Lokomotiven. Etwas abseits der Altstadt erstreckt sich ein Landschaftspark mit dem State Capitol. Sutter's Fort im Osten ist die restaurierte erste Siedlung der Stadt.

California State Railroad Museum
111 I St. (916) 445-6645. tägl. 10–17 Uhr. 1. Jan, Thanksgiving, 25. Dez.

California State Capitol

Das im Stil des Klassizismus errichtete Bauwerk wurde 1874 vollendet. Es ist Amtssitz des Gouverneurs und des Senats des Bundesstaats Kalifornien. Im State Capitol ist auch ein Museum untergebracht, das Geschichte und Kultur des Staats dokumentiert.

Die Rotunde wurde 1975 im Originalstil restauriert.

Originale Fassadenelemente

Eingang

Zu den Historic Offices im Erdgeschoss gehören auch Regierungsbüros, die trotz diverser Umbauten ihr früheres Ambiente bewahrten.

Lake Tahoe ❽

Lake Tahoe, eines der schönsten Gewässer der Welt, liegt in einem alpinen Becken an der Grenze zu Nevada. Der von bewaldeten Bergen umgebene See hat eine Uferlänge von 116 Kilometern. Das herrliche Ambiente veranlasste Mark Twain, der hier in den 1860er Jahren einen Sommer verbrachte, Tahoe als das »zweifellos schönste Bild, das die Erde zu bieten hat«, zu charakterisieren. Heute ist Tahoe ein Urlaubsparadies mit Ski- und Wandermöglichkeiten, Ferienhäusern direkt am See, Spielcasinos und Sommerevents, z. B. einem bekannten Golfturnier.

Skilift im Skigebiet Homewood

Ehrman Mansion (Visitor Center)
Der Sommersitz wurde 1903 erbaut. Im Sommer werden hier Touren angeboten.

Vikingsholm Mansion, ein Schlösschen im skandinavischen Stil (1929), kann im Sommer besichtigt werden.

US Forest Service Visitor Center

DL Bliss State Park

Tahoe Keys

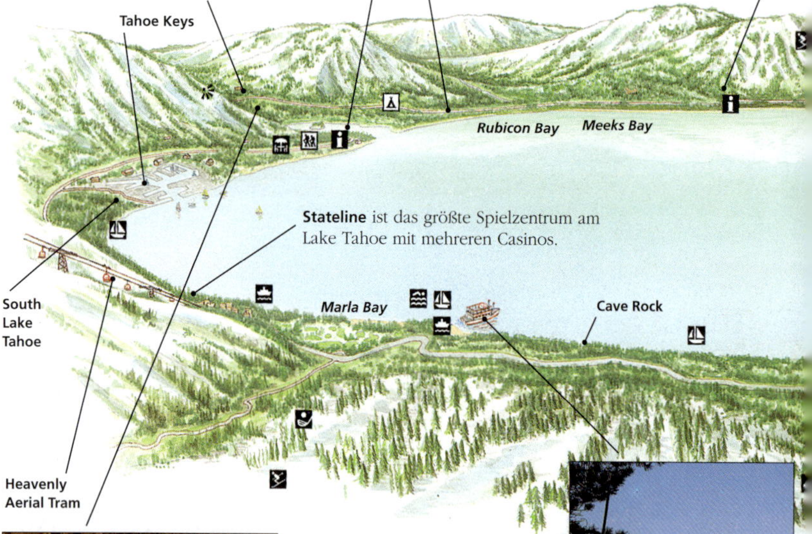

Rubicon Bay

Meeks Bay

Stateline ist das größte Spielzentrum am Lake Tahoe mit mehreren Casinos.

South Lake Tahoe

Marla Bay

Cave Rock

Heavenly Aerial Tram

Emerald Bay State Park
Die waldreiche, abgeschiedene Wildnis mit ihren Granitfelsen und Wasserfällen zählt zu den Naturwundern Kaliforniens.

LEGENDE

	Skipiste
	Wandern
	Radfahren
	Schwimmen
	Angeln
	Aussichtspunkt
	Segeln
	Bootsausflüge
	Information
	Camping
	Picknick
	Golf

Zephyr Cove und MS *Dixie*
Viele Besucher genießen eine Rundfahrt mit dem Raddampfer. Die MS Dixie macht von Zephyr Cove aus regelmäßig Touren.

Hotels und Restaurants in Nordkalifornien *siehe Seiten 219–221 und 240f*

Skifahren am Lake Tahoe

Die Berge um den Lake Tahoe sind für ihre Skigebiete bekannt. Dazu gehören Alpine Meadows und Squaw Valley, wo 1960 die Olympischen Winterspiele stattfanden. Das Gebiet ist ein Paradies für Abfahrts- und Langläufer, mit kilometerlangen Loipen durch Kiefernwälder und offenes Gelände sowie steilen Abfahrten mit herrlichem Ausblick auf den See. Es gibt Tiefschneebereiche, schwierige Pisten für Könner und leichte Abfahrten für Anfänger. Am Wochenende empfiehlt es sich, die ruhigeren Skigebiete auf der zu Nevada gehörenden Seite des Sees aufzusuchen.

Blick auf die Skipisten am Lake Tahoe

Homewood ist ein beliebtes Skigebiet, das zu jeder Jahreszeit eine tolle Aussicht bietet.

Picknickgelände Kaspian

Tahoe City ist das Einkaufs- und Unterhaltungszentrum am Nordufer.

Incline Village ist ein kleiner, mondäner Skiort.

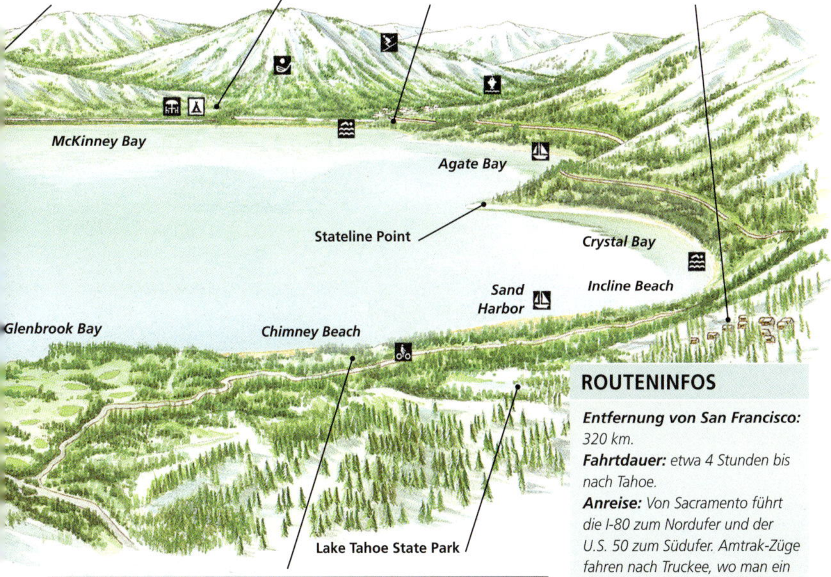

McKinney Bay
Agate Bay
Stateline Point
Crystal Bay
Sand Harbor
Incline Beach
Glenbrook Bay
Chimney Beach
Lake Tahoe State Park

ROUTENINFOS

Entfernung von San Francisco: 320 km.
Fahrtdauer: etwa 4 Stunden bis nach Tahoe.
Anreise: Von Sacramento führt die I-80 zum Nordufer und der U.S. 50 zum Südufer. Amtrak-Züge fahren nach Truckee, wo man ein Auto mieten kann. Greyhound-Busse und Flugzeuge verkehren zwischen der Bay Area und South Lake Tahoe.
Reisezeit: Haupttreisezeit ist Juli und August sowie die Skisaison im Dezember. Im Frühjahr und Herbst ist es ruhiger, einige Einrichtungen haben dann geschlossen.
Hotels und Restaurants: Auskünfte erteilen die Informationsbüros.
Information: Lake Tahoe Visitors Authority, South Lake Tahoe.
(1) 800 288-2463.
North Lake Tahoe Visitors Bureau.
(1) 888 934-1262.
www.gotahoenorth.com

Sommer am Ostufer des Sees
Das wilde Ufer in Nevada ist bei Radfahrern und Wanderern beliebt. Zudem gibt es schöne Sandstrände.

Überblick: Lake Tahoe

Sein alpiner Charakter, seine Schönheit und Größe heben den Lake Tahoe von anderen Seen in den USA ab. Manche vergleichen den See, durch den die Grenze zum Bundesstaat Nevada verläuft, sogar mit dem russischen Baikalsee. Nicht nur Wassersportler kommen hierher – die Umgebung des Lake Tahoe bietet auch Wanderern und Radfahrern ideale Bedingungen. Von der Uferstraße, für deren Bau rund 20 Jahre ins Land gingen, hat man fantastische Ausblicke. Die prächtigen Villen sind Sommersitze reicher Kalifornier.

Eröffnung der Olympischen Winterspiele 1960 in Squaw Valley

Die Uferregionen bieten ein dichtes Netz von Wanderwegen

Tahoe Rim Trail

📞 (775) 298-0012.
www.tahoerimtrail.org

Wanderer, Mountainbiker und Reiter tummeln sich an den Ufern des Sees, um den der 266 Kilometer lange Tahoe Rim Trail (TRT) verläuft. Die Route ist je nach Schneeverhältnissen meist von Juni bis Oktober durchgehend zugänglich. Von diesem Weg aus bieten sich einige der schönsten Ausblicke über den Lake Tahoe. Der Wechsel von Kiefern- und Espenbeständen, hoch aufragenden Granitfelsen, mit Wildblumen übersäten Wiesen sowie Wasserläufen gibt jedem Abschnitt des Trails seinen eigenen Charakter. Die Wanderwege sind gut ausgeschildert, doch Wanderer sollten über Trittsicherheit und gute Kondition verfügen. Der TRT ist von nahezu allen Parkplätzen aus zugänglich. Einen Vorgeschmack auf die gesamte Wegstrecke bietet der rund zwei Kilometer lange Abschnitt Tahoe Meadows Interpretive Trail im Norden. Am schwierigsten ist der Abschnitt im Westen zwischen Echo Lake bis Barker Pass.

Sportangebot

Das Angebot an Wassersportarten für den Lake Tahoe reicht vom Angeln über Bootsfahrten bis zu Wasserski. Eine Herausforderung für Angler ist der Fang einer Mackinaw-Forelle (Seeforelle), die sich häufig in Tiefen von mehr als 100 Metern aufhält. Wesentlich einfacher ist der Fang von Regenbogenforellen oder von Kokanee-Lachsen (Unterart der Rotlachse). Viele Motorboote – manche davon mit Wasserskifahrern im Schlepptau – rasen über den See. Die zum Teil starken Winde, die von den Bergketten der Umgebung wehen, ziehen viele Kitesurfer an. Eine Fahrt mit Kanu oder Kajak ist weniger spektakulär, aber ideal, um zu einigen Höhlen am Ufer zu gelangen. Den Schnorchlern kommt hier die Klarheit des Wassers zugute, Taucher können Unterwasserwälder entdecken.

Squaw Valley

14 km nördlich von Tahoe City.
📞 (530) 583-6985.
www.squaw.com

Als Austragungsort für die Olympischen Winterspiele 1960 wurde der Wintersportort Squaw Valley weltbekannt. Der Ausbau zum Sportzentrum begann 1949 mit dem ersten Sessellift, in der Folgezeit kamen immer mehr moderne Einrichtungen hinzu. Zu Beginn der Winterspiele schneite es gerade noch rechtzeitig, um die Wettbewerbe austragen zu können. Am Ortseingang brennt noch immer das Olympische Feuer. Heute umfasst der Wintersportort über 30 Skilifte, zahlreiche Hotels und Restaurants sowie Shopping-Möglichkeiten. Skifahrer und Snowboarder kommen in großer Zahl, schließlich sind die Bedingungen exzellent. In High Camp (ca. 2500 m) befinden sich das Olympic Winter Games Museum und der Olympic Ice Pavilion für Eisläufer. Hier starten auch geführte Wanderungen durch die Bergwelt der Umgebung.

Das klare Wasser des Sees macht Kajakfahren zum Vergnügen

Hotels und Restaurants in Nordkalifornien *siehe Seiten 219–221 und 240f*

Blick vom Eagle Falls Trail über die grandiose Emerald Bay

Stateline

Dem Umstand, dass Stateline zum Bundesstaat Nevada gehört, verdankt die Stadt ihre Bedeutung als Zentrum des Glücksspiels in der Region um den Lake Tahoe. Viele Hotels in Stateline verfügen über Casinos. In den 1860er Jahren kamen viele Bergarbeiter hierher, um in den Minen der Umgebung Silber abzubauen. Auch der Pony Express machte hier halt. 1873 wurde am Südrand des Sees der Grenzverlauf zwischen Kalifornien und Nevada festgelegt. Beachten Sie bei einem Hotelaufenthalt: Von den Zimmern mit Blick nach Westen (Kalifornien) sieht man die Berge besser.

Emerald Bay

37 km südlich von Tahoe City. (530) 541-3030.

Die beste Postkartenansicht vom Lake Tahoe bietet diese Bucht mit ihrem smaragdgrünen Wasser und dem kleinen Fannette Island im Zentrum. Die Bucht ist Teil des gleichnamigen State Park. Die von Gletschern ausgeschürfte Emerald Bay wurde 1969 zum National Natural Landmark erklärt. Auf dem unter Schutz stehenden Abschnitt des Sees sieht man viele Kajakfahrer, die das ruhige Wasser schätzen. Taucher zieht es zu einem Unterwasserwald und mehreren Schiffswracks. Fannette Island besteht aus einem Gesteinsblock, das dem Gletschereis widerstand. Auf der kleinen Insel befinden sich Überreste eines Teehauses. Die auch vom Highway 89 sichtbaren Eagle Falls stürzen in Kaskaden 152 Meter in die Tiefe bis nach Vikingsholm. Besucher können ihnen am Eagle Falls Trail folgen.

Vikingsholm Castle

Emerald Bay St Pk. (530) 541-3030. Mitte Juni–Labor Day.

Eine Dachterrasse mit Wildblumen, Holzbalken mit Drachenmotiven, Kamine in den Schlafzimmern und bunt bemalte Möbel – das Ambiente in dem 1929 fertiggestellten Gebäude könnte direkt aus Skandinavien importiert sein. Für den Bau ihres Sommerhauses an der Emerald Bay ließ sich Lora Josephine Knight bei einem Besuch in Nordeuropa inspirieren. Etwa 200 einheimische Handwerker waren an dem Bau von Vikingholm Castle, einem aus Holz und Granit gefertigten Anwesen, beteiligt.

Ehrman Mansion

Sugar Pine Point St Pk. (530) 525-7982. Juli–Anfang Sep. Memorial Day–Ende Sep: tägl. 10–15 Uhr. 5 $ (Erwachsene).

Der Bankier Isaias W. Hellman ließ sich 1903 in den Bergen am Lake Tahoe eine Sommerresidenz bauen. Dafür verpflichtete er den Archtitekten William Danforth Bliss, der das etwa 4000 Quadratmeter große Landhaus im rustikalen Queen-Anne-Stil gestaltete. Die Ehrman Mansion, von der Familie des Bauherrn nur Pine Lodge genannt, besitzt auf drei Stockwerken holzgetäfelte Wände und große Fenster. Von der Veranda aus hat man einen schönen Blick auf den See. In dem von Kiefernbeständen des Sugar Pine Point State Park umrahmten Anwesen wurden Teil von Coppolas *Der Pate – Teil II* gedreht. Bei Führungen im Sommer trägt das Personal Kostüme.

Der Lake Tahoe in Zahlen

Vor mehr als zwei Millionen Jahren entstand durch tektonische Bewegungen ein Becken, in dessen südlichem Teil sich das Niederschlagswasser zu einem See sammelte. An den Seiten falteten sich Berge auf. Der See wurde durch das Material vulkanischer Ausbrüche am Nordufer abgedämmt. Eiszeitliche Gletscher überformten Tal und See. Die mittlere Tiefe des Lake Tahoe liegt bei etwa 300, die maximale bei 500 Metern. Er ist 35 Kilometer lang und bis 19 Kilometer breit. Das 497 Quadratkilometer große Gewässer gehört mit etwa 1900 Metern Höhe zu den höchstgelegen Seen der USA. Das blaugrüne Wasser ist auffallend klar.

Blick auf den See im Winter

Yosemite National Park ❾

Schwarzbären

Große Teile des Nationalparks, einer Wildnis aus Nadelwäldern, Bergwiesen und Granitfelsen, lassen sich nur zu Fuß oder Pferd erreichen. Das imposante Yosemite Valley hingegen hat ein Straßennetz von 320 Kilometern. Hohe Felsen, Wasserfälle, gigantische Bäume, zerklüftete Canyons, Berge und Täler – der Yosemite National Park bietet eine Fülle an Naturschönheit.

Upper Yosemite Fall
In zwei mächtigen Wasserfällen stürzt der Yosemite Creek 739 Meter in die Tiefe.

Lower Yosemite Fall

Yosemite Museum

Das Valley Visitor Center zeigt ein typisches Lager der Miwok-Indianer.

Yosemite Village

Fahrradverleih

Yosemite Chapel (1879)
Die Holzkirche ist das einzige Relikt des alten Dorfs.

Sentinel Rock

Staircase Falls

Camp Curry

Sentinel Dome erreicht man zu Fuß vom Tal aus. Der Weg führt weiter zum Glacier Point.

Schlittschuhbahn

Ahwahnee Hotel
Rustikale Architektur, elegantes Interieur und spektakuläre Aussicht machen das Hotel zu einer Attraktion des Nationalparks.

Blick vom Glacier Point
Der 975 Meter hohe Glacier Point bietet einen schönen Blick auf den Tenaya Canyon.

Hotels und Restaurants in Nordkalifornien *siehe Seiten 219–221 und 240f*

Jenseits des Tals

Von Mai bis Oktober kann man mit Bussen nach Mariposa Grove (56 km südlich des Yosemite Valley) fahren. Hier steht der »Grizzly Giant«, der älteste Mammutbaum des Parks. Nordöstlich liegt Tuolumne Meadows, die größte alpine Wiese der Sierra, wo man oft Bären sehen kann.

Gigantischer Mammutbaum

Half Dome im Herbst
Ein Pfad führt zu dem Felsen hinauf, der sich über das bewaldete Tal erhebt.

LEGENDE

- ═══ Straße
- ∘∘∘ Radweg
- ••• Routenempfehlung
- ⌒⌒ Fußweg
- ≈≈ Fluss
- **P** Parken
- **▲** Camping
- ※ Aussichtspunkt
- 🧺 Picknick

Vernal Falls
Der Wasserfall des Merced River ergießt sich 97 Meter tief in den Canyon.

ROUTENINFOS

Entfernung von San Francisco: 312 km.
Fahrtdauer: 5 Stunden.
Anreise: Von Stockton aus ist Hwy 120 die schnellste Strecke. Hwy 140 (All-Weather Highway) ist hübscher und im Winter empfehlenswert. Ins Yosemite Valley kann man auch Busfahrten buchen. Ein Mietwagen ist sinnvoll.
Reisezeit: Die Wasserfälle führen von März bis Juni am meisten Wasser. Hauptreisezeit ist Juni bis August. Im September und Oktober gibt es weniger Besucher. November bis April sind viele Straßen aufgrund von Schnee gesperrt. Schneeketten sind nötig.
Hotels und Restaurants: Es gibt Campingplätze und Hütten. Hotels haben gute Restaurants.
Information: Valley Visitor Center, Yosemite Village. ☎ (209) 372-0299; ☎ (209) 372-0200 (24-Std.-Info, Wetter und Verkehr). www.nps.gov/yose

Überblick: Yosemite National Park

Der Yosemite National Park bietet auf einer Fläche von 3030 Quadratkilometern einige der imposantesten Felsformationen der Welt. Jedes Jahr kommen Millionen von Besuchern hierher und genießen die Aussicht auf die Szenerie, die durch mächtige Gletscher geformt wurde. Jede Jahreszeit bietet andere Eindrücke, vom Anschwellen der Wasserfälle im Frühling bis zur herbstlichen Farbenpracht der Blätter. Im Sommer ist der Andrang am größten, im Winter sind einige Straßen gesperrt. Der Herbst bietet noch milde Temperaturen – und weniger Andrang. Bustouren, Wanderungen und Radwege haben alle ein Ziel: Sie führen von einem spektakulären Panorama zum nächsten.

Der Upper Yosemite Fall stürzt eindrucksvoll in die Tiefe

Half Dome
Östlicher Rand des Yosemite Valley.
◻ tägl.

Die Silhouette des Half Dome ist mittlerweile eines der Symbole des Nationalparks. Die gebogene Felsformation gipfelt in einer Spitze, an der auf der anderen Seite ein Steilabfall beginnt. Nach Meinung von Geologen hat der Half Dome nicht etwa die Hälfte, sondern noch rund drei Viertel seiner Originalgröße. Vor gut 15 000 Jahren strömten Gletscher von der Gipfelregion ins Tal und brachten viel Gesteinsmaterial mit. Vom 2695 Meter hohen Gipfel des Half Dome blickt man über weite Teile des Tals. Für den 14 Kilometer langen Weg von Happy Isles bis zum Gipfel benötigt man bis zu zwölf Stunden.

Yosemite Falls
Im Norden des Yosemite Valley.
◻ tägl.

Die Yosemite Falls sind die höchsten Wasserfälle in Nordamerika und ergießen sich in zwei Fällen, Upper Yosemite und Lower Yosemite Fall, rund 740 Meter in die Tiefe. Das Rauschen der Fälle, die zu den eindrucksvollsten Naturphänomenen im Park gehören, ist mehrere Kilometer weit zu hören.

Das obere Ende des Upper Yosemite Fall, des viel höheren der beiden Wasserfälle, kann über einen elf Kilometer langen Rundweg erreicht werden. Der Lower Fall ist einfacher zugänglich, der Weg zum oberen Ende beginnt nahe der Yosemite Lodge.

Wie die anderen Wasserfälle im Nationalpark führen auch diese von März bis Juni am meisten Wasser. Dann nämlich speist das Schmelzwasser die Fälle. Im September hingegen können sie völlig versiegen.

Vernal und Nevada Falls
Östlicher Rand des Yosemite Valley.
◻ tägl.

Eine beliebte Halbtageswanderung im Yosemite National Park verläuft über den Mist Trail, der zu beiden Wasserfällen führt. Auf dem elf Kilometer langen Weg kommt man zunächst zum 95 Meter hohen Vernal Fall, dessen Wasser bis zum Weg spritzt (Regenschutz mitnehmen!). Die letzten drei Kilometer zum oberen Ende des Nevada Fall, der 180 Meter in die Tiefe stürzt, sind recht anstrengend. Hier trifft der Mist Trail auf den John Muir Trail, der um den Half Dome nach Süden zum Gipfel des Mount Whitney verläuft.

Der steile El Capitán – eine Herausforderung für Extremkletterer

Hotels und Restaurants in Nordkalifornien *siehe Seiten 219–221 und 240f*

Vom Tunnel View blickt man über das Yosemite Valley

🌲 Glacier Point
Glacier Point Rd. ◯ *Mai–Okt: tägl.*
Den schönsten Blick über das Yosemite Valley hat man vom Glacier Point, einem 980 Meter über dem Talboden gelegenen Aussichtspunkt. Von hier aus sieht man die meisten Wasserfälle und weitere Naturphänomene des Tals. Am beeindruckendsten ist sicher der Half Dome. Der Blick schweift auch über viele weitere Gipfel und – je nach Jahreszeit – blühende Wiesen.

Glacier Point ist nur im Sommerhalbjahr zugänglich. Die Zufahrtsstraße ist im Winter beim Badger Pass gesperrt, dort wurde 1935 ein Wintersportzentrum angelegt. Eine weitere schöne Route ist der Four Mile Trail, der am westlichen Rand des Yosemite Valley beginnt. Im Sommer können Wanderer einen Teil der Strecke zum Glacier Point mit dem Bus zurücklegen.

🌲 Mariposa Grove
Visitors' Center Hwy 41, Südeingang. ◯ *Mitte Mai–Okt: tägl.*
Am südlichen Ende des Tals befindet sich dieses schöne Wäldchen. Es war eines der Areale, die mit der Einrichtung des Nationalparks geschützt werden sollten. Über 500 riesige Sequoias (Mammutbäume) ragen hier in die Höhe, einige von ihnen sind rund 3000 Jahre alt, 75 Meter hoch und haben einen Durchmesser von mehr als neun Metern. Wanderwege sowie eine acht Kilometer lange Bahnstrecke durchziehen den Mariposa Grove.

🌲 Tunnel View
Vom Hwy 41 über das Yosemite Valley. ◯ *tägl.*
Viele der schönsten Motive des Parks kann man am westlichen Ende des Tals von diesem Aussichtspunkt am Highway 41 aus erkennen. Trotz des Namens, der vom Highway-Tunnel zur Glacier Point Road abgeleitet ist, bietet sich ein Blick auf El Capitán links, Bridalveil Fall rechts und den Half Dome in der Mitte.

🌲 El Capitán
Nordwestlicher Rand des Yosemite Valley. ◯ *tägl.*
Majestätisch erhebt sich die Granitwand des El Capitán über das Yosemite Valley. Die Ehrfurcht einflößende Wand ist eine der großen Herausforderungen für Extremkletterer, die für den Aufstieg in der Regel mehrere Tage benötigen. Wer es gemütlicher mag, kann von einer Wiese im Tal die Bergsteiger mit einem Fernglas beobachten. Der Monolith erhielt seinen Namen von US-Soldaten, die 1851 als erste Weiße das Yosemite Valley durchquerten und von der Wand fasziniert waren.

Gigantische Sequoias im Mariposa Grove

🌲 Tuolumne Meadows
Hwy 120, Tioga Rd. ◯ *Juni–Sep: tägl.*
Die beste Jahreszeit für einen Besuch des Yosemite Valley ist der Sommer – wenn der Schnee längst geschmolzen ist und die Wiesen in voller Blütenpracht stehen. Es ist eine faszinierende Erfahrung auf diesen Wiesen entlang dem Tuolumne River zu wandern. Die Tuolumne Meadows sind auch geeigneter Ausgangspunkt für Wanderer, da hier einige Wege zu Berggipfeln ihren Ausgang nehmen.

Auf den Wiesen des Yosemite Valley grasen Maultierhirsche

🏨 Ahwahnee Hotel
Yosemite Valley. 📞 *(209) 372-1407.* ◯ *tägl.*
Das Ahwahnee Hotel fügt sich wunderbar in die Ansammlung der Naturschönheiten ein. Das Gebäude wurde 1927 für die stolze Summe von 1,5 Millionen Dollar erbaut. Der Architekt Gilbert Stanley Underwood verwendete für das Haus Granitblöcke und Holzbalken. Damit schuf er rustikale Eleganz im Einklang mit der Umgebung. Das Innere des Ahwahnee Hotel ist ebenfalls ansprechend gestaltet, mit vielen Elementen, die auf die indianische Kultur zurückgehen. Der Ahwahnee Dining Room, das Hotelrestaurant, ist für hohe Qualität bekannt.

Zu Gast in San Francisco

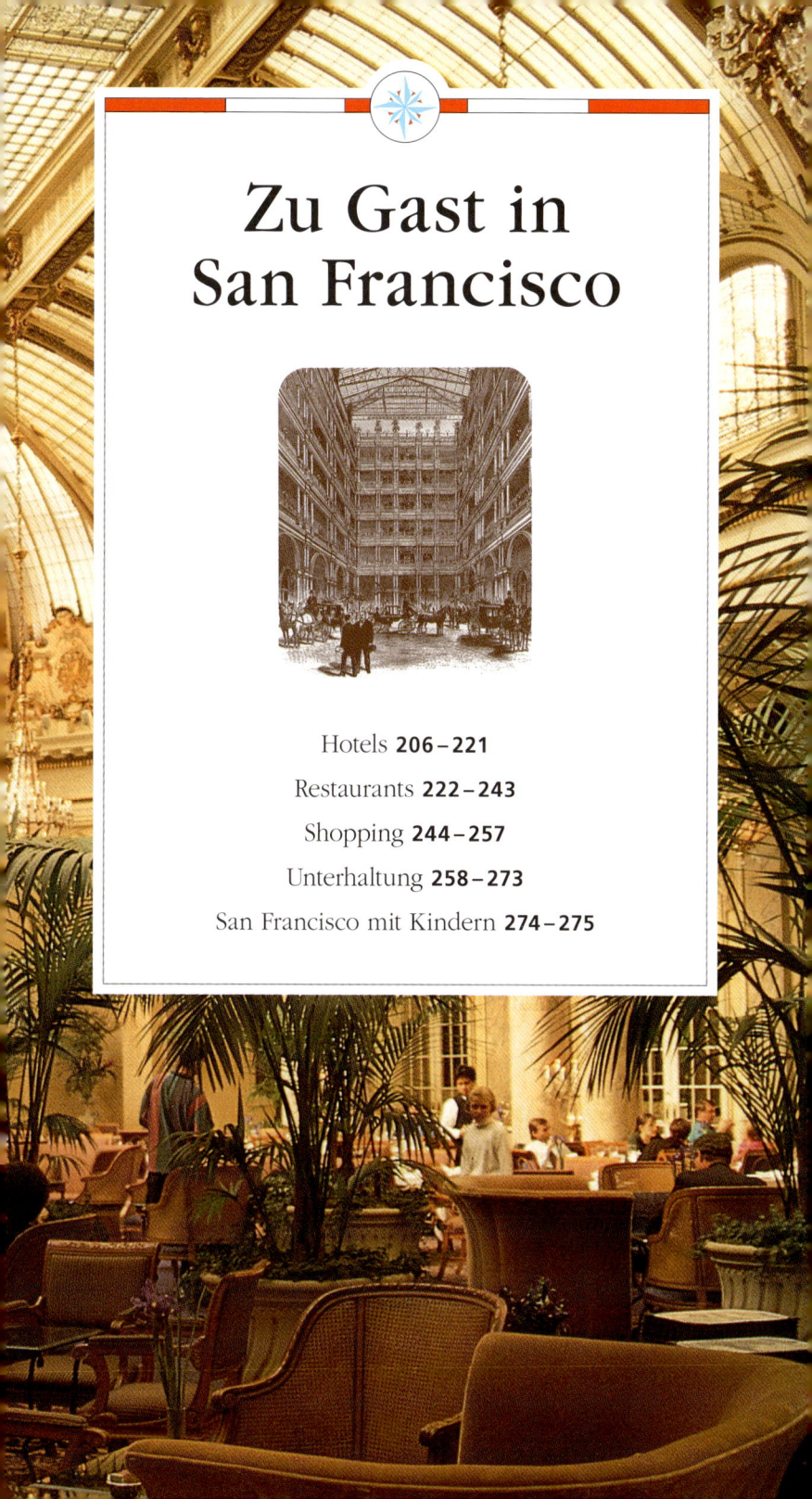

Hotels **206–221**

Restaurants **222–243**

Shopping **244–257**

Unterhaltung **258–273**

San Francisco mit Kindern **274–275**

Hotels

San Francisco bietet eine große Auswahl an Übernachtungsmöglichkeiten, das Angebot reicht von spartanischen Jugendherbergen bis hin zu Luxushotels. Es gibt über 33 000 Hotelzimmer in der Stadt, sodass sich für jeden Geldbeutel etwas Passendes finden sollte. Die Spitzenhotels bieten im internationalen Vergleich hohe Qualität und zählen zu den besten der Welt. Für Reisende mit begrenztem Budget gibt es preiswerte und komfortable Jugendherbergen und Motels. Oder man steigt in einem Bed-and-Breakfast ab. Manche von ihnen befinden sich in renovierten Stadthäusern aus dem 19. Jahrhundert. Sie sind in der Regel kleiner als Hotels, doch bisweilen üppig ausgestattet. Wir haben Unterkünfte aller Preisklassen ausgewählt, die jeweils zu den besten ihrer Kategorie zählen. Das Hotelverzeichnis *(siehe S. 210–221)* soll Ihnen die Auswahl Ihrer Unterkunft erleichtern.

Schild der SLH-Gruppe

Hotelsuche

Die meisten Hotels befinden sich in der Gegend rund um den Union Square, nur wenige Gehminuten vom Financial District und dem Moscone Convention Center entfernt. Der nahe gelegene Nob Hill, wo viele Spitzenhotels liegen, ist ruhiger, während man im Bereich von Fisherman's Wharf eine Reihe von Hotels und Motels findet, die für Familien geeignet sind. Außerhalb der Innenstadt, am Rand des Financial District und entlang der Lombard Street im Marina District, gibt es viele Motels der mittleren Preiskategorie. Bed-and-Breakfasts sind über die gesamte Stadt verteilt. Sie liegen oft in ruhigen Gegenden.

Hotelpreise

Gemessen an Komfort und Service sind die Hotelpreise in San Francisco eher moderat, etwa im Vergleich zu Europa oder New York. Eine Übernachtung kostet 160 bis 175 US-Dollar, wobei der Preis je nach Zeit und Ort variiert (Näheres zu Sonderkonditionen finden Sie unter *Preisnachlässe, siehe S. 208*). Einzelzimmer sind kaum billiger als Doppelzimmer. Die meisten Hotels berechnen zehn bis 15 US-Dollar pro Nacht für jede Person, die zusätzlich in einem Doppelzimmer übernachtet. Informationen zu Reisen mit Kindern finden Sie auf Seite 209.

Hotelketten

In den Häusern einer Hotelkette kann man sich auf guten Service, adäquate Preise und modernen Komfort verlassen. In San Francisco sind Westin, Hilton, Sheraton, Marriott, Ramada, Hyatt und Holiday Inn vertreten. Einige der Unternehmen betreiben mehr als ein Hotel und haben ein

Westin St. Francis Hotel *(siehe S. 216)*

Flagship-Haus. Alle haben Websites bzw. kostenlose Telefonnummern für Informationen.

B & Bs

Eine Alternative zu den großen Hotels im Zentrum sind Bed-and-Breakfast-Unterkünfte, die sich oft in Stadthäusern aus dem 19. Jahrhundert befinden. In San Francisco heißen sie auch Bed-and-Breakfast-»Inns«. Es gibt sie nur hier. Sie reichen von Häusern im Landhausstil bis hin zu Herrenhäusern. Man darf sie nicht mit Bed-and-Breakfast-Quartieren europäischen Stils verwechseln, wo Privatleute in ihren eigenen Wohnhäusern Zimmer mit Frühstück vermieten. Einige »Inns« sind luxuriös und können in Bezug auf Komfort durchaus mit den besten Hotels der Stadt konkurrieren. Sie sind unterschiedlich groß (von einigen wenigen bis zu über 30 Zimmern). Ihre At-

Der »Room of the Dons« im Mark Hopkins Inter-Continental *(siehe S. 213)*

◁ Garden Court im Sheraton Palace Hotel *(siehe S. 215)*

mosphäre und das Interieur sind meist behaglicher als in einem Hotel. Die Preise schließen das Frühstück ein, nachmittags bekommt man häufig ein Glas Wein gereicht.

Versteckte Preisaufschläge

Die Zimmerpreise werden in der Regel ohne die Hotelsteuer in Höhe von 14 bis 15 Prozent angegeben. Umsatzsteuer wird nicht erhoben. Dafür sind die Telefongebühren in Hotels oft sehr hoch. Ortsgespräche – auch gebührenfreie Telefonate – können bis zu einem US-Dollar kosten. Ferngespräche sind bis zu fünfmal teurer als von einem Privatanschluss. Es empfiehlt sich, das öffentliche Telefon in der Hotelhalle zu benutzen. Auch WLAN-Gebühren betragen meist 15 US-Dollar pro Tag – fragen Sie nach, bevor Sie online gehen. Versendung und Empfang von Fax-Mitteilungen kosten etwa zwei bis drei US-Dollar pro Seite, hinzu kommt noch die Telefongebühr.

Wer den Parkplatz eines Innenstadthotels benutzt, muss mit einer Gebühr von mindestens 20 US-Dollar pro Tag rechnen (zuzüglich eines Trinkgelds für den Parkplatzwächter). Die meisten Motels bieten kostenlose Parkmöglichkeiten. Getränke und Snacks aus der Minibar sind ebenfalls teuer, eine Dose Bier kostet etwa fünf US-Dollar. Gleiches gilt für Sendungen von Pay-TV-Stationen. Die Preise sind stets gut sichtbar angeschlagen.

Angestellte, die das Gepäck aufs Zimmer bringen, erhalten einen US-Dollar für pro Gepäckstück. Zimmerkellner erwarten

Die luxuriöse Eingangshalle des Fairmont Hotel *(siehe S. 213)*

ein Trinkgeld von 15 Prozent der Rechnungssumme (aufgerundet zum nächsten vollen Dollar) – und dieses in bar. Gäste, die länger in einem Hotel übernachten, sollten zwischen fünf und zehn US-Dollar Trinkgeld für das Zimmerpersonal auf den Nachttisch legen.

Ausstattung

Das Ambiente eines Hotels lässt sich oft schon durch einen Blick in die Hotelhalle beurteilen. Einige Luxushotels, etwa das Hyatt Regency mit seinem 20-stöckigen Atrium und das Fairmont *(siehe S. 213)*, sind Wahrzeichen, was den Reiz, hier zu logieren, erhöht. Die meisten besseren Hotels haben gute Restaurants, in denen Hotelgäste oft bevorzugt bedient werden. In einigen Hotels gibt es eine Pianobar oder einen Nachtclub, sodass man am Abend ausgehen kann, ohne das Haus verlassen zu müssen *(siehe S. 268f)*. Viele Hotels in San Francisco bieten Räumlichkeiten für Tagungen und Konferenzen an, die von Geschäftstreffen bis zu Parteiveranstaltungen reichen. Einige der älteren Hotels besitzen Säle für Hochzeiten oder andere Feiern. In vielen Hotels gehören Toilettenartikel, oft eine Tageszeitung sowie Kabel-TV zum Standard.

JW Marriott Hotel *(siehe S. 215)*

Reservierung

Von Juli bis Oktober sollte man einen Monat im Voraus buchen. Telefonische Reservierungen sind mit Kreditkarte möglich. Eine Nacht muss normalerweise im Voraus bezahlt werden. Sie sollten unbedingt Bescheid geben, wenn Sie erst nach 18 Uhr ankommen. Es gibt zwar keine offizielle Zimmervermittlung, doch das Visitor Information Center (*siehe S. 278*) hat Hotelangebote auf seiner Website (www.sfvisitor.org) und bietet Hotellisten im kostenlosen *Visitor Planning Guide*. Auch einige Agenturen nehmen Reservierungen vor. Sie können Ihnen Preisnachlässe verschaffen.

Preisnachlässe

Es lohnt sich immer, bei Reservierungsagenturen nachzufragen, ob es Preisnachlässe gibt, insbesondere in der Nebensaison zwischen November und März. An Wochenenden gewähren die meisten Hotels, in denen unter der Woche vor allem Geschäftsleute absteigen, Preisnachlässe für Familien. Einige offerieren spezielle Angebote, etwa eine kostenlose Flasche Champagner oder verbilligte Menüs, um Urlaubern den Aufenthalt in ihrem Haus schmackhaft zu machen.

Die Reservierungsagenturen berechnen übrigens keine Gebühr, weil sie von den jeweiligen Hotels eine Provision erhalten. Einige von ihnen offerieren Sonderangebote. Reisebüros können ihren Kunden in zahlreichen Hotels einen Preisnachlass von zehn bis 20 Prozent auf die normalen Zimmerpreise verschaffen. Bei Pauschalreisen werden in der Regel erhebliche Preisnachlässe gewährt.

Auch viele Fluggesellschaften bieten Sondertarife an, wenn man ein Zimmer über die Gesellschaft bucht. So kann man beispielsweise im Rahmen eines Miles-and-More-Arrangements bis zu 50 Prozent des normalen Zimmerpreises in einem Vertragshotel sparen und außerdem für jede Übernachtung weitere Meilen gutgeschrieben bekommen.

Quietsche-Entchen, Hotel Triton

Das Huntington Hotel (*siehe S. 213*)

Behinderte Reisende

Alle Hotels in den USA sind seit 1992 gesetzlich verpflichtet, behindertengerechte Zimmer anzubieten. Lediglich ältere Gebäude sind hiervon ausgenommen. Die meisten Hotels in San Francisco erfüllen diese Auflage und verfügen wenigstens über ein Zimmer, das auf die Bedürfnisse von Rollstuhlfahrern zugeschnitten ist.

Das Personal der meisten Hotels ist sehr bemüht, behinderten Reisenden auf jede nur

---

AUF EINEN BLICK

Reservierung

Advanced Reservation Systems (ARES)
3750 Convoy St, Suite 312, San Diego, CA 92111.
((858) 430-4875.
www.aresdirect.com

Hotels.Com
8140 Walnut Hill Lane, Suite 203, Dallas, TX 75231.
((214) 361-7311 oder (1) 800 246-8357.
www.hotels.com

San Francisco Reservations
360 22nd St, Suite 300, Oakland, CA 94612.
((510) 628-4450 oder (1) 800 677-1500.
www.hotelres.com

Schwule und Lesben

Chateau Tivoli
1057 Steiner St, SF, CA 94115. **Stadtplan** 10 D1.
(776-5462.
www.chateautivoli.com

Inn on Castro
321 Castro St, SF, CA 94114. **Stadtplan** 10 D2.
(861-0321.
www.inncastro.com

The Willows Inn
710 14th St, SF, CA 94114. **Stadtplan** 10 E2.
(431-4770.
www.willowsf.com

Ferienapartments

AMSI
2800 Van Ness, SF, CA 94109. (447-2000 oder (1) 800 747-7784.
www.amsires.com

Executive Suites

Executive Suites
1388 Sutter St, #904, SF, CA 94109. (776-5151.
www.executivesuites-sf.com

Grosvenor Suites
899 Pine St, SF, CA 94108. (421-1899 oder (1) 800 999-9189. www.grosvenorsuites.sf.com

Jugendherbergen und preiswerte Unterkünfte

Hosteling International: City Center
685 Ellis St, SF, CA 94109. **Stadtplan** 5 A5.
(474-5721.

Downtown
312 Mason St, SF, CA 94102. **Stadtplan** 5 B5.
(788-5604.

Fisherman's Wharf
Bldg 240, Upper Fort Mason, SF, CA 94123. **Stadtplan** 4 E1. (771-7277.

Hotel Herbert
161 Powell St, SF, CA 94102. **Stadtplan** 5 B5.
(362-1600.

Pacific Tradewinds Hostel
680 Sacramento St, SF, CA 94109. **Stadtplan** 5 C4.
(433-7970.

B & Bs

Bed and Breakfast San Francisco
PO Box 420009, SF, CA 94142. (899-0060.
www.bbsf.com

California Association of Bed and Breakfast Inns
414 29th St, Sacramento, CA 95816. ((1) 800 373-9251.
www.cabbi.com

Stadtplan siehe Seiten 302–320

erdenkliche Art behilflich zu sein. Spezielle Bedürfnisse sollte man dem Hotel allerdings am besten schon bei der Reservierung des Zimmers mitteilen. In allen in der Hotelauswahl *(siehe S. 210–221)* dieses Reiseführers aufgeführten Unterkünften sind Blindenhunde zugelassen. Weitere Informationen für behinderte Reisende finden Sie unter *Praktische Hinweise (siehe S. 280)*.

Schwule und Lesben

Schwule und Lesben sind in allen Hotels in San Francisco willkommen, schließlich ist die Stadt die Metropole der Homosexuellen schlechthin. Daneben gibt es in San Francisco aber auch eine Anzahl von Unterkünften, die überwiegend oder ausschließlich homosexuelle Paare aufnehmen. Meistens handelt es sich dabei um Hotels im Castro District, dem Mekka der Schwulenszene. Einige dieser Unterkünfte sind im Kasten *(siehe S. 208)* aufgeführt. Weitere hilfreiche Informationen für den Aufenthalt in San Francisco erhält man auch in Buchläden für Schwule und Lesben.

Mit Kindern reisen

Kinder sind in allen Hotels San Franciscos herzlich willkommen. Nur wenige Unterkünfte berechnen Zuschläge, wenn ein oder zwei Kinder unter zwölf Jahren mit im Zimmer der Eltern übernachten. Es ist jedoch durchaus ratsam, dem Hotel schon bei der Buchung mitzuteilen, dass man mit Nachwuchs reist, da noch nicht alle Zimmer auf die Bedürfnisse von Kindern ausgerichtet sind. Manche Zimmer sind mit einem Bettsofa ausgestattet. Sollte dies nicht der Fall sein, stellt das Hotel ein Kinder- oder Klappbett auf, das in der Regel zwischen zehn und 15 US-Dollar pro Nacht kostet. Viele Familien ziehen es allerdings vor, die Familiensuite eines Hotels oder ein Ferienapartment zu mieten.

Jugendherbergen und preiswerte Unterkünfte

In San Francisco gibt es mehrere Jugendherbergen, in denen Urlauber mit einem kleineren Reisebudget in einem Schlafsaal oder in kleineren Zimmern übernachten können. Zu den besten der Stadt gehört das **Hosteling International, Fisherman's Wharf**, das in der alten US-Kaserne von Fort Mason untergebracht ist. Weitere Jugendherbergen befinden sich in der Nähe des Union Square und in der Ellis Street. Sie werden von **Hosteling International** betrieben, einer nichtkommerziellen Organisation, und bieten Übernachtungen für etwa 25 US-Dollar pro Nacht an. Zudem gibt es in der Stadt eine ganz Reihe privat geführter Hostels. Preiswerte Hotels sind das **Pacific Tradewinds Hostel** und das **Hotel Herbert**.

Ferienapartments

Vor allem bei längeren Aufenthalten kann es sinnvoll sein, ein Ferienapartment einem Hotelzimmer vorzuziehen. Auch für Familien, die großen Wert auf eine geräumige Unterkunft legen, sind Ferienapartments eine sinnvolle Option. Es gibt jedoch nur wenige solcher Ferienwohnungen. Sie werden in der Regel meist nur wochenweise vermietet. Die Kosten betragen etwa 500 bis 800 US-Dollar pro Woche. Sollten Sie den Aufenthalt in einem Ferienapartment in Erwägung ziehen, nehmen Sie mit einer Vermittlungsagentur in San Francisco Kontakt auf. Zu den bekanntesten gehören **AMSI**, **Executive Suites** und **Grosvenor Suites**.

B & Bs und Privatunterkünfte

Manche Besucher bevorzugen Bed-and-Breakfast-Übernachtungen, die in San Francisco – im Vergleich mit Europa – mehr Komfort bieten. Wenn Sie privat logieren, sollten Sie daran denken, dass Sie Gast sind und sich auch so verhalten. Für Informationen sollten Sie sich mit einer Vermittlungsagentur, z. B. **Bed and Breakfast San Francisco** oder **California Association of Bed and Breakfast Inns**, in Verbindung setzen. Für diese Form der Unterbringung gelten oft eine Anzahlung, Stornogebühren und ein Mindestaufenthalt.

Gäste im Campton Place Hotel *(siehe S. 214)*

Hotelauswahl

Die Hotels auf den folgenden Seiten wurden aufgrund ihres guten Preis-Leistungs-Verhältnisses, ihrer Ausstattung und ihrer Lage ausgewählt. Sie sind nach Stadtteilen und innerhalb dieser nach Preisklassen alphabetisch aufgeführt. Dies gilt auch für die aufgelisteten Hotels außerhalb von San Francisco.

> **PREISKATEGORIEN**
> Die Preise gelten für ein Doppelzimmer pro Nacht, inkl. Frühstück (falls angeboten), Steuern und Service:
> ⓢ unter 100 US-$
> ⓢⓢ 100–150 US-$
> ⓢⓢⓢ 150–200 US-$
> ⓢⓢⓢⓢ über 200 US-$

Pacific Heights und Marina

Broadway Manor Inn ⓢ
2201 Van Ness Ave, 94109 (415) 776-7900 FAX (415) 928-7460 *Zimmer* 56 *Stadtplan* 4 F3 *Karte* L3–4

Das Haus ist zu Fuß von Marina District und Fisherman's Wharf erreichbar und für Besucher mit kleinem Budget eine gute Wahl. Die Zimmer sind einfach, aber sauber. Einige von ihnen (wie auch die Lobby) haben WLAN. Zur Zimmerausstattung gehören auch Mikrowelle und Kühlschrank. www.broadwaymanor.com

Coventry Motor Inn ⓢ
1901 Lombard St, 94123 (415) 567-1200 FAX (415) 921-8745 *Zimmer* 69 *Stadtplan* 4 D2 *Karte* J/K3

Geräumige, preisgünstige Zimmer sind in San Francisco Mangelware, doch das Coventry Motor Inn bietet genau solche an. Die Zimmer sind angenehm. Hinzu kommen kostenlose Parkplätze und die unschlagbare Lage im Herzen des Marina District. www.coventrymotorinn.com

Heritage Marina Hotel ⓢ
2550 Van Ness Ave, 94109 (415) 776-7500 FAX (415) 441-7675 *Zimmer* 134 *Stadtplan* 4 E2 *Karte* L3

Ideale Lage im Marina District und nahe vielen Sehenswürdigkeiten. Das Hotel ist eine gute Wahl für preisbewusste Besucher. Es gibt einfache Zimmer mit Mikrowelle. Im Preis ist allerdings ein De-luxe-Continental-Frühstück enthalten. Vor Ort gibt es ein italienisches Esslokal. www.heritagemarinahotel.com

The Greenwich Inn ⓢ
3201 Steiner St, 94123 (415) 921-5162 FAX (415) 921-3602 *Zimmer* 32 *Stadtplan* 4 D2 *Karte* K3

Das Greenwich Inn ist eine einfache und preisgünstige Option für Reisende, die nahe an San Franciscos Hafenviertel und dem Presidio Park wohnen möchten. Die Zimmer sind komfortabel ausgestattet, das Personal ist sehr freundlich. Zahlreiche Restaurants und Shops sind zu Fuß zu erreichen. www.greenwichinn.com

Cow Hollow Motor Inn ⓢⓢ
2190 Lombard St, 94123 (415) 921-5800 FAX (415) 922-8415 *Zimmer* 129 *Stadtplan* 4 D2 *Karte* K2–3

Das Hotel liegt zwischen Cow Hollow und dem Hafenviertel von San Francisco – perfekt zum Dinieren und Shoppen. Die Zimmer sind einfach eingerichtet, doch Familien mit Kindern schätzen sicherlich die Möglichkeit, in einer der zwölf Suiten zu wohnen. www.cowhollowmotorinn.com

Marina Inn ⓢⓢ
3110 Octavia St, 94123 (415) 928-1000 FAX (415) 928-5909 *Zimmer* 40 *Stadtplan* 4 E2 *Karte* L3

Das günstige Hotel liegt nahe dem Marina District, zwei Häuserblocks vom Fort Mason und seinem grünen Park entfernt. Das Personal ist freundlich. Allerdings hört man den Straßenlärm von der Lombard Street. Günstige Lage zu den Shops und Restaurants in der Union Street. Toller Blick auf die Bucht. www.marinainn.com

Motel Capri ⓢⓢ
2015 Greenwich St, 94123 (415) 346-4667 FAX (415) 346-3256 *Zimmer* 46 *Stadtplan* 4 D2 *Karte* K/L3

Das saubere und behagliche Motel ist eine gute Wahl für Reisende mit begrenztem Budget. Es liegt in einer kleinen Straße im Zentrum des Hafenviertels und bietet auch zwei Zimmer mit Küchenzeile. Das Haus ist gut mit öffentlichen Verkehrsmitteln erreichbar, bietet aber auch kostenlose Parkplätze. www.motelcaprica.com

Pacific Heights Inn ⓢⓢ
1555 Union St, 94123 (415) 776-3310 FAX (415) 776-8176 *Zimmer* 40 *Stadtplan* 4 E2 *Karte* L3

Das freundliche Motel aus den 1960er Jahren liegt in einem ruhigen Häuserblock an der Union Street, westlich der Van Ness Avenue. Es ist mit öffentlichen Verkehrsmitteln bequem zu erreichen, zudem gibt es kostenlose Parkplätze. Die Restaurants, Bars und Shops von Cow Hollow sind nur einige Blocks entfernt. www.pacificheightsinn.com

Chateau Tivoli Bed and Breakfast ⓢⓢⓢ
1057 Steiner St, 94115 (415) 776-5462 FAX (415) 776-0505 *Zimmer* 9 *Stadtplan* 4 D4 *Karte* K5

Eine von San Franciscos »painted ladies«. Das viktorianische Haus war in den 1970er Jahren Zentrum der New-Age-Bewegung. Nach der Restaurierung erstrahlt das charmante Gebäude mit seinen bemalten Decken, Bleiglasfenstern und Antiquitäten wieder in altem Glanz. www.chateautivoli.com

Zeichenerklärung siehe hintere Umschlagklappe

PACIFIC HEIGHTS BIS NORTH BEACH

Edward II Inn and Suites $$$
3155 Scott St, 94123 (415) 922-3000 FAX (415) 931-5784 **Zimmer** 32 **Stadtplan** 3 C2 **Karte** J2

Das Edward II Inn and Suites bietet gemütliche Unterkünfte. Das dreistöckige Hotel befindet sich in einem 1914 erbauten Haus (der Straßenlärm von der Lombard Street ist zu hören) in der Nähe des Yachthafens. Manche Suiten haben Jacuzzis. Kontinentales Frühstück. www.edwardii.com

Hotel del Sol $$$
3100 Webster St, 94123 (415) 921-5520 FAX (415) 931-4137 **Zimmer** 57 **Stadtplan** 4 D2 **Karte** K2

Das Boutique-Hotel, das die Kultur Kaliforniens zelebriert, hat ein verspieltes Outfit mit Palmen, Hängematten, Mosaiken und Pool. Die Zimmer sind hell und geräumig mit Bettdecken in Regenbogenfarben. Die Familiensuite hat Etagenbetten, Brettspiele, Spielsachen und kinderfreundliche Ausstattung. www.jdvhotels.com/del_sol

Laurel Inn $$$
444 Presidio Ave, 94115 (415) 567-8467 FAX (415) 928-1866 **Zimmer** 49 **Stadtplan** 3 C4 **Karte** J4

Das ruhige Boutique-Hotel ist in hippem Retro-Stil gehalten. Die gemütlichen, hellen Zimmer haben u. a. CD- und DVD-Spieler sowie Schreibtische. Kontinentales Frühstück ist im Preis inbegriffen. Die trendige Bar eignet sich hervorragend für einen Aperitif. www.laurelinn.com

Queen Anne Hotel $$$
1590 Sutter St, 94109 (415) 441-2828 FAX (415) 775-5212 **Zimmer** 48 **Stadtplan** 4 E4 **Karte** K/L4

Das Queen Anne ist ein schönes viktorianisches Hotel aus dem Jahr 1890. Jedes Zimmer ist anders gestaltet, alle sind mit Antikmöbeln ausgestattet. Im Preis inbegriffen sind kontinentales Frühstück, Wein am Abend, Kaffee und Tee am Nachmittag sowie unter der Woche ein Shuttle-Service zum Flughafen. www.queenanne.com

The Hotel Majestic $$$
1500 Sutter St, 94109 (415) 441-1100 FAX (415) 673-7331 **Zimmer** 56 **Stadtplan** 4 E4 **Karte** K/L4

Eines der wenigen erstklassigen Hotels in San Francisco, die das Erdbeben von 1906 überstanden. Das Hotel in einem schönen Gebäude (frühes 20. Jh.) liegt in ruhiger Umgebung zwischen Pacific Heights und Civic Center. Antikmöbel zieren die Zimmer, die meisten haben Himmelbetten und Kamin. www.thehotelmajestic.com

Hotel Drisco $$$$
2901 Pacific Ave, 94115 (415) 346-2880 FAX (415) 567-5537 **Zimmer** 48 **Stadtplan** 3 C3 **Karte** J4

Das schön am Hang von Pacific Heights gelegene Hotel ist eine stattliche Unterkunft, perfekt für Geschäftsreisende und Urlauber. Viele Zimmer bieten eine spektakuläre Aussicht auf San Francisco Bay und Golden Gate Bridge. Wein am Abend und kontinentales Frühstück sind inbegriffen. www.hoteldrisco.com

Jackson Court $$$$
2198 Jackson St, 94115 (415) 929-7670 FAX (415) 929-1405 **Zimmer** 10 **Stadtplan** 4 E3 **Karte** L3

Dieses umwerfende, gut geführte Sandsteingebäude liegt in einer der schönsten Ecken von San Francisco. Die einfachen Zimmer sind elegant eingerichtet, einige haben Kamin, alle sind mit Fernseher und DVD-Spieler, Haartrockner und Telefon ausgestattet. Kontinentales Frühstück. www.jacksoncourt.com

Union Street Inn $$$$
2229 Union St, 94123 (415) 346-0424 FAX (415) 922-8046 **Zimmer** 6 **Stadtplan** 4 D3 **Karte** J/K3

Wenn Sie im Union Street Inn einchecken, wünschen Sie sich, hier zu wohnen. Jedes der geräumigen Zimmer ist geschmackvoll eingerichtet, der idyllische Garten ist die perfekte Umgebung für ein Glas Wein am Ende eines langen Sightseeing-Tages. Zwei Tage Mindestaufenthalt an Wochenenden. www.unionstreetinn.com

Fisherman's Wharf und North Beach

Best Inn Fisherman's Wharf $
2850 Van Ness Ave, 94109 (415) 776-3220 FAX (415) 921-7451 **Zimmer** 42 **Stadtplan** 4 E2 **Karte** L2–3

Das dreistöckige Motel – nicht gerade ein architektonisches Wunderwerk – zeichnet sich durch die Nähe zu einigen Attraktionen aus: Fisherman's Wharf, North Beach und Chinatown. Es bietet saubere Zimmer mit Internet-Zugang, Mikrowelle und Kühlschrank – eine gute Wahl für preisbewusste Besucher.

San Remo Hotel $
2237 Mason St, 94133 (415) 776-8688 FAX (415) 776-2811 **Zimmer** 64 **Stadtplan** 5 B2 **Karte** M2

Das San Remo, ein gut erhaltenes Gebäude im italienischen Stil und eines der ersten, die nach dem Erdbeben und Brand von 1906 gebaut wurden, ist das günstigste Hotel der Umgebung. Alle Zimmer des Nichtraucher-Hotels haben Gemeinschaftsbäder – mit Ausnahme der Honeymoon Suite im Dachgeschoss. www.sanremohotel.com

Best Western Tuscan Inn $$$
425 Northpoint St, 94133 (415) 561-1100 FAX (415) 771-8309 **Zimmer** 220 **Stadtplan** 5 B1 **Karte** M2

Das Tuscan Inn ist ein geräumiges und elegantes Hotel inmitten von Fisherman's Wharf. Es ist bei Geschäftsreisenden sowie bei Film- und Fernsehteams beliebt. Kinder und Jugendliche unter 18 Jahren in Begleitung eines Erwachsenen übernachten kostenlos. Nachmittags wird Wein serviert. www.tuscaninn.com

Stadtplan siehe Seiten 302–320

Hotel Boheme $$$

444 Columbus Ave, 94133 (415) 433-9111 FAX *(415) 362-6292* **Zimmer** 15   **Stadtplan** 5 B3   **Karte** M/N2

Das elegante Boheme ist eine Hommage an die Beat Generation im Herzen der Gegend, in der sie entstand. Etwas gewagte Farbzusammenstellungen und Skurrilitäten verstärken die poetische Wellenlänge des Hotels. Gemütliche Zimmer mit kostenlosem WLAN. In der Nähe vieler Restaurants und Bars. www.hotelboheme.com

The Wharf Inn $$$

2601 Mason St, 94133 (415) 673-7411 FAX *(415) 776-2181* **Zimmer** 51   **Stadtplan** 5 B1   **Karte** M2

Das dreistöckige Motel im Stil der 1960er Jahre ist hell, freundlich und sauber. Alle Zimmer sind in gewagten Farben gestrichen, viele haben Sofas und kleine Sitzecken. Das Hotel liegt direkt oberhalb von Fisherman's Wharf und bietet Parkplätze – eine Seltenheit in San Francisco. www.wharfinn.com

Argonaut Hotel $$$$

495 Jefferson St, 94109 (415) 563-0800 FAX *(415) 563-2800* **Zimmer** 265   **Stadtplan** 5 A1   **Karte** M1

Das historische Gebäude von 1907 beherbergt nun ein Boutique-Hotel mit maritimem Thema. Unter den Annehmlichkeiten sind Spa-Behandlungen auf dem Zimmer, Flachbildschirm-Fernseher, Willkommensgeschenke für Kinder sowie ein Fitness-Center. Viele Zimmer liegen zur Golden Gate Bridge hin. www.argonauthotel.com

Courtyard by Marriott Fisherman's Wharf $$$$

580 Beach St, 94133 (415) 775-3800 FAX *(415) 441-7207* **Zimmer** 127   **Stadtplan** 4 F1   **Karte** M1–2

Das Hotel liegt nur einen Block von Fisherman's Wharf entfernt. Das Ambiente und der Service im Courtyard sind hervorragend. Die modernen Zimmer mit WLAN sind sowohl für Familien als auch für Geschäftsreisende perfekt. Konferenzräume sind ebenfalls vorhanden. www.marriott.com

Hilton Fisherman's Wharf $$$$

2620 Jones St, 94133 (415) 885-4700 FAX *(415) 771-8945* **Zimmer** 234   **Stadtplan** 4 F1   **Karte** M2

In diesem Hotel der Hilton-Gruppe schlägt sich die Top-Lage im Herzen von San Franciscos Hafenviertel natürlich im Preis nieder. Die Lobby ist geräumig und modern, während die Zimmer eher traditionell eingerichtet sind. In wenigen Minuten gelangt man zu Pier 39, Fisherman's Wharf und den Fähren nach Alcatraz Island. www.hilton.com

Hyatt at Fisherman's Wharf $$$$

555 North Point, 94133 (415) 563-1234 FAX *(415) 486-4444* **Zimmer** 313   **Stadtplan** 5 A1   **Karte** M2

Dieses Haus der Hyatt-Gruppe ist familienorientierter als andere in San Francisco. Der Service ist jedoch von gleicher Qualität. Familien wird ein Preisnachlass für das zweite Zimmer angeboten. Beliebt ist der beheizte Swimmingpool. www.fishermanswharf.hyatt.com

Marriott Fisherman's Wharf $$$$

1250 Columbus Ave, 94133 (415) 775-7555 FAX *(415) 474-2099* **Zimmer** 285   **Stadtplan** 4 F1   **Karte** M2

Das Hotel liegt genau zwischen Fisherman's Wharf und North Beach. Es bietet eine überdurchschnittliche Unterbringung in zentraler Lage. Viele Zimmer sind speziell auf Geschäftsreisende ausgerichtet. Täglicher Limousinen-Service zum Financial District. www.marriott.com

Suites at Fisherman's Wharf $$$$

2655 Hyde St, 94109 (415) 771-0200 FAX *(415) 346-8058* **Zimmer** 24   **Stadtplan** 5 A2   **Karte** M2

Ob Geschäftsreisende, Familien oder Reisegruppen – alle fühlen sich im einzigen Suiten-Hotel der Stadt wohl. Die Suiten bieten Platz für vier Personen und verfügen über Küche und Essbereich. Das Hotel ist nur wenige Schritte von der Cable-Car-Endstation Hyde Street entfernt. www.thesuitesatfishermanswharf.com

Washington Square Inn $$$$

1660 Stockton St, 94133 (415) 981-4220 FAX *(415) 397-7242* **Zimmer** 15   **Stadtplan** 5 B2   **Karte** M2

Das Haus ist eines der wenigen Hotels in North Beach, das zum Washington Square Park geht. Dort kann man den Leuten beim Tai Chi oder beim Spazierengehen zusehen. Frühstück ist im Preis inbegriffen, das bekannte Restaurant Mamma's liegt gleich gegenüber. www.wsisf.com

Chinatown und Nob Hill

Hotel Astoria $$

510 Bush St, 94108 (415) 434-8883 FAX *(415) 434-8919* **Zimmer** 80   **Stadtplan** 5 C4   **Karte** J4–5

Für Alleinreisende ist das bescheidene Hotel Astoria ideal, denn hier gibt es Einzelzimmer zu angemessenen Preisen. Das Hotel liegt ausgesprochen günstig zwischen Chinatown und Union Square, in unmittelbarer Nähe zum Chinatown Gateway. www.hotelastoria-sf.com

Hotel Triton $$$

342 Grant Ave, 94108 (415) 394-0500 FAX *(415) 394-0555* **Zimmer** 140   **Stadtplan** 5 C4   **Karte** U2

Designer und Medienschaffende frequentieren gern das kleine, aber stilvolle Triton mit seinem freundlichen Ambiente. Es befindet sich direkt an der Grenze zu Chinatown und im Herzen von San Franciscos Galerienviertel. Internationale Zeitungen liegen im Café de la Presse aus. www.hoteltriton.com

Preiskategorien *siehe Seite 210* **Zeichenerklärung** *siehe hintere Umschlagklappe*

The Hilton Financial District $$$
750 Kearny St, 94108 **(415) 483-1498** FAX *(415) 765-7891* **Zimmer** *547*   **Stadtplan** *5 C3* **Karte** *U2*

Das Hotel der Hilton-Gruppe im Herzen von Chinatown wurde für 55 Millionen US-Dollar renoviert – und das sieht man. Das 27-stöckige Hochhaus bietet eine grandiose Aussicht. Die Zimmer sind nicht besonders groß, eignen sich aber sowohl für Geschäftsreisende als auch für Familien. **www.hilton.com**

Fairmont Hotel $$$$
950 Mason St, 94108 **(415) 772-5000** FAX *(415) 402-0942* **Zimmer** *596*   **Stadtplan** *5 B4* **Karte** *T2*

Das Fairmont besitzt eine prächtige Lobby und opulente öffentliche Bereiche. Es ist das stattlichste aller Grandhotels auf dem Nob Hill. Ein Jahr nach den Schäden durch das Erdbeben von 1906 wurde es wiedereröffnet und hat seither ein hohes Renommee. Der Panoramablick ist unschlagbar. **www.fairmont.com**

Huntington Hotel and Nob Hill Spa $$$$
1075 California St, 94108 **(415) 474-5400** FAX *(415) 474-6227* **Zimmer** *135*   **Stadtplan** *5 B4* **Karte** *S/T2*

Das Huntington wurde 1922 als Luxus-Apartmenthaus erbaut und 1945 in ein First-Class-Hotel umgewandelt. Jedes der geräumigen Zimmer ist individuell eingerichtet – einige haben eine Bar, andere eine Küche. Lassen Sie sich im weltberühmten Nob Hill Spa in den oberen Etagen des Hotels verwöhnen. **www.huntingtonhotel.com**

Mark Hopkins Inter-Continental Hotel $$$$
Number One Nob Hill, 94108 **(415) 392-3434** FAX *(415) 421-3302* **Zimmer** *380*   **Stadtplan** *5 B4* **Karte** *T2*

Das 1926 erbaute Hotel auf dem Nob Hill ist ein architektonisches Wahrzeichen und zählt zu den edelsten Hotels in San Francisco. Das Haus ist reich und verschwenderisch eingerichtet. Die Skylounge Top of the Mark im 19. Stock bietet ein grandioses Panorama der Stadt. **www.markhopkins.net**

The Ritz-Carlton San Francisco $$$$
600 Stockton, 94108 **(415) 296-7465** FAX *(415) 291-0288* **Zimmer** *336*   **Stadtplan** *5 C4* **Karte** *U2*

Das 1991 eröffnete Ritz-Carlton gilt als eines der besten Hotels San Franciscos. Es ist in einem Beaux-Arts-Gebäude untergebracht und belegt unterhalb des Nob-Hill-Gipfels einen ganzen Block in der California Street. Exzellenter Service, Vier-Sterne-Restaurant, Innenpool und Fitness-Center. **www.ritzcarlton.com**

Financial District und Union Square

Chancellor Hotel $$
433 Powell St, 94102 **(415) 362-2004** FAX *(415) 362-1403* **Zimmer** *137*   **Stadtplan** *5 B4* **Karte** *T3*

Das Boutique-Hotel bietet ein sehr gutes Preis-Leistungs-Verhältnis. Die Lage am Union Square ist exzellent. Wer gerade nicht in der Stadt unterwegs ist, kann kostenlos per WLAN im Internet surfen oder im Club One etwas für seine Fitness tun. Charmantes Haus mit freundlichem Personal. **www.chancellorhotel.com**

Hotel Bijou $$
111 Mason St, 94102 **(415) 771-1200** FAX *(415) 346-3196* **Zimmer** *65*   **Stadtplan** *5 B5* **Karte** *T3*

Filmfans werden das Hotel Bijou lieben, das mit seiner Einrichtung an die Kinogeschichte San Franciscos erinnert. Die Stoffe in den Zimmern sind aus schwerem burgunderfarbenem Samt, täglich gibt es in einem kleinen Kino Filme zu sehen. Der nahe gelegene Union Square und das Frühstück tragen zum Charme bei. **www.hotelbijou.com**

Hotel des Arts $$
447 Bush St, 94108 **(415) 956-3232** FAX *(415) 956-0399* **Zimmer** *43*   **Stadtplan** *5 C4* **Karte** *T2*

Das Hotel des Arts ist Kunstgalerie und Hotel in einem. Ein Teil der Räumlichkeiten – bemalt und eingerichtet von einheimischen Künstlern – macht es zu einem der außergewöhnlichsten Orte der Stadt. Zimmer können nur telefonisch reserviert werden. Nahe Union Square, Chinatown und Financial District. **www.sfhoteldesarts.com**

Hotel Frank $$
386 Geary St, 94102 **(415) 986-2000** FAX *(415) 397-2447* **Zimmer** *100*   **Stadtplan** *5 B5* **Karte** *S/T3*

Das hippe Boutique-Hotel in der Nähe der Läden und Restaurants des Union Square serviert auch preisgünstige Pizzas. Fashion Victims werden den Retro-Chic des Hauses lieben. Wer weitere Annehmlichkeiten wünscht, sollte sich auf »The Bold Level« upgraden lassen. **www.hotelfranksf.com**

Hotel Vertigo $$
940 Sutter St, 94109 **(415) 885-6800** FAX *(415) 885-2115* **Zimmer** *102*   **Stadtplan** *5 A4* **Karte** *R/S3*

Der Hotelname ist eine Hommage an Hitchcocks gleichnamigen Film, der zum Teil hier gedreht wurde. Nach der Renovierung sind die Zimmer höchst komfortabel geworden – elegant-üppig und gleichwohl modern. Der richtige Ort, wenn Sie etwas nostalgisch veranlagt sind. **www.hotelvertigosf.com**

San Francisco Marriott Union Square $$
480 Sutter St, 94108 **(415) 398-8900** FAX *(415) 989-8823* **Zimmer** *400*   **Stadtplan** *5 C4* **Karte** *T/U3*

Das aufwendig renovierte Marriott liegt in Gehweite zum Union Square, Theater District und zu den Museen und Läden des Zentrums. Das Hotel bietet alle modernen Annehmlichkeiten zum moderaten Preis. Das Haus ist ein Nichtraucher-Hotel. Internet-Zugang ist gegen Gebühr möglich. **www.marriott.com**

Stadtplan *siehe Seiten 302–320*

HOTELS

Touchstone Hotel
480 Geary St, 94102 (415) 771-1600 FAX (415) 931-5442 **Zimmer** 40   **Stadtplan** 5 B5 **Karte** T3

Nur wenige Schritte vom Union Square entfernt liegt das Touchstone Hotel, das eine Mischung aus europäischem Charme und modernem Komfort bietet. Es ist ein kleines, charmantes B&B, das seit über 50 Jahren von derselben Familie geleitet wird. Frühstück ist ab einem bestimmten Preisniveau inbegriffen. www.thetouchstone.com

Harbor Court Hotel
165 Steuart St, 94105 (415) 882-1300 FAX (415) 882-1313 **Zimmer** 131   **Stadtplan** 6 E4 **Karte** Q3

Das in einem ehemaligen YMCA-Gebäude untergebrachte Harbor Court ist das einzige Hotel, das direkt am Wasser liegt. Einige der relativ kleinen Zimmer bieten einen schönen Blick auf die Bay Bridge. Gäste haben freien Zugang zu den Fitness-Einrichtungen des Y Gym nebenan. www.harborcourthotel.com

Hotel Diva
440 Geary St, 94102 (415) 885-0200 FAX (415) 346-6613 **Zimmer** 114   **Stadtplan** 5 B5 **Karte** T3

Wenn man ins Hotel Diva kommt, glaubt man, im Museum of Modern Art zu sein. Lobby und Zimmer sind witzig und farbenfroh eingerichtet und durch viele architektonische Details akzentuiert. Das Ambiente ist hipper Luxus, die Zimmer werden auch den stilbewussten Reisenden nicht enttäuschen. www.hoteldiva.com

Hotel Union Square
114 Powell St, 94102 (415) 397-3000 FAX (415) 399-1874 **Zimmer** 131   **Stadtplan** 5 C5 **Karte** T3

Das schicke Boutique-Hotel liegt zwei Häuserblocks vom Union Square entfernt und eignet sich für Gäste, die im Zentrum von San Francisco einkaufen möchten. Die Zimmer sind klein und zweckmäßig, in der Lobby gibt es WLAN. An der Rezeption wird Geld gewechselt. www.hotelunionsquare.com

Kensington Park Hotel
450 Post St, 94109 (415) 788-6400 FAX (415) 399-9484 **Zimmer** 86   **Stadtplan** 5 B5 **Karte** T3

Das Kensington Park Hotel liegt nahe dem Union Square in der aus den 1920er Jahren stammenden Elks Lodge, die im Spanish-Revival-Stil erbaut wurde. Die Lobby ist prächtig, die schön eingerichteten Zimmer sind geräumig. Nachmittags gibt es kostenlosen Kaffee, Tee und Wein. www.kensingtonparkhotel.com

Le Méridien
333 Battery St, 94111 (415) 296-2900 FAX (415) 296-2901 **Zimmer** 360   **Stadtplan** 6 D3 **Karte** V2

Hier erwartet Sie Luxus pur, gleich bei den Läden des Embarcadero Center. Das Dekor des Hauses ist modern-minimalistisch. Die Zimmer haben komfortable Betten mit Daunendecken und italienischer Frette-Bettwäsche. 24-Stunden-Zimmerservice. www.starwoodhotels.com/lemeridien

Nob Hill Motor Inn
1630 Pacific Ave, 94109 (415) 775-8160 FAX (415) 673-8842 **Zimmer** 29   **Stadtplan** 4 F3 **Karte** M3

Das saubere, modern ausgestattete Motel mit allem üblichen Komfort ist eine gute Wahl. Es liegt in unmittelbarer Nähe zahlreicher interessanter Läden und Einkehrmöglichkeiten. Auch Fisherman's Wharf und North Beach befinden sich in Gehentfernung. www.staysf.com

Renaissance Parc Fifty Five Hotel
55 Cyril Magnin St, 94102 (415) 392-8000 FAX (415) 403-6602 **Zimmer** 1010   **Stadtplan** 5 B5 **Karte** T3

Das riesige Parc Fifty Five liegt gleich bei Market und Powell Street. Es organisiert Tagungen und ist Anlaufpunkt für große Reisegruppen. Von den höheren Etagen hat man einen schönen Ausblick. Die Preise sind zwar hoch, doch spezielle Bed-and-Breakfast- und Wochenendangebote sind interessant. www.parc55hotel.com

San Francisco Hilton
333 O'Farrell St, 94102 (415) 771-1400 FAX (415) 771-6807 **Zimmer** 2044   **Stadtplan** 5 B5 **Karte** T3

Das mit 46 Stockwerken größte Hotel der Stadt ist in einem Häuserblock westlich des Union Square untergebracht und bietet eine tolle Aussicht. Der Service passt sich den Gepflogenheiten des Unternehmens an. Zu den zahlreichen Einrichtungen zählen ein Außenpool, fünf Restaurants, zwei Bars, ein Friseur und ein Dampfbad. www.hilton.com

Serrano Hotel
405 Taylor St, 94102 (415) 885-2500 FAX (415) 474-4879 **Zimmer** 236   **Stadtplan** 5 B5 **Karte** T3–4

Das 17-stöckige Gebäude im Spanish-Revival-Stil liegt günstig beim Union Square und nahe dem Theater District. Die Zimmer haben hohe Decken und besitzen spanisch-marokkanisches Design. Das angenehme Restaurant Ponzu liegt auf der Ebene der Lobby. www.serranohotel.com

Campton Place Hotel
340 Stockton St, 94108 (415) 781-5555 FAX (415) 955-5536 **Zimmer** 110   **Stadtplan** 5 C4 **Karte** U3

Das kleine, elegante Campton Place Hotel liegt gleich beim Union Square. Es bietet vornehm eingerichtete Zimmer, guten Service und üppige öffentliche Bereiche. Sehr ansprechend ist die Bar gleich bei der Lobby. Die Gäste können auf der Dachterrasse oder im Campton Place Restaurant dinieren. www.camptonplace.com

Clift Hotel
495 Geary St, 94108 (415) 775-4700 FAX (415) 441-4621 **Zimmer** 373   **Stadtplan** 5 B5 **Karte** T3

Das Clift Hotel mit der Lobby von Philippe Starck ist ein eindrucksvolles Beispiel modernen Designs. Jedes Zimmer ist elegant eingerichtet und bietet alle Annehmlichkeiten, die man von einem Hotel dieses Kalibers erwartet. Der Redwood Room und das preisgekrönte Velvet Room Restaurant sind bezaubernd. www.clifthotel.com

Preiskategorien *siehe Seite 210* **Zeichenerklärung** *siehe hintere Umschlagklappe*

FINANCIAL DISTRICT UND UNION SQUARE

Four Seasons
757 Market St, 94103 **(415) 633-3000** FAX *(415) 633-3001* **Zimmer** *277* **Stadtplan** *5 C5* **Karte** *U4*

Das Four Seasons ist eines der besten Hotels von San Francisco. In den geräumig-stilvollen Zimmern gibt es gemütliche Sitzgelegenheiten. Der ultraschicke Sports Club/LA kann von Gästen genutzt werden. Union Square, SF Museum of Modern Art und Yerba Buena Center sind bequem zu erreichen. **www.fourseasons.com**

Grand Hyatt San Francisco
345 Stockton St, 94108 **398-1234** FAX *391-1780* **Zimmer** *680* **Stadtplan** *5 C4* **Karte** *U3*

Im 36-stöckigen Grand Hyatt an der Nordseite des Union Square hat man von allen Zimmern eine großartige Aussicht. Das Grand View Restaurant auf dem Dach bietet freitag- und samstagabends Klaviermusik live. Günstige Lage zum Financial District und zu den Läden und Theatern am Union Square. **www.grandsanfrancisco.hyatt.com**

Hotel Monaco
501 Geary St, 94102 **(866) 622-5284** FAX *(415) 292-0111* **Zimmer** *201* **Stadtplan** *5 B5* **Karte** *T3*

Das unkonventionelle Hotel liegt nur einige Blocks vom Union Square entfernt. Die Zimmer – jedes eine kleine Welt aus Mustern und Stoffen – bieten viele Extras wie Frette-Bademäntel, Daunenkissen und Faxgeräte. Das Grand Café ist in einem Ballsaal aus dem 19. Jahrhundert untergebracht. **www.monaco-sf.com**

Hotel Nikko
222 Mason St, 94102 **(415) 394-1111** FAX *(415) 394-1106* **Zimmer** *534* **Stadtplan** *5 B5* **Karte** *T3–4*

Das ultramoderne Nikko spricht in erster Linie Geschäftsreisende an, vor allem Japaner mieten sich hier ein. Das exzellente Fitness-Center mit Swimmingpool und der vollen Bandbreite an Geräten zählt zu den besten der Stadt. Das Restaurant Anzu ist der ideale Ort für ein Dinner. **www.hotelnikkosf.com**

Hotel Rex
562 Sutter St, 94102 **(415) 433-4434** FAX *(415) 433-3695* **Zimmer** *94* **Stadtplan** *5 B4* **Karte** *T3*

Die Zimmer des angenehmen Hotels sind in prächtigen Farben gestrichen, die Wände mit Gemälden von heimischen Künstlern verschönert. Ein wahres Kleinod – und der ganze Stolz des Rex – ist die dunkle, gemütliche Bibliothek. Die Lobby-Bar bietet oft Lesungen. **www.jdvhospitality.com**

Hotel Vitale
8 Mission St, 94105 **(415) 278-3700** FAX *(415) 278-3150* **Zimmer** *199* **Stadtplan** *6 E4* **Karte** *V3*

Hotel Vitale ist wahrscheinlich das größte Haus der JDV Hospitality Group. Das farbenprächtige Gebäude liegt am Embarcadero und bietet alle Vorteile eines Hotels im Herzen der Stadt. Die Zimmer sind mit allen Annehmlichkeiten ausgestattet, das Spa Vitale bietet eine atemberaubende Aussicht. **www.jdvhospitality.com**

Hyatt Regency San Francisco
5 Embarcadero Center, 94111 **(415) 788-1234** FAX *(415) 398-2567* **Zimmer** *803* **Stadtplan** *6 D3* **Karte** *V1*

Das Hyatt wurde 1973 um ein 15-stöckiges Atrium errichtet. Die hochmodernen Zimmer sind vor allem auf Geschäftsreisende ausgerichtet. Die Etage des Regency Club bietet Service rund um die Uhr. Das Hotel liegt neben einem kleinen Einkaufszentrum und einem Theaterkomplex. **www.sanfranciscoregency.hyatt.com**

JW Marriott
500 Post St, 94102 **(415) 771-8600** FAX *(415) 398-0267* **Zimmer** *338* **Stadtplan** *5 B5* **Karte** *T3*

John Portman war der Architekt des schönen, stilvoll designten Hotels. Das einstige Pan Pacific Hotel besitzt eine spektakuläre 17-stöckige Atrium-Lobby. Die öffentlichen Bereiche sind glamourös, die Zimmer raffiniert-elegant. Vor allem Geschäftsleute schätzen den Service. **www.jwmarriottunionsquare.com**

Mandarin Oriental
222 Sansome St, 94104 **(415) 276-9888** FAX *(415) 433-0289* **Zimmer** *158* **Stadtplan** *6 D3* **Karte** *U1*

Das Mandarin Oriental ist in jeder Beziehung erstklassig und insbesondere bei Geschäftsleuten beliebt. Die Zimmer haben bodentiefe Fenster, aus denen sich eine herrliche Sicht auf die San Francisco Bay und die Golden Gate Bridge bietet. Eine weitere Attraktion ist das exzellente Restaurant Silks im zweiten Stock. **www.mandarinoriental.com**

Prescott Hotel
545 Post St, 94102 **(415) 563-0303** FAX *(415) 563-6831* **Zimmer** *164* **Stadtplan** *5 B5* **Karte** *T3*

In dem Hotel, das mit dunklen Holzwänden und dem Kamin in der Eingangshalle einem Gentleman's Club ähnelt, trifft man vor allem Geschäftsreisende. Nachmittags werden Getränke serviert. Das Restaurant Postrio hat seine Glanzzeit hinter sich, bietet jedoch immer noch exzellente Küche in eleganter Umgebung. **www.prescotthotel.com**

San Francisco Marriott Marquis
55 Fourth St, 94103 **(415) 896-1600** FAX *(415) 486-8101* **Zimmer** *1500* **Stadtplan** *5 C5* **Karte** *S/T3*

Manche mögen vielleicht das futuristische Aussehen des 39-stöckigen Gebäudes, doch niemand gibt es offen zu. Das Hotel ist allerdings für Tagungen beliebt. Familien schätzen den Innenpool und die Tatsache, dass Kinder und Jugendliche unter 18 Jahren in Begleitung eines Erwachsenen umsonst wohnen. **www.sfmarriott.com**

Sheraton Palace Hotel
2 New Montgomery St, 94105 **(415) 512-1111** FAX *(415) 543-0671* **Zimmer** *550* **Stadtplan** *5 C4* **Karte** *V3*

Anfang des 20. Jahrhunderts war das Palace eines der berühmtesten Hotels der Welt. Unter den Gästen waren Royals und Staatsoberhäupter wie Präsident Harding, der 1923 hier im Schlaf starb. 1980 wurde das Haus renoviert. Im glamourösen Garden Court wird stilvoll der Nachmittagstee serviert. **www.sfpalace.com**

Sir Francis Drake Hotel $$$$
450 Powell St, 94102 (415) 392-7755 FAX (415) 391-8719 Zimmer 517 **Stadtplan** 5 B4 **Karte** T3

Das Hotel beim Union Square ist ein Art-déco-Juwel. Bekannt ist es für die Türsteher in Beefeater-Uniform und den Harry Denton's Starlight Room über den Dächern der Stadt. Die Lage an der Cable-Car-Linie Powell Street ist unschlagbar für Besichtigungen des Financial District und von North Beach. www.sirfrancisdrake.com

The Westin San Francisco Market Street $$$$
50 3rd St, 94103 (415) 974-6300 FAX (415) 348-8268 Zimmer 667 **Stadtplan** 5 C5 **Karte** V4

Das Hotel bietet eine unschlagbare Lage beim Union Square. Die geräumigen Zimmer sind natürlich alle im speziellen Westin-Stil eingerichtet: u. a. mit höchst komfortablen Betten. Ein weiteres Plus ist das rund um die Uhr geöffnete Fitness-Center. www.westinsf.com

Westin St. Francis $$$$
335 Powell St, 94102 (415) 397-7000 FAX (415) 774-0124 Zimmer 1200 **Stadtplan** 5 B4 **Karte** T3

Seit 1904 wird die Skyline des Union Square durch die drei Türme des Westin St. Francis bestimmt. Nach dem Erdbeben von 1906 wurde das Hotel restauriert und vergrößert. 1970 kam ein 32-stöckiger Turm hinzu. Die besten Zimmer blicken auf den Union Square. Das Restaurant Michael Mina ist erstklassig. www.westinstfrancis.com

White Swan Inn $$$$
845 Bush St, 94108 (415) 775-1755 FAX (415) 775-5417 Zimmer 26 **Stadtplan** 5 B4 **Karte** T3

Das kleine Hotel präsentiert sich im Landhausstil. Die Zimmer sind mit floralem Dekor und komfortablen Betten versehen. Morgens gibt es englisches Frühstück, abends werden Hors d'œuvres und Wein serviert. Auch im Angebot: einführende Sightseeing-Touren. www.whiteswaninnsf.com

Civic Center

Embassy Hotel $
610 Polk St, 94102 (415) 673-1404 FAX (415) 474-4188 Zimmer 84 **Stadtplan** 4 F5 **Karte** R5

Das in einem einzigartigen Art-déco-Gebäude von 1932 residierende Embassy Hotel bietet geräumige, preiswerte Zimmer. Das Haus liegt in Gehweite zur Oper, Louise M. Davies Symphony Hall und den Regierungsbauten. Eine gute Wahl für sparsame Besucher. Kontinentales Frühstück. www.theembassyhotelsf.com

Best Western Americania $$
121 7th St, 94105 (415) 626-0200 FAX (415) 863-2529 Zimmer 143 **Stadtplan** 11 A1 **Karte** N5–6

Obwohl das Americania schon in South of Market liegt, ist es nur ein paar Schritte vom Union Square entfernt. Die modernen, geräumigen und komfortablen Zimmer und Einrichtungen bieten Entspannung nach einem anstrengenden Tag. Internet-Zugang und Parkplätze sind kostenfrei. www.theamericania.com

Grove Inn $$
890 Grove St, 94117 (415) 929-0780 FAX (415) 929-1037 Zimmer 18 **Stadtplan** 4 E5 **Karte** K/L6

Das B & B in einem viktorianischen Haus mit italienischen Anklängen (19. Jh.) liegt nahe dem Civic Center. Die mehrsprachigen Besitzer betreiben es seit über 20 Jahren. Die sonnigen Zimmer haben Queensize-Betten und direkte Telefonanschlüsse. Kontinentales Frühstück. www.grovinn.com

Hotel Kabuki $$
1625 Post St, 94115 (415) 922-3200 FAX (415) 614-5498 Zimmer 218 **Stadtplan** 4 E4 **Karte** K/L4–5

Der Begrüßungstee ist eine nette Geste des Hotels im japanischen Stil. Das Haus ist sehr ruhig, fast meditativ – mit traditionellem japanischem Bad und Zugang zum Kabuki Springs and Spa. Die Zimmer vermitteln ein anheimelndes Flair. Ideal für Entspannung. www.jdvhotels.com/kabuki

Hotel Tomo $$
1800 Sutter St, 94115 (415) 921-4000 FAX (415) 923-1064 Zimmer 125 **Stadtplan** 4 E4 **Karte** L4

Auch dieses Haus in Japantown vermittelt japanische Atmosphäre. Die Zimmer sind mit Motiven japanischer Animationsfilme (Anime) und Pop Art dekoriert. Extras: Spiel-Suiten mit PlayStations und Wii-Konsolen. Im Restaurant gibt es ein All-you-can-eat-Angebot für Shabu-shabu (japanischer »Feuertopf«). www.jdvhotels.com/tomo

Monarch Hotel $$
1015 Geary St, 94109 (415) 673-5232 FAX (415) 885-2802 Zimmer 101 **Stadtplan** 4 F4 **Karte** M4

Das Monarch wird von Reisenden mit niedrigem Budget bevorzugt, die nur eine grundlegende Ausstattung erwarten. Das Haus liegt sehr zentral. Alle Zimmer haben Kabel-TV und Safe, einige auch Kühlschränke. In der Lobby wird den ganzen Tag über Kaffee angeboten, Parkplätze gibt es gegen Gebühr. www.themonarchhotel.com

Phoenix Hotel $$
601 Eddy St, 94109 (415) 776-1380 FAX (415) 885-3109 Zimmer 44 **Stadtplan** 4 F4 **Karte** M5

Das trendige zweistöckige Motel im Herzen des Tenderloin District beschwört Bilder der Route 66 herauf. Bei einem Drink an der Hausbar Bambuddah kann man am Pool nach Promis Ausschau halten (Dave Navarro und Linda Ronstadt waren schon hier). Einfache Zimmer, aber sehr zentral gelegen. www.jdvhospitality.com

Preiskategorien siehe Seite 210 Zeichenerklärung siehe hintere Umschlagklappe

Renoir Hotel $$
45 McAllister St, 94102 (415) 626-5200 FAX (415) 626-5581 **Zimmer** 133 **Stadtplan** 11 A1 **Karte** M5

Das schmucke Renoir von 1909 ist ein historisches Wahrzeichen mit renoviertem Inneren. Das Hotel bietet Zimmer mit allen modernen Annehmlichkeiten, etwa WLAN (gegen Gebühr). Kinder unter zwölf Jahren übernachten kostenlos. **www.renoirhotel.com**

Best Western Carriage Inn $$$
140 7th St, 94103 (415) 552-8600 FAX (415) 626-3973 **Zimmer** 48 **Stadtplan** 11 A1 **Karte** N5–6

Das Carriage Inn im Viertel South of Market bietet faire Preise für überdurchschnittlich große Zimmer. Eine exzellente Wahl für Familien, denn Kinder und Jugendliche unter 17 Jahren übernachten kostenlos. Es gibt einen Jacuzzi im Patio und ein angrenzendes Restaurant mit Bar. **www.bestwestern.com**

Hotel Metropolis $$$
25 Mason St, 94102 (415) 775-4600 FAX (415) 775-115-4606 **Zimmer** 110 **Stadtplan** 5 B5 **Karte** N4

Im trendigen Boutique-Hotel Metropolis heißt das Motto »Natur«. Die Stockwerke sind den vier Elementen gewidmet. Das »ganzheitliche Zimmer« ist ideal, um dem Trubel des Union Square zu entfliehen. Alle Zimmer haben eine Bar und moderne Kommunikationseinrichtungen. **www.hotelmetropolis.com**

Inn at the Opera $$$
333 Fulton St, 94102 (415) 863-8400 **Zimmer** 48 **Stadtplan** 4 F5 **Karte** L5

Die Zimmer des viktorianischen Gebäudes sind etwas klein, doch sie sind preiswert angesichts der Tatsache, dass sie mit Küchenzeile und Mini-Kühlschrank ausgestattet sind. Zudem gibt es Frühstück, kostenloses WLAN und Gebäck am Nachmittag. Oper und Louise M. Davies Symphony Hall liegen in Gehweite. **www.shellhospitality.com**

Sleep over Sauce $$$
135 Gough St, 94102 (415) 621-0896 FAX (415) 621-3811 **Zimmer** 8 **Stadtplan** 10 F1 **Karte** M6

Das urbane Gästehaus vermittelt das Gefühl, als ob man mitten in der Stadt bei guten Freunden wohnt. Im Salon gibt es komfortable Sofas. Die Zimmer sind anheimelnd und bieten TV und Anschlüsse für iPods. Das umliegende Hayes Valley hat viele Läden und Restaurants. Zum Civic Center ist es ein Spaziergang. **www.sleepsf.com**

Archbishop's Mansion Inn $$$$
1000 Fulton St, 94117 (415) 563-7872 FAX (415) 885-3193 **Zimmer** 15 **Stadtplan** 4 D5 **Karte** K6

Das imposante Gebäude im französischen Empire-Stil von 1904 wurde sorgfältig restauriert. Im Inneren gibt es eine kunstvolle offene Treppe über drei Stockwerke mit einem Bleiglas-Oberlicht. Die Zimmer sind luxuriös und zeigen Opernmotive. **www.jdvhospitality.com**

Haight-Ashbury und Mission

Elements Hotel $
2524 Mission St, 94110 (415) 647-4100 FAX (415) 550-9005 **Zimmer** 26 **Stadtplan** 9 F3 **Karte** M7

Das freundliche, im europäischen Stil gehaltene Hostel bietet Schlafsäle und auch Zimmer im Herzen von San Franciscos Mission District. Es verfügt über ein Restaurant und eine Bar, doch der verlockendste Ort ist die Dachterrasse – mit Liegestühlen und einem Teleskop. **www.elementshotel.com**

24 Henry $$
24 Henry St, 94114 (415) 864-5686 FAX (415) 864-0406 **Zimmer** 5 **Stadtplan** 10 D2 **Karte** K7

In einer ruhigen, baumbestandenen Straße mitten im Castro District liegt das 24 Henry. In dem charmanten B&B mieten sich vor allem Schwule ein. Zu den Annehmlichkeiten zählen kostenloses WLAN, Frühstück und Durchwahltelefone in allen Zimmern. Auch die Zimmerpreise sind fair. **www.24henry.com**

Beck's Motor Lodge $$
2222 Market St, 94114 (415) 621-8212 FAX (415) 241-0435 **Zimmer** 58 **Stadtplan** 10 E1 **Karte** L/M6

Das Standard-Motel aus den 1960er Jahren liegt in der Nähe der Restaurants und des Nachtlebens im Castro-Viertel, in Lower Haight und im Mission District. Pluspunkte sind kostenloses Parken, Kabel-TV und der ruhige Standort. Auf der sonnigen Dachterrasse kann man vor dem Ausgehen ein Glas Wein genießen. **www.becksmotorlodge.com**

Inn on Castro $$
321 Castro St, 94114 (415) 861-0321 **Zimmer** 12 **Stadtplan** 10 D2 **Karte** K7

Das Inn on Castro, ein restauriertes edwardianisches Haus, mischt Altes mit Neuem. Ausgewählte Blumenbouquets und moderne Kunst prägen das traditionelle Interieur. Es liegt mitten im Castro District und bietet Suiten und Selbstversorger-Apartments. Bio-Frühstück inklusive. **www.innoncastro2.com**

Red Victorian Bed and Breakfast $$
1665 Haight St, 94117 (415) 864-1978 FAX (415) 863-3293 **Zimmer** 18 **Stadtplan** 9 B1

Das Red Victorian eignet sich für Reisende, die San Franciscos »Summer of Love« nachempfinden wollen. Jedes Zimmer ist nach einem Motiv jener Zeit eingerichtet, das sich im Namen widerspiegelt (z. B. Redwood Forest oder Flower Child). Es gibt kein Radio oder Fernsehen, dafür einen Meditationsraum. **www.redvic.com**

Stadtplan siehe Seiten 302–320

HOTELS

The Inn San Francisco
🅿 ⚜ W $$
943 S. Van Ness Ave, 94110 (415) 641-0188 FAX (415) 641-1701 **Zimmer** 21 **Stadtplan** 10 F3 **Karte** M8

Die Besitzer des viktorianischen Hauses von 1872 sind ausgesprochen gastfreundlich. Die geräumigen Zimmer sind individuell eingerichtet. Im Garten und im Whirlpool aus Redwood-Holz kann man gut entspannen. Das Frühstücksbüffet ist opulent. Man kann auch über die Zimmerpreise verhandeln. www.innsf.com

Willows Bed and Breakfast
W $$
710 14th St, 94114 (415) 431-4770 FAX (415) 431-5295 **Zimmer** 12 **Stadtplan** 10 E2 **Karte** K/L7

Das 1903 erbaute Willows im Castro District ist ein schwulen- und lesbenfreundliches B & B im europäischen Stil. Jedes Zimmer bietet Waschbecken, Kimono-Bademäntel und erlesene Seifen sowie TV, DVD-Spieler und WLAN. Acht Toiletten befinden sich gleich neben den Zimmern. Sehr freundliches Personal. www.willowssf.com

Edwardian San Francisco Hotel
$$$
1668 Market St, 94102 (415) 864-1271 FAX (415) 861-8116 **Zimmer** 32 **Stadtplan** 10 F1 **Karte** M6

Das Boutique-Hotel vermittelt mit seinen komfortablen Zimmern europäisches Flair. Auf den Zimmern stehen frische Blumen, sie bieten Kabel-TV und WLAN. Die Lage in der Nähe des Union Square und zu verschiedenen öffentlichen Verkehrsmitteln ist ideal. www.edwardiansfhotel.com

Stanyan Park Hotel
$$$
750 Stanyan St, 94117 (415) 751-1000 FAX (415) 668-5454 **Zimmer** 36 **Stadtplan** 9 B2 **Karte** H7

Viele Ärzte, Patienten und Familien der Patienten wohnen in dem netten Hotel im Queen-Anne-Stil gleich beim San Francisco Medical Center. Das 1983 nach umfassender Renovierung eröffnete Haus blickt über den Golden Gate Park. Die schönen Zimmer haben teilweise Kamin. Die Suiten besitzen Küchen. www.stanyanpark.com

South of Market

Marriott Courtyard San Francisco Downtown
🅿 ≋ ⚜ 🍽 ♿ $$$
299 2nd St, 94105 (415) 947-0700 FAX (415) 947-0800 **Zimmer** 436 **Stadtplan** 6 D5 **Karte** V3

Das Marriott bietet alle Annehmlichkeiten eines Luxushotels – ohne dessen exorbitante Preise. Es ist eine ideale Wahl für Gäste, die im Zentrum absteigen wollen, vor allem auch für Familien mit Kindern. Die Lage in der Nähe vieler Museen ist ein weiterer Pluspunkt. www.courtyardsanfrancisco.com

Hotel Inter-Continental
🅿 🍴 ≋ ⚜ 🍽 ♿ W $$$$
888 Howard St, 94103 (888) 811-4273 FAX (415) 616-6501 **Zimmer** 550 **Stadtplan** 11 B1 **Karte** N/P5

Das viel gerühmte »Architekturwunder« protzt mit einem eleganten, modernen Interieur und luxuriösen Zimmern. Es liegt südlich der Market Street, in der Nähe der Museen und des Moscone Center. Das Spa des Hauses ist grandios. Gleiches gilt für das Essen. www.intercontinentalsanfrancisco.com

St. Regis Hotel
🅿 🍴 ≋ ⚜ 🍽 $$$$
125 3rd St, 94103 (415) 284-4000 FAX (415) 284-4100 **Zimmer** 260 **Stadtplan** 11 B1 **Karte** P5

Das Hotel direkt beim San Francisco Museum of Modern Art ist ein Feuerwerk an Luxus – der Butlerserivce spektakulär. Während man auf eine Wellness-Behandlung wartet, kann man die hausgemachten Trüffel und ein Glas Champagner genießen. Ein Erlebnis ist das Dinner im Restaurant Ame. www.starwoodhotels.com/stregis

Berkeley

The French Hotel
🅿 🍴 ⚜ $
1538 Shattuck, Berkeley, 94709 (510) 548-9930 FAX (510) 548-9930 **Zimmer** 18

Das altmodische, gemütliche Hotel im europäischen Stil verströmt eine entspannte Atmosphäre. Die Zimmer sind klein und gemütlich – einige mit Aussicht, alle mit Fernseher. Das French Hotel Café ist perfekt für eine Tasse Kaffee, gutes Essen und angenehme Unterhaltung.

Bancroft Hotel
🅿 ⚜ $$
2680 Bancroft Way, Berkeley, 94704 (510) 549-1000 FAX (510) 549-1070 **Zimmer** 22

Das Bancroft liegt direkt gegenüber der University of California at Berkeley und nur wenige Blocks von der hippen Telegraph Avenue entfernt. Das 1928 im Arts-and-Crafts-Stil erbaute Hotel bietet ansprechende Zimmer und große öffentliche Bereiche. www.bancrofthotel.com

Rose Garden Inn
🅿 ⚜ $$$
2740 Telegraph Ave, Berkeley, 94705 (510) 549-2145 FAX (510) 549-1085 **Zimmer** 40

Das Ende des 19. Jahrhunderts erbaute, zu Recht als »Rosengarten« bezeichnete Hotel ist eine Oase im Herzen von Berkeley. Das bezaubernde Anwesen mit seinen vier Gebäuden und den hübschen Gärten nimmt fast einen ganzen Straßenzug ein. Im Innenhof ist das Frühstück im Sommer angenehm. www.rosegardeninn.com

Preiskategorien siehe Seite 210 **Zeichenerklärung** siehe hintere Umschlagklappe

Claremont Resort, Spa and Tennis Club $$$$

41 Tunnel Road, Oakland, 94705 ((510) 843-3000 FAX (510) 848-6208 **Zimmer** 279

Das überwältigende Hotel liegt am Fuß der Berkeley Hills, von denen man die East Bay und San Francisco überblickt. Die ausladenden Anlagen bieten Tennisplätze, Gärten, Swimmingpool und ein fantastisches Spa. Selbst wenn Sie hier nicht übernachten, sollten Sie auf einen Drink kommen und die Aussicht genießen. www.claremontresort.com

Abstecher

EAST PALO ALTO Four Seasons Palo Alto $$$

2050 University Ave, 94303 ((650) 566-1200 FAX (650) 566-1221 **Zimmer** 200

Das Luxushotel liegt zehn Minuten von der Stanford University entfernt und bietet elegante, gut ausgestattete Zimmer, einen Pool auf dem Dach und ein Spa. Da es so nah an Silicon Valley liegt, steigt die Business-Elite hier gern ab. Die Einheimischen schätzen das außergewöhnlich gute Restaurant. www.fourseasons.com/siliconvalley

HALF MOON BAY The Ritz-Carlton Half Moon Bay $$$$

1 Miramontes Point Road, 94019 ((650) 712-7000 FAX (650) 712-7831 **Zimmer** 261

Das romantische Luxushotel liegt auf den Klippen oberhalb des Pazifiks und bietet fantastische Ausblicke und einen erstklassigen Service. Genießen Sie zum Sonnenuntergang heiße Schokolade am Außenkamin, oder gehen Sie in den Straßen von Half Moon Bay spazieren, die von Läden und Restaurants gesäumt sind. www.ritzcarlton.com

MILL VALLEY Mountain Home Inn $$$

810 Panoramic Highway, 94941 ((415) 381-9000 FAX (415) 381-7544 **Zimmer** 10

Vom B & B auf dem Mount Tamalpais, einem beliebten Wanderziel, überblickt man die gesamte San Francisco Bay. Jedes der zehn angenehmen Zimmer ist ruhig und entspannend. Das Hotelrestaurant serviert Essen aus frischen lokalen Produkten. Schöne Wanderwege. Die Muir Woods liegen in der Nähe. www.mtnhomeinn.com

POINT REYES Point Reyes Station Inn $$

11591 State Route 1 N, 94956 ((415) 663-9372 FAX (415) 663-8842 **Zimmer** 5

Das charmante B & B im Herzen des Küstenorts Point Reyes strahlt europäisches Flair aus. Die Gewölbedecken, Whirpools und Kamine in den Zimmern tragen zum romantischen Flair bei. Die Point Reyes National Seashore bietet eine herrliche Szenerie – ein Paradies für Outdoor-Fans. www.pointreyesstationinn.com

SAUSALITO Gables Inn Sausalito $$$

62 Princess St, 94965 ((415) 289-1100 FAX (415) 339-0536 **Zimmer** 15

Sausalitos edelstes historisches Gästehaus eignet sich für eine Flucht aus dem hektischen Alltag. Die Zimmer sind geräumig, das Personal ist freundlich. Neben dem Frühstück wird abends Wein und Käse serviert. Die Anlegestelle für Fähren nach San Francisco liegt nur drei Minuten bergab. www.gablesinnsausalito.com

Nordkalifornien

CARMEL Acacia Lodge $$$

102 West Carmel Valley Road, Carmel Valley, 93924 ((831) 659-5361 FAX (831) 659-2392 **Zimmer** 19

Das charmante Anwesen liegt nicht im Herzen von Carmel, sondern etwas außerhalb in einem ruhigen Dorf. Die komfortablen Zimmer sind im Landhausstil eingerichtet. Gäste können am Pool oder im Blumengarten entspannen. WLAN und Parkplätze sind kostenlos. www.countrygardeninns.com

CARMEL Carmel Wayfarer Inn $$$

4th and Mission St, Carmel-by-the-Sea, 93921 ((831) 624-2711 FAX (831) 625-1210 **Zimmer** 15

Im Herzen von Carmel-by-the-Sea ist das Carmel Wayfarer eine günstige Option. Die einfachen, aber geschmackvoll eingerichteten Zimmer und öffentlichen Bereiche machen es zu einer guten Wahl für Besucher, die die Attraktionen schnell erreichen wollen. Gutes kontinentales Frühstück. www.carmelwayfarerinn.com

CARMEL Highlands Inn $$$$

120 Highlands Drive, Carmel, 93923 ((831) 620-1234 FAX (831) 626-1574 **Zimmer** 142

Das Highlands Inn in einem Haus auf einer Klippe über dem Pazifischen Ozean vermittelt das typische Monterey-Gefühl. Zwei Drittel der Zimmer und Suiten haben eine Terrasse oder einen Balkon. Zu den Attraktionen gehören ein beheizter Außenpool und die Aussicht. www.highlandsinn.hyatt.com

CARMEL La Playa Hotel $$$$

Camino Real at Eigth, Carmel, 93921 ((831) 624-6476 FAX (831) 624-7966 **Zimmer** 75

Das La Playa vermittelt mit seinen geräumigen Zimmern und einem Komplex von Cottages, der den zentralen Garten, die Rasenflächen und den Pool umgibt, eher ein mediterranes Flair. Es ist eine gute Option für Paare und auch für Familien mit Kindern, da einige Cottages bis zu acht Personen Platz bieten. www.laplayahotel.com

Stadtplan siehe Seiten 302–320

HOTELS

LAKE TAHOE La Porte Cabins
La Porte, CA, 95981 (530) 675-0850 **Zimmer** 15

Die malerische Ansammlung rustikaler Blockhütten erinnert an die Zeit des Goldrausches in Kalifornien. Die früher boomende Bergbaustadt hat heute nur noch einen Saloon, eine Post und einen Mini-Supermarkt. Jede der original »China Alley«-Hütten geht auf diese Zeit zurück und wurde seitdem restauriert. www.laportecabins.com

LAKE TAHOE 3 Peaks Resort and Beach Club
931 Park Ave, Tahoe, 96150 (866) 500-4886 **Zimmer** 54

Das 3 Peaks ist eine der besseren Optionen auf der kalifornischen Seite des Lake Tahoe. Es bietet hüttenähnliche Zimmer und Suiten – viele davon haben komplett eingerichtete Küchen. Sie sind damit gut geeignet für große Gruppen. Das Hotel liegt nur zwei Blocks vom Skigebiet Heavenly entfernt. www.3peakshotel.com

LAKE TAHOE Christy Inn
1650 Squaw Valley Rd, Olympic Valley, 96146 (530) 581-0454 FAX (530) 581-5631 **Zimmer** 6

Das Christy Inn liegt innerhalb von Squaw Valley, dem Austragungsort der Olympischen Winterspiele von 1960. Jedes der rustikalen, gemütlichen Zimmer hat ein Bad und bietet eine spektakuläre Aussicht auf die umliegenden Berge. Das Anwesen ist auch im Sommer ein beliebtes Ausflugsziel. Hier werden zudem viele Familienfeiern veranstaltet.

LAKE TAHOE Harrah's Lake Tahoe
Highway 50 bei Stateline, Nevada, 89449 (775) 588-6611 **Zimmer** 531

Das Hotel liegt im Bundesstaat Nevada, der als Glücksspielparadies bekannt ist. Sie sollten bei einem Aufenthalt am Lake Tahoe auf jeden Fall eines der Casinos besuchen, um die Atmosphäre dort zu schnuppern. Der Komfort steht dem von Hotels in San Francisco in Nichts nach. www.harrahs.com

LAKE TAHOE Tahoma Meadows Cottages
6821 West Lake Boulevard, Tahoma, 96142 (530) 525-1553 FAX (530) 525-0335 **Zimmer** 16

Ob Sie die B&B-Cottages oder die Selbstversorger-Hütten bevorzugen – sie werden von diesem charmanten rustikalen Anwesen begeistert sein. Viele Zimmer haben Kamine und Badewannen mit Füßen. Durch die Lage am See sind zahlreiche Sportarten, etwa Angeln, Radfahren, Rafting und Wandern, möglich. www.tahomameadows.com

LASSEN VOLCANIC NATIONAL PARK La Quinta Redding
2180 Hilltop Drive, Redding, 96002 (530) 221-8200 FAX (530) 223-4727 **Zimmer** 141

Das La Quinta Redding ist ein guter Ausgangspunkt, um den Mount Lassen Volcanic National Park und den Shasta Lake zu erkunden. Das Hotel nahe der Interstate 5 bietet Pool, Fitness-Center, Shuttle-Service zum Flughafen und kontinentales Frühstück. Saubere Zimmer und guter Service. www.lq.com

LASSEN VOLCANIC NATIONAL PARK Cornelius Daly Inn
1125 H St, Eureka, 95501 (707) 445-3638 **Zimmer** 5

Die Unterkunft liegt in einem herrschaftlichen viktorianischen Gebäude in Eureka. Bei der Renovierung der Zimmer haben die Besitzer darauf geachtet, dass der originale Charakter des Hauses mit Antikmöbeln und edler Ausstattung erhalten blieb. Der Annie Murphy's Room hat einen Kamin. www.dalyinn.com

MENDOCINO/REDWOOD NATIONAL PARK Riverbar Farm
355 Riverbar Rd, Fortuna, 95540 (707) 768-9272 FAX (707) 768-9273 **Zimmer** 4

Am besten bucht man auf dieser Farm mit Bed-and-Breakfast und nur vier Zimmern möglichst früh. Die einfachen Zimmer sind sauber und gemütlich. Auf einer Farm (und zu einem herzhaften Frühstück) wach zu werden, ist ein schönes Feriengefühl. Im Oktober gibt es ein Kürbisfest und ein Maislabyrinth für Kinder. www.riverbarfarm.com

MENDOCINO/REDWOOD NATIONAL PARK Victorian Inn
400 Ocean Ave, Ferndale, 95536 (707) 786-4949 FAX (707) 786-4558 **Zimmer** 12

Das beeindruckende Victorian Inn liegt zentral in der Innenstadt von Ferndale. Am Abend wird das Haus schön beleuchtet, in den Zimmern mischt sich viktorianischer Charme mit moderner Ausstattung. Das Restaurant Curley's bietet Essen und Trinken in geselliger Atmosphäre. www.victorianvillageinn.com

MONTEREY San Carlos Inn
850 Abrego St, 93940 (831) 649-6332 FAX (831) 649-6353 **Zimmer** 55

Das San Carlos Inn ist eine gute Wahl, es liegt nahe dem historischen Zentrum und Hafen. Die großen Zimmer sind komfortabel. Das Personal bemüht sich, den Aufenthalt der Gäste angenehm zu gestalten. Weitere Pluspunkte sind kostenloser Internet-Zugang und kostenlose Parkplätze. www.montereydaysinn.com

MONTEREY Monterey Plaza Hotel and Spa
400 Cannery Row, 93940 (831) 646-1700 FAX (831) 646-0285 **Zimmer** 300

Das luxuriöse Haus bietet von allen Hotelbereichen aus eine spektakuläre Sicht auf den Pazifischen Ozean. Der Service ist herausragend. Die Restaurants servieren innovative Gerichte und lokales Seafood. Die Umgebung lockt mit ihrer Naturschönheit. www.montereyplazahotel.com

MONTEREY The Clement Monterey Hotel
750 Cannery Row, 93940 (831) 375-4500 FAX (831) 375-4501 **Zimmer** 209

Schicker Rückzugsort in der quirligen Cannery Row. Das moderne Hotel steht im Kontrast zur grandiosen Naturgewalt des Pazifiks. Exzellenter Service, herrliche Aussicht und gut eingerichtete Zimmer. Es gibt einen Pool und ein Spa. Das Monterey Aquarium ist nur einen kurzen Spaziergang weit entfernt. www.ichotelsgroup.com

---

Preiskategorien *siehe Seite 210* **Zeichenerklärung** *siehe hintere Umschlagklappe*

NAPA-WEINANBAUGEBIET Hotel St. Helena $$$

1309 Main St St. Helena, 94574 (707) 963-4388 FAX (707) 963-5402 *Zimmer 18*

Das charmante viktorianische Hotel wurde 1890 erbaut und ist ein guter Ausgangspunkt für die Erkundung des Napa Wine Country. Jedes Zimmer ist anders gestaltet. Die elegante, mit Blumen geschmückte Lobby ist der ideale Ort, um ein Glas Wein zu genießen und Essenspläne zu schmieden. www.hotelsthelena.net

NAPA-WEINANBAUGEBIET River Terrace Inn $$$

1600 Soscol Ave, Napa, 94559 (707) 320-9000 FAX (707) 258-1236 *Zimmer 106*

Das River Terrace Inn offeriert den Besuchern des Weinanbaugebiets die preiswertesten Optionen. Auch wenn es keine spektakulären Aussichten wie andere nahe gelegene Hotels bietet, ist es eine gute Wahl. Pluspunkte sind WLAN, das Fitness-Center und ein Außenpool. www.riverterraceinn.com

NAPA-WEINANBAUGEBIET Auberge du Soleil $$$$

180 Rutherford Hill Rd, Rutherford (707) 963-1211 FAX (707) 963-8764 *Zimmer 52*

Es gibt keinen schöneren Ort im ganzen Wine Country als das Auberge du Soleil. Die Gästezimmer in kleinen Cottages überblicken das gesamte Napa Valley. Dieser Ferienort bietet jeden nur erdenklichen Komfort, dabei hat er das charmante Understatement eines französischen Anwesens. www.aubergedusoleil.com

SACRAMENTO Inn at Parkside $$$$

2116 6th St, Sacramento, 95818 (916) 658-1818 FAX (916) 658-1809 *Zimmer 7*

Das bekannte Boutique-Hotel verbindet die ganzheitliche Sensibilität Asiens mit dem Komfort Kaliforniens. Die Anlage erstreckt sich über eine weitläufige Landschaft, das kürzlich eröffnte Spa Bloom bietet vollen Service. Das einzigartige Hotel ist schnell ausgebucht. Reservieren Sie also frühzeitig. www.innatparkside.com

SAUSALITO Hotel Sausalito $$$

16 El Portal, Sausalito, 94965 (415) 332-0700 FAX (415) 332-8788 *Zimmer 16*

Das Hotel liegt nicht direkt am Meer, ist aber wegen der hohen Qualität seiner Einrichtungen gleichwohl eine gute Wahl. Jedes der komfortablen Zimmer ist individuell eingerichtet. Es gibt ein kontinentales Frühstück sowie WLAN und Faxgerät auf den Zimmern. www.hotelsausalito.com

SAUSALITO Casa Madrona $$$$

801 Bridgeway, Sausalito, 94965 (415) 332-0502 FAX (415) 332-2537 *Zimmer 61*

Das prächtige Casa Madrona ist schon seit langer Zeit das ideale Wochenendziel für Städter, die Ruhe und Erholung suchen. Das Gästehaus mit hervorragend ausgestattetem Spa-Bereich ist ein romantischer Rückzugsort und perfekt für einen entspannten Aufenthalt. Man möchte am liebsten nie mehr weg. www.casamadrona.com

SAUSALITO Inn Above Tide $$$$

30 El Portal, Sausalito, 94965 (415) 332-9535 FAX (415) 332-6714 *Zimmer 29*

Das Anwesen liegt auf Pfählen direkt oberhalb der San Francisco Bay. Alle seine Zimmer blicken aufs Meer. Zu den Zimmern gehören Terrassen und Whirlpools. Das Haus vermittelt ein romantisches Flair. Da es mitten in Sausalito liegt, ist man gleich bei den Restaurants und Läden. www.innabovetide.com

SONOMA Best Western Dry Creek Inn $$

198 Dry Creek Rd, Healdsburg, 95448 (707) 433-0300 FAX (707) 433-1129 *Zimmer 103*

Das Haus ist eines der besten Hotels im Sonoma Valley. Es bietet einfache Zimmer mit einigen Annehmlichkeiten. Beim Check-in erhalten Gäste eine Flasche Wein, einige Zimmer haben kostenlosen Internet-Zugang. Pool und Fitness-Center sind bei Familien und Reisegruppen beliebt. www.bestwestern.com

SONOMA The Raford Inn Bed and Breakfast $$$

10630 Wohler Rd, Healdsburg, 95448 (707) 887-9573 FAX (707) 887-9597 *Zimmer 6*

Das gemütliche B&B stand früher auf einem riesigen Grundstück. Davon ist nur noch ein Bruchteil übrig geblieben. Doch die natürliche Schönheit der Umgebung ist immer noch atemberaubend. Jedes Zimmer (mit Bad) hat ein Queensize-Bett. Abends wird Wein serviert. www.rafordinn.com

YOSEMITE NATIONAL PARK Curry Village $

Yosemite National Park (801) 559-5000 *Zimmer 628*

Das Curry Village ist eine geeignete Unterkunft für Reisende mit kleinem Budget und für Familien. Wer es mag, wählt seinen Schlafplatz in einem Zelt mit Gemeinschaftsbad. Wer mehr Wert auf Bequemlichkeit legt, findet auf dem großen Anwesen in einem der Motelzimmer Unterschlupf. www.yosemitepark.com

YOSEMITE NATIONAL PARK Yosemite Lodge at the Falls $$$

Yosemite National Park (209) 372-1274 FAX (209) 372-1444 *Zimmer 245*

Die Lodge am Fuß der Yosemite Falls ist ein exzellenter Ausgangspunkt, um den Nationalpark zu erkunden. Die Zimmer sind einfach eingerichtet, aber das Hotel bietet Zusatzleistungen wie WLAN, Pool und Fahrradvermietung. Das Freilufttheater zeigt häufig Aufführungen. www.yosemitepark.com

YOSEMITE NATIONAL PARK Ahwahnee Hotel $$$$

Yosemite National Park (209) 372-1407 FAX (209) 372-1463 *Zimmer 123*

Das Ahwahnee ist einer der großartigsten Orte in ganz Kalifornien. Das Gebäude von 1927 in spektakulärer Lage im Nationalpark ist als National Historic Landmark gelistet. Fünf-Sterne-Restaurant, grandiose öffentliche Räume und tadelloser Service. www.yosemitepark.com

Restaurants

San Francisco bietet mehr als 5000 Lokale, darunter viele, in denen man preiswert sehr gut essen kann. Da die Versorgung mit frischen Produkten, u. a. mit Seafood, sehr gut ist, wurde San Francisco zur Keimzelle der innovativen »California Cuisine«. Zudem kam die Stadt als internationaler Hafen mit den Kochkulturen der verschiedensten Nationalitäten *(siehe S. 40f)* in Kontakt. In der Restaurantauswahl auf den Seiten 228–241 finden Sie typische Restaurants. Lokale für kleinere Mahlzeiten und Snacks sind auf Seite 243 aufgeführt, Cafés in San Francisco auf Seite 242.

Label von Anchor Steam Beer

Restaurants in San Francisco

Die Stärke der Gastronomie liegt in der Vielfalt der Speisen aus aller Welt, die man hier bekommt. Die beliebtesten Restaurants befinden sich im Stadtzentrum sowie im Bereich von South of Market. Auch die Chestnut Street im Marina District und der Abschnitt der Fillmore Street zwischen Bush Street und Jackson Street bieten lohnenswerte Lokale. Italienische Küche findet man in North Beach, lateinamerikanische im Mission District. In Chinatown gibt es neben vielen chinesischen auch kambodschanische, vietnamesische und thailändische Restaurants. Weitere chinesische Lokale finden Sie an Geary Boulevard und in der Clement Street im Richmond District.

Schild des Lokals Alioto's *(siehe S. 231)*

Einige Restaurants halten sich an die Richtlinien der American Heart Association's zur Fett- und Cholesterinreduktion. Ein rotes Herz neben einem Gericht bedeutet, dass es sich um ein herzgesundes Gericht mit wenig Cholesterin und Fett handelt. Viele Lokale machen auch Kalorienangaben.

Weitere Essmöglichkeiten

Außer den üblichen Restaurants bietet San Francisco auch eine reiche Auswahl anderer Lokalitäten. Viele Hotels haben ausgezeichnete Restaurants, in denen nicht nur die Hotelgäste bewirtet werden. Einige von ihnen zählen zu den besten Gastronomiebetrieben der Stadt. Andere Hotels bieten mittags und abends Büfetts. Viele besitzen auch Coffee Shops, in denen man frühstücken oder noch spät am Abend etwas essen kann. Im Financial District gibt es zudem einige Delikatessenläden, die Salate und Sandwiches anbieten. Fast-Food-Lokale findet man überall in der Stadt, Straßenstände verkaufen mexikanische Speisen wie Maismehltortillas mit Gemüsefüllung oder *burritos* (Weizenmehltortillas mit Fleisch, Gemüse oder Bohnen).

Microbrewery Bars

In der Welt des Biers sind die Mikrobrauereien relativ neu. Brauer servieren hier eine Auswahl an nationalen und internationalen Biersorten und brauen direkt vor Ort Spezialbiere wie das berühmte Anchor Steam Beer. Falls ein lokales Bier Erfolg hat, wird es bisweilen national und international vermarktet. In den entsprechenden Bars wird auch eine Auswahl an Snacks serviert.

Opulenter Speiseraum eines höherpreisigen Restaurants

Essenszeiten und Preise

Die Preise sind sehr unterschiedlich und hängen auch von der Tageszeit ab. Frühstück gibt es zwischen 7 und 11 Uhr. Es ist oft reichhaltig und kostet acht bis 15 US-Dollar. Brunch wird samstags und sonntags zwischen 10 und 14 Uhr serviert und kostet etwa sieben bis 20 US-Dollar. Zum Lunch, zwischen 11 und 14.30 Uhr, gibt es eine leichte Mahlzeit für etwa sechs US-Dollar. In Spitzenrestaurants ist das Essen mittags meist preiswerter als am Abend, aber keineswegs billig. Dinner gibt es ab etwa 18 Uhr. In vielen Restaurants schließt die Küche gegen 22 Uhr.

Salate und Vorspeisen kosten zwischen fünf und acht, Hauptgerichte zwischen zehn und 25 US-Dollar. In edleren Restaurants kann ein Essen bis zu 75 US-Dollar kosten –

Kellner, der an einer Espressomaschine ein Getränk zubereitet zuzüglich 30 bis 50 US-Dollar für eine Flasche Wein. Einige wenige Lokale sind die ganze Nacht über geöffnet.

Preiswert essen

Zur Schonung des Geldbeutels können Sie ein ausgiebiges spätes Frühstück einnehmen. Mittags kaufen Sie am besten frisches Obst und einen Snack zum Mitnehmen. Im Restaurant kann man sich die meist üppigen Hauptgerichte zu zweit teilen. Sie können auch die kostenlosen Speisen, die viele Bars im Zentrum zwischen 16 und 18 Uhr anbieten, nutzen. Mitunter sind im Getränkepreis Wan Tans (chinesische Teigtaschen) eingeschlossen. Einige Empfehlungen zu Bars finden Sie auf Seite 270f. Viele Lokale offerieren verbilligte Menüs. So gibt es im Chez Panisse *(siehe S. 239)* in Berkeley jeden Dienstag ein viergängiges Menü zum halben Preis.

Steuern und Trinkgeld

Zu den Essenspreisen kommt eine Umsatzsteuer von 9,5 Prozent hinzu. Bedienung ist normalerweise nicht inbegriffen – außer Sie sind sechs und mehr Personen. Trinkgeld (etwa 15 Prozent der Rechnungssumme) wird also erwartet. Einheimische verdoppeln den Umsatzsteuerbetrag und runden das Trinkgeld danach auf oder ab. Man kann es auf dem Tisch liegen lassen oder zum Rechnungsbetrag hinzuaddieren, wenn man mit Kreditkarte bezahlt.

Italienisches Flair in San Francisco

Kleidung

Wie überall in Kalifornien sind auch die Restaurantbesitzer in San Francisco tolerant, was Kleidung anbelangt. In den meisten Lokalen ist man in T-Shirt und Jeans willkommen. In besonders eleganten Restaurants wird jedoch erwartet, dass auch die Gäste entsprechend angezogen sind. Ansonsten ist Gesellschaftskleidung nur in den Restaurants der Nobelhotels erforderlich.

Reservierung

Am besten reserviert man immer, um eine Enttäuschung zu vermeiden. Beliebte Lokale sind für das Wochenende meist schon eine Woche vorher ausgebucht. Unter der Woche reicht es, wenn Sie am Vortag reservieren. Ohne Vorbestellung müssen Sie warten, bis ein Tisch frei wird – was auch mit Reservierung passieren kann. Überbrücken Sie die Wartezeit mit einem Cocktail oder einem lokalen Bier an der Bar.

Rauchen

Seit 2005 ist das Rauchen in San Francisco in Parks, auf öffentlichen Plätzen und allen städtischen Flächen verboten. In ganz Kalifornien ist das Rauchen in Innenräumen untersagt, außer die Gebäude haben spezielle Entlüftungssysteme, sodass der Rauch nicht stört. Einige Restaurants haben Raucherzonen im Freien oder auch an der Bar.

Mit Kindern essen

Gut erzogene Kinder sind in allen Lokalen willkommen, doch fühlt man sich als Gast mit Kindern in einigen Edelrestaurants eher etwas unbehaglich. In Lokalen, die mehr auf Familien eingerichtet sind, etwa die Italiener in North Beach oder die Dim-Sum-Häuser in Chinatown am Sonntagvormittag, sind die Kleinen gern gesehene Gäste. Auch in den Speisesälen der Hotels ist man auf Kinder eingestellt. Die meisten Lokale haben Kinderstühle, Kinderportionen und eine spezielle Speisekarte. Das Mindestalter für den Konsum alkoholischer Getränke beträgt 21 Jahre – diese Regelung wird überall strikt befolgt. Bars dürfen Kinder nur dann besuchen, wenn sie dort in der Begleitung eines Erwachsenen eine Mahlzeit einnehmen.

Behinderte Reisende

Seit 1992 sind alle Restaurants gesetzlich verpflichtet, auch Gästen im Rollstuhl den Zutritt zu ermöglichen. Die Lokale sollten barrierefrei sein sowie breite Eingangs- und Toilettentüren haben. Die meisten Lokale erfüllen diese Voraussetzung. Neue Restaurants werden entsprechend gebaut. In einigen Fällen, etwa bei historischen Gebäuden, ist es jedoch sinnvoll, sich vorher zu erkundigen.

Der Parkplatz von Mel's Drive-In *(siehe S. 228)*

San Franciscos Spezialitäten

Die kulinarische Vielfalt der kalifornischen Metropole ist kaum zu überbieten – das Angebot an internationalen Küchen ist riesengroß. Viele glauben, dass man sich allein am Geruch in den Straßen San Franciscos orientieren kann. Groß ist die Auswahl an mexikanischen *taquerias*, die für ihre pikanten Gerichte bekannt sind, vor allem im Mission District. Im italienischen Viertel mischt sich der Duft von Espresso mit dem Geruch von Marinarasaucen. Über Chinatown wabern Düfte von Dim Sum und knusprig gebratenen Enten. Zum süßen Finale versorgt man sich mit Schokolade von der Fabrik am Ghirardelli Square.

Avocados

Chefkoch Yoshi Kojima bereitet einen Karpfen zu

Kalifornische Küche

Die California Cuisine hat ihren Ursprung in der Bay Area. Die Vielfalt an frischen Produkten in Nordkalifornien lässt den Köchen viel Platz für Variationen und Kreativität. Man arbeitet hier eng mit den Produzenten der Lebensmittel zusammen. Was der Kellner serviert, wurde unter Umständen erst wenige Stunden zuvor geerntet bzw. gefangen. Dies gilt z.B. für Salate, die – kaum geerntet – frisch zubereitet werden, oder für Tomaten, die noch so saftig sind, dass man beim Verzehr mit Sicherheit zur Serviette greift. Der bunte Mix von unterschiedlichsten Agrarprodukten inspiriert die Köche in San Francisco immer wieder zu neuen Kreationen, die oft genial einfach sind. Ein Genuss sind z.B. Artischockenherzen mit saftigen Zitronenscheiben oder hauchdünne Scheiben von Thunfisch über einem Reigen von buntem Gemüse der Saison.

Asiatische Küche

In Chinatown kommen Sie an der chinesischen Küche nicht vorbei. Die Qualität der

Auswahl an Fisch und Krustentieren — Schwertfisch, Lachs, Hummer, Forelle, Seezunge, Thunfisch, Venusmuscheln, Jakobsmuschel

Typische Gerichte

Als Schmelztiegel der Kulturen bietet San Francisco nicht nur die Küche Mexikos, Italiens und Asiens, sondern auch kreative Mischungen aus all diesen Stilen. Die einzelnen Küchen inspirieren einander. Die Köche brachten und bringen eine Vielzahl neuer Gerichte hervor, deretwegen San Francisco die Bezeichnung »Paradies für Feinschmecker« erhielt. Schwelgen Sie in den kulinarischen Genüssen – sie reichen von im Wok gebratenem Gemüse bis zu gedünstetem Seafood in Ingwersauce. Runden Sie Ihr Mahl dann mit einem Stück Sauerteigbrot (Sourdough bread) ab, das während der Goldgräberzeit Mitte des 19. Jahrhunderts nach San Francisco kam und den Goldgräbern den Spitznamen »Sourdoughs« eintrug.

Dim Sum

Muschelsuppe, *eine cremige Suppe im Sauerteig-Brötchen, wird in Lokalen in Fisherman's Wharf serviert.*

SAN FRANCISCOS SPEZIALITÄTEN

Hinter der Theke einer typischen mexikanischen *taqueria*

Speisen hier ist legendär. Oft sieht der Gast die Zutaten, bevor er seine Mahlzeit bestellt: Riesige Karpfen ziehen in massiven Aquarien träge ihre Kreise, kräftige Aale bewegen sich durch das Seegras. Aus großen Säcken duften einzelne Gewürzsorten um die Wette, Holzkisten sind mit Pak Choy und Frühlingszwiebeln prall gefüllt. Werfen Sie einmal einen Blick in eine Küche, um zu sehen, wie der Koch routiniert eine ganze Ente in hauchdünne Scheiben teilt, die Ihnen auf der Zunge zergehen werden. Kaum anderswo außerhalb Asiens ist die chinesische Küche authentischer als hier, schließlich verfügt San Franciscos Chinatown über die zweitgrößte chinesische Gemeinde außerhalb des Reichs der Mitte.

Mexikanische Küche

Die Energie der Stadt zeigt sich in den herzhaften mexikanischen Speisen, die zudem ausgesprochen preiswert sind. Probieren Sie einen *burrito*, eine mit Bohnen, Reis und Rindfleischstücken gefüllte Teigtasche – für den Rest des Tages sind Sie dann satt. Von Pintobohnen und Safranreis bis zu dampfenden, mit Spinat gefüllten Tortillas und sonnengereiften Tomaten bieten die allgegenwärtigen *taquerias* reichhaltige Gaumenfreuden.

Taschenkrebse

Die als *dungeness crabs* bezeichneten Taschenkrebse sind für ihr delikates Fleisch bekannt. In der Saison (Mitte Nov – Juni) isst man sie in allen Variationen, häufig als Suppe mit Sauerteigbrot.

Krabben und Muscheln an einem Stand in Chinatown

Beliebte Gerichte

Cioppino Eintopf auf Tomatenbasis mit Fischstücken und Schaltieren.

Dim Sum Chinesische Mittagsspezialität. Die kleinen Teigtaschen – gedünstet oder gebraten – sind mit Fleisch, Fisch oder Gemüse gefüllt.

Hangtown fry Omelett mit panierten Austern und Speck.

Petrale sole Dieser delikate Fisch wird in der Regel leicht gedünstet serviert.

Tortilla Das flache, runde Fladenbrot zählt zu den Klassikern der mexikanischen Küche. Es bildet die Grundlage für Gerichte wie *burritos*, *quesadillas* und *tacos*.

Mariniertes Steak *mit Knoblauch und Zitrone gibt es in den italienischen Restaurants in North Beach.*

Thunfisch auf asiatische Art *ist Ahi mit einer Salsa aus Shiitake-Pilzen und Szechuan-Pfeffer.*

Ghirardelli Tiramisu *heißt die süße Sünde aus Mascarpone, Ghirardelli-Schokolade, Sahne und Kaffeelikör.*

Getränke

Kalifornien zählt heute zu den größten und interessantesten Weinanbaugebieten der Welt. Die besten Weine stammen aus dem Napa Valley und dem Sonoma Valley. Meist werden dort die klassischen europäischen Rebsorten angebaut, doch im Gegensatz zu Weinen aus Europa werden die kalifornischen nicht nach den Anbaugebieten, sondern nach den Traubensorten klassifiziert. Die lokalen Biersorten und Mineralwässer sind gleichfalls populär.

Das nördliche Sonoma Valley bietet das ideale Klima für die empfindlichen Pinot-Noir-Reben

Rotwein

Das milde Klima mit seinen kühlenden Sommernebeln ist ideal für den Weinbau. Die wichtigsten roten Traubensorten der Region sind Cabernet Sauvignon, Pinot Noir, Merlot und Zinfandel. Am verbreitetsten ist der Cabernet Sauvignon, von dem es überall erstklassige Jahrgänge gibt. Seitdem die Winzer den temperamentvollen Charakter des Pinot Noir, aus dem die legendären französischen Burgunderweine gekeltert werden, zu zähmen wissen, erfreut er sich wachsender Beliebtheit. Das feuchte Anderson Valley in Sonoma und die Carneros im Napa Valley haben sich zu den bedeutendsten Anbaugebieten entwickelt. Merlot, die Grundlage vieler roter Bordeaux-Weine, und Zinfandel, eine vollmundige Rebsorte, werden überall in Kalifornien angebaut.

Pinot Noir   **Cabernet Sauvignon**

Zinfandel – von leicht und fruchtig bis (bei den besten Weinen) schwer und dunkel.

Cabernet Sauvignon – säuerlicher Johannisbeergeschmack mit milder Eichennote.

Merlot – kräftig und weich, meist verschnitten, um andere Sorten fruchtiger zu machen.

Pinot Noir – blumige Eleganz und zartes Erdbeeraroma zeichnen edle Züchtungen aus.

Rebsorte	Guter Jahrgang	Namhafte Erzeuger
Rotwein		
Cabernet Sauvignon	07, 04, 03, 02, 97, 96, 94, 93, 91, 90	Caymus Vineyards, Château Montelana, Jordan, Kistler Vineyards, Ridge, Robert Mondavi Vinery, Stag's Leap, Swanson
Pinot Noir	06, 04, 03, 02, 01, 99, 97, 96, 95, 93, 92, 91	Au Bon Climat, Byron, Calera, Cuvaison, De Loach, Etude, Sanford, Saintsbury
Merlot	05, 04, 02, 01, 99, 96, 95, 91, 90	Château St Jean, Duckhorn Vineyards, Newton, Pine Ridge, Robert Sinskey, Whitehall Lane Reserve
Zinfandel	08, 03, 01, 96, 95, 91, 90	Clos du Val, Farrell, Fetzer, Frog's Leap, Kunde, Rabbit Ridge, Ravenswood, Ridge, Turley
Weißwein		
Chardonnay	07, 05, 04, 03, 02, 01,97, 96, 95, 94, 91, 90	Au Bon Climat, Beringer, Forman, De Loach, Far Niente, Kent Rasmussen, Kitzler, Peter Michael, Robert Sinskey, Sterling Vineyards
Semillon	06, 05, 03, 02, 96, 95, 94, 91, 90	Alban, Calera, Cline Cellars, Joseph Phelps, Niebaum-Coppola, Wild Horse
Sauvignon Blanc	06, 05, 03, 02, 99, 97, 96, 95, 94, 91, 90	Cakebread, De Loach, Frog's Leap, Joseph Phelps, Robert Mondavi Winery, Spottswoode

GETRÄNKE

Weißwein

Char-
donnay

Ökologischer
Chardonnay

Wie die Rotweine werden auch die Weißweine nach der Rebsorte klassifiziert, wobei der Chardonnay am beliebtesten ist. Diese Trauben liefern sowohl Weine, die trocken und leicht (mit einem Hauch von Zitrone und Vanille) sein können, als auch schwere Weine mit Eichengeschmack. Darüber hinaus gibt es über ein Dutzend andere Weißweinsorten und Verschnitte sowie Weine aus ökologischem Anbau.

Sauvignon Blanc – von klaren und rassigen bis zu schmeichelhaft sanften Nuancen.

Chardonnay – häufig in französischen Eichenfässern gereift und mit einem zarten Vanille-Aroma.

Weinprämierung von 1976

Bei einer Blindverkostung des Weinexperten Steven Spurrier am 24. Mai 1976 verhalfen französische Preisrichter einem kalifornischen Rotwein (Stag's Leap Cabernet Sauvignon 1973, Napa Valley) und einem Weißwein (Château Montelana Chardonnay 1973, Napa Valley) auf den ersten Platz. Sechs der besten zehn Weine jeder Kategorie stammten gleichfalls aus Kalifornien – ein Ergebnis, das die Weinwelt aufrüttelte. In den folgenden zehn Jahren investierten namhafte französische Weinerzeuger wie Baron de Rothschild in eigene kalifornische Weingüter.

Weißer Zinfandel – oft etwas rosafarben und lieblich, ein leichter Genuss.

Chenin Blanc – trocken und klar im Geschmack, daher für Cuvées gut geeignet.

Schaumwein

Allein schon die Tatsache, dass die renommiertesten Weinerzeuger Frankreichs Investitionen in Kalifornien vornahmen, ist ein Beleg dafür, dass sich hier erstklassiger Sekt produzieren lässt. Moët & Chandon, Mumm u.a. haben Kellereien im Napa Valley. Gemeinsam mit den einheimischen Produzenten Schramsberg und Korbel trugen sie dazu bei, dass die Westküste einen internationalen Ruf für hervorragenden »Champagner« zu erschwinglichen Preisen genießt.

Schaum-
wein

Bier

Die Renaissance kleiner US-Brauereien in jüngster Zeit geht auf den Erfolg der Anchor-Brauerei in San Francisco zurück, deren Steam Beer, Liberty Ale und sonstige Produkte zeigen, dass amerikanisches Bier Charakter haben kann. Andere interessante, regionale Biere sind das kräftige Boont Amber und Red Tail Ale aus Mendocino County.

Andere Getränke

Kaffee in allen Varianten bekommt man überall in der Stadt an Kiosken, in Cafés und Restaurants. Groß ist auch die Auswahl an Tees.

Espresso

Cappuccino

Milch-
kaffee

Wasser

Die gesundheitsbewussten Bewohner der Stadt trinken Mineralwasser aus der Region, wobei das beste aus Calistoga im Napa Valley kommt. Viele, meist kohlensäurehaltige Mineralwässer werden mit frischem Obst aromatisiert. Auch Leitungswasser ist frisch und sauber.

Red Tail
Ale

Liberty
Ale

Anchor
Steam Beer

Mineralwasser
aus Calistoga

Restaurantauswahl

Die aufgeführten Restaurants wurden aus verschiedenen Preiskategorien wegen ihrer hervorragenden Küche, ihres guten Angebots und ihrer interessanten Lage ausgewählt. Sie sind nach Stadtteilen für San Francisco und die umliegenden Gebiete aufgeführt und innerhalb ihrer Preiskategorie alphabetisch aufgelistet.

PREISKATEGORIEN
Die Preise gelten für ein Drei-Gänge-Menü pro Person mit einem Glas Hauswein, Gedeck, Steuern und Service:

$ unter 25 US-$
$$ 25–35 US-$
$$$ 35–50 US-$
$$$$ 50–70 US-$
$$$$$ über 70 US-$

Presidio

Good Luck Dim Sum — $
736 Clement St, 94118 (415) 386-3388
Stadtplan 3 A5 Karte G5

Das beliebte Lokal bietet frischeste Dim Sum zu Tiefstpreisen. Lange Warteschlangen bilden sich für Essen zum Mitnehmen. An den Tischen im hinteren Teil kann man zügig essen. Das Angebot im Good Luck wird schon am frühen Nachmittag kleiner, am Vormittag hat man die beste Auswahl.

King of Thai — $
639 Clement St, 94118 (415) 752-5198
Stadtplan 3 A5 Karte G5

Die äußerst preiswerten Nudelgerichte und die langen Öffnungszeiten machen das King of Thai zum Kassenschlager. Viele Zweigstellen dieser Restaurantkette haben lange geöffnet, akzeptieren allerdings keine Kreditkarten oder Schecks. Es gibt auch vegetarische Hauptgerichte.

The Warming Hut — $
Marine Drive und Long Ave, 94129 (415) 561-3040
Stadtplan 2 F2 Karte F1

An kalten Tagen, die es in San Francisco durchaus gibt, kann man sich hier bei einem Kaffee und Sandwich aufwärmen. Die eigentliche Attraktion ist jedoch die Aussicht: das wunderbare Panorama von San Francisco. Das Etablissement ist der perfekte Anlaufpunkt nach einem Spaziergang über die Golden Gate Bridge.

Presidio Social Club — $$$
563 Ruger St, 94129 (415) 885-1888
Stadtplan 3 C3 Karte H3

Der Retro-Chic des hippen Restaurants zieht die Leute sowohl zum Mittag- als auch zum Abendessen an. Das coole Interieur in einem renovierten Haus verstrahlt Lässigkeit. Zum Brunch ist es weniger überfüllt, obwohl dieser hochgelobt wird. Die Karte verzeichnet Klassiker wie Käse-Makkaroni und Hamburger.

Sociale — $$$
3665 Sacramento St, 94118 (415) 921-3200
Stadtplan 3 B4 Karte H4

Ein verstecktes Juwel und ein Favorit der Einheimischen. Romantisch: der beheizte Patio. Die Karte wechselt je nach Saison, bietet aber immer lokale Zutaten, Bio-Fleisch und -Fisch und hausgemachte Pasta. Denken Sie daran, dass sonntags Ruhetag ist. Beeindruckende Weinkarte.

Pacific Heights und Marina

La Méditerranée — $
2210 Fillmore St, 94115 (415) 921-2956
Stadtplan 4 D4 Karte K4

Auf kleinstem Raum bietet das Méditerranée mediterrane Spezialitäten wie Hummus und Falafel – plus preisgünstigen Hauswein. Der alte Treff für die Bewohner der Umgebung stellt eine fliegende Taube zur Schau. Der Name des früheren Pächters prangt immer noch auf dem Bleiglasfenster über der Tür. Es gibt auch eine Filiale in Berkeley.

Liverpool Lil's — $
2942 Lyon St, 94123 (415) 921-6663
Stadtplan 3 C3 Karte J3

Liverpool Lil's Beliebtheit für Mittag- und Abendessen beruht auf starken Getränken an der Bar, freundlichem Service und solidem Kneipenessen (u. a. üppige Salate, Pfeffersteaks, sehr gute Hamburger). Bei schönem Wetter blickt man von Tischen im Freien auf den westlichen Presidio. Das Lokal öffnet spät und serviert bis nach Mitternacht.

Mel's Drive-In — $
2165 Lombard St, 94123 (415) 921-2867
Stadtplan 3 C3 Karte J3

Das Diner im Look der 1950er Jahre ist nicht ganz stilecht, kommt aber mit seiner Ausstattung, den Musikboxen und entsprechend gekleideten Bedienungen dem Original nahe. Perfekt für Hamburger mit Pommes frites, reichhaltige Milchshakes, einen Snack spätabends oder zum Frühstück mit Eiern und Bratkartoffeln.

Zeichenerklärung siehe hintere Umschlagklappe

PRESIDIO, PACIFIC HEIGHTS UND MARINA

Wok Shop Café
1307 Sutter St, 94109 (*(415) 771-2142*   **Stadtplan** 4 F4 **Karte** M4

In dem chinesischen Lokal der Western Addition sind vor allem die Suppen beliebt, egal ob sie scharf, süßsauer, mit Wan Ran oder Eierstich sind. Die Besitzerin Nancy ist bei der Auswahl behilflich. Das Dekor ist einfach, wichtig ist das Essen. Unschlagbar, wenn man ein schnelles herzhaftes chinesisches Mahl haben will.

Balboa Café
3199 Fillmore St, 94123 (*(415) 921-3944*   **Stadtplan** 4 D2 **Karte** J/K3

Die Klassiker des Balboa Café sind der bewährte Mittagstisch und der Brunch. Es liegt in einem Areal mit vielen trendigen Bars, das als »Triangle« bekannt ist. Man muss hier unbedingt die Hamburger probieren. Nach dem Abendessen wird das Restaurant zum Treffpunkt für über 30-Jährige.

Brazen Head
3166 Buchanan St, 94123 (*(415) 921-7600*   **Stadtplan** 4 D2 **Karte** K2–3

Das dunkle, kneipenähnliche Lokal ist ein beliebter Anlaufpunkt für diejenigen, die Lust auf traditionell gegrillte Steaks, Scotch mit Eis und ein ruhiges Gespräch spät in der Nacht haben, wenn andere Restaurants bereits geschlossen sind. Gäste kennen die Adresse – es gibt kein Schild.

Fresca
2114 Fillmore St, 94115 (*(415) 447-2668*   **Stadtplan** 4 D4 **Karte** J/K3

Das peruanische Restaurant besitzt eine landestypische Ausstattung mit einer offenen Küche. Es gibt viele Fleisch- und Fischgerichte. Spezialitäten sind *ceviche*, basierend auf Heilbutt mit Ingwer, *amarillo aji* (gelber, peruanischer Chili) und *parihuela* (Bouillabaisse). Das legere Ambiente findet großen Anklang.

Pane e Vino
1715 Union St, 94123 (*(415) 346-2111*   **Stadtplan** 4 E2 **Karte** L3

Das Pane e Vino ist ein guter Platz für ein Mittag- oder Abendessen in der Shopping-Maile Union Street. Bei schönem Wetter kann man in dem herrlich gestalteten Innenhof sitzen und Pasta und gegrillte italienische Spezialitäten zusammen mit köstlichem, frisch gebackenem Brot genießen.

Rose's Café
2298 Union St, 94123 (*(415) 775-2200*   **Stadtplan** 4 D3 **Karte** K3

Das italienisch inspirierte Rose's Café bietet Tische im Freien am ruhigeren Ende der Union Street. Das Innere ist leuchtend Gelb mit großen Fenstern. Besonders beliebt unter der Woche ist der Mittagstisch (gute Salate und Pasta), am Wochenende der Brunch. Gutes French Toast, Frühstückspizzas sowie eine hervorragende Weinkarte.

A16
2355 Chestnut St, 94101 (*(415) 771-2216*   **Stadtplan** 3 C2 **Karte** J2

Das Lokal produziert in einem Holzkohleofen delikate Pizzas. Ansonsten ist es ein Ort, um zu sehen und gesehen zu werden. Sehr lecker sind die Fleischbällchen, die hausgeräucherte Salami sowie die Pasta. Da das Restaurant sehr beliebt ist, sollte man vorab reservieren.

Betelnut
2030 Union St, 94123 (*(415) 929-8855*   **Stadtplan** 4 E2 **Karte** L3

Das Lokal serviert zeitgenössische asiatische Küche und erhält Charakterisierungen von »ländlich asiatisch« bis »sexy gemütlich«. Es gibt eine große Auswahl an Salaten, Teigtaschen, Nudelgerichten und großen Platten mit Seafood, Schweinefleisch, Rindfleisch und Hühnchen.

Citizen Cake
2125 Fillmore St, 94114 (*(415) 861-2228*   **Stadtplan** 4 D4 **Karte** K4

Riesige Panoramafenster erhellen dieses Lokal in einem modernen Industriebau, der eine schicke Klientel anzieht. Die Karte wechselt alle drei bis vier Monate, enthält aber immer Sandwiches aus selbst hergestelltem Brot und Salate aus lokalen Produkten. Die Desserts sind traumhaft.

Elite Café
2049 Fillmore St, 94115 (*(415) 673-5483*   **Stadtplan** 4 D4 **Karte** K4

Das Café im Herzen der Shopping-Maile Fillmore Street ist eine Institution. Ruhige Sitznischen und eine Bar, die frische Austern und harte Drinks serviert, ziehen die Gäste an. Die Gumbos (Eintöpfe) im Südstaaten-Stil und die Jambalayas (Reispfannen) gibt es auch beim Brunch am Wochenende.

Greens
Building A, Fort Mason Center, 94123 (*(415) 771-6222*   **Stadtplan** 4 E1 **Karte** K/L1–2

Das Greens gilt als das renommierteste vegetarische Restaurant in der Stadt. Die hellen Wände und der Blick auf die Golden Gate Bridge sind die perfekte Kulisse für die fantasievollen fleischlosen Delikatessen, die auch Fleischfans schmecken. Der Brotkorb ist immer voller außergewöhnlicher Kreationen aus der hauseigenen Bäckerei.

Izzy's Steak and Chop House
3345 Steiner St, 94123 (*(415) 563-0487*   **Stadtplan** 4 D2 **Karte** K3

Im Izzy's dreht sich alles ums Fleisch (Schwein, Rind und Geflügel) – traditionell zubereitet und mit Beilagen wie überbackenen Kartoffeln und Rahmspinat. Es gibt einige Fischspezialitäten (vor allem Lachs), die Salate sind außergewöhnlich. Innen erinnert das Lokal mit seinen dunklen Holzpaneelen an einen Herrenclub früherer Zeiten.

Chapeau! $$$$
126 Clement St, 94118 (415) 750-9787 **Stadtplan** 3 A5 **Karte** G5

Das Lokal im Richmond District ist ein einladendes Bistro mit französischem Flair. Auf der Karte finden sich Gerichte wie foie gras, Muscheln oder Trio vom Lachs. Besonders preisgünstig sind die Drei- oder Vier-Gänge-Menüs. Chefkoch Philippe begrüßt oft seine Gäste persönlich. Reservierung empfohlen.

Isa $$$$
3324 Steiner St, 94123 (415) 567-9588 **Stadtplan** 4 D2 **Karte** K3

Das hippe Lokal in Marina kombiniert französisches Bistro-Flair mit kalifornischer Dynamik. Das Essen ist stil- und geschmackvoll. Zu den Spezialitäten gehören gedämpfte Jakobsmuscheln mit Sommermais, Trüffel-Risotto und Lammkeule. Die kleinen Portionen kann man gut teilen. Reservierung empfohlen. *So geschlossen.*

Fisherman's Wharf und North Beach

Caffè Greco $
423 Columbus Ave, 94133 (415) 397-6261 **Stadtplan** 5 B3 **Karte** T1

Wenn Sie eine Pause brauchen, sollten Sie in diesem Wahrzeichen am North Beach auf eine Tasse starken Espresso und ein hausgemachtes Tiramisu oder ein erfrischendes Eis einkehren. Die Tische an der Straße machen das Caffè Greco zu einem großartigen Ort, um Leute zu beobachten.

Capp's Corner $
1600 Powell St, 94133 (415) 989-2589 **Stadtplan** 5 B3 **Karte** T1

Als preisgünstige Option für Familien verkörpert das Capp's Corner die amerikanische Version italienischer Küche. Erwarten Sie keine feinen Speisen, dafür aber große Portionen aller traditionellen Gerichte. Das 1960 eröffnete Restaurant bietet eine Fotogalerie mit Aufnahmen berühmter Gäste.

Brandy Ho's $$
217 Columbus Ave, 94133 (415) 788-7527 **Stadtplan** 5 C3 **Karte** U1

Das winzige Restaurant genießt wegen seiner delikaten authentischen Hunan-Gerichte einen guten Ruf. Seien Sie vorgewarnt – »medium spicy« bedeutet scharf, während »hot« teuflisch scharf ist. Clevere Gäste wissen, dass man die Schärfe mit Reis, nicht mit Wasser bezwingt. Bestellen Sie lieber »mild«, um Ihr Essen zu genießen.

Buena Vista Café $$
2765 Hyde St, 94109 (415) 474-5044 **Stadtplan** 5 A1 **Karte** U1

Das über 100 Jahre alte Etablissement ist für seinen Irish Coffee bekannt. Die Lage in Fisherman's Wharf mit den Cable Cars vor den Fenstern und der Aussicht auf die gesamte Golden Gate Bridge ist grandios. Serviert wird herzhaftes Essen. Doch Vorsicht: Das Café ist schnell überfüllt und dann auch sehr laut.

Caffè Macaroni $$
59 Columbus, 94111 (415) 956-9737 **Stadtplan** 5 C3 **Karte** U1

Das immer volle, zweistöckige Esslokal bietet gute Pasta (die sahnige Pasta Alfredo ist ein Favorit) und Fleischgerichte. Besucher wie Einheimische kommen gern hierher. Das geschäftige Café ist bekannt für seine freundlichen und motivierten Kellner sowie für seine großen Portionen, die auch den größten Hunger stillen.

Caffè Sport $$
574 Green St, 94133 (415) 981-1251 **Stadtplan** 5 C3 **Karte** N2–3

Große Familienportionen mit in Knoblauch getränktem Gemüse, Spaghetti bolognese, *cioppino* (Seafood-Eintopf) oder hervorragender *ziti*-Pasta in Marinarasauce werden von stolzen Kellnern serviert. Sie geben ihren Gästen allerdings gern Empfehlungen – einfach fragen. Das Ambiente ist laut und geschäftig.

Fog City Diner $$
1300 Battery St, 94111 (415) 982-2000 **Stadtplan** 5 C2 **Karte** P2

In dem mit Chrom ausgestatteten Esslokal steht Wohlfühlessen wie Knoblauch-, Lauch- und Basilikumbrot, Cheddarbiskuits und Schweine-*burritos* zusammen mit Burgern und Pommes auf der Speisekarte. Der Wochenendbrunch bietet Neuinterpretationen alter Gerichte, wie geräuchertes Geflügelhaschee mit Eiern.

Il Fornaio $$
1265 Battery St, 94111 (415) 986-0100 **Stadtplan** 5 C2 **Karte** P2

Das Lokal gehört zu einer Kette, die wegen ihrer hervorragenden Backwaren einen guten Ruf genießt und die Gäste mit frisch gebackenem Brot, delikaten Pastagerichten sowie gegrilltem Fleisch und Fisch anzieht. Die köstlichen Butternusskürbis-Ravioli in Buttersauce werden als Vorspeise wie auch als Hauptgericht serviert.

The House $$
1230 Grant Ave, 94133 (415) 986-8612 **Stadtplan** 5 C3 **Karte** N2–3

Gäste schwärmen vom butterweichen Wolfsbarsch dieses unprätentiösen Restaurants im Herzen von North Beach. Wer in North Beach nicht italienisch essen möchte, kann sich hier an die asiatischen, teils ausgefalleneren Gerichte halten. Da das Lokal relativ klein ist, sollte man unbedingt reservieren.

Preiskategorien *siehe Seite 228* **Zeichenerklärung** *siehe hintere Umschlagklappe*

The Stinking Rose
325 Columbus Ave, 94133 (415) 781-7673   Stadtplan 5 C3   Karte U1

Das Lokal macht seinem Namen alle Ehre und verwendet in jedem Gericht Knoblauch – sogar im Dessert. Dieses norditalienische Pasta- und Pizza-Restaurant ist wegen des unüblichen Namens häufig von Neugierigen überlaufen, worunter Service und Qualität gelegentlich leiden.

Zarzuela
2000 Hyde St, 94109 (415) 346-0800   Stadtplan 5 A3   Karte R1

Der Mix aus leckeren Tapas – von gegrillten Gambas bis zu herzhaften *albondigas* (Fleischbällchen) – und fruchtigen Sangrias machen das Zarzuela zum idealen Kandidaten für ein leichtes Mahl oder mehr. Stammgäste schwören auf die Paella. Aufmerksames Personal und charmanter Speiseraum. Abends muss man eventuell auf einen Tisch warten.

Alioto's
8 Fisherman's Wharf, 94133 (415) 673-0183   Stadtplan 5 A1   Karte M1

Das von spektakulären Sonnenuntergängen beleuchtete Alioto's bietet seit 1925 schön angerichtetes Seafood, das im sizilianischen Stil zubereitet wird. Das Essen ist gut, vor allem die Shrimp- oder Krabben-Louies (saftiges Seafood auf knackigem römischen Salat) sind beliebt.

Ana Mandara
891 Beach St, 94109 (415) 771-6800   Stadtplan 4 F1   Karte M1–2

In Fisherman's Wharf findet man nicht gerade an jeder Ecke gute asiatische Fusionsküche – doch hier gibt es sie. Der elegant eingerichtete Speiseraum des Ana Mandara ist ein hübscher Rückzugsort in diesem hektischen Areal. Nachts blüht das Restaurant auf. Die Bar zieht eine hippe Klientel an. Zudem gibt es Live-Musik.

Frascati
1901 Hyde St, 94109 (415) 928-1406   Stadtplan 4 F2   Karte M2

Das Bistro auf dem Russian Hill serviert Essen mit mediterraner Note. Die Speisekarte wechselt regelmäßig, je nach dem Angebot an saisonalen Produkten. Es gibt hervorragende Desserts. Das freundliche Personal macht das Lokal auch bei Einheimischen beliebt. Umfangreiche Weinkarte.

Joey & Eddie's
1652 Stockton St, 94133 (415) 989-7800   Stadtplan 5 B2   Karte N2

Das ansprechende Lokal ist auch für den Besuch größerer Gruppen gerüstet. Auf der Karte stehen Riesenportionen herzhafter italienischer Gerichte, etwa Hühnchen mit Parmesan oder Spaghetti mit Fleischbällchen. Das Essen ist nicht ganz billig – was für ganz North Beach gilt. Fragen Sie nach Tagesgerichten.

Scoma's
Pier 47, 1 Al Scoma Way, 94133 (415) 771-4383   Stadtplan 5 A1   Karte M1

Wenn eine Straße nach einem benannt wird, heißt das, dass man hier schon eine Weile zu Hause ist. Das Scoma's fing 1965 als Coffee Shop für die einheimischen Fischer an. Hier gibt es nicht nur schmackhaft zubereitete große Portionen von frischem Fisch, sondern auch eine schöne Aussicht auf die Bucht.

Sotto Mare
552 Green St, 94133 (415) 398-3181   Stadtplan 5 B3   Karte N3

Frischer Fisch, fantastische Muschelsuppe und Pasta mit Seafood haben das Lokal beliebt gemacht. Wer es ruhiger mag, ist hier fehl am Platz – das Personal ist lebhaft, im Speiseraum kann es sehr laut werden. Doch bei dieser Lage in North Beach kann man nach dem Essen noch einen kleinen Spaziergang zu einem der vielen Cafés machen.

Trattoria Pinocchio
401 Columbus Ave, 94133 (415) 392-1472   Stadtplan 5 B3   Karte T1

Authentischer Italiener in North Beach. Gäste haben die Wahl aus einem großen Angebot an hausgemachter Pasta, Pizza, Seafood-Spezialitäten, Suppen und Salaten. An den Tischen im Freien kann man genießen und dabei Leute beobachten. Das freundliche Personal und die spezielle Atmosphäre sind ein Erlebnis.

Gary Danko
800 North Point St, 94109 (415) 749-2060   Stadtplan 5 A1   Karte M2

Trotz exorbitanter Preise ist das Gary Danko wegen seiner Menüs zum Festpreis eines der beliebten Restaurants in der Stadt. Für die Drei-, Vier- oder Fünf-Gänge-Menüs benötigt man Stunden. Der Service ist effizient, das Ambiente elegant. Die Käseauswahl muss man probiert haben.

Chinatown und Nob Hill

Golden Star Vietnamese Restaurant
11 Walter U. Lum Place, 94108 (415) 398-1215   Stadtplan 5 C3   Karte N3

Das Golden Star liegt gegenüber der Transamerica Pyramid. Es ist eng und voll, seine Einrichtung ähnelt der einer Schul-Cafeteria. Gleichwohl: Dieses Kleinod serviert üppige Reisgerichte und Fleischportionen für sehr wenig Geld. Die Mittagsspezialitäten sind außergewöhnlich preiswert.

Stadtplan siehe Seiten 302–320

Henry's Hunan
674 Sacramento St, 94111 (415) 788-2234 — **Stadtplan** 5 C4 **Karte** U2

Das Lokal einer Kette geht sehr großzügig mit dem Gebrauch getrockneter roter Chilis um. Seine Einrichtung ist einfach und funktional, dafür sind die Gerichte authentisch und herzhaft – und vor allem von entsprechender Schärfe. Auf Anfrage serviert das Personal auch mildere Varianten. *Sa, So geschlossen.*

House of Nanking
919 Kearny St, 94133 (415) 421-1429 — **Stadtplan** 5 C3 **Karte** U2

Die traditionelle Speisekarte des kleinen House of Nanking zieht ein Stammpublikum an. Obwohl die Kellner hier ein wenig unfreundlich sind, kommt das Essen in großen Portionen, die Preise sind günstig. Die Speisekarte bietet etwa Sesamhühnchen sowie eine gute Auswahl vegetarischer Gerichte. Das Warten auf einen der Tische lohnt sich.

Yuet Lee
1300 Stockton St, 94133 (415) 982-6020 — **Stadtplan** 5 B3 **Karte** T1

Exzellentes Seafood und günstige Preise lassen die Einheimischen ins Yuet Lee strömen. Es gibt ein Becken mit Fischen und Krabben, die der Koch auf Bestellung zubereitet. Lecker: gedämpftes Seafood, Shrimps, Teigtaschen mit Schweinefleisch, Tintenfisch mit Gemüsen wie Bohnen, Pak Choi und Spargel. Bis 3 Uhr geöffnet.

Great Eastern
649 Jackson St, 94133 (415) 986-2500 — **Stadtplan** 5 C3 **Karte** U1

Das Great Eastern – seit langer Zeit ein Favorit in Chinatown – bietet eine Speisekarte mit soliden Mandarin-Gerichten. Am besten sind die frischen Seafood-Gerichte. Fisch oder Schaltier wählt man aus dem Becken aus. Fragen Sie den Kellner auch nach der Tagesspezialität.

Nob Hill Café
1152 Taylor St, 94108 (415) 776-6500 — **Stadtplan** 5 B4 **Karte** T3

Das Nob Hill Café ist bei den Einheimischen beliebt. Zeitweise wird es rappelvoll, wenn die Gäste die hausgemachten italienischen Gerichte genießen. Oft erspäht man hier »The Twins« – die entzückenden Brown-Zwillinge. Das identisch gekleidete Duo gehört zu San Francisco wie das Nob Hill Café.

R & G Lounge
631 Kearny St, 94108 (415) 982-7877 — **Stadtplan** 5 C4 **Karte** U2

R & G Lounge bietet kantonesische Küche und Seafood-Spezialitäten. Die Einrichtung des Lokals ist eher bescheiden, dafür ist das Essen exzellent – und zudem preisgünstig. Fragen Sie immer nach den Tagesgerichten. Diese sind meist hervorragend.

Street
2141 Polk St, 94109 (415) 775-1055 — **Stadtplan** 5 A3 **Karte** R1

Das Restaurant bietet Wohlfühl-Gerichte vom Feinsten. Das Street ist laut und immer voll, die Platten mit den Speisen sind riesig. Probieren Sie eines der besten Gerichte: große, saftige Gambas, serviert mit Safran-Hummer-Brühe auf hausgemachter Pasta. Runden Sie das Mahl mit einem Pecan-Brot-Pudding ab.

Jai Yun
680 Clay St, 94111 (415) 981-7438 — **Stadtplan** 5 B3 **Karte** R/S2

Das Jai Yun ist zwar klein und einfach eingerichtet, aber voller Überraschungen. Das tägliche Menü zum Festpreis bietet wechselnde Gerichte aus frischen Zutaten, die morgens auf dem Markt gekauft wurden. Es gibt exzellentes Seafood wie Abalone, Tintenfische und Shrimps.

Swan Oyster Depot
1517 Polk St, 94109 (415) 673-1101 — **Stadtplan** 5 A4 **Karte** R1

Hier kann es mittags zu längeren Schlangen kommen, da das Lokal keine Reservierungen annimmt. Die Muschelsuppe gilt als eine der besten der Stadt. Das Seafood hier ist fangfrisch, seine Zubereitung lohnt eventuelle Wartezeiten. Probieren Sie unbedingt die Austern. Achtung: nur Barzahlung.

Venticello
1257 Taylor St, 94108 (415) 922-2545 — **Stadtplan** 5 B3 **Karte** S1–2

Das Venticello ist eine Trattoria, die feine norditalienische Küche bietet. Hier liegt die Romantik nicht darin, am Feuer Händchen zu halten – sie steht auf der Speisekarte. Das entspannte Ambiente verleitet einen dazu, nach dem Genuss einer perfekt arrangierten Scampi-Platte auf einen entkoffeinierten Espresso und ein Gläschen Port zu bleiben.

Acquerello
1722 Sacramento St, 94109 (415) 567-5432 — **Stadtplan** 5 A4 **Karte** R/S2

Eine exquisite Weinkarte, geschultes Personal, das freundlich Speisen und den dazu passenden Wein empfiehlt, geschliffene Wein-Dekanter und feines Tischleinen sind die Voraussetzungen für ein unvergessliches Erlebnis in der früheren Kapelle. Die reichhaltige, venezianisch angehauchte Speisekarte verführt zu einem üppigen Mahl.

Big Four
1075 California St, 94108 (415) 771-1140 — **Stadtplan** 5 B4 **Karte** T2

Das nach den Eisenbahnbaronen benannte Big Four ist der angesagte Ort der Reichen von Nob Hill, um unter sich zu sein. Die dunklen Paneele und der formelle Service bieten Geschäftsleuten ein angemessenes Ambiente. Auf der Speisekarte: Lammkeule, Hühnchen mit Artischoken oder in Whiskey mariniertes Büffelsteak.

Preiskategorien *siehe Seite 228* **Zeichenerklärung** *siehe hintere Umschlagklappe*

Fleur de Lys
777 Sutter St, 94109 (415) 673-7779   **Stadtplan** 5 B4 **Karte** S/T3

Die Festpreismenüs der Nouvelle Cuisine in diesem französischen Restaurant sind das ultimative Gourmet-Erlebnis. Das Personal führt die Gäste in einem schönen Speiseraum von einem Gang zum nächsten. Das Fleur de Lys bietet auch spektakuläre vegetarische Festpreismenüs.

Masa's
648 Bush St, 94108 (415) 989-7154   **Stadtplan** 5 B4 **Karte** S/T3

In dem gestylten Masa's dinnieren Gäste königlich, während sie exquisite Nouvelle Cuisine genießen. Der gefeierte Chefkoch Masa, der hier schon einige Jahre lang tätig ist, lockt seine Gäste mit einer täglich wechselnden Speisekarte. Die Zutaten sind frisch vom Markt.

Ritz-Carlton Dining Room
600 Stockton St, 94108 (415) 773-6198   **Stadtplan** 5 C4 **Karte** U3

Als Nummer eins auf der Rangliste vieler Städte- und Reisemagazine ist der elegante Dining Room ein perfektes Beispiel für erstklassigen Service nach alter europäischer Tradition. Die hochgelobte Speisekarte weist asiatischen Einfluss auf, die Produkte kommen von lokalen Märkten.

Financial District und Union Square

Café Bastille
22 Belden Place, 94104 (415) 986-5673   **Stadtplan** 5 C4 **Karte** U2

Dieses Klein-Paris liegt in einer verkehrsberuhigten Zone. Die Gäste genießen tagsüber das gute Wetter an den Tischen im Freien oder den Jazz am Abend. Es gibt einfache Bistrosuppen, Salate, Bier und Wein sowie französische Klassiker wie *moules marinières* mit Harissa (rote Chilisauce) und Kaldaunenwurst mit karamellisierten Zwiebeln.

Delancey Street Restaurant
600 Embarcadero, 94107 (415) 512-5179   **Stadtplan** 6 E5 **Karte** Q3–4

Das Delancey Street Restaurant ist ein wundervoller Ort zum Essen und bietet delikate Gerichte wie exzellenten Hackbraten, in Bourbon marinierte Steaks und Rippchen sowie andere amerikanische Speisen. Der Service ist unvergleichlich. Das Restaurant unterstützt ein anerkanntes Programm gegen Drogenmissbrauch.

Gaylord India
1 Embarcadero Center, 94111 (415) 397-7775   **Stadtplan** 6 D3 **Karte** V1

Das Gaylord bietet indischen Standard – Lammcurrys, Biriyanis und vegetarische Gerichte – in angenehmer Umgebung. Dies ist die bessere von zwei Filialen in der Stadt, sie wird von vielen Geschäftsleuten während der Mittagspause besucht. Die zweite Filiale befindet sich in 900 North Point St.

Yank Sing
101 Spear St, 94105 (415) 957-9300   **Stadtplan** 6 E4 **Karte** W2

Das Yank Sing ist wegen der exquisiten Dim Sum sehr beliebt. Es bietet seinen Gästen eine Auswahl von mehr als 100 verschiedenen Speisen, die auf den Wägelchen umhergefahren werden. Dies ist einer der Dim-Sum-Plätze mit ansprechender Atmosphäre. Reservierungen sind möglich.

Canteen
817 Sutter St, 94109 (415) 928-8870   **Stadtplan** 5 B4 **Karte** T3

Wer zum Brunch in das Lokal beim Union Square kommt, wird sicher nicht enttäuscht werden. Die Eier Benedict und der French Toast sind schon himmlisch, doch der absolute Hochgenuss ist »The Big Pancake«. Auch das Abendessen ist empfehlenswert. Die Portionen sind groß, die Atmosphäre ist ruhig. Die Abendkarte wechselt wöchentlich.

Chez Papa Resto
4 Mint Plaza, 94103 (415) 546-4134   **Stadtplan** 11 A1 **Karte** T/U4

Hier kommt man zum Feiern her. Der erste Eindruck des Restaurants ist übermäßiger Chic, doch das Personal ist hilfsbereit und freundlich. Billig ist das Essen nicht, doch edelstes Kobe-Rindfleisch, frischester Wolfsbarsch oder die Gerichte mit Jakobsmuscheln sind ihr Geld wert. Günstiger kommt das Menü zum Festpreis.

Globe
290 Pacific Ave, 94111 (415) 391-4132   **Stadtplan** 5 C3 **Karte** T/U1

Das moderne Bistro nahe der Transamerica Pyramid bietet leckere Kost bis in den späten Abend und ein lebhaftes Ambiente. Die Bar direkt neben dem Eingang ist immer mit frischen Blumen dekoriert. Die Küche ist teilweise einsehbar, Gäste können die Zubereitung ihres Essens hautnah verfolgen.

Kokkari Estiatorio
200 Jackson St, 94111 (415) 981-0983   **Stadtplan** 6 D3 **Karte** V1

Das Kokkari bietet stilvolles griechisches Essen in einem großen, gemütlichen Speiseraum mit dunklem Holzboden und einem großen, heimeligen Kamin. Das unverkennbare Moussaka und perfekt gegrilltes Lamm sind Klassiker. Das Restaurant besitzt eine große Auswahl an griechischen Weinen. Das Personal berät gern bei der Auswahl.

Stadtplan siehe Seiten 302–320

Kuleto's
221 Powell St, 94102 (415) 397-7720 — **Stadtplan** 5 B3 **Karte** T1 — $$$

Das schöne Kuleto's wird vor allem von denjenigen besucht, die gern Leute beobachten. Die Einrichtung stammt aus einem eleganten alten Hotel in San Francisco. Norditalienische Gerichte dominieren die Speisekarte, etwa Schweinefilet im Prosciutto-Mantel. Appetithäppchen gibt es an der Bar – der beste Platz, um alles zu sehen.

La Scene Café & Bar
490 Geary St, 94102 (415) 292-6430 — **Stadtplan** 5 B5 **Karte** T3 — $$$

Einfaches französisches Bistro-Essen wie *cassoulet* und Lamm macht dieses bescheidene Restaurant zu einem sehr beliebten Lokal für Theaterbesucher. Das Menü zum Festpreis bietet ein gutes Preis-Leistungs-Verhältnis. Das aufmerksame Personal sorgt dafür, dass die Gäste nicht zu spät ins Theater kommen.

One Market
1 Market St, 94105 (415) 777-5577 — **Stadtplan** 6 D3 **Karte** W1 — $$$

Geschäftsleute in Anzügen strömen zur Mittagszeit in das elegante Restaurant, stilvoll gekleidete Gäste kommen abends zum Dinner. Hier erwarten Sie Fisch und Fleisch mit innovativen Beilagen und knackigen Salaten. Der »Chef's table« ist für vier bis sieben Leute, die mit einem speziellen Probiermenü bewirtet werden (85–95 US-$ pro Person).

Palio d'Asti
640 Sacramento St, 94111 (415) 395-9800 — **Stadtplan** 5 C4 **Karte** U2 — $$$

Palio d'Asti ist ein weiterer Tipp für Mittagsgäste, die Appetit auf norditalienische Pasta, Kalbfleischgerichte und ein exzellentes Tiramisu haben. Zur Happy Hour kommen alle wieder – zu einer kostenlosen Holzofen-Pizza bei zwei Getränken als Mindestverzehr. Wandgemälde mittelalterlicher Palio-Pferderennen schmücken die Wände.

Sam's Grill and Seafood Restaurant
374 Bush St, 94104 (415) 421-0594 — **Stadtplan** 5 C4 **Karte** U2 — $$$

Sam's Grill wurde 1866 gegründet und ist das älteste Fischlokal in der Stadt. Generationen von Gästen genossen hier schon hervorragende *sand dabs* (Steinbutte) und andere frische Fische. Mittags kann man das geschäftige Murmeln von Businessleuten in den Separees hören. *Sa, So geschlossen*.

Tadich Grill
240 California St, 94111 (415) 391-1849 — **Stadtplan** 6 D4 **Karte** V2 — $$$

Das Tadich Grill wurde schon zur Zeit des Goldrausches eröffnet und ist das am längsten betriebene Restaurant in Kalifornien. Es bietet exzellenten *cioppino*, der frisch gegrillte Fisch erfreut Fischliebhaber. Am Abend muss man oft lange auf einen Tisch warten, aber zum Mittagessen ist das Lokal ein guter Tipp.

Bix
56 Gold St, 94133 (415) 433-6300 — **Stadtplan** 5 C3 **Karte** U1 — $$$

Das Art-déco-Interieur in diesem protzigen Club, der nach der Jazzgröße Bix Beiderbecke benannt ist, bietet das kultivierte Setting für französisch-amerikanische Gerichte, die zu Pianoklängen serviert werden. Gute Martinis und eine Feierabend-Schickeria, die sehen und gesehen werden will.

Boulevard
1 Mission St, 94105 (415) 543-6084 — **Stadtplan** 6 E4 **Karte** W2 — $$$$

Die kunstvollen Kreationen von Nancy Oakes haben das Lokal zur Ikone an der Bay Area gemacht. Die Speisekarte bietet amerikanische Gerichte und französische Spezialitäten. Versuchen Sie, einen Platz im hinteren Teil zu bekommen, um die wundervolle Aussicht auf die Bay Bridge genießen zu können.

Campton Place
340 Stockton St, 94108 (415) 955-5555 — **Stadtplan** 5 C4 **Karte** U3 — $$$$

Das klassisch in den dezenten Farben einer italienischen Villa gehaltene Campton Place strahlt Eleganz aus. Hier gibt es die beste provenzalisch-mediterrane Fusionsküche sowie erstklassige Wein. Das grandiose Essen und der reibungslose Service versprechen einen gelungenen Abend.

Silks
222 Sansome St, 94104 (415) 986-2020 — **Stadtplan** 5 C4 **Karte** U1 — $$$$

Mit seidenen Wandbespannungen, Teppichen und handgemalten Seidenkronleuchtern ist das Silks ein guter Platz für vertrauliche Gespräche – und um Prominente zu sehen. Einwandfreier Service und neue asiatische Küche (z. B. Frühlingsrollen gefüllt mit Hähnchen und Enoki-Pilzen sowie gegrillte Shrimps).

Tommy Toy's
655 Montgomery St, 94111 (415) 397-4888 — **Stadtplan** 5 C3 **Karte** U1 — $$$$

Das Probiermenü bei Tommy Toy's ist ideal, um chinesische Vier-Sterne-Küche zu entdecken. Die leckeren Gerichte bestehen aus frischesten Zutaten, etwa Seafood-Bisque mit frischer Kokosnuss. Die Wandteppiche, antiken Spiegel und das Laternenlicht des Speisesaals bilden die Kulisse für diese Variante der Nouvelle Cuisine.

Coi
373 Broadway, 94133 (415) 956-9662 — **Stadtplan** 5 C3 **Karte** U1 — $$$$$

Lokale Zutaten, perfekte Zubereitung und ansprechende Präsentation – diese Kombination bringt in dem eleganten Sternerestaurant Superlative der kalifornischen Küche hervor. Probieren Sie das Elf-Gänge-Menü zum Festpreis. Reservierung unabdingbar.

Preiskategorien *siehe Seite 228* **Zeichenerklärung** *siehe hintere Umschlagklappe*

Michael Mina
335 Powell St, 94102 (415) 397-9222 $$$$$
Stadtplan 5 B4 Karte T3

Das Restaurant im früheren altehrwürdigen Oak Room des St. Francis Hotel bietet Festpreismenüs, die sich um ein Produkt drehen, das auf dreierlei Arten zubereitet wird. Der namengebende Chef, der früher im Aqua wirkte, serviert auch amerikanische Klassiker. Sie haben die Auswahl unter 2000 Weinen. Das Ambiente ist Luxus hoch drei.

Civic Center

Mifune
1737 Post St, 94115 (415) 922-0337 $
Stadtplan 4 E4 Karte L4

Große Schüsseln mit japanischer Nudelsuppe, die nur wenige Minuten nach der Bestellung auf den Tisch kommen, machen das Lokal in Japantown zum beliebten Ort für Anhänger japanischer Küche und Gäste, die es eilig haben. Mifune serviert auch Bento-Boxen und weitere japanische Gerichte außer Suppen.

Caffè Delle Stelle
395 Hayes St, 94102 (415) 252-1110 $$
Stadtplan 4 F5 Karte L/M6

Das Lokal liegt in einem modernen Industriebau und serviert herzhafte toskanische Küche. Es genießt einen guten Ruf im Hayes Valley und zieht viele Einheimische an. Kein Wunder, hier geht es so lebhaft zu wie auf einem italienischen Lebensmittelmarkt – und die Preise sind relativ günstig.

Absinthe Brasserie and Bar
398 Hayes St, 94102 (415) 551-1590 $$$
Stadtplan 4 F5 Karte L/M6

Das im Stil der 1940er Jahre eingerichtete Lokal zählt zu den besten europäischen Brasserien in der Stadt. Cabaret-Musik und Cocktails stehen zusammen mit Austern, bester französischer Zwiebelsuppe, herzhaftem Cassoulet, geschmortem Schweinefleisch und Lammbraten mit Zimt auf der Karte. Exzellente Weine.

Indigo
687 McAllister St, 94102 (415) 673-9353 $$$
Stadtplan 4 F5 Karte L/M5

Mit der coolen blauen Einrichtung akzentuiert das Indigo seinen Namen. Das Restaurant wird für seine phänomenale Weinkarte und die neue amerikanische Küche gefeiert. Die beste Option ist das »Wein-Dinner« nach 20 Uhr, bei dem speziell ausgewählte Weine und Champagner die Spezialitäten des Kochs begleiten.

Jardinière
300 Grove St, 94102 (415) 861-5555 $$$$$
Stadtplan 4 F5 Karte M5–6

Aufmerksamer Service, elegante Atmosphäre und fantastische kalifornisch geprägte französische Küche machen das populäre Jardinière zu einer Top-Wahl für spezielle Gelegenheiten. Ein Jazz-Duo spielt dezent im Hintergrund, während die Gäste Zwiebelkuchen und Dubonnet an der Mahagoni- und Marmorbar genießen.

Haight-Ashbury und Mission

Ali Baba's Cave
531 Haight St, 94117 (415) 255-7820 $
Stadtplan 10 E1 Karte K6

Lassen Sie sich vom Billig-Look des Lokals nicht abschrecken – ein Bissen vom köstlichen Lamm-Kebab, den knusprigen Falafeln oder vom Hummus und anderen nahöstlichen Delikatessen werden Sie eines Besseren belehren. Das höhlenartige Innere mit niedrigen Tischen und Bodenkissen ist durchaus anheimelnd.

Axum Café
698 Haight St, 94117 (415) 252-7912 $
Stadtplan 10 D1 Karte L6

Der beste Ort in der Stadt, um äthiopisches Essen zu probieren. Das Axum Café ist auch bekannt für seine äußerst niedrigen Preise. Auf den ersten Blick wirkt das winzige Lokal nicht unbedingt anziehend, doch es bietet opulente Fleisch- und Gemüseeintöpfe sowie das *injera* genannte pfannkuchenartige Brot.

Cha Cha Cha
2327 Mission St, 94110 (415) 648-0504 $
Stadtplan 10 F3 Karte M8

Lebhafter Szene-Treff und gleichzeitig Restaurant. Das Cha Cha Cha bietet kleine Teller mit Speisen – von Muscheln bis zu gegrillten Calamares, exzellenten Sangria und im Hintergrund angenehme Klänge lateinamerikanischer Musik. Freitag- und samstagnachts wird es sehr voll, Sie sollten daher reservieren.

La Taqueria
2889 Mission St, 94110 (415) 285-7117 $
Stadtplan 10 F4 Karte M9

Geschmacklich hervorragendes Rind-, Schweine- oder Geflügelfleisch mit leckeren Bohnen (Reis auf Anfrage), frischem Salat und Tomaten machen den perfekten *burrito* aus – und er ist preiswert. Eine weitere Spezialität im La Taqueria ist die Guacamole. Mittags ist oft kein Tisch mehr frei, aber man muss nicht lange in der Schlange warten.

Stadtplan *siehe Seiten 302 – 320*

Memphis Minnie's BBQ Joint
576 Haight St, 94117 (415) 864-7675   **Stadtplan** 10 E1 **Karte** L6

Im Mitnahme- und Speiserestaurant Memphis Minnie dreht sich alles um langsam geräucherte Wurst, Geflügel, Rind, und Schwein – alles vor Barbecuesauce triefend. Bei einer Kombi-Platte sollte man nicht die handgeschnittenen Pommes und das gegrillte Bruststück mit Chili vergessen. Nach kalifornischer Tradition gibt es dazu Sake.

Pork Store Café
3122 16th St, 94103 (415) 626-5523   **Stadtplan** 10 E2 **Karte** L7

Hier bekommt man beim Schlangestehen am Wochenende kostenlos Kaffee. Das heitert die Gäste auf und verkürzt die Wartezeit. Angeboten wird amerikanisches Frühstück mit Standards wie Pfannkuchen und Eier mit Speck. Das beliebte Etablissement hat noch eine Zweigstelle in 1451 Haight Street.

Rosamunde Sausage Grill
545 Haight St, 94117 (415) 437-6851   **Stadtplan** 10 E1 **Karte** L6

Die Speisekarte bei Rosamunde ist auf ein Gericht spezialisiert. Sie bestellen eine Wurst – nach deutscher, italienischer oder kalifornischer Art – und würzen diese anschließend. Das leckere Stück können Sie an der kleinen Theke essen, aber auch damit nach nebenan in die Bar gehen – oder das Essen wird Ihnen dorthin gebracht.

Zazie
941 Cole St, 94117 (415) 564-5332   **Stadtplan** 9 B2 **Karte** H7

Das beliebte Lokal ist genau das Richtige zum Brunch am Wochenende. Die Zazie bietet aber auch täglich Mittag- und Abendessen im Bistrostil. Die großzügigen Portionen werden von einem aufmerksamen Personal serviert, der Patio ist ein hübscher Ort, um eine ruhige Unterhaltung zu führen.

Andalu
3198 16th St, 94103 (415) 621-2211   **Stadtplan** 10 E2 **Karte** L7

In dem beliebten Restaurant wird eine internationale Version des spanischen Tapas-Konzepts zelebriert. Es gibt kleine Speisen aus heimischen Produkten mit asiatischem Touch. Das Andalu rühmt sich auch seines exzellenten Sangrias und seiner umfassenden Weinkarte. Mit öffentlichen Verkehrsmitteln gut zu erreichen.

Beretta
1199 Valencia St, 94110 (415) 695-1199   **Stadtplan** 10 F4 **Karte** M9

Die grandiosen Cocktails dieses Hotspots verkürzen Ihnen die Wartezeit auf einen Tisch. Die außergewöhnlichen Pizzas und das moderne italienische Essen, etwa schwarzer Risotto (mit Tintenfischtinte) und Calamares, haben schnell zu einem Stammpublikum geführt. Die Bar hat lange geöffnet.

Indian Oven
233 Fillmore St, 94117 (415) 626-1628   **Stadtplan** 10 E1 **Karte** K6

Indian Oven ist eine hochpreisige Option in einem Areal mit vielen indischen Speiselokalen. Das Restaurant ist bekannt für rote und gelbe Currygerichte, frisch gebackenes *naan*-Brot und wohlschmeckende, vegetarische Gerichte. Der aufmerksame Service mit Kellnern in indischer Kleidung ist ein weiterer Pluspunkt.

Pomelo
1793 Church St, 94131 (415) 285-2257   **Stadtplan** 10 E5 **Karte** L10

Nudel- und Reisplatten aus aller Welt – chinesisch, japanisch, indisch, afrikanisch und europäisch – stehen auf der Speisekarte des Pomelo, einem bei Einheimischen beliebten Lokal. Ein weiteres Restaurant (ohne Tische im Freien) befindet sich 92 Judah Street.

Thep Phanom Thai Cuisine
400 Waller St, 94117 (415) 431-2526   **Stadtplan** 10 E1 **Karte** L6

In dem populären Thai-Restaurant sind Reservierungen für den Abend ein Muss, zur Mittagszeit ist man flexibler. Das aufmerksame Personal serviert in einer gemütlichen, anheimelnden Umgebung gut gewürzte Thai-Gerichte wie *yum pla muk* (pikanter Calamaressalat).

Chez Spencer
82 14th St, 94103 (415) 864-2191   **Stadtplan** 11 A3 **Karte** N7

Die Ausstattung dieser französischen Perle beeindruckt. Chez Spencer serviert klassische französische Küche, dazu gibt es erlesene Käsesorten. Die Weinkarte kann sich sehen lassen. Der beheizte Patio ist ein romantischer Ort für ein Dinner. Das Lokal liegt etwas abseits, lohnt aber die Anfahrt auf jeden Fall.

Delfina
3621 18th St, 94110 (415) 552-4055   **Stadtplan** 10 E3 **Karte** L8

Der Parkservice in einer Ecke mit wenig Parkplätzen macht den Besuch in diesem Restaurant einfach. Die norditalienische Küche stellt jeden Gast zufrieden. Die Zutaten kommen früh am Morgen ultrafrisch von den Märkten. Der Speiseraum des Restaurants ist ein Hingucker, kommen Sie möglichst früh.

Zuni Café
1658 Market St, 94102 (415) 552-2522   **Stadtplan** 10 F1 **Karte** M6

Perfekte Burger und über offenem Feuer gegrillte Hähnchen vervollständigen eine Speisekarte, die eine Auswahl an mediterranen Gerichten bereithält. Durch die Glaswände blickt man auf die Market Street und hat eine großartige Aussicht auf das Treiben der Stadt. Es gibt hier auch Brunch. Testen Sie unbedingt die Bloody Mary.

Preiskategorien *siehe Seite 228* **Zeichenerklärung** *siehe hintere Umschlagklappe*

Golden Gate Park und Land's End

Khan Toke
5937 Geary Blvd, 94118 (415) 668-6654   **Stadtplan** 8 E1 **Karte** E/F5

Der tempelähnliche Innenraum und das bunt gekleidete Personal versetzen die Gäste nach Thailand. Man kann hier auf dem Boden oder auf Stühlen sitzen. Das Restaurant bietet Thai-Standards wie pikanten Zitronen-Calamaressalat und Satay mit Erdnusssauce. Runden Sie das Essen mit gebratener Banane und Kokosnuss-Eiscreme ab.

Marnee Thai
2225 Irving St, 94122 (415) 665-9500   **Stadtplan** 8 E3 **Karte** E/F8

Hier gibt es eine große Bandbreite von durchweg leckerem Thai-Essen. Die grünen Currys im Marnee Thai sind sehr gut. Die engen Sitzgelegenheiten und die oft langen Wartezeiten auf einen Tisch schrecken die Gäste nicht ab. Ein weiteres Restaurant befindet sich 1243 Ninth Avenue.

Beach Chalet Brewery
1000 Great Highway, 94122 (415) 386-8439   **Stadtplan** 7 A2 **Karte** A6

Bier vom Fass, große Hamburger mit knusprigen Pommes frites und eine spektakuläre Aussicht auf den Pazifik machen die Beach Chalet Brewery zu einem vielversprechenden Ziel nach einem Tag im Golden Gate Park. Die Wandbilder im ersten Stock und das steinerne Treppengeländer muss man gesehen haben.

Cajun Pacific Restaurant
4542 Irving St, 94122 (415) 504-6652   **Stadtplan** 7 B3 **Karte** B8

Das Essen ist genauso pikant wie das Dekor. Der düstere Altbau quillt über von Postern mit New-Orleans-Motiven, lokalen Götterbildern und Puppen sowie Mardi-Gras-Rosenkränzen. Probieren Sie Langusten Monica (Pasta mit Langusten und kreolischer Sauce). *Do bis Sa abends geöffnet.*

Cliff House
1090 Point Lobos Ave, 94121 (415) 386-3330   **Stadtplan** 7 A1 **Karte** A6

Im originalen Cliff House von 1863 nahmen einst die Reichen von San Francisco ihren Brunch ein. Das nach zwei Bränden renovierte Restaurant bietet frische Seafood-Gerichte und die beste Aussicht auf die Seehunde auf den Seal Rocks. Gute Cocktails in der Zinc Bar. Das Restaurant hat mittags und abends geöffnet, das Bistro ganztags.

Kabuto Sushi
5121 Geary Blvd, 94118 (415) 752-5652   **Stadtplan** 8 F1 **Karte** F5

Gelegentlich lange Wartezeiten auf einen Tisch sind der einzige Malus in diesem innovativen Sushi-Restaurant, das kunstvolle, ungewöhnliche und schmackhafte Kombinationen mit frischem Fisch und Klebreis kredenzt. Lecker: Tempura-Heilbutt mit Currysauce. Fast täglich werden neue Kombinationen erdacht – erwarten Sie das Unerwartete.

La Vie
5830 Geary Blvd, 94121 (415) 668-8080   **Stadtplan** 8 E1 **Karte** E/F5

Ein wundervolles Fundstück am Rand des Richmond District und ein geeigneter Stopp vor oder nach dem Besuch des Golden Gate Park. La Vie erhält für seine vietnamesischen Speisen mit französischem Flair konstant gute Bewertungen. Lecker: das flambierte Rindfleisch und die Gambas.

Pacific Café
7000 Geary Blvd, 94121 (415) 387-7091   **Stadtplan** 7 C1 **Karte** C5

Das in den 1970er Jahren eröffnete Pacific Café erinnert sehr stark an die Seventies – bis hin zum Dekor mit Bleiglasfenstern. Serviert werden gute, solide Seafood-Gerichte. Gäste, die auf einen Tisch warten müssen, werden häufig mit einem Glas Wein bewirtet. Es gibt über die ganze Bay Area verteilt weitere Filialen – diese hier ist das Original.

Ton Kiang
5821 Geary Blvd, 94121 (415) 387-8273   **Stadtplan** 8 E1 **Karte** E/F5

Das Ton Kiang ist eines der besten und beliebtesten Dim-Sum-Restaurants in der Stadt – die Warteschlangen reichen an Wochenenden fast den ganzen Block hinunter. Die zahlreichen und vielfältigen Gerichte sind immer frisch. Sie rollen auf Wägelchen an Ihnen vorbei, ein Gericht nach dem anderen. Es werden auch Menüs serviert.

Aziza
5800 Geary Blvd, 94121 (415) 752-2222   **Stadtplan** 8 E1 **Karte** E/F5

Im Aziza werden die Hände der Gäste mit Rosenwasser besprenkelt. Marokkanische Spezialitäten wie Couscous und Wachtel mit Heidelbeeren werden an den Tisch gebracht, während es sich die Gäste auf Sitzkissen bequem machen. Das Essen wird mit süßem Pfefferminztee abgerundet. An Wochenenden treten Bauchtänzerinnen auf.

Ebisu
1283 Ninth Ave, 94122 (415) 566-1770   **Stadtplan** 8 F3 **Karte** F8

Das Sushi-Restaurant ist oft überlaufen. Kein Wunder, bietet es doch das beste und frischeste Sushi der Stadt, serviert von lachenden Sushi-Meistern mit blinkenden Messern hinter dem Tresen. Ebisu bietet sowohl Seafood als auch Unterhaltung. Von den Warteschlangen sollte man sich nicht abhalten lassen.

Stadtplan *siehe Seiten 302 – 320*

The Moss Room
55 Music Concourse Drive, 94118 (415) 876-6121
Stadtplan 8 F2 **Karte** F7 — $$$

Der elegante moderne Speisesaal liegt einzigartig in der California Academy of Sciences. Das Restaurant besitzt eine grandiose »lebende Wand« aus Farnen, Moosen und Stein. Serviert wird kalifornisch-mediterrane Küche, in der lokale und saisonale Produkte die Hauptrolle spielen.

South of Market

Manora's Thai
1600 Folsom St, 94103 (415) 861-6224
Stadtplan 11 A2 **Karte** N/P5 — $

Hier bekommt man für wenig Geld qualitativ hochwertiges Essen. Manora's Thai serviert großzügige Portionen delikat gewürzter Suppen, Shrimps mit Enoki-Pilzen, Seafood-Platten und Reisgerichte. Die Mittagskarte bietet günstige Spezialitäten.

AsiaSF
201 9th St, 94103 (415) 255-2742
Stadtplan 11 A2 **Karte** M/N6 — $$$

Die asiatisch beeinflussten kleinen Gerichte im AsiaSF werden von einer Floor-Show begleitet. Dabei bieten männliche Darsteller in wechselnden Kostümen stündlich Musik und Parodie. Zwischen den Speisen ist bisweilen Geduld erforderlich, wenn Ihr Kellner gerade bei einer Judy-Garland-Nummer mitmacht.

Bizou
598 4th St, 94107 (415) 543-2222
Stadtplan 11 C1 **Karte** P/Q5–6 — $$$

Bizou besitzt einen luftigen, in warmen Farben gehaltenen Speiseraum. Hier wird herzhaftes Essen à la Bistro serviert. Zu den Spezialitäten zählen Rinderbacken Sainte-Menehould mit Senf, Kresse und neuen Kartoffeln. Zudem gibt es exzellente Salate (z. B. Birnen-Friséesalat). Die Mittags- und Abendmenüs zum Festpreis sind günstig.

CoCo 500
500 Brannan St, 94107 (415) 543-2222
Stadtplan 11 C1 **Karte** Q5 — $$$

Nicht nur die gegrillten grünen Bohnen des trendigen South-of-Market-Lokals sind fantastisch. Sie sollten sich nach dem Hauptgang noch etwas Appetit für die großartigen Desserts aufheben. Das CoCo liegt an einer Geschäftsstraße des Viertels, deshalb ist es hier mittags voll. Abends ist es ruhiger, aber teurer.

Fringale
570 4th St, 94107 (415) 543-0573
Stadtplan 11 C1 **Karte** P/Q5–6 — $$$

Das lebhafte Bistro mit seiner französisch-baskischen Küche und dem freundlichen Personal ist klein, laut, fröhlich und überaus beliebt. Die Speisekarte bietet gegrilltes Fleisch wie saftige Lammgerichte mit frischem Brot und einige Seafood-Gerichte.

South Park Café
108 South Park, 94107 (415) 495-7275
Stadtplan 11 C1 **Karte** Q5 — $$$

Obwohl das South Park Café seinen früheren Glanz verloren hat, ist das Essen im Bistrostil in diesem recht einfach eingerichteten Lokal deliziös geblieben. Die Speisekarte bietet Suppen und Sandwiches, aber auch ambitioniertere Speisen wie Entenbrust. Von den Sitzgelegenheiten im Freien blickt man auf den South Park.

Bacar
448 Brannan St, 94107 (415) 904-4100
Stadtplan 11 C1 **Karte** Q5 — $$$$

Industrielles Design und Jazzklänge sind Markenzeichen dieser amerikanischen Fusion-Restaurant-Lounge. Zu den Spezialitäten des Hauses zählen Seafood-Gerichte wie Heilbutt mit Morcheln. Es hat einen dreistöckigen Weinkeller, der sich über die gesamte Länge des Restaurants erstreckt – deshalb gibt es hier die längste Weinkarte der Stadt.

Berkeley

The Cheese Board Pizza
1512 Shattuck Ave, 94709 (510) 549-3183 — $

Die Warteschlangen für die fantastische und sehr billige Pizza können lang sein. Die Beläge wechseln täglich und reichen von Basilikum mit Mozzarella bis zu Kartoffeln, Schafskäse und Spargel. Wie öfter in Berkeley funktionieren die Preise nur im Rahmen einer Kooperative. Schauen Sie auch nach nebenan, in den Laden für Käse und Backwaren.

VIK's Chaat Corner
2390 4th St, 94710 (510) 644-4412 — $

Dies ist ein außergewöhnlich preisgünstiges Lokal für köstliches, fantastisch gewürztes indisches Essen. Hier herrscht Selbstbedienung, doch das Essen entschädigt dafür. Seien Sie allerdings gewarnt: Die Teller sind klein, sodass man versucht ist, viel zu viel zu bestellen.

Preiskategorien *siehe Seite 228* **Zeichenerklärung** *siehe hintere Umschlagklappe*

Corso Trattoria $

1788 Shattuck Ave, 94709 (510) 704-8004

Bei dem beliebten Italiener in Berkeley sind Parkplätze rar. Doch um das herzhafte Essen zu genießen, lohnt es sich, ein paarmal um den Block zu fahren. Zu essen gibt es große delikate Pizzas, Risottos und Pastagerichte. Frisches Brot steht immer auf dem Tisch.

Sea Salt $$

2512 San Pablo Ave, 94702 (510) 883-1720

Der Weg über die Bay Bridge zu dem aufregenden Seafood-Lokal lohnt sich, denn hier gibt es die ganze Woche über ein Happy-Hour-Angebot mit Austern für einen US-Dollar. Die lässige Atmosphäre ist einladend, das Seafood köstlich. Draußen im Patio ist es noch schöner.

Chez Panisse $$$$$

1517 Shattuck Ave, 94709 (510) 548-5525

Alice Waters, die Grande Dame der California Cuisine, hat in dieser Küche viele Starköche ausgebildet. Das Essen richtet sich noch immer nach ihrer Maxime, dass nur Qualität und Frische entscheiden. Gehaltvolle Saucen gibt es hier nicht – dafür jede Menge Geschmack. Unbedingt reservieren. Im unten gelegenen Café geht es lockerer zu.

Abstecher

Fenton's Creamery $

4226 Piedmont Ave, 94611 (510) 658-7000

Berge von hausgemachter Eiscreme in allen möglichen Geschmacksrichtungen, von Pfefferminze bis *tin roof* (Vanille mit Toffeesauce und Erdnüssen), finden hier ihren Weg in die Waffeln. Neben tellergroßen Bananensplits gibt es noch viele süße Sünden. Fenton's Creamery bietet auch einfache Sandwiches mit Thunfisch und Eiersalat.

Sprout Café $

168 University Ave, Palo Alto, 94301 (650) 323-7622

In diesem luftigen Lokal in Palo Alto bereiten Sie Ihren Salat aus frischen Zutaten und Dressings selbst zu. Falls Sie nicht kreativ sein wollen, bestellen Sie einfach einen von der Karte, etwa Kyoto-Thunfisch-Salat mit Nudeln, Edamame (Sojabohnen) und Miso-Dressing. Auf der Karte finden sich auch Sandwiches und Suppen.

Amber India $$

377 Santana Row, Ste 1140, 95128 (408) 248-5400

Der neue Inder in einem alten Mountain-View-Lokal ist bekannt für seine zarten Butterhühnchen sowie für seine außergewöhnlichen Mittagsangebote und Wochenend-Büfetts. Gedecke aus edlem Porzellan und der flinke, unauffällige Service vervollständigen das Bild.

Dipsea Café $$

200 Shoreline Hwy, 94941 (415) 381-0298

Für diejenigen, die Appetit auf Heidelbeerpfannkuchen mit Chicken Apple Sausage oder einen großen, saftigen Burger haben, endet die Suche im Dipsea Café. Hier, an der Richardson Bay, kann die Umgebung nicht schöner sein. Das Café ist nur zum Frühstück und Mittagessen geöffnet.

O Chame $$

1830 4th St, 94710 (510) 841-8783

O Chame ist eines der Restaurants zwischen den Geschäften der trendigen Fourth Street. Es serviert traditionelle japanische Gerichte – sorgfältig zubereitet und kunstvoll arrangiert. Klassiker sind Teriyaki-Lachs und Misosuppe. Die Ausstattung ist einfach, aber das Lokal bietet Zuflucht vor dem Trubel der Umgebung.

Olema Inn $$$

10 000 Sir Francis Drake Blvd, 94950 (415) 663-9559

Olema Inn ist ein Gasthaus (1876) und eine ehemalige Poststation am Highway 1. Es bietet den grandiosen Rahmen für einfaches wie erlesenes Essen aus frischen, lokalen Zutaten. Auf der Karte finden sich oft Spezialitäten wie die Tomales-Bay-Austern. Ideal nach dem Sightseeing in Point Reyes National Seashore.

The Pelican Inn $$$

10 Pacific Way, 94965 (415) 383-6000

In einer Umgebung, die aus den Cotswolds stammen könnte, bietet dieses Gasthaus in einem Stein-Holz-Bau beste britische Küche, darunter einen großartigen Shepherd's Pie mit warmem Guinness vom Fass. Im Sommer gibt es täglich Mittag- und Abendessen. Im Winter ist das Restaurant geschlossen.

Lark Creek Inn $$$$

234 Magnolia Ave, 94939 (415) 924-7766

Das führende Restaurant von Mega-Chefkoch Bradley Ogden liegt im bezaubernden Larkspur in einem schönen Redwood-Hain. Die Speisekarte zollt lokalen Zutaten und Fleischprodukten Tribut. Das Prinzip der »Hausmacherkost« ist hier zur Kunstform gereift.

Stadtplan siehe Seiten 302–320

Nordkalifornien

CARMEL Duarte Tavern
202 Stage Rd (Pescadero Rd), 94060 (650) 879-0464

Eine Fahrt entlang der malerischen Küste auf der Route 1 ist ohne einen Stopp an der Duarte Tavern nicht komplett. Das alten Rasthaus ist für seine typisch amerikanische Küche und die hausgemachten Suppen berühmt. Spezialität ist ein Kuchen mit Olalliebeeren, eine Kreuzung aus Loganbeere und Dewberry (ähnlich der Heidelbeere).

CARMEL Flying Fish Grill
Carmel Plaza, Mission St (831) 625-1962

Trotz der Lage im Herzen eines hektischen Einkaufszentrums wird der Flying Fish Grill von jenen bevorzugt, die nach frischen Meeresfrüchten und zwangloser Umgebung Ausschau halten. Das kleine Restaurant mit dem Unterwasser-Motto wird von freundlichen Besitzern betrieben, die gegrilltes Seafood im japanischen Stil servieren.

CARMEL Anton & Michel
Mission St zwischen Ocean Ave und 7th St (831) 624-2406

Seit 1980 bietet das Restaurant eine europäisch angehauchte Speisekarte, begleitet von einer exzellenten Weinkarte. Es gibt Spezialitäten wie Steaks und Seafood-Paella. Die Gäste können am Feuer sitzen oder im Sommer im malerischen Innenhof um einen Brunnen Platz nehmen.

CARMEL Marinus
415 Carmel Valley Rd (831) 658-3500

Das Restaurant ist gleichermaßen elegant wie rustikal. Es liegt in einem Tal etwas abseits des Pazifischen Ozeans, was auch Gäste anzieht, die Erholung suchen. Zur delikaten kalifornisch-französischen Nouvelle Cuisine gibt es die edlen Tropfen der Bernardus Winery.

LAKE TAHOE Alexander's
High Camp, Squaw Valley, Olympic Valley, 96146 (530) 452-7278

Allein schon die Fahrt hierher macht Spaß – die Gäste müssen mit der Squaw-Valley-Seilbahn ungefähr 600 Meter hoch fahren, um das über dem Tal gelegene Lokal zu erreichen. Das Essen ist einfach, für Kindergerichte gibt es eine eigene Karte. Ein geeigneter Ort nach einem Tag auf der Skipiste.

LAKE TAHOE Fire Sign Café
1785 West Lake Blvd, 96145 (530) 583-0871

Hier soll es das beste Frühstück am See geben – probieren Sie die Eggs Benedict mit Räucherlachs und Spinat. Das nette Café hat sieben Tage die Woche zum Frühstück und zum Mittagessen geöffnet. Eine Auswahl frisch gebackener Muffins ziert die Speisekarte. Kräftige Suppen und frische Sandwiches sprechen die Mittagsgäste an.

LAKE TAHOE Dory's Oar Restaurant
1041 Fremont Ave, 96150 (530) 541-6603

In einem hübschen weißen Haus mit Schindeldach genießt man im formellen Speiseraum des Dory's frische Seafood-Gerichte und Braten, z. B. Red Snapper oder Lende vom Neuseelandlamm. Im oberen Stockwerk liegt das legere Tudor Pub. Hier gibt es Guinness und viele andere Biere vom Fass sowie Snacks zu Pub-Preisen.

LAKE TAHOE Hunter William Bacchi's Inn
2905 Lake Forest Rd, 96145 (530) 583-3324

Das 1935 eröffnete Hunter William Bacchi's Inn ist das älteste Restaurant am Lake Tahoe. Die Speisekarte umfasst beliebte Klassiker der italienischen Küche wie Kalbfleisch mit Parmesan als Teil eines üppigen Menüs mit Suppe, Salat und Antipasti. Als Beilagen werden Ravioli, Spaghetti oder Tortellini gereicht.

MENDOCINO Heron's by the Sea
32096 N Harbor Dr, (707) 962-0680

Unter den wenigen Lokalen an der Nordküste gilt das Heron's als das beste. Das Lokal befindet sich in einem Haus mit Schindeldach, das etwas versteckt an einem Pier liegt. Es serviert frischeste Seafood-Gerichte. Man kann von Land aus beobachten, wie der Fisch gerade gefangen wird. Es gibt auch reichhaltige Frühstücksangebote.

MENDOCINO Mendo Bistro
301 N Main St, 95437 (707) 964-4974

Das bei Einheimischen beliebte Mendo Bistro bietet eine Speisekarte mit Gerichten aus saisonalen lokalen Produkten. Zu den Spezialitäten gehört Salat mit warmem, walnussüberzogenem Ziegenkäse und Zitrone. Weine aus Mendocino begleiten die preisgekrönten Krabben-Burger und Fleischgerichte.

MENDOCINO Albion River Inn
3790 North Hwy 1, 95410 (707) 937-1919

Die Sonnenuntergänge am Pazifik sind die spektakuläre Kulisse für den Genuss der frischen, einfachen Küche im Albion River Inn. Das Restaurant bietet auch Unterkünfte, wenn man zu viele Scotch-Whiskys aus der Sammlung probiert hat. Das Lokal liegt auf einer Klippe, im Winter kann man die Wale vorbeiziehen sehen.

Preiskategorien *siehe Seite 228* **Zeichenerklärung** *siehe hintere Umschlagklappe*

MENDOCINO The Moosse Café $$$

390 Kasten St, 95460 (707) 937-4323

Charmantes Ambiente, gutes Essen – vieles aus lokalen Zutaten und Bio-Produkten – und das unwiderstehliche Mendocino-Feeling charakterisieren dieses Restaurant. Der Speisesaal ist anheimelnd. Er liegt im Erdgeschoss eines beliebten B&B. Die servierten Portionen sind großzügig bemessen.

MENDOCINO Victorian Gardens $$$$$

14409 North Hwy 1, 95459 (707) 882-3606

Das exklusive B&B mit Gasthof auf einer Farm liegt geradezu traumhaft. Das Gebäude wirkt wie ein kleines Schloss mit erlesener Ausstattung. In einem Speiseraum mit 16 Plätzen werden abends Festpreismenüs mit Gerichten aus frischen Produkten serviert.

NAPA-WEINANBAUGEBIET Cook St. Helena $$

1310 Main St, 94574 (707) 963-7088

Das legere Speiselokal Cook St. Helena bietet knackige Salate, Pasta und Fleischgerichte. Gutes Essen, in Anbetracht der Lage recht vernünftige Preise und ein freundlicher Service ziehen viele Stammgäste an. Besonders beliebt sind die hausgemachte Lasagne und die überbackenen Auberginen.

NAPA-WEINANBAUGEBIET Willow Wood Market Café $$

9020 Graton Rd, 95444 (707) 522-8372

Die von Hippies inspirierte Kombination aus Café und Shop im Städtchen Graton ist das genaue Gegenteil der glatten Restaurants im Wine Country. Es bietet herzhaftes Frühstück, guten Kaffee, hausgemachte Suppen, einfallsreiche Sandwiches und Backwaren – das alles zu vernünftigen Preisen.

NAPA-WEINANBAUGEBIET Tra Vigne $$$

1050 Charter Oak Ave, 94574 (707) 823-0233

Das Restaurant erinnert an eine toskanische Villa und hat aufgrund seiner Interpretationen italienischer Spezialitäten und der entsprechenden Weinkarte einen hervorragenden Ruf. In der Bar tummeln sich einheimische Weinhändler. Am Ende der Charter Oak Avenue bei der alten Olivenölfabrik gibt es alles für ein Picknick.

NAPA-WEINANBAUGEBIET Ubuntu $$$

1140 Main St, 94559 (707) 251-5656

Sogar eingefleischte Steak-Liebhaber schätzen das vegetarische Rrestaurant im Napa Valley. Hier gibt es auch ein Yoga-Studio. Die Speisen aus frischen saisonalen Produkten sind kreativ und schmackhaft. Ob Sie in Ihrem besten Anzug oder im Yoga-Outfit erscheinen – Sie werden vom freundlichen Personal immer zuvorkommend behandelt.

NAPA-WEINANBAUGEBIET French Laundry $$$$$

6640 Washington St, 94599 (707) 944-2380

Ins French Laundry, das Nonplusultra unter den Wine-Country-Restaurants, kommt man nicht einfach hinein – man muss schon frühzeitig reserviert haben. Die makellose Interpretation der französischen Nouvelle Cuisine, tadelloser Service, exquisite Gärten und eine unaufdringliche Ausstattung verleiten einen zum Bleiben.

YOSEMITE Yosemite Lodge Food Court $

Rte 140, Yosemite Village, 95389 (1) (800) 559-5000

Das Lokal ist ein günstige Alternative zu den gehobenen Restaurants im Valley. Es bietet warmes Frühstück, Backwaren, Pastagerichte, Pizzas, Burger und Hotdogs vom Grill, Pommes und Sandwiches. Es gibt auch vegetarische Gerichte und leckere Desserts. Hier gibt es das ganze Jahr über Frühstück, Mittag- und Abendessen.

YOSEMITE Columbia City Hotel $$

22768 Main St, Columbia State Historic Park, 95310 (209) 532-1479

Das Columbia City Hotel räumt seit 1986 Preise bei Wettbewerben ab. Es serviert traditionelle Gerichte. Das historische Hotel aus der Zeit des Goldrausches bildet zukünftige Chefköche aus. Das Zwei-Gänge-Dinner kostet 14 US-Dollar pro Person. Mitte Sep bis Mitte Nov Mi und Do geöffnet. Es gibt auch Menüs der Kochschüler.

YOSEMITE Ahwahnee $$$

One Ahwahnee Rd, Yosemite Village, 95389 (209) 372-1489

Das Ahwahnee ist die Königin der National Park Lodges mit einer atemberaubenden Aussicht auf das Tal, Balkendecken und einer anspruchsvollen Speisekarte. Mittags ist Geflügelsandwich mit Chili eine gute Wahl. Abends sollten Sie Bio-Schweinefilet mit Pekannuss-Pralinen-Kruste probieren. Tagsüber wird legere Kleidung akzeptiert.

YOSEMITE Wawona Lodge $$$

Route 41, South Park, 95389 (209) 375-1425

Das viktorianische Haus mit rustikalem Flair serviert alle drei Mahlzeiten (wenn das Hotel geöffnet hat). Die Speisekarte bietet Flat Iron Steak und Suppe mit geräucherter Forelle. Jeden Samstag im Sommer versammeln sich die Gäste zu einem Barbecue. Das Restaurant hat sieben Tage die Woche geöffnet.

YOSEMITE Erna's Elderberry House $$$$$

48688 Victoria Lane (Hwy 41), 93644 (559) 683-6800

Als Teil des Château de Sureau Inn ist Erna's Elderberry House selbst eine Attraktion. Das extravagante, feine Menü besteht aus sechs Gängen mit hervorragenden Gerichten, vom *amuse bouche* (etwa Kalbfleisch-Pfifferling-Terrine) bis zum *délice du pâtissier*. Die Karte wechselt täglich.

Cafés

Um einen schönen Platz für eine Tasse Kaffee zu finden, muss man in San Francisco nie lange suchen. Die Stadt ist bekannt als Paradies für Kaffeeliebhaber und bietet zahlreiche schöne Cafés. Kenner zieht es nach North Beach und in den Mission District, wo sich einige der gemütlichsten Cafés der Stadt befinden.

Cafés

Es gibt so viele Cafés in San Francisco, dass Sie tagelang immer wieder neue ausprobieren können. Zu den etabliertesten gehört **Peet's Coffee & Tea**, das schon seit vier Jahrzehnten starken Kaffee anbietet. **Emporio Rulli il Caffè** am Union Square ist auch eine gute Wahl. Das **Caffè Trieste** in North Beach ist ein alter Künstlertreff mit ausgezeichnetem Kaffee und einer Musikbox, die italienische Opernarien spielt. An Wochenenden greifen Familienmitglieder der Inhaber gelegentlich selbst zum Instrument. **Caffè Greco**, **Caffè Puccini** und **Caffè Roma** in der Columbus Avenue lohnen ebenfalls einen Besuch. Ein weiteres Viertel mit vielen gemütlichen Cafés ist SoMa.

Mitglieder der Beat Generation versammelten sich regelmäßig im **Mario's Bohemian Cigar Store Café** mit Blick auf den Washington Square. Schauen Sie dort auf einen doppelten Latte mit Focaccia vorbei. **Vesuvio** (siehe S. 270) offeriert besten Espresso. In der **Stella Pastry** bestellen Sie zum Cappuccino am besten die Spezialität des Hauses – leckeren *Sacripantina* (Biskuitkuchen mit Zabaglione, Rum und Marsala).

Im Mission District sollten Sie das **Café La Bohème** nicht versäumen, in dem die Literaturszene verkehrt. **Café Flore** in der Market Street ist sehr elegant, während **Mocha's Café** nahe dem Civic Center auch exzellentes Gebäck bietet. Frankophile werden sich im **Café Claude** wohlfühlen (mit alter Pariser Bareinrichtung). Es liegt in einer schmalen Gasse nahe dem Union Square. Im **Café de la Presse**, gleich beim Chinatown Gateway, kann man gut in internationalen Tageszeitungen schmökern. Zu den Klassikern in SoMa gehören im SFMOMA das **Caffè Museo** und das **Moto Java**, das sich direkt hinter dem Museum befindet, sowie – als Mix aus Café und Waschsalon – das **Brainwash**. **Blue Danube Coffee House** und **Toy Boat Dessert Café** liegen im Clement Street. **Momi Toby's Revolution Café & Art Bar** ist vor allem für Kunstliebhaber einen Besuch wert. Für seine leckeren Crêpes zum Kaffee ist das **Frjtz** bekannt. **Irving St Café** und **Beanery** sind weitere Anziehungspunkte für Kaffeeliebhaber im Sunset District.

AUF EINEN BLICK

Cafés

Beanery
1307 9th Ave.
Stadtplan 8 F3.
661-1255.

Blue Danube Coffee House
306 Clement St.
Stadtplan 3 A5.
221-9041.

Brainwash
1122 Folsom St.
Stadtplan 11 A1.
431-9274.

Café La Bohème
3318 24th St.
Stadtplan 10 F4.
643-0481.

Café Claude
7 Claude La.
Stadtplan 5 C4.
392-3505.

Café Flore
2298 Market St.
Stadtplan 10 D2.
621-8579.

Caffè Greco
423 Columbus Ave.
Stadtplan 5 B3.
397-6261.

Caffè Museo
151 3rd St.
Stadtplan 6 D5.
357-4500.

Café de la Presse
352 Grant Ave.
Stadtplan 5 C4.
398-2680.

Caffè Puccini
411 Columbus Ave.
Stadtplan 5 B3.
989-7033.

Caffè Roma
526 Columbus Ave.
Stadtplan 5 B3.
296-7942.
Filiale: 885 Bryant St.
Stadtplan 11 B2.
296-7662.

Caffè Trieste
601 Vallejo St.
Stadtplan 5 C3.
392-6739.

Emporio Rulli il Caffè
beim Union Square.
Stadtplan 5 C5.
433-1122.

Frjtz
581 Hayes St.
Stadtplan 4 E5.
864-7654.

Irving St Café
716 Irving St.
Stadtplan 9 A2.
664-1366.

Mario's Bohemian Cigar Store Café
566 Columbus Ave.
Stadtplan 5 B2.
362-0536.

Mocha's Café
505 Van Ness Ave.
Stadtplan 4 F5.
437-2233.

Momi Toby's Revolution Café & Art Bar
528 Laguna St.
Stadtplan 10 E1.
626-1508.

Moto Java
498 9th St.
Stadtplan 11 A2.
495-3289.

Peet's Coffee & Tea
22 Battery St.
Stadtplan 6 D4.
981-4550.

Stella Pastry
446 Columbus Ave.
Stadtplan 5 B3.
986-2914.

Toy Boat Dessert Café
401 Clement St.
Stadtplan 3 A5.
751-7505.

Vesuvio
255 Columbus Ave.
Stadtplan 5 C3.
362-3370.

Stadtplan *siehe Seiten 302–320*

Frühstück, Delis und Fast Food

Wenn Sie keine Zeit für eine Mahlzeit im Restaurant haben, bekommen Sie praktisch überall in der Stadt einen schnellen Imbiss. Es gibt Fast Food für wenig Geld, doch lohnt es sich, nach solchen Lokalen Ausschau zu halten, die etwas Besonderes bieten.

Frühstück

Kaffee und Gebäck oder Eier mit Speck gibt es überall. Nach einem amerikanischen Frühstück meldet sich der Hunger erst abends wieder. **Sears Fine Foods** am Union Square ist ein geeigneter Platz für wahre Frühstücksorgien. **Le Petit Café** serviert an den Wochenenden herrlichen Brunch. Gutes Frühstück offerieren auch Hotels und einige Restaurants *(siehe S. 228–241).*

Delis

Das beste Roggensandwich mit Corned Beef erhält man bei **David's**, dem größten Deli in San Francisco. Auch **Tommy's Joint** im Civic Center, **Miller's East Coast Deli** auf dem Russian Hill und **Molinari's** in North Beach lohnen einen Besuch. **Real Food Deli/Grocery**, ebenfalls auf dem Russian Hill, bietet Bio-Kost.

Hamburger

Statt Fast-Food-Ketten sollten Sie eine der altmodischen Burger-Bars probieren. **Grubstake**, das sich in einer umgebauten Straßenbahn befindet, hat bis spätabends geöffnet, **Mel's Drive-In** ist ein nettes Café im Stil der 1950er Jahre, von **Louis'** blickt man auf die Überreste von Sutro Baths *(siehe S. 27).* **Bill's Place** im Richmond District bietet zwei Dutzend Burger-Sorten an – alle sind nach lokalen Persönlichkeiten benannt. **Sparky's** im Castro District serviert gleich 24 Stunden lang Burger.

Pizzas

Die meisten Pizzerias befinden sich in North Beach. Empfehlenswert sind das traditionelle **Tommaso's**, das populäre **North Beach Pizza** und das hektische, aber exzellente **Golden Boy**. Exotische Pizzas erhalten Sie z. B. bei **Pauline's** im Mission District oder bei **Extreme Pizza** in Pacific Heights.

Mexikanisch

Mexikanisches Essen – schmackhaft und preisgünstig – wird überall an Straßenständen verkauft. Gute Imbisse gibt es bei **El Balazo**, **Pancho Villa**, **Roosevelt's Tamale Parlor** oder **El Metate**. Vor oder nach einem Kinobesuch sollten Sie das **El Super Burrito** mit günstigen, großen Portionen testen.

AUF EINEN BLICK

Frühstück

Le Petit Café
1 Maritime Plaza.
Stadtplan 6 D3.
951-8514.

Sears Fine Foods
493 Powell St.
Stadtplan 5 B4.
986-1160.

Delis

David's
474 Geary St.
Stadtplan 5 B5.
276-5950.

Miller's East Coast Deli
1725 Polk St.
Stadtplan 4 F3.
563-3542.

Molinari's
373 Columbus Ave.
Stadtplan 5 C3.
421-2337.

Real Food Deli/Grocery
2140 Polk St.
Stadtplan 5 A3.
673-7420.

Tommy's Joint
1101 Geary Blvd.
Stadtplan 5 A5.
775-4216.

Hamburger

Bill's Place
2315 Clement St.
Stadtplan 2 D5.
221-5262.

Grubstake
1525 Pine St.
Stadtplan 4 F4.
673-8268.

Louis'
902 Point Lobos Ave.
Stadtplan 7 A1.
387-6330.

Mel's Drive-In
3355 Geary Blvd.
Stadtplan 3 B5.
387-2244.

Sparky's
242 Church St.
Stadtplan 10 E2.
626-8666.

Pizza

Extreme Pizza
1908 Union St.
Stadtplan 4 D3.
929-8234.

Golden Boy
542 Green St.
Stadtplan 5 B3.
982-9738.

North Beach Pizza
800 Stanyan St.
Stadtplan 9 B2.
741-2300.
Filiale: 1462 Grant Ave.
Stadtplan 5 C2.
433-2444.

Pauline's
260 Valencia St.
Stadtplan 10 F2.
552-2050.

Tommaso's
1042 Kearny St am Broadway. Stadtplan 5 C3. 398-9696.

Mexikanisch

El Balazo
1654 Haight St.
Stadtplan 9 B1.
864-2140.

El Metate
2406 Bryant St.
Stadtplan 11 A4.
642-7209.

El Super Burrito
1200 Polk St.
Stadtplan 5 A5.
771-9700.

Pancho Villa
3071 16th St.
Stadtplan 10 F2.
864-8840.

Roosevelt's Tamale Parlor
2817 24th St.
Stadtplan 10 F4.
864-2600.

Stadtplan siehe Seiten 302–320

Shopping

Shopping in San Francisco bedeutet weitaus mehr, als nur einzukaufen – es ist ein Erlebnis, das einen Einblick in die Stadtkultur gewährt. Das riesige Warenangebot reicht von praktischen bis zu exzentrischen Dingen. Man kann sich Zeit lassen, vor allem in den vielen kleinen Fachgeschäften und Boutiquen sind Bummler willkommen. Wer kurze Wege vorzieht, steuert am besten die Shopping-Center, Malls und Department Stores an. Typisches Lokalkolorit findet man in Geschäftsvierteln einzelner Stadtteile, die alle ihren eigenen Charme und Charakter haben.

Eingangsuhr bei Tiffany's

Emporio Armani *(siehe S. 250)*

Öffnungszeiten

Die meisten Läden haben montags bis samstags von 10 bis 20 Uhr, viele Einkaufszentren auch abends und am Sonntag geöffnet. Ohne Stress kauft man vormittags unter der Woche ein. Hektisch ist es dagegen in der Mittagszeit (12–14 Uhr), am Samstag, bei speziellen Sonderverkäufen und in den Schulferien.

Bezahlung

Gängige Kreditkarten werden in den meisten Geschäften akzeptiert (bei einer Mindesteinkaufssumme!). Wer mit Reiseschecks zahlt, muss sich ausweisen. Ausländische Schecks und Fremdwährungen werden selten angenommen. Einige kleinere Läden nehmen nur Bargeld.

Verbraucherschutz und Umtausch

Bewahren Sie den Kassenbon als Kaufbeleg auf. Jeder Laden hat seine eigenen Umtausch- und Rücknahmebedingungen. Geschäfte dürfen bei Kreditkartenzahlung keine Gebühr erheben. Bei Barzahlung erhält man mitunter einen Preisnachlass. Bei Problemen können Sie sich an eine der Verbraucherschutzorganisationen wenden:
Nützliche Telefonnummern
Consumer Protection Unit 551-9575. California Department of Consumer Affairs (916) 445-0660.

Sonderangebote

Sonderangebote am Monatsende, um die Feiertage und am Ende der Saison sind in vielen Läden üblich. Entsprechende Anzeigen finden Sie in den Zeitungen am Mittwoch und Sonntag. Vorsicht ist geboten, wenn Schilder wie »Going out of business« auf einen Totalausverkauf wegen Geschäftsaufgabe hinweisen. Mitunter hängen sie bereits seit Jahren aus.

Steuern

Auf alle Waren, die man in San Francisco kauft, wird eine Verkaufssteuer von 9,5 Prozent erhoben. Sie wird Reisenden aus Übersee nicht zurückerstattet, doch entfällt die Steuer bei Versand der Waren in Orte außerhalb Kaliforniens. Ausländer müssen dann eventuell zu Hause Zoll zahlen.

Shopping-Touren

Wer die besten Läden für seine Bedürfnisse kennenlernen will, kann an einer Shopping-Tour teilnehmen, wie sie etwa von »A Simple Elegance Shopping Tour« und »Shopper Stopper Shopping Tours« organisiert werden. Ein Führer begleitet Sie von einem Geschäft zum nächsten und weiß, wo man außergewöhnliche Dinge findet.
Nützliche Telefonnummern
A Simple Elegance Shopping Tour 661-0110. Shopper Stopper Shopping Tours (707) 829–1597.

Shopping-Center

Im Gegensatz zu vielen Shopping Malls in den Vorstädten haben jene in San Francisco Stil, einige sind architektonisch reizvoll. Das Embarcadero Center *(siehe S. 110)* mit über 125 Läden erstreckt sich über acht Häuserblocks. Ghirardelli Square *(siehe S. 83)* war bis Anfang

Fahnen vor der Pagode des Japan Center

SHOPPING

Blumenstand am Union Square

der 1960er Jahre eine Schokoladenfabrik. Heute ist hier ein Einkaufszentrum mit über 70 Restaurants und Läden – mit Blick auf die San Francisco Bay.

Das Westfield Shopping Centre *(siehe S. 117)* bietet auf neun Etagen über 65 Läden. Pier 39 *(siehe S. 82)* ist ein Marktplatz am Wasser mit Restaurants, Karussell, einem Hafen und vielen Fachgeschäften. Die Cannery *(siehe S. 83)* in Fisherman's Wharf umfasst zahlreiche hübsche kleine Läden, während die Crocker Galleria *(siehe S. 116)* mit ihren drei Etagen, der hohen Glaskuppel und dem zentralen Innenhof zu den spektakulärsten Einkaufszentren der Stadt gehört.

Das Japan Center *(siehe S. 128)* mit seiner markanten Pagode bietet exotische Lebensmittel, asiatische Waren sowie Kunsthandwerk und Kunstobjekte, ein Hotel im japanischen Stil und traditionelle japanische Badeeinrichtungen. Das Rincon Center *(siehe S. 113)*, mit einer 27 Meter hohen Wassersäule im Zentrum, ist ein Einkaufs- und Schlemmerparadies im Artdéco-Stil.

Department Stores

Die meisten großen Kaufhäuser liegen am Union Square. Sie sind riesig und haben ein außergewöhnliches Waren- und Serviceangebot. Aufgrund der häufigen Sonderangebote geht es hier mitunter recht hektisch zu. Den Kunden werden alle möglichen Serviceleistungen angeboten, darunter etwa Garderobenräume, wo man seine persönlichen Sachen lassen kann, Führungen mit Angestellten, kostenlose Geschenkverpackungen oder Kosmetikbehandlungen.

Macy's nimmt zwei Häuserblocks ein und offeriert auf dieser gewaltigen Verkaufsfläche eine riesige Auswahl an Waren, die hübsch präsentiert sind. Es gibt verschiedene Dienstleistungsangebote, u.a. eine Geldwechselstube und einen Dolmetscherservice. Die Herrenabteilung ist besonders groß.

Neiman Marcus, ein weiteres elegantes Warenhaus, befindet sich in einem modernen Gebäude, das für Aufsehen sorgte, als ihm 1982 ein beliebtes altehrwürdiges Kaufhaus (von 1890) zum Opfer fiel. Die sehenswerte Glaskuppel im Restaurant Rotunda war Teil des ursprünglichen Gebäudes.

Nordstrom, wo man gut Mode und Schuhe kaufen kann, heißt bei den Einheimischen auch »store-in-the-sky«. Es belegt die oberen fünf Etagen des Westfield Shopping Centre.

Bloomingdales bietet eine riesige Auswahl an Mode von an Designer-Labels, Luxushandtaschen, Accessoires, Kosmetika und Schuhen.

Ein weiteres bekanntes Kaufhaus in der Bay Area ist **Kohl's**. Hier erhält man Damen- und Herrenmode, Schuhe und Schmuck zu Discountpreisen.

Lohnenswertes

Feinschmecker sollten nach Seafood Ausschau halten. Kalifornischer Wein ist ebenfalls eine gute Wahl, vor allem im Napa Valley *(siehe S. 190f)*. Zudem gibt es Jeans, Vintage-Mode, Ethno-Kunsthandwerk, Bücher und CDs zu günstigen Preisen.

City Lights Bookstore *(siehe S. 254)* in der Columbus Avenue

Nützliche Adressen

Bloomingdales
865 Market St.
Stadtplan 5 C5.
(856-5300.

Kohl's
1200 El Camino Real, Colma, Ca 94014. (*(060) 992-0155*

Macy's
Stockton St/Ecke O'Farrell St.
Stadtplan 5 C5.
(397-3333.

Neiman Marcus
150 Stockton St.
Stadtplan 5 C5.
(362-3900.

Nordstrom
Westfield Shopping Centre,
865 Market St.
Stadtplan 5 C5.
(*243-8500.*

Auslage im Kaufhaus Gump's *(siehe S. 249)*

Stadtplan siehe Seiten 302–320

Highlights: Shopping

Es ist die Vielseitigkeit von San Francisco, die Shopping zum Vergnügen macht. Jedes der beschriebenen Viertel spiegelt einen anderen Aspekt der Stadt wider. Am Union Square laden die glitzernden Auslagen zum Schaufensterbummel ein, South of Market bietet sich vor allem für die Schnäppchenjagd an.

Straßenmärkte
Kunst, Kunsthandwerk und Spezialitäten gibt es auf Märkten wie diesem Junimarkt auf der Union Street.

Union Street
In den viktorianischen Häusern verkaufen über 300 Läden Antiquitäten, Bücher und Mode (siehe S. 251).

Haight Street
Dies ist der beste Ort in San Francisco für schrille Mode, CDs und Bücher (siehe S. 254).

Pacific Heights und Marina

Presidio

Civic Center

Golden Gate Park und Land's End

Haight-Ashbury und Mission

Japan Center
Lebensmittel und andere Waren aus Japan gibt es hier ebenso wie japanische Lokale und Galerien (siehe S. 128).

Jackson Square Antique Shops
Antiquitäten findet man am Jackson Square (siehe S. 254).

0 Kilometer 2
0 Meilen 1

UN Plaza
Auf dem nach den Vereinten Nationen benannten Platz findet zweimal pro Woche ein Farmers' Market statt (siehe S. 256).

Grant Avenue
Mit bemalten Balkonen, Souvenirläden und Bars ist sie die Hauptstraße von Chinatown (siehe S. 99).

Crocker Galleria
In dem imposanten dreistöckigen Einkaufszentrum mit Glasdach gibt es elegante Läden. An sonnigen Tagen kann man auf dem Dachgarten picknicken (siehe S. 245).

Saks Fifth Avenue
Das Kaufhaus ist ein Synonym für Exklusivität und Eleganz.

Shopping rund um den Union Square

Wer nicht nur bummeln will, sollte sich auf die Geary, Powell und Post Street sowie auf die Läden zwischen Market und Sutter Street konzentrieren. Hier bieten luxuriöse Geschäfte und preiswerte Boutiquen alles von Designer-Bettwäsche über Rassehunde bis hin zu Andenken. Hotels, elegante Restaurants und Blumenstände runden das Bild ab.

Nordstrom
Das Kaufhaus liegt im glitzernden Westfield Shopping Centre, das ca. 400 Geschäfte auf neun Etagen bietet (siehe S. 245).

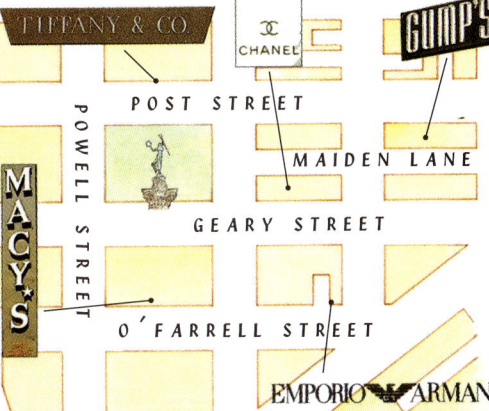

Außergewöhnliche Läden

Der Unternehmergeist ist in San Francisco stark ausgeprägt und führt zu Innovationen. Besitzer kleiner Läden und Designer sind stolz auf ihr Sortiment außergewöhnlicher Waren und erzählen ihren Kunden oft die Entstehungsgeschichte der originellen Produkte. Von Comic-Postkarten bis zu feinem handmarmoriertem Papier, von chinesischen Kräutertees bis zu modernen Elektronikspielereien reicht das umfangreiche Angebot. Diese Läden, die oft etwas versteckt liegen oder Teil eines anderen kleinen Geschäfts sind, schaffen eine Atmosphäre, die das Einkaufen zum Erlebnis macht.

Fachgeschäfte

Der Familienbetrieb **Malm Luggage** ist seit den Tagen des Goldrauschs für seine erstklassigen Reisekoffer, Brieftaschen und sonstigen Lederwaren bekannt.

Bei **Comix Experience** gibt es die neuesten Comics, aber auch sehr teure, alte Liebhaberstücke.

Exquisite italienische Töpferwaren (Majolika) wie handbemaltes Geschirr, Vasen und Teller gibt es bei **Biordi Art Imports** in North Beach.

Wer die authentische Atmosphäre von Chinatown erleben möchte, geht am besten zu **Ten Ren Tea Company of San Francisco**. Hier gibt es eine Riesenauswahl an Teesorten und andere exotische Kleinigkeiten. Bei **Golden Gate Fortune Cookies** *(siehe S. 99)* einem Unternehmen, das von den Nachfahren chinesischer Einwanderer betrieben wird, bekommt man vor dem Kauf Kostproben der in San Francisco erfundenen »Glückskekse«.

Das schon seit rund 60 Jahren bestehende **Flax Art and Design** in der Market Street bietet handgeschöpfte Papiere und Künstlerbedarf.

Juwelen und sehr wertvolle Armbanduhren findet man bei **Tiffany & Co** und **Bulgari**. **Jeanine Payer** vereint die Handwerkskunst früherer Generationen und zeitgenössisches Design zu erlesenen Schmuckstücken.

Dritte-Welt-Läden und Not-for-Profit-Shops

Läden, die eine gute Sache unterstützen, finden in San Francisco großen Anklang. Hier eine kleine Auswahl: Der offizielle UNICEF-Laden ist **Planetweavers Treasure Store**, der u. a. Textilien und Kunsthandwerk aus Entwicklungsländern sowie pädagogisches Spielzeug verkauft. 25 Prozent des Reingewinns gehen an UNICEF. Der **Golden Gate National Park Store** ist ein Not-for-Profit-Shop, bei dem es Postkarten, Karten und Bücher über den Park gibt. Der Erlös von **Under One Roof** fließt verschiedenen Aids-Gruppen zu.

Souvenirläden

Bei **Only in San Francisco** und im **Cable Car Store** gibt es alle möglichen Souvenirs wie T-Shirts, Schlüsselanhänger und Weihnachtsschmuck mit preiswerten San-Francisco-Motiven. Andenken und Mützen in allen Farben, Formen und Größen bekommt man bei **Krazy Kaps**. In Fisherman's Wharf und in der Grant Avenue finden Sie an den Ladeneingängen Körbe mit preiswerten Mitbringseln.

Antiquitätenläden

In San Franciscos beliebtester Einkaufsgegend befindet sich die **Sacramento Street Antique Dealers Association**, eine Ansammlung von Läden, die eine Vielfalt an Antiquitäten anbieten – von Möbeln bis zu Haushaltswaren. Hier kann man nach Herzenslust stöbern.

Art-déco-Fans sollten sich auf die Suche nach **Decorum** in der Market Street machen. Hier gibt es eine eindrucksvolle Auswahl an eleganten Einrichtungsgegenständen und Schmuck. Eine große Auswahl an alten japanischen »Tansu«-Vitrinenarbeiten bietet **Genji**. Daneben gibt es auch Arbeiten aus der Edo-Zeit in Ulmenholz.

Spielzeug, Spiele und technische Spielereien

Der **Academy Store** und der **Exploratorium Store** verkaufen Bücher, Drachen und lustige Lernspiele. Bei **Puppets on the Pier** wird den neuen Besitzern der Umgang mit Marionetten gezeigt. **Gamescape** verkauft jede Art von traditionellem Spielzeug, darunter auch Brett- und Kartenspiele.

Lassen Sie sich vom schmalen Frontbereich von **Jeffrey's Toys** nicht täuschen. Je weiter Sie im Laden vordringen, desto mehr Ecken öffnen sich zu noch mehr Puzzle-Spielen, Puppen, Comics – überhaupt zu jedem erdenklichen Spielzeug.

Der **Chinatown Kite Shop** bietet eine außergewöhnliche Auswahl an bunten Drachen in verschiedensten Formen, zum breiten Angebot gehören auch Kunstflugdrachen.

Bei **Cosmic Wizard** finden Sie alles für die Sparten Rätsel und Zauberei, daneben auch pädagogisch wertvolles Spielzeug und Spiele. Was immer Ihre Kinder präferieren: Hier bekommt man das etwas andere Spielzeug und zudem alles, was mit Weltraum, Kosmos und Zauberei zu tun hat. Weitere Läden, die vor allem für Kinder interessant sind, finden Sie auf Seite 275.

Museumsläden

Auch Museumsläden bieten hübsche und exquisite Geschenkartikel. Das Angebot reicht von technischen Bausätzen bis zu reproduzierten Schmuckstücken und Skulpturen. Im Golden Gate Park sollte man den **Academy Store** der California Academy of Sciences *(siehe S.150f)* besuchen. Die Akademie gehört zu den führenden Wissenschaftsmuseen in den Vereinigten Staaten. Im Muse-

AUSSERGEWÖHNLICHE LÄDEN

umsladen bekommt man Nachbildungen von Dinosauriern, naturgetreue Gummitiere und umweltfreundliche Geschenkartikel. Ebenfalls verkauft werden Artikel der angeschlossenen Far Side Gallery, die die Werke des Cartoonisten Gary Larsen ausstellt. Ganz in der Nähe bietet auch der Shop im **de Young** Museum eine beachtliche Auswahl.

Im Lincoln Park findet man im Museum Store des **Legion of Honor** *(siehe S.156f)* eine große Auswahl an Reproduktionen aus den laufenden Sonderausstellungen. Der **Asian Art Museum Shop** im Civic Center ist gut mit Büchern und Objekten zum Thema »asiatische Kunst« bestückt.

Junge Naturforscher werden vom **Exploratorium Store** *(siehe S.60f)* begeistert sein. Hier gibt es alles, was man für Experimente braucht, aber auch Spiele zu unterschiedlichsten Wissensgebieten – von der Astronomie bis hin zur Zoologie – sowie Bücher und Spielzeug. Im SF Museum of Modern Art *(siehe S.118–121)* verkauft der nun vergrößerte **San Francisco MOMA Museum Store** ein reichhaltiges Angebot an wunderschönen Kunstbüchern, Postern, Grußkarten und farbenfrohen T-Shirts.

Das exklusive Kaufhaus **Gump's** könnte man fast auch mit einem Museum verwechseln. Angeboten werden hier vor allem antiquarische Einzelstücke oder limitierte Auflagen aus Europa und den Vereinigten Staaten. Eine betuchte Kundschaft kauft hier u.a. Möbel, Gemälde, Porzellan, Kristallglas, Schmuck und Geschenke.

AUF EINEN BLICK

Fachgeschäfte

Biordi Art Imports
412 Columbus Ave.
Stadtplan 5 C3.
📞 392-8096.

Bulgari
237 Post St.
Stadtplan 5 C5.
📞 399-9141

Comix Experience
305 Divisadero St.
Stadtplan 10 D1.
📞 863-9258.

Flax Art and Design
1699 Market St.
Stadtplan 10 F1.
📞 552-2355.

Golden Gate Fortune Cookies
56 Ross Alley.
Stadtplan 5 C3.
📞 781-3956.

Jeanine Payer
672 Market St.
Stadtplan 5 C5.
📞 788-2417.

Malm Luggage
50 Post St.
Stadtplan 5 C4.
📞 392-0417.

Ten Ren Tea Company of San Francisco
949 Grant Ave.
Stadtplan 5 C3.
📞 362-0656.

Tiffany & Co
350 Post St.
Stadtplan 5 C4.
📞 781-7000.

Dritte-Welt-Läden und Not-for-Profit-Shops

Golden Gate National Park Store
Embarcadero Center.
Stadtplan 6 D3.
📞 984-0640.

Planetweavers Treasure Store
1573 Haight St.
Stadtplan 9 C1.
📞 864-4415.

Under One Roof
518a Castro St.
Stadtplan 10 D1.
📞 503-2300.

Souvenirläden

Cable Car Store
Pier 39.
Stadtplan 5 B1.
📞 989-2040.

Krazy Kaps
Pier 39.
Stadtplan 5 B1.
📞 296-8930.

Only in San Francisco
Pier 39. **Stadtplan** 5 B1.
📞 397-0122.

Antiquitätenläden

Decorum
1400 Vallejo St.
Stadtplan 5 B3.
📞 474-6886.

Genji Antiques Inc.
2090 Cesar Chavez St.
Stadtplan 11 B5.
📞 931-1616.

Sacramento Street Antique Dealers Association
3599 Sacramento St.
Stadtplan 3 B4.
📞 346-2333.

Spielzeug, Spiele und technische Spielereien

Academy Store
Siehe Museumsläden.

Chinatown Kite Shop
717 Grant Ave.
Stadtplan 5 C3.
📞 391-8217.

Cosmic Wizard
34028b 24th St.
Stadtplan 10 D4.
📞 550-7077.

Exploratorium Store
Siehe Museumsläden.

Gamescape
333 Divisadero St.
Stadtplan 10 D1.
📞 621-4263.

Jeffrey's Toys
685 Market St.
Stadtplan 5 C5.
📞 243-8697.

Puppets on the Pier
Pier 39.
Stadtplan 5 B1.
📞 781-4435.

Museumsläden

Academy Store
California Academy of Sciences, 55 Concourse Drive. **Stadtplan** 8 F6.
📞 750-7330.

Asian Art Museum
200 Larkin St.
Stadtplan 4 F5.
📞 581-3500.
www.asianart.org

de Young
50 Tea Garden Dr,
Golden Gate Park.
Stadtplan 8 F2.
📞 750-3642.

Exploratorium Store
Marina Blvd/Ecke Lyon St.
Stadtplan 3 C2.
📞 561-0390.

Gump's
135 Post St.
Stadtplan 5 C4.
📞 982-1616.

Legion of Honor Museum Store
Legion of Honor, Lincoln Park. **Stadtplan** 1 B5.
📞 750-3600.

San Francisco MOMA Museum Store
Museum of Modern Art.
Stadtplan 6 D5.
📞 357-4035.

Stadtplan *siehe Seiten 302–320*

Mode

San Francisco ist für seine Raffinesse bekannt, diesem Ruf werden auch die Modeläden der kalifornischen Stadt gerecht. Ob Sie nun ein Designermodell für den großen Anlass oder nur eine Jeans suchen, hier finden Sie alles. Im Gegensatz zu den großen Kaufhäusern *(siehe S. 245)* handelt es sich bei den unten aufgeführten Geschäften eher um kleine oder mittelgroße Läden, die häufig auf ein oder zwei Produktbereiche spezialisiert sind. Mangelt es Ihnen an der nötigen Zeit, um sich hier in aller Ruhe umzusehen, dann sind auch die Department Stores und Shopping-Center *(siehe S. 244f)* durchaus lohnenswert.

Designer

Labels von US-Designern werden in Boutiquen innerhalb der Kaufhäuser oder in Exklusivgeschäften unter ihrem Markennamen verkauft. Kleine Läden wie **Wilkes Bashford** führen Mode von aufstrebenden jungen Designern mit einem Hang zur Kreation eher konservativer Kleidung, wie man sie im Financial District trägt.

Zu den interessantesten Modehäusern in San Francisco gehören **Diana Slavin** mit klassischen italienischen Modellen, **Betsey Johnson** für aufsehenerregende Damenmode und **Joanie Char** mit schicker Freizeitkleidung.

Die **Emporio Armani Boutique** hat eine eindrucksvolle Auswahl an Fashion und Accessoires des bekannten italienischen Modeschöpfers. Die **Jessica McClintock Boutique** ist für ihre große Auswahl an Hochzeitskleidern bekannt. Bei **Weston Wear** finden Frauen preisgünstige Strickwaren.

Die Modeschöpferin **Sunhee Moon** benennt jedes der von ihr im Stil der 1950er Jahre kreierten Einzelstücke nach Freunden. **MAC** (Modern Appealing Clothing) bietet Bekleidung von Designern aus San Francisco.

Designer-Outlets und Fabrikverkauf

Designerkleidung zu reduzierten Preisen findet man vor allem in South of Market (SoMa). Am Yerba Buena Square gibt es verschiedene Outlets, darunter die **Burlington Coat Factory**, die über 12 000 Mäntel auf Lager hat und auch herabgesetzte Kleidung ortsansässiger Modemacher verkauft. **Georgiou Outlet** bietet klassische Bekleidung aus Naturfasern, **Jeremy's** in SoMas schickem South Park verkauft reduzierte Waren für Sie und Ihn.

Outlets in der Bay Area

Einen guten Einkauf kann man ebenso in den Outlets der Bay Area machen. Dort gibt es u. a. sehr günstige Stücke von Designern. Auch wenn man dafür erst rund eine Stunde mit dem Auto fahren muss, finden versierte Shopper schnell Gefallen an den Einkaufsmöglichkeiten in der Bay Area.

Zu den renommiertesten Adressen gehören Liz Claiborne und Brooks Brothers, für Kinderbekleidung vor allem OshKosh und Gap. Bass und Nine West in den **Petaluma Village Premium Outlets**, etwa 70 Kilometer nördlich der Stadt, bietet Schuhe im Überfluss. **Great Mall** in Milpitas – etwa 80 Kilometer südöstlich von San Francisco – verkauft Stücke populärer Labels, darunter Tommy Hilfiger, Eddie Bauer u. a.

Castro District

Auf gute Kleidung wie auf Accessoires legt man im Castro District, dem Mekka der Schwulen, großen Wert. Hier zu shoppen ist allein

Umrechnungstabelle für Kleider- und Schuhgrößen

Kinderkleidung

USA	2–3	4–5	6–7	8–9	10–11	12–13
D, A, CH	92–104	–116	–128	–140	–152	–164

Kinderschuhe

USA	7½	8½	9½	10½	11½	12½	13½	1½	2½
D, A, CH	24	25½	27	28	29	30	32	33	34

Damenmode: Kleider, Mäntel und Röcke

USA	4	6	8	10	12	14	16	18
D, A, CH	34	36	38	40	42	44	46	48

Damenmode: Blusen und Pullover

USA	32	34	36	38	40	42	44
D, A, CH	40	42	44	46	48	50	52

Damenschuhe

USA	5	6	7	8	9	10	11
D, A, CH	36	37	38	39	40	41	44

Herrenanzüge

USA	34	36	38	40	42	44	46	48
D, A, CH	44	46	48	50	52	54	56	58

Herrenhemden

USA	14	15	15½	16	16½	17	17½	18
D, A, CH	36	38	39	41	42	43	44	45

Herrenschuhe

USA	7	7½	8	8½	9½	10½	11	11½
D, A, CH	39	40	41	42	43	44	45	46

schon wegen des großen Angebots ein Vergnügen. Bekannt für seine ausgefallenen Sachen ist **InJeanious**, wo Sie so manch verblüffenden Entdeckung machen werden.

Chestnut Street

Dem Lifestyle anspruchsvoller Frauen entspricht das Angebot in der Boutique **Rabat** in dieser Shopping-Meile des Marina District. Wer elegante Schuhe und moderne, perfekt gearbeitete Handtaschen sucht, wird hier sicher fündig.

Fillmore

Die viktorianischen Gebäude verleihen der Fillmore Street ein ganz besonderes Ambiente, in dem es sich nach Herzenslust shoppen lässt. **Mrs Dewson's Hats** kam als Hutmacher des früheren Bürgermeisters Willie Brown zu Ruhm.

Haight-Ashbury

Bei einem Bummel durch die Haight Street kommt man an vielen Läden vorbei, die Vintage-Mode verkaufen. Markenzeichen der **Piedmont Boutique** sind die riesigen, mit Netzstrümpfen bekleideten Beine. Hier sind Maßanfertigungen zu haben.

Hayes Valley

Der ultrahippe Shop **Acrimony** führt ein Sortiment von zeitgenössischen Modemachern, die als »street smart« und avantgardistisch gelten. Hier gibt es die Stücke der »Independents«, die ihre eigenen Stilikonen schaffen.

South of Market

SoMa war früher ein Viertel voller Lagerhallen und Absteigen, heute befinden sich hier schicke Ateliers und Lofts. Das Flair des Stadtviertels zieht insbesondere junge Leute an, die hier spätabends die Clubs bevölkern. **Isda & Co** ist für unprätentiöse Unisex-Kleidung bekannt.

Union Square

Hier sollte man nicht gerade nach Krawatten suchen. Diese Filiale von **John Varbatos** führt die Markenprodukte des Designers, die vor allem bei den Celebrities von Los Angelos angesagt sind – von athletisch über Punk bis zu Vintage-Sportkleidung.

Union Street

Nur ein paar Schritte sind es von den Apartments und Villen der Umgebung bis zu dieser Straße mit ihren kleinen Boutiquen. **Mimi's on Union** präsentiert tragbare Schneiderkunst für Damen, darunter handbemalte Kimonos, Schals und hübsche Damenjacken.

AUF EINEN BLICK

Designer

Betsey Johnson
2033 Fillmore St.
Stadtplan 4 D4.
☎ 567-2726.

Diana Slavin
3 Claude Lane.
Stadtplan 5 C4.
☎ 677-9939.

Emporio Armani Boutique
1 Grant Ave.
Stadtplan 5 C5.
☎ 677-9400.

Jessica McClintock Boutique
180 Geary St.
Stadtplan 5 C5.
☎ 398-9008.

Joanie Char
527 Sutter St.
Stadtplan 5 B4.
☎ 399-9867.

MAC
387 Grove St.
Stadtplan 4 F5.
☎ 863-3011.

Sunhee Moon
3167 16th St.
Stadtplan 10 E2.
☎ 355-1800.

Weston Wear
569 Valencia St.
Stadtplan 10 F2.
☎ 621-1480.

Wilkes Bashford
375 Sutter St.
Stadtplan 5 C4.
☎ 986-4380.

Designer-Outlets und Fabrikverkauf

Burlington Coat Factory
899 Howard St.
Stadtplan 11 B2.
☎ 495-7234.

Georgiou Outlet
574 7th St.
Stadtplan 11 B2.
☎ 554-0150.

Jeremy's
2 South Park St.
Stadtplan 11 C1.
☎ 882-4929.

Outlets in der Bay Area

Great Mall
447 Great Mall Dr.
Milpitas.
☎ (408) 945-4022.

Petaluma Village Premium Outlets
2220 Petaluma Blvd.
North Petaluma.
☎ (707) 778-9300.

Castro District

InJeanious
432 Castro St.
Stadtplan 10 D3.
☎ 864-1863.

Chestnut Street

Rabat
2331 Chestnut St.
Stadtplan 3 C2.
☎ 929-8868.

Fillmore

Mrs Dewson's Hats
2050 Fillmore St.
Stadtplan 4 D4.
☎ 346-1600.

Haight-Ashbury

Piedmont Boutique
1452 Haight St.
Stadtplan 9 C1.
☎ 864-8075.

Hayes Valley

Acrimony
333 Hayes St.
Stadtplan 4 F5.
☎ 861-1025.

South of Market

Isda & Co
19 South Park St.
Stadtplan 11 C1.
☎ 344-4891.

Union Square

John Varbatos
152 Geary St.
Stadtplan 5 C5.
☎ 986-0138.

Union Street

Mimi's on Union
2133 Union St.
Stadtplan 4 D3.
☎ 923-0454.

Stadtplan siehe Seiten 302–320

Herrenmode

Marken-Herrenbekleidung, Sportkleidung, Schuhe und Accessoires in europäischem Stil führt **Rolo**. **Brooks Brothers** war das erste amerikanische Geschäft für Herrenkonfektionskleidung in den USA. Das Unternehmen ist heute für seine eleganten Anzüge und die beliebten Button-down-Hemden bekannt.

Modische Outdoor-Kleidung gibt es bei **Eddie Bauer**. **The Gap** und **Old Navy** bieten aktuelle Casual Wear zu recht erschwinglichen Preisen. Auf der Suche nach Übergrößen wird man vermutlich im **Rochester Big and Tall** fündig. Das Angebot umfasst sowohl Freizeit- als auch Geschäftskleidung. **Body** in der Castro Street verkauft T-Shirts, Unterwäsche, Schuhe und mehr.

Damenmode

In San Francisco sind viele weltberühmte Modemarken vertreten, darunter **Chanel**, **Gucci** und **Louis Vuitton**. **Prada** ist für die feinen Strickwaren aus Merinowolle und Kaschmir bekannt.

Banana Republic und **Guess** bieten modische, gleichwohl tragbare Kleidung an. Die handgestrickten Pullover von **Three Bags Full** sind Einzelanfertigungen in herrlichen Farben.

Loehmann's verkauft neueste Designerkleidung aus New York und Europa zu reduzierten Preisen. **Ann Taylor** bietet Hosenanzüge, Abendkleider, Blusen und Jacken. Kleine, zierliche Frauen werden bei **Bebe** fündig. **Harper Greer** verkauft Modisches auch in Übergrößen. **Urban Outfitters** bietet neue Waren, aber auch schicke Secondhand-Kleidung. **Anthropologie** verkauft vom Vintage-Stil beeinflusste Jeans und Kleider.

Kinderkleidung

Farbenfrohe Kollektionen aus Baumwolle, auch Batik- und Ethno-Kleidung sowie eine große Auswahl an Hüten bietet **Kids Only**. **Small Frys** ist für Baumwollkleidung bekannt. **Gap Kids** und **Baby Gap** haben ein reichhaltiges Angebot in vielen Größen und Farben.

Schuhe

Top-Qualität bekommt man beim bekannten Schuhdesigner **Kenneth Cole**. Auch **Kate Spade** bietet klassische, gleichwohl inspirierte Schuhe, Taschen und Accessoires. Bequeme Schuhe von Clarks, Birkenstock, Timberland, Sebago und Rockport führt **Ria's**. **Nike Town** ist ein Megastore für Sneakers. **DSW Shoe Warehouse** bietet reduzierte Ware en masse.

Shoe Biz II, einer von drei Biz-Läden der Haight Street, ist leicht am Dinosaurier-Maskottchen zu erkennen. Musik und bequeme Stühle verführen zum Kauf des Sneaker-Angebots. **Shoe Biz I** verkauft Schuhe für den Alltagsbedarf, während **Super Shoe Biz** sich eher an gut situierte Fashion Victims richtet.

Bei **Foot Worship** fühlen sich die Freundinnen von Stilettos wohl.

Dessous

Zu den ersten Adressen für Unterwäsche und Nachthemden europäischer Marken gehört **Alla Prima Fine Lingerie**. Auch **Victoria's Secret** hat Filialen in San Francisco, u. a. am Union Square. In **Carol Doda's Champagne & Lace Lingerie** kreiert und verkauft San Franciscos erste Obenohne-Tänzerin ihre Dessous.

Lederwaren

Lederbekleidung hilft in San Francisco gegen den Nebel und ist gleichzeitig ein Statement. Jacken aus Alligatorleder und Ganzkörper-Outfits gibt es bei **Fog City Leather**. Seit über 80 Jahren existiert **Golden Bear Sportswear**, wo man für modische bis klassische Jacken nur allerbestes Leder verwendet.

Outdoor-Kleidung

Entsprechend dem Angebot an Outdoor-Möglichkeiten rund um San Francisco und in ganz Nordkalifornien gibt es zahlreiche Läden für die geeignete Kleidung und Ausstattung. **REI** startet jeden ersten Samstag im Monat und an weiteren Terminen Sonderverkäufe, u. a. von Skiern, Snowboards, Fahrrädern und komfortabler Outdoor-Kleidung.

Extremsportler finden bei **North Face** seit 1966 Bekleidung, die auch bei klirrender Kälte den Körper ausreichend warm hält. **Patagonia** verkauft Kleidung aus Bio-Baumwolle, die sowohl Regen als auch Hitze abweist – ideal für Bergsteiger, Kletterer, Mountainbiker, Windsurfer, Jogger bis hin zu Yoga-Anhängern.

Sportkleidung

Baseballfreunde kaufen Fanartikel in den Läden von **SF Giants Dugout**. Eine große Auswahl an Trikots von Teams der NFL und der NBA gibt es im **NFL Shop** am Pier 39. Fanartikel der San Francisco 49er sind Klassiker im **Champs**. Trendige Sportbekleidung bietet **Lombardi Sports**. Im **Adidas Store** finden Sie eine riesige Auswahl an Sportschuhen und Sportbekleidung für Damen und Herren. Spezialkleidung und Sportausrüstung gibt es bei **Golfsmith** (Golf und Tennis) sowie bei **KinderSport** mit seiner ganzjährig großen Auswahl an Skibekleidung für die Kleinen.

Wer sich an bekannten Marken orientiert und auf der Suche nach einem passenden T-Shirt oder einem Kapuzenpulli ist, findet bei **I Heart SF** in Fisherman's Wharf die größte Auswahl.

Vintage-Mode

Auch das Angebot an Vintage-Mode ist enorm. **Buffalo Exchange** und **Crossroads Trading** bieten ihren Kunden ein großes Angebot an Secondhand-Bekleidung. In Haight-Ashbury ist **Wasteland** eine gute Adresse. **Guys and Dolls Vintage** hat für jeden Geschmack das Richtige, **Clothes Contact** bietet eine Riesenauswahl und verkauft die Klamotten pfundweise.

MODE

AUF EINEN BLICK

Herrenmode

Body
450 Castro St.
Stadtplan 10 D3.
575-3562.

Brooks Brothers
150 Post St.
Stadtplan 5 C4.
397-4500.

Eddie Bauer
3521 20th Ave.
Stadtplan 8 E5.
664-9262.

Old Navy
801 Market St.
Stadtplan 5 C5.
344-0375.

Rochester Big and Tall
700 Mission St.
Stadtplan 5 C5.
982-6455.

Rolo
2351 Market St.
Stadtplan 10 D2.
431-4545.

The Gap
100 Post St.
Stadtplan 5 C4.
421-2314
Auch: 890 Market St.
Stadtplan 5 C5.
788-5909.

Damenmode

Ann Taylor
3 Embarcadero Center.
Stadtplan 6 D3.
989-5355.

Anthropologie
800 Market St.
Stadtplan 5 C5.
434-2210.

Banana Republic
256 Grant Ave.
Stadtplan 5 C4.
788-3087.

Bebe
San Francisco Center.
Stadtplan 5 C5.
543-2323.

Chanel
155 Maiden Lane.
Stadtplan 5 C4.
981-1550.

Gucci
240 Stockton St.
Stadtplan 5 C5.
392-2808.

Guess
90 Grant Ave. **Stadtplan** 5 C5. *781-1589.*

Harper Greer
522 Sutter St.
Stadtplan 5 B4.
732-7888.

Loehmann's
222 Sutter St.
Stadtplan 5 C4.
982-3215.

Louis Vuitton
233 Geary St.
Stadtplan 5 C5.
392-6200.

Prada
140 Geary St.
Stadtplan 5 C5.
391-8844.

Three Bags Full
2181 Union St.
Stadtplan 4 D3.
567-5753.

Urban Outfitters
80 Powell St.
Stadtplan 5 B5.
989-1515.

Kinderkleidung

Gap Kids/Baby Gap
240 Post St.
Stadtplan 5 C4.
834-9028.

Kids Only
1608 Haight St.
Stadtplan 9 B1.
552-5445.

Small Frys
4066 24th St.
Stadtplan 10 D4.
648-3954.

Schuhe

DSW Shoe Warehouse
111 Powell St.
Stadtplan 5 B5.
445-9511.

Foot Worship
1214 Sutter St. **Stadtplan** 5 A5. *921-3668.*

Kate Spade
227 Grant Aven.
Stadtplan 5 C4.
216-0880.

Kenneth Cole
865 Market St.
Stadtplan 5 C5.
227-4536.

Nike Town
278 Post St.
Stadtplan 5 C4.
392-6453.

Ria's
301 Grant Ave.
Stadtplan 5 C4.
834-1420.

Shoe Biz I
1446 Haight St.
Stadtplan 9 C1.
864-0990.

Shoe Biz II
1553 Haight St.
Stadtplan 9 C1.
861-3933.

Super Shoe Biz
1420 Haight St.
Stadtplan 9 C1.
861-0313.

Dessous

Alla Prima Fine Lingerie
1420 Grant Ave.
Stadtplan 5 C2.
397-4077.

Carol Doda's Champagne & Lace Lingerie
1850 Union St.
Stadtplan 4 E2.
776-6900.

Victoria's Secret
335 Powell St.
Stadtplan 5 B5.
433-9671.

Lederwaren

Fog City Leather
2060 Union St.
Stadtplan 4 D2.
567-1996.

Golden Bear Sportswear
200 Potrero Ave.
Stadtplan 11 A3.
863-6171.

Outdoor-Kleidung

North Face
180 Post St.
Stadtplan 5 C4.
433-3223.

Patagonia
770 North Point St.
Stadtplan 5 A2.
771-2050.

REI
840 Brannan St.
Stadtplan 11 B2.
934-1938.

Sportkleidung

Adidas Store
865 Market St. **Stadtplan** 5 C5. *975-0934.*

Champs
San Francisco Center.
Stadtplan 5 C5.
975-0883.

Golfsmith
735 Market St. **Stadtplan** 5 C5. *974-6979.*

I Heart SF
2545 Powell St. **Stadtplan** 5 B1. *392-2001.*

KinderSport
3655 Sacramento St.
Stadtplan 3 B4.
563-7778.

Lombardi Sports
1600 Jackson St.
Stadtplan 4 F3.
771-0600.

NFL Shop
Pier 39. **Stadtplan** 5 B1.
397-2027.

SF Giants Dugout
SBC Park. **Stadtplan** 11 C1. *972-2453.*

Vintage-Mode

Buffalo Exchange
1555 Haight St.
Stadtplan 9 C1.
431-7733
Auch: 1210 Valencia St.
Stadtplan 10 F4.
647-8332.

Clothes Contact
473 Valencia St. **Stadtplan** 10 F2. *775-885.*

Crossroads Trading
1901 Fillmore St.
Stadtplan 4 D4.
771-8885.
Auch: 2123 Market St.
Stadtplan 10 E2.
552-8740.

Guys and Dolls Vintage
3789 24th St. **Stadtplan** 10 E4. *285-7174.*

Wasteland
1660 Haight St. **Stadtplan** 9 B1. *863-3150.*

Stadtplan *siehe Seiten 302–320*

Bücher, Musik, Kunst und Antiquitäten

Es gibt Hunderte von Geschäften für die vielen in San Francisco lebenden Autoren, Künstler und Sammler. Viele Wohnhäuser der Stadt sind mit Objekten aus hiesigen Kunstgalerien und Antiquitätenläden eingerichtet. Wer schöne oder außergewöhnliche Dinge schätzt – sei es ein Einzelstück oder zeitgenössische Volkskunst –, findet hier mit Sicherheit das Passende.

Sortimentsbuchhandel

Traditionsreichste Fundgrube an der gesamten Westküste für Theaterstücke und Drehbücher ist **Limelight Books**. Im berühmten **City Lights Bookstore** *(siehe S. 88)* trafen sich die Literaten der Beat Generation in den 1960er Jahren zu Diskussionen. Der Laden hat bis spätabends geöffnet und ist heute ein beliebter Studententreffpunkt. **Green Apple Books** verkauft neue und gebrauchte Bücher und ist bis 22.30 Uhr (Fr und Sa bis 23.30 Uhr) geöffnet. **Borders Books & Music** führt fast alles, was es auf dem Buchmarkt gibt, während **The Booksmith** in Haight-Ashbury für seine große Auswahl an ausländischen und politischen Periodika bekannt ist. **Cover to Cover** ist ein viel besuchter Buchladen mit ausgezeichneter Kinderbuchabteilung und freundlichem Personal. **Alexander Books** bietet neben dem üblichen Sortiment ebenfalls eine reichhaltige Auswahl an Kinderbüchern.

Fachbuchhandlungen

Science-Fiction, Krimis und Horror – die größte Auswahl zu diesen Themen erhalten Sie bei **Borderland Books**. Wenn Sie an Umweltthemen, Politik und Nachhaltigkeit interessiert sind, sollten Sie bei **The Green Arcade** vorbeischauen. **Get Lost Travel Books, Maps & Gear** bietet vielfältige Reiseliteratur und Karten.

Musikgeschäfte

Eine breite Auswahl an neuen als auch an Second-hand-CDs und -Platten sowie preiswerte Angebote von DVDs und Videospielen offeriert **Streetlight Records**. Obskure Klänge sind eher das Metier von **Recycled Records** in der Haight Street, wo neue und alte Aufnahmen ebenso eifrig gehandelt werden wie Aktien im Financial District. Das 1970 eröffnete **Aquarius Records** ist der älteste unabhängige Plattenladen San Franciscos. Hier gibt es alle möglichen Musikrichtungen – von Psychedelic Rock und Indie bis zu Reggae und Bluegrass. **Amoeba Music** in Berkeley ist der größte CD- und Plattenladen der Bay Area für neue und gebrauchte CDs und Platten. 500 000 Titel der Stilrichtungen Jazz, Blues und Rock vorrätig – ein Paradies für jeden Sammler, der seltene Stücke zu niedrigen Preisen sucht.

Musiknoten

Die größte Auswahl an Noten, Partituren, Instrumenten und sonstigem Musikzubehör bietet **Sunset Music Company**. Hier gibt es auch Musikunterricht, Probenräume und Instrumentenverleih. Im **Music Center of San Francisco** bekommt man Bücher und Notensammlungen zu allen Musikrichtungen.

Kunstgalerien

Kunstinteressierten stehen in San Francisco Hunderte von Galerien offen. Die **John Berggruen Gallery** *(siehe S. 38)* hat die größte Sammlung von Werken aufstrebender und etablierter Künstler. Die **Fraenkel Gallery** ist für ihre Sammlung mit Fotos aus dem 19. und 20. Jahrhundert bekannt. Die **Haines Gallery** im gleichen Gebäude bietet drei Abteilungen: Bilder, Skulpturen und Fotos. **SF Camerawork** verkauft limitierte Auflagen von bekannten Fotokünstlern. In der **Compositions Gallery** findet man Kunstwerke aus Glas und Holz. **Sculpturesite Gallery** ist die einzige nordkalifornische Galerie, die sich ausschließlich zeitgenössischen Skulpturen widmet. Neue Werke von amerikanischen Künstlern hängen in der **Gallery Paule Anglim**. Die **John Pence Gallery** hat sich auf Realismus spezialisiert.

Werke von Künstlern der Bay Area sind in großer Zahl bei **Hang** zu finden. **Vista Point Studios Gallery** präsentiert die wohl schönsten Fotografien der Bay Area.

Kunsthandwerk

Es gibt viele Galerien mit gutem Kunsthandwerk. Im renovierten Frank-Lloyd-Wright-Gebäude findet man bei **Folk Art International, Xanadu & Boretti** u. a. Masken, Textilien, Skulpturen und Schmuck. Wunderschöne afrikanische Masken, Schmuck und Stoffe gibt es bei **African Outlet**. Keramik und Masken aus Japan kann man bei **Ma-Shi'-Ko Folk Craft** bewundern. Traditionelle und zeitgenössische Werke von einheimischen Künstlern findet man bei **Galería de la Raza**.

Internationale Antiquitäten

Die ehemals verrufene Barbary Coast *(siehe S. 26f)* ist heute eine Shopping-Meile für Antiquitäten und heißt nun Jackson Square *(siehe S. 110)*. Am Baker Hamilton Square liegen ebenfalls viele Antiquitätenläden.

Ed Hardy San Francisco bietet englische und französische Antiquitäten. Viktorianische, Art-nouveau-, Art-déco- und edwardianische Stücke findet man in großer Auswahl bei **Lang Antiques**. Orientalische antiquarische Möbel und Kunstgegenstände gibt es bei **Dragon House**. Bei **Prints Old & Rare** kann man – allerdings nur nach vorheriger Vereinbarung – alle Arten von antiquarischen Büchern, Drucken und Landkarten erstehen.

BÜCHER, MUSIK, KUNST UND ANTIQUITÄTEN

AUF EINEN BLICK

Sortimentsbuchhandel

Alexander Books
50 2nd St.
Stadtplan 6 D4.
495-2992.

Borders Books & Music
400 Post St.
Stadtplan 5 B4.
399-1633.

City Lights Bookstore
261 Columbus Ave.
Stadtplan 5 C3.
362-8193.

Cover to Cover
1307 Castro St.
Stadtplan 10 D4.
282-8080.

Green Apple Books
506 Clement St.
Stadtplan 3 A5.
387-2272.

Limelight Books
1830 Market St.
Stadtplan 10 E1.
864-2265.

The Booksmith
1644 Haight St.
Stadtplan 9 B1.
863-8688.

Fachbuchhandlungen

Borderland Books
866 Valencia St.
Stadtplan 10 F3.
824-8203.

Get Lost Travel Books, Maps & Gear
1825 Market St.
Stadtplan 10 E1.
437-0529.

The Green Arcade
1680 Market St.
Stadtplan 10 F1.
431-6800.

Musikgeschäfte

Amoeba Music
1855 Haight St.
Stadtplan 9 B1.
831-1200.

Aquarius Records
31055 Valencia St.
Stadtplan 10 F3.
647-2272.

Recycled Records
1377 Haight St.
Stadtplan 9 C1.
626-4075.

Streetlight Records
2359 Market St.
Stadtplan 10 D2.
282-8000.

Musiknoten

Music Center of San Francisco
207 Powell St.
Stadtplan 5 B1.
781-6023.

Sunset Music Company
2311 Irving St.
Stadtplan 8 E3.
731-1725.

Kunstgalerien

Compositions Gallery
317 Sutter St.
Stadtplan 5 C4.
885-0402.

Fraenkel Gallery
49 Geary St.
Stadtplan 5 C5.
981-2661.

Gallery Paule Anglim
14 Geary St.
Stadtplan 5 C5.
433-2710.

Haines Gallery
5. Stock, 49 Geary St.
Stadtplan 5 C5.
397-8114.

Hang
2. Stock, 567 Sutter St.
Stadtplan 3 C4.
434-4264.

John Berggruen Gallery
228 Grant Ave.
Stadtplan 5 C4.
781-4629.

John Pence Gallery
750 Post St.
Stadtplan 5 B5.
441-1138.

Sculpturesite Gallery
201 3rd St.
Stadtplan 5 C5.
495-6400.

SF Camerawork
2. Stock, 657 Mission St.
Stadtplan 6 D5.
512-2020.

Vista Point Studios Gallery
405 Florida St.
Stadtplan 11 A3.
215-9073.

Kunsthandwerk

African Outlet
524 Octavia St.
Stadtplan 4 E5.
864-3576.

Folk Art International, Xanadu & Boretti
Frank Lloyd Wright Bldg,
140 Maiden Lane.
Stadtplan 5 B5.
392-9999.

Galería de la Raza
Studio 24,
2857 24th St.
Stadtplan 10 F4.
826-8009.

Ma-Shi'-Ko Folk Craft
1581 Webster St,
Japan Center.
Stadtplan 4 E4.
346-0748.

Internationale Antiquitäten

Dragon House
455 Grant Ave.
Stadtplan 6 C4.
421-3696.

Ed Hardy San Francisco
188 Henry Adams St.
Stadtplan 10 D2.
626-6300.

Jackson Square Art & Antique Dealers Association
463 Jackson St
(am Jackson Square).
Stadtplan 5 C3.
397-6999.

Lang Antiques
323 Sutter St.
Stadtplan 5 C4.
982-2213.

Prints Old & Rare
580 Mount Crespi Drive,
Pacifica, California.
(650) 355-6325.

Stadtplan siehe Seiten 302–320

Delikatessen, Märkte und Elektronik

San Francisco ist für sein gutes Essen bekannt, die Feinschmecker der Stadt sind daher ganz besonders anspruchsvoll. Isst man nicht im Restaurant, kocht man zu Hause in der bestens ausgestatteten Küche. Gute Weine, Feinkostläden und Utensilien, die dem Kochen eine künstlerische Note verleihen, findet man in San Francisco mühelos. Geschäfte, in denen man neueste Haushaltswaren, Computer sowie Foto- und Elektronikartikel bekommt, gibt es ebenfalls in großer Zahl.

Delikatessen

Feinkostläden wie **Whole Foods** haben ein breites Angebot, das von Jakobsmuscheln bis Zucchini und von frischen kalifornischen Erzeugnissen bis zu importierten Spezialitäten reicht. **Williams-Sonoma** führt bei Marmelade, Senf und zahlreiche andere Köstlichkeiten, die sich auch als Geschenk anbieten. **David's** ist für geräucherten Lachs (lox), Bagels und New Yorker Käsekuchen bekannt. Essen zum Mitnehmen und hübsch verpackte essbare Mitbringsel bekommt man in den Lebensmittelabteilungen der Kaufhäuser, etwa in **Macy's Cellar**. Auch die großen Supermarktketten haben gute Abteilungen mit internationalem Angebot.

Italienische Feinkostläden führen neben Snacks auch Olivenöl, Polenta und Pasta aus ihrer Heimat. **Molinari Delicatessen** ist berühmt für seine frischen Ravioli und Tortellini. **Lucca Ravioli** hat freundliches Personal, das die Pasta vor Ort herstellt. **Pasta Gina** im schönen Noe Valley bietet Pasta, Pesto und andere Saucen mit großen Fleischbällchen.

Asiatische Lebensmittel kauft man am besten in den beiden chinesischen Vierteln der Stadt – in Chinatown (siehe S. 94–100) und in der Clement Street (siehe S. 63). Spanische und lateinamerikanische Spezialitäten gibt es im **Casa Lucas Market**.

Spezialitäten und Wein

Das frische Sauerteig-Baguette der **Boudin Bakery** ist bei Einheimischen wie Besuchern beliebt. Die **Boulangerie** hat mit das beste Brot und bringt einen Hauch von Paris nach San Francisco. Italienische Spezialitäten gibt es in der **Il Fornaio Bakery**, einem beliebten Ableger des Restaurants (siehe S. 230). Für traditionelles kalorienreiches Gebäck ist die **Patisserie Delanghe** zuständig. Die Fleisch- und Obst-Pies von **Bepples Pies** sind ebenfalls köstlich.

In San Francisco versteht man etwas von Kaffee, deshalb gibt es zahlreiche Fachgeschäfte. **Caffè Trieste** verkauft Kaffeemischungen und Kaffeezubehör. Erstklassige Kaffeebohnen bekommt man auch bei der **Caffè Roma Coffee Roasting Company** und der **Graffeo Coffee Roasting Company**. Ebenfalls beliebt sind **Peet's Coffee & Tea** und **Tully's Coffee**.

Schokoladenfans sollten **See's Candies**, **Confetti Le Chocolatier** und San Franciscos eigene Schokoladenfabrik **Ghirardelli's** nicht versäumen. Die Spezialität von **Saratoga Chocolates** sind unvergleichliche Trüffel. Gute Eiscreme gibt es bei **Ben & Jerry's** und **Hot Cookie Double Rainbow**. Indische Gewürze finden Sie im **Bombay Bazaar**.

Die Weinhandlung **California Wine Merchant** zeichnet sich durch gute Beratung und erschwingliche Preise aus.

Wochen- und Flohmärkte

Auf verschiedenen Wochen- und Bauernmärkten (Farmers' Markets) im Stadtzentrum kann man Obst und Gemüse direkt vom Erzeuger kaufen. Der **Heart of the City** ist mittwochs (7–17.30 Uhr) und sonntags (7–17 Uhr) geöffnet, das **Ferry Plaza** samstags von 9 bis 14 Uhr. Die Lebensmittelläden in Chinatown ähneln einem exotischen Wochenmarkt und sind jeden Tag geöffnet.

Flohmärkte bieten jede Menge Schätze und Ramsch in einer basarähnlichen Atmosphäre. Der Flohmarkt in **Berkeley** ist leicht zu erreichen. Stellen Sie sich auf Tauschhandel und Barzahlung ein. Manchmal wird bei Flohmärkten Eintrittsgebühr verlangt.

Haushaltswaren

Ein Paradies für die Hobby-Köche ist **Williams-Sonoma** mit seinen zahllosen Küchenutensilien und erstklassigem Kochgeschirr. Relativ günstiges Kochzubehör, das von praktischen Töpfen und Pfannen bis zu wunderschönen Servierplatten reicht, verkauft **Crate & Barrel**. Auf chinesisches Kochgeschirr hat sich **The Wok Shop** spezialisiert.

Bed, Bath & Beyond verkauft Bettwäsche, Badehandtücher, Tischdecken und verschiedene andere Haushaltsartikel. **Sue Fisher King** bietet eine große Auswahl eleganter Accessoires für Heim und Bad. Ein wahres Kaleidoskop von Stoffen, Accessoires, Baumwoll-, Seiden- und Wollwaren sowie Knöpfe, Schnüre, Bänder und sogar Polstermaterialien gibt es bei **Britex Fabrics**.

Computer, Elektronik- und Fotoartikel

Einer der besten Computerläden in San Francisco ist **Central Computers**. Software und Elektronikgeräte jedes Kalibers gibt es bei **Best Buy** – hier werden alle Computer-Nerds fündig.

Für neue und gebrauchte Kameras, Filme sowie für Reparaturen geht man zu **Adolph Gasser**. Einige Billig-Fotoläden in der Market Street haben einen zweifelhaften Ruf. Erkundigen Sie sich im Visitor Information Center (siehe S. 117), wo Sie bedenkenlos einkaufen können. Filme und Fotozubehör zu sehr günstigen Preisen (mit guter Beratung) bietet **Photographer's Supply**.

AUF EINEN BLICK

Delikatessen

Casa Lucas Market
2934 24th St.
Stadtplan 9 C3.
826-4334.

David's
474 Geary St.
Stadtplan 5 A5.
276-5950.

Lucca Ravioli
1100 Valencia St.
Stadtplan 10 F3.
647-5581.

Macy's Cellar
Stockton St/Ecke O'Farrell St.
Stadtplan 5 C1.
296-4436.

Molinari Delicatessen
373 Columbus Ave.
Stadtplan 5 C3.
421-2337.

Pasta Gina
741 Diamond St.
Stadtplan 10 D4.
282-0738.

Whole Foods
1765 California St.
Stadtplan 4 F4.
674-0500.

Williams-Sonoma
340 Post St.
Stadtplan 5 C4.
362-9450.
www.williams-sonoma.com
Eine von mehreren Filialen.

Spezialitäten und Wein

Ben & Jerry's Ice Cream
1480 Haight St.
Stadtplan 9 C1.
626-4143.
www.benjerrys.com

Bepples Pies
1934 Union St.
Stadtplan 4 E3.
931-6225.

Bombay Bazaar
548 Valencia St.
Stadtplan 10 F2.
621-1717.

Boudin Bakery
4 Embarcadero Center.
Stadtplan 6 D3.
362-3330.
Eine von mehreren Filialen.

Boulangerie
2325 Pine St.
Stadtplan 4 D4.
440-0356.

Caffè Roma Coffee Roasting Company
526 Columbus Ave.
Stadtplan 5 B2.
296-7942.

Caffè Trieste
601 Vallejo St.
Stadtplan 5 C3.
982-2605.

California Wine Merchant
2113 Chestnut St.
Stadtplan 4 D2.
567-0646.

Confetti Le Chocolatier
525 Market St.
Stadtplan 5 D3.
543-2885.

Ghirardelli's
Ghirardelli Square.
Stadtplan 4 F1.
474-3938.
Auch: 44 Stockton St.
Stadtplan 5 C1.
397-3030.

Graffeo Coffee Roasting Company
735 Columbus Ave.
Stadtplan 5 B2.
986-2420.

Hot Cookie Double Rainbow
407 Castro St.
Stadtplan 10 D2.
621-2350.
Eine von mehreren Filialen.

Il Fornaio Bakery
1265 Battery St.
Stadtplan 5 C2.
986-0646.

Patisserie Delanghe
1890 Fillmore St.
Stadtplan 4 D4.
923-8302.

Peet's Coffee & Tea
2156 Chestnut St.
Stadtplan 4 D2.
931-8302.
Eine von mehreren Filialen.

Saratoga Chocolates
3489 16th St.
Stadtplan 10 E2.
861-8682.

See's Candies
3 Embarcadero Center.
Stadtplan 6 D3.
391-1622.
Eine von mehreren Filialen.

Tully's Coffee
50 Post St.
Stadtplan 5 C4.
956-8680.
Eine von mehreren Filialen.

Wochen- und Flohmärkte

Berkeley Flea Market
1837 Ashby Ave,
Berkeley, CA 94703.
(510) 644-0744.

Ferry Plaza Farmers' Market
Marktplatz am Embarcadero.
Stadtplan 6 D3.
291-3276.
www.ferryplazafarmermarket.com

Heart of the City Farmers' Market
United Nations Plaza.
Stadtplan 11 A1.
558-9455.

Haushaltswaren

Bed, Bath & Beyond
555 9th St.
Stadtplan 11 A4.
252-0490.

Britex Fabrics
146 Geary St.
Stadtplan 5 C5.
392-2910.

Crate & Barrel
55 Stockton St.
Stadtplan 5 C5.
982-5200.
www.crateandbarrel.com

Sue Fisher King
3067 Sacramento St.
Stadtplan 3 C4.
922-7276.

Williams-Sonoma
340 Post St.
Stadtplan 5 C4.
362-9450.
www.williams-sonoma.com
Eine von mehreren Filialen.

The Wok Shop
718 Grant Ave.
Stadtplan 5 C4.
989-3797.

Computer, Elektronik- und Fotoartikel

Adolph Gasser, Inc
181 2nd St.
Stadtplan 6 D5.
495-3852.

Best Buy
1717 Harrison St.
Stadtplan 11 A3.
626-9682.

Central Computers
837 Howard St.
Stadtplan 5 C5.
495-5888.

Photographer's Supply
436 Bryant St.
Stadtplan 11 C1.
495-8640.

Stadtplan siehe Seiten 302–320

Unterhaltung

Seit die Stadt ab den 1850er Jahren zu boomen begann, nimmt San Francisco für sich in Anspruch, kulturelle Hauptstadt der Westküste zu sein. In der Tat bewegt sich das Unterhaltungsangebot auf einen sehr hohen Standard. Die meisten Opern- und Ballettaufführungen sowie Konzerte finden im Civic-Center-Komplex statt. Die jüngste Bereicherung des Kulturlebens ist das viel gepriesene Center for the Arts Theater in Yerba Buena Gardens, in dem viele internationale Tourneetruppen gastieren. Kinos *(siehe S. 262f)* gibt es in großer Zahl, schönster alter Kinopalast ist das Castro Theatre *(siehe S. 136)*. Das Theater hingegen ist nicht unbedingt die Stärke von San Francisco – von einigen unabhängigen Produktionen einmal abgesehen. Das eigentliche »Zugpferd« der Stadt ist die Musik, speziell Jazz und Blues sind hier vertreten. Gute Bands kann man in einigen Kneipen zum Preis eines Drinks hören oder auf den zahlreichen Straßenfesten und Musikfestivals, die während der Sommermonate stattfinden *(siehe S. 48–51)*. Das Sportangebot reicht von Radfahren über Golf bis Segeln.

Beach Blanket Babylon *(siehe S. 263)*

Information

Ausführliche Informationen über das aktuelle kulturelle Angebot geben der *San Francisco Chronicle (siehe S. 278)* und der *Examiner*. Die Sonntagsausgabe des *Chronicle* enthält einen nützlichen »Terminkalender«, die »Pink Pages«, mit Veranstaltungshinweisen für die ganze Woche. Einen guten Überblick vermitteln auch die kostenlosen Wochenmagazine, etwa *San Francisco Bay Guardian* oder *San Francisco Weekly*, die es bei Zeitungsständen, Kiosken und in Cafés und Bars gibt. Man findet darin Veranstaltungstermine und Kritiken, vor allem zu Live-Musik und Filmen.

Wer weiter im Voraus planen möchte, sollte sich das *San Francisco Book* besorgen. Es wird zweimal im Jahr vom San Francisco Convention and Visitors Bureau herausgegeben und enthält Termine für mehrere Monate. Das Buch ist kostenlos im Visitors Information Center (Hallidie Plaza) erhältlich. Das Büro unterhält auch einen telefonischen Ansagedienst mit Veranstaltungshinweisen. Darüber hinaus gibt es zahlreiche kostenlose Veranstaltungskalender und Magazine wie *Key This Week San Francisco* und *Where San Francisco*.

Tickets

Karten für Konzerte, Theateraufführungen und Sportveranstaltungen gibt es bei **Ticketmaster**. Das Unternehmen hält praktisch das Monopol im Kartenvorverkauf und betreibt einen telefonischen Reservierungsdienst mit Verkaufsstellen in den Tower-Records-Läden. Pro Ticket wird eine Gebühr von ca. sechs US-Dollar erhoben. Die einzige Alternative ist, die Karten direkt an den Theaterkassen zu kaufen. Doch öffnen diese meist erst unmittelbar vor Beginn der Vorstellungen. Viele Sinfoniekonzerte, Ballette und Opern sind jedoch lange vorher ausverkauft, sodass man sich frühzeitig um Karten bemühen sollte. Im Abonnement kann man Tickets auch für eine Saison beziehen, falls man sich länger in der Stadt aufhält.

Es gibt nur wenige Ticket-Agenturen in San Francisco, und sie sind hauptsächlich auf den Verkauf begehrter Karten zu erhöhten Preisen spezialisiert. Man findet sie in den »Gelben Seiten« des Telefonbuchs. Schwarzhändler, die bei jeder ausverkauften Veranstaltung vor dem Eingang stehen, bieten Karten zu astronomischen Preisen an. Doch wenn Sie gern feilschen (und auf den Beginn der Veranstaltung verzichten), kann es sich lohnen.

Banner für das Jazz Festival *(siehe S. 266)*

Schachpartie im Freien, Portsmouth Plaza in Chinatown

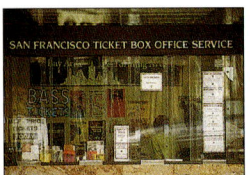

Front der Verkaufsstelle einer Ticket-Agentur in San Francisco

UNTERHALTUNG

Bluesgitarrist auf dem Blues Festival *(siehe S. 267)*

Reduzierte Tickets

Für bestimmte Theater-, Ballett- und Musikveranstaltungen bekommt man bei **TIX Bay Area** (Ostseite des Union Square) Tickets zum halben Preis. Diese werden am Tag der Aufführung ab 11 Uhr verkauft und können bar oder mit Reiseschecks bezahlt werden. Samstags gibt es auch einige reduzierte Tickets für Veranstaltungen am Sonntag und Montag.

TIX Bay Area ist gleichzeitig eine normale Kartenvorverkaufsstelle, bei der man die Karten mit Kreditkarte bezahlen kann (Öffnungszeiten: Di bis Do 11 bis 18 Uhr, Fr und Sa 11 bis 19 Uhr, So 11 bis 15 Uhr).

Kostenlose Veranstaltungen

Neben den vielen normalen Veranstaltungen gibt es eine Reihe kostenloser Konzerte und Aufführungen (zumeist tagsüber). Im Spätsommer bietet die San Francisco Symphony Konzerte im Stern Grove, südlich vom Sunset District, wo auch Ballettgruppen auftreten.

Cobbs Comedy Club in Fisherman's Wharf veranstaltet im August und September die San Francisco International Comedy Competition, mit über 300 Entertainern.

Im Rahmen der Reihe »Brown Bag Operas« kann man das Ensemble der San Francisco Opera auf Open-Air-Bühnen im Financial District hören. Im Sommer gibt es im Golden Gate Park das Shakespeare Festival und den Comedy Celebration Day. Auch die San Francisco Mime Troupe tritt hier auf. Hinter der Transamerica Pyramid *(siehe S. 111)* findet im Sommer die Konzertreihe »Music in the Park« statt. In der Old St. Mary's Cathedral *(siehe S. 98)* gibt es bisweilen unter der Woche um 12.30 Uhr Konzerte.

Einrichtungen für Behinderte

Kalifornien geht in vorbildlicher Weise auf Bedürfnisse von Behinderten ein. Die meisten Theater und Konzertsäle von San Francisco sind für Behinderte mühelos zugänglich. Bei einigen kleineren Häusern muss unter Umständen ein besonderer Eingang oder der Lift benutzt werden, um zu den oberen Rängen zu kommen. Viele Kinos bieten spezielle Kopfhörer für Schwerhörige an. Um sich Gewissheit über die jeweiligen Gegebenheiten zu verschaffen, wenden Sie sich am besten direkt an die Theater. Weitere Einzelheiten finden Sie auf Seite 280.

Presidio Cinema

AUF EINEN BLICK

Nützliche Nummern

San Francisco Convention and Visitors Bureau
Suite 900, 201 3rd St,
San Francisco, CA 94103-9097.
974-6900.
www.sf.visitor.org
Visitor Info Center, Powell St/
Ecke Market St, Untergeschoss
der Hallidie Plaza. 391-2000.

Events Line (Veranstaltungstipps, 24-Stunden-Ansage)
391-2001 (englisch).
391-2004 (deutsch).

Tickets

Ticketmaster
Tel. Vorverkauf per Kreditkarte.
421-8497.
www.tickets.com

TIX Bay Area
Ostseite des Union Sq, Powell St
zwischen Geary St und Post St.
433-7827.
www.theatrebayarea.org

AT&T Park, die Spielstätte der San Francisco Giants *(siehe S. 272)*

Highlights: Unterhaltung

Dank seines vielfältigen Unterhaltungsangebots gehört San Francisco zu den attraktivsten Städten der Welt. Namhafte Künstler aller Sparten kommen zu Auftritten, viele bleiben – fasziniert von der kreativen Atmosphäre. Die Oper, das Ballett und das Sinfonieorchester von San Francisco gehören zu den besten der Westküste. Darüber hinaus bietet die Stadt eine bunte Palette an Jazz- und Rockmusik, verschiedene Theater und Tanzgruppen. Sportfans finden zahlreiche Veranstaltungen zum Zuschauen oder Mitmachen. Weitere Attraktionen sind die Parks und Erholungsgebiete, die es Ihnen erlauben, Ihre Outdoor-Aktivitäten – oft kostenlos – zu gestalten.

Fillmore Auditorium
Hier traten in den 1960er Jahren berühmte Bands auf. Nach der Renovierung ist es wieder Treff der Musikszene (siehe S. 266).

San Francisco Comedy Celebration Day
Das alljährliche Festival im Golden Gate Park präsentiert neue Talente, die vielleicht – wie Whoopi Goldberg – zum Star werden (siehe S. 259).

0 Kilometer 2
0 Meilen 1

Open-Air-Ballett im Stern Grove
Die Freilichtbühne eignet sich ideal für Ballettaufführungen (siehe S. 259).

Clay Theatre
Das Clay wurde 1910 erbaut und zählt zu den ältesten Filmtheatern der Stadt. Gezeigt werden viele ausländische Filme (siehe S. 262).

Straßenkünstler in Fisherman's Wharf
Eine bunte Mischung aus Straßenmusikern, Jongleuren und anderen Improvisationstalenten unterhält die Passanten auf dem Areal von Fisherman's Wharf (siehe S. 259).

The Saloon
In der North-Beach-Bar treten lokale Bluesbands auf. Der 1861 eröffnete Saloon bietet noch des Flair der Tage des Goldrauschs (siehe S. 267).

Fisherman's Wharf und North Beach

Financial District und Union Square

Fairmont Hotel
In den Pianobars großer Hotels kann man gute Live-Musik hören. Im Tonga Room des Fairmont wurde einst Tony Bennett mit »I Left My Heart in San Francisco« berühmt (siehe S. 269).

Geary Theater
Das markante Gebäude beherbergt das berühmte American Conservatory Theater; es wurde nach dem Erdbeben von 1989 im großen Stil renoviert (siehe S. 263).

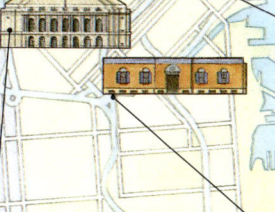

War Memorial Opera House
Karten für die San Francisco Opera Association (siehe S. 264) sollten Sie vorab buchen.

Slim's
Einer der klassischen SoMa-Nachtclubs: Slim's bietet eine Mischung aus Jazz, Rock und Blues (siehe S. 266).

Film und Theater

In San Francisco gibt es viele eifrige Kinogänger, in den Lichtspielhäusern der Stadt laufen die neuesten Blockbuster-Filme. Zahlreiche Filmfestivals unterstreichen San Franciscos Ruf als Kunstzentrum. Neben dem bekannten San Francisco International Film Festival und dem Mill Valley Festival werden jedes Jahr die besten indianischen, asiatisch-amerikanischen, schwul-lesbischen und Frauenfilme gezeigt. Zudem gibt es einen Überblick über Videoproduktionen. Das Angebot an Theaterstücken ist weniger vielseitig. Zuweilen kann man die Zahl der Produktionen an einer Hand abzählen. Die konventionellen Theater, in denen Gastspiele von Broadway-Produktionen, aber auch einheimische Ensembles zu sehen sind, liegen im Theater District *(siehe S. 116)* an der Geary Street, westlich vom Union Square. Das Fort Mason Center *(siehe S. 75)* ist für avantgardistisches Theater bekannt.

Premierenkinos

Das **Sony Metreon**, ein gewaltiger Komplex mit 15 Leinwänden plus IMAX, Läden, Restaurants, speziellen Programmen und weiteren Attraktionen ist ein Multimedia-Highlight. Das **AMC Kabuki** im Japan Center *(siehe S. 128)*, das moderne **Embarcadero** sowie das **Presidio Theater** sind andere exzellente Filmtheater für Premieren.

Weitere beliebte Erstaufführungsorte sind das **AMC 1000 Van Ness** und **AMC Loew's Metreon 16**. Das **Century San Francisco Centre** in Westfield Shopping Centre bietet neben luxuriösen Sitzen auch eine Gourmet-Snackbar. Die Vorstellungen beginnen in der Regel mittags und werden bis 22 Uhr alle zwei Stunden wiederholt. Am Wochenende gibt es zudem Mitternachtsvorstellungen. Karten zum halben Preis bekommt man gewöhnlich für die Mittagsvorstellung, allerdings sind die Regelungen unterschiedlich. Im AMC Kabuki sind die Eintrittskarten zwischen 16 und 18 Uhr am billigsten.

Ausländische und Kunstfilme

Die wichtigsten Kinos für neue ausländische Produktionen sind das **Clay** in Pacific Heights und der Kinokomplex mit **Lumière** und **Opera Plaza** im Civic Center mit insgesamt vier Leinwänden. Alle Kinos gehören zur Landmark-Kette, die Sammelkarten für fünf Vorstellungen (30 Prozent Rabatt) verkauft.

Im **Castro Theatre** *(siehe S. 136)*, dem sicher schönsten der alten Kinopaläste, wechselt das Programm täglich. Gezeigt werden Hollywood-Klassiker sowie weniger bekannte neue Filme. Auch das schicke **Roxie**, ein viel besuchtes unabhängiges Programmkino im Mission District, und das winzige **Red Vic** in Haight-Ashbury zeigen regelmäßig vergessene Klassiker sowie neue Filme.

Interessant ist auch das Programm der **Cinematheque**, die jeden Sonntagabend im San Francisco Art Institute und jeden Donnerstagabend im **Yerba Buena Center for the Arts** Filme zeigt.

Filmfestivals

Das im Mai stattfindende zweiwöchige **San Francisco International Film Festival** zeigt im AMC Kabuki sowohl kommerzielle Filme als auch unabhängige und ausländische Produktionen, die sonst kaum in die Kinos kommen. Um die Eintrittskarten sollte man sich drei oder vier Tage im Voraus bemühen. Das **Mill Valley Film Festival**, Anfang Oktober, ist in Cineastenkreisen ebenso bekannt wie das **Lesbian & Gay Film Festival**, das im Juni im Castro, Roxie und im Yerba Buena Center veranstaltet wird.

Konventionelle Theater

Viele Einwohner von San Francisco haben eine starke Abneigung gegen internationale Kassenschlager, weshalb bestimmte Theater-

Filmkategorien

In den USA werden Filme wie folgt klassifiziert:
G Freigegeben für Zuschauer jedes Alters.
PG Elternbegleitung ratsam. Einige Szenen sind nicht für Kinder geeignet.
PG-13 Elternbegleitung empfohlen. Einige Szenen sind für Kinder unter 13 Jahren ungeeignet.
R Eingeschränkt. Für Jugendliche unter 17 Jahren nur in Begleitung von Erwachsenen.
NC-17 Freigegeben ab 17 Jahren.

San Francisco im Film

Viele Plätze in und um San Francisco haben in Filmen eine Hauptrolle gespielt:

Alcatraz ist das berühmte Gefängnis in *Der Gefangene von Alcatraz* und *Flucht von Alcatraz*.
Im **Alta Plaza Park** fuhr Barbra Streisand in *Is' was, Doc?* mit dem Auto die Treppe hinunter.
In **Bodega Bay**, nördlich von San Francisco, spielt Hitchcocks *Die Vögel*.
Chinatown ist Schauplatz von *Chan ist verschwunden*, *Das Todesspiel*, *Dim Sum* und *Hammett*.
Die letzten Tage des **Fillmore Auditorium** mit der Band Grateful Dead sieht man in *Fillmore*.
Der **Mission District** ist Hintergrund im Thriller *Massenmord in San Francisco*.
Presidio ist der Schauplatz eines brutalen Mords im Krimi *Presidio*.
Der **Union Square** ist Kulisse für die Schlüsselszene im Film *Dialog*.

produktionen hier weniger im Mittelpunkt stehen als in anderen Großstädten. Allerdings haben die großen Bühnen im Theater District doch einige Top-Produktionen pro Jahr zu bieten. Die drei größten Häuser sind das **Golden Gate Theater**, das **Curran Theater** und das **Orpheum Theater**, die auch Broadway-Stücke bieten. Broadway-Produktionen kann man auch im **New Conservatory Theatre Center** und im **Marines Memorial Theater** sehen. Das **Stage Door Theater** bietet ein anderes Programm. Es führt zumeist ernste Theaterstücke auf. Im **The Marsh** werden Musicals und Komödien präsentiert.

Ein hoch geschätztes Ensemble der Stadt ist das **American Conservatory Theater (ACT)**. Seine langjährige Spielstätte, das Geary Theater, liegt ganz in der Nähe des Union Square. Während der Spielzeit von Oktober bis Mai sind hier völlig unterschiedliche Stücke zu sehen.

Alternative Theater

Mit Dutzenden von kleinen Theatern in der Stadt und zahlreichen weiteren in der Bay Area gibt es eine durchaus dynamische alternative Theaterszene, die oft nur Insidern bekannt ist. Ein Zentrum der Szene ist **Fort Mason**, wo das landesweit bekannte **Magic Theater** und andere Gruppen auftreten und wo jeden August das Playwright Festival *(siehe S. 49)* stattfindet.

In North Beach ist das **Actors Theater of San Francisco** zu Hause, im Mission District findet man das satirische **Theater Rhinoceros** und das risikofreudige **Artaud**. Die beliebteste Produktion, die San-Francisco-Revue *Beach Blanket Babylon*, ist im **Club Fugazi** *(siehe S. 89)* in North Beach zu sehen.

Weitere interessante Ensembles sind **Intersection for the Arts**, die Multimedia-Truppe **Exit Theater** und das angesehene **Berkeley Repertory Theater** in der East Bay.

AUF EINEN BLICK

Premierenkinos, ausländische und Kunstfilme

AMC 1000 Van Ness
Stadtplan 4 F4.
(1) 888 262-4386.

AMC Kabuki
Stadtplan 4 E4.
346-3243.

AMC Loew's Metreon 16
Stadtplan 5 C5.
(1) 888 262-4386.

Castro
Stadtplan 10 D2.
621-6120.

Century San Francisco Centre
Stadtplan 5 C5.
538-8422.

Cinematheque
Stadtplan 11 B3.
552-1990.

Clay
Stadtplan 4 D3.
267-4893.

Embarcadero
Stadtplan 6 C3.
267-4893.

Lumière
Stadtplan 4 F3.
267-4893.

Opera Plaza
Stadtplan 4 F5.
267-4893.

Presidio Theater
Stadtplan 3 C2.
776-2388.

Red Vic
Stadtplan 9 B1.
668-3994.

Roxie
Stadtplan 10 F2.
863-1087.

Sony Metreon
Stadtplan 5 C5.
369-6000.

Yerba Buena Center for the Arts
Stadtplan 5 C5.
978-2787.

Filmfestivals

Lesbian & Gay Film Festival
Stadtplan 11 A2.
703-8650.
www.frameline.org

Mill Valley Film Festival
38 Miller Ave,
Mill Valley.
383-5256.

San Francisco International Film Festival
Stadtplan 4 D5.
www.sffs.org
561-5000.
www.sffs.org

Konventionelle Theater

American Conservatory Theater (ACT)
Stadtplan 5 B5.
749-2ACT.

Curran Theater
Stadtplan 5 B5.
551-2000.

Golden Gate Theater
Stadtplan 5 B5.
551-2000.

Marines Memorial Theater
Stadtplan 5 B4.
771-6900.

New Conservatory Theatre Center
Stadtplan 10 F1.
861-8972.

Orpheum Theater
Stadtplan 11 A1.
551-2000.

Stage Door Theater
Stadtplan 5 B5.
749-2228.

The Marsh
Stadtplan 10 F3.
826-5750.

Alternative Theater

Actors Theater of San Francisco
Stadtplan 5 B4.
345-1287.

Berkeley Repertory Theater
2025 Addison St,
Berkeley.
(510) 845-4700.

Club Fugazi
Stadtplan 5 B3.
421-4222. www.beachblanketbabylon.com

Exit Theater
156 Eddy St.
Stadtplan 5 B5.
673-3847.

Fort Mason Center
Stadtplan 4 E1.
441-3687.

Intersection for the Arts
Stadtplan 10 F2.
626-2787.

Magic Theater
Stadtplan 4 E1.
441-8001.

Theater Artaud
Stadtplan 11 A3.
621-4240.

Theater Rhinoceros
Stadtplan 10 F2.
552-4100.

Stadtplan siehe Seiten 302–320

Oper, klassische Musik und Tanz

Seit den Tagen des Goldrausches von 1849 legt San Francisco Wert auf seine vielfältigen Kultureinrichtungen und seine weltberühmten Gaststars. Sponsoren und der Hotel Tax Fund unterstützen die Künste, sodass es ein breit gefächertes Angebot gibt – was das Publikum mit vollen Sälen quittiert. Die wichtigsten Spielstätten, zu denen das War Memorial Opera House und die Louise M. Davies Symphony Hall zählen, befinden sich im Civic-Center-Komplex *(siehe S. 124f)*. Die besten Jahreszeiten für Kunstfreunde sind Winter und Frühjahr, wenn die Opern-, Konzert- und Ballettsaison in vollem Gang ist. Da die Karten rasch ausverkauft sind, sollte man rechtzeitig buchen.

Oper

Bereits vor 1932, als in San Francisco die erste städtische Oper der USA gebaut wurde, fanden Opernaufführungen hier begeisterten Anklang. Seit Jahren gehört die San Francisco Opera zu den besten der Welt. Stars wie Placido Domingo und Kiri Te Kanawa gastierten hier, Künstler wie David Hockney gestalteten das Bühnenbild. Zum besseren Verständnis werden die Librettotexte auf Englisch als »supertitles« über die Bühne projiziert.

Die Spielzeit dauert von September bis Dezember, der Eröffnungsabend gehört zu den wichtigsten gesellschaftlichen Ereignissen an der Westküste. Im Juni und Juli finden einige Sommeraufführungen statt, für die man eher Karten bekommt.

Die Preise reichen von zehn bis 15 US-Dollar (Stehplatzkarte, an der Abendkasse) bis zu über 100 US-Dollar. Informationen zum Spielplan erhalten Sie bei der **San Francisco Opera Association**. Ob noch Karten erhältlich sind, erfahren Sie an der Kasse des **War Memorial Opera House**.

Auf der anderen Seite der Bucht tritt das kleine, erstklassige Ensemble der **Berkeley Opera** im April und Mai im Julia Morgan Theatre auf.

Klassische Musik

Die **Louise M. Davies Symphony Hall**, Teil des Civic-Center-Komplexes, wurde am 16. September 1980 eingeweiht. Wegen der schlechten Akustik wurde sie 1991/92 umgebaut. Seit ihrer Wiedereröffnung ist sie der wichtigste Veranstaltungsort in San Francisco für klassische Konzerte und außerdem das Stammhaus des renommierten **San Francisco Symphony Orchestra**.

Das Orchester gibt von September bis Juni fünf Konzerte pro Woche. Hinzu kommen Konzerte mit Gastdirigenten, Gastorchestern und Solisten. Im Juli finden hier die »Symphony Pops«-Konzerte statt. Im **Herbst Theatre**, gleich neben der Oper, sind Gastauftritte von berühmten Musikern und Sängern zu sehen.

Daneben gibt es auch viele kleinere Konzertveranstaltungen in der Bay Area. Das **Philharmonia Baroque Orchestra**, ein Instrumentalensemble, spielt an verschiedenen Orten der Stadt, und in der historischen **Old First Presbyterian Church** finden jeden Freitagabend und Sonntagnachmittag Kammer- oder Solokonzerte statt.

Das **Florence Gould Theater** in der Legion of Honor wird häufig für klassische Konzerte kleiner Ensembles, etwa Quartette, genutzt. Es werden auch alte Musikinstrumente vorgestellt, beispielsweise das Klavichord.

Auf der anderen Seite der Bucht haben im Winter und im Frühjahr in der **Hertz Hall** auf dem Campus der UC Berkeley *(siehe S. 176f)* junge Stars ihren Auftritt. Die dynamische **Oakland East Bay Symphony** ist im Paramount Theater, einem schönen Art-déco-Gebäude, zu hören.

Zeitgenössische Musik

Mit der Fertigstellung des neuen **Yerba Buena Center for the Arts** hat die zeitgenössische Musik in San Francisco einen starken Aufschwung erlebt. Komponisten und Musiker aus der Bay Area wie John Adams und das international renommierte **Kronos Quartet** sowie Künstler aus aller Welt treten im Theater und im erheblich kleineren Forum des Yerba Buena Center auf. Gelegentlich finden auch in der Louise M. Davies Symphony Hall Konzerte von zeitgenössischen Komponisten statt.

Der zweite bedeutende Veranstaltungsort für neue Musik ist die **Zellerbach Hall** auf dem Universitätsgelände von Berkeley. Im **Cowell Theater** in Fort Mason gibt es etwa zweimal im Monat Aufführungen.

Ein eher außergewöhnliches Musikerlebnis in San Francisco bietet sicher das **Audium**. Es handelt sich dabei um eine Art dynamische »Klangskulptur«. Das Publikum sitzt hier während der gesamten Aufführung in einem völlig abgedunkelten Raum – umgeben von Hunderten von Lautsprechern.

Ballett und Tanz

Das 1933 gegründete **San Francisco Ballet** ist das älteste professionelle Ballett der USA. Unter der Leitung von Helgi Tomasson wurde es weltberühmt. Die Veranstaltungssaison, die alljährlich mit dem *Nussknacker*, Čajkovskis Weihnachtsklassiker, beginnt, dauert von Februar bis Mai. Das Programm umfasst klassische Werke der Choreografie, u. a. bekannter Komponisten wie George Balanchine, sowie Erstaufführungen von Stars wie Mark Morris.

Kleinere Aufführungen von einheimischen Talenten finden im **Theater Artaud** und in der **ODC Performance Gallery** statt, die beide im Mission District liegen. Im **Yerba Buena Center** tritt das **LINES Contemporary Ballet** auf. In der **Zellerbach Hall** auf der anderen Seite der Bucht sind erstklassige Gastauftritte von Ensembles wie Pilobolus, dem Dance Theater of Harlem und Merce Cunningham zu sehen.

Bühnenführungen

In der Louise M. Davies Symphony Hall und im War Memorial Opera House kann man bei einer Führung hinter die Kulissen schauen. Die Besichtigung beider Häuser findet montags von 10 bis 14 Uhr jede halbe Stunde statt. Am Mittwoch und Samstag gibt es spezielle Führungen nur für die Louise M. Davies Symphony Hall. Die Touren starten am Eingang in der Grove Street und bieten einen aufregenden Einblick in die Welt der Bühne.

Kostenlose Veranstaltungen

Die meisten kostenlosen Konzerte und Aufführungen finden tagsüber und im Sommer im Freien statt. So gibt etwa das San Francisco Symphony Orchestra im Spätsommer Sonntagskonzerte in einem natürlichen, von Wald umgebenen Amphitheater im Stern Grove *(siehe S. 259)*. Mitglieder der San Francisco Opera Company singen im Financial District im Rahmen der »Brown Bag Operas« zur Mittagszeit beliebte Arien. Ähnliche Veranstaltungen gibt es auf der Sharon Meadow im Golden Gate Park *(siehe S. 142–157)* bei der Reihe »Opera in the Park«.

Kostenlos sind auch die Konzerte in der Old St. Mary's Cathedral *(siehe S. 98)*, immer um 12.30 Uhr. Im Sommer gibt es freitags um 12 Uhr »Music in the Park« im Redwood-Hain hinter der Transamerica Pyramid *(siehe S. 111)*.

In der **Grace Cathedral** kann man dem imposanten Gesang des 1913 gegründeten Knaben- und Männerchors der Kathedrale lauschen. Der Chor singt donnerstags um 17.15 Uhr zum Abendgottesdienst und am Sonntag um 11 Uhr zur Eucharistiefeier. Nähere Informationen zu kostenlosen Veranstaltungen erhalten Sie beim San Francisco Convention and Visitors Bureau *(siehe S. 259)* oder bei deren 24-Stunden-Hotline (415-391-2001). Die »Datebook«-Seiten der Sonntagsausgabe des *San Francisco Chronicle/Examiner* geben ebenfalls Auskunft.

AUF EINEN BLICK

Oper

Berkeley Opera Box Office
2138 Cedar St.
Berkeley.
(510) 841-1903.

San Francisco Opera Association
301 Van Ness Ave.
Stadtplan 4 F5.
861-4008.

War Memorial Opera House Box Office
199 Grove St (tagsüber),
Stadtplan 4 F5.
301 Van Ness Ave (abends).
Stadtplan 4 F5.
864-3330.
www.sfopera.com

Klassische Musik

Florence Gould Theater
Legion of Honor,
Lincoln Park.
Stadtplan 1 C5.
750-3698.

Herbst Theatre
401 Van Ness Ave.
Stadtplan 4 F5.
621-6600.

Hertz Hall
UC Berkeley.
(510) 642-9988.

Louise M. Davies Symphony Hall Box Office
201 Van Ness Ave.
Stadtplan 4 F5.
864-6000.

Oakland East Bay Symphony Box Office
2025 Broadway,
Oakland.
(510) 444-0801.

Old First Presbyterian Church
1751 Sacramento St.
Stadtplan 4 F3.
474-1608.

Philharmonia Baroque Orchestra Box Office
180 Redwood St, Suite 100. Stadtplan 4 F5.
392-4400.
www.cityboxoffice.com

San Francisco Symphony Association Box Office
201 Van Ness Ave.
Stadtplan 4 F5.
864-6000.

Zeitgenössische Musik

Audium
1616 Bush St.
Stadtplan 4 F4.
771-1616.

Cowell Theater
Fort Mason Center,
Pier 2. Stadtplan 4 E1.
441-3687.

Kronos Quartet
731-3533.

Yerba Buena Center for the Arts
701 Mission St.
Stadtplan 5 C5.
978-2787.
www.ybca.org

Zellerbach Hall
UC Berkeley.
(510) 642-9988.

Ballett und Tanz

LINES Contemporary Ballet
Yerba Buena Center for the Arts, 700 Howard St.
Stadtplan 5 C5.
978-2787.

ODC Performance Gallery
3153 17th St. Stadtplan 10 E3.
863-9834.

San Francisco Ballet
455 Franklin St.
Stadtplan 4 F4.
861-5600 oder 865-2000 (Kasse).
www.sfballet.org

Theater Artaud
450 Florida St.
Stadtplan 11 A5.
626-4370.

Yerba Buena Center for the Arts
Siehe »Zeigenössische Musik«.

Zellerbach Hall
Siehe »Zeigenössische Musik«.

Bühnenführungen

War Memorial Performing Arts Center
199 Grove St.
Stadtplan 4 E5.
552-8338.

Kostenlos

Grace Cathedral
1051 Taylor St.
Stadtplan 5 B4.
749-6300.
www.gracecathedral.org

Stadtplan siehe Seiten 302–320

Rock, Jazz, Blues und Country

In San Francisco ist wohl jede Richtung der populären Musik vertreten – sei es Dixieland-Jazz, Country und Western, Delta Blues, Rap, Psychedelic Rock oder die neuesten Klänge aus Westafrika oder Osteuropa. Gute Gruppen spielen in den ganz normalen Stadtteilkneipen. Es gibt einige kleine Konzertbühnen, für die man nur wenig Eintritt zahlt. Die Musikszene der Stadt hat eine lange, sehr abwechslungsreiche Geschichte und verändert sich ständig. Was Sie vorfinden, lässt sich deshalb nicht voraussagen – doch was es auch sei, es ist mit Sicherheit gut.

Bühnen

Internationale Stars treten meist in den großen öffentlichen Hallen der Bay Area auf. Einer der bedeutendsten Veranstaltungsorte ist das kleine **Nob Hill Masonic Auditorium**. Zwei größere Bühnen, der **Cow Palace** und das **Shoreline Amphitheater**, liegen im Süden der Stadt. Die meisten Großveranstaltungen finden auf der anderen Seite der Bucht statt.

Im Sommer gibt es im **Greek Theater** in Berkeley Open-Air-Konzerte. Im riesigen **Sleeptrain Pavilion** von Concord treten internationale Stars wie Bonnie Raitt, Dave Matthews und Santana auf.

Die beste Veranstaltungsstätte mittlerer Größe, mit einer Tanzfläche unten und Sitzreihen im oberen Rang, ist das großartige alte **Warfield** in der Market Street. Dort hört man meist Rock. Kleinere Clubs sind auf die gesamte Stadt verteilt, wobei in South of Market (SoMa) im Bereich von 11th Street und Folsom Street einige Rock- und Jazz-Kneipen dicht beieinander liegen. Der Eintritt (»cover charge«) beträgt meist fünf bis 20 US-Dollar und ist am Wochenende am höchsten. In einigen Clubs muss man außerdem mindestens ein oder zwei Drinks bestellen. Konzertkarten kosten zwischen 15 und 25 US-Dollar und sind an der Konzertkasse oder mit Vorverkaufsgebühr bei Ticketmaster (siehe S. 259) erhältlich.

Veranstaltungshinweise finden Sie im *Bay Guardian* oder anderen lokalen Zeitungen (siehe S. 287) sowie im kostenlosen Magazin *Bay Area Music (BAM)*, das häufig in Plattenläden und Clubs liegt.

Rock

Angefangen bei den Counting Crows und Chris Isaac bis hin zu Bands wie Metallica und En Vogue hat San Francisco eine starke, durchaus eigenwillige Rockszene. Die lokalen Bands scheinen dem Starrummel entfliehen zu wollen. Die meisten Clubs sind klein und haben eine lockere Atmosphäre. Zur Gavin Convention der Radiosender im Februar kommen Bands und Musiker aus ganz Amerika in die Stadt. Die Events für den Rest des Jahrs sind meist unspektakulär.

Zwei der besten Rockclubs für Live-Musik sind **Slim's** und **Bimbo's 365 Club**. Bimbo's ist der Ort für Rock, Jazz, Country und R&B – und zieht ein recht unterschiedliches Publikum an. Slim's, der zu Teilen dem Musiker Boz Scaggs gehört, ist etwas eleganter, hat 436 Sitzplätze und präsentiert meist bekannte Namen der Rockszene. Ebenfalls beliebt ist das renovierte **Fillmore Auditorium** – die Geburtsstätte des Psychedelic Rock der Flower-Power-Zeit in den 1960er Jahre (siehe S. 129).

Kleinere Clubs sind **Bottom of the Hill** im Potrero Hill, **Hotel Utah** unter der Interstate 80, südlich des Market Street, und **Great American Music Hall**.

Die Punk-Rock-Szene der Bay Area konzentriert sich in Berkeley auf den Club **924 Gilman Street**, in dem alle Altersgruppen vertreten sind.

Jazz

In den späten 1950er Jahren, der Blütezeit der Beat Generation (siehe S. 32), gehörte San Franciscos Jazz-Szene zu den aufregendsten im ganzen Land. Nachtclubs wie der legendäre Blackhawk zählten zu den heißesten Locations des Landes und engagierten Stars wie Miles Davis, John Coltrane und Thelonius Monk.

Die Szene ist seither erheblich ruhiger geworden, doch man kann in der Bay Area noch immer ausgezeichneten Live-Jazz hören.

Kostenlosen Dixieland in ungezwungener Atmosphäre gibt es in der **Gold Dust Lounge** beim Union Square. Wer modernere Klänge vorzieht, sollte sich für Clubs wie **Yoshi's** am Jack London Square in Oakland entscheiden. Hier treten große Jazz- und Bluesmusiker wie B.B. King und Pat Metheny auf. Yoshi's betreibt auch einen Schwesterclub in San Francisco, wo man bei gutem Mainstream-Jazz japanisch isst. Testen Sie auch die Pianobars in den Restaurants und Hotels im Zentrum, etwa den eleganten **Rrazz Room** im Hotel Nikko.

Viele Musiker, die einst in **Rassela's Club** erstmals auftraten, sind mittlerweile Stars. Bei diesem Jazz-Hotspot sollten Sie einmal vorbeischauen, um junge, noch unbekannte Jazzer zu hören. **Savanna Jazz** ist ein kleiner hipper Veranstaltungsort im Mission District, der in anheimelnder Atmosphäre gute Jazz-Gigs bietet. Wer gern tanzt, sollte mittwochs zur Swing-Nacht kommen. Die Gäste im **Coda**, ebenfalls im Mission District, hören erstklassigen Musikern zu, während gutes Essen serviert werden.

Zehntausende von Fans reisen alljährlich im September nach San Francisco, um das weltberühmte **Monterey Jazz Festival** miterleben zu können, das im zwei Stunden südlich von San Francisco liegenden Monterey (siehe S. 186f) stattfindet.

Blues

San Francisco hat wohl mehr Bluesclubs als jede andere Stadt der Welt – ausgenommen Chicago. Live-Blues gibt es allabendlich etwa im **The Saloon** oder **The Boom Boom Room**, der John Lee Hooker gehörte. In **Lou's Pier 47** in Fisherman's Wharf spielen fast täglich ein oder zwei Bands. Am Wochenende gibt es Sonderveranstaltungen. Im preisgekrönten **Biscuits and Blues** spielen unter der Woche einheimische Größen, an den Wochenenden werden Shows präsentiert.

Folk, Country und Weltmusik

Auch wenn Folk heute nicht mehr die Bedeutung wie in den 1960er Jahren hat, als Joan Baez und Pete Seeger regelmäßig hier auftraten, gibt es ihn noch in Clubs und Cafés der Bay Area. Im **Freight & Salvage Coffeehouse** in Berkeley, dem vermutlich besten Folkclub in San Francisco und der Bay Area, treten Country- und Bluegrass-Bands sowie Liedermacher auf.

Starry Plough in Berkeley ist stark folkorientiert, auch wenn hier gelegentlich Stars der Country- und Western-Musik auftreten. Im Kellerclub des **Café du Nord** wird wiederum ausschließlich unplugged gespielt.

Vielleicht finden Country-Fans nicht sofort etwas Passendes, doch Anhänger der Weltmusik werden in der Bay Area hervorragend bedient. Von Reggae und Soca bis hin zu Daiko-Trommlern und Klezmer-Musik ist hier alles vertreten. Im anheimelnden **Ashkenaz Music & Dance Café** treten Musiker der unterschiedlichsten Musikrichtungen auf.

AUF EINEN BLICK

Bühnen

Cow Palace
Geneva Ave/
Ecke Santos St.
☎ 404-4111.

Greek Theater
UC Berkeley.
☎ (510) 642-9988.

Nob Hill Masonic Auditorium
1111 California St.
Stadtplan 4 F3.
☎ 292-9191. www.masonicauditorium.com

Shoreline Amphitheater
1 Amphitheater Parkway, Mountain View.
☎ (650) 967-4040.

Sleeptrain Pavilion
2000 Kirker Pass Road, Concord.
☎ (925) 676-8742.

Warfield
982 Market St.
Stadtplan 5 C5.
☎ 345-0900

Rock

924 Gilman Street
924 Gilman St,
Berkeley.
☎ (510) 525-9926.

Bimbo's 365 Club
1025 Columbus Ave.
Stadtplan 5 A2.
☎ 474-0365. www.bimbos365club.com

Bottom of the Hill
1233 17th St.
Stadtplan 11 C3.
☎ 621-4455.

Fillmore Auditorium
1805 Geary Blvd.
Stadtplan 4 D4.
☎ 346-6000.
www.thefillmore.com

Great American Music Hall
859 O'Farrell St.
Stadtplan 5 A5
☎ 885-0750.

Hotel Utah
500 4th St.
Stadtplan 5 C5.
☎ 546-6300.

Slim's
333 11th St.
Stadtplan 10 F1.
☎ 255-0333.
www.slims-sf.com

Jazz

Coda
1710 Mission St.
Stadtplan 10 F2.
☎ 551-2632.

Gold Dust Lounge
247 Powell St.
Stadtplan 5 B5.
☎ 397-1695.

Monterey Jazz Festival
2000 Fairgrounds Rd/
Casa Verde, Monterey.
☎ (831) 373-3366.
www.montereyjazzfestival.org.

Rassela's Jazz Club
1534 Fillmore St.
Stadtplan 10 F2.
☎ 346-8696.

Rrazz Room
Hotel Nikko,
222 Mason St.
Stadtplan 5 B5.
☎ (510) 238-9200.

Savanna Jazz
2937 Mission St.
Stadtplan 10 F3.
☎ 285-3369.

Yoshi's Nightspot
510 Embarcadero West, Jack London Sq, Oakland.
☎ (510) 238-9200.
Auch: 1330 Fillmore St.
Stadtplan 10 F2.
☎ 655-5600.

Blues

Biscuits and Blues
401 Mason St.
Stadtplan 5 B5.
☎ 292-2583.

Lou's Pier 47
300 Jefferson St.
Stadtplan 5 B1.
☎ 771-5687.

The Boom Boom Room
1601 Fillmore St.
Stadtplan 10 F2.
☎ 673-8000.

The Saloon
1232 Grant Ave.
Stadtplan 5 C3.
☎ 989-7666.

Folk, Country und Weltmusik

Ashkenaz Music & Dance Café
1317 San Pablo Ave, Berkeley.
☎ (510) 525-5054.

Café du Nord
2170 Market St.
Stadtplan 10 E2.
☎ 861-5016.
www.cafedunord.com

Freight & Salvage Coffeehouse
1111 Addison St, Berkeley.
☎ (510) 548-1761.

Starry Plough
3101 Shattuck Ave, Berkeley.
☎ (510) 841-2082.

Stadtplan *siehe Seiten 302–320*

Nachtclubs

Wie fast alles in San Francisco ist auch das Nachtleben leger und unaufdringlich. Es herrscht nicht das gleiche Modebewusstsein wie z. B. in London, New York oder Paris. Es gibt nur wenige Glitzer-Discos. Viele der als »trendy« geltenden Clubs sind nur an ein oder zwei Abenden in der Woche geöffnet, die Preise sind meist niedrig. Wenn Sie eine Abendunterhaltung suchen, die für San Francisco typisch ist, sollten Sie die Comedy Clubs testen, deren Spezialität die Stand-up-Comedians sind. Obwohl ein paar der einst berüchtigten Clubs in den letzten Jahren geschlossen wurden, findet man noch immer einige exzentrische Überbleibsel. Darüber hinaus gibt es eine ganze Reihe lässige Pianobars in luxuriösen Hotels oder Restaurants, wo man entspannt den Abend genießen kann.

Information

Namen, Öffnungszeiten und Adressen von Nachtclubs ändern sich ständig, selbst beliebte Lokale existieren mitunter nur ein Jahr. Am besten schauen Sie sich die Anzeigen und Kritiken in *SF Weekly*, *Bay Times* und *Bay Guardian* (siehe S. 287) an. Die meisten Clubs befinden sich in South of Market (SoMa) und haben etwa 21 bis 2 Uhr geöffnet. Einige sind die ganze Nacht offen, vor allem am Wochenende. Doch nirgendwo wird nach 2 Uhr noch Alkohol ausgeschenkt. Nehmen Sie Ihren Pass mit, denn Sie müssen im Zweifelsfall nachweisen, dass Sie älter als 21 Jahre sind.

Tanzen

Einer der umtriebigsten Nachtclubs in San Francisco ist **Ruby Skye** in der Mason Street – bekannt für schrilles Dekor, ausgezeichneten Sound und normales, modisches Publikum. R&B, Hip-Hop und Jazz werden bei **Nickie's** in Haight-Ashbury gespielt. **Sound Factory** und **City Nights**, beide in der Harrison Street, bieten Rock und moderne Dancefloor-Musik. Für die Heimfahrt sollten Sie ein Taxi nehmen, da die Gegend nicht die beste ist.

Suite one8one besitzt zwei Tanzflächen, die mit House, Funk und Hip-Hop beschallt werden, und einen grandiosen Patio, um zu chillen. The **Mexican Bus** ist tatsächlich ein Bus, der seine Gäste an einem Abend zu drei verschiedenen Salsa-Clubs fährt. **The Cellar** ist ein beliebter Underground-Treff, der einen guten Mix aus den Sounds der 1980er und 1990er Jahre und etwas Hip-Hop kreiert. **Ten 15** bietet verschiedene Musikstile in elektrisierender Atmosphäre. In derselben Gegend findet man den **Cat Club**. Dort wird Acid Jazz und alternativer Sound gespielt. Im **330 Rich Street** werden House, Indie, Gothic, Brit-Pop, Indies, Hip-Hop und R&B geboten.

Für Salsa-Süchtige gibt es im **Cafe Cocomo** Salsa live sowie unter der Woche ab 20 Uhr Tanzstunden.

Schwule und Lesben

Einige der populärsten Clubs sind vorwiegend, wenn auch nicht ausschließlich Schwulenclubs. Dazu gehört das **Endup**, das von Freitagabend bis Montagmorgen rund um die Uhr geöffnet hat – zum Durchtanzen. Weitere Schwulen- und Lesbenclubs sind **El Rio** im Mission District und für Stadtcowboys der **Club Hide**, in dem jeden Abend Squaredance stattfindet. Auch **Chaps II** ist beliebt. Um die 18th Street im Castro District liegen mehrere Discos, darunter **Midnight Sun**. In der East Bay ist im **White Horse Inn** seit den frühen 1960er Jahren eine viel besuchte Bar mit Disco.

Schwulenclubs tendieren dazu, sich noch rascher zu verändern als die übrigen Nachtclubs, sodass man sich in der Presse, etwa bei *Bay Times* und *Bay Area Reporter*, informieren sollte. Weitere Informationen für Männer gibt es im *Betty and Pansy's Severe Queer Review*.

Pianobars

Die Bezeichnung »Pianobar« wird der Mischung aus einladenden Bars und Nachtclubs, die hier aufgeführt werden, nicht gerecht. In allen ist allabendlich – zum Preis eines Drinks – Live-Musik (gewöhnlich Jazz) zu hören. Einige der besten befinden sich in Vier-Sterne-Hotels. Ein paar Blocks vom Theaterviertel entfernt, gibt es in **The Lush Lounge** trockene Martinis in reizvollem Ambiente. Die Art-déco-Bar **Top of the Mark** befindet sich im obersten Stockwerk des Mark Hopkins Hotel auf dem Nob Hill. »Wolkenkratzer-Bars« sind auch das **Grand View** in der 36. Etage des Grand Hyatt Hotel am Union Square, das grandiose Ausblicke, fantastisches Essen und hervorragende Musik bietet, und die **Four Seasons Bar**, eine elegante Hotelbar mit anheimelnden Kaminen, Ledersesseln und einem spektakulären Blick auf den Financial District.

Pianobars findet man in fast allen besseren Restaurants. Hier können Sie vor, während oder nach dem Essen Musik hören. **Washington Square Bar & Grill** in North Beach bietet gute nächtliche Unterhaltung sowie überdurchschnittliches Essen und Drinks. Es ist bei Leuten aus der Werbe- und Medienbranche beliebt. Gute Pianomusik hört man auch bei **Lefty O'Doul's** – neben irischen Melodien und einer superben Auswahl an Ale-Bieren.

Im Theaterviertel westlich des Union Square gibt es viele quirlige Bars, etwa **Johnny Foley's Irish Bar**. Pianisten liefern sich im schummrigen Basement »Duelle«, die die Leute zum Mitsingen anregen.

Westlich davon liegt die romantische **Sheba's Piano Lounge**, die allabendlich äthiopisches Essen zu Live-Musik serviert. In **Harry Denton's Starlight Room** im 21. Stockwerk des Sir Francis Drake Hotel erklingt Musik in klassischem Ambiente. Jenseits der Market Street kann man im **Martuni's** Martinis zu Swing genießen. Der **Tonga Room** im Fairmont Hotel (siehe S. 213) ist eine Cocktailbar im polynesischen Stil, wo man tanzen, Jazz hören und halbstündlich künstliche Wolkenbrüche erleben kann.

Comedy Clubs

Die einst blühende Comedy-Szene brachte Stars wie Robin Williams und andere Comedians hervor. Seither hat sich das Angebot erheblich verringert. Dennoch findet jeden Abend in irgendeiner Bar oder einem Café eine Comedy-Show statt. Orte und Termine finden Sie in den Zeitungen (siehe S. 287).

Einige der besten Shows laufen in **Tommy T's Comedy House** mit Entertainern wie Bobby Slayton, Will Durst und Richard Stockton. Andere Clubs mit Stand-up-Comedians und improvisierten Acts sind **Marsh's Mock Cafe-Theater** im Mission District und **Cobb's Comedy Club** in North Beach. Gleiches gilt für **The Punchline**. **Kimo's** ist seit Jahrzehnten ein Wahrzeichen der Polk Street. Hier gibt es jede Woche Drag-Shows, Cabaret und Comedy.

Die Shows beginnen meist um 20 Uhr, Spätvorstellungen am Wochenende um 22 Uhr. Der Eintritt beträgt um die 15 US-Dollar. Bisweilen muss man mindestens ein oder zwei Drinks konsumieren.

AUF EINEN BLICK

Tanzen

330 Ritch Street
330 Ritch St.
Stadtplan 11 C1.
(541-9574.

Cafe Cocomo
650 Indiana (bei Mariposa). **Stadtplan** 11 C3.
(824-6910.
www.cafecocomo.com

Cat Club
1190 Folsom St.
Stadtplan 11 A2.
(703.8965.
www.catclubsf.com

City Nights
715 Harrison St.
Stadtplan 5 D5.
(339-8686.
(SF Club-Hotline).

Nickie's
466 Haight St.
Stadtplan 10 E1.
(621-6508

Ruby Skye
420 Mason St.
Stadtplan 5 B5.
(693-0777.

Suite one8one
181 Eddy St.
Stadtplan 5 B5.
(345-9900

Ten 15
1015 Folsom St.
Stadtplan 11 B1.
(431-1200.

The Cellar
685 Sutter St.
Stadtplan 5 B4.
(441-5678.

The Mexican Bus
Haltestellen tel. erfragen.
(546-3747.
www.mexicanbus.com

The Sound Factory
525 Harrison St.
Stadtplan 5 D3.
(339-8686
(SF Club-Hotline).

Schwule und Lesben

Chaps II
1225 Folsom St.
Stadtplan 11 A1.
(255-2427.

Club Hide
280 7th St.
Stadtplan 11 A1.
(861-6053.

El Rio
3158 Mission St.
Stadtplan 10 F4.
(282-3325.
www.elriosf.com

Endup
401 6th St.
Stadtplan 11 B1.
(357-0827.

Midnight Sun
4067 18th St.
Stadtplan 10 D3.
(861-4186.

White Horse Inn
6551 Telegraph Ave,
Oakland.
((510) 652-3820.

Pianobars

Four Seasons Bar
Four Seasons Hotel,
757 Market St. **Stadtplan**
5 C5. (633-300.

Grand View
Grand Hyatt Hotel
24. Stock, 345 Stockton
St. **Stadtplan** 5 C4.
(398-1234.

**Harry Denton's
Starlight Room**
450 Powell St.
Stadtplan 5 B5.
(395-8595.

**Johnny Foley's
Irish Bar**
243 O'Farrell St.
Stadtplan 5 B5.
(954-0777.

Lefty O'Doul's
333 Geary St.
Stadtplan 5 B5.
(982-8900.

Lush Lounge
1221 Polk St. **Stadtplan**
5 A5. (771-2022.
www.lushlounge.com

Martuni's
4 Valencia St.
Stadtplan 10 F1.
(241-0205.

**Sheba's Piano
Lounge**
1419 Fillmore St.
Stadtplan 4 D5.
(440-7414.

Tonga Room
950 Mason St.
Stadtplan 5 B4.
(772-5278.

Top of the Mark
Mark Hopkins Inter-Continental Hotel,
1 Nob Hill.
Stadtplan 5 B4.
(616-6916.

**Washington
Square Bar & Grill**
1707 Powell St.
Stadtplan 5 B2.
(433-1188.

Comedy Clubs

**Cobb's
Comedy Club**
915 Columbus Ave.
Stadtplan 5 B2.
(928-4320.

Kimo's
1351 Polk St.
Stadtplan 4 F4.
(885-4535.

**Marsh's Mock
Cafe-Theater**
1074 Valencia.
Stadtplan 10 F3.
(826-5750.

The Punchline
444 Battery St.
Stadtplan 6 D3.
(397-7573. www.
punchlinecomedyclub.com

**Tommy T's
Comedy House**
5104 Hopyard Rd,
Pleasanton.
((925) 277-1804.
www.tommyts.com

Stadtplan siehe Seiten 302–320

Bars

Seit den frühen Tagen des Goldrauschs *(siehe S. 24f)*, als auf 50 Bewohner ein Saloon kam, gibt es in San Francisco viele Orte, wo man gemütlich ein Bier trinken oder einen Drink zu sich nehmen kann. Die eher unzüchtigen »Trinkanstalten«, wie es sie Mitte des 19. Jahrhunderts gab, sind längst Geschichte. Doch auch heute ist die Auswahl ist groß: Bier von einheimischen Brauereien in einer netten Bierstube, Cocktails in einer eleganten Lounge, ein kalifornischer Tropfen in einem Weinlokal. Vielleicht zieht es Sie in eine Sports Bar, um ein Match live zu sehen, oder Sie bevorzugen ein Irish Pub mit Folk-Klängen.

Rooftop Bars

Wer seinen Drink gern in schwindelerregender Höhe einnimmt, sollte die Bars in den Hochhäusern im Zentrum aufsuchen. Dort hat man eine fantastische Aussicht über die Hügel der Stadt. Die **Grand View Lounge** im Grand Hyatt, die **View Lounge** im Marriott Hotel und **Top of the Mark** in Mark Hopkins *(siehe S. 102)* sind dazu ideal – Jazz oder Tanzmusik inklusive. Im 46. Stockwerk des Hilton hat man vom **Cityscape** freie Sicht.

Bierlokale

Ein bodenständiges Erlebnis bieten die zahlreichen Bierlokale bzw. -bars, in denen man sich nach der Arbeit oder am Wochenende trifft. Die besten von ihnen führen Biere von Brauereien der Westküste, darunter Anchor Steam und Liberty Ale aus San Francisco.
Eines der besten Pubs, das englische **Mad Dog in the Fog**, liegt in der Haight Street. Das **Magnolia Pub & Brewery** ist in einem viktorianischen Haus von 1903 untergebracht. Hier trinkt man sein Bier immer noch an der originalen Holztheke. Das für seine Tapas bekannte **Thirsty Bear** und die renommierte **Gordon Biersch Brewery** brauen ihr Bier vor Ort. **The Church Key** in North Beach ist ein charmanter Ort mit großer Bierauswahl. Den beliebten Hangout kann man leicht verfehlen. Am Eingang hängt nur ein »Schlüssel«-Schild. Vom **Beach Chalet** blickt man auf den Pazifik.

Cocktailbars

Traditionelle Cocktailbars mit einem gesprächigen Barkeeper, der einem mit geübter Hand einen Drink mixt, gibt es viele in San Francisco.
Singles treffen sich in **Harry Denton's Starlight Room**. Prominentensüchtige landen im **Redwood Room** des Clift Hotel mit von hinten beleuchteter Bar und höheren Preisen. Ein eher ungezwungenes Völkchen trifft sich in der Columbus Avenue in Lokalen wie **Specs'**, **Tosca** und **Vesuvio**. Letzteres war früher ein Hangout von Literaten der Beat Generation. Deswegen heißt der Cocktail des Hauses auch Jack Kerouac (Rum, Tequila, Orangen-/Cranberrysaft und Limone). Die Leute von North Beach entspannen sich bei gehaltvollen Drinks auf Bänken im Dekor der Rat-Pack-Ära im **Tony Niks**.
Wer im Mission District ausgehen möchte, landet eventuell im **Elixir**. Die Bar – auch ein Treff für Dart-Spieler – ist in einem schönen viktorianischen Haus untergebracht, das einst einen Stiefelputzer beschäftigte. Auch im Viertel liegt die **Nihon Whiskey Lounge**. Sie bietet die größte Auswahl an Single Malts an der Westküste sowie kreative Whiskey- und Champagner-Cocktails und japanisches Essen. Das **Buena Vista Café** machte 1952 den Irish Coffee international bekannt – heute serviert es etwa 2000 Gläser pro Tag. **Minx** ist eine klassische Lounge. **Café du Nord**, ein früheres Speakeasy, und das preisgekrönte **Biscuits and Blues** bieten Live-Jazz.

Weinlokale

Nicht nur wegen der Nähe zum Weinanbaugebiet ist die **Ferry Plaza Wine Merchant Bar** der ideale Ort, um kalifornische Weine zu genießen – um die Ecke liegen edle Käse- und Gourmetläden.
Champagner und Kerzenlicht prägen die Atmosphäre der **Bubble Lounge**. Nicht weit vom Union Square liegt der **Press Club**, wo Weine aus den sechs renommiertesten Kellereien Nordkaliforniens probiert werden können. Im **Hidden Vine**, ebenfalls Union Square, trinkt man erfreuliche kalifornische Tropfen und Raritäten aus anderen Regionen. Im vibrierenden Marina District entzückt das **BIN38** mit einer Weinauswahl kleiner, aber feiner Kellereien. Die **Diablo Grande Wine Gallery** bietet im Museumsviertel von SoMa Weine aus eigener Abfüllung.

Themen-Bars

Um die Leidenschaft der Kalifornier für Sportevents zu erleben, geht man am besten in die **Knuckles Sports Bar**. 24 Bildschirme zeigen Sport aus aller Welt. In der **Greens Sports Bar** gibt es nur Getränke, das Essen kann aber mitgebracht werden. **Buckshot Restaurant, Bar & Gameroom** bietet Essen und Trinken, Musik, Billard, altmodische Video-Spiele und Skee ball. Irische Lebensart und Ströme von Guinness locken die Gäste zu **The Irish Bank** und **The Chieftain**.

Schwulenbars

Treffpunkte für Schwule, Lesben, Bisexuelle und Transsexuelle gibt es in San Francisco zuhauf. Das Castro-Viertel, SoMa und der Mission District wirken als wahre Magneten. **Daddy's** im Castro-Viertel ist eine Jeans- und Lederbar, **The Stud** und **Endup** sind Tanz- und Trinklokale. Ladies' Nights erleben Lesben gern in der **Cherry Bar**. Das **Divas** ist ein bekannter Treff für Transsexuelle.

BARS

AUF EINEN BLICK

Rooftop Bars

Cityscape
46. Stock,
Hilton Hotel,
333 O'Farrell St.
Stadtplan 5 B5.
771-1400.

Grand View Lounge
36. Stock,
Grand Hyatt Hotel,
345 Stockton St.
Stadtplan 5 C4.
398-1234.

Top of the Mark
19. Stock,
Mark Hopkins
Inter-Continental Hotel,
999 California St.
Stadtplan 5 B4.
616-6916.

View Lounge
39. Stock,
Marriott Hotel,
55 4th St.
Stadtplan 5 C5.
896-1600.

Bierlokale

Beach Chalet
1000 Great Hwy.
Stadtplan 7 A2.
386-8439.

Gordon Biersch Brewery
2 Harrison St.
Stadtplan 6 E4.
243-8246.

Mad Dog in the Fog
530 Haight St.
Stadtplan 10 E1.
626-7279.

Magnolia Pub & Brewery
1398 Haight St.
Stadtplan 9 C1.
864-7468.

The Church Key
1402 Grant Ave.
Stadtplan 5 C3.
963-1713.

The Thirsty Bear
661 Howard St.
Stadtplan 6 D5.
974-0905.

Cocktailbars

Biscuits and Blues
401 Mason St.
Stadtplan 5 B5.
292-2583.

Buena Vista Café
2765 Hyde St.
Stadtplan 4 F1.
747-5044.

Café du Nord
2170 Market St.
Stadtplan 10 D2.
861-5016.

Elixir
3200 16th St (nahe
Guerrero St).
Stadtplan 10 E2.
552-1633.

Harry Denton's Starlight Room
450 Powell St.
Stadtplan 5 B4.
395-8595.

Minx
827 Sutter St.
Stadtplan 5 B4.
346-7666.

Nihon Whiskey Lounge
1779 Folsom St.
Stadtplan 10 F2.
552-4400.

Redwood Room
495 Geary St (nahe
Clift Hotel).
Stadtplan 5 B5.
775-4700.

Specs'
12 Adler Place
(vom Vesuvio aus über die
Columbus Ave).
Stadtplan 5 C3.
421-4112.

Tony Niks
1534 Stockton St.
Stadtplan 5 B2.
693-0990.

Tosca
242 Columbus Ave.
Stadtplan 5 C3.
391-1244.

Vesuvio
255 Columbus Ave.
Stadtplan 5 C3.
362-3370.

Weinlokale

BIN38
3232 Scott St.
Stadtplan 3 C2.
567-3838.

Bubble Lounge
714 Montgomery St.
Stadtplan 5 C3.
434-4204.

Diablo Grande Wine Gallery
669 Mission St.
Stadtplan 5 C5.
543-4343.

Ferry Plaza Wine Merchant Bar
One Ferry Building,
Shop 23.
Stadtplan 6 E3.
391-9400.

Hidden Wine
4620 Post St.
Stadtplan 5 B5.
674-3567.

Press Club
20 Yerba Buena Lane.
Stadtplan 5 C5.
744-500.

Themen-Bars

Buckshot Restaurant, Bar & Gameroom
3848 Geary Blvd.
Stadtplan 3 A5.
831-8838.

Greens Sports Bar
2339 Polk St.
Stadtplan 5 A3.
775-4287.

Knuckles Sports Bar (at Hyatt Fish Wharf)
555 North Point St.
Stadtplan 5 A1.
563-1234.

The Chieftain
195 5th St.
Stadtplan 11 B1.
615-0916.

The Irish Bank
10 Mark Lane
(nahe Bush St).
Stadtplan 5 B4.
788-7152.

Schwulenbars

Cherry Bar
917 Folsom St.
Stadtplan 11 B1.
974-1585.

Daddy's
440 Castro St.
Stadtplan 10 D3.
621-8732.

Divas
1081 Post St.
Stadtplan 4 F4.
474-3482.

Endup
401 6th St.
Stadtplan 11 B2.
646-0999.

The Stud
399 9th St.
Stadtplan 11 A2.
683-6623.

Stadtplan *siehe Seiten 302–320*

Sport und Aktivurlaub

Die Einwohner San Franciscos sind Sportfans. Deshalb ist das Angebot an Fitness-Centern, Schwimmbädern, Tennis- und Golfplätzen groß. Wer lediglich zuschauen möchte, kann dies beispielsweise bei Spielen der beiden Baseballteams, beim American Football, Basketball und Eishockey tun. Das Umland bietet u. a. Möglichkeiten zum Skifahren, zu Radtouren und Kajakfahrten. Ein spezielles Abenteuer ist der Bootsausflug zur Walbeobachtung vor der Küste. Karten erhält man über **Ticketmaster** *(siehe S. 259)* oder andere Ticket-Agenturen *(siehe S. 273)*.

American Football

Das Heimstadion der **San Francisco 49ers** ist der Candlestick Park. Die **Oakland Raiders** spielen im **Network Associate Coliseum**. Andere Footballteams kommen von Colleges, etwa der **University of California** (»Cal«) in Berkeley und der **Stanford University** in Palo Alto.

Walbeobachtung

Wer im Winter nach San Francisco reist, sollte keinesfalls das Naturschauspiel der jährlichen Grauwalwanderung versäumen. Die riesigen Säugetiere sind etwa von Point Reyes *(siehe S. 160)* aus zu sehen, doch am besten lassen sie sich von einem Charterboot auf dem Meer aus beobachten. Karten sind bei **Tickets.com** oder **Ticketmaster** *(siehe S. 259)* erhältlich. Informative Fahrten bietet **Oceanic Society Expeditions**. Die Boote dieses Anbieters fahren nach Westen zu den Farallon Islands, wo man außer den Grauwalen auch Blauwale und viele seltene Seevögel sehen kann. Ausgangspunkt vieler Fahrten ist die Half Moon Bay *(siehe S. 186f)*, 32 Kilometer südlich von San Francisco.

Tickets.com
☎ (510) 762-2277.

Oceanic Society Expeditions
Fort Mason. **Stadtplan** 4 E1.
☎ 441-1106.

Baseball

In der Bay Area gibt es zwei Profi-Baseball-Mannschaften. Die **San Francisco Giants**, eine Mannschaft der National League, spielen im grandiosen **AT&T Park**. Die **Oakland Athletics** (die »A's«), die in der American League antreten, sind im Network Associate Coliseum in Oakland aktiv.

Basketball

Das einzige NBA-Basketballteam der Gegend sind die **Golden State Warriors**, die in der Oakland Coliseum Arena spielen. Auch die Golden Bears der **UC Berkeley** treten hier von Zeit zu Zeit an, doch finden ihre Heimspiele – ebenso wie die der **Stanford University** – meist auf dem jeweiligen Campus statt.

Eishockey

Die Heimspiele der **San José Sharks**, der einzigen Profi-Mannschaft der Bay Area, werden in der San José Arena (etwa eine Stunde südlich von San Francisco) ausgetragen.

Fitness-Center

Große Hotels besitzen eigene Fitness-Areale oder haben Abkommen mit privaten Clubs, sodass Hotelgäste andere Einrichtungen benutzen können. Bietet sich keine dieser Möglichkeiten, hat man die Wahl zwischen dem eleganten **Bay Club** nahe dem Financial District, dem **Crunch Fitness** und dem **24-Hour Nautilus Fitness Center**.

Bootsfahrten

Wer die Bucht vom Wasser aus erkunden will und nicht das Glück hat, auf einer Privatyacht mitgenommen zu werden, kann sich z. B. bei **Cass' Marina** in Sausalito ein Boot mieten. Hier bekommt man auch Unterricht und kann Chartertouren buchen. Eine weitere Möglichkeit ist, sich beim **Sea Trek Ocean Kayak Center** ein Kajak zu mieten. Ruderboote, Tretboote und Motorboote verleiht das **Stow Lake Boathouse** im Golden Gate Park.

Golf

Golfern stehen zahlreiche Anlagen zur Verfügung, darunter die öffentlichen Golfplätze im **Lincoln Park** und im **Golden Gate Park** sowie der **Presidio Golf Club**. Etwas weiter entfernt, am Pazifik in Carmel *(siehe S. 186f)*, liegen einige berühmte Golfplätze, etwa die **Pebble Beach Golf Links**, wo man für eine Gebühr von 275 bis 300 US-Dollar sein Können unter Beweis stellen kann.

Skisport

Zum Skisport fahren die Bewohner von San Francisco in die östlich gelegenen Berge um Lake Tahoe *(siehe S. 196f)*, wo Skigebiete wie **Heavenly Ski Resort** und **Alpine Meadows** erstklassige Abfahrten aller Schwierigkeitsgrade bieten. **Squaw Valley**, das größte Skigebiet, war 1960 Austragungsort der Olympischen Winterspiele. Von der Bay Area aus gut zu erreichen sind der **Badger Pass** im Yosemite National Park *(siehe S. 200–203)* und das Langlaufgebiet im **Kirkwood Ski Resort**. Skiverleih und Skikurse gibt es überall.

Schwimmen

Die meisten öffentlichen Schwimmbäder liegen in den Vororten. Informationen zu Öffnungszeiten und Eintrittspreisen erhält man telefonisch beim **City of San Fran-**

cisco Recreation and Parks Department. Einziger ungefährlicher Strand der Stadt ist China Beach. Wer im Pazifik schwimmen will, kann dem Polar Bear Club beitreten oder einem der Schwimmclubs im Aquatic Park *(siehe S. 172f)*, z.B. **Dolphin Club** oder **South End Rowing Club**. Wenn Sie an Silvester in San Francisco sind, können Sie sich das Neujahrsschwimmen ansehen, das am 1. Januar veranstaltet wird *(siehe S. 51)*.

Radfahren

Mit dem Rad die Hügel der Stadt zu erklimmen, scheint keine gute Idee zu sein. Wenn man aber die Route plant, sind Fahrradtouren lohnend. Vor allem am Wochenende bietet sich im Embarcadero und auf der Golden Gate Promenade ein herrlicher Blick auf die Bucht. Presidio und Golden Gate Park sind ideal für Radtouren. Dort befinden sich auch die meisten Fahrradverleiher, etwa **Stow Lake Bike Rentals**. In North Beach verleiht **Blazing Saddles** Räder.

Backroads Bicycle Tours organisiert Radtouren durch das Napa-Weinanbaugebiet *(siehe S. 190–193)*, meist Mehrtagesfahrten mit Zwischenstopps in Sonoma, Napa und Alexander Valley.

Tennis

In fast allen Parks gibt es gute Tennisplätze, die meisten im Golden Gate Park. Alle städtischen Plätze sind renoviert und haben Flutlicht für Nachtspiele. Betrieben werden sie vom **City of San Francisco Recreation and Parks Department** (Einzelheiten am Info-Telefon). Der **San Francisco Tennis Club** hat 24 Stunden lang geöffnet und bietet Einzel- und Gruppenunterricht. Gäste des berühmten **Claremont Resort and Spa** *(siehe S. 163)* können auch an Golfkursen teilnehmen und die Anlage nach Herzenslust nutzen.

AUF EINEN BLICK

Tickets

Golden State Warriors
Oakland Coliseum Arena.
☎ (1) (888) 479-4667.

Oakland Athletics
☎ (510) 638-0500.

Oakland Raiders
☎ (1) (800) 949-2626.

San Francisco 49ers
Candlestick Park.
☎ 656-4900.

San Francisco Giants
AT&T Park.
☎ 972-2000.
www.sfgiants.com

San José Sharks
San José Arena.
☎ (408) 287-7070.

Stanford University Athletics
Stanford University.
☎ (1) (800) STANFORD.

Tickets.com
☎ (510) 762-2277.

UC Berkeley Intercollegiate Athletics
UC Berkeley.
☎ (1) (800) 462-3277.

Fitness-Center

Bay Club
150 Greenwich St.
Stadtplan 5 C2.
☎ 433-2550.

Crunch Fitness
345 Spear St.
Stadtplan 6 E4.
☎ 495-1939.
www.crunch.com

24-Hour Nautilus Fitness Center
1200 Van Ness St.
Stadtplan 4 F4.
☎ 776-2200.
www.24hourfitness.com
Eine von mehreren Filialen.

Bootsfahrten

Cass' Marina
1702 Bridgeway,
Sausalito.

Sea Trek Ocean Kayak Center
Schoonmaker Point Marina, Sausalito.
☎ 488-1000.

Stow Lake Boathouse
Golden Gate Park.
Stadtplan 8 E2.
☎ 752-0347.

Golf

Golden Gate Park
Städtisch, 9 Löcher.
Stadtplan 7 B2.
☎ 751-8987.

Lincoln Park
Städtisch, 18 Löcher.
Stadtplan 1 C5.
☎ 221-9911.

Pebble Beach Golf Links
Pebble Beach.
☎ (831) 624 3811.
www.pebblebeach.com

Presidio Golf Club
300 Finley Rd. Stadtplan 3 A3. ☎ 561-4653.

Skisport

Alpine Meadows
Tahoe City.
☎ (530) 583-4232.

Badger Pass
Yosemite National Park.
☎ (209) 372-1001.

Heavenly Ski Resort
Stateline, Nevada.
☎ (775) 586-7000.

Kirkwood Ski Resort
Kirkwood.
☎ (209) 258-6000.

Squaw Valley USA
Squaw Valley.
☎ (530) 583-6985.

Schwimmen

City of San Francisco Recreation and Parks Department
☎ 831-2700.
www.parks.sf.gov.org

Dolphin Club
502 Jefferson St. Stadtplan 4 F1. ☎ 441-9329.
www.dolphinclub.com

South End Rowing Club
500 Jefferson St.
Stadtplan 4 F1.
☎ 776-7372.
www.southend.org

Radfahren

Backroads Bicycle Tours
1516 Fifth St, Berkeley.
☎ (510) 527-1555.
www.backroads.com

Blazing Saddles
1095 Columbus Ave.
Stadtplan 5 A2.
☎ 202-8888.
www.blazingsaddles.com
Eine von zwei Filialen.

Stow Lake Bike Rentals
Golden Gate Park. Stadtplan 8 E2. ☎ 752-0347.

Tennis

City of San Francisco Recreation and Parks Department
Siehe »Schwimmen«.

Claremont Resort and Spa
41 Tunnel Rd, Oakland.
☎ (510) 843-3000.
www.claremontresort.com

San Francisco Tennis Club
645 5th St. Stadtplan 11 B1. ☎ 777–9000.

Stadtplan siehe Seiten 302–320

San Francisco mit Kindern

San Francisco ist voller Attraktionen für Kinder. Viele Ausstellungen sind auf die jungen Besucher zugeschnitten und ermöglichen es ihnen, aktiv zu werden. Farbenfrohe Straßenmärkte gibt es von Frühjahr bis Herbst. Historische Schauplätze lassen die Tage des Goldrausches, den Wilden Westen und das Geschehen in Alcatraz lebendig werden. Im Zoo gibt es exotische Tiere zu bewundern. Auch der Golden Gate Park ist anziehend. San Francisco ist eine ideale Stadt für Familien. Vielerorts wird für Kinder kein oder nur ein geringer Eintritt erhoben.

Information

San Francisco ist eine familienfreundliche Stadt. In vielen Hotels können Kinder kostenlos im Zimmer der Eltern übernachten, meist stehen Kinderbetten zur Verfügung. Viele Hotels organisieren Babysitter. Ansonsten können Sie sich an eine Agentur wie **American Child Care Services, Inc.** wenden.

Parken in der Stadt ist teuer, doch gibt es ein gutes öffentliches Verkehrsnetz *(Plan siehe hintere Umschlaginnenseiten).* Eine kombinierte Tour mit Bus, Tram und Cable Car ist abwechslungsreich und für den Nachwuchs ein Abenteuer. Unter fünf Jahren fahren Kinder kostenlos. Kinder und Jugendliche von fünf bis 17 Jahren erhalten Fahrpreisermäßigungen. Für alle Altersgruppen gibt es verbilligte »Muni Passports« für ein, drei oder sieben Tage *(siehe S.294)*. Benutzen Sie die öffentlichen Toiletten *(siehe S.279)* oder die meistens sauberen »rest rooms« der Hotels und Kaufhäuser. Windeln und Medikamente bekommt man rund um die Uhr in den Walgreens Drug Stores *(siehe S.283)*. Veranstaltungstipps für Familien finden Sie im *San Francisco Book* und in *Arts Monthly*.

Crazy Castle im Zoo

Tierwelt

Tierfreunde kommen in der Bay Area auf ihre Kosten: Fahren Sie mit dem Auto oder der Fähre zur **Six Flags Marine World** in Vallejo, wo man auf Elefanten reiten und Delfine aus der Nähe bewundern kann. Im Marine Mammal Center der Marin Headlands *(siehe S.174f)* werden verletzte Seelöwen gepflegt. Der Zoo von San Francisco *(siehe S.160)* bietet sich für einen Tages- oder Halbtagesausflug an. Man kann in der Gorilla World die beeindruckenden Menschenaffen beobachten und Pinguine füttern, die hier überaus erfolgreich gezüchtet werden. Das **Josephine**

D. Randall Junior Museum hat einen Streichelzoo und Naturlehrpfade. Bootstouren zum rund 40 Kilometer entfernten Farallones National Marine Sanctuary organisieren Oceanic Society Expeditions *(siehe S.299)*. Die Touren finden ganzjährig statt. Grauwale kann man von Dezember bis April sehen.

Museen

Viele der Museen sind auch für Kinder attraktiv. In der California Academy of Sciences *(siehe S.150f)* kann man im Earthquake! Theater ein Erdbeben sicher überstehen. Die Academy beherbergt auch das Morrison Planetarium und das Steinhart Aquarium mit 8000 Meeresbewohnern. Im **Zeum** auf dem Dach des Zentrums in Yerba Buena Gardens kommen Kinder interaktiv mit der Medienwelt in Berührung. Hier gibt es auch eine Eislaufbahn und ein Karussell von 1906.

Das **Bay Area Discovery Museum** bietet Kindern zwischen zwei und zwölf Jahren viele die Fantasie anregende Exponate. Das **Exploratorium** *(siehe S.60f)* ist für seine über 700 Exponate zum Anfassen bekannt. Sein Tactile Dome ist etwas für Mutige, die sich hier in völliger Dunkelheit ihren Weg ertasten müssen. Den Wilden Westen und die Zeit des Goldrausches kann man im Wells Fargo History Museum *(siehe S.110)* erle-

Freundlicher Empfang für Kinder

Kontakt mit einem Barbados-Schaf im San Francisco Children's Zoo

SAN FRANCISCO MIT KINDERN

ben, wo Kinder eine Kutsche besteigen, einen Telegrafen bedienen und Gold finden können. Der Eintritt ist frei. Ebenfalls kostenlos ist der Maritime Historical Park *(siehe S. 83)* mit seinen Schiffsmodellen und Seefahrtsrelikten. Drei der historischen Museumsschiffe kann man am Hyde Street Pier sehen.

Die Museen von Fisherman's Wharf bieten Unterhaltendes, Geheimnisvolles, Gruseliges und Faszinierendes. Einen Besuch lohnen auch Ripley's Believe It Or Not! *(siehe S. 82f)* und das Wax Museum *(siehe S. 82)*. Jeder kann das intakte Marschland, die Dünen und den Strand von Crissy Field in Presidio genießen.

Spaß im Freien

Besonders spannend ist es für Kinder, wenn man die Stadt per Cable Car erkundet. Eine rasante »Talfahrt« bietet das letzte Stück der Linie Powell–Hyde zum Aquatic Park *(siehe S. 172f)*. In der Nähe legen Fähren nach Alcatraz Island *(siehe S. 84–87)* ab. Der Golden Gate Park *(siehe S. 142–157)* bietet Reitställe, Radwege, Bootsfahrten, ein Karussell und eine Bisonherde. **Paramount's Great America** ist ein Themenpark für Kinder.

Shopping

Bei **Basic Brown Bear** kann man die Werkstätten besichtigen, sich einen Teddy aussuchen und dann selbst ausstopfen. **Gamescape** verkauft Lernspiele. In der Ghirardelli Chocolate Manufactory sieht man, wie Schokolade hergestellt wird, und kann Kostproben kaufen.

Reitställe im Golden Gate Park

Kinder am Strand von Crissy Field *(siehe S. 59)*

Spaß in der Halle

Größere Kinder können sich an den **Mission Cliffs** austoben, einer riesigen Hallen-Kletterwand. Kreativen Spaß haben Kinder bei den zahlreichen Mitmach-Exponaten des Exploratoriums. Zeum und Sony Metreon sind ein Muss für Kinder jeden Alters.

AcroSports ist eine große Akrobaten-Arena sowohl für Kinder als auch für Erwachsene. Hier kann man einen Zirkus-Workshop machen, Unterricht in akrobatischer Gymnastik nehmen oder einfach nur einer Vorstellung zusehen.

Essen gehen

Fast Food gibt es überall in der Stadt – von Dim Sum zum Mitnehmen in Chinatown bis zu den Hamburgern am Union Square. Auch in den meisten Lokalen kann man entspannt mit Kindern essen. Vielerorts gibt es Kinderstühle und eine Speisekarte für Kinder. **California Pizza Kitchen** und The Night Kitchen beim Metreon servieren ausgezeichnete Pizzas mit traumhaften Belägen, Sandwiches und Salate. Ein Erlebnis für die ganze Familie bietet ein Essen im **Rainforest Café**.

AUF EINEN BLICK

Kinderbetreuung

American Child Care Services, Inc.
285-2300.

Tierwelt

Josephine D. Randall Junior Museum
199 Museum Way. **Stadtplan** 10 D2. 554-9600.

Six Flags Marine World
Marine World Parkway, Vallejo.
(707) 643-ORCA.

Museen

Bay Area Discovery Museum
557 East Fort Baker, Sausalito.
339-3900.
www.badm.org

Zeum
221 4th St. **Stadtplan** 5 C5.
777-2800

Spaß im Freien

Paramount's Great America
(408) 988-1776.

Shopping

Basic Brown Bear
2801 Leavenworth St.
Stadtplan 5 A1. 409-2806.
www.basicbrownbear.com

Gamescape
333 Divisadero St. **Stadtplan** 10 D1. 621-4263.

Spaß in der Halle

AcroSports
639 Frederick St.
Stadtplan 9 B2. 665-2276.

Mission Cliffs
2295 Harrison St.
Stadtplan 11 A4. 550-0515.

Essen gehen

California Pizza Kitchen
53 3rd St. **Stadtplan** 5 C5.
278-0443.

Rainforest Café
145 Jefferson St.
Stadtplan 5 A1.
440-5610.
www.rainforestcafe.com

Stadtplan siehe Seiten 302–320

Grund-
informationen

Praktische Hinweise **278–287**

Anreise **288–291**

In San Francisco unterwegs **292–301**

Stadtplan **302–320**

Praktische Hinweise

Plakette am State Building

San Francisco bezeichnet sich als »Everybody's Favorite City« (»Jedermanns Lieblingsstadt«) – kein bescheidenes Urteil, das aber von Reisemagazinen bestätigt wird. Besucher – ob anspruchsvoll oder preisbewusst – finden unter den Hotels (siehe S. 206–221), Restaurants (S. 222–243), Läden (S. 244–257), dem Unterhaltungsangebot (S. 258–273) und den Führungen (S. 293) bestimmt etwas, das ihrem Budget entspricht. Wer übliche Vorsichtsmaßnahmen (S. 282) befolgt, kann sich ohne Gefahr in der Stadt bewegen. Im Folgenden finden Sie nützliche Infos zu Banken (S. 284f), medizinischer Versorgung (S. 283) oder zu Fahrten mit den Cable Cars (S. 296f).

Einreise und Zoll

Seit dem 26. Juni 2005 besteht das Visa Waiver Program (VWP) für die visumfreie Einreise in die USA. Es gilt u. a. für deutsche, österreichische und Schweizer Staatsbürger für einen Aufenthalt von bis zu 90 Tagen. Erforderlich ist ein maschinenlesbarer Reisepass (Pässe, die nach dem 26. Oktober 2005 ausgestellt wurden, brauchen ein digitales Lichtbild, Pässe nach dem 26. Oktober 2006 einen Chip mit biometrischen Daten). Achtung: Auch Kinder benötigen einen maschinenlesbaren Pass. Personen, die per VWP einreisen, müssen ihre grünen I-94W-Karten behalten, bis sie aus den USA ausreisen.

Seit 2004 werden von allen Reisenden bei der Einreise digitale Fingerabdrücke genommen und ein digitales Foto erstellt. Seit Oktober 2006 muss man vor Reiseantritt ein »Flug-Formular« ausfüllen (bei Ihrer Fluglinie erhältlich). Seit Januar 2009 muss man spätestens 72 Stunden vor Reiseantritt online eine Einreiseerlaubnis einholen (https://esta.cbp.dhs.gov). Hierbei werden seit September 2010 14 US-Dollar Einreisegebühr fällig.

Weitere aktuelle Hinweise zur Einreise in die USA finden Sie auf der Website: www.us-botschaft.de.

Bei der Ankunft auf dem San Francisco International Airport (siehe S. 288f) sollten Besucher aus Europa dem Schild »Other than American Passports« folgen. Rechnen Sie für die Zollprozeduren 30 bis 60 Minuten ein.

Broschüren im San Francisco Convention and Visitors Bureau

Besucher über 21 Jahre können einen Liter Alkohol, 200 Zigaretten, 50 Zigarren (keine kubanischen) sowie Geschenke (Wert: bis zu 100 US-Dollar) zollfrei in die USA einführen. Besondere Zollbestimmungen für Waffen, Tiere, Lebensmittel, Geschenke oder Objekte, die dem Artenschutz unterliegen, etc. erfahren Sie unter: www.usembassy.de.

Information

Stadtpläne, Veranstaltungskalender sowie Fahrausweise für den Nahverkehr erhalten Sie im Infozentrum des **San Francisco Convention and Visitors Bureau**. Das Büro gibt auch zwei kostenlose Magazine heraus: Das *San Francisco Book* geht auf Konzerte, Shows, Nachtclubs und Restaurants ein. *San Francisco Arts Monthly* listet Filme, Theater, Kunstausstellungen, Musik- und Tanzevents auf. *This Week in San Francisco* und *Where Magazine* liegen kostenlos in Hotels und Läden aus.

CityPASS-Ticket

Die »Datebook«-Rubrik der Sonntagsausgabe des *San Francisco Chronicle* verzeichnet größere Kunst- und Unterhaltungsveranstaltungen. Gleiches gilt für die Freitagsausgabe des *San Francisco Examiner* und die Infos in *The Bay Guardian* und *SF Weekly* (beide kostenlos).

Eintrittspreise

Obwohl es auch einige kostenlose Events gibt, zahlt man bei den meisten Attraktionen Eintritt, meist zwischen fünf und zehn US-Dollar. Das Conservatory of Flowers und der Japanese Tea Garden im Golden Gate Park (siehe S. 142–155) verlangen sieben (ermäßigt fünf) US-Dollar. Ein Ausflug nach Alcatraz (siehe S. 84–87), inklusive Fahrt mit der Fähre, kostet 26 US-Dollar (33 $ für die Nachttour). Rabatte gibt es für Senioren und Kinder unter elf Jahren. Kostenlos ist es für Kinder unter vier Jahren (siehe S. 299).

San Francisco ist für seine Live-Musik-Szene bekannt.

Hier treten sowohl einheimische Bands als auch internationale Künstler auf. Konzertkarten schlagen mit fünf bis 30 US-Dollar zu Buche. Im Sommer gibt es kostenlose Konzerte unter den Redwoods im Stern Grove – man sollte frühzeitig aufbrechen, um Sitzplätze zu bekommen.

Große Museen wie das SF Museum of Modern Art *(siehe S. 118–121)* verlangen fünf bis zehn US-Dollar Eintritt, für Senioren, Kinder und Studenten gibt es Rabatt. Viele Museen sind donnerstags billiger. Die meisten großen Institutionen gewähren einmal pro Monat freien Eintritt. Hinzu kommen kostenlose Führungen und Informationsveranstaltungen. Kleine Museen sind entweder kostenlos oder wünschen eine Spende.

Im Fort Mason *(siehe S. 74f)*, in den Yerba Buena Gardens *(siehe S. 114f)* und im Golden Gate Park gibt es mehrere Museen. Der Golden Gate Park's Culture Pass gewährt kostenlosen Eintritt in drei Museen sowie 30 Prozent Rabatt bei zwei Attraktionen. Der CityPASS (im SF Convention and Visitors Bureau erhältlich) macht die meisten Sehenswürdigkeiten sowie Fahrkarten billiger.

Öffnungszeiten

Bürozeiten in San Francisco sind werktags von 9 bis 17 Uhr. Läden *(siehe S. 244)* haben meist bis 20 Uhr offen. Banken öffnen montags bis freitags von 10 bis 15 Uhr, einige Banken auch schon um 7.30 Uhr. Andere Banken schließen erst um 18 Uhr, manche haben auch samstagvormittags geöffnet. Praktisch

Lobby des San Francisco Museum of Modern Art

alle Banken bieten rund um die Uhr Geldautomaten.

Einige Museen sind montags und/oder dienstags und an den Feiertagen geschlossen. Einige haben abends länger geöffnet (siehe die einzelnen Einträge dieses Reiseführers). Sperrstunde für Bars ist um 2 Uhr. Zwischen 2 und 6 Uhr gibt es in Kalifornien keinen Alkoholausschank.

Etikette und Rauchen

Nordkaliforniens ist nicht ganz so locker wie die Sandalen-und-Shorts-Szene Südkaliforniens, doch auch hier geht es leger zu. Sogar in den eleganteren Restaurants San Franciscos sieht man Jeans, allerdings meist in Schwarz, kombiniert mit einem edlen Shirt.

Nehmen Sie gegebenenfalls Ihren Ausweis mit: Bars und Restaurants dürfen jeden, der jünger als 40 aussieht, nach dem Ausweis fragen, bevor Sie ihm Alkohol servieren. Die USA haben bei Kreditkarten noch kein PIN-System, wie oft in Europa üblich. Wenn Sie mit Kreditkarte bezahlen,

müssen Sie also meist Ihren Ausweis zeigen und eine Unterschrift leisten.

Rauchen am Arbeitsplatz, in Läden, Bars und Restaurants und auch im Sitzbereich des AT&T Park *(siehe S. 273)* ist verboten. Allerdings darf in Bars geraucht werden, in denen es der Besitzer erlaubt. Hotels müssen 35 Prozent der Zimmer und 75 Prozent der Lobby rauchfrei halten. Viele sind komplette Nichtraucher-Hotels. Fragen Sie bei der Buchung eines Zimmers nach.

Öffentliche Toiletten

In Busbahnhöfen und BART-Stationen *(siehe S. 298)* halten sich häufig Obdachlose und Drogenabhängige auf. Gleiches gilt für die großen, grünen, sich selbst reinigenden Toiletten entlang der Market Street. Als Alternative bieten sich die Anlagen *(rest rooms)* großer Hotels und Kaufhäuser an, die kostenlos benutzt werden können.

Steuern und Trinkgeld

In San Francisco beträgt die Verkaufssteuer 9,5 Prozent und wird auf fast alles aufgeschlagen, außer auf Essen zum Mitnehmen. In Restaurants beträgt das Trinkgeld 15 bis 20 Prozent der Rechnung (verdoppeln Sie einfach die Steuer). Taxifahrer, Barkeeper und Friseure erhalten 15 Prozent. Hotelportiers und Gepäckträger auf Flughäfen erwarten einen bis anderthalb US-Dollar pro Gepäckstück, Zimmerpersonal ein bis zwei Dollar pro Tag Aufenthalt.

SS Balclutha, SF Maritime National Historical Park (an Feiertagen geschlossen)

Muni-Bus mit Rampe für Rollstuhlfahrer

Behinderte Reisende

Der Großteil des öffentlichen Nahverkehrs der Stadt ist behindertengerecht (Infos im **Muni Access Guide**). Hotels bieten meist einige behindertengerechte Zimmer, auch große Unterhaltungsstätten haben entsprechende Einrichtungen. Wegweiser, Toiletten und Eingänge entsprechen den Anforderungen für Blinde und Behinderte. Theater und Kinos bieten bisweilen Hörhilfen für Schwerhörige. Parkplätze für Behinderte sind durch ein blau-weißes Schild, eine blaue Einfassung und oft auch durch ein Rollstuhl-Symbol gekennzeichnet. Beim Parken und für öffentliche Verkehrsmittel erhalten Behinderte Ermäßigungen.

Reisen mit Kindern

San Francisco ist ein familienfreundliches Reiseziel: Viele Hotels bieten kostenlose Übernachtungen für die Kleinen (»kids stay free«). Die meisten Restaurants haben spezielle Kindergerichte. Kinder erhalten auch Ermäßigungen bei Eintritten zu Sportveranstaltungen, in Kinos und in Museen. Kinder unter vier Jahren können kostenlos in öffentlichen Verkehrsmitteln fahren, im Alter von fünf bis 17 Jahren kostet das Ticket 75 Cent (Erwachsene 2 $). San Francisco bietet kostenlos zugängliche Parks und Spielplätze (Liste auf der Website von **City and County of San Francisco**). Weitere Infos und Anregungen gibt es auf der Website von **Travel for Kids**.

Senioren

Senioren haben vielleicht etwas Mühe mit den vielen Hügeln der Stadt, doch die öffentlichen Verkehrsmittel machen es ihnen leichter. Auch für Ältere gibt es in der Stadt viele Attraktionen. Kinokarten, Museumseintritte und einige Sportveranstaltungen sind für Senioren über 65 preisgünstiger (Ausweis nicht vergessen). Der Nahverkehr ist billiger (75 Cent anstatt 2 $ für die Standardkarte). Auch viele Restaurants locken Senioren mit Rabatten. Weitere Informationen gibt es bei der **American Association of Retired People (AARP)**.

Schwule und Lesben

San Francisco gehört zu den schwulenfreundlichsten Metropolen der Welt. Gleichgeschlechtliche Paare gehören hier einfach zum Stadtbild. San Francisco war auch unter den ersten amerikanischen Städten, die die Heirat von Homosexuellen gestatteten. Mittlerweile wurde das Gesetz gekippt, doch die juristische Auseinandersetzung zur Wiedereinführung hält an. Die jährliche Gay Pride Parade an einem Samstag Ende Juni *(siehe S. 49)* gehört zu den großen Attraktionen der Stadt. Der Castro District ist Zentrum der Schwulenszene, an der Ecke von Market und Castro Street weht stolz die Regenbogenfahne. In der Stadt gibt es einige Hotels, die ausschließlich auf Schwule und Lesben zugeschnitten sind (Infos auf www.sfgay.org).

Preiswert reisen

San Francisco ist teuer, doch auch hier gibt es preiswerte Angebote. Neben den vielen günstigen Jugendherbergen und Hostels offeriert die lokale Hotelkette **Joie de Vivre** hübsche Häuser zu einem guten Preis-Leistungs-Verhältnis. Besucher können sich auch bei Websites wie **BloomSpot**, **Groupon** und **Living Social** einloggen, die täglich E-Mails mit den besten Discount-Angeboten von Restaurants bis hin zu Spas versenden. Die Website von **Goldstar** bietet reduzierte Tickets für Konzerte, Comedy-Shows und andere Veranstaltungen an.

Studenten, die sich ausweisen können, erhalten in vielen Museen und Theatern Ermäßigungen. Der ISIC-Ausweis (International Student Identity Card) wird überall problemlos akzeptiert. Beantragen Sie einen solchen Ausweis vor der Reise.

Ferienjobs für ausländische Studenten können über **STA Travel**, das zwei Büros in der Bay Area unterhält, organisiert werden.

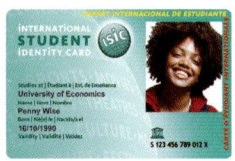
ISIC – International Student Identity Card

Kleidung

Trotz der Lage im sonnigen Kalifornien ist San Francisco keine besonders mediterran anmutende Stadt. Vor allem im Sommer gibt es hier viel Nebel. Packen Sie daher Kleidungsstücke ein, die Sie übereinander (sozusagen in Schichten) tragen können. Es gibt nur zwei Strände, an denen man schwimmen kann (Ocean Beach und Baker Beach). Viele Hotels haben hier Innenpools oder aber beheizte Außenpools. Unabdingbar sind bequeme Schuhe. Viele der Sehenswürdigkeiten sind nämlich gut zu Fuß erreichbar *(siehe S. 293)*.

Zeit

San Francisco liegt in der Pacific Time Zone. Die Sommerzeit, zu der die Uhren um eine Stunde vorgestellt werden, beginnt am zweiten Sonntag im März und endet am ersten Sonntag im November. Der Zeitunterschied zu Berlin und Wien liegt bei plus neun Stunden.

Elektrizität

Die Netzspannung in den USA beträgt 110/120 Volt (Wechselstrom). Um 230-Volt-Geräte betreiben zu können, benötigen Sie einen Spannungsumschalter (Konverter) und einen Adapter für Steckdosen (meist zweipolig), den Sie vorher in Europa kaufen sollten. Auch zum Aufladen von Akku-Geräten sind Adapter und Umschalter nötig.

Umweltbewusst reisen

San Francisco und die Bay Area sind Vorreiter in Sachen Umweltschutz in den USA. Es gibt eine große Reihe von Öko-Unterkünften, die meist Mitglied der **Green Hotel Association** sind. Auch Bio-Kost ist in Nordkalifornien angesagt. Eine große Anzahl von Restaurants beziehen ihre Zutaten von heimischen Farmen. In der ganzen Gegend gibt es wöchentliche Farmers' Markets. Zu den besten gehört derjenige am **Ferry Building Market Place**, wo Bauern frische Produkte und delikat zubereitete Speisen verkaufen.

Große Teile unverbauter Flächen – darunter Presidio, Golden Gate Park, Marin Headlands und Muir Woods – wurden unter Naturschutz gestellt. San Francisco unterstützt auch ökologische Bauvorhaben, etwa bei der California Academy of Sciences *(siehe S. 150f)*.

Informationen zu Unternehmen, die nachhaltig wirtschaften, finden Sie auf der Website von **Bay Area Green Business Program**.

Marktstand auf einem Farmers' Market in San Francisco

AUF EINEN BLICK

Botschaften und Konsulate

Deutsches Generalkonsulat
1960 Jackson St,
San Francisco, CA 94109.
Stadtplan 4 E3.
📞 775-1061.
www.san-francisco.diplo.de

Österreichisches Honorarkonsulat
580 California St, Suite 1500, San Francisco, CA 94104.
Stadtplan 5 C4.
📞 765-9576.
www.bmaa.gv.at

Schweizer Generalkonsulat
456 Montgomery St, Suite 1500, San Francisco, CA 94104-1233. **Stadtplan** 5 C4. 📞 788-2272.
www.eda.admin.ch/sf

US-Botschaften in D, A und CH
Deutschland
www.usembassy.de
Österreich
www.usembassy.at
Schweiz
http://bern.usembassy.gov

Information

San Francisco Convention and Visitors Bureau
900 Market St/Ecke Powell St, untere Ebene der Hallidie Plaza.
Stadtplan 5 B5.
📞 391-2000. www.onlyinsanfrancisco.com

Visit California
📞 (877) 225-367.
www.visitcalifornia.com

Behinderte Reisende

Mayor's Office on Disability
📞 554-6789 oder 554-6799 (TTY).
www.sfgov.org/mod

Muni Access Guide
949 Presidio Ave.
Stadtplan 3 C4.
📞 923-6142 (unter der Woche) oder 673-MUNI.
www.sfmta.com

Preiswert reisen

BloomSpot
www.bloomspot.com

Goldstar
www.goldstar.com

Groupon
www.groupon.com

Joie de Vivre
www.jdvhospitality.com

Living Social
http://livingsocial.com

STA Travel
267 University Ave,
Palo Alto.
📞 (650) 322-4790.
www.statravel.com

Senioren

American Association of Retired People (AARP)
📞 (888) 687-2277.
www.aarp.org

Reisen mit Kindern

City and County of San Francisco
www.sfgov.org/site/recpark_index.asp

Travel for Kids
www.travelforkids.com/Funtodo/California/San_Francisco/sanfrancisco.htm

Schwule und Lesben

Gay and Lesbian Convention Visitors Bureau
📞 437-3800.
www.glcvb.org

Umweltbewusst reisen

Bay Area Green Business Program
www.greenbiz.ca.gov

California Farmers' Market Association
📞 (1) 800 806-3276.
www.cafarmersmkts.com

Ferry Building Market Place
www.ferrybuildingmarketplace.com

Green Hotel Association
www.greenhotels.com

Stadtplan *siehe Seiten 302–320*

Sicherheit und Notfälle

Polizeiabzeichen

San Francisco ist eine der sichersten amerikanischen Großstädte. Polizisten patrouillieren in allen für Besucher interessanten Gegenden. Dort gibt es nur selten Übergriffe. Im Civic Center, in Tenderloin, Western Addition und im Mission District tragen Bürgerwehren dazu bei, dass es auch hier sicherer wird. Allerdings sollte man am späten Nachmittag und abends in Vierteln, in denen die Sehenswürdigkeiten etwas abseits liegen, besser ein Taxi nehmen. Wenn Sie sich an die unten genannten Empfehlungen des Police Department halten und Ihrem gesunden Menschenverstand folgen, werden Sie einen angenehmen Aufenthalt haben.

Polizei

In San Francisco sind Tag und Nacht Polizeistreifen zu Fuß, zu Pferd, mit Motorrad und per Auto unterwegs. Größere Events werden von der Polizei überwacht, vor allem abends im Theater District von Tenderloin. Fünf Polizeiwachen befinden sich in Chinatown, Japantown, am Union Square, im Mission District und an der Hallidie Plaza. Verkehrspolizisten patrouillieren zu Fuß oder in kleinen dreirädrigen Fahrzeugen. Flughäfen, Läden, Hotels und die Verkehrsbetriebe haben eigene Sicherheitskräfte in Uniform oder Zivil.

Persönliche Sicherheit

Mildes Klima, tolerante Einwohner und die Sozialprogramme locken viele Obdachlose nach San Francisco. Sie sind meist ungefährlich, doch bisweilen psychisch instabil und drogenabhängig. Seien Sie also vorsichtig. Geben Sie sich nicht als Tourist zu erkennen. Planen Sie Ihre Route im Hotelzimmer, und tragen Sie Stadtpläne nicht offen mit sich herum. Treten Sie sicher auf, auch in Gegenden, die Sie nicht kennen. Wer verloren wirkt, ist leichter ein Angriffsziel. Verlassen Sie Ecken, die Ihnen unsicher vorkommen. Fragen Sie nur Personal in Hotels und Läden oder Polizeibeamte nach dem Weg – nicht Fremde auf der Straße. Tragen Sie keine größeren Geldbeträge mit sich herum. Verwenden Sie am besten Reiseschecks *(siehe S. 284)*. Zeigen Sie Ihr Bargeld vor allem nicht offen. Gürteltaschen sind unter der Kleidung sind sicherer als Taschen. Kann man auf eine Tasche nicht verzichten, hält man sie fest unter dem Arm. Brieftaschen steckt man vorn in die Innentasche der Jacke oder in die Hosentasche. Es empfiehlt sich, etwas Bargeld und eine Kreditkarte in einer zweiten, versteckten Brieftasche bei sich zu tragen. Achten Sie auf Ihre Wertsachen, wenn in jedem, an Bushaltestellen oder in öffentlichen Verkehrsmitteln großes Gedränge herrscht. Fertigen Sie von allen Dokumenten Kopien an, tragen Sie diese getrennt bei sich.

Achten Sie im Hotel bei Ankunft und Abreise auf Ihr Gepäck. Nennen Sie nicht jedem Ihren Namen und Ihre Zimmernummer. Lassen Sie keine Wertsachen im Zimmer. Viele Hotels haben Safes im Zimmer, andere Aufbewahrungsmöglichkeiten an der Rezeption. Fertigen Sie eine Liste der Dinge an, die Sie im Zimmer- oder Hotelsafe haben. Verschließen Sie die Zimmertür zweifach. Schauen Sie erst durch den Spion, bevor Sie jemand hereinlassen. Informieren Sie sich, wie das Hotelpersonal zu erkennen ist. Lassen Sie den Reparaturservice nur nach Rücksprache mit der Rezeption ins Zimmer, vor allem wenn Sie niemand angefordert haben.

Falls Sie mit dem Auto unterwegs sind, lassen Sie keine Wertsachen darin liegen. Parken Sie es in beleuchteten, belebten Gegenden.

Notfälle

Im Notfall rufen Sie die 911 (Polizei, Feuerwehr, Ambulanz) an. In den Blauen Seiten des Telefonbuchs sind städtischr Krankenhäuser (mit Ambulanz) aufgelistet. Sie können überlaufen sein, sind aber billiger als Privatkliniken, die in den Gelben Seiten zu finden sind.

Hotels können (Zahn-)Ärzte organisieren, die auch zu Ihnen ins Hotel kommen.

Streifenwagen (SFPD)

Feuerwehrfahrzeug

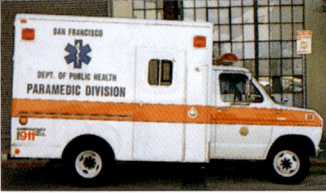
Krankenwagen eines städtischen Krankenhauses in San Francisco

Medizinische Versorgung

Falls Sie nicht ausreichend versichert sind, kann der Besuch beim Arzt oder im Krankenhaus recht teuer werden. Eine Behandlung müssen Sie immer zunächst privat bezahlen. Danach können Sie die Erstattung bei Ihrer Kasse beantragen. Viele Ärzte, Zahnärzte und Krankenhäuser akzeptieren zwar Kreditkarten, doch bei ausländischen Besuchern fordern viele Reiseschecks oder Barzahlung.

Für kleinere medizinische Probleme gibt es in San Francisco eine Handvoll Ambulanzen zu vernünftigen Preisen. Sie sind unter »Personal Services« auf der Website des San Francisco Convention and Visitors Bureau *(siehe S. 281)* aufgelistet. Auch auf dem San Francisco International Airport gibt es eine Klinik.

Wenn Sie vom Arzt ein Rezept bekommen, sollte es auf eine Apotheke in der Nähe Ihres Hotels ausgestellt sein. Einige Drugstores von **Wal-greens** haben spät bzw. rund um die Uhr geöffnet. Wenn Sie regelmäßig Medikamente einnehmen, sollten Sie ein Reserverezept dabeihaben.

Apothekenschild von Walgreens

Fundbüros

Wenn Sie etwas auf der Straße verloren haben, können Sie die **Police Non-Emergency Line** anrufen. Die **Muni-** und **BART**-Verkehrsbetriebe haben eigene Fundbüros – **Lost-and-Found** –, ebenso viele Läden und Restaurants.

Notieren Sie bei Taxifahrten den Firmennamen, die Farbe und die Nummer. Sie brauchen diese Angaben, wenn Sie etwas im Taxi verloren haben und den Verlust später beim Taxiunternehmen melden.

Versicherungen

Die medizinische Versorgung in den USA ist erstklassig, aber teuer. Eine Reiseversicherung in Kombination mit einer Auslands-Krankenversicherung ist unabdingbar. Unfall- und Zahnarztversorgung, Diebstahl und Verlust sowie Stornogebühren sollten eingeschlossen sein.

Erdbeben

Die Bay Area liegt an mehreren Erdverwerfungen, was in der Vergangenheit zu verheerenden Erdbeben geführt hat. Laut US Geological Service (USGS) bebt die Erde in der Bay Area durchschnittlich alle vier Jahre. Seit dem Beben von 1906 (7,8 auf der Richterskala) gab es zwar weniger seismische Aktivität, da die Spannungen nachgelassen haben. Doch die USGS warnt, dass sich diese Spannungen wieder aufbauen. Mit einer Wahrscheinlichkeit von 62 Prozent wird bis 2032 in der Region ein Beben mit mindestens 6,7 auf der Richterskala stattfinden. Die gute Nachricht ist, dass der Erdbebenschutz stark verbessert wurde. Es ist gesetzlich vorgeschrieben, dass Bauten einem solchen Beben standhalten müssen. Erdbeben dauern meist nur ein paar Sekunden. Im Fall eines Bebens sollte man unter einem Tisch oder unter einem Tür- bzw. Torrahmen Schutz suchen.

AUF EINEN BLICK

Notfälle

Alle Notfälle
☏ 911 *(Polizei, Feuerwehr und Ambulanz).*

National Center for Victims of Crime
☏ (1) 800 FYI-CALL.

Krankenhäuser

Saint Francis Memorial Hospital
900 Hyde Street.
Stadtplan 5 A4.
☏ 353-6000.
Für Besucher
☏ 353-6300 (24-Stunden-Notfallversorgung).
☏ (1) 800 333-1355
(24-Stunden-Service ärztliche Einweisung).
www.saintfrancis memorial.org

San Francisco General Hospital
1001 Potrero Ave.
Stadtplan 11 A3.
☏ 206-8000.

Traveler Medical Group
490 Post St, Suite 225.
Stadtplan 5 A5.
☏ 981-1102. www. travelermedicalgroup.net

Apotheken

Four-Fifty Sutter Pharmacy
7. Stock, 450 Sutter St.
Stadtplan 5 B4.
☏ 392-4137 (liefert aus).

Saint Francis Medical Center
901 Hyde St.
Stadtplan 5 A4.
☏ 776-4650 (liefert aus).

Walgreens
135 Powell St. Stadtplan 5 B5. ☏ 391-7222.
498 Castro St.
Stadtplan 10 D3.
☏ 861-3136 (24 Std.).
3201 Divisadero St.
Stadtplan 3 C2.
☏ 931-6417 (24 Std.).

Ambulanzen

Physician Access Center
26 California St. Stadtplan 6 D4. ☏ 397-2881.

UC San Francisco Clinic
400 Parnassus Ave.
Stadtplan 9 B2.
☏ 353-2602.

Wall Medical Group
2001 Union St. Stadtplan 4 E3. ☏ 447-6800.

Zahnärzte

Emergency Dentist 24/7
☏ 702-4543.

San Francisco Dental Society Referral Service
☏ 421-1435.

Fundbüros

Lost-and-Found (BART)
www.bart.gov/guide/ lostandfound

Lost-and-Found (Muni)
☏ 923-6168.

Police Non-Emergency Line
☏ 553-0123.

Stadtplan *siehe Seiten 302 – 320*

Banken und Währung

San Franciscos Financial District *(siehe S. 106–121)* ist das Bankenzentrum der amerikanischen Westküste. Imposante Verwaltungsgebäude der großen US-Banken sind in dem prestigeträchtigen Areal ebenso vertreten wie Niederlassungen führender internationaler Bankinstitute. Darüber hinaus gibt es in der Stadt Hunderte von Geldautomaten, an denen man rund um die Uhr Bargeld bekommt.

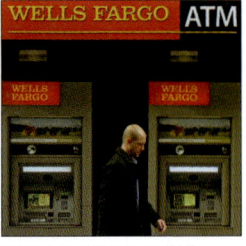

Geldautomat (ATM) von Wells Fargo

Banken und Geldwechsel

In San Francisco haben alle Banken montags bis freitags von 10 bis 15 Uhr geöffnet. Es gibt jedoch auch Banken, die bereits um 7.30 Uhr öffnen, andere schließen erst um 18 Uhr, manche haben am Samstagvormittag geöffnet.

Erkundigen Sie sich, ob Gebühren anfallen, bevor Sie Ihre Bankgeschäfte tätigen. In fast allen Banken können Sie Reiseschecks, die in US-Dollar ausgestellt sind, gegen Bargeld eintauschen, müssen sich jedoch ausweisen (etwa mit dem Reisepass, einem Führerschein mit Lichtbild oder einem internationalen Studentenausweis). Bargeldumtausch ist hingegen extrem schwierig geworden und fast nur noch am Flughafen möglich. Oft wird von Banken für Bargeldumtausch die Eröffnung eines Kontos verlangt. Sie bedienen meist nur ihre eigenen Kunden.

Wechselstuben gibt es an den internationalen Flughäfen (SFO, Oakland und San José; *siehe S. 288f*). Man findet sie auch im Financial District. Wechselstuben tauschen gegen Gebühren Fremdwährungen und haben an Werktagen von 9 bis 17 Uhr geöffnet. Zu den am weitesten verbreiteten Anbietern gehört **Thomas Cook Currency Services**. Die **Bank of America** betreibt eine Wechselstube im San Francisco International Airport, die täglich von 7 bis 23 Uhr geöffnet ist.

Geldautomaten

Fast alle Banken haben Geldautomaten in der Vorhalle oder außen installiert. An diesen »automated teller machines« (ATMs) kann man mit Kreditkarten Geld in US-Währung (zumeist in 20-Dollar-Noten) abheben. Sie akzeptieren Kreditkarten wie **Visa**, **MasterCard**, **American Express** und **Diners Club**. An Geldautomaten erhalten Sie die besseren Wechselkurse als in einer Wechselstube.

Auch **Maestro-/EC-Karten**, die an eines der internationalen Systeme (Cirrus, Plus, Maestro sind verbreitet) angeschlossen sind, können an Geldautomaten (nicht jedoch in Läden) benutzt werden. Klären Sie mit Ihrer Bank, welche Gebühren für Abhebungen fällig werden.

Bei Verlust oder Diebstahl müssen Sie die Karte innerhalb weniger Stunden sperren lassen (Notrufnummern *siehe Kasten*).

Da Überfälle an Geldautomaten durchaus vorkommen, sollte man sie nur bei Tag oder wenn viele Menschen in der Nähe sind benutzen. Achten Sie vor allem darauf, dass niemand Ihre PIN sehen kann.

Reiseschecks und Kreditkarten

Sowohl Reiseschecks als auch Kreditkarten werden in San Francisco fast überall akzeptiert, Sie müssen allerdings meist Ihren Pass vorweisen.

In Dollar ausgestellte Reiseschecks von **American Express** werden in fast allen Läden, Restaurants und Hotels gebührenfrei akzeptiert. Reiseschecks in anderer Währung kann man bei einer Bank oder in einem großen Hotel eintauschen. In den Geschäftsstellen von American Express werden American-Express-Reiseschecks gebührenfrei eingewechselt.

In den USA werden auch kleine Beträge oft mit Kreditkarte bezahlt. Kreditkarten erlauben Ihnen nicht nur, mit wenig Bargeld zu reisen, sondern sie fungieren häufig auch als Sicherheitsleistung, etwa bei Hotels, Autovermietungen und Krankenhäusern. Autovermietungen verlangen meist eine Kaution zwischen 100 und 300 US-Dollar. Falls Sie keine Kreditkarte haben, zahlen Sie sehr viel höhere Beträge in bar.

Meist müssen Sie in Läden einen Beleg unterzeichnen. Achtung: In einigen seltenen Fällen drucken Läden Ihre Kreditkartennummer auf die Rechnung. Dann sollten Sie diese Nummer schwärzen.

Trotz bargeldlosem Einkauf: Für kleine Einkäufe, Trinkgelder, Telefone, öffentliche Verkehrsmittel und Taxis sollten Sie immer etwas Bargeld zur Hand haben.

Große Filiale der Chase Bank im Finanzzentrum von San Francisco

BANKEN UND WÄHRUNG

Münzen

In den USA sind folgende Münzen (coins) in Umlauf: 1, 5, 10, 25 Cent und 1 US-$. Die 50-Cent-Münze ist eher selten. Jede Münze hat einen Namen: 1-Cent-Münzen heißen pennies, 5-Cent-Münzen nickels, 10-Cent-Münzen dimes, 25-Cent-Münzen quarters und 1-Dollar-Münzen (und -Scheine) bucks.

25-Cent-Münze *(quarter)*

10-Cent-Münze *(dime)*

5-Cent-Münze *(nickel)*

1-Cent-Münze *(penny)*

1-Dollar-Münze *(buck)*

Banknoten

Banknoten (bills) gibt es im Wert von 1, 2 (selten), 5, 10, 20, 50 und 100 US-$. Die neue Golden Dollar-Münze hat die 1-Dollar-Banknote noch bei Weitem nicht ersetzt. Seit einiger Zeit sind neue Scheine im Wert von 10, 20 und 50 US-$ mit leicht geänderten Farben, größeren Porträts und neuen Sicherheitsmerkmalen im Umlauf.

AUF EINEN BLICK

Geldwechsel

Bank of America
2835 Geary St. **Stadtplan** 3 B5.
(650) 615-4700.
San Francisco International Airport.

Kartenverlust

Allgemeine Notrufnummer
011 49 116 116.
www.116116.eu

American Express
(1) 800 223-2670 oder
(1) 800 528-4800.
www.americanexpress.com

Diners Club
(1) 800-234-6377.
www.dinersclub.com

MasterCard
(1) 636 722-7111.
www.mastercard.com

Visa
(1) 800-847-2911.
www.visa.com

Maestro-/EC-Karte
011-49-69-740-987.

1-Dollar-Note (George Washington, 1. US-Präsident)

5-Dollar-Note (Abraham Lincoln, 16. US-Präsident)

10-Dollar-Note (Alexander Hamilton, einer der Gründerväter der USA)

20-Dollar-Note (Andrew Jackson, 7. US-Präsident)

50-Dollar-Note (Ulysses S. Grant, 18. US-Präsident)

100-Dollar-Note (Benjamin Franklin, einer der Gründerväter der USA)

Stadtplan *siehe Seiten 302 – 320*

Kommunikation

Logo der amerikanischen Post

Der Hightech-Boom entstand in der Bay Area. Aus diesem Grund ist es nicht verwunderlich, dass an vielen Orten in San Francisco WLAN-Hotspots bestehen. Viele Hotels und Cafés bieten ihren Gästen kostenlosen Internet-Zugang. Da San Francisco kulturell und international orientiert ist, stößt man oft ausländische Zeitungen, Filme und TV-Sendungen. Münztelefone sind seltener geworden, doch es gibt sie noch an Flughäfen und in einigen Straßen des Zentrums. Denken Sie daran, dass Hotels für Telefonate eigene Gebühren berechnen. Telefonate vom Hotelzimmer aus können um einiges teurer sein als von öffentlichen Fernsprechern oder vom Mobiltelefon aus.

Nationale und internationale Anrufe

Ein Ortsgespräch von drei Minuten kostet 50 Cent. Wenn Sie länger telefonieren, werden Sie vom »Operator« aufgefordert, weitere Münzen einzuwerfen. Die Vorwahl *(area code)* von San Francisco ist **415**. Die südlichen Vororte haben die Vorwahlen **650** und **408**. Für Oakland, Berkeley und die East Bay gilt die **510**, für Napa und Sonoma **707**. Diese Vorwahlen erfordern Ferngespräche. Die Nummern **800**, **877**, und **888** sind gebührenfrei.

Internationale Telefonate können direkt durchgeführt werden, doch die »Operators« können Ihnen behilflich sein, wenn Sie nicht durchkommen. Sie sind zunächst kostenlos, doch verlangen eine Gebühr, falls Sie Ihre Verbindung herstellen müssen. Ferngespräche sind in den USA nachts und am Wochenende billiger. Die Weißen Seiten des Telefonbuchs listen aktuelle Gebühren unter der Rubrik »Customer Guide« auf. Die Tageszeiten für preisgünstigere internationale Telefonate variieren. Die internationale Auskunft kann es Ihnen sagen. Prepaid-Karten für internationale Telefonate gibt es in den meisten Zeitungsläden und Lebensmittelläden. Man erhält sie auch online. Mit ihnen telefoniert man billiger ins Ausland.

Öffentliche Telefone

Münzfernsprecher sind in San Francisco auf dem Rückzug. Man findet sie noch in Flughäfen, großen Straßen und einigen Einkaufszentren. Die meisten öffentlichen Telefone werden von AT&T betrieben, erkennbar am blau-weißen Symbol mit Hörer und dem Wort *phone* oder an einer Glocke in einem Kreis. Folgende Angaben müssen offengelegt sein: Gebühren, kostenlose Nummern und die Einwahl in andere Telefongesellschaften. Bei Beschwerden wählen Sie die **0**.

Telefonzelle, Chinatown

Mobiltelefone

Triband- oder Quadband-Handys funktionieren in den USA, müssen aber vom Provider für internationales Roaming freigeschaltet sein. Hierfür fallen Gebühren an. Falls Ihr Handy – in den USA *cell phone* genannt – nicht kompatibel sein sollte, erhalten Sie vielleicht auch ein passendes für Ihre Reise.

Große Provider sind **T-Mobile**, **Verizon**, **AT&T** und **Sprint**. Alle außer Sprint bieten »Pay-as-you-go«-Handys mit einer Start-SIM-Karte (Sprechzeit 10–15 Min.) ab 30 US-Dollar. Orts- und Ferngespräche sind damit sehr günstig, internationale allerdings nicht. Es ist empfehlenswert, eine Calling Card zu kaufen, die bei diesen Handys funktioniert. **Virgin Mobile** bietet – ohne Vertrag – eine Flatrate (25 US-$ pro Monat) mit vernünftigen Gebühren für internationale Gespräche. Dazu brauchen Sie ein entsprechendes Handy, das billigste des Unternehmens kostet 20 US-Dollar.

Internet und E-Mail

Highspeed-Internet (oft kabellos) gibt es überall in der Stadt sowie in Zügen und den Unterwassertunneln, die San Francisco mit Oakland verbinden. Viele Cafés, etwa **Ritual Roasters**, bieten kostenloses WLAN. Sie sollten allerdings etwas verzehren, wenn Sie es nutzen. Hotels haben oft auch kostenloses WLAN – entweder in der Lobby oder allen Zimmern. Ansonsten werden Gebühren von zehn bis 15 US-Dollar verlangt. Es gibt kaum Internet-Cafés mit Computern, nehmen Sie also Ihren Laptop mit.

Vorwahlen

- Die Vorwahl für die USA lautet: **001**.
- Für Ferngespräche innerhalb der USA und Kanadas wählen Sie **1**.
- Für Telefonate ins Ausland: **011** wählen, dann die Ländervorwahl (Deutschland: **49**; Österreich: **43**; Schweiz: **41**), dann die Ortsvorwahl (erste **0** weglassen) und abschließend die Rufnummer wählen.
- Geht das Auslandsgespräch über die Vermittlung, wählen Sie **01**, dann die Landesvorwahl, die Ortsvorwahl (erste **0** weglassen) und die Rufnummer.
- Internationale Fernsprechauskunft: **00**.
- Örtliche Vermittlung: **0**.
- Internationale Telefonvermittlung: **01**.
- Vorwahlen mit **800**, **888** oder **887** sind gebührenfrei. Vor diesen Nummern müssen Sie **1** wählen.
- Deutschland Direkt: **1800 292 0049**.
- Notfälle: **911**.

Eines der vielen Cafés in San Francisco mit WLAN

Post

Briefmarken gibt es in Postämtern, an Hotelrezeptionen oder an Automaten. Auch einige Geldautomaten bieten Briefmarken. Banken verlangen für diesen Service eine kleine Gebühr, allerdings tun das auch die meisten Nicht-Post-Servicestellen. Die aktuellen Gebühren für Briefmarken finden Sie auf der Website des **US Postal Service**.

Briefe können Sie in Postämtern, im Hotel, am Flughafen und in Briefkästen auf der Straße einwerfen. Die Leerungszeiten stehen innen auf der Klappe.

Bei normaler Briefbeförderung *(first class)* werden Inlandsbriefe innerhalb von ein bis fünf Tagen zugestellt. Briefe ohne Postleitzahl brauchen länger. Luftpostbriefe sind fünf bis zehn Werktage unterwegs. Pakete nach Übersee zum Normaltarif brauchen vier bis sechs Wochen. Die Post bietet allerdings verschiedene Expressleistungen an. Priority Mail wird schneller befördert und zugestellt als normale Post. Die teurere Express Mail wird innerhalb der USA am nächsten Tag zugestellt und im Ausland meist innerhalb von 72 Stunden. Express-Mail-Briefe können Sie auch bei privaten Zustelldiensten, etwa bei **DHL**, **FedEx** und **UPS**, aufgeben.

Postlagernde Sendungen gehen an: General Delivery, Civic Center, 101 Hyde Street, San Francisco, CA 94142. Sie werden dort 30 Tage aufbewahrt (Abholung nur mit Ausweis). Hauptpostämter sind im Stadtplan *(siehe S. 302–320)* verzeichnet.

Zeitungen, Zeitschriften und Websites

Ausländische Zeitungen und Zeitschriften sind in mehreren Läden und Zeitungskiosken erhältlich, etwa bei **Galleria Newsstand** und **Café de la Presse**. Die hiesige Tageszeitung ist der *San Francisco Chronicle*. Zwei kostenlose Wochenblätter – *SF Weekly* und *The Bay Guardian* – enthalten Veranstaltungskalender. *San Francisco Magazine* und *7 x 7* sind Hochglanzmagazine, die über die kulturellen Events der Stadt berichten.

Nützlich für Besucher sind die Websites von **Yelp** (mit Kritiken der Nutzer zu Spas, Restaurants oder Bars) und **The Bold Italic**, die auflisten, wo es den besten Kaffee oder den besten Brunch gibt.

TV und Radio

In San Francisco gibt es vier Fernsehsender: CBS auf Kanal 5 (KPIX), ABC auf Kanal 7 (KGO), NBC auf Kanal 11 (KNTV) und Fox auf Kanal 2 (KTVU). Der Lokalsender PBS bietet Kultur. BBC-Shows sind auf Kanal 9 (KQED) zu sehen. Über Kabel empfängt man CNN, ESPN, BBC und verschiedene Bezahlsender. Einige der Letzteren, etwa HBO und Showtime, sind in den meisten Hotels kostenlos.

AM-Radiosender sind u. a. KCBS (740 Hz; Nachrichten), KOIT (1050 Hz; Rock) und KNBR (680 Hz; Sport). Weitere Sender sind u. a. KALW (91,7 FM; Nachrichten), KLLC Alice (97,3 FM; Pop), KBLX (102,9 FM; Jazz) und KDFC (102,1 FM; Klassik).

AUF EINEN BLICK

Nützliche Nummern

Telefonauskunft (innerhalb der USA)
411.

Mobiltelefone

AT&T
www.att.com

Sprint
www.sprint.com

T-Mobile
www.t-mobile.com

Verizon
www.verizonwireless.com

Virgin Mobile
www.virginmobileusa.com

Internet und E-Mail

Ritual Roasters
1026 Valencia St.
Stadtplan 10 F2.
641-1024.
www.ritualcoffeeroasters.com
Eine von mehreren Filialen.

Post

DHL
(1) 800 225-5345.

FedEx
(1) 800 463-3339.

Hauptpostamt
1300 Evans Ave.
550-5134.
Mo–Fr 7–20.30,
Sa 8–14 Uhr.

UPS
(1) 800 742-5877.

US Postal Service
(1) 800 275-8777.
www.usps.com

Zeitungen, Zeitschriften und Websites

The Bold Italic
http://thebolditalic.com

Café de la Presse
352 Grant Ave.
Stadtplan 5 C4.
398-2680.

Galleria Newsstand
50 Post St, Suite 44.
Stadtplan 5 C4.
398-4847.

Yelp
www.yelp.com

Stadtplan *siehe Seiten 302–320*

Anreise

Einige internationale Airlines bieten Direktflüge nach San Francisco an. Zudem gibt es eine Vielzahl von Charter- und Inlandsflügen. Züge von Amtrak fahren aus allen Ecken der USA nach Oakland. Ab dort pendeln Busse nach San Francisco. Überlandbusse sind eine bequeme und preiswerte Verbindung zu nordamerikanischen Städten. Einige Schifffahrtslinien legen unterwegs nach Alaska oder zur mexikanischen Riviera am Pier 35 an. Erkundigen Sie sich in Reisebüros nach den Preisen. Besuchern, die mit dem Auto (oder per Bus) anreisen, bietet sich beim Überqueren der Golden Gate Bridge oder der Bay Bridge ein herrlicher Blick auf die Stadt.

Fassade des San Francisco International Airport

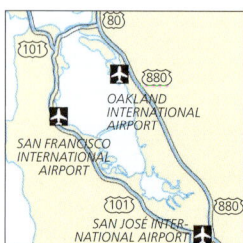

Flughäfen in der Bay Area

Mit dem Flugzeug

Der San Francisco International Airport (SFO) ist einer der betriebsamsten Flughäfen der Welt. Er gehört nicht nur zu den größten der USA, sondern auch zu den kundenfreundlichsten. Zu den großen Fluglinien, die ihn anfliegen, gehören u. a. **Air Canada**, **American Airlines**, **British Airways**, **Delta**, **Lufthansa**, **KLM**, **Qantas**, **United**, **US Airways** und **Virgin Atlantic**.

Weitere Flughäfen in der Nähe der Stadt sind San José International Airport (SJC), der etwa eine Stunde von San Francisco entfernt liegt, und Oakland International Airport (OAK), der in etwa 30 Minuten Autofahrt zu erreichen ist.

San Francisco International Airport (SFO)

Der Flughafen liegt etwa 21 Kilometer südlich des Stadtzentrums. Die Hauptlandebahn befindet sich fast direkt an der San Francisco Bay. SFO bedient den Großraum San Francisco, die Metropolregion Bay Area und das Silicon Valley – mit internationalen Verbindungen in den pazifischen Raum, nach Europa und Lateinamerika. Die Abflug- und Ankunftshallen sind um vier Terminals angeordnet (1, 2, 3, und international). Alle internationalen Airlines sind im international Terminal angesiedelt. Allerdings gehen die Inlandsflüge von **Virgin America** und **Jet-Blue** ebenfalls von diesem Terminal ab, während Kanada-Flüge in den Terminals 1, 2 und 3 abgewickelt werden. Infos gibt es auf der Website der **Airport Information**.

Rolltreppen und Fußgängerwege verbinden die Terminals, die rund um einen Kurzzeit-Parkplatz angelegt sind. Langzeit-Parkplätze, das Global Communications Center, Autovermietungen und die Flughafenstation des Bay Area Rapid Transit (BART) *(siehe S. 298)* sind mit den einzelnen Terminals durch einen Stadtbahn-Shuttle-Service verbunden.

Reisende finden bei der Ankunft auf der unteren Ebene des Flughafens die Zollabfertigung, Gepäckausgabe, Information, Mietwagenfirmen und Verkehrsverbindungen in die Stadt. Auf der oberen Ebene befindet sich die Abflughalle mit Gepäckdiensten, Ticket- und Versicherungsschaltern, Restaurants, Bars, Läden und Sicherheits-Checks. Alle Mietwagen, Flughafenbusse, öffentlichen Buslinien und Mini-Shuttles setzen die Passagiere auf dieser Ebene ab (und nehmen sie auch von hier mit). Der Flughafenbus, der rund um die Uhr zwischen Terminals und Langzeit-Parkplätzen verkehrt, hält alle fünf bis 20 Minuten an der mittleren Insel, in der Nähe der Kartenschalter.

Filialen der Bank of America und Wechselstuben haben in allen Terminals von 7 bis 23 Uhr geöffnet. In allen Bereichen gibt es Geldautomaten von Wells Fargo.

Jeder Terminal bietet Zeitungsläden, Restaurants und Snackbars. Andere Serviceangebote sind Baby-Wickelräume, WLAN-Spots, Briefkästen,

Rolltreppen verbinden die Ebenen im internationalen Terminal des SFO

ANREISE

und Automaten, an denen man Briefmarken ziehen kann. Für Menschen mit Gesundheitsproblemen gibt es eine Klinik (siehe S. 283).

Für behinderte Reisende stehen Rollstühle, TDD-Terminals für Hörgeschädigte und ein Transportdienst zur Verfügung. Alle Flughafendienste erreicht man gebührenfrei von den überall aufgestellten weißen Servicetelefonen aus.

Im gesamten Flughafenbereich präsentieren Galerien Wechselausstellungen mit unterschiedlichster Thematik. Im internationalen Terminal gibt es zudem ein Museum, das der Geschichte der Luftfahrt gewidmet ist.

Vom Flughafen in die Stadt

Auskunft über die vorhandenen Verkehrsverbindungen in die Stadt, über Abfahrtszeiten, Tarife und Haltestellen erteilen die Informationsschalter auf der unteren Ebene. Folgen Sie den Pfeilen und Schildern »Ground Transportation«. Busse von **SuperShuttle** verkehren alle 20 Minuten zwischen 5 und 23 Uhr. Sie fahren drei zentrale Viertel an und halten an großen Hotels. Andere Unternehmen bieten einen Tür-zu-Tür-Service, etwa **Airport Express** und **American Airporter Shuttle**. Die Minibusse bzw. Limousinen für mehrere Gäste fahren direkt zu einer Adresse. Sie teilen die Fahrkosten mit Ihren Mitfahrern, im Schnitt 17 bis 35 US-Dollar.

Eine Taxifahrt nach San Francisco kostet ungefähr 45 US-Dollar. Die Fahrtzeit beträgt etwa 25 Minuten, während der Rush Hour (7–9 und 14–19 Uhr) 40 Minuten oder länger.

Preisbewusste Reisende mit genügend Zeit können mit dem Flughafen-Shuttle des SFO zur BART-Station fahren und dort die Züge nach San Francisco, zur East Bay oder zum CalTrain-Bahnhof nehmen. Die einfache Fahrt kostet 8,10 US-Dollar.

Außenbereich des Oakland International Airport

Weitere internationale Flughäfen

Die meisten internationalen Flüge landen auf dem SFO, doch die Flughäfen von **Oakland International** und **San José International** bieten sich als Alternativen an. Beide haben durch Tür-zu-Tür-Busse und Limousinen eine gute Verkehrsanbindung an San Francisco. Oakland International Airport hat eine BART-Station, die Fahrgäste innerhalb einer Stunde nach San Francisco bringt.

Wer auf dem San José International Airport landet, kann den **SamTrans**-Bus zum CalTrain-Bahnhof (siehe S. 290) nehmen, der in etwa 90 Minuten nach San Francisco fährt. Der Flughafen wird derzeit erweitert und soll bis 2015 auch an das Stadtbahn-System von San Francisco angebunden werden.

SuperShuttle-Minibus

Der luftige Innenbereich des San José International Airport

Tickets und Preise

Flüge nach San Francisco (und auch Hotelpreise) sind im Sommer am teuersten. Doch die beste Reisezeit für die Stadt ist eigentlich der Herbst. Im September und Oktober werden die Preise etwas günstiger. Ende Juni, zur Zeit der Gay Pride Parade (siehe S. 49), ist San Francisco besonders teuer und überfüllt. Günstige Angebote gibt es im Internet. Websites wie **Expedia** und **Travelocity** bieten reduzierte Flugtickets (und Hotelzimmer) an. **Opido** u. a. vergleichen die Preise der verschiedenen Airlines.

Pauschalangebote

Besonders preisgünstig sind Packetangebote, die Flug und Hotel kombinieren – bisweilen sogar mit Einschluss eines Mietwagens. Websites wie Expedia.de und Travelocity.de bieten Kombinationen, die Sie nicht in Reisebüros buchen können. Sie sollten sich dabei allerdings das Hotel genau ansehen, denn bisweilen bündeln solche Websites sehr mittelmäßige Hotels mit preisgünstigen Flügen. Beachten Sie auch, dass Sie bei Buchungen über eine dritte Partei alle Änderungen und Beschwerden mit dieser verhandeln müssen und nicht mehr direkt umbuchen können.

Checken Sie auch die Websites von Hotels. Manche haben günstige Online-Angebote, die Mahlzeiten, einen Mietwagen, Sightseeing-Touren oder Wellness-Behandlungen einschließen können.

Mit dem Zug

Die Eisenbahngesellschaft **Amtrak** bietet Verbindungen zu den meisten Großstädten der USA. Es gibt Bus-, Fähr- und Fluganschlüsse sowie grenzübergreifende Verbindungen zur Rail Canada. Die für ihren Komfort bekannten Langstreckenzüge haben Schlafabteile, Speisewagen und häufig auch einen Panoramawagen, von dem aus man die Landschaft bewundern kann. Manche der Züge sind mittlerweile leider etwas veraltet. Auch gibt es oft Verspätungen auf langen Strecken. Wer allerdings Zeit hat, sollte sich davon nicht abschrecken lassen. Zugfahrten sind nämlich eine fantastische Möglichkeit, Teile des Landes zu sehen, derer man sonst nie ansichtig würde.

Auf vielen Strecken ist eine Platzreservierung erforderlich (während der Hauptreisezeit auf allen Strecken). Amtrak offeriert zahlreiche Sondertarife und Pauschalangebote, etwa einen Pass für 15 oder 30 Tage, der unbegrenzte Fahrten innerhalb festgelegter Zonen ermöglicht. Erkundigen Sie sich beim Reisebüro nach Einzelheiten.

Besucher, die mit dem Zug nach San Francisco reisen, kommen am Amtrak-Bahnhof in Emeryville im Norden Oaklands an. Der Bahnhof liegt im Industriegebiet und ist daher nicht sonderlich einladend. Amtrak bietet von hier aus einen kostenlosen Shuttlebus ins Zentrum (Fahrtzeit ca. 45 Min.). Der Bus fährt über die Bay Bridge und endet am Ferry Building *(siehe S. 112)*. Von hier aus verkehren Fähren, Busse, BART-Linien und Trams *(ssiehe S.294f)* in jeden Teil der Stadt.

Amtrak-Reisende, die in San José ankommen, können mit dem **CalTrain** nach San Francisco gelangen. Für die Fahrt ist ein Extraticket (7,75 US-Dollar einfach) erforderlich, das man im Zug kaufen kann. Die meisten Shuttlebusse aus Oakland halten auch am CalTrain-Bahnhof in San Francisco (Ecke Fourth/Townsend Street).

Mit dem Auto

Wer über die Golden Gate Bridge oder die Bay Bridge anreist, hat bei schönem Wetter einen herrlichen Blick auf die Stadt. Auf beiden Brücken muss man Maut bezahlen, allerdings nur in einer Richtung (6 US-$ für die Golden Gate Bridge, 4 US-$ für die Bay Bridge). Kommt man von Norden über den U.S. 101, wird die Mautgebühr am Ende der Golden Gate Bridge erhoben. Der Weg zurück nach Marin County ist mautfrei. Um von der Golden Gate Bridge ins Zentrum zu gelangen, folgen Sie dem U.S. 101 zur Lombard Street und Van Ness Avenue.

Wenn Sie von Osten auf der I-80 durch Oakland nach San Francisco fahren, müssen Sie auf der Bay Bridge Maut bezahlen. Die Brücke hat zwei Abschnitte *(siehe S. 164f)* – dazwischen liegt Treasure Island – und verläuft in ihrer Verlängerung zwischen den Hochhäusern des Financial District. Die ersten beiden Ausfahrten führen ins Stadtzentrum. Von Süden her kann man auf dem U.S. 101 oder 280 in die Stadt gelangen. Beide sind gut ausgeschildert und gebührenfrei.

Achtung: In den USA muss man an Stoppschildern immer halten. Verkehrsregeln und weitere Tipps für das Autofahren in San Francisco finden Sie auf Seite 300.

Die Bay Bridge – in Richtung San Francisco mautpflichtig

Mit dem Fernbus

Die **Greyhound Bus Line** unterhält rgelmäßige Verbindungen zu fast allen Teilen der Vereinigten Staaten. Die modernen, sauberen Busse bieten WLAN und Steckdosen. Informieren Sie sich am Greyhound-Schalter oder Online über Rabatte. Die achtstündige Fahrt von San Francisco nach Los Angeles etwa kostet 42 US-Dollar (einfach). Ermäßigungen gibt es bei Online-Ticketkauf zwei Wochen vor Reiseantritt, für Studenten, Kinder und Senioren. Ausländische Besucher können Tickets online buchen und sie am Will-Call-Schalter des jeweiligen Busbahnhofs abholen. Wenn Sie Ihre Reise mehrmals unterbrechen oder eine Rundreise unternehmen möchten, gibt es möglicherweise ein passendes Pauschalarrangement.

Busfahrten mit **Green Tortoise** sind preiswert, unkonventionell, manchmal abenteuerlich – und nicht gerade jedermanns Sache. Es gibt nur wenig Komfort und wenige Zwischenstopps, die Passagiere müssen sich selbst verpfle-

Amtrak-Zug am Bahnhof Emeryville bei Oakland

gen. Auf manchen Strecken halten die Busse an einem Nationalpark oder an einer heißen Quelle, damit sich die Fahrgäste erfrischen können. Die beliebte Coastal-Crawler-Tour führt eine Woche lang an der Küste entlang, von San Francisco nach Los Angeles, mit Halt in Monterey, Big Sur und Hearst Castle (Rundfahrt 270 US-$). Andere Strecken umfassen Los Angeles, Yosemite National Park, Grand Canyon, Death Valley und Seattle. Für die Fahrten muss man Zeit mitbringen. Wer zu einem bestimmten Termin an einem bestimmten Ort sein muss, nimmt besser einen Greyhound-Bus oder den Zug.

Der Transbay Terminal an der Ecke First/Mission Street ist sowohl Bahnhof für Fernbusse als auch für regionale Linienbusse und einige Sightseeing-Busse. Er zieht auch Kriminelle an, lassen Sie Ihr Gepäck nicht aus den Augen.

Unter der Golden Gate Bridge hindurchsegeln – ein grandioses Erlebnis

Mit dem Schiff

Unter der Golden Gate Bridge hindurch in den Hafen einzulaufen, ist der Höhepunkt jeder Seereise nach San Francisco. Kreuzfahrtschiffe legen am Pier 35 in der Nähe von Fisherman's Wharf an. Viele Schiffe nach Alaska und an die mexikanische Riviera laufen auch San Francisco an. Mit Taxis und öffentlichen Verkehrsmitteln wie BART-Linien, Bussen und den Trams der Muni Metro ist man vom Pier in wenigen Minuten im Stadtzentrum.

AUF EINEN BLICK

Airlines

American Airlines
(1) 800 433-7300.
www.aa.com

Delta
(1) 800 221-1212.
www.delta.com

Lufthansa
(1) 800 645-3880 (SFO) oder 0180-LUFTHANSA (in D).
www.lufthansa.com

United Airlines
(1) 800 241-6522.
www.united.com

US Airways
(1) 800 428-4322.
www.usairways.com

Virgin Atlantic
(1) 800 862-8621.
www.virgin-atlantic.com

San Francisco International Airport (SFO)

Airport Information
(650) 821-8211 oder (1) 800 435-9736.
http://flysfo.com

Airport Paging
(650) 821-8211 (die 2 wählen) oder (1) 800 435-9736.

Erste Hilfe
(650) 821-2730.

Flughafenpolizei
(650) 821-7111.

Information
(650) 821-HELP.

JetBlue
(1) 800 538-2583.

Parken (Garage)
(650) 821-7900.

Virgin America
(877) 359-8474.

Weitere internationale Flughäfen

Oakland Airport Information
(510) 577-4000.
www.flyoakland.com

San José Airport Information
(408) 277-4759.
www.sjc.org

Vom Flughafen in die Stadt

Airport Express
775-5121.

American Airporter Shuttle
202-0733 (Reservierung empfohlen).

BayPorter Express
467-1800.
(Regelmäßiger Service zwischen SFO und Oakland International Airport)

SamTrans
(1) 800 660-4287.
www.samtrans.com

SuperShuttle
558-8500.
www.supershuttle.com

Tickets und Preise
www.expedia.de
www.opido.de
www.travelocity.de

Mit dem Zug

Amtrak
(1) 800 872-7245.
www.amtrak.com

CalTrain
(1) 800 660-4287.
www.caltrain.com

Mit dem Fernbus

Green Tortoise
956-7500.
www.greentortoise.com

Greyhound Bus Line
(1) 800 231-2222.
www.greyhound.com

Mit dem Schiff

Port of San Francisco
Pier 1,
The Embarcadero.
274-0400.
www.sfgov.org

In San Francisco unterwegs

San Francisco hat ein relativ kompaktes Stadtzentrum. Viele der bekanntesten Sehenswürdigkeiten liegen nur wenige Gehminuten voneinander entfernt. Das Verkehrsnetz ist effizient und einfach zu benutzen. Buslinien kreuzen die Stadt in allen Richtungen. Sie führen an vielen Sehenswürdigkeiten vorbei. Die Trams der Muni Metro und die BART-Linien bedienen die Vororte und Randbereiche der Stadt. Die meisten Besucher wollen in San Francisco zumindest einmal mit den Cable Cars fahren. Taxis sind bisweilen nicht ganz einfach zu finden, vor allem außerhalb der touristischen Gegenden. Fähren und Ausflugsboote fahren regelmäßig östlich und nördlich über die San Francisco Bay.

Pedicabs – Fahrrad-Rikschas – sind bei schönem Wetter beliebt

San Franciscos Green Cabs sind Elektroautos oder haben Hybridmotor

Umweltbewusst reisen

Abgesehen davon, dass San Francisco ein zuverlässiges, sauberes und sicheres Nahverkehrsnetz besitzt, lässt sich die Stadt auch gut zu Fuß erkunden. Es gibt zudem viele Radwege. In der Bay Area fahren mehr Hybridautos als in jedem anderen Teil der USA. Die Hälfte der Taxiflotte besteht aus »grünen« Taxis (Elektromotor, Hybridmotor oder Biodiesel). Entlang der Market Street fahren Trams bis zur Bucht. Sie sind alle elektrisch, genau wie die Busse – dank der vielen Stromleitungen der Stadt.

Öffentlicher Nahverkehr

Den öffentlichen Nahverkehr sollte man während der Rush Hour (Mo–Fr 7–9 und 16–19 Uhr) meiden. Fragen Sie das Hotelpersonal nach Routen, oder nutzen Sie den Routenplaner auf der Website von **511**. Es gibt unterschiedliche Tickets. Einfache Tickets gelten fast überall. Ein Muni Passport (siehe S. 294) berechtigt zu unbegrenzten Fahrten mit Stadtbahn, Trams, Bussen und Cable Cars für einen, drei oder sieben Tage. Die Clipper Card (prepaid) bucht Fahrten elektronisch ab und gilt für Muni und BART. Infos erteilt die **Transport Agency**.

Straßen und Hausnummern

Die meisten Straßen San Franciscos sind rasterförmig angelegt. Die Market Street verläuft von Südwesten nach Nordosten und teilt die Stadt in einen nördlichen und einen südlichen Bereich. Meist umfasst jeder Block 100 Hausnummern, die bei Null beginnen. So hat der erste Block der Market Street Hausnummern zwischen 1 und 99, der zweite Block Hausnummern zwischen 100 und 199 etc.

Bei Straßen, die von Osten nach Westen verlaufen, steigen die Hausnummern nach Westen hin an. Wenn Straßen von Norden nach Süden führen, steigen die Hausnummern sowohl nördlich als auch südlich der Market Street an. Wenn Sie nach einer Adresse fragen, sollten Sie sich auch nach der nächsten Querstraße und dem Stadtviertel erkundigen.

Einheimische bezeichnen die numerisch benannten *avenues* im Richmond District als »The Avenues«. Numerisch benannte *streets* beginnen südlich der Market Street im Stadtzentrum und enden im Mission District (siehe auch Stadtplan, S. 302–320).

Von der Market Street steigen die Hausnummern nach Norden und Süden, von der San Francisco Bay nach Westen hin an

Zu Fuß unterwegs

Am besten lässt sich San Francisco zu Fuß erkunden. Die wichtigsten Areale mit Sehenswürdigkeiten liegen nicht weiter als 15 bis 20 Minuten auseinander. Die Hügel, vor allem Nob Hill *(siehe S. 101–103)* und Telegraph Hill *(siehe S. 90–93)*, sind steil, doch entschädigt der Blick auf die Stadt und die Bucht für den Aufstieg.

Bei Fußgängerampeln leuchtet eine weiße Figur auf, wenn die Straße überquert werden darf. Kurz bevor die Ampel auf »stehen bleiben« umschaltet, blinkt die Schrift einige Sekunden rot auf, dann ist die rote Stopp-Hand zu sehen.

Verkehrswidriges Überqueren von Straßen (nicht an der Ampel oder wenn die Ampel »Stopp« zeigt) zieht eine Geldstrafe von mindestens 50 US-Dollar nach sich.

Schauen Sie nach beiden Seiten, bevor Sie die Straße überqueren. Vorsicht bei Ampeln: Autos dürfen auch bei Rot nach rechts abbiegen, wenn der Weg frei ist.

Motorräder und Mopeds

Um ein Motorrad oder Moped zu leihen, braucht man den internationalen Motorradführerschein, einen Helm, eine Kaution und genügend Fahrpraxis. Parkplätze sind entweder kostenlos oder betragen nur eine geringe Gebühr. Parkverbot gilt für Highways und Brücken.

Radfahren

Radfahren ist in San Francisco überaus beliebt. Es gibt Radwege in vielen Teilen der Stadt und der Bay Area. Alle Busse haben an der Außenseite Fahrradträger. Auch in die Stadtbahn und in BART-Züge kann man Räder mitnehmen – außer in den Stoßzeiten (Mo–Fr 7–9 und 16–19 Uhr). Es gibt zwei gut ausgeschilderte Panorama-Radwege. Einer führt vom Golden Gate Park *(siehe S. 142–157)* nach Süden zum Lake Merced. Der andere beginnt am Südende der Golden Gate Bridge *(siehe S.64–67)* und führt durch Marin County nach Norden. Räder, Zubehör, Reparaturen und Touren gibt es bei **Bay City Bike** und **Blazing Saddles**. Sie verleihen Räder zu 32 US-Dollar pro Tag (220 US-$ pro Woche).

Touren

Es gibt zahlreiche geführte Touren und Sightseeing auf eigene Faust. **GoCar Tours** vermietet kleine Fahrzeuge, die GPS-geleitet zu Attraktionen führen. **Cable Car Charters** veranstaltet Touren mit motorisierten Cable Cars. Im Angebot sind auch halb- oder ganztägige **Bustouren** und thematische **Stadtführungen**. Es gibt zudem **Segway-Touren** und **Helikopterflüge**. Der **Wine Country Tour Shuttle** führt aus San Francisco hinaus ins Napa Valley. Fahrrad-Rikschas und Pferdekutschen findet man in der Nähe von Fisherman's Wharf *(siehe S. 80f).*

Ein GoCar mit GPS

AUF EINEN BLICK

Umweltbewusst reisen

Green Cab
[626-GREEN.

Öffentlicher Nahverkehr

511
[511. www.511.org

Transport Agency
www.sfmta.com

Motorrad- und Mopedverleih

Eagle Rider Rentals
488 8th St.
Stadtplan 11 A2.
[503-1900.

Fahrradverleih

Bay City Bike
2661 Taylor Street, bei Fisherman's Wharf.
Stadtplan 5 A1.
[346-2453.

Blazing Saddles
1095 Columbus Ave.
Stadtplan 5 A2.
[202-8888.
Auch: Pier 41. **Stadtplan** 5 B1. [202-8888.
Zwei von mehreren Filialen.

City Bike Hotline
[585-2453.

Touren

Bustouren: Gray Line of San Francisco
Pier 43½. **Stadtplan** 5 B1.
Auch: Transbay Terminal.
Stadtplan 6 D4.
[558-9400. www.sanfranciscosightseeing.com

Mr. Toad's Tours
Fisherman's Wharf, 2698 Mason Street. **Stadtplan** 5 A1. [(877) 467-8623.

Cable Car Charters:
[922-2425.
www.cablecarcharters.com

GoCar Tours:
[441-5695.
www.gocartours.com

Helikopterflüge: San Francisco Helicopter Tours
[(1) 800 400-2404.
www.sfhelicopters.com

San Francisco Vista Tour
[(1) 800 410-8233.

Stadtführungen: All About Chinatown Tours
660 California St.
Stadtplan 5 C4.
[982-8839.
www.allaboutchinatown.com

Cruisin' the Castro Tours
375 Lexington St.
Stadtplan 10 F3.
[255-1821.
www.webcastro.com/castrotour

Heritage Walks
2007 Franklin St.
Stadtplan 4 E3.
[441-3000.
www.sfheritage.org

San Francisco Parks Trust
McLaren Lodge, Golden Gate Park.
Stadtplan 9 B1.
[750-5105.
www.sfpt.org

Kutschenfahrten: Hackney Horse & Carriage
Pier 41.
[(408) 535-0277.

Segway-Touren: City Segway Tours
[409-0672.
www.citysegwaytours.com

Weintouren: Wine Country Tour Shuttle
[513-5400.
www.winecountrytourshuttle.com

Stadtplan siehe Seiten 302–320

Mit Bus und Muni-Metro unterwegs

Die San Francisco Municipal Railway, kurz Muni genannt, betreibt alle öffentlichen Verkehrsmittel der Stadt. Ein Muni Passport berechtigt zur Benutzung aller Muni-Busse, der Muni-Metro (Elektro-Trams) und der drei Cable-Car-Linien *(siehe S. 296f)*. Mit Bussen und Trams erreicht man die meisten Sehenswürdigkeiten und alle Stadtviertel. Mit dem Übersichtsplan der hinteren Umschlaginnenseiten und dem Muni Passport können Sie den ganzen Tag lang die öffentlichen Verkehrsmittel benutzen – zum Bruchteil der Kosten, die Mietautos und Parkgebühren verursachen.

Preise und Tickets

Busse und Trams kosten zwei US-Dollar (einfache Fahrt). Beim Bezahlen können Sie ein »free transfer« (Umsteigeticket, 90 Minuten gültig) verlangen, mit dem Sie auf andere Busse bzw. Trams wechseln können.

Wenn Sie öfter mit Muni fahren, ist ein Muni Passport sinnvoll, der einen, drei oder sieben Tage lang gilt (13 – 26 US-$). Man erhält sie in vielen Läden, bei Informationsstellen, einschließlich des Informationsschalters am Flughafen SFO und beim **Visitor Information Center**.

Die Clipper Card ist eine bequeme Alternative, sie gilt für alle Verkehrsmittel von Muni. Die elektronische Prepaid-Karte ist auf der Website von **SFMTA** und bei allen Muni-Metro-Stationen erhältlich. Man führt sie an ein Lesegerät bei Barrieren oder in den Verkehrsmitteln selbst. Der exakte Betrag wird dann abgebucht.

Muni-Busse

Busse halten nur an Bushaltestellen, etwa alle zwei oder drei Blocks. Beim Einsteigen sollten Sie den genauen Betrag in die entsprechende Box einwerfen oder dem Fahrer Ihren Muni Passport zeigen. Bitten Sie den Fahrer, Ihre Haltestelle anzusagen, oder sehen Sie auf die Anzeige über dem Kopf des Fahrers, wo der Name der nächsten Station angezeigt wird. Ältere Fahrgäste und Behinderte dürfen vorn im Bus sitzen. Bitte machen Sie gegebenenfalls Ihren Sitzplatz frei.

Die Nummer der Buslinie steht vorn und seitlich am Bus

Rauchen, Trinken, Essen und Musik sind verboten. Blindenhunde dürfen umsonst mitfahren. Andere Tiere können zu bestimmten Zeiten (und wenn der Fahrer einverstanden ist) mitgenommen werden.

Um anzuzeigen, dass Sie an der nächsten Haltestelle aussteigen wollen, ziehen Sie die Schnur entlang den Fenstern. Dann leuchtet das »Stop Requested«-Schild auf. Anleitungen zum Öffnen der Türen finden Sie beim Ausstieg. Achten Sie beim Aussteigen auf den Verkehr – vor allem bei Haltestellen, die auf Inseln mitten in der Straße liegen.

Die Nummer der Buslinie und die Endstation stehen an der Front und an der Türseite der Busse. Nummern mit Buchstaben (L, X, AX, BX etc.) kennzeichnen entweder Express-Linien oder Strecken mit begrenzten Stopps. Fragen Sie den Fahrer, wenn Sie unsicher sind. Auf manchen Strecken verkehren Nachtbusse (24–6 Uhr). Allerdings sind Taxis *(siehe S. 301)* nachts die sichersten Transportmittel.

Bushaltestellen

Bushaltestellen sind mit dem Muni-Logo oder durch gelbe Schilder gekennzeichnet. Die jeweiligen Buslinien sind unter dem Schild oder Logo auf der Außenseite aufgelistet. Die meisten Haltestellen haben mittlerweile Digitalanzeigen, auf denen die Linien angezeigt sind bzw. welcher Bus als Nächstes ankommt. Streckenverlauf und Abfahrtszeiten finden sich im Innern der Haltestelle.

Muni-Metro-Trams

Im Stadtzentrum verkehren die Muni-Trams sowohl ober- als auch unterirdisch. Die Linien J (Church), K (Ingleside), L (Taraval), M (Ocean View), N (Judah) und T (Third) fahren alle auf derselben Strecke unter der Market Street. Wenn Sie also in der Market Street zusteigen, sollten Sie genau hinsehen, um nicht in die falsche Linie einzusteigen.

Entlang der Market Street werden an den sieben unterirdischen Stationen sowohl von den Muni-Metro-Trams als auch von BART *(siehe*

Muni-Bushaltestelle mit Glasverkleidung und digitaler Anzeige

In Silber und Rot – Muni-Metro-Tram mit den typischen Farben

AUF EINEN BLICK

Muni Information

☎ 673-6864; TTY: 923-6373.
www.sfmta.com

Muni Passports

San Francisco Visitor Information Center
Untere Ebene der Hallidie Plaza, Market/Ecke Powell St.
Stadtplan 5 B5. ☎ 391-2000.
www.onlyinsanfrancisco.com

Powell Street Kiosk
Hallidie Plaza, Market/Ecke Powell St. **Stadtplan** 5 B5.

S. 298) angefahren. Die Eingänge zu Muni und BART sind klar ausgeschildert. In der Station sollten Sie nach dem separaten Muni-Eingang Ausschau halten.

Nach dem Bezahlen eines Tickets, dem Einlesen der Clipper Card oder Vorzeigen Ihres Muni Passports steigen Sie zum Bahnsteig hinunter. Um nach Westen zu fahren, gehen Sie zum Bahnsteig Richtung »Outbound«. Für die Strecken nach Osten nehmen Sie den Zugang »Downtown«. Den elektronischen Anzeigen entnehmen Sie, welche Tram einfährt. Die Türen öffnen sich automatisch – falls sie das nicht tun, ziehen Sie den Hebel beim Ausstieg.

Oberirdische Haltestellen werden durch ein orangebraunes Metallschild oder durch ein gelbes Schild mit »Muni« oder »Car Stop« angezeigt.

Die Linien J, K, L, M, N und T haben silberrote Waggons und werden als Light Rail Vehicles (LRVs) bezeichnet. Historische Trams der Linie F fahren auf der Market Street.

Sightseeing mit Bus und Tram

Beliebte Routen sehen Sie auf dem Plan unten. Historische Trams der Linie F fahren die Market Street entlang zu den Wharves. Die Linie N verkehrt oberirdisch vom Ferry Building zum CalTrain-Bahnhof. Weitere Infos erhalten Sie bei Muni oder im Convention and Visitors Bureau. Weitere Linien finden Sie auf den hinteren Umschlaginnenseiten.

Historische Tram (Linie F) beim Ferry Building

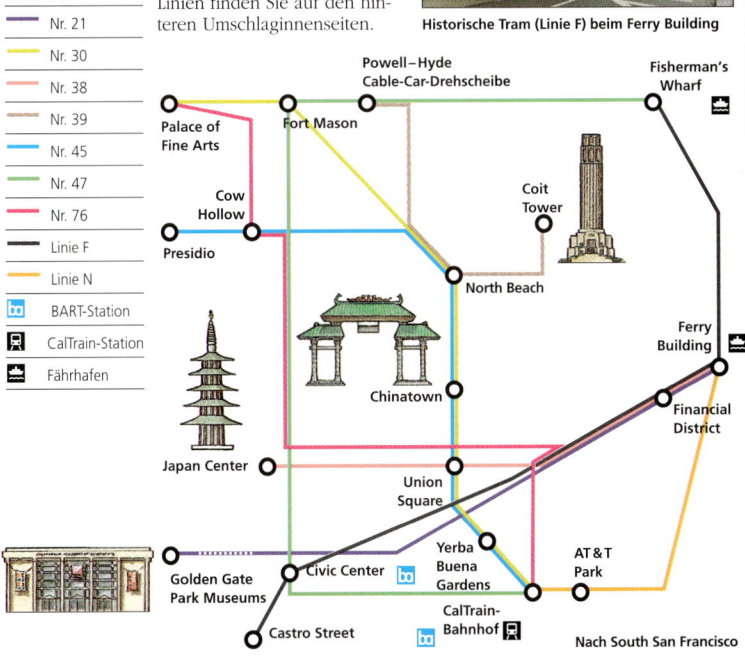

Stadtplan siehe Seiten 302–320

Mit den Cable Cars unterwegs

Cable-Car-Signaltürmchen

Die Cable Cars von San Francisco, das einzige »moving national monument« der USA, sind weltberühmt *(siehe S. 104f)*, und jeder Besucher möchte zumindest einmal damit fahren. Die Bahnen verkehren täglich von 6.30 bis 0.30 Uhr. Eine Fahrt kostet fünf Dollar, Senioren und behinderte Reisende zahlen nach 21 Uhr und vor 7 Uhr weniger. Mit den Cable Cars zu fahren ist aufregend, praktischer für das Sightseeing sind allerdings die Busse *(siehe S. 294f)*.

den Nob Hill bis zur Van Ness Avenue. Für alle drei Linien gilt, dass die Rückfahrt für Passagiere einen Seitenwechsel bedeutet, so haben sie Ausblicke von beiden Seiten.

Da auch die Einheimischen die Cable Cars nutzen, sollten Sie die Stoßzeiten meiden (Mo–Fr 7–9 und 16–19 Uhr). Doch egal zu welcher Zeit Sie fahren, Sie bekommen eher einen Sitzplatz, wenn Sie am Ende der Linie zusteigen.

Cable-Car-Linien

Es gibt drei Cable-Car-Linien. Am beliebtesten ist die Linie Powell–Hyde. Sie beginnt an der Drehscheibe Powell/Market Street *(siehe S. 117)*, führt am Union Square vorbei den Nob Hill hinauf und bietet einen schönen Blick auf Chinatown. Dann passiert sie das Cable Car Museum *(siehe S. 103)*, kreuzt die Lombard Street *(siehe S. 88)* und fährt die Hyde Street hinunter bis zur Drehscheibe nahe dem Aquatic Park *(siehe S. 172f)*.

Die Strecke Powell–Mason beginnt auch an der Ecke von Powell und Market Street und folgt der gleichen Strecke bis zum Cable Car Museum *(siehe S. 103)*. Von dort geht es über North Beach bis zur Bay Street. Wenn Sie sich so in den Wagen setzen, dass Sie nach Osten schauen, haben Sie den besten Ausblick.

Die California-Linie fährt von der Endstation in der Market Street die California Street entlang und streift dabei den Financial District und Chinatown. Am Nob Hill kreuzt sich die California-Linie mit den beiden Powell-Linien. Wenn Sie hier umsteigen und nur ein einfaches Ticket haben, brauchen Sie eine neue Fahrkarte. Die California-Linie führt weiter über

Tickets

Wenn Sie keinen Muni Passport *(siehe S. 294)* haben, können Sie beim Schaffner ein Ticket oder einen Ein-Tages-Pass kaufen. Muni Passports, Tickets und Streckenpläne gibt es bei den Kiosken Powell/Ecke Market Street und Hyde/Ecke Beach Street oder im Visitor Information Center *(siehe S. 294)* zu kaufen.

Haltestellen

Sie können an den Endstationen oder an einer Haltestelle zusteigen. Winken Sie einfach dem Fahrer zu. Steigen Sie erst ein, wenn die

Kennzeichnung der Cable Cars

Derzeit fahren 40 Wagen auf den drei Cable-Car-Linien. Jeder Wagen hat 29 bis 34 Sitzplätze und – je nach Typ – weitere 20 bis 40 Stehplätze.

Vorn, hinten und an den Seiten steht der Name der Linie: Powell–Hyde, Powell–Mason oder California Street. Auch die Nummer des Wagens ist angegeben. Die Wagen der California-Linie sind leicht zu erkennen, denn sie haben an jedem Ende ein Führerhaus. Die Wagen der Powell-Linien besitzen dagegen nur eines.

Schaffner und Fahrer sind freundlich und hilfsbereit. Fragen Sie also einen der beiden, wenn Sie nicht sicher sind, mit welcher Linie Sie zum gewünschten Ziel kommen.

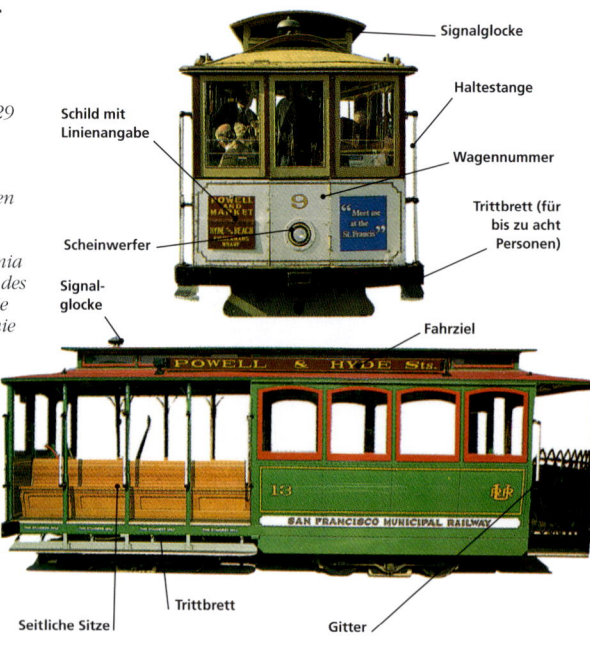

CABLE CARS

Sightseeing mit Cable Cars

Die Wagen bewältigen die Hügel von San Francisco mühelos, man kommt mit ihnen an vielen Sehenswürdigkeiten vorbei. Aufregend ist vor allem das steile Streckenstück am Ende der Linie Powell–Hyde.

LEGENDE

- California-Linie
- Powell–Hyde
- Powell–Mason
- Drehscheibe
- Endstation
- Cable Car Barn

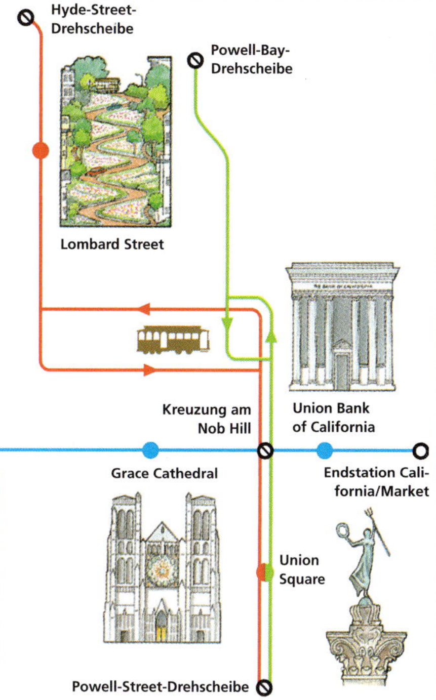

Hyde-Street-Drehscheibe

Powell-Bay-Drehscheibe

Lombard Street

Endstation California/Van Ness

Kreuzung am Nob Hill

Union Bank of California

Grace Cathedral

Endstation California/Market

Union Square

Powell-Street-Drehscheibe

Alle Cable-Car-Linien kreuzen sich am Nob Hill

Wagen wirklich stehen, dann allerdings schnell. Haltestellen sind durch weinrote Schilder mit einem weißen Cable-Car-Umriss gekennzeichnet oder aber durch eine gelbe Linie auf der Straße. An den Wochenenden sind die Haltestellen an der Powell und Market Street und bei Fisherman's Wharf üblicherweise überlaufen – dann muss man mindestens 30 Minuten warten.

Vorsichtsmaßnahmen

Wenn die Cable Cars nicht überfüllt sind, können Sie wählen, ob Sie im Wagen sitzen oder stehen wollen, oder aber außen auf einer Bank sitzen oder am Ende stehen wollen. Wagemutigere Fahrgäste stehen lieber auf dem Trittbrett.

Ganz gleich, wo Sie einen Platz finden – halten Sie sich immer gut fest. Stehen Sie dem Fahrer nicht im Weg herum. Er braucht genügend Platz, um den Hebel zu bedienen. Der Fahrerbereich ist durch gelbe Linien abgegrenzt.

Fahrgäste auf dem Trittbrett einer Cable Car

Lehnen Sie sich nicht zu weit aus dem Wagen heraus, insbesondere nicht, wenn sich zwei Wagen begegnen – sie fahren sehr dicht aneinander vorbei.

Passen Sie auch beim Ein- oder Aussteigen auf. Cable Cars halten oft an Kreuzungen zwischen Autos und anderen Fahrzeugen.

An den Endstationen müssen alle Passagiere aussteigen. Sobald die Wagen der beiden Powell-Linien gewendet haben oder der Fahrer der California-Linie das Führerhaus gewechselt hat, können Sie wieder für eine Rundfahrt zusteigen.

AUF EINEN BLICK

Nützliche Nummern

Cable Car Barn
1201 Mason St. **Stadtplan** 5 B3.
Museum **(415) 474-1887**.

Muni Information
673-6864.
www.sfmta.com
Infos zu den Cable Cars, Preise, Muni Passports.

Stadtplan siehe Seiten 302–320

Mit BART unterwegs

Die Halbinsel von San Francisco und die East Bay sind durch BART (Bay Area Rapid Transit), ein 165 Kilometer langes Schnellbahnnetz, verbunden. Die Züge sind alle für Rollstuhlfahrer zugänglich. Mit BART kommt man auch zu den beiden Flughäfen der Bucht.

BART-Logo

Fahrten mit der BART-Schnellbahn

1 BART-Züge verkehren Mo–Fr 4–24, Sa 6–24 und So 8–24 Uhr. Sie halten an vier Stationen unter der Market Street: Civic Center, Powell, Montgomery und Embarcadero. Alle Züge von Daly City halten an den Stationen im Zentrum, bevor sie durch einen sechs Kilometer langen Unterwassertunnel zur East Bay fahren. Umsteigestationen der East Bay sind MacArthur und Oakland City Center–12th Street.

LEGENDE
- Richmond–Daly City/Millbrae
- Millbrae–Bay Point
- Fremont–Daly City
- Fremont–Richmond
- Pleasanton–Daly City

2 BART-Tickets gibt es an Automaten. Die Fahrpreise hängen neben den Automaten aus. Clipper Cards *(siehe S. 294)* gelten auch für BART-Züge.

4 Der eingeworfene Geldbetrag ist hier zu sehen. Eine Rückfahrkarte ist doppelt so teuer wie eine Einfachkarte.

5 Der Fahrpreis wird automatisch auf den Magnetstreifen des Tickets *(unten)* übertragen und auch auf das Ticket gedruckt.

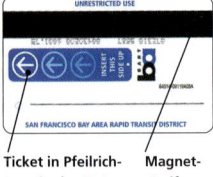

Ticket in Pfeilrichtung in den Entwerter einführen | Magnetstreifen

8 Alle Züge sind mit dem Namen der Endhaltestelle versehen: beispielsweise westwärts nach San Francisco/Daly City oder ostwärts nach Oakland, Richmond, Bay Point oder Fremont. Die Zugtüren öffnen sich automatisch. Das Zugende ist auf dem Bahnsteig markiert.

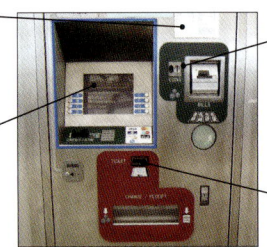

3 Hier werden Münzen oder Geldscheine eingeführt. An den meisten Automaten kann man auch per Kreditkarte zahlen. Die Maschinen können bis zu zehn US-Dollar Wechselgeld herausgeben.

6 Hier wird das Ticket ausgegeben. Jeder Fahrgast muss ein Ticket oder eine Clipper Card haben.

7 Um zum Bahnsteig zu gelangen, müssen Sie das Ticket in den Entwerter einführen oder Ihre Clipper Card lesen lassen. Der Fahrpreis wird dann elektronisch abgezogen. Bevor Sie eine Station verlassen, müssen Sie Ihr Ticket wieder einführen. Falls Ihr Ticket noch eine Fahrt hat (etwa bei einer Rückfahrkarte), wird es Ihnen automatisch wieder ausgegeben.

9 In den BART-Stationen gibt es Personal, das Ihre Fragen beantwortet oder Ihnen bei den Automaten behilflich ist (weitere Informationen telefonisch unter 989-BART (989-2278) oder unter www.bart.gov).

Fähren und Bootsausflüge

Logo der Red & White Fleet

Bevor die Golden Gate Bridge und die Bay Bridge gebaut wurden, verkehrten Fähren in der Bucht, um Pendler und Waren aus den nördlichen Bezirken und der East Bay zu transportierten. Heute wären sie überflüssig, doch sie werden noch immer gern genutzt, um die an der Bucht liegenden Städte San Francisco und Oakland (siehe S. 164–167) sowie die Orte Tiburon und Sausalito (siehe S. 161) zu besichtigen.

Fähren

Die Bewohner der Bay Area lieben ihre Fähren. Unter der Woche werden sie von Pendlern genutzt. Am Wochenende lassen viele ihre Autos in den Vororten stehen und fahren mit der Fähre in die Stadt.

Auf den Fähren gibt es keine Erläuterungen zu den Sehenswürdigkeiten, doch sie sind billiger als Sightseeing-Boote (Tour von San Francisco nach Sausalito: 7,85 US-$ einfach). An Bord bekommt man Snacks und Getränke. Fähren befördern nur Passagiere und Räder, aber keine Motorfahrzeuge.

Das Ferry Building am Embarcadero (siehe S. 112) – ein eigenes Ausflugsziel mit Läden, einem Farmers' Market und Restaurants – ist Anlegestelle der **Golden Gate Ferries**. Die **Blue & Gold Fleet** legt in Fisherman's Wharf an (siehe S. 80f).

Bootsausflüge

Von Fisherman's Wharf aus unternehmen Blue & Gold Fleet und **Red & White Fleet** Rundfahrten durch die Bucht. Die Touren führen zu Angel Island und Küstenorten im Norden der Bucht (siehe S. 160f). Es gibt auch kombinierte Schiffs- und Bustouren für San Francisco und Muir Woods (siehe S. 160f). Sie kosten zwischen 45 und 100 US-Dollar.

Viele Ausflüge kommen zwar an Alcatraz (siehe S. 84–87) vorbei, doch nur **Alcatraz Cruises** verkauft Touren zu The Rock.

Hornblower Dining Yachts bieten freitags Lunch-, am Wochenende Brunch- und täglich Dinner-Fahrten an. (ab 70 US-$).

Oceanic Society Expeditions organisiert naturkundliche Touren zu den Farallon Islands, die 40 Kilometer vor der Küste liegen. Auf den Fahrten kann man von März bis Mai oft Wale beobachten. Es gibt auch Walbeobachtungen vor San Franciscos Westküste (ab $100 US-$, siehe S. 272). Erkundigen Sie sich bei den Veranstaltern.

Schiff auf einer Bay-Tour

AUF EINEN BLICK

Fähren

Blue & Gold Fleet
Pier 39, 41. **Stadtplan** 5 B1.
705-8200.
www.blueandgoldfleet.com

Golden Gate Ferry
455-2000.
www.goldengateferry.com

Bootsausflüge

Alcatraz Cruises
Pier 33. **Stadtplan** 5 C1.
981-7625.
www.alcatrazcruises.com

Hornblower Dining Yachts
Pier 3. **Stadtplan** 6 D3. 438-8300. www.hornblower.com

Oceanic Society Expeditions
441-1106.
www.oceanicsociety.org

Red & White Fleet
Pier 43½. **Stadtplan** 5 B1.
673-2900.
www.redandwhite.com

Stadtplan siehe Seiten 302–320

Mit dem Auto unterwegs

Hinweise für Parken am Hang

Staus, wenige, teure Parkplätze und strikte Parkverbote halten viele Besucher davon ab, in San Francisco mit dem Auto zu fahren. Tempolimits variieren, doch sind höchstens 35 mph (56 km/h) erlaubt. Es gibt viele Einbahnstraßen und in der Innenstadt fast an jeder Ecke eine Ampel.

Mietwagen

Um ein Auto zu mieten, müssen Sie 25 Jahre alt sein (Ausnahme bei höheren Preisen: 21 Jahre) und im Besitz eines internationalen Führerscheins. Ferner verlangen alle Firmen die Vorlage einer Kreditkarte oder eine hohe Kaution. Es empfiehlt sich, eine umfassende Versicherung abzuschließen. Bringen Sie das Fahrzeug vollgetankt zurück, sonst werden Ihnen erhöhte Benzinpreise berechnet. Viele Firmen bieten nun eine erste Tankfüllung zu reduzierten Preisen an. Es ist billiger, am Flughafen ein Auto zu mieten, die Preise liegen ca. zwei US-Dollar niedriger als in der Stadt.

Verkehrsschilder

Farbige Schilder und Symbole weisen den Weg zu Touristenvierteln wie Chinatown (Laterne), Fisherman's Wharf (Krebs) oder North Beach (Umriss von Italien). Stoppschilder und Einfahrtverboten-Schilder sind rot und weiß. Schilder mit der Aufschrift »Caution« (»Vorsicht«) und »Yield« (»Vorfahrt gewähren«) sind gelb und schwarz, »One Way«-Schilder (»Einbahnstraße«) schwarz-weiß. An roten Ampeln darf rechts abgebogen werden.

Parken

Parkuhren sind meist von montags bis samstags, bisweilen auch sonntags, von 8 bis 18 Uhr gebührenpflichtig. An Feiertagen darf kostenlos geparkt werden. Die Parkdauer ist oft auf eine Stunde beschränkt. Parkhäuser kosten 15 bis 30 US-Dollar pro Tag, die meisten akzeptieren Barzahlung oder Kreditkarten.

Bordsteine sind farbig markiert: Rot bedeutet Halteverbot. Ladezonen sind gelb gekennzeichnet. An grünen Markierungen kann man zehn Minuten parken, an weißen fünf Minuten zu Geschäftszeiten. Blaue Zonen sind für Behinderte reserviert. An einigen Parkplätzen wird zu bestimmten Zeiten abgeschleppt. Bei starkem Straßengefälle ist das Einschlagen der Räder zum Bordstein hin (bergab) bzw. zur Straße hin (bergauf) gesetzlich vorgeschrieben.

Strafen

Wenn Sie Ihr Auto an einer defekten Parkuhr abstellen, Bushaltestellen, Hydranten und Einfahrten blockieren oder eine rote Ampel überfahren, müssen Sie mit einem Strafzettel rechnen, den Sie umgehend bezahlen sollten. Einzelheiten erfahren Sie beim **Department of Parking and Transportation**. Nach fünf Strafzetteln wegen Falschparkens kann Ihr Auto mit einer Wegfahrsperre versehen werden, bis Sie die Strafe bezahlt haben. Wurde Ihr Auto abgeschleppt, rufen Sie bei der **Police Department Towed Vehicle Information** an. Sie müssen entweder zum Department of Parking and Transportation oder zu **City Tow** gehen, je nachdem, ob die Stadt oder ein privates Unternehmen Ihr Auto abgeschleppt hat. Bezahlt werden muss das Abschleppen plus Gebühren für das »Parken«. Bei einem Mietwagen müssen Sie den Mietvertrag vorlegen. Autos, die von einem städtischen Parkplatz abgeschleppt wurden, müssen dafür eine zusätzliche Parkgebühr bezahlen.

Fahrten ins Umland

Wer die Stadt über die Bay Bridge oder die Golden Gate Bridge verlässt, muss keine Maut bezahlen – nur wer wieder zurückkommt. Die Geschwindigkeitsbegrenzungen außerhalb San Franciscos liegen bei 55 mph bis 70 mph (88 km/h bis 112 km/h). In Stoßzeiten können Autos mit drei oder vier Personen die spezielle Mitfahrerspur nutzen, um Staus und Maut zu umgehen. Weiter östlich, nördlich und südlich reichen dafür zwei Personen. Außerhalb der Stoßzeiten kann jeder auf dieser Spur fahren, zahlt allerdings Maut. Zuwiderhandlungen werden bestraft.

AUF EINEN BLICK

Autovermietungen

Avis
(1) 800 831-2847.
www.avis.com

Hertz
(1) 800 654-3131.
www.hertz.com

Nützliche Nummern

City Tow
850 Bryant St. **Stadtplan** 11 B2.
621-8605.

Department of Parking and Transportation
553-1631.

Police Department Towed Vehicle Information
553-1235.

Autos und Fußgänger auf der Golden Gate Bridge, dem Wahrzeichen der Stadt *(siehe S. 64–67)*

Stadtplan siehe Seiten 302–320

Mit dem Taxi unterwegs

Taxis fahren in San Francisco rund um die Uhr, sind allerdings oft schwer zu bekommen. Dies gilt vor allem für Außenbezirke. Taxifahrer sind meist freundlich und hilfsbereit. Viele sind »alte Hasen«, die viel über die Stadt zu erzählen wissen. Taxis sind lizenziert und unterliegen gesetzlichen Vorschriften, sodass Sie stets auf Höflichkeit, guten Service und einheitliche Tarife stoßen werden.

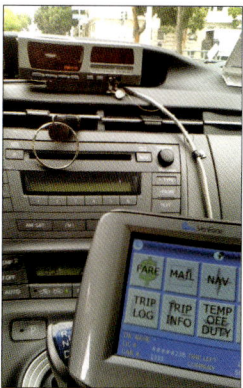

Innenraum eines »Green Cab« mit Hybridmotor *(siehe S. 292)*

Taxifahren

Taxis haben ein Schild auf dem Dach, das leuchtet, wenn sie frei sind. Die einzelnen Unternehmen haben unterschiedliche Farben: Rot-Weiß-Blau, Gelb, Gelborange und Grün. Auf jedem Taxi steht der Name des Unternehmens, dessen Telefonnummer und die Taxinummer.

Taxis bekommt man am Taxistand, durch Herbeiwinken auf der Straße oder durch telefonische Bestellung. Bei telefonischer Anforderung geben Sie Ihre genaue Adresse und Ihren Namen an. Sie sollten dann vor dem Haus warten, doch die Vermittlung ruft auch automatisch an, wenn der Fahrer außen wartet. Falls Sie länger als 15 Minuten warten, sollten Sie Ihrerseits zurückrufen. Taxis zum Flughafen sind meist pünktlich. Man sitzt im Taxi auf dem Rücksitz (teilweise gibt es keine Gurte). Das Taxameter befindet sich vorn am Armaturenbrett. Notieren Sie sich Taxinummer und Unternehmen oder den Namen des Fahrers und die Taxinummer. Nennen Sie Ihr Fahrziel und nach Möglichkeit auch die nächstgelegene Querstraße. Das Taxi sollte Sie auf dem schnellsten Weg dorthin bringen. Bei Staus ist allerdings auch der beste Fahrer machtlos. Es ist dann oft das Beste, den aktuellen Fahrpreis zu bezahlen und die letzten Meter zu laufen.

Taxifahrer haben wenig Bargeld bei sich, zahlen Sie also in kleinen Scheinen oder mit Kreditkarte. Zehn bis 15 Prozent Trinkgeld sind üblich. Auf Wunsch erhalten Sie eine Quittung. Wenn Sie etwas im Taxi vergessen haben, rufen Sie das Taxiunternehmen an und geben die Taxinummer oder den Namen des Fahrers an.

Preise

Die Fahrpreise hängen im Taxi aus. Die Grundgebühr beträgt ca. 3,10 US-Dollar für die erste Meile (1,6 km). Jede weitere Meile kostet 2,25 US-Dollar (45 Cent pro Minute bei Wartezeiten vor dem Haus oder in Staus). Die Fahrt vom Flughafen in die Stadt schlägt mit etwa 45 US-Dollar zu Buche, vom Ferry Building zu den Pazifikstränden zahlt man um die 30 US-Dollar (ungefähre Angaben). Die Preise beinhalten noch kein Trinkgeld oder Extragebühren.

Vorschriften

Taxifahrer müssen immer einen Ausweis mit Lichtbild sowie ihre Taxilizenz (»medallion«) vorweisen können. Seit 2010 ist gesetzlich vorgeschrieben, dass in allen Taxis nicht mehr geraucht werden darf. Bei Beschwerden rufen Sie die **Police Department Taxicab Complaint Line** an.

AUF EINEN BLICK

Taxiunternehmen

Big Dog City Cab
📞 *920-0711.*

De Soto Cab
📞 *970-1300.*

Green Cab
📞 *626-GREEN.*

Luxor Cab
📞 *282-4141.*

Yellow Cab
📞 *333-3333.*

Information

Police Department Taxicab Complaint Line
📞 *553-9844.*

Taxinummer | Name des Taxiunternehmens | Offizielle Taxilizenz | Telefonnummer des Taxiunternehmens

Mit gelbem Outfit – lizenziertes Taxi in San Francisco

Stadtplan

Alle Sehenswürdigkeiten, Läden, Lokale und Veranstaltungsorte sind mit Koordinaten für die folgenden Karten versehen. Ein Kartenregister mit den Straßen und Sehenswürdigkeiten finden Sie auf den Seiten 313–320. Die Übersichtskarte unten zeigt das Stadtgebiet, das vom *Stadtplan* abgedeckt wird. Es umschließt die Areale mit Attraktionen (farblich markiert) und das gesamte Zentrum mit den Gebieten, wo sich Restaurants, Hotels und Veranstaltungsorte befinden. Da sich viele Sehenswürdigkeiten in der Innenstadt konzentrieren, finden Sie eine vergrößerte Darstellung auf den Karten 5 und 6.

LEGENDE

- Hauptsehenswürdigkeit
- Sehenswürdigkeit
- Gebäude
- CalTrain-Station
- BART-Station
- Bahnhof für Fernbusse
- Tramhaltestelle
- Busbahnhof
- Cable-Car-Endstation
- Fährhafen
- Information
- Krankenhaus mit Notaufnahme
- Polizei
- Kirche
- Synagoge
- Moschee
- Buddhistischer Tempel
- Hinduistischer Tempel
- Post
- Golf
- Eisenbahn
- Freeway
- Fußgängerzone
- <<665 Hausnummer (Hauptstraße)

Maßstab der Karten 1–4 und 7–11
0 Meter 500
0 Yards 500

Maßstab der Karten 5 und 6
0 Meter 500
0 Yards 500

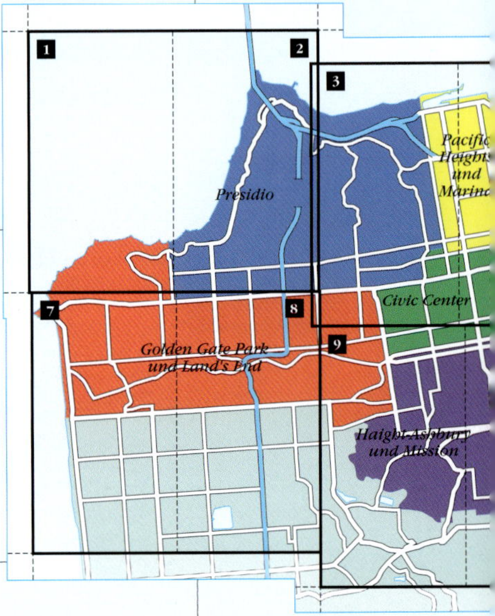

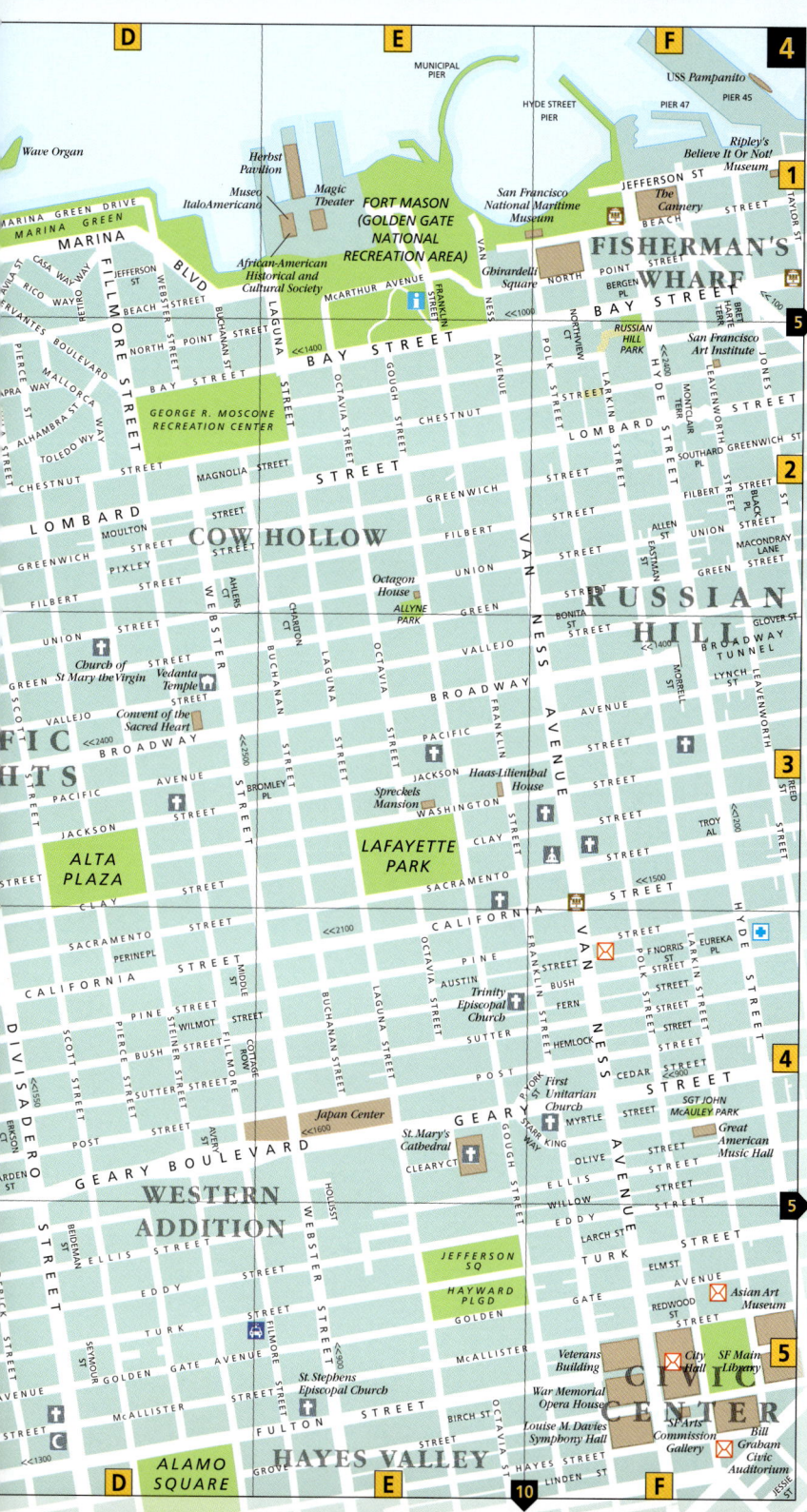

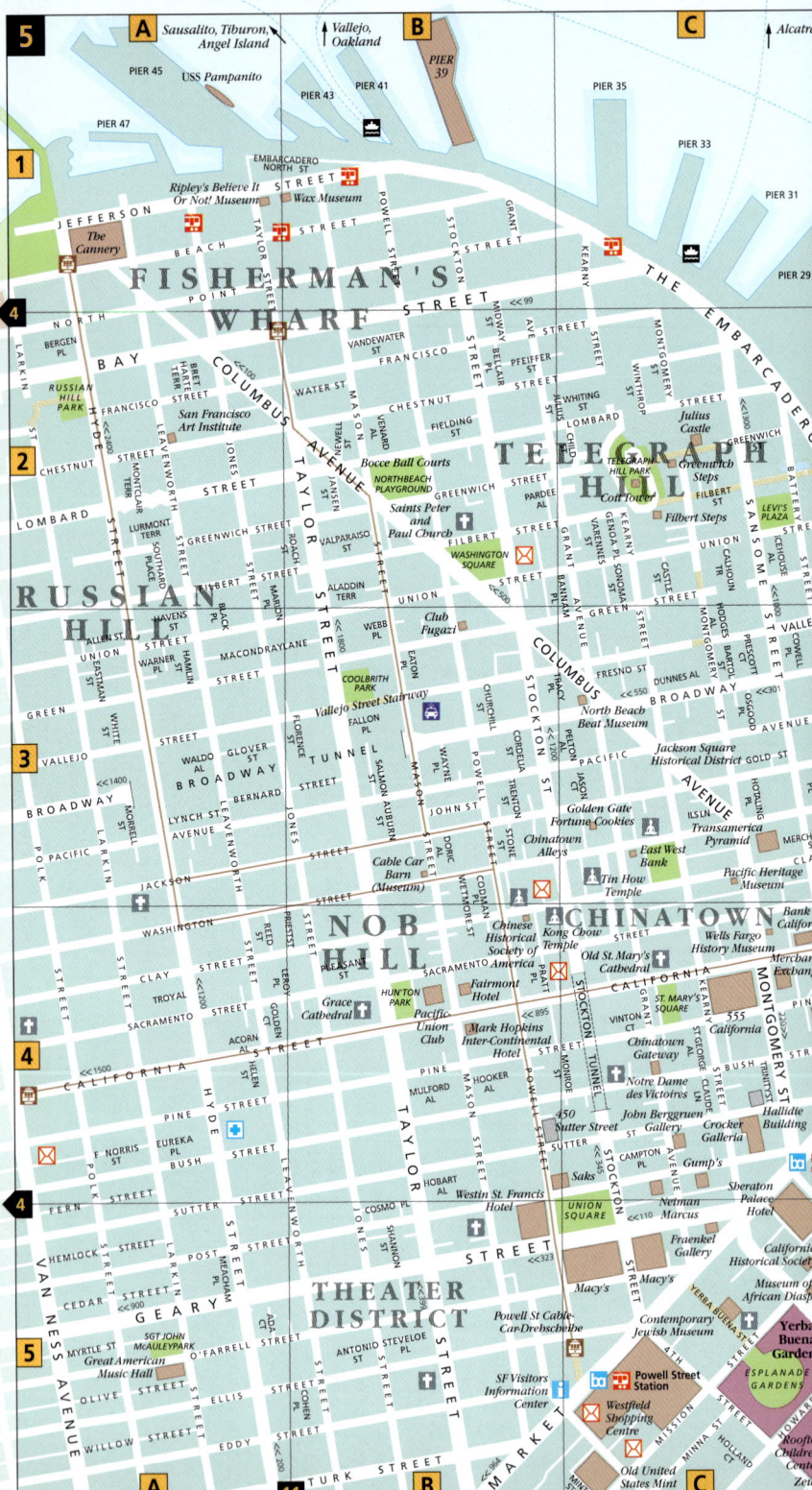

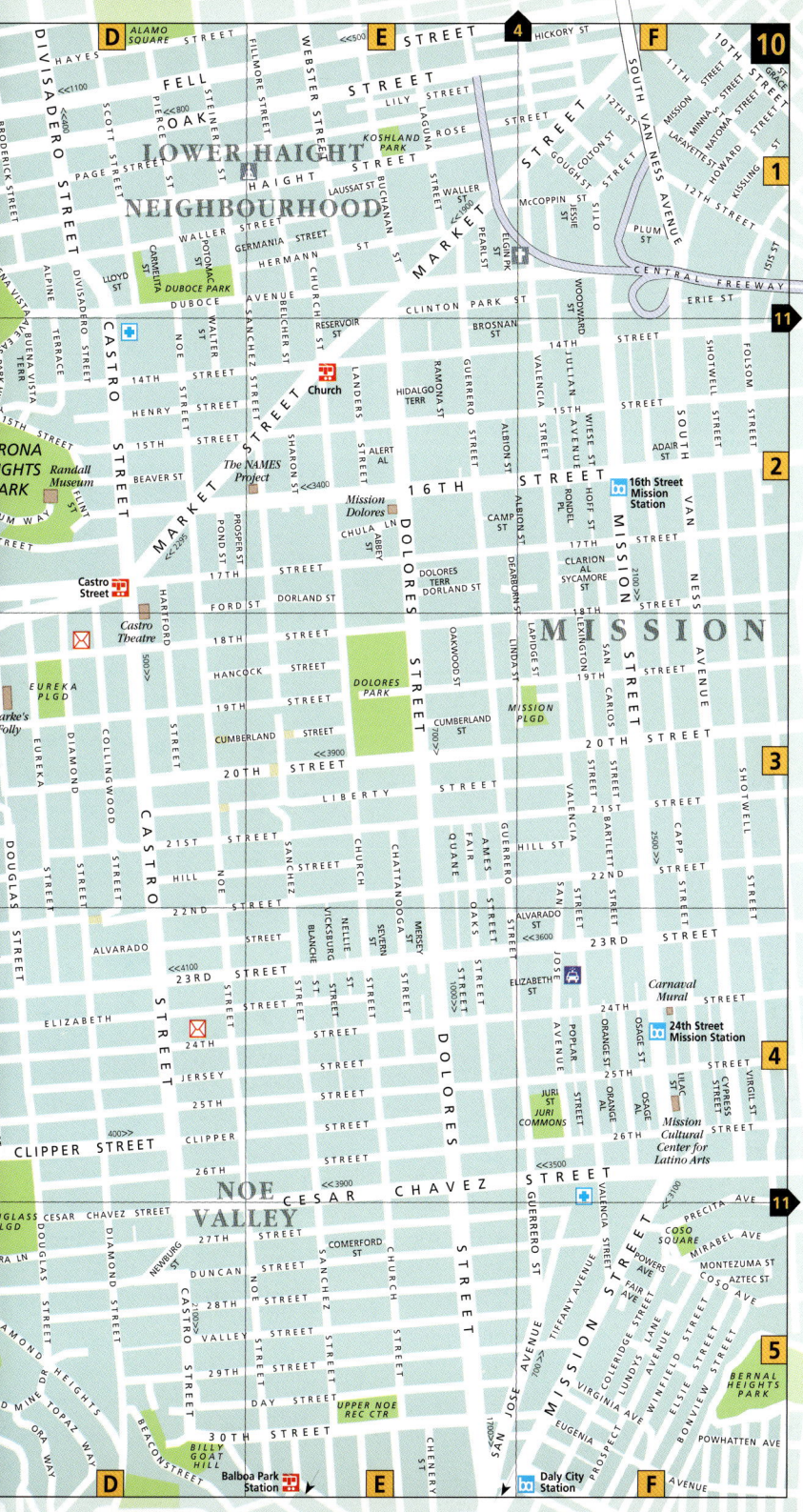

STADTPLAN

Kartenregister

A

Abbey Street	10 E2
Access Road	9 C5
Acorn Alley	5 A4
Ada Court	5 A5
Adair Street	10 F2
Adolph Sutro Street	9 B3
Aerial Way	8 F5
Agua Way	9 B5
Ahlers Court	4 D2
Alabama Street	11 A4
Aladdin Terrace	5 B2
Alameda Street	11 B3
Alamo Square	4 D5
Fortsetzung	10 D1
Albion Street	10 E2
Alcatraz Island	6 F1
Alert Alley	10 E2
Alhambra Street	4 D2
Allen Street	3 B1
Allen Street	4 F2
Fortsetzung	5 A3
Allyne Park	4 E2
Alma Street	9 B2
Almaden Court	3 B5
Aloha Avenue	8 F4
Alpine Terrace	10 D1
Alta Mar Way	7 B1
Alta Plaza	4 D3
Alton Avenue	9 A4
Alvarado Street	9 C4
Amatury Loop	2 F3
Amber Drive	9 C5
American Indian Contemporary Arts Gallery	5 C5
Ames Street	10 E3
Amethyst Way	9 C5
Amtrak Terminal Ticket Office	6 D4
Angelo Rossi Playground	3 B5
Anglo Alley	8 E5
Annapolis Terrace	3 C5
Antonio Street	5 B5
Anza Street	3 A2
Anza Street	3 A5
Fortsetzung	7 B1
Anza Vista Avenue	3 C5
Appleton Street	2 F3
Aquavista Way	9 B4
Argonne Playground	8 E1
Arguello Boulevard	3 A3
Fortsetzung	9 A2
Arguello Park	3 A5
Arkansas Street	11 C4
Armistead Road	2 F2
Ashbury Street	9 C1
Ashbury Terrace	9 C2
Asian Art Museum	8 F2
Auburn Street	5 B3
Austin Street	4 E4
Avery Street	4 D4
Avila Street	4 D1
Aztec Street	10 F5

B

Baker Beach	2 D4
Baker Street	3 C2
Fortsetzung	9 C1
Balboa Street	3 A5
Fortsetzung	7 B1
Balceta Avenue	9 A5
Balmy Street	11 A5
Bank of America	5 C4
Bank of California	5 C4
Bank Street	3 B2
Bannam Place	5 C2
Barcelona Avenue	3 C5
Barnard Avenue	3 B3
Bartlett Street	10 F3
Bartol Street	5 C3
Battery Blaney Road	3 A2
Battery Caulfield Road	2 E4
Battery Chamberlin Road	2 D4
Battery Dynamite Road	2 E3
Battery East Road	2 E2
Battery Saffold Road	2 E3
Battery Street	5 C2
Battery Wagner Road	2 F2
Bay Street	3 C2
Fortsetzung	5 A2
Beach Street	3 C2
Fortsetzung	5 A1
Beacon Street	10 D5
Beale Street	6 D4
Beaumont Avenue	3 B5
Beaver Street	10 D2
Behr Avenue	9 B3
Beideman Street	4 D5
Belcher Street	10 E1
Belgrave Avenue	9 B3
Bell Road	2 F2
Bellair Place	5 B2
Belles Street	2 F4
Belmont Avenue	9 B2
Belvedere Street	9 B1
Bergen Place	4 F1
Fortsetzung	5 A2
Bernal Heights Park	10 F5
Bernard Street	5 A3
Bernice Street	11 A2
Berry Street	11 B2
Beulah Street	9 B2
Bigger Avenue	9 B3
Bill Graham Civic Auditorium	4 F5
Billy Goat Hill	10 D5
Birch Street	4 E5
Birmingham Road	3 B2
Black Place	4 F2
Fortsetzung	5 A3
Blake Street	3 B4
Blanche Street	10 E4
Bliss Road	3 A2
Bluxome Street	11 B2
Boardman Place	11 B2
Bocce Ball Courts	5 B2
Bonita Street	4 F2
Bonview Street	10 F5
Bowley Street	2 E4
Bowling Green Drive	9 A1
Bowman Road	2 E2
Brannan Street	6 E5
Fortsetzung	11 C1
Bret Harte Terrace	4 F1
Fortsetzung	5 A2
Broadway	3 C3
Fortsetzung	5 A3
Broadway Tunnel	4 F3
Fortsetzung	5 A3
Broderick Street	3 C2
Fortsetzung	10 D1
Bromley Place	4 D3
Brooks Street	2 E4
Brosnan Street	10 E2
Brown Street	2 F4
Bryant Street	6 E5
Fortsetzung	11 A2
Buchanan Street	4 D1
Fortsetzung	10 E1
Buena Vista Avenue East	9 C2
Buena Vista Avenue West	9 C2
Buena Vista Park	9 C1
Buena Vista Terrace	10 D2
Buffalo Paddock	7 C2
Burnett Avenue	9 C3
Bush Street	3 C4
Fortsetzung	5 A4

C

Cable Car Barn (Museum)	5 B3
Cabrillo Playground	7 C2
Cabrillo Street	7 B2
Fortsetzung	9 A1
Calhoun Terrace	5 C2

313

California Academy of Sciences	8 F2
California Street	2 D5
Fortsetzung	3 A4 & 5 A4
CalTrain Depot	11 C1
Cameo Way	9 C5
Camp Street	10 E2
Campton Place	5 C4
Canby Street	3 B2
Capp Street	10 F3
Capra Way	4 D2
Carl Street	9 B2
Carmel Street	9 B3
Carmelita Street	10 D1
Carnaval Mural	10 F4
Carnelian Way	9 C4
Carolina Street	11 B4
Casa Way	4 D1
Cascade Walk	8 F4
Caselli Avenue	9 C3
Castenada Avenue	9 A5
Castenda Avenue	8 F5
Castle Street	5 C2
Castro Street	10 D1
Castro Street Station	10 D2
Castro Theatre	10 D2
Cecila Avenue	8 F5
Cedar Street	4 F4
Fortsetzung	5 A5
Central Avenue	9 C1
Central Freeway	10 F1
Fortsetzung	11 A2
Central Magazine Road	2 E3
Central Place	11 C1
Cervantes Boulevard	4 D1
Cesar Chavez Street	10 D5
Fortsetzung	11 A5
Chabot Terrace	3 B5
Chain of Lakes	7 B2
Chain of Lakes Drive East	7 B2
Chain of Lakes Drive West	7 B2
Channel Street	11 B3
Charlton Court	4 E2
Chattanooga Street	10 E3
Chaves Avenue	9 B5
Chenery Street	10 E5
Cherry Street	3 B4
Chestnut Street	3 C2
Fortsetzung	5 A2
Child Street	5 C2
Children's Playground	9 A1
China Basin Street	11 D1
Chinatown Alleys	5 B3
Chinatown Gateway	5 C4
Chinese Historical Society of America	5 C3
Christmas Tree Point Road	9 C3
Christopher Drive	9 A4
Chula Lane	10 E2
Church of Saint Mary the Virgin	4 D3
Church Station	10 E2
Church Street	10 E1
Churchill Street	5 B3
Circle Gallery	5 C4
City Hall	4 F5
Cityview Way	9 B4
Civic Center Station	11 A1
Clairview Court	9 B4
Clara Street	11 B1
Claredon Avenue	9 A4
Claremont Boulevard	9 A5
Clarion Alley	10 F2
Clark Street	3 B3
Clarke's Folly	10 D3
Claude Lane	5 C4
Clay Street	3 B4
Fortsetzung	5 A4
Clayton Street	9 B1
Cleary Court	4 E4
Clement Street	1 C5
Fortsetzung	3 A5
Clementina Street	6 D5
Fortsetzung	11 A2
Cliff House	7 A1
Clifford Terrace	9 C2
Clinton Park Street	10 E1
Clipper Street	9 C5
Club Fugazi	5 B3
Clyde Street	11 C1
Codman Place	5 B3
Cohen Place	5 B5
Coit Tower	5 C2
Cole Street	9 B1
Coleridge Street	10 F5
Colin P. Kelly Junior Street	11 C1
Collingwood Street	10 D3
Collins Street	3 B4
Colton Street	10 F1
Columbarium	3 B5
Columbia Square Street	11 B1
Columbus Avenue	5 A2
Comerford Street	10 E5
Commonwealth Avenue	3 B4
Compton Road	2 E4
Concourse Drive	8 F2
Connecticut Street	11 C3
Conservatory Drive	9 A1
Conservatory of Flowers	9 A1
Convent of the Sacred Heart	4 D3
Cook Street	3 B5
Coolbrith Park	5 B3
Coral Road	11 B5
Corbett Avenue	9 C3
Cordelia Street	5 B3
Cornwall Street	3 A4
Corona Heights Park	10 D2
Corwin Street	9 C3
Cosmo Place	5 B5
Coso Avenue	10 F5
Coso Square	10 F5
Cottage Row	4 D4
Cowell Place	5 C3
Cowles Street	2 F3
Cragmont Avenue	8 F5
Cranston Road	2 E2
Crestline Drive	9 C4
Crestmont Drive	9 A3
Crissy Field	2 F2
Crissy Field	3 A2
Crocker Galleria	5 C4
Cross Over Drive	8 D2
Crown Terrace	9 C3
Cuesta Court	9 C4
Cumberland Street	10 D3
Custom House Place	5 C3
Cypress Street	10 F4
D	
Daggett Street	11 C3
Dakota Street	11 C5
Dale Place	11 A1
Danvers Street	9 C3
Davis Street	6 D3
Dawnview Way	9 C4
Day Street	10 D5
De Boom Street	6 E5
De Haro Street	11 B3
de Young	8 F2
Dearborn Street	10 E2
Deems Road	3 A3
Del Sur Avenue	9 B5
Dellbrook Avenue	9 B3
Delmar Street	9 C2
Delvale Drive	9 B5
Deming Street	9 C3
Dent Road	2 F3
Devonshire Way	9 A4
Dewey Boulevard	9 A5
Dewitt Road	3 C2
Diamond Heights	9 C5
Diamond Street	10 D3
Divisadero Street	3 C2
Fortsetzung	10 D1
Division Street	11 B2
Dolores Park	10 E3
Dolores Street	10 E2
Dolores Terrace	10 E2
Dorantes Avenue	9 A5
Dore Street	11 A2
Doric Alley	5 B3
Dorland Street	10 E2
Douglas Street	10 D3
Douglass Playground	10 D5
Douglass Street	10 D2
Dove Loop	2 E3
Dow Place	6 D5
Downey Street	9 C2
Doyle Drive	3 A2
Drumm Street	6 D3
Duboce Avenue	10 D1
Duboce Park	10 D1
Duncan Street	9 C5
Dunnes Alley	5 C3
Dupont Playground	2 D5
E	
Eagle Street	9 C3
Eaglemere Court	9 A3
East West Bank	5 C3
Eastman Street	4 F2
Fortsetzung	5 A3
Eaton Place	5 B3
Eddy Street	4 D5
Fortsetzung	5 A5
Edgehill Way	9 A5
Edgewood Avenue	9 B2
Edie Road	3 B2
Edward Street	3 B5
Eight Avenue	2 F5
Eighteenth Avenue	2 E5
Fortsetzung	8 E1
Eighteenth Street	9 C3
Fortsetzung	11 A4
Eighth Avenue	3 A4
Fortsetzung	8 F1
Fortsetzung	9 A2
Eighth Street	11 A1
El Camino del Mar	1 B5
El Polin Loop	3 B3
Eleventh Avenue	2 F5
Fortsetzung	8 F1
Eleventh Street	10 F1
Elgin Park Street	10 E1
Elizabeth Street	10 D4
Elk Glen Lake	8 E2
Elkhart	6 E4
Ellis Street	4 D5
Fortsetzung	5 A5
Elm Street	4 F5
Elsie Street	10 F5
Embarcadero Center	6 D3
Embarcadero Freeway	11 C3

KARTENREGISTER

Embarcadero North Street	5 A1
Embarcadero Plaza Park	6 D3
Embarcadero Station	6 D4
Emerson Street	3 C4
Encanto Avenue	3 C5
Encline Crescent	9 C5
Erie Street	10 F1
Erkson Court	4 D4
Essex Street	6 D5
Euclid Avenue	3 B4
Eugenia Avenue	10 F5
Eureka Place	4 F4
Fortsetzung	5 A4
Eureka Playground	10 D3
Eureka Street	10 D3
Evans Avenue	11 C5
Evelyn Way	9 B5
Ewing Terrace	3 C5

F

F. Norris Street	4 F4
Fortsetzung	5 A4
Fair Avenue	10 F5
Fair Oaks Street	10 E3
Fairmont Hotel	5 B4
Fallon Place	5 B3
Fanning Way	8 F5
Farnsworth Lane	9 B2
Farview Court	9 B3
Fell Street	9 B1
Fern Street	4 E4
Fortsetzung	5 A5
Fernandez Street	3 B3
Ferry Building	6 E3
Fielding Street	5 B2
Fifteenth Avenue	2 F5
Fortsetzung	8 F1
Fifteenth Street	10 D2
Fortsetzung	11 A3
Fifth Avenue	3 A4
Fortsetzung	9 A1
Fifth Street	11 B1
Filbert Steps	5 C2
Filbert Street	3 C3
Fortsetzung	5 A2
Fillmore Street	4 D1
Fortsetzung	10 E1
Finley Road	3 A4
First Street	6 D4
Fisher Loop	3 A2
Flint Street	10 D2
Florence Street	5 B3
Florida Street	11 A3
Fly Casting Pool	7 C2
Folsom Street	6 D5
Fortsetzung	10 F2
Fortsetzung	11 A3
Ford Street	10 D2

Forest Hill Station	9 A4
Forest Knolls Drive	9 B4
Fort Mason (Golden Gate National Recreation Area)	4 E1
Fort Point	2 E1
Fortieth Avenue	7 B1
Fortuna Avenue	3 C5
Forty-eighth Avenue	7 A1
Forty-fifth Avenue	7 B1
Forty-first Avenue	7 B1
Forty-fourth Avenue	7 B1
Forty-second Avenue	7 B1
Forty-seventh Avenue	7 B1
Forty-sixth Avenue	7 B1
Forty-third Avenue	7 B1
Fountain Street	9 C4
Fourteenth Avenue	2 F5
Fortsetzung	8 F1
Fourteenth Street	10 D2
Fourth Avenue	3 A4
Fortsetzung	9 A1
Fourth Street	5 C5
Fortsetzung	11 B1
Fowler Avenue	9 B5
Fraenkel Gallery	5 C5
Francisco Street	3 C2
Franklin Square	11 A3
Franklin Street	4 E1
Frederick Street	9 B2
Freelon Street	11 C1
Fremont Street	6 D4
French Court	3 B2
Fresno Street	5 C3
Friends of Photography Gallery	5 C5
Fortsetzung	11 B1
Front Street	6 D2
Fulton Playground	8 D2
Fulton Street	4 E5
Fulton Street	7 B2
Fortsetzung	9 A1
Funston Avenue	2 F5
Fortsetzung	8 F1
Funston Avenue	3 B3

G

Garcia Avenue	9 A5
Garden Side Drive	9 C4
Garden Street	4 D4
Garfield Square	11 A5
Geary Boulevard	3 A5
Fortsetzung	7 A1
Geary Street	4 E4
Fortsetzung	5 A5
General Kennedy Avenue	3 B2

Genoa Place	5 C2
George Christopher Playground	9 C5
George R. Moscone Recreation Center	4 D2
Germania Street	10 D1
Ghirardelli Square	4 F1
Gibbon Court	3 C3
Gibson Road	2 D4
Gilbert Street	11 B2
Girard Road	3 B2
Gladeview Way	9 B4
Glen Canyon Park	9 C5
Glenbrook Avenue	9 B3
Glendale Street	9 C3
Glenview Drive	9 C4
Glover Street	4 F3
Fortsetzung	5 A3
Gold Street	5 C3
Golden Court	5 A4
Golden Gate Avenue	3 C5
Fortsetzung	11 A1
Golden Gate Bridge	2 E1
Golden Gate Bridge Freeway	2 E2
Golden Gate Fortune Cookies	5 C3
Golden Gate Park	7 C2
Golden Gate Park Golf Course	7 B2
Goldmine Drive	10 D5
Gorgas Avenue	3 B2
Goslinsky House	3 C3
Gough Street	4 E2
Fortsetzung	10 F1
Grace Cathedral	5 B4
Grace Street	10 F1
Fortsetzung	11 A2
Graham Street	3 B2
Grand View Avenue	9 C4
Grand View Park	8 F4
Grand View Terrace	9 C3
Grant Avenue	5 B1
Granville Way	9 A5
Grattan Street	9 B2
Grattan Playground	9 B2
Graystone Terrace	9 C3
Great American Music Hall	4 F4
Fortsetzung	5 A5
Great Highway	7 A2
Green Street	3 C3
Fortsetzung	5 A3
Greenough Avenue	2 E3
Greenview Court	9 B4
Greenwich Steps	5 C2
Greenwich Street	3 C2
Fortsetzung	5 A2
Greyhound Bus Depot	6 D4

Grote Place	6 D5
Grove Street	4 E5
Fortsetzung	9 B1
Guerrero Street	10 E2
Gump's	5 C4
Guy Place	6 D5

H

Haas-Lilienthal House	4 E3
Haight Street	9 B1
Hall of Justice	11 B2
Hallam Street	11 A2
Halleck Street	3 B2
Hamilton Street	2 F2
Hamlin Street	5 A3
Hampshire Street	11 A3
Hampton Place	6 D5
Hancock Street	10 D3
Harriet Street	11 A1
Harrison Boulevard	2 E3
Harrison Street	6 D5
Fortsetzung	11 A2
Hartford Street	10 D2
Hattie Street	9 C3
Havens Street	5 A3
Hawthorne Street	6 D5
Hayes Street	4 E5
Fortsetzung	9 B1
Hays Street	2 E4
Hayward Playground	4 E5
Heather Avenue	3 B4
Helen Street	5 A4
Hemlock Street	4 F4
Fortsetzung	5 A5
Henry Street	10 D2
Hermann Street	10 E1
Hernandez Avenue	9 A5
Hickory Street	10 E1
Hicks Road	3 A3
Hidalgo Terrace	10 E2
High Street	9 C4
Highway 1	2 F3
Hill Street	10 D3
Hillpoint Avenue	9 B2
Hillway Avenue	9 B2
Hitchcock Street	2 E3
Hobart Alley	5 B4
Hodges Alley	5 C3
Hoff Street	10 F2
Hoffman Avenue	9 C4
Hoffman Street	2 F2
Holland Court	5 C5
Fortsetzung	11 B1
Hollis Street	4 E4
Holy Virgin Cathedral	8 D1
Homestead Street	10 D4
Hooker Alley	5 B4

STADTPLAN

Hooper Street	11 B3	John F. Kennedy		Larkin Street	4 F2	**M**
Hopkins Avenue	9 C4	Drive	7 A2	*Fortsetzung*	5 A2	
Horace Street	11 A5	*Fortsetzung*	9 A1	Laskie Street	11 A1	MacArthur Avenue 3 B3
Hotaling Place	5 C3	John McLaren		Laurel Street	3 B4	Macondray Lane 4 F2
Howard Road	2 E5	Lodge	9 B1	Laussat Street	10 E1	*Fortsetzung* 5 A3
Howard Street	5 C5	John Street	5 B3	Lawton Street	7 B4	Macrae Street 3 B3
Fortsetzung	10 F1	Johnstone Drive	9 B3	Leavenworth Street	4 F2	Macy's 5 C5
Fortsetzung	11 A1	Jones Street	4 F2	*Fortsetzung*	5 A2	Madera Street 11 C4
Hubbell Street	11 C3	*Fortsetzung*	5 A2	Legion of Honor	1 C5	Magellan Avenue 9 A5
Hugo Street	9 A2	Jordan Avenue	3 B4	Legion of Honor		Magnolia Street 4 D2
Hunter Road	2 E3	Juanita Way	9 B5	Drive	1 C5	Main Street 6 D4
Huntington Park	5 B4	Judah Street	7 B3	Leroy Place	5 A4	Malden Alley 6 D5
Hyatt Regency		Julia Street	11 A1	Letterman Drive	3 B2	Mallard Lakes 8 D3
Hotel	6 D3	Julian Avenue	10 F2	Levant Street	9 C2	Mallorca Way 4 D2
Hyde Street	4 F2	Julius Castle	5 C2	Levi's Plaza	5 C2	Manzanita	
Fortsetzung	5 A2	Julius Street	5 C2	Lexington Street	10 F3	Avenue 3 B4
Hyde Street Pier	4 F1	Juniper Street	11 A2	Liberty Street	10 E3	Maple Street 3 B4
		Juri Commons	10 F4	Liggett Avenue	3 B3	Marcela Avenue 9 A4
		Juri Street	10 F4	Lilac Street	10 F4	Marietta Drive 9 B5
I		Justin Herman Plaza	6 D3	Lily Pond	9 A1	Marin Street 11 B5
Icehouse Alley	5 C2			Lily Street	10 E1	Marina Boulevard 3 C1
Idora Avenue	9 A5			Linares Avenue	9 A4	Marina Green 4 D1
Illinois Lane	5 C3	**K**		Lincoln Boulevard	2 E5	Marina Green	
Illinois Street	11 D3	Kansas Street	11 B3	*Fortsetzung*	3 A2	Drive 4 D1
Indiana Street	11 C5	Kearny Street	5 C1	Lincoln Park	1 B5	Marine Drive 2 E2
Infantry Terrace	3 A3	Kensington Way	9 A5	Lincoln Park Municipal		*Fortsetzung* 3 A2
Iris Avenue	3 B4	Keyes Avenue	3 B2	Golf Course	1 C5	Marion Place 5 A2
Irving Street	7 B3	Kezar Drive	9 A2	Lincoln Way	7 B3	Mariposa Street 11 A3
Fortsetzung	9 A2	Kezar Stadium	9 B2	*Fortsetzung*	9 A2	Maritime Plaza 6 D3
Irwin Street	11 B3	King Street	11 C2	Linda Street	10 E3	Mark Hopkins Inter-	
Isis Street	10 F1	Kirkham Street	7 B4	Linden Street	4 E5	Continenental	
Fortsetzung	11 A2	*Fortsetzung*	9 A3	Livingston Street	3 A2	Hotel 5 B4
		Kissling Street	10 F1	Lloyd Lake	8 E2	Market Street 5 C5
		Fortsetzung	11 A2	Lloyd Street	10 D1	*Fortsetzung* 9 C4
J		Kittredge Terrace	3 B5	Locksley Avenue	9 A3	*Fortsetzung* 11 A1
J. Rolph Playground	11 B5	Knollview Way	9 B4	Locust Street	3 B4	Mars Street 9 C3
Jackson Park	11 B3	Kobbe Avenue	2 E3	Lombard Street	3 B3	Marshall Street 3 B1
Jackson Square		Kong Chow Temple	5 B4	*Fortsetzung*	5 A2	Martin Luther King	
Historical District	5 C3	Koshland Park	10 E1	Lomita Avenue	8 F4	Junior Drive 7 A3
Jackson Street	3 B4			Lone Mia Terrace	3 B5	*Fortsetzung* 9 A2
Fortsetzung	5 A3			Long Avenue	2 F2	Martinez Street 3 B2
James D Phelan		**L**		Longview Court	9 B4	Marvel Court 1 C5
Beach State Park	2 D4	La Playa Street	7 A1	Lopez Avenue	9 A5	Marview Way 9 B3
James Lick Freeway	11 B3	Lafayette Park	4 E3	Loraine Court	3 B5	Marx Meadow	
James Lick Skyway	11 B2	Lafayette Street	10 F1	Louise M. Davies		Drive 8 D2
Jansen Street	5 B2	Laguna Honda	9 A4	Symphony Hall	4 F5	Mary Street 11 B1
Japan Center	4 E4	Laguna Honda		Lovers Lane	3 B2	Mason Street 3 A2
Japanese Tea		Boulevard	9 A3	Lower Terrace	9 C2	Mason Street 5 B2
Garden	8 F2	Laguna Honda		Lower Vista		Masonic Avenue 3 C4
Jason Court	5 C3	Hospital	9 B4	Terrace	9 C2	*Fortsetzung* 9 C1
Jauss Street	3 B1	Laguna Street	4 E1	Lucky Street	11 A5	Mauldin Street 2 F2
Java Street	9 C2	*Fortsetzung*	10 E1	Lundeen Street	3 B1	Mayfair Drive 3 B4
Jefferson Square	4 E5	Lake Street	2 D5	Lundys Lane	10 F5	McAllister Street 3 C5
Jefferson Street	3 C2	*Fortsetzung*	3 A4	Lupine Avenue	3 C4	*Fortsetzung* 9 A1
Fortsetzung	5 A1	Land's End	1 B5	Lurline Street	8 F3	McArthur Avenue 4 E1
Jersey Street	10 D4	Landers Street	10 E2	Lurmont Terrace	5 A2	McCoppin Street 10 F1
Jessie Street	4 F5	Langdon Court	2 E2	Lusk Street	11 C1	McDowell Avenue 2 F3
Fortsetzung	11 A1	Langton Street	11 A1	Lynch Street	4 F3	McKinley Square 11 B4
Jessie Street	10 F1	Lansing Street	6 D5	*Fortsetzung*	5 A3	McLaren Avenue 2 D5
John Berggruen		Lapidge Street	10 F3	Lyon Street	3 C2	Meacham Place 5 A5
Gallery	5 C4	Larch Street	4 F5	*Fortsetzung*	9 C1	Mendosa Avenue 9 A4

KARTENREGISTER

Merced Avenue	9 A5
Merchant Road	2 E2
Merchant Street	5 C3
Merchant's Exchange	5 C4
Mersey Street	10 E4
Mesa Avenue	9 A4
Mesa Street	3 B2
Metson Lake	8 D2
Metson Road	7 C3
Midcrest Way	9 B5
Middle Drive East	9 A1
Middle Drive West	7 C3
Middle Street	4 D4
Midtown Terrace Recreation Center	9 B4
Midway Street	5 B1
Miley Street	3 C3
Miller Road	2 E2
Minna Street	5 C5
Fortsetzung	10 F1
Fortsetzung	11 A1
Minnesota Street	11 C5
Mint Street	5 C5
Fortsetzung	11 A1
Mirabel Avenue	10 F5
Mission Cultural Center	10 F4
Mission Dolores	10 E2
Mission Playground	10 F3
Mission Rock Street	11 D2
Mission Street	5 C5
Mission Street	10 F1
Mission Street	11 A1
Mississippi Street	11 C3
Missouri Street	11 C3
Mistral Street	11 A4
Monroe Street	5 C4
Montalvo Avenue	9 A5
Montclair Terrace	4 F2
Montclair Terrace	5 A2
Montezuma Street	10 F5
Montgomery Street	3 A2
Montgomery Street	5 C2
Montgomery Street Station	5 C4
Moraga Street	7 B4
Morage Avenue	3 A2
Morrell Street	4 F3
Fortsetzung	5 A3
Morris Road	2 F3
Morton Street	3 B3
Moscone Convention Center	6 D5
Fortsetzung	11 B1
Moss Street	11 A4
Moulton Street	4 D2
Mount Lane	8 F4
Mount Sutro	9 A3
Mountain Lake	2 F4
Mountain Lake Park	2 F5
Mountain Spring Avenue	9 B3
Mountview Court	9 B5
Mulford Alley	5 B4
Municipal Pier	4 E1
Museum Way	10 D2
Myrtle Street	4 F4
Fortsetzung	5 A5

N

NAMES Project, The	10 D2
Natoma Street	10 F1
Fortsetzung	11 A1
Nauman Road	3 A3
Neiman Marcus	5 C5
Nellie Street	10 E4
Newburg Street	10 D5
Newell Street	5 B2
Nido Avenue	3 C5
Nineteenth Avenue	2 E5
Fortsetzung	8 E1
Nineteenth Street	9 C3
Fortsetzung	11 A4
Ninth Avenue	2 F5
Fortsetzung	8 F1
Fortsetzung	9 A4
Ninth Street	11 A2
Noe Street	10 D2
Norfolk Street	11 A2
Noriega Street	7 B4
North Beach Beat Museum	5 B3
North Beach Playground	5 B2
North Lake Road	7 B2
North Point Street	3 C2
North Point Street	5 A2
Northview Court	4 F1
Number One Market Street	6 D3

O

O'Farrell Street	3 C5
O'Farrell Street	5 A5
O'Reilly Avenue	3 B2
O'Shaughnessy Boulevard	9 B5
Oak Park Drive	9 A4
Oak Street	9 B1
Oakwood Street	10 E3
Ocean Beach	7 A2
Octagon House	4 E2
Octavia Street	4 E2
Old Mason Street	3 A2
Old Saint Mary's Cathedral	5 C4
Old United States Mint	5 C5
Fortsetzung	11 B1
Olive Street	4 F4
Fortsetzung	5 A5
Olympia Way	9 B4
Ora Way	10 D5
Orange Alley	10 F4
Orange Street	10 F4
Ord Court	9 C2
Ord Street	9 C2
Ortega Street	7 B5
Osage Alley	10 F4
Osage Street	10 F4
Osgood Place	5 C3
Otis Street	10 F1
Overlook Drive	8 D2
Owens Street	11 C2

P

Pacheco Street	7 B5
Fortsetzung	9 A4
Pachelo Street	9 A5
Pacific Avenue	3 C3
Fortsetzung	5 A3
Pacific Coast Stock Exchange	5 C4
Pacific Heritage Museum	5 C3
Pacific Telephone Building	6 D5
Pacific Union Club	5 B4
Page Street	9 B1
Palace Drive	3 C2
Palace of Fine Arts und Exploratorium	3 C2
Pali Road	11 B5
Palm Avenue	3 B4
Palo Alto Avenue	9 B3
Panhandle	9 C1
Panorama Drive	9 B4
Pardee Alley	5 B2
Park Boulevard	2 F3
Park Hill Avenue	10 D2
Park Presidio Boulevard	2 F5
Fortsetzung	8 F1
Park Presidio By Pass	8 E2
Parker Avenue	3 B4
Parkridge Drive	9 C4
Parnassus Avenue	9 B2
Parsons Street	9 B1
Patten Road	3 A2
Pearce Street	2 F2
Pearl Street	10 E1
Pelton Alley	5 C3
Pena Street	3 B2
Pennington Street	3 A2
Pennsylvania Avenue	11 C4
Perego Terrace	9 C4
Perine Place	4 D4
Pershing Drive	2 E4
Peter York Street	4 E4
Pfeiffer Street	5 B2
Piedmont Street	9 C2
Pier Fifteen	6 D2
Pier Five	6 D3
Pier Forty-five	4 F1
Fortsetzung	5 A1
Pier Forty-one	5 B1
Pier Forty-seven	4 F1
Fortsetzung	5 A1
Pier Forty-three	5 B1
Pier Nine	6 D2
Pier Nineteen	6 D2
Pier One	6 D3
Pier Seven	6 D2
Pier Seventeen	6 D2
Pier Thirty	6 F5
Pier Thirty-eight	6 F5
Pier Thirty-five	5 C1
Pier Thirty-four	6 F5
Pier Thirty-nine	5 B1
Pier Thirty-one	5 C1
Pier Thirty-six	6 E5
Pier Thirty-three	5 C1
Pier Thirty-two	6 F5
Pier Three	6 D3
Pier Twenty-eight	6 F5
Pier Twenty-four	6 E4
Pier Twenty-nine	5 C1
Pier Twenty-seven	6 D2
Pier Twenty-six	6 F4
Pier Twenty-three	6 D2
Pier Two	6 E3
Pierce Street	4 D2
Pierce Street	10 D1
Pine Street	3 C4
Fortsetzung	5 A4
Pino Alley	7 C3
Piper Loop	3 A3
Pixley Street	4 D2
Pleasant Street	5 B4
Plum Street	10 F1
Point Lobos Avenue	7 A1
Polk Street	4 F2
Fortsetzung	5 A3
Polo Fields	7 C2
Pond Street	10 D2
Pope Street	2 E3
Poplar Street	10 F4
Portola Drive	9 B5
Portola Street	3 B3
Post Street	3 C4
Fortsetzung	5 A5
Potomac Street	10 D1
Potrero Avenue	11 A3

Potrero Del Sok Park	11 B5	Riley Avenue	3 A2
Potrero Hill Playground	11 C4	Rincon Center	6 E4
Powell Street	5 B1	Rincon Street	6 E5
Powell Street Cable-Car-Drehscheibe	5 B5	Ringold Street	11 A2
Powell Street Station	5 C5	Ripley's Believe It Or Not! Museum	4 F1
Powers Avenue	10 F5	*Fortsetzung*	5 A1
Powhatten Avenue	10 F5	Ritch Street	11 C1
Prado Street	3 C1	Rivera Street	7 C5
Pratt Place	5 B4	Rivoli Street	9 B2
Precita Avenue	10 F5	Roach Street	5 B2
Prescott Court	5 C3	Rochambeau Playground	2 D5
Presidio Army Golf Course	2 F4	Rockaway Avenue	9 A5
Fortsetzung	3 A3	Rockdale Drive	9 B5
Presidio Avenue	3 C3	Rockridge Drive	8 F5
Presidio Boulevard	3 B2	Rod Road	2 F3
Presidio Museum	3 B2	Rodgers Street	11 A2
Presidio Officers' Club	3 A2	Rodriguez Street	3 B3
Presidio Terrace	3 A4	Romain Street	9 C3
Priest Street	5 B4	Rondel Place	10 F2
Prospect Avenue	10 F5	Roosevelt Way	9 C2
Prosper Street	10 D2	Rose Street	10 E1
		Roselyn Terrace	3 C5
		Rossi Avenue	3 B5
Q		Ruckman Avenue	2 F3
Quane Street	10 E3	Ruger Street	3 C3
Quarry Road	3 B3	Russ Street	11 A1
Queen Wilhelmina Tulip Gardens	7 A2	Russian Hill Park	4 F2
Quintara Street	7 B5	*Fortsetzung*	5 A2
R		**S**	
Racoon Drive	9 C3	Sacramento Street	3 B4
Radio Terrace	8 F5	*Fortsetzung*	5 A4
Ralston Avenue	2 E2	Safira Lane	10 D5
Ramona Street	10 E2	Saint George Alley	5 C4
Rausch Street	11 A1	Saint Germain Avenue	9 B3
Rawles Street	3 C3	Saint Ignatius Church	9 B1
Raycliff Terrace	3 C3	Saint Joseph's Avenue	3 C5
Recreation Grounds	9 A2	Saint Mary's Cathedral	4 E4
Red Rock Way	9 C5	Saint Mary's Square	5 C4
Redwood Street	4 F5	Saints Peter and Paul Church	5 B2
Reed Street	4 F3	Saks	5 C4
Fortsetzung	5 A4	Sal Street	3 B2
Reservoir	9 B3	Salmon Street	5 B3
Reservoir	9 B5	San Bruno Avenue	11 B4
Reservoir Street	10 E2	San Carlos Street	10 F3
Retiro Way	4 D2	San Francisco Art Institute	4 F2
Rhone Island Street	11 B2	*Fortsetzung*	5 A2
Richard Spreckels Mansion	9 C2	San Francisco Arts Commission Gallery	4 F5
Richardson Avenue	3 C2	San Francisco Center	5 C5
Richmond Playground	2 E5	San Francisco General Hospital	11 B4
Rico Way	4 D1		

San Francisco Main Library	4 F5	Sheraton Palace Hotel	5 C4
San Francisco Museum of Modern Art (SFMOMA)	6 D5	Sheridan Avenue	3 A2
		Sheridan Street	11 A2
		Sherman House	4 D3
San Francisco National Maritime Museum	4 E1	Sherman Road	3 B3
		Sherman Street	11 B1
San Francisco National Military Cemetery	3 A2	Shipley Street	11 B1
		Shore View Avenue	7 C1
		Short Street	9 C3
San Francisco New Public Library	4 F5	Shotwell Street	10 F2
Fortsetzung	11 A1	*Fortsetzung*	11 A4
San Francisco Oakland–Bay Bridge	6 E4	Shrader Street	9 B1
		Sibert Loop	3 A3
		Sibley Road	3 B3
San Francisco Visitors Information Center	5 B5	Sierra Street	11 C4
		Simonds Loop	3 B3
		Sixteenth Avenue	2 E5
San Jose Avenue	10 F4	*Fortsetzung*	8 E1
San Marcos Avenue	9 A5	Sixteenth Street	10 E2
Sanches Street	3 B3	*Fortsetzung*	11 A3
Sanchez Street	10 E1	Sixteenth Street Mission Station	10 F2
Sansome Street	5 C2		
Santa Rita Avenue	9 A5	Sixth Avenue	3 A4
Saturn Street	9 C2	*Fortsetzung*	9 A1
Scenic Way	2 D4	Sixth Street	11 A1
Schofield Road	2 F3	Skyview Way	9 B4
Scott Street	3 C2	Sola Avenue	9 A4
Fortsetzung	10 D1	Sonoma Street	5 C2
Sea Cliff Avenue	2 D5	Sotelo Avenue	9 A4
Seal Rock Drive	7 A1	South Park	11 C1
Seal Rocks	7 A1	South Van Ness Avenue	10 F1
Seaview Terrace	2 D5	Southard Place	4 F2
Second Avenue	3 A4	*Fortsetzung*	5 A2
Fortsetzung	9 A1	Southern Heights Avenue	11 B4
Second Street	6 D5		
Selma Way	8 F4	Southern Pacific Railroad	11 C2
Sergeant John McAuley Park	4 F4	Spear Street	6 E4
		Spreckels Lake	7 C2
Fortsetzung	5 A5	Spreckels Lake Drive	7 C2
Sergeant Mitchell Street	3 B1		
		Spreckels Mansion	4 E3
Seventeenth Avenue	2 E5	Spruce Street	3 B4
Fortsetzung	8 E1	Stanford Street	11 C1
Seventeenth Street	9 B3	Stanyan Street	3 B5
Fortsetzung	11 B3	*Fortsetzung*	9 B1
Seventh Avenue	3 A4	Starr King Way	4 F4
Fortsetzung	9 A1	Starview Way	9 B4
Seventh Street	11 A1	States Street	9 C2
Severn Street	10 E4	Steiner Street	4 D4
Seward Street	9 C3	*Fortsetzung*	10 D1
Seymour Street	4 D5	Steuart Street	6 E4
Shafter Road	3 B3	Steveloe Place	5 B5
Shakespeare Garden	8 F2	Stevenson Street	6 D4
		Fortsetzung	11 A1
Shannon Street	5 B5	Stillman Street	6 D5
Sharon Street	10 E2	*Fortsetzung*	11 C1
Sheldon Street	8 F4	Stillwell Road	2 E4
		Stockton Street	5 B1

KARTENREGISTER

Stockton Tunnel	5 C4	Thirty-fourth		Twenty-fourth		Uranus Terrace	9 C3
Stone Street	2 E2	Avenue	7 C1	Avenue	2 D5	USS *Pampanito*	4 F1
Stone Street	5 B3	Thirty-ninth		*Fortsetzung*	8 D1	*Fortsetzung*	5 A1
Storey Avenue	2 E2	Avenue	7 C1	Twenty-fourth		Utah Street	11 B3
Stow Lake	8 E2	Thirty-second		Street	10 D4		
Stow Lake Drive	8 E2	Avenue	1 C5	*Fortsetzung*	11 A5	**V**	
Strawberry Hill	8 E2	*Fortsetzung*	7 C1	Twenty-fourth			
Strybing Arboretum	8 F2	Thirty-seventh		Street Mission		Valencia Street	10 F2
Summer Avenue	3 B2	Avenue	7 C1	Station	10 F4	Vallejo Street	3 B2
Sumner Street	11 A1	Thirty-sixth Avenue	7 C1	Twenty-ninth		Vallejo Street	4 D3
Sunset Boulevard	7 C4	Thirty-third Avenue	7 C1	Avenue	2 D5	*Fortsetzung*	5 A3
Sunset Heights Park	8 F5	Thomas Avenue	3 A3	*Fortsetzung*	8 D1	Vallejo Street	
Sunset Playground	8 D4	Thornburg Road	3 B2	Twenty-ninth		Stairway	5 B3
Sunset Reservoir	8 D5	Tiffany Avenue	10 F5	Street	10 D5	Valley Street	10 D5
Sunview Drive	9 C5	Tin How Temple	5 C3	Twenty-second		Valparaiso Street	5 B2
Sutro Heights		Toledo Way	4 D2	Avenue	2 E5	Van Ness Avenue	4 E1
Avenue	7 A1	Topaz Way	10 D5	*Fortsetzung*	8 E1	*Fortsetzung*	5 A5
Sutro Heights Park	7 A1	Torney Avenue	3 B2	Twenty-second		Van Ness Station	10 F1
Sutro Tower	9 B3	Townsend Street	11 B2	Street	10 D4	Vandewater Street	5 B2
Sutter Street	3 C4	Tracy Place	5 B3	*Fortsetzung*	11 A4	Varennes Street	5 C2
Fortsetzung	5 A5	Trainor Street	10 F1	Twenty-second		Varney Place	11 C1
Sycamore Street	10 F2	*Fortsetzung*	11 A3	Street Station	11 C4	Vasquez Avenue	9 A5
		Transamerica		Twenty-seventh		Vedanta Temple	4 D2
T		Pyramid	5 C3	Avenue	2 D4	Vega Street	3 C5
		Transbay Terminal	6 D4	*Fortsetzung*	8 D1	Venard Alley	5 B2
Taber Place	11 C1	Transverse Drive	8 E2	Twenty-seventh		Ventura Avenue	9 A4
Tamalpais Terrace	3 C5	Treat Avenue	11 A3	Street	10 D5	Vermont Street	11 B3
Tank Hill Park	9 C3	Trenton Street	5B3	Twenty-sixth		Veronica Place	6 D5
Taylor Road	3 A2	Trinity Street	5 C4	Avenue	2 D4	Veterans	
Taylor Street	4 F1	Troy Alley	4 F3	*Fortsetzung*	8 D1	Building	4 F5
Fortsetzung	5 A1	*Fortsetzung*	5 A4	Twenty-sixth Street	10 D4	Vicksburg Street	10 E4
Tea Garden Drive	8 F2	Truby Street	3 C2	*Fortsetzung*	11 A5	Villa Terrace	9 C3
Tehama Street	6 D5	Tubbs Street	11 D4	Twenty-third		Vinton Court	5 C4
Fortsetzung	11 A2	Turk Street	3 C5	Avenue	2 E5	Virgil Street	10 F4
Telegraph Hill Park	5 C2	*Fortsetzung*	5 B5	*Fortsetzung*	8 E1	*Fortsetzung*	11 A5
Temescal Terrace	3 B5	*Fortsetzung*	11 A1	Twenty-third Street	10 D4	Virginia Avenue	10 F5
Temple Emanu-El	3 A4	Turquoise Way	9 C5	*Fortsetzung*	11 A5	Vision Gallery	11 A1
Temple Street	9 C2	Twelfth Avenue	2 F5	Twin Peaks	9 C4	Vista Court	3 B3
Tennessee Street	11 D4	*Fortsetzung*	8 F1	Twin Peaks		Vista Lane	9 C4
Tenth Avenue	2 F5	Twelfth Street	10 F1	Boulevard	9 B4		
Fortsetzung	8 F1	Twentieth Avenue	2 E5	Twin Peaks		**W**	
Tenth Street	10 F1	*Fortsetzung*	8 E1	Reservoir	9 B3		
Fortsetzung	11 A2	Twentieth Street	10 D3			Waldo Alley	5 A3
Teresita Boulevard	9 B5	*Fortsetzung*	11 A4	**U**		Wallen Court	3 B3
Terra Vista Avenue	3 C5	Twenty-eighth				Waller Street	9 B2
Texas Street	11 C5	Avenue	2 D5	Ulloa Street	9 A5	Walnut Street	3 C4
The Cannery	4 F1	*Fortsetzung*	8 D1	Union Square	5 C5	Walter Street	10 D1
Fortsetzung	5 A1	Twenty-eighth		Union Street	3 C3	War Memorial	
The Embarcadero	5 C1	Street	10 D5	*Fortsetzung*	5 A3	Opera House	4 F5
Third Avenue	3 A4	Twenty-fifth		University of		Warner Place	5 A3
Fortsetzung	9 A1	Avenue	2 D4	California Medical		Warren Drive	9 A3
Third Street	5 C5	*Fortsetzung*	8 D1	Center	9 A2	Washburn Street	11 A2
Fortsetzung	11 D2	Twenty-fifth		University of		Washington	
Thirtieth Avenue	2 D5	Avenue North	2 D4	San Francisco	3 B5	Boulevard	2 E3
Fortsetzung	8 D1	Twenty-fifth Street	10 D4	Upper Noe		*Fortsetzung*	3 A3
Thirtieth Street	10 D5	*Fortsetzung*	11 A5	Recreation		Washington Square	5 B2
Thirty-eighth		Twenty-first		Center	10 E5	Washington Street	3 B4
Avenue	7 C1	Avenue	2 E5	Upper Service		*Fortsetzung*	5 A4
Thirty-fifth Avenue	7 C1	*Fortsetzung*	8 E1	Road	9 A3	Water Street	5 B2
Thirty-first Avenue	2 D5	Twenty-first Street	10 D3	Upper Terrace	9 C2	Wave Organ	4 D1
Fortsetzung	8 D1	*Fortsetzung*	11 A4	Upton Avenue	2 F3	Wax Museum	5 B1

Wayne Place	5 B3	Westin Saint		Winn Way	3 C2	**Y**	
Webb Place	5 B3	Francis Hotel	5 B5	Winthrop Street	5 C2	Yacht Road	3 C1
Webster Street	4 D1	Wetmore Street	5 B3	Wisconsin Street	11 B4	Yerba Buena	
Fortsetzung	10 E1	White Street	5 A3	Wood Street	3 C4	Gardens	5 C5
Wedemeyer Street	2 E4	Whiting Street	5 C2	Woodhaven Court	9 B3	York Street	11 A4
Wells Fargo		Wiese Street	10 F2	Woodland Avenue	9 B2	Young Street	3 B2
History Museum	5 C4	Willard Street	9 B2	Woodside Avenue	9 A5	Yukon Street	9 C3
Welsh Street	11 C1	Willard Street		Woodward Street	10 F1		
West Broadway	3 C3	North	3 B5	Wool Court	2 F3		
West Clay Street	2 D5	Willow Street	4 F5	World Trade Center	6 E3	**Z**	
West Pacific Avenue	3 A4	*Fortsetzung*	5 A5	Worth Street	10 D4		
West Sunset		Wilmot Street	4 D4	Wright Loop	2 F3	Zeno Place	6 E4
Playground	7 C5	Winfield Street	10 F5	Wyman Avenue	2 F5	Zoe Street	11 C1

Textregister

Seitenzahlen in **Fettdruck** verweisen auf den Haupteintrag.

17-Mile Drive 187
49-Meilen-Rundfahrt 54f
49ers 50
555 California
    Detailkarte 108

A

Abakanowicz, Magdalena
    Four on a Bench 118
Abstecher **158–169**
Academy Store 248f
Achenbach Foundation 38, 156
Acrimony 251
AcroSports 275
Actors Theater of San Francisco 263
Adams, John 264
Adidas 252f
Adolph Gasser 256f
AF Morrison Memorial Library 176
African Outlet 255
Afroamerikaner 41
Ahwahnee Hotel 200
Aids 43
AIDS Memorial Quilt 136
Alamo Square **129**, 135
    Viktorianische Häuser 46
Alcatraz Cruises 85, 299 39, 254
Alcatraz Island 11, 82, **84–87**
    Berühmte Insassen 87
    Filmschauplatz 262
    Gefängnis 84–87
    Gefängnishof 85
    Infobox 85
    Leuchtturm 84
    Zeitskala 86
    Zellenblock 86
Alexander Books 254f
Ali Baba's Cave 235
All About Chinatown Tours 293
All American Boy 252f
Alla Prima Fine Lingerie 252
Alpine Meadows 272
Alta Plaza **73**
    Detailkarte 70
Alta Plaza Park
    Filmschauplatz 262
Alte Frau (de la Tour) 155
Alvarado, Juan Batista 25
AMC 1000 Van Ness 262f
AMC Kabuki 128, 262f
AMC Loews Metreon 16, 262f
American Child Care Services, Inc. 274
American Conservatory Theater 263
American Express 284f
American Football 272
    49ers 50
    The Big Game 50
Amerikanische Indianer 22
Amoeba Music 254f

AMSI 208f
Amtrak 290f
Anchor Steam Beer 227
Anchorage (Shopping-Center) 80
Angel Island **161**
Anglin Brothers 87
Ann Taylor (Laden) 252f
Año Nuevo State Park 186
Anreise **288–291**
Anthropologie 252f
Antiquitätenläden 248f, 254f
Apartments 208f
Apotheken 283
Apple Cider Press (Shields-Clarke) 145
Apple Computer 33
Applegarth, George
    Legion of Honor 72, 156
    Spreckels Mansion 72
Aquatic Park 171
    Spaziergang 172f
Architektur **44–47**, 76f
    Highlights 44f
    Museum of Modern Art 120f
    siehe auch Arts-and-Crafts-Stil; Beaux-Arts-Stil
»Arks«, Tiburon 141
Armani 250f
Art déco
    1360 Montgomery Street 91
    450 Sutter Street. 47
Arts-and-Crafts-Stil 46, 74
Asawa, Ruth, Skulpturen 128
Ashkenaz Music & Dance Café 267
Asian Art Museum 10, 37f, 126
    Detailkarte 125
    Gemälde und Skulpturen 38
    Laden 249
ATMs (Automated teller machines/ Geldautomaten) 284
AT&T 287
AT&T Park 33, 49, 259, 272f
Audio-Führungen 293
Audium 264f
Autofahren 290f, 300
Autos 185, 290f, 300
Avalon Ballroom 129
Avis 300

B

Backroads Bicycle Tours 273
Badger Pass 272f
Baker Beach **62**
    Detailkarte 58
Baker, Senator Edward 26
Baker Hamilton Square 254
Balclutha 75, 83
Ballett
    Open-Air-Ballett im Stern Grove 260
    San Francisco Ballet 258f, 264f
Balmy-Alley-Wandbilder 138, 140f
Banana Republic 252f
Bank of America 284f

Banken und Währung **284f**
Barbary Coast 26f
Bars 270f
BART *siehe* Bay Area Rapid Transit
Baseball 48f, 272
Basic Brown Bear 275
Basketball 272
Bauernmarkt *siehe* Farmers' Market
Bay Area **14f**
    Erdbeben 19
    siehe auch San Francisco Bay
Bay Area Discovery Museum 274f
Bay Area Mall Outlets 250
Bay Area Music Awards 48
Bay Area Rapid Transit (BART) 298
    Eröffnung 33
    Streckennetz 298
Bay Bridge **164f**
Bay City Bike 293
Bay Club 272f
Bay Model, Sausalito 161
Bay to Breakers Race 48
Beach Blanket Babylon 89, 258, 263
Beat Generation 32, 266
Beaulieu Vineyard 191
Beaux-Arts-Stil 47
    Civic Center 123, 126
    Ritz-Carlton 200
    Spreckels Mansion 72
Bebe 252f
B&Bs 206, 209
Bed-and-Breakfast San Francisco 208
Bed, Bath & Beyond 256f
Behinderte Reisende 208, 280f
    Restaurant 223
    Servicebereiche Flughafen 288f
    Unterhaltung 259
Belluschi, Pietro, St. Mary's Cathedral 128
Ben & Jerry's Ice Cream 256f
Bepples Pies 256f
Beringer Vineyards 190
Berkeley **162f**
    Hotels 218f
    Restaurants 238f
    Spaziergang 176f
    Sport 272f
    University of California 162f, 171
Berkeley Flea Market 256f
Berkeley Opera 264f
Berkeley Repertory Theater 263
Best Buy 270f
Best Western El Rancho Inn 291
Betsey Johnson (Laden) 250f
Bibliotheken
    AF Morrison Memorial Library 176
    Blumenthal Library 163
    Doe Library 176
    San Francisco New Main Library 125
    San Francisco Old Main Library (Asian Art Museum) 30, 37, 47
    UC Berkeley 176

TEXTREGISTER

Bier 227
Bierlokale 270f
»Big Four« 26, 95, 102
Bill Graham Civic Auditorium 47, **126**
   Detailkarte 125
Bimbo's 365 Club 266
BIN38 270f
Biordi Art Imports 248f
Bird Island 174
Biscuits and Blues 267
Black Bart (Charles Boles) 110
Black History Month 51
Blazing Saddles 273, 293
Bliss and Faville, Flood Mansion 73
Bloomingdales 245
Blue & Gold Fleet 299
Blues 266f
Blues Festival 259, 267
Blumenthal Library 163
Boardwalk Amusement Park 186
Bocce Ball Courts **92**
Bodega Bay 188
   Filmschauplatz 262
Body 252f
Bombay Bazaar 256
Booksmith 254f
Boom Boom Room 267
Bootsfahrten 272f
Borderland Books 254f
Borders Books and Music 254f
Boretti Jewelry 254f
Botanischer Garten, Tilden Park 162
Botschaften und Konsulate 281
Botta, Mario 118
Bottom of the Hill 266f
Boudin Bakery 81, 248f, 256f
Boulangerie 256
Bourn, William II 169
Brände
   Brand von 1906 21, 28f
   Brand von 1992 33
   siehe auch Erdbeben
Brannan, Sam 24f
Brauereien 189
Briefe 287
Britex Fabrics 256f
Brooks Brothers 252f
Brown, Arthur
   City Hall 47, 127
   Coit Tower 93
   Temple Emanu-El 63
   Veterans Building 47
   War Memorial Opera House 47, 127
»Brown Bag Operas« 259, 265
Buchläden 254f
Buckshot Restaurant, Bar & Gameroom 270f
Buena Vista Café 173
Buena Vista Park **135**
   Detailkarte 132f
Bufano, Statue von Maria 172
Buffalo Exchange 252f
Buffalo Paddock **153**

Bühnenführungen 265
Bulgari 248f
Burlington Coat Factory 250f
Burnham, Daniel 28
Burton, Phillip, Statue 173
Busse 185, 294f
   Buskennzeichnung 294
   Bustouren 293
   Fernbusse 290f
   Haltestellen 294
   Preise und Tickets 294
   Shuttlebusse 289, 291

C

Cabernet Sauvignon 226
Cable Car Barn Museum 103, 296
Cable Car Charters 293
Cable Car Store 248
Cable Cars **104f**, 275, **296f**
   Eröffnung 26
   Funktion 104f
   Powell Street 28
   Signalglocken-Wettbewerb 105
   Strecken 295, 297
   Tickets 294, 296
   Vorsichtsmaßnahmen 297
Cabrilho, João 21f
Cabs *siehe* Taxis
Café Cocomo 268f
Café de la Presse 287
Café du Nord 267
Café Grace 177
Cafés 242
Caffè Delle Stelle 235 177
Caffè Roma Coffee Roasting Co 256f
Caffè Strade 177
Caffè Trieste 89, 256f
Cajun Pacific Restaurant 237
Čajkovski, Pjotr,
   Nussknacker 51, 264
Calaveras-Grab 19
California Academy of Sciences 107, **150f**, 179
   Academy Store 248f
   African Hall 150
   California Coast Tank 151
   Detailkarte 145
   Grundriss 150f
   Highlights 36
   Indianische Geräte 23
   Kinder 274
   Morrison Planetarium 150
   Regenwälder der Erde 151
   Steinhart Aquarium 151
   Tyrannosaurus Rex 151
California Association of Bed & Breakfast Inns 208
California Department of Consumer Affairs 244
California Hall 171
California Historical Society 38f, **113**, 178
California Midwinter Fair 146f
California Palace of the Legion of Honor *siehe* Legion of Honor

California Pizza Kitchen 275
California Street 108f
California Wine Merchant 256f
CalTrain 289–291
Camera obscura 157
Camille Claudel (Rodin) 156
Camp Curry 200
Cannery, The 80, **83**
   Shopping 245
Cap Street, Nr. 1715–1777
Capone, Al 87
Carmel 186f
   Hotels 219
   Information 187
   Restaurants 240
   Zwei-Tages-Tour 186f
Carmel Mission 46, 186f
Carnaval 48, 138
Carnaval Mural **138**, 140
Carnes, Clarence 87
Carol Doda's Champagne and Lace Lingerie 252f
Casa Lucas Market 256f
Casino (Maritime Museum) 172
Cass' Marina 272f
Cassady, Neal 32
Castro District 42, 131
   Shopping 250
Castro Street **136**
Castro Street Fair 50
Castro Theatre **136**, 262f
Cat's Club 268f
Cave, Tsankawee, Mexico (Connor) 121
Celler, The 268f
Center for the Arts *siehe* Yerba Buena Gardens
Central Computers 256f
Central Pacific Railroad 26, 102
Cervantes, Miguel de (Mora) 145
Cha Cha Cha 134
   Detailkarte 132
Champs 252f
Chanel Boutique 252f
Chaps II 268f
Chardonnay 227
Charles Krug Vineyard 191
Chase 285
Château Tivoli 79
Chenin Blanc 227
Cherry Blossom Festival 128
Chestnut Street **75**
   Shopping 251
Chez Panisse 162, 222
Children's Art Center 74
Children's Discovery Museum 169
Children's Playground, Golden Gate Park 147
Chinatown 40, 96
   Detailkarte 96f
   Erdbeben von 1906 28
   Filmschauplatz 262
   Wandbilder 121
Chinatown Alleys **99**
   Detailkarte 96

Chinatown Gateway **98**
　Detailkarte 97
Chinatown Kite Shop 248f
Chinatown und Nob Hill **94–105**
　Detailkarte 96f, 101
　Hotels 212f
　Restaurants 231–233
　Stadtteilkarte 95
Chinese Cultural Center
　Detailkarte 97
Chinese Historical Society of America 39, **100**
　Detailkarte 97
　Highlights 37
Chinese New Year Parade 51
Chinesische Sammlung, Asian Art Museum 154
Choris, Ludovic
　Tanz in der Mission Dolores 23
Christmas Displays (Weihnachtsschaufenster) 51
Chronicle Pavilion 266f
Church Key, The 270f
Church of Christ, Scientist 46f
Church of St. Mary the Virgin **74**
Cinco de Mayo 48
Cinematheque 262f
Citizen Cake 229f
City College of San Francisco Art Campus 74
City Hall 10, 47, **127**
　Detailkarte 124f
　Erdbeben von 1906 28
　Highlights 44
City Lights Bookstore 88, 245, 254f
City Nights 268
City of San Francisco Recreation and Parks Department 272f
City Segway Tours 293
City Tennis Courts 273
City Tow 300
Civic Center **122–129**
　49-Meilen-Rundfahrt 55
　Detailkarte 124f
　Hotels 216f
　Kunstkomplex 264
　Restaurants 235
　Stadtteilkarte 123
Civic Center Plaza 122f
　Detailkarte 124f
Claremont Resort Spa and Tennis Club **163**, 273
Clarke's Folly 46, **139**
Clay Cinema 262f
Clay Theatre 260
Clement Street **63**
Cliff House 16, **157**
Clift Hotel 206, 268
Clos du Val Winery 191
Clos Pegase Winery 190
Clothes Contact 252f
Club Fugazi **89**, 263
Club Hide 268f
Cobb's Comedy Club 259, 269
Cocktailbars 270f

Coda 266f
Coit Tower **93**
　49-Meilen-Rundfahrt 55
　Detailkarte 90f
　Highlights 45
　Wandbilder 140f
Columbarium **147**
Comedy Clubs 269
Comix Experience 248
Compositions Gallery 254f
Computer, Zubehör 256
Comstock Lode, Silberminen 26f
Condor Club 88
Confetti Le Chocolatier 256f
Connick, Charles, Grace Cathedral 103
Connor, Linda
　Cave, Tsankawee, Mexico 121
Conservatory of Flowers **152**
Consumer Protection Unit 244
Contemporary Jewish Museum 39, 113, 178
Convent of the Sacred Heart **73**
Convention and Visitors Bureau 278
Coon, H. P. 146
Copeland's Sports 252f
Corona Heights Park **135**
Cosmic Wizard 248f
Cottage Row 46, **128**
Coulter, William 112
Country Dog Gentlemen (De Forest) 119
Country Music 266f
Cover to Cover 254f
Cow Hollow **73**, 74
Cow Palace 266f
Cowell Theater 264f
Craft and Folk Art Museum 75
Crash Palace 266f
Crate & Barrel 256f
Crissy Field 30, 59, 275
　Detailkarte 59
Crocker, Charles 102f
Crocker Galleria **116**
　Damenmode 252
　Shopping 245, 247
Cruisin' the Castro Tours 293
Crunch Fitness 272
Curran Theater 263

D

David's 256f
De Anza, Juan Bautista 23
de Ayala, Juan Manuel 23
De Forest, Roy
　Country Dog Gentlemen 119
de la Tour, Georges
　Alte Frau 157
de Young **147**
　Detailkarte 144
　Eröffnung (1921) 30, 38
　Highlights 36
Degas, Edgar
　Der Impresario 157
Delikatessen 256f

Delis 243
Der Denker (Rodin) 38, 156
Department Stores 245
Design, Museen 38f
Designer Outlets und Fabrikverkauf 250
DHL 287
Día de los Muertos (Tag der Toten) 50
Diana Slavin 250f
Diego Rivera Gallery 89
Diners Club 284f
Dinkeloo, John, Oakland Museum of California 166
Dioramen, Oakland Museum 167
DL Bliss State Park 196
Doe Library 176
Dolores Park **138**
Dolores Place 218
Dolores Street **138**
Dolphin Club 273
Domain Chandon 190
Domes, Yosemite 201
Drachentor *siehe* Chinatown Gateway
Dragon House 254
Drake, Sir Francis 21f, 160
Drake's Bay 22, 160
DSW Shoe Warehouse 252f
Duarte's Tavern 169
Dubuffet, Jean
　La Chiffonière 108
Duckhorn Vineyards 191
DuMond, Frank 126
Duran, Pater Narciso 23

E

Eagle Rider Rentals 293
East West Bank
　Detailkarte 96
Easter Sunrise Services 48
Eastlake, Charles 77
EC-Karte *siehe* Maestro-/EC-Karte
Eclipse (Perry) 106, 110
Ecology Trail 59
Ed Hardy San Francisco 254f
Eddie Bauer 252f
Ehrman Mansion und Visitor Center 196
Einkaufszentren 244f
Einreise und Zoll 278
Eintrittspreise 278f
Einwohnerzahl 12
Eishockey 272
El Rio 268f
Elektrizität 281
Elektronik, Zubehör 256
E-Mails 286
Embarcadero Center 10, **110**, 244
　Comedy Club 269
　Detailkarte 108
　Kino 262f
Emerald Bay State Park 196
Endup 268f
Entertainment
　siehe Unterhaltung

TEXTREGISTER

Erdbeben **18f**
  Beben von 1906 21, **28f**, 95
  Beben von 1989 33
  Verhalten bei 283
Ernie's 222
Esplanade Ballroom 115
Esplanade Gardens 114
Essen und Trinken
  Bars 270f
  Frühstück, Delis und Fast Food 243
  Getränke 226f
  Preiswert essen 222
  Restaurantauswahl **228–241**
  Spezialitäten 224f
  siehe auch Cafés; Restaurants; Snacks
Ethnische Gruppen 141
Etikette 279
Eureka, Fähre 172
Executive Suites 208f
Exit Theater 263
Exploratorium 60f
  Detailkarte 59
  Grundriss 61
  Highlights 36
  Kinder 274
  Museumsshop 249
Express Mail, Priority Mail 287

F

Fähren 275, **299**
Fair, James 102
Fair Oelrichs, Tessie 102
Fairmont Hotel **102**
  Detailkarte 99
  Tonga Room 269
  Wiedereröffnung 28f
Fantoni, Charles, Saints Peter and Paul Church 92
Farmers' Market 247, 256
Farquharson, David, UC Berkeley 162
Federal Building
  Detailkarte 125
FedEx 287
Feiertage 51
Feinkostgeschäfte 243
Ferlinghetti, Lawrence 88
Fernsehen und Radio 287
Ferry Building **112**
  Detailkarte 109
  Erdbeben von 1906 28
  Fährhafen 299
  Rundfahrt 55
Ferry Plaza Market 256f
Festivals **48–51**
Feuer *siehe* Brände
Feuerwerk, Fourth of July 49, 75
Filbert Steps **93**
  Detailkarte 91
Fillmore Auditorium 129, 266f
  Fillmore 262
  Highlights 260
Fillmore Street **73**
  Shopping 251
Filme 262f
  Ausländische 262

Filmfestivals 262
Filmkategorien (Freigabe) 262
siehe auch Kinos
Filoli **169**
Financial District 108f
Financial District und Union Square **106–121**
  Detailkarte 108f
  Hotels 213–216
  Restaurants 233–235
  Stadtteilkarte 107
Fire Department Memorial 90
First Interstate Center 109
First Unitarian Church 46
Fish Alley 80
Fisherman's and Seaman's Chapel 80
Fisherman's Wharf 10
  Bau 27
  Monterey 187
  Straßenkünstler 261
Fisherman's Wharf und North Beach **78–93**
  Detailkarte 80f, 90f
  Hotels 211f
  Restaurants 230f
  Stadtteilkarte 79
Fitness-Center 272f
Fläche 12
Flax Art and Design 248
Fleet Week 50
Flohmärkte 256
Flood, James (»Bonanza King«) 102
Flood Mansion 29, 73
Florence Gould Theater 264f
»Flower Power« 129, 134
Flughäfen 288f, 291
  Oakland International Airport 289, 291
  San Francisco International Airport 280, 288f, 291
  San José International Airport 289, 291
Fluglinien 288, 291
Fog City Leather 252f
Folk Art International 254f
Folk Music 267
Folsom Street Fair 50
Football *siehe* American Football
Fort Mason **74f**
  Center for the Arts 75, 263
  Highlights 37
  Mexican Museum 74
  Militärlager 74
  Museen 74f
  Spaziergang 173
  Wandbilder 141
Fort Mason Center 263
Fort Mason Officers' Club 74
Fort Point **62**
  Detailkarte 58
Fort Ross State Historic Park 188f
»Forty-Niners« 25
Fotografie
  Ansel Adams Center (Friends of Photography) 38f, 114
  Fraenkel Gallery 38f

  Museum of Modern Art 38, 121
  Oakland Museum 38
  SF Camerawork 38, 254f
  Vision Gallery 38
Fotografie und Drucke, Museen 39
Fotozubehör 256
Fountain of Energy (Stirling Calder) 30
Four on a Bench (Abakanowicz) 118
Four-Fifty Sutter Pharmacy 283
Four Seasons Bar 268f
Fourth Street **162**
Fraenkel Gallery 38, 254f
Franklin, Benjamin, Statue 90
Franklin Street, Wandbilder 121
Frau mit Hut (Matisse) 120
Frauen von Algier (Picasso) 120
Fredell, Gail
  Graphite to Taste 121
Freight & Salvage Coffeehouse 267
Fremont, John 25
Friedhöfe
  Columbarium 147
  Military Cemetery 59
  Mission Dolores 137
  Pet Cemetery (Tierfriedhof) 58
Fringe Festival 50
Frog's Leap Winery 191
Frühling in San Francisco 48
Fundsachen 283

G

Galaria de la Raza 254f
Galaxy Cinema 262f
Galerien *siehe* Museen und Sammlungen
Galleria Newsstand 287
Gallery Paule Anglim 254f
Gambler Specials 185
Gamescape 248f, 275
Gandhi-Denkmal 109
Gap, The 252f
  Baby Gap 252f
  Gap Kids 252f
Gay and Lesbian Film Festival 136
Geary Theater 261
Gefängnis, Alcatraz Island 11, **84–87**
Geführte Touren 293
Geldautomaten 284
Geldwechsel 284f
Gemälde und Skulpturen
  Museen allgemein 38f
  SF Museum of Modern Art 120
Genji Japanese Antiques 248
Georgiou 250f
Geschichte von San Francisco **20–33**
Get Lost Travel Books, Maps & Gear 254f
Ghirardelli-Schokoladenfabrik 275
Ghirardelli Square **83**, 244f
Ghirardelli's 256f

Giannini, A.P. 111
Gibbs House (Polk) 73
Gilman Street, Nr. 924 266f
Glacier Point 200
Globe 233
GoCar Tours 293
Gold Dust Lounge 266f
Golden Bear Sportswear 252f
Golden Era Building 108
Golden Gate Bridge 11, 56, **64–67**
   50. Geburtstag
   Detailkarte 58f
   Eröffnung 31
   Infobox 65
   Mautgebühr 290
   Visitor Gift Center 58
   Zahlen und Fakten 66
   Zeitskala 65
Golden Gate Ferries 299
Golden Gate Fortune Cookies 99, 248f
   Detailkarte 96
Golden Gate Hostel 175
Golden Gate National Recreation Area (GGNRA) 173f
   Hauptverwaltung 75
Golden Gate Park 11, 134, **144–146**, 147
   Culture Pass 279
   Golf 272f
   Kinder 275
Golden Gate Park und Land's End **142–157**
   Detailkarte 144f
   Restaurants 237f
   Stadtteilkarte 142f
Golden Gate Park Panhandle **134**
   Detailkarte 132
Golden Gate Park Store 248f
Golden Gate Promenade 173
Golden Gate Theater 263
Golden State Warriors 272f
Goldene Zwanziger 30f
Goldrausch (1849) **24f**, 107
   Architektur 46f
Golfplätze 272f
Golfsmith 252f
Goslinsky House 46f
   Highlights 44
Gothic Revival Architecture
   siehe Neogotik
Gotteshäuser *siehe* Kirchen und Tempel
Gough Street, Nr. 2004 71
Gourmet Ghetto **162**
Grace Cathedral **103**
   Chormusik 265
   Detailkarte 99
Graffeo Coffee Roasting Company 256f
Graham, Bill 126, 129
Grand View 268f
Granizo, Guillermo 137
Grant Avenue **99**
   Detailkarte 96f
   Shopping 247
Grant, Ulysses S. 99

Graphite to Taste (Fredell) 121
Grateful Dead
   Anfänge 134
   Sound der Sixties 129
Grauwalwanderung 186
Gray Line of San Francisco 293
Great American Music Hall **127**, 267
Great Mall (Shopping) 250f
Great Meadow 173, 267
Greek Theater, Berkeley 266f
Green Apple Books 254f
Green Cab 293
Green Tortoise (Busse) 290f
Greens Restaurant 173
   Fort Mason 74f
Greenwich Steps **93**
   Detailkarte 91
Greyhound-Busse 185, 290f
Großer Buddha, Japanese Tea Garden 144
Grosvenor Suites 208f
Guardians of the Secret (Pollock) 120
Gucci 252f
Guerneville 188
Guess 252f
Gump's **116**, 249
Guys and Dolls Vintage (Shopping) 252f

H

Haas, William 27
Haas-Lilienthal House 46, **72**
   Detailkarte 71
   Highlights 44
   Viktorianische Zeit 26f
Hacknes Horse & Carriage Tours 293
Hagiwara, Makota 99, 147
Haight-Ashbury **132f**
   Detailkarte 132f
   Shopping 251
Haight-Ashbury und Mission **130–141**
   Detailkarte 132f
   Hotels 217f
   Restaurants 235f
   Stadtteilkarte 131
Haight Street 246
Haight Street Fair 49
Haines Gallery 254f
Half Moon Bay 186
Hall, William H. 146
Hallidie, Andrew Smith 104f
Hallidie Building 47
   Highlights 45
Halloween 50
Halprin, Lawrence, Levi's Plaza 93
Handys *siehe* Mobiltelefone
Hang Gallery 254
Harding, Warren G. 30
Harper Greer 252f
Harry Denton's 268f
Harvest Festival 50
Hatch, Herbert 105
Hatch House 105
Haushaltswaren 256

Hayes Valley 10, **128**
   Shopping 251
Hayward-Graben 19
Hearst Greek Theater 176
Hearst Mining Building 176
Hearst Museum of Anthropology 39, 162, 177
Hearst, Patty 33
Heart of the City Market 256f
Heavenly Ski Resort 272f
Helen Crocker Horticultural Library 152
Helicopter Tours 293
Hendrix, Jimi 134
Herbst in San Francisco 50
Herbst Theatre 127, 264f
   Detailkarte 124
Heritage Walks (Touren) 293
Herman, Justin 128
Hertz (Autovermietung) 300
Hertz Hall 264f
Hess Collection Winery 190
Hetch-Hetchy-Damm 29, 31
Hidden Vine 270f
Hippodrome 110
Historic Firearms Museum 168
History Museum of San José 169
History Room, Main Library 39
   Goldene Zwanziger 31
Hitchcock, Alfred
   Die Vögel 188
Hl. Wenzel, Statue 156
Hobart, Lewis P., Grace Cathedral 103
Holy Virgin Cathedral **63**
Homewood 197
Hoover Tower 169
Hopkins, Mark 88, 102
Hopper, Edward
   Portrait of Orleans 155
Hornblower Dining Yachts 299
Hosteling International 208f
Hotaling Building
   Highlights 45
Hotaling Place 108
Hotaling's Warehouse and Distillery 46
Hot Cookie Double Rainbow 256f
Hotels **206–221**
   Ausstattung 207
   B&Bs 206, 209
   Behinderte Reisende 208f
   Ferienapartments 209
   Hotelauswahl 206–209
   Hotelketten 206
   Hotelpreise 206
   Hotelsuche 206
   Jugendherbergen 209
   Kinder 209
   Preisnachlässe 208
   Reservierung 208
   Restaurants 222
   Trinkgeld 207
   Schwule und Lesben 209
   Versteckte Preisaufschläge 207

Hotels.Com 208
Housewives' Market 165
Howard, John Galen
   Civic Auditorium 47, 126
   Hearst Mining Building 176
Huntington, Collis P. 152
Huntington Hotel 208
   Detailkarte 99
Huntington Park
   Detailkarte 99
Hyatt Hotel, San José 291
Hyatt Regency Hotel
   Detailkarte 109
Hyde Street Pier 171
   Spaziergang 10, 172

I

I Heart SF 252f
Il Fornaio Bakery 256f
Images of the North 254f
Der Impresario (Degas) 157
Incline Village 197
Indianer 22
Indians of All Tribes 32, 84
InJeanious 251
Instinctiv Designs 255
International Auto Show 50
Internet 286
Intersection for the Arts (Theater) 263
Iren 40
Isda & Co 251
Italiener 40f
Italienisierter Stil 76

J

Jack London Museum 165
Jack London Square **165**
Jackson Square,
   Antiquitätenläden 246, 254f
Jackson Square Historical District 46, **110**
   Detailkarte 108
Japan Center 41, 48, **128**
   Shopping 245f
Japaner 41
Japanese Cherry Blossom Festival 48
Japanese Tea Garden **147**
   Detailkarte 144
Japonesque 254f
Jazz 266f
Jeanine Payer 248
Jeffrey's Toys 248f
Jenner 188
Jeremy's 250f
Jessica McClintock 250f
Joanie Char 250f
Johannes der Täufer (Preti) 38
John Berggruen Gallery 38, 254f
John McClaren Rhododendron Dell,
   Detailkarte 145
John Pence Gallery 254f
John Verbatos 251
Johnny Foley's Irish Bar 268f
Joplin, Janis 32, 129

Joseph Phelps Vineyard 191
Josephine D. Randall Museum 274
Jüdische Gemeinde 41
Jugendherbergen 208f
Julius Castle 93
Juneteenth (Kulturfest) 49
Justin Herman Plaza **112**
   Detailkarte 109

K

Karneval 48, 138
Kartenvorverkauf 258f
Kate Spade 252f
Kaufhäuser 245
Kelham, George
   Main Library 47, 126
   Sheraton Palace Hotel 113
Kelly, George 87
Kenneth Cole 252f
Kerouac, Jack 32, 79, 88
Kid's Only 252f
Kimo's 269
Kinder 274f
   Babysitter 274
   Children's Discovery Museum **169**
   Golden Gate Park Playground **147**
   Hotels 209, 274
   Reisen mit Kindern 280f
   Restaurants 275
   San Francisco mit Kindern 274f
   San Francisco Zoological Gardens 160
   Tilden-Park-Karussell 162
KinderSport 252f
King Oliver's Creole Band 30
Kino, Pater 23
Kinos 262f
   AMC 1000 Van Ness 262f
   AMC Kabuki 128, 262f
   AMC Loews Metreon 16, 262f
   Embarcadero 262
   Sony Metreon 262
   Verbilligter Eintritt 262
Kirchen und Tempel
   Architektur 46
   Carmel Mission 46, 186f
   Church of Christ, Scientist 46f
   First Presbyterian Church 264f
   First Unitarian Church 46f
   Grace Cathedral 99, 103, 265
   Holy Virgin Cathedral 63
   Kong Chow Temple 96, 98
   Memorial Church, Stanford University 169
   Mormon Temple 164
   Noe Valley Ministry 138
   Old St. Mary's Cathedral 45, 97f
   Saints Peter and Paul 90, 92
   St. Boniface 47
   St. Ignatius 129
   St. Mary the Virgin 74
   St. Mary's Cathedral 128

   St. Paulus 47
   St. Stephen's 46f
   Temple Emanu-El 63
   Tin How Temple 96, 99
   Vedanta Temple 74
   Yosemite Chapel 200
Kirkwood Ski Resort 272f
Klassische Musik 264f
Kleidung
   Damenmode 252
   Designer 250
   Größentabelle 250
   Herrenmode 252
   Kinder 252
   Lederwaren 252
   Reisen 280
   Schuhe 252
Klima **48–51**
Kohl's 245
Kolumbus, Christoph 41, 50
   Statue 90
Kommunikation 286f
Kong Chow Temple **98**
   Detailkarte 96
Koons, Jeff
   Michael Jackson and Bubbles 121
Korbel Winery 227
Krankenhäuser 283
Krankenversicherung 283
Krazy Kaps 248f
Kreditkarten 284
   Kartenverlust 285
Kronos Quartet 264
Kruse Rhododendron Reserve 189
Kuan-Di-Statue, Kong Chow Temple 98
Kule-Loklo-Indianer (Refregier) 23
Kunst
   Asiatisch 126
   Ethnisches und amerikanisches Kunsthandwerk 39, 254f
   Kalifornische Kunst 121, 166
   Zeitgenössische Kunst 121
   siehe auch Museen und Sammlungen
Kunst und Antiquitäten
   Läden 254f
Kunsthandwerk 254f
Kunstsammlungen 243f
   siehe auch Museen und Sammlungen

L

La Chiffonière (Dubuffet) 108
Läden und Märkte
   siehe Shopping
Lafayette Park **72**
   Detailkarte 71
Lake Merritt **164f**
Lake Tahoe **196–199**, 272
   Emerald Bay 199
   Hotels 220
   Restaurants 240
   Skifahren 197
   Squaw Valley 198

TEXTREGISTER 327

Lake Tahoe State Park 197
Lake Tahoe Visitors Authority 197
Land's End **157**
Lang Antiques 254f
Larson, Gary, Cartoons 150
Lassen Volcanic National Park 194
Laver, Augustus, Pacific-Union Club 102
Lawrence Hall of Science, UC Berkeley 39, **162**
Lederwaren 252
Lee, Clayton, Chinatown Gateway 98
Lefty O'Doul's 268f
Legion of Honor 38, **156f**
   Europäische Kunst 156f
   Grundriss 156
   Highlights 36
Leland Stanford Jr. Museum 169
Leonard, Joseph A., Vedanta Temple 74
Lesben *siehe* Schwule und Lesben
Lesbian & Gay Film Festival 262
Lesbian & Gay Pride Day 49
Lesende (Richter) 119
Levi Strauss & Co **135**
Levi's Plaza **93**
Liberty Ale 227
Liberty Cap 201
Liberty Ships 173
Limelight Books 254f
Lin, T.Y. 114
Lincoln Park 142, **157**
   Golf 272f
LINES Contemporary Ballet 265
Lobos Creek
   Detailkarte 58
Loehmann's 252f
Loire, Gabriel, Fenster der Grace Cathedral 103
Loma-Prieta-Erdbeben 18f
Lombard Street 17, **88**
Lombardi Sports 252f
London, Jack 28, 134, 165
Lost and Found Saloon 89
Louise M. Davies Symphony Hall **126**, 264
   Bühnenführungen 265
   Detailkarte 124
Lou's Pier 47 267
Lower Haight **135**
Lucca Ravioli 256f
Lucky Tours 279
Lufthansa 288, 291
Lumière Cinema 262f
Lumsden, Anthony, Marriott Hotel 47
Lush Lounge 268

M

MAC (Modern Appealing Clothing) 250f
Ma-Shi'-Ko Folk Craft 254f
Mackay, John 102
Macy's 245
Macy's Cellar 256

Mad Magda's Russian Tea Room 128
Maestro-/EC-Karte 284f
Magic Theater 74, 263
Making of a Mural (Rivera) 89
Malm Luggage 248f
Man Ray 119
Manchester State Beach 189
Marin County 188
Marin Headlands 171
   Spaziergang 174f
Marina Green 54, **75**
Marine Drive
   Detailkarte 58
Marine Mammal Center 175
Marines Memorial Theater 263
Mariposa Grove 201
Maritime Historical Park 10, 55, **83**
   siehe auch San Francisco Maritime National Historical Park Visitors' Center
Maritime Library 75
Mark Hopkins Inter-Continental
   Detailkarte 101
   Hotel **102**
Märkte 256f
   siehe auch Shopping
Marriott Hotel 47, 207
   Highlights 45
Marsh, George Turner 147
Marsh, The (Theater) 263
Marsh's Mock Cafe-Theater 269
Marshall, John 25
Martin Eden (London) 28
Martin Luther King Jr. Memorial 114
Martuni's 269
Masonic Avenue, Nr. 1220
   Detailkarte 132f
Maße 281
MasterCard 284f
Matisse, Henri
   Frau mit Hut 120
Mautgebühren 290
Maybeck, Bernard
   Church of Christ, Scientist 46
   Goslinsky House 46
   Museum of Modern Art 121
   Palace of Fine Arts 47, 60
   UC Berkeley Faculty Club 177
Mays, Willie 32
McBean Theater 59
McGee, Barry 166
McLaren, John 27, 146f
   Lincoln Park 157
McLaren Lodge **147**
McTeague (Norris) 27
Medienkunst, SF Museum of Modern Art 121
Medizinische Versorgung 283
Melodious Double Stops (Shaw) 119
Mel's Drive-in Diner 223
Memorial Church, Stanford University 169
Mendocino
   Hotels 220

   Restaurants 240f
   Zwei-Tages-Tour 188f
Mendocino Coast Chamber of Commerce 189
Mendocino Headlands State Park 189
Merced River 201
Merchant's Exchange 47, **112**
   Detailkarte 108
Merlot 226
Messen 48–51
Metro Cinema 262f
Mexican Bus 268
Mexican Museum 74, 173
Mexikanische Revolution (1822) 24
Mexikanisches Essen 243
MH de Young Memorial Museum
   siehe de Young
Michael Jackson and Bubbles (Koons) 121
Midnight Sun 268f
Mietwagen 300
Mikrobrauereien 222
Mile Rocks 157
Milk, Harvey 33, 43, 136
Mill Valley Film Festival 262
Mills Field 30
Mimi's on Union 251
Mirror Lake 201
Mission Cliffs 275
Mission Cultural Center **138**
Mission District 10, 131
   Filmschauplatz 262
   Wandbilder 141
Mission Dolores 23, 39, **137**
   Architektur 46f
Mission High School 138
Missionsstationen 23f
   Architektur 46f
   siehe auch Carmel Mission; Mission Dolores
Mobiltelefone 286
Mode **250–253**
Moderne Architektur 47
Molinari Delicatessen 256f
Monet, Claude
   Seerosen 156
Monster Park 258, 272f
Montana, Joe 33
Monterey 186f
Monterey Bay Aquarium 187
Monterey County Convention and Visitors Bureau 187
Monterey Jazz Festival 32, 266f
Monterey Peninsula Chamber of Commerce 187
Montgomery Street 107f
   1852: Straßenszene 24f
   Nr. 1360 91
Mora, Jo, Statue von Cervantes 145
Morgan, Julia 102
Mormon Temple **164**
Morrison Planetarium 150, 274
   siehe auch California Academy of Sciences

Moscone Center 18, 114
Moscone, George 33, 43, 136
Motorisierte Cable Cars 293
Motorräder und Mopeds 293
Mount Tamalpais **161**
Mountain Lake
  Detailkarte 59
Mountain Theater 161
Mr. Toad's 293
Mrs Dewson's Hats 251
Muir, John 160f
Muir Woods und Muir Beach **160f**
Mumm Napa Valley 191
Muni Information 294, 297
Muni Lost-and-Found 283
Muni-Metro 294
Muni-Metro-Trams 294f
Muni Passports 274, 294, 296
Museen und Sammlungen (allgemein)
  Eintritt 278f
  Highlights 36–39
  Kinder 274f
  Museumsläden 248f
  Öffnungszeiten 279
Museen und Sammlungen (einzeln)
  American Indian Contemporary Arts Gallery 39
  Asian Art Museum 10, 37f, 125, **126**
  Balmy Alley Gallery 138
  Bay Area Discovery Museum 274f
  Berkely Art Museum 38 162, 177
  Cable Car Museum 103, 296
  California Academy of Sciences 150f
  Camera obscura 157
  Children's Discovery Museum 169
  Chinese Historical Society of America 100
  Contemporary Jewish Museum 39, 113, 178
  de Young 36, 38, 144
  Diego Rivera Gallery 89
  Exploratorium 60f
  Fort Mason 37, 74f
  Guinness Museum of World Records 275
  Hearst Museum of Anthropology 39, 162, 177
  Historic Firearms Museum 168
  History Museum of San José 169
  Jack London Museum 165
  John Berggruen Gallery 38
  Josephine D. Randall Junior Museum 274f
  Lawrence Hall of Science 39, 162
  Legion of Honor 38, 156f
  Leland Stanford Jr. Museum 169
  Magnes Collection of Jewish Art and Life 163
  Maritime Historical Park Visitors' Center 55, 83, 275
  Mexican Museum 74

Mission Dolores 137
Museo ItaloAmericano 39, 75
Museum of the African Diaspora 113
Museum of the City of San Francisco 80, 83
Museum of Modern Art *siehe* San Francisco Museum of Modern Art
North Beach Beat Museum 89
Oakland Museum of California 166f
Octagon House 38
Pacific Heritage Museum 97, 100
Palace of Fine Arts 60f
Presidio Visitor Center and Museum 39
Randall Museum 135
Ripley's Believe It Or Not! Museum 81–83
Rosicrucian Egyptian Museum und Planetarium 168
San Francisco Craft and Folk Art Museum 39
San Francisco Museum of Modern Art 10, **118–121**, 178
SF Camerawork 38f, 254f
Stanford University Museum 38
Tech Museum of Innovation 39, 168
Wax Museum 81f, 275
Wells Fargo History Museum 110
Yerba Buena Center for the Arts 10, 38, 114f
Yosemite Museum 200
Museo ItaloAmericano 39, 75
Museum of the African Diaspora 113
Museum of the City of San Francisco 80, 83
Museum of Modern Art *siehe* San Francisco Museum of Modern Art
Music Center of San Francisco 254f
Music Concourse, Golden Gate Park
  Detailkarte 145
»Music in the Park« 259, 265
Musik 264f
  Ballett und Tanz 264f
  Blues 266f
  Feste und Festivals 48–51
  Folk, Country und Weltmusik 267
  Jazz 266f
  Klassische Musik 264f
  Musiknoten 254f
  Oper 264f
  Rock 266f
  Sound der Sixties 129
Musikläden 254f

N
Nachtclubs 268f
Nagari, Masayi
  Transcendence 111
NAMES Project **136**

Napa Valley **190–193**
  Heißluft- und Fesselballons 193
  Hotels 220f
  Kunstgalerien 192
  Napa Valley Destination Council 191
  Napa Valley Wine Train 190
  Restaurants 241
  Shopping 193
  Spas 193
  Weingüter 226
  Weinproben 192
Napa-Weinanbaugebiet **190–193**
Napier Lane
  Detailkarte 91
Natural Bridges State Beach 186
Naturgeschichtliche Museen 39
Neiman Marcus 245
Neogotik 76
Nervi, Pier Luigi, St. Mary's Cathedral 128
Network Associates Coliseum 272
Neujahrsschwimmen 51
Nevada Falls 201
Nevada Shore 197
New Conservatory Theatre Center 263
New York Giants 32
Newton, Huey 33
NFL Shop 252f
Nickie's 268f
Nihon Whiskey Lounge 270f
Nike Town 252f
Nob Hill 11, 26, 95
  Detailkarte **96f**
  Erdbeben von 1906 29
  »Nobs« 102
Nob Hill Masonic Auditorium 266f
Noe Valley **138**
Noe Valley Ministry 138
Nordkalifornien **182–203**
  Hotels 219–221
  Regionalkarte 184f
  Restaurants 240f
Nordstrom 245, 247
Norris, Frank
  McTeague 27
North Beach
  Spaziergang 88
North Beach Beat Museum **89**
North Beach Festival 49
North Face (Shopping) 252f
North Lake Tahoe Visitors Bureau 197
Norton, Joshua 26, 110
Notfälle
  Kreditkartenverlust 285
  Notfallnummern 282
Notre Dame des Victoires 47
Nussknacker (Čajkovski) 51, 264

O
Oak Street, Nr. 1131 74
Oakland 164f
  Chinatown **165**
  Erdbeben 19
Oakland Athletics 272f

TEXTREGISTER

Oakland East Bay Symphony 264f
Oakland International Airport 289, 291
Oakland Museum of California 38f, **166f**
  Barry McGee, Installation 166
  Erdbeben-Exponate 29
  Fahrzeug aus der Zeit der großen Depression 167
  Gallery of California Art 166
  Goldrausch 25
  Grundriss 166
  Ikone des heiligen Petrus 23
  Infobox 167
  Kunstgalerie 166
  Missions-Exponate 23
  Rund um die Eisenbahn
Oakland Raiders 50, 272
O'Brien, William 102
Ocean Beach **153**
Oceanic Society Expeditions 272, 299
Octagon House 38f, **75**
  Highlights 44
  Viktorianische Häuser 46
ODC Performance Gallery 264f
Öffentliche Toiletten 279
Öffentlicher Nahverkehr *siehe* Verkehr und Transport
Öffnungszeiten 279
Old Faithful Geyser 190
Old First Presbyterian Church 264f
Old Navy 252f
Old Oakland **165**
Old St. Mary's Cathedral **98**
  Detailkarte 97
  Highlights 45
Old United States Mint **117**
  Goldene Zwanziger 31
Olmsted, Frederick Law 146
  UC Berkeley 162
Only in San Francisco (Laden) 248f
Oper 259, 264f
»Opera in the Park« 265
Opera Plaza 262f
Oppenheimer, Frank 60
Orpheum Theater 263
Outdoor Exploratorium 173
Outdoor-Kleidung 252

P

Pacific Coast Stock Exchange **112**
  Detailkarte 109
Pacific Grove 187
Pacific Heights
  Detailkarte 70f
Pacific Heights und Marina **68–77**
  Detailkarte 70f
  Hotels 210f
  Restaurants 228–230
  Stadtteilkarte 69
Pacific Heritage Museum 97, **100**
Pacific Tradewinds Hostel 208f
Pacific-Union Club **102**
  Detailkarte 99

Palace of Fine Arts **60f**
  49-Meilen-Rundfahrt 54
  Beaux-Arts-Stil 47
  Detailkarte 59
  Exploratorium 60f
  Geschichte 30f, 60
  Grundriss 59
  Infobox 59
  Rotunda 60
Palace of Horticulture 30
Palace of the Legion of Honor *siehe* Legion of Honor
Pan American Clippers 31
Panama-Pazifik-Ausstellung (1915) 61, **72**
  Geschichte 29, **30**
Paramount Great America 275
Paramount Theater 264
Park Branch Library, Wandbilder 121
Parken 300
  Hotels 207
Parking and Traffic Department 300
Parks und Gärten
  Alta Plaza 70
  Angel Island 161
  Aquatic Park 171
  Buena Vista Park 132f, 135
  Corona Heights Park 135
  Dolores Park 138
  Esplanade Gardens 114
  Golden Gate Panhandle 132, 134
  Golden Gate Park 11, 134, 144–147
  Japanese Tea Garden 144, 147
  Lafayette Park 71, 72
  Lincoln Park 142, 157
  Mount Tamalpais 161
  Muir Woods und Muir Beach 160f
  Queen Wilhelmina Tulip Garden 153
  San Francisco Zoological Gardens 160
  Shakespeare Garden 145, 147
  Tilden Park 162
  University Botanical Gardens 163
  Victorian Park 172
Pässe 278
Pasta Gina's 256f
Patagonia (Shopping) 252f
Pater Junipero Serra, Statue (Putnam) 136f
Patisserie Delanghe 256f
Paul Klee Gallery, Museum of Modern Art 120
Pauschalangebote (Reisen) 289
Pearl Harbor 31
Pebble Beach Golf Links 272f
Peet's Coffee & Tea 256f
Pelican Inn 161
Pelose Nancy 33
Pereira, William, Transamerica Pyramid 47
Perry, Charles
  Eclipse 106, 110

Persönliche Sicherheit 282
Pescadero **169**
Pet Cemetery
  Detailkarte 58
Petaluma Village Premium Outlets 250f
Pflueger, Timothy
  Castro Theatre 136
  Sutter Street, Nr. 450 47
Philharmonia Baroque Orchestra 264f
Picasso, Pablo
  Frauen von Algier 120
Piedmont Boutique 251
Pier 39 10, **82**, 275
  Detailkarte 81
  Shopping 245
Pier 45 78
Pierce Street, Nr. 2931 77
Pigeon Point Lighthouse 186
Pinot Noir 226
Pizzerias 243
Planetweavers Treasure Store 248f
Point Arena 189
Point Reyes 22
Point Reyes National Seashore **160**, 188
Police Department Taxicab Complaint Line 301
Police Department Towed Vehicle Information 300
Police Non-Emergency Line 283
Polizei 282
Polk, President 25
Polk, Willis 73
  Hallidie Building 45
  Merchant's Exchange 47, 112
  Museum of Modern Art 121
Pollock, Jackson
  Guardians of the Secret 120
Polo Fields **153**
Portolá, Gaspar de 23, 186
Portsmouth Square **100**
  Detailkarte 97
Post 287
Powell Street, Cable Cars 28
Powell Street Cable Car Turntable (Cable-Car-Drehscheibe) **117**
Prada 252f
Precita Eyes Mural Arts Association 140
  Balloon Journey 140
  Mosaik-Wandbild 140
  Stop the Violence 140
Preisnachlässe
  Hotels 206
  Kleidung 250
  Tickets 259
Preiswert reisen 280
Presidio **56–67**
  Detailkarte 58f
  Restaurants 228
  Stadtteilkarte 57
Presidio Golf Club 272f
Presidio Officers' Club 57, **62**
  Detailkarte 59

Presidio Visitor Center/Museum 38f
  Detailkarte 59
Press Club 270f
Princeton 186
Prints, Achenbach Foundation for
  Graphic Arts 38
Prints Old & Rare 254f
Prohibition 30f
Pumpkin Festival 186
Punchline, The 269
Puppets on the Pier 248f
Purcell, Charles H., Bay Bridge 164
Putnam, Arthur, Statue von
  Pater Junipero Serra 137

Q

Queen-Anne-Stil 77, 129
  Haas-Lilienthal House 72
  (Richard) Spreckels Mansion
  134
Queen Wilhelmina Tulip Garden
  153
Quietsche-Entchen 208

R

Rabat (Laden) 251
Radfahren 273, 293
Radio 287
Rainforest Café 275
Ralston, William 112f
Randall Museum 135
Rassela's Jazz Club 266f
Rauchen 279
  Restaurants 223
Reblaus 191
Reclining Nudes (Moore) 123
Recycled Records 254f
Red & White Fleet 299
Red Tail Ale 227
Red Vic Cinema 262f
Red Victorian Hotel
  Detailkarte 132
Redwood National Park **194**
Refregier, Anton 113
  Kule-Loklo-Indianer 23
REI 252f
Reiseschecks 284
Reiseversicherung 283
Reservierungsagenturen (Hotels) 208
Restaurants **222–243**
  Behinderte Reisende 223
  Essenszeiten und Preise 222f
  Etikette 223
  Fisherman's Wharf 80
  Julius Castle 93
  Kinder 223, 275
  Kleidung 223
  Microbrewery Bars 222
  Preiswert essen 223
  Rauchen 223
  Reservierung 223
  Steuern und Trinkgeld 223
Ria's 252f
Richard Spreckels Mansion **134**
  Detailkarte 131
Richardson, William A. 24, 99

Richter, Gerhard
  Lesende 119
Rincon Center **113**, 245
  Wandbilder 23
Ripley's Believe It Or Not! Museum
  81, **82f**, 275
Ritual Roasters 287
Robert Mondavi Winery 190
Roche, Kevin, Oakland Museum of
  California 166
Rochester Big and Tall 252f
Rockmusik 266
Rockridge **164**
Rodeo Beach 174
Rodeo Lagoon 174
Rodin, Auguste
  Camille Claudel 156
  Der Denker 38, 156
  Schatten 142
Rolo 252f
Rolph, »Sunny Jim« 29, 123
Roosevelt, F.D. Präsident 67, 90
Rosicrucian Egyptian Museum und
  Planetarium **168**
Rotunda, Palace of Fine Arts 60
Roxie Cinema 262f
Rrazz Room 266f
Rubicon Estate 190, 192
Ruby Skye 268
Ruef, Abe 27f
Rundfahrten
  17-Mile Drive 187
  49-Meilen-Rundfahrt 54f
Russen 41
Russian Hill
  Spaziergang 180f
Russian Orthodox Christmas 51
Russian River 188
Russisch-orthodoxe Kapelle,
  Fort Ross 189

S

Sacramento 195
  Hotels 221
Sacramento Street
  Nr. 1913 76
  Nr. 2151 71
Sacramento Street Antique Dealers
  Association 248f
Saint Francis Medical Center 283
Saints Peter and Paul Church **92**
  Detailkarte 90
Sakralbauten 46f
Saks Fifth Avenue 247
Saloon, The 89, 261, 266f
SamTrans (Bus) 289, 291
San-Andreas-Graben 18f, 160
San Carlos (Schiff) 23
San Francisco 49ers 272f
San Francisco Art Commission
  Gallery **126**
  Detailkarte 124f
San Francisco Art Institute **88f**, 102
San Francisco Ballet 258f, 264f
San Francisco Bay 15, 61
  Entdeckung 22f

San Francisco Book
  Veranstaltungskalender 258, 274
San Francisco Convention and
  Visitors Bureau 258f, 278, 281,
  292
San Francisco Craft and Folk Art
  Museum 49
San Francisco Fire Engine Tours and
  Adventures 83
San Francisco Flower Show 49
San Francisco Giants 272f
San Francisco Helicopter Tours
  293
San Francisco History Room 126
San Francisco International Airport
  (SFO) 278, **288f**, 291
  Eröffnung 32
San Francisco International Comedy
  Competition 259f
San Francisco International Film
  Festival 48, 262
San Francisco Jazz Festival 50
San Francisco Marathon 49
San Francisco Maritime National
  Historical Park Visitors' Center 55,
  83, 172, 275
San Francisco Museum of Modern
  Art 115, **118–121**
  Architektur und Design 120f
  Fotografie 121
  Gemälde und Skulpturen 120
  Grundriss 118f
  Highlights 37
  Infobox 119
  Kalifornische Kunst 119, 121
  Kurzführer 118
  Medienkunst 121
  Museumsladen 249
  Paul Klee Gallery 120
  Zeitgenössische Kunst 121
San Francisco National Cemetery
  59
San Francisco New Main Library
  Detailkarte 125
San Francisco Opera 258f, 264
  Eröffnungsveranstaltung 50
San Francisco Opera Association
  261, 264f
San Francisco Parks Trust 293
San Francisco Playwright's Festival
  49
San Francisco Symphony Orchestra
  258f, 264f
San Francisco Tennis Club 273
San Francisco Visitor Information
  Center **117**
San Francisco Vista Tour 293
San Francisco Zoological Gardens
  54, **160**, 274
San José International Airport 289,
  291
San José, Mission 23
San José Sharks 272f
Santa Cruz 186
Saratoga Chocolates 256f
Sather Tower 162, 176

TEXTREGISTER

Sausalito **161**
Sausalito-Werften 30f
Sauvignon Blanc 227
Savanna Jazz 266f
Schatten (Rodin) 142
Schiffsreisen 291
Schockley, Sam 87
Schramsberg Vineyards & Winery 190, 227
Schuhe 252f
Schwimmen 272f, 275
Schwule und Lesben **42f**, 136
  Bars 270f
  Clubs 268
  Hotels 208f
  Reisen 280
  Veranstaltungen 43
Sculpturesite Gallery 254f
Sea Trek Ocean Kayak Center 272f
Seal Rocks **153**
Seelöwen 81
Seerosen (Monet) 156
See's Candies 256, 257
Segway Tours 280f
Senioren 280f
Sentinel Dome and Rock 200
Sequoia-Bäume 201
Serra, Pater Junipero 137, 186
SF Camerawork 38, 254f
SF Giants Dugout 252f
SFMOMA Artist Gallery 74f
Shakespeare Garden **147**
  Detailkarte 145
›Shakespeare in the Park‹ 50
Sharper Image 248f
Shaw, Richard
  Melodious Double Stops 119
Sheba's Piano Lounge 268f
Sheraton Palace Hotel **113**
Shields-Clarke, Thomas
  Apple Cider Press 145
Shoe Biz 252f
Shopper Stopper Shopping Tours 244
Shopping **244–257**
  Bezahlung 244
  Bücher und Musik 254f
  Computer 256f
  Delikatessen 256f
  Department Stores 245
  Embarcadero Center 244
  Fachgeschäfte 248f
  Ghirardelli Square 244f
  Highlights 246f
  Kunst und Antiquitäten 248f, 254f
  Mode 250–253
  Museumsläden 248f
  Öffnungszeiten 244
  Shopping mit Kindern 275
  Shopping-Center 244f
  Shopping-Touren 244
  Sonderangebote 244
  Souvenirs 248f
  Spiele 248f
  Steuern 244
  Umtausch 244

Union Square 116f, 251
Verbraucherschutz 244
Wochen- und Flohmärkte 256f
Shoreline Amphitheater 266f
Sicherheit und Vorsichtsmaßnahmen 282f
Sightseeing
  Busse 295
  Cable Cars 297
Silverado Hill Cellars 190
Silverado Trail 191
Simple Elegance Shopping Tour 244
Sing for your Life 51
Sing-It-Yourself Messiah 51
Six Flags Marine World 274f
Skidmore, Owings and Merrill
  Bank of Canton 100
  Crocker Galleria 116
  Louise M. Davies Symphony Hall 124, 126
  State Building 124
Skifahren 272f
  Lake Tahoe 197
›Skunk Train‹ 188f
Sleeptrain Pavilion 166f
Slim's 261, 266f
Small Frys 252f
Smith, Jedediah 24
Snacks 243
SoMa (South of Market) 178f
  siehe auch South of Market
Sommer in San Francisco 49
Sonoma Valley 194f
  Hotels 221
  Weingüter 226
  Weinkellereien 195
Sony Metreon 179, 262f
Sound Factory, The 268f
South End Rowing Club 273
South Lake Tahoe 196
South of Market (SoMa) 178f
  Hotels 218
  Restaurants 238
  Shopping 251
  Spaziergang 178f
Spaziergänge **170–181**
  Aquatic Park 172f
  Campus der University of San Francisco at Berkeley 176f
  Marin Headlands 174f
  North Beach 88f
  Russian Hill 180f
  South of Market 178f
  siehe auch Geführte Touren
Sport und Aktivurlaub **272f**
Sportkleidung 252
Spreckels, Adolph 72
Spreckels, Alma
  Legion of Honor 156
Spreckels, Claus 134
Spreckels Mansion **72**
  Detailkarte 71
Spreckels Temple of Music 144
Sprint 287
Sproul Plaza 177

Spurrier, Steven 247
Squaw Valley USA 272f
St. Boniface Church 47
St. Ignatius Church 129
St. Mary the Virgin Church 74
St. Mary's Cathedral **128**
St. Mary's Square
  Detailkarte 97
St. Patrick's Church 178
St. Patrick's Day Parade 40, 48
St. Paulus Church 47
St. Stephen's Church 46f
Stackpole, Ralph 112
Stadtführungen 293
Stadtplan **302–320**
Stage Door Theater 263
Stanford Court Renaissance
  Detailkarte 101
Stanford, Leland 103, 169
Stanford University **169**
  Bibliothek 39
  Kunstmuseum 38
  Sport 272f
Starry Plough 267
State Building
  Detailkarte 124
Stateline 196
Steinbeck, John 187
Steiner Street, Häuser im Queen-Anne-Stil 77
Steinhart Aquarium 151, 274
  siehe auch California Academy of Sciences
Sterling Vineyard 191
Stern Grove
  Konzerte 260, 265
Steuern 223, 244, 279
Stick-Stil (Architektur) 77
Still, Clyfford 120
Stinson Beach **160**
Stirling Calder, A.
  Fountain of Energy 30
Stow Lake 54, **152**
Stow Lake Bike Rentals 273
Stow Lake Boathouse 272f
Strände
  Baker Beach 58, 62
  Crissy Field Beach 59, 275
  Gray Whale Cove 186
  Lake Tahoe 197
  Manchester State Beach 189
  Muir Beach 161
  Natural Bridges State Beach 186
  Point Reyes National Seashore 188
  Rodeo Beach 174
  Stinson Beach 160
Straßen und Hausnummern in San Francisco 292
Straßenbahnen *siehe* Trams
Straßenkünstler, Fisherman's Wharf 261
Strauss, Joseph B. 65–67
Strauss, Levi 26, **135**
Streetlight Records 254f
Strip, The 88

TEXTREGISTER

Stroud, Robert 87
Strybing Arboretum **152**
Student Travel Association (STA) 280f
Studenten 280
Sue Fisher King (Laden) 256
Suite one8one 268f
›Summer of Love‹ (1967) 129, 134
Sunset Music Company 254f
Suntree Moon 250f
SuperShuttle 289, 291
Sutro, Adolph 27, 139
   Cliff House 157
Sutro Baths 27
Sutro Tower **139**
Sutter Street, Nr. 450 47
Swain, Edward, John McLaren
   Lodge 147

T

Tahoe Keys 196
Tanz 264f
Tanz in der Mission Dolores
   (Choris) 23
Tanzen 268
Taxis 289, **301**
Taxiunternehmen 301
Tech Museum of Innovation 39, **168**
Telefon
   Gebühren 206f, 286
   Nützliche Nummern 287
   Öffentliche Telefone 286
   Vorwahlen 286
Telegraph Avenue **163**, 177
Telegraph Hill 90f, 93
   Detailkarte 90f
Temple Emanu-El **63**
Ten 15 268f
Ten Ren Tea Company of San
   Francisco 248f
Tenaya Creek and Canyon 201
Tennis 273
Theater 262f
   Alternative Theater 263
   Center for the Arts 115
   Konventionelle Theater 262f
   Theater District **116**
Theater Artaud 263–265
Theater District **116**
Theater Rhinoceros 263
Thomas Cook Currency Services 284f
Thomas, Dylan 88
Thompson, Marion 87
Three Bags Full 252f
Tiburon **161**
Ticketmaster 258f, 272f
Tickets
   Öffentliche Verkehrsmittel 294
   Oper 264
   Verkaufsstellen 258
Tiere
   Marin Headlands 175
Tiffany & Co. 248f
Tilden Park **162**
Tin How Temple **99**
   Detailkarte 96

TIX Bay Area 259
T-Mobile 287
Toiletten 279
Tomales Bay 188
Tommy T's Comedy House 269
Tonga Room 269
Top of the Mark 102, 268f
   Detailkarte 99
Tosca 88, 222
Touristeninformation 278
Trams
   Preise und Tickets 294
   Sightseeing 295
Transamerica Pyramid 47, **111**
   Detailkarte 108
   Fertigstellung 33
Transcendence (Nagari) 111
Trefethen Vineyards 190
Trigunatitananda, Swami 74
Trinity Episcopal Church **73**
Trinkgeld 207, 223, 279
Tully's Coffee 257
Tuolumne Meadows 201
TV 287
Twain, Mark 111, 196
Twin Peaks 54, 131, **139**
Twin Peaks (Bar) 136

U

Umweltbewusst reisen 281, 292f
UN *siehe* Vereinte Nationen
Under One Roof 248, 249
Union Bank of California **112**
   Detailkarte 108
Union Pacific Railroad 27
Union Square 107, **116**
   Filmschauplatz 262
   Hotels 200f
   Shopping 246, 251
Union Square Frank Lloyd Wright
   Building 45, 47
United Nations *siehe* Vereinte
   Nationen
United Nations Plaza
   Detailkarte 125
   Shopping 247
United States Mint 138
   siehe auch Old United States Mint
University of California
   Medizinisches Zentrum 139
University of California at Berkeley
   162
   Bibliothek 39
   Botanical Gardens **163**
   Faculty Club 177
   Hearst Museum of Anthropology
   39
   Kunstmuseum 38, 162, 177
   Lawrence Hall of Science 39
   Spaziergang über den Campus
   176f
   Sport 272f
University of San Francisco **129**
Unterhaltung **258–273**
   Behinderte Reisende 259
   Highlights 260f

Kino 262f
Klassische Musik 264f
Nachtclubs 268f
Oper 264f
Tanz 264f
Theater 262f
Tickets 258f
Veranstaltungskalender 258, 265, 278, 287
siehe auch Kino; Musik; Theater
Unterwegs in San Francisco
   292–301
Up and Down Club 268f
Upper Grant Avenue 89
Upper Montgomery Street **93**
UPS 287
Urban Outfitters 252f
US Forest Service Visitor Center
   196
US Geological Service 283
Used Rubber USA Shop 135
USS *Pampanito* 80f, **82**

V

V. Sattui Vineyard 191
Vaillancourt Fountain 112
Vallejo, General 24
Vallejo Street Stairway **89**
Valley of the Moon Vintage
   Festival 50
Valley Visitor Center, Yosemite
   National Park 200
Van Damme State Park 189
Vedanta Temple **74**
Verbraucherschutz 244
Vereinte Nationen
   Charta 31
   Friedenskonferenz 31
Verizon 287
Verkehr und Transport **288–301**
   Autos 300f
   BART 298f
   Busse 294f
   Cable Cars 296f
   Fähren und Bootsausflüge 299
   Fahrt in die Stadt 289
   Fernbusse 290f
   Kinder 274f
   Mietwagen 300
   Muni 294f
   Öffentlicher Nahverkehr 292f
   Schiffe 291
   Taxis 289, 301
   Trams 294
   Züge 290
   siehe auch Busse; Cable Cars;
   Taxis; Trams; Züge
Verkehrsschilder 300
Vernal Falls 201
Versicherungen 283
Vesuvio 88f
Veterans Building 47, **127**
   Detailkarte 124
Victorian Park 172
Victoria's Secret 252f
Vikingsholm Mansion 196

TEXTREGISTER 333

Viktorianische Häuser 46f, **76f**
　Alamo Square 129
　Cottage Row 46, 128
　Haas-Lilienthal-House 26f
　Haight-Ashbury 131, 135
　Highlights 44f
　Octagon House 75
　Washington Street 70
Viktorianische Zeit 26f
Vintage-Mode 252
Virgin Mobile 287
Visa (Kreditkarte) 284f
Visa Waiver Program 278
Visitor Centers
　Point Reyes 160
　Rodeo Beach 174
Visitor Information Center 256, 281
　San Francisco Book 258, 274
Vista Point Studios Gallery 254f
Vizcaíno, Sebastian 22
Vögel, Die (Hitchcock) 188
Vukovich, Larry 268
Vulcan Street Steps **139**

W

Wachsfigurenmuseum *siehe* Wax Museum
Währung **284f**
　Banknoten und Münzen 285
　Geldwechsel 284f
Walbeobachtung 272, 274
Walfang 24
Walgreens Drugstores 283
Wandbilder **140f**
　Rincon Center 23
War Memorial Opera House **127**, 264f
　Bühnenführung 265
　Detailkarte 124
　Highlights 261
Warfield 266f
Washington Column 201
Washington Square **92**
　Detailkarte 90
Washington Square Bar & Grill 268
Washington Street, Wandbilder 141
　Detailkarte 70
Wasserfälle, Yosemite National Park 201f
Wasteland 132, 252f

Wave Organ **75**
Wax Museum 81, **82**, 275
Websites 287
Webster Street, Häuser 70
Weeks und Day (Architekten), Mark Hopkins Inter-Continental Hotel 102
Wein 226f
　1976er Blindverkostung 227
　Jahrgänge 226
　Ökologischer Anbau 227
　Produzenten 226
　Rebsorten 226
　Rotwein 226
　Schaumwein 227
　Weißwein 227
Weinanbaugebiet und Weinkellereien, Napa Valley 190–193
Weinberge 226f
Weinläden 256f
Weintouren 293
　Wine Country Tour Shuttle 293
Wells Fargo History Museum 39, **110**
　Detailkarte 108
　Goldrausch 25
　Highlights 37
　Kinder 274f
Weltkrieg, Zweiter 31f
Weltmusik 267
Westfield Shopping Centre **117**, 245, 247
Westin St. Francis Hotel 116, 206
Weston Wear 250f
White, Dan 33
White Horse Inn 268f
Whole Foods 256f
Wilkes Bashford 250f
Willett, Henry, Fenster der Grace Cathedral 103
William Pereira & Associates, Transamerica Pyramid 111
Williams, Robin 269
Williams-Sonoma 256f
Willnauer, Sigmar
　Zip Light 118
Winchester Mystery House **168**
Winchester, Sarah 168
Winter in San Francisco 51

Within (Lieberman) 177
Wok Shop, The 256f
Wright, Frank Lloyd, 45, 47

X

Xanadu Gallery 254f

Y

Yerba Buena, Stiftung 24
Yerba Buena Center for the Arts 258, 262f
　Architektur 47
　Children's Garden 115
　Gemälde und Skulpturen 38f
　Highlights 37
　Sammlungen 114
　Theater 115, 258
Yerba Buena Gardens 10, 13, **114f**, 178
Yerba Buena Island 164f
Yosemite Chapel 200
Yosemite Falls 200, 202
Yosemite Museum and Village 200
Yosemite National Park **200–203**, 272
　Half Dome 202
　Hotels 221
　Restaurants 241
Yoshi's 267f
Young Performers Theater, Fort Mason 75

Z

Zeit 281
Zeitgenössische Kunst, SF Museum of Modern Art 120f
Zeitgenössische Musik 264f
Zeitungen und Zeitschriften 287
　Veranstaltungskalender 258, 265, 278, 287
Zellerbach Symphony Hall 177, 264f
Zephyr Cove und MS *Dixie* 196
Zeum 114, 274f
Zinfandel 226f
Zip Light (Willnauer) 118
Zoll 278
Zoos, San Francisco 54, 160
Züge 290

Danksagung und Bildnachweis

Dorling Kindersley bedankt sich bei allen, die bei der Herstellung dieses Buchs mitwirkten.

Hauptautoren

Jamie Jensen wuchs in Los Angeles auf und zog nach San Francisco, um an der University of California at Berkeley Architektur zu studieren. Er ist Autor von *Built to Last*, einer Biografie über die Rockgruppe Grateful Dead, und zahlreicher Reiseführer. Sein neuestes Werk ist *Road Trip: USA*, ein Reiseführer über die »alten« Straßen der USA.

Barry Parr wurde in der San Francisco Bay Area geboren. Er studierte Englische Literatur an der University of California at Berkeley und in Cambridge, Großbritannien. Er ist Autor von verschiedenen Reiseführern und schrieb zahlreiche Beiträge für Zeitschriften.

Ergänzende Fotografien

Lisa M. Cope, John Heseltine, Trevor Hill, Andrew McKinney, Ian O'Leary, Robert Vente, Peter Wilson.

Ergänzende Illustrationen

James A. Allington, Annabelle Brend, Craig Draper, Steve Gyapay, Kevin Jones Associates, Simon Roulston, Sue Sharples, Paul Williams, Ann Winterbotham.

Grafik und Redaktion

Pardoe Blacker Publishing Limited
Managing Editor Alan Ross
Managing Art Editor Simon Blacker
Project Secretary Cindy Edler
Dorling Kindersley Limited
Managing Editors Douglas Amrine, Carolyn Ryden
Managing Art Editor Stephen Knowlden
US Editor Mary Ann Lynch
Kartenkoordination Simon Farbrother, David Pugh
Produktion Hilary Stephens
Kartografie Lovell Johns Ltd., Oxford UK
Die Stadtpläne basieren auf digitalen Daten und wurden mit Erlaubnis von ETAK INC 1984–1994 bearbeitet.

Michael Blacker, Dawn Brend, Laaren Brown, Maxine Cass, Aaron Chamberlin, Kelly Chamberlin, Peter Cieply, Sherry Collins, Lisa M. Cope, Melissa Corrigan, Emer FitzGerald, Jo Gardner, Emily Green, Fay Franklin, Sally Hibbard, Paul Hines, Rose Hudson, Katie Hogg, Claire Jones, Heather Jones, Esther Labi, Maite Lantaron, Nicola Malone, Joanne Miller, Karen Misuraca, Sonal Modha, Adam Moore, Mary Ormandy, Catherine Palmi, Marianne Petrou, Mani Ramaswamy, Steve Rowling, Dan Rubin, Sands Publishing Solutions, Mary Sutherland, Conrad van Dyk, Ros Walford, Amy Westerwelt, Hugo Wilkinson.

Kartografie

Jennifer Skelley, Jane Hugill, Phil Rose, Rachel Hawtin.

Textregister

Indexing Specialists, 202 Church Road, Hove, East Sussex, UK.

Weitere Hilfe gewährten

Marcia Eymann und Abby Wasserman vom Oakland Museum of California, Stacia Fink von der Foundation for San Francisco's Architectural Heritage, Richard Fishman, Debbie Freedon von Legion of Honor, Michael Lampen von der Grace Cathedral, Dan Mohn, Chefingenieur der Golden Gate Bridge, Dr. John R. Nudds vom Manchester University Museum, Richard Ogar von der Bancroft Library, Peppers, Riggio Café, Royal Thai Restaurant, Scott Sack von der Golden Gate National Recreation Area, Sandra Farish Sloan und Jennifer Small vom San Francisco Museum of Modern Art, Stella Pastry and Café, Stephen Marcos Landscapes, Dawn Stranne vom San Francisco Convention and Visitors Bureau, The Little Café, Carl Wilmington.

Recherche

Christine Bartholomew, Jennifer Bermon, Cathy Elliott, Kirsten Whatley, Jon Williams, Michael Wrenn.

Genehmigungen für Fotografien

Dorling Kindersley dankt den folgenden Institutionen für die freundliche Genehmigung zum Abdruck:
Asian Art Museum, Cable Car Barn (Museum), California Academy of Sciences, Cha Cha Cha, Chinese Historical Society of America, City Hall, Coit Tower, Columbarium, Crocker Galleria, de Young, Ernie's, Fort Mason Center, Foundation for San Francisco's Architectural Heritage (Haas-Lilienthal House), Golden Gate National Recreation Area (Alcatraz), Golden Gate Fortune Cookies, Gump's, Hyatt Regency Hotel, Kong Chow Temple, Kuleto's, Mission Dolores, Nordstrom, Presidio Museum, Rincon Annexe, Saints Peter and Paul Church, San Francisco History Room, San Francisco Main Library, San Francisco National Historical Park, Sheraton Palace Hotel, Sherman House, St. Mary's Cathedral, Temple Emanu-El, The Exploratorium, The Oakland Museum of California, Tosca, USS *Pampanito*, Veterans Building, Wells Fargo History Museum.

Bildnachweis

o = oben; ol = oben links; om = oben Mitte; or = oben rechts; mlo = Mitte links oben; mo = Mitte oben; mro = Mitte rechts oben; ml = Mitte links; m = Mitte; mr = Mitte rechts; u = unten; mlu = Mitte links unten; mu = Mitte unten; mru = Mitte rechts unten; ul = unten links; um = unten Mitte; ur = unten rechts.

Wir haben uns bemüht, alle Urheber ausfindig zu machen. Sollte dies in einigen Fällen nicht gelungen sein, bitten wir dies zu entschuldigen und uns zu benachrichtigen. In der nächsten Auflage werden wir versäumte Nennungen nachholen.

Kunstwerke wurden mit Genehmigung folgender Institutionen abgelichtet:
© ADAGP, Paris und DACS, London 2006: 108ol, 118ol. © ARS, NY und DACS, London 2006: 38 mu. *New York Five Sacred Colors of Corn* © SUSAN KELK CERVANTES 1996. Alle Rechte vorbehalten: 140ol. *Creativity Explored* © CREATIVITY EXPLORED 1993. Alle Rechte vorbehalten: 141o. © SUCCESSION PICASSO/DACS, London 2006: 120o. © MAN RAY TRUST/ADAGP, Paris und DACS, London 2006: 119mro. © KATE ROTHKO PRIZEL & CHRISTOPHER ROTHKO ARS, NY und DACS, London 2006: 118m. *Carnival* © DAVID GALVEZ 1983. Alle Rechte vorbehalten: 138u. Mit Genehmigung des ESTATE OF PHILIP GUSTON: 37mru. Mit Genehmigung von JEFF KOONS: 121o. *8 Immortals (Bok-Sen) & 3 Wisdoms* © JOSIE GRANT 1979. Alle Rechte vorbehalten: 141ur. Mit Genehmigung von CHARLES O. PERRY (Montana), Bildhauer: 104 (*Eclipse*, 1973, Aluminium). *Untitled* © MICHAEL RIOS 1978. Alle Rechte vorbehalten: 140or. Mit Genehmigung von WENDY ROSS, Ross Studio: 173u.

Dorling Kindersley dankt zudem folgenden Personen, Institutionen und Bildbibliotheken für die freundliche Genehmigung zur Reproduktion ihrer Fotografien:

ALAMY IMAGES: Douglas Peebles Photography 207m; Robert Harding Picture Library Ltd. 207ol; Roberto Soncin Gerometta 206mlo; ALLAN CASH LIMITED: 178/179; ROGER ALLEN LEE: 1186m; ALLSPORT: Otto Greule 50ml; Tony Duffy 33ur; ARCHIVE PHOTOS: 32mu, 102ul; ARMSTRONG REDWOODS STATE RESERVE: 182m; THE ARTS AND CRAFTS MUSEUM, FORT MASON: 38o; ATTACHÉ COMMUNICATIONS: Phil Gosney for Amtrak 290ul.

BANCROFT LIBRARY, UNIVERSITY OF CALIFORNIA AT BERKELEY: 22ur, 22mlo, 22/23m, 23ur, 23mlo, 24ur, 24mlu, 27mlu, 60ul, 146m; MORTON BEEBE: 11ur; BERKELEY CONVENTION AND VISITORS BUREAU: 162o; BRIDGEMAN ART LIBRARY: *Der Denker (Le Penseur)*, von Auguste Rodin (1840–1917), Musée Rodin, Paris/Bridgeman Art Library, London, 156or; MARILYN BLAISDELL COLLECTION: 27mr.

CALIFORNIA ACADEMY OF SCIENCES: 150mu, 151ul, 151mro, 151om; Caroline Kopp 145m; Dong Lin 36ur, 150or; Susan Middleton 35ol; CALIFORNIA HISTORICAL SOCIETY, SAN FRANCISCO: 27u, 28mlo, 29mru, 46m, 146u; CAMERA PRESS: Gary Freedman 32or; CAROLYN CASSADY: 32ol, 88u; CENTER FOR THE ARTS GALLERIES: 37ur; Ken Friedman 114o; CENTER OF THE ARTS THEATER/MARGARET JENKINS DANCE COMPANY: 115ol; CENTER FOR URBAN EDUCATION ABOUT SUSTAINABLE AGRAICULTURE: 281mro; CEPHAS PICTURE LIBRARY: Mick Rock 191ul, 193ur; CHARLES ZUKOW ASSOCIATES: Rick Markovich 89mr; CITYPASS: 278mru; COLORIFIC!: Chuck Nacke 49u; CORBIS: Morton Beebe 42ur, 148f, 179o; Bettman 42ul, 43u, 198or; Jan Butchofsky-Houser 172u, 178o; Richard Cummins 10mlo, 178u; Kevin Fleming 10u; Gerald French 199o; Lowell Georgia 10o, 125mr; Robert Holmes 38u, 192u, 193o, 244ur, 261mro; Catherine Karnow 181o; Craig Lovell 45ur; Charles O'Rear 192ml, 193ml; Reuters Newmedia Inc 259u; Tony Roberts 154/155; Royalty Free 180o; San Francisco Chronicle/Deanne Fitzmaurice 43o; Phil Schermeister 11o; Michael T. Sedam 75ur; CULVER PICTURES, INC: 31ul.

DE YOUNG: Mark Darley 143o. BERNARD DIAMOND: 60ur; DREAMSTIME.COM: Rglinsky 300ul.

EMBARCADERO CENTER: 108or; DONNA EWALD/PETER CLUTE/VIC REYNA/ED ROGERS: 72or; EXPLORATORIUM: 36or, 61u, 61mr, 61ol.

FAIRMONT HOTEL: 207o; FORT ROSS STATE HISTORIC PARK: Daniel F. Murley 180o; THE FINE ARTS MUSEUMS OF SAN FRANCISCO: *Segelboot auf der Seine*, um 1874, von Claude Monet, Schenkung von Bruno und Sadie Adrian, 36mlo; *Johannes der Täufer*, von Matti Preti, 38ml; High chest, Schenkung von Mr. u. Mrs. Robert A. Magowan, 144or; *Heiliger Wenzel*, nach einem Modell von Johann Gottlieb Kirchner (vor 1706), Roscoe und Margaret Oakes Income Fund, 156u; *Seerosen*, um 1914–17, von Claude Monet, Mildred Anna Williams Collection, 156m; *Camille Claudel*, um 1880, von Auguste Rodin, 156ol; *Alte Frau*, um 1618, von Georges de la Tour, Roscoe und Margaret Oakes Collection, 157mlo; *Der Impresario (Pierre Ducarre)*, um 1877, von Edgar Degas, 157mlu.

STEVEN GERLICK: 105ul; GETTY IMAGES: News/Justin Sullivan 42mr; Robert Harding World Imagery/Yadid Levy 291or; Stone 2/3, 48u, Roy Giles 78m; Justin Sullivan 184or; Taxi 11ur; GOCAR: 293mro; GOLDEN GATE BRIDGE HIGHWAY AND TRANSPORTATION DISTRICT: 64 alle Bilder, 65 alle Bilder, 66ul, 66ol, 66/67mo, 67or; GOLDEN GATE NATIONAL RECREATION AREA: Don Denevi Collection: 86mlu, 86ol, 87ul, 87ur, 87mro, 87or; Fischetti Collection 84ul; STEPHEN D. GROSS, G-WIZ G&P: 88u.

ROBERT HOLMES PHOTOGRAPHY: Markham Johnson 37ul, 49mr; HULTON GETTY: 33ur, 33um.

INE TOURS: 247mr; THE IMAGE WORKS: Lisa Law 129m.

KELLEY/MOONEY PHOTOGRAPHY: 209ul.

LANDMARK THEATRES: 260ur; LAWRENCE HALL OF SCIENCE, UNIVERSITY OF CALIFORNIA: Peg Skorpinskin 162ul; MIT FREUNDLICHER GENEHMIGUNG VON LEVI STRAUSS & CO., SAN FRANCISCO: 135m, 135o; NEIL LUKAS: 200ur, 200ml.

ANDREW MCKINNEY PHOTOGRAPHY: 72ul, 109m; ALAIN MCLAUGHLAN 288om, 288ur; MAGNES MUSEUM PERMANENT COLLECTIONS: Kultgewand des 19. Jahrhunderts, 163o; MAGNUM PHOTOS: Michael K. Nichols 33ul; MARK HOPKINS INTER-CONTINENTAL HOTEL: 102o; MINETA SAN JOSÉ INTERNATIONAL AIRPORT: 289um; © THE HENRY MOORE FOUNDATION: 123o; J.P. MORGAN CHASE 284ul; MUSEO ITALOAMERICANO: *Muto*, 1985, von Mimmo Paladino, Schenkung von Pasquale Iannetti, Museo ItaloAmericano, 39ol; *Meta III*, 1985, von Italo Scanga, Museo ItaloAmericano, Schenkung von Alan Shepp, 75ul; MUSEUM OF THE CITY OF

SAN FRANCISCO: Richard Hansen 19ur, 21o, 28mlu, 28/29m, 29mlu, 29o.

NAMES PROJECT *Aids Memorial Quilt*: Mark Theissen 136u; NAPA VALLEY VISITORS BUREAU: 190u, 190ol; PETER NEWARK'S AMERICAN PICTURES: 6o, 9 (Einklinker), 23ul, 25ul, 25ur, 25mro, 25mru, 25ol, 26u, 26ol, 86ul, 105mru, 205 (Einklinker), 277 (Einklinker); N.H.P.A.: David Middleton 194ul; John Shaw 203mr; BOB VON NORMANN: 189o.

OAKLAND CONVENTION BUREAU: 165o; OAKLAND INTERNATIONAL AIRPORT: 289or; MIT FREUNDLICHER GENEHMIGUNG DES OAKLAND MUSEUM HISTORY DEPARTMENT: 19ul, 22ol, 23mro, 24mlu, 25mro, 26mlo, 27or, 29mro, 30m, 31mr, 166ol, 166or, 167ol. OAKLAND MUSEUM OF CALIFORNIA: Mit Genehmigung von Barry McGee und Ratio 3, San Francisco – Foto von Dino Morrow 166ul; Phyllis Diebenkorn, Trustee, Ocean Park No. 107, 1978, Richard Diebenkorn 166ml; Jeff Warrin 167ur, 167mro.

PACIFIC UNION RAILROAD COMPANY: 27ol; PICTORIAL PRESS LIMITED: J. Cummings/SF, 32mo, 129u, 134m, 260or; WWW. PHOTOGRAPHERSDIRECT.COM: Justin Bailie 198ol, 199ur; Ann Purcell Travel Journalism, 198u; Nancy Warner 180u, 181u; PICTUREPOINT: 87ol; PRECITA EYES MURAL ARTS AND VISITORS CENTRE: *Balloon Journey* © 2008 Precita Eyes Muralists, von Kristen Foskett 140mru; Hillcrest Elementary School © 2007 Precita Eyes Muralists 140mu; *Oakland, Stop the Violence* © 2007 Precita Eyes Muralists, angeleitet von Joshua Stevenson, gestaltet und gemalt von AYPAL (Asian Pacific Islander Youth Promoting Advocacy and Leadership), mit Recy, Marcus u. a. Acryl auf Tyvek 140u; PRESIDIO OF SAN FRANCISCO: NPS Staff 59ol.

RED & WHITE FLEET: 299ol; REX FEATURES: B. Ward 33ol; RITUAL COFFEE ROASTERS: Jeff Wenzel 287ol.

SAN FRANCISCO ARTS COMMISSION GALLERY: 126o; SAN FRANCISCO BLUES FESTIVAL: 259o; SAN FRANCISCO CABLE CAR MUSEUM: 26ur, 105ol; SAN FRANCISCO CONVENTION AND VISITORS BUREAU: 40u, 48ul, 48m, 49m, 50mr, 51m, 104m, 161u, 258o, 278mro, 290mor; SAN FRANCISCO EXAMINER: 48ur;

SAN FRANCISO EXAMINER: 48ur; SAN FRANCISCO FIRE DEPARTMENT: 282mlu; SAN FRANCISCO MARITIME NATIONAL HISTORICAL PARK: 279ul; SAN FRANCISCO MUNICIPAL TRANSPORTATION AGENCY: 280ol, 294mo, 294ur, 295mr, 295ol, 297mru; SAN FRANCISCO MUSEUM OF MODERN ART: *Back View*, 1977, von Philip Guston, Schenkung des Künstlers, 37mru; *Orange Sweater*, 1955, von Elmer Bischoff, Schenkung von Mr. und Mrs. Mark Schorer, 115m; *Les Valeurs Personnelles*, 1952, von René Magritte, Schenkung von Phyllis Wattis, 118or; *No 14*, 1960, von Mark Rothko, 118m; *Zip-Light*, 1990, von Sigmar Willnauer, San Francisco Museum of Modern Art, 118ol; *Four on a Bench*, 1972, von Magdalena Abakanowicz, Jute, Harz und Holz, Privatsammlung, mit freundlicher Genehmigung der Marlborough Gallery, New York, 118mlu; *Country Dog Gentlemen*, 1980–1990, von Roy De Forest, Schenkung der Hamilton-Wells Collection, 119ur;

Koret Visitor Education Center, photo © Richard Barnes 119mru; *Lesende*, 1994, © Gerhard Richter 119mr; *Melodious Double Stops*, 1980, von Richard Shaw, durch den National Endowment for the Arts and Frank O. Hamilton Fund, Byron Meyer und Mrs. Peter Schlesinger, 119ol; *'92 Chaise*, 1985–92, von Holt, Hinshaw, Pfau, Jones Architecture, Accessions Committee Fund, 120u; *Les Femmes D'Alger (Frauen von Algier)*, 1955, von Pablo Picasso, Albert M. Bender Collection, Schenkung von Albert M. Bender zur Erinnerung an Caroline Walter, 120o; *Cave, Tsankawee, New Mexico*, 1988, von Linda Connor, Schenkung von Thomas und Shirley Ross Davis, 121u; *Graphite To Taste*, 1989, von Gail Fredell, Schenkung von Shirley Ross Davis, 121m; *Michael Jackson and Bubbles*, 1988, von Jeff Koons. Marian and Bernard Messenger Fund, 121o; SAN FRANCISCO OPERA: 124mlu; SAN FRANCISCO PUBLIC LIBRARY, HISTORY CENTER: 22mlu, 28ul, 28ur, 28ol, 31ml, 32ul, 32mro, 42ml, 84m, 87mlu, 102ur, 146ol, 146or, 299ul; SAN FRANCISCO ZOO: 160o; SAN JOSÉ CONVENTION AND VISITORS BUREAU: 168m, 168o, 169o; SANTA CRUZ SEASIDE COMPANY: 186o; SCIENCE PHOTO LIBRARY: Peter Menzel 18o; David Parker 18m, 19m, 19o; SF GREEN CAB LLC: 292mlo; 301mlo; MARK SNYDER PHOTOGRAPHY: 246l; SONOMA VALLEY VISITORS BUREAU: Bob Nixon 195mr, 226ru; SPECTRUM COLOUR LIBRARY: 187u; STA TRAVEL GROUP: 280mr.

TAHOE NORTH VISITORS AND CONVENTION BUREAU: 196ol 196or; Deacon Chapin 197or.

UNIVERSITY OF CALIFORNIA, BERKELEY: *Within*, 1969, von Alexander Lieberman, Schenkung des Künstlers, University Art Museum, 177u.

VISION BANK: Michael Freeman 191m.

WALGREENS CO.: 283mo; WELLS FARGO BANK HISTORY MUSEUM: 21u, 24/25m, 25or, 110u; PAUL WILLIAMS: Chinesisches Porzellan, Titel. VAL WILMER: 30ur.

YELLOW CAB COOPERATIVE: Lunchana 301ul; YOSEMITE COLLECTIONS, NATIONAL PARK SERVICE: 200ol.

ZEUM: 114mlu.

Extrakarte
Paul Whitfield © Rough Guides.

Umschlag
Vorn: Paul Whitfield © Rough Guides (Hauptbild).
Hinten: ALAMY IMAGES: Werner Dieterich ol; Buddy Mays mlo; DORLING KINDERSLEY: John Heseltine ul; AWL IMAGES: Alan Copson mlu.
Buchrücken: Paul Whitfield © Rough Guides o.

Alle anderen Bilder © Dorling Kindersley.
Weitere Informationen unter
www.dkimages.com

Dorling Kindersley   Vis-à-Vis

Vis-à-Vis-Reiseführer

Ägypten Alaska Amsterdam Apulien Argentinien
Australien Bali & Lombok Baltikum Barcelona &
Katalonien Beijing & Shanghai Belgien &
Luxemburg Berlin Bologna & Emilia-Romagna
Brasilien Bretagne Brüssel Budapest Bulgarien
Chicago China Costa Rica Dänemark
Danzig & Ostpommern Delhi, Agra &
Jaipur Deutschland Dresden Dublin
Florenz & Toskana Florida
Frankreich Genua & Ligurien
Griechenland Griechische Inseln
Großbritannien Hamburg Hawaii Indien Irland Istanbul
Italien Japan Jerusalem Kalifornien Kanada
Kanarische Inseln Karibik Kenia Korsika Krakau
Kroatien Kuba Las Vegas Lissabon Loire-Tal London
Madrid Mailand Malaysia & Singapur Mallorca,
Menorca & Ibiza Marokko Mexiko Moskau
München & Südbayern Neapel Neuengland
Neuseeland New Orleans New York Niederlande
Nordspanien Norwegen Österreich Paris Peru
Polen Portugal Prag Provence & Côte d'Azur
Rom San Francisco St. Petersburg
Sardinien Schottland Schweden Schweiz
Sevilla & Andalusien Sizilien Spanien
Stockholm Südafrika Südtirol & Trentino
Südwestfrankreich Thailand Tokyo
Tschechien & Slowakei Türkei Ungarn USA
USA Nordwesten & Vancouver USA Südwesten &
Las Vegas Venedig & Veneto
Vietnam & Angkor Washington, DC Wien

DORLING KINDERSLEY
www.traveldk.com